DEUTSCHLAND
SUISSE / SCHWEIZ / SVIZZERA
ÖSTERREICH
ČESKO

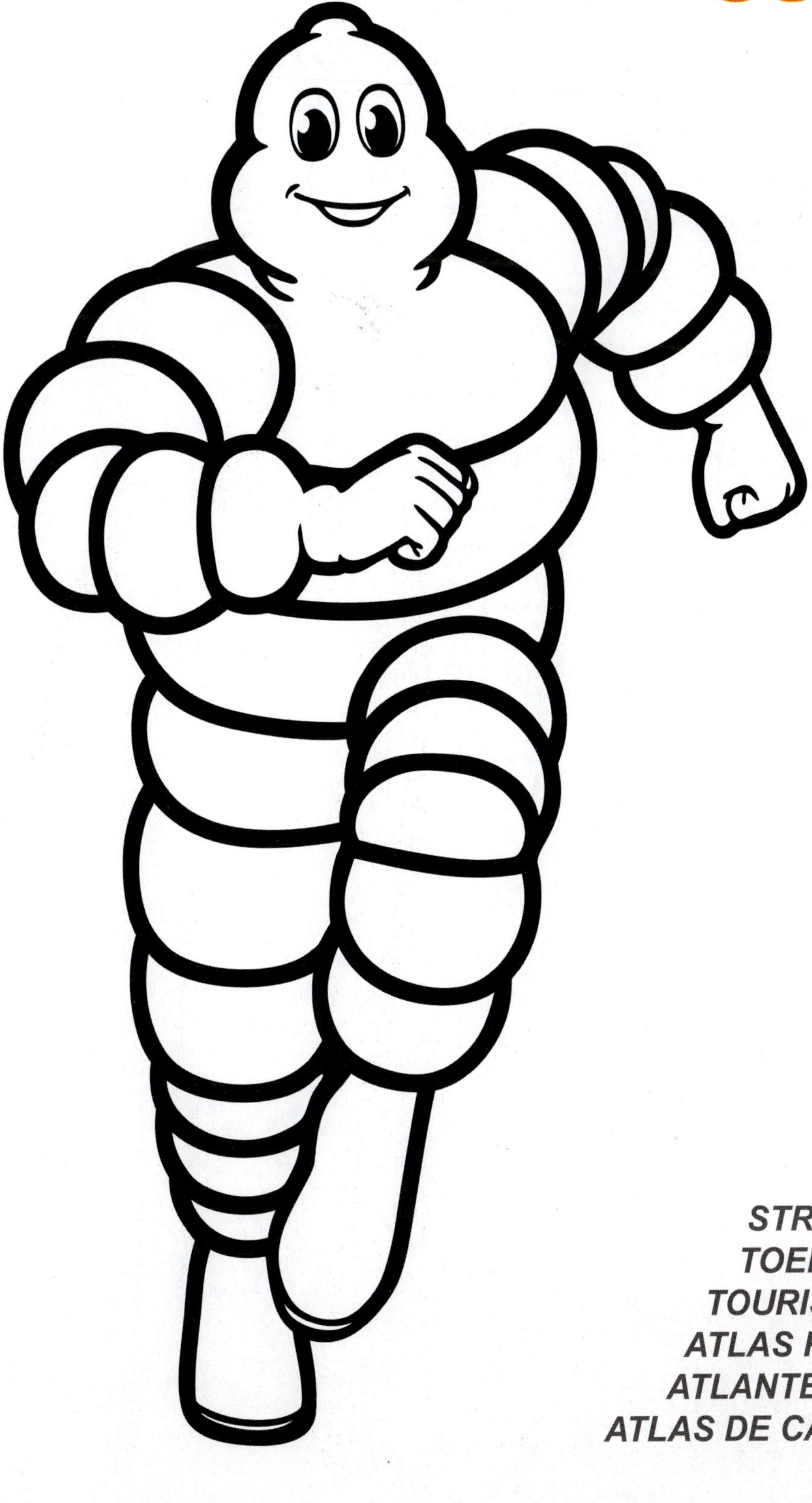

STRASSEN- und REISEATLAS
TOERISTISCHE WEGENATLAS
TOURIST and MOTORING ATLAS
ATLAS ROUTIER et TOURISTIQUE
ATLANTE STRADALE e TURISTICO
ATLAS DE CARRETERAS y TURÍSTICO

Inhaltsübersicht
Inhoud / Contents / Sommaire / Sommario / Sumario

Umschlaginnenseite: Übersicht
Binnenzijde van het omslag: Overzichtskaart / Inside front cover: Key to map pages
Intérieur de couverture : Tableau d'assemblage / Copertina interna: Quadro d'insieme / Portada interior: Mapa índice

IV - IX

Zeichenerklärung
Verklaring van de tekens / Key / Légende / Legenda / Signos convencionales

IV - V

Deutschland - Schweiz - Österreich
Duitsland - Zwitserland - Oostenrijk / Germany - Switzerland - Austria / Allemagne - Suisse - Autriche
Germania - Svizzera - Austria / Alemania - Suiza - Austria

VI - VII

Benelux

VIII - IX

Tschechien
Tsjechië / Czechia / Tchéquie / Cechia / Chequia

2 - 115

Deutschland 1:300 000
Duitsland / Germany / Allemagne / Germania / Alemania

116 - 137

Benelux 1:400 000

138 - 153

Schweiz 1:400 000
Zwitserland / Switzerland / Suisse / Svizzera / Suiza

154 - 173

Österreich 1:400 000
Austria / Autriche

174 - 183

Tschechien 1:600 000
Tsjechië / Czechia / Tchéquie / Cechia / Chequia

184 - 262

Register
Index / Indice completo / Índice

263 - 317

Stadtpläne
Stadsplattegronden / Town plans / Plans de ville / Piante di città / Planos de ciudades

318-337

Europa / Europe 1: 3 500 000

MICHELIN S'ENGAGE

▶ MICHELIN EST LE **N°1 MONDIAL DES PNEUS ÉCONOMES EN ÉNERGIE** POUR LES VÉHICULES LÉGERS.

▶ POUR **SENSIBILISER LES PLUS JEUNES À LA SÉCURITÉ ROUTIÈRE**, MÊME EN DEUX-ROUES : DES ACTIONS DE TERRAIN ONT ÉTÉ ORGANISÉES DANS **16 PAYS** EN 2015.

QUIZ

1 **POURQUOI BIBENDUM, LE BONHOMME MICHELIN, EST BLANC ALORS QUE LE PNEU EST NOIR ?**

Le personnage de Bibendum a été imaginé à partir d'une pile de pneus, en 1898, à une époque où le pneu était fabriqué avec du caoutchouc naturel, du coton et du soufre et où il est donc de couleur claire. Ce n'est qu'après la Première guerre mondiale que sa composition se complexifie et qu'apparaît le noir de carbone. Mais Bibendum, lui, restera blanc !

2 **SAVEZ-VOUS DEPUIS QUAND LE GUIDE MICHELIN ACCOMPAGNE LES VOYAGEURS ?**

Depuis 1900, il était dit alors que cet ouvrage paraissait avec le siècle, et qu'il durerait autant que lui. Et il fait encore référence aujourd'hui, avec de nouvelles éditions et la sélection sur le site MICHELIN Restaurants - Bookatable dans quelques pays.

3 **DE QUAND DATE « BIB GOURMAND » DANS LE GUIDE MICHELIN ?**

Cette appellation apparaît en 1997 mais dès 1954 le Guide MICHELIN signale les « repas soignés à prix modérés ». Aujourd'hui, on le retrouve sur le site et dans l'application mobile MICHELIN Restaurants - Bookatable.

Si vous voulez en savoir plus sur Michelin en vous amusant, visitez l'Aventure Michelin et sa boutique à Clermont-Ferrand, France :
www.laventuremichelin.com

Zeichenerklärung:
Deutschland - Schweiz - Österreich

Straßen
Autobahn
Schnellstraße mit getrennten Fahrbahnen

Anschlussstellen: Voll- bzw. Teilanschlussstellen
Anschlussstellennummern
Tankstelle mit Raststätte - Hotel
Restaurant / SB-Restaurant
Internationale bzw.nationale Hauptverkehrsstraße
Überregionale Verbindungsstraße oder Umleitungsstrecke

Straße mit Belag - ohne Belag
Wirtschaftsweg, Pfad
Autobahn, Straße im Bau
(ggf. voraussichtliches Datum der Verkehrsfreigabe)
Straßenbreiten
Getrennte Fahrbahnen
4 Fahrspuren - 2 breite Fahrspuren
2 oder mehr Fahrspuren - 2 schmale Fahrspuren
Straßenentfernungen (Gesamt- und Teilentfernungen)
Mautstrecke auf der Autobahn
Mautfreie Strecke auf der Autobahn

auf der Straße
Nummerierung - Wegweisung
Europastraße - Autobahn
Bundesstraße
Verkehrshindernisse
Starke Steigung (Steigung in Pfeilrichtung)
Pass mit Höhenangabe - Höhe
Schwierige oder gefährliche Strecke
Bahnübergänge:
schienengleich - Unterführung - Überführung
Mautstelle - Einbahnstraße
Gesperrte Straße - Straße mit Verkehrsbeschränkungen
Eingeschneite Straße - Straße mit voraussichtl.Wintersperre
Für Wohnanhänger gesperrt
Verkehrsmittel
Bahnlinie
Flughafen - Flugplatz
Autotransport:
(rotes Zeichen : saisonbedingte Verbindung)
per Schiff
per Fähre (Höchstbelastung in t)
Fähre für Personen und Fahrräder
Unterkunft - Verwaltung
Verwaltungshauptstadt
Verwaltungsgrenzen
Staatsgrenze:
Zoll - Zollstation mit Einschränkungen
Sport - Freizeit
Golfplatz - Pferderennbahn - Rennstrecke
Segelflugplatz - Strandbad
Yachthafen
Sand-, Grasstrand
Freizeitanlage - Tierpark, Zoo
Vogelschutzgebiet
Fernwanderweg
Abgelegenes Hotel oder Restaurant
Schutzhütte - Campingplatz
Standseilbahn, Seilbahn, Sessellift
Museumseisenbahn - Zahnradbahn
Sehenswürdigkeiten
Hauptsehenswürdigkeiten:
siehe GRÜNER REISEFÜHRER
Sehenswerte Orte, Ferienorte
Sakral-Bau - Schloss, Burg
Ruine - Windmühle
Höhle - Garten, Park
Sonstige Sehenswürdigkeit
Rundblick - Aussichtspunkt
Landschaftlich schöne Strecke
Ferienstraße
Sonstige Zeichen
Industrieschwebahn
Industrieanlagen
Funk-, Sendeturm - Raffinerie
Erdöl-, Erdgasförderstelle - Kraftwerk
Bergwerk - Steinbruch - Leuchtturm
Staudamm - Soldatenfriedhof
Nationalpark - Naturpark

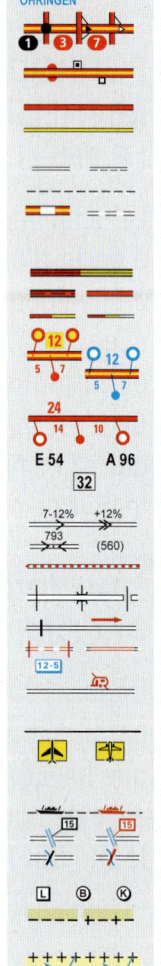

Verklaring van de tekens:
Duitsland - Zwitserland - Oostenrijk

Wegen
Autosnelweg
Gescheiden rijbanen van het type autosnelweg

Aansluitingen: volledig, gedeeltelijk
Afritnummers
Serviceplaats - Hotels
Restaurant of zelfbediening
Internationale of nationale verbindingsweg
Interregionale verbindingsweg

Verharde weg - onverharde weg
Landbouwweg, pad
Autosnelweg in aanleg, weg in aanleg
(indien bekend: datum openstelling)
Breedte van de wegen
Gescheiden rijbanen
4 rijstroken - 2 brede rijstroken
2 of meer rijstroken - 2 smalle rijstroken
Afstanden (totaal en gedeeltelijk)
Gedeelte met tol op autosnelwegen
Tolvrij gedeelte op autosnelwegen

op andere wegen
Wegnummers - Bewegwijzering
Europaweg - Autosnelweg
Federale weg
Hindernissen
Steile helling (pijlen in de richting van de helling)
Bergpas en hoogte boven de zeespiegel - Hoogte
Moeilijk of gevaarlijk traject
Wegovergangen:
gelijkvloers, overheen, onderdoor
Tol - Weg met eenrichtingsverkeer
Verboden weg - Beperkt opengestelde weg
Sneeuw: vermoedelijke sluitingsperiode
Verboden voor caravans
Vervoer
Spoorweg
Luchthaven - Vliegveld
Vervoer van auto's:
(tijdens het seizoen: rood teken)
per boot
per veerpont (maximum draagvermogen in t.)
Veerpont voor voetgangers en fietsers
Verblijf - Administratie
Hoofdplaats van administratief gebied
Administratieve grenzen
Staatsgrens: Douanekantoor -
Douanekantoor met beperkte bevoegdheden
Sport - Recreatie
Golfterrein - Renbaan - Autocircuit
Zweefvliegen - Zwemplaats
Jachthaven
Stranden (zand, gras)
Recreatiepark - Safaripark, dierentuin
Vogelreservaat
Lange afstandswandelpad
Afgelegen hotel of restaurant
Berghut - Kampeerterrein (tent, caravan)
Kabelspoor, kabelbaan, stoeltjeslift
Toeristentreintje - Tandradbaan
Bezienswaardigheden
Belangrijkste bezienswaardigheden:
zie DE GROENE GIDS
Interessante steden of plaatsen, vakantieoorden
Kerkelijk gebouw - Kasteel
Ruïne - Molen
Grot - Tuin, park
Andere bezienswaardigheden
Panorama - Uitzichtpunt
Schilderachtig traject
Toeristische route
Diverse tekens
Kabelvrachtvervoer
Industrie
Telecommunicatietoren of -mast - Raffinaderij
Olie- of gasput - Elektriciteitscentrale
Mijn - Steengroeve - Vuurtoren
Stuwdam - Militaire begraafplaats
Nationaal park - Natuurpark

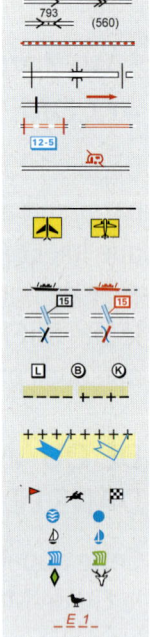

Key:
Germany - Switzerland - Austria

Roads
Motorway
Dual carriageway with motorway characteristics

Interchanges : complete, limited
Interchange numbers
Service area - Hotels
Restaurant or self-service
International and national road network
Interregional and less congested road

Road surfaced - unsurfaced
Rough track, footpath
Motorway, road under construction
(when available: with scheduled opening date)
Road widths
Dual carriageway
4 lanes - 2 wide lanes
2 or more lanes - 2 narrow lanes
Distances (total and intermediate)
Toll roads on motorway
Toll-free section on motorway

on road
Numbering - Signs
European route - Motorway
Federal road
Obstacles
Steep hill (ascent in direction of the arrow)
Pass and its height above sea level - Altitude
Difficult or dangerous section of road
Level crossing:
railway passing, under road, over road
Toll barrier - One way road
Prohibited road - Road subject to restrictions
Snowbound, impassable road during the period shown
Caravans prohibited on this road
Transportation
Railway
Airport - Airfield
Transportation of vehicles:
(seasonal services in red)
by boat
by ferry (load limit in tons)
Ferry (passengers and cycles only)
Accommodation - Administration
Administrative district seat
Administrative boundaries
National boundary:
Customs post - Secondary customs post
Sport & Recreation Facilities
Golf course - Horse racetrack - Racing circuit
Gliding - Bathing place
Pleasure boat harbour - Sailing
Beaches (sand, grass)
Country park - Safari park, zoo
Bird sanctuary, refuge
Long distance footpath
Secluded hotel or restaurant
Mountain refuge hut - Caravan and camping sites
Funicular, cable car, chairlift
Tourist train - Rack railway
Sights
Principal sights:
see THE GREEN GUIDE
Towns or places of interest, Places to stay
Religious building - Historic house, castle
Ruins - Windmill
Cave - Gardens, park
Other places of interest
Panoramic view - Viewpoint
Scenic route
Tourist route
Other signs
Industrial cable way
Industrial activity
Telecommunications tower or mast - Refinery
Oil or gas well - Power station
Mine - Quarry - Lighthouse
Dam - Military cemetery
National park - Nature park

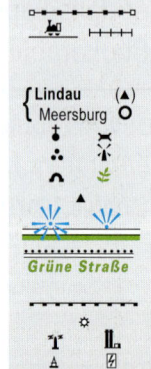

Légende: Allemagne - Suisse - Autriche | Legenda: Germania - Svizzera - Austria | Signos convencionales: Alemania - Suiza - Austria

Routes / Strade / Carreteras
Autoroute	Autostrada	Autopista
Double chaussée de type autoroutier	Doppia carreggiata di tipo autostradale	Autovía
Échangeurs : complet, partiels	Svincoli: completo, parziale	Enlaces : completo, parciales
Numéros d'échangeurs	Svincoli numerati	Números de los accesos
Aire de service - Hôtels	Area di servizio - Alberghi	Áreas de servicio - Hotel
Restaurant ou libre-service	Ristorante o zelfbediening	Restaurant o auto servicio
Route de liaison internationale ou nationale	Strada di collegamento internazionale o nazionale	Carretera de comunicación internacional o nacional
Route de liaison interrégionale ou de dégagement	Strada di collegamento interregionale o di disimpegno	Carretera de comunicación interregional o alternativo
Route revêtue - non revêtue	Strada rivestita - non rivestita	Carretera asfaltada - sin asfaltar
Chemin d'exploitation, sentier	Strada per carri, sentiero	Camino agrícola, sendero
Autoroute, route en construction	Autostrada, strada in costruzione	Autopista, carretera en construcción
(le cas échéant : date de mise en service prévue)	(data di apertura prevista)	(en su caso: fecha prevista de entrada en servicio)

Largeur des routes / Larghezza delle strade / Ancho de las carreteras
Chaussées séparées / Carreggiate separate / Calzadas separadas
4 voies - 2 voies larges / 4 corsie - 2 corsie larghe / Cuatro carriles - Dos carriles anchos
2 voies ou plus - 2 voies étroites / 2 o più corsie - 2 corsie strette / Dos carriles o más - Dos carriles estrechos

Distances (totalisées et partielles) / Distanze (totali e parziali) / Distancias (totales y parciales)
Section à péage sur autoroute / tratto a pedaggio su autostrada / Tramo de peaje en autopista
Section libre sur autoroute / tratto esente da pedaggio su autostrada / Tramo libre en autopista
sur route / Su strada / en carretera

Numérotation - Signalisation / Numerazione - Segnaletica / Numeración - Señalización
Route européenne - Autoroute / Strada europea - Autostrada / Carretera europea - Autopista
Route fédérale / Strada federale / Carretera federal

Obstacles / Ostacoli / Obstáculos
Forte déclivité (flèches dans le sens de la montée) / Forte pendenza (salita nel senso della freccia) / Pendiente Pronunciada (las flechas indican el sentido del ascenso)
Col et sa cote d'altitude - Altitude / Passo - Altitudine / Puerto - Altitud
Parcours difficile ou dangereux / Percorso difficile o pericoloso / Recorrido difícil o peligroso
Passages de la route: à niveau, supérieur, inférieur / Passaggi della strada: a livello, cavalcavia, sottopassaggio / Pasos de la carretera: a nivel, superior, inferior
Barrière de péage - Route à sens unique / Casello - Strada a senso unico / Barrera de peaje - Carretera de sentido único
Route interdite - Route réglementée / Strada vietata - Strada a circolazione regolamentata / Tramo prohibido - Carretera restringida
Enneigement : période probable de fermeture / Innevamento: probabile periodo di chiusura / Nevada: Período probable de cierre
Route interdite aux caravanes / Strada con divieto di accesso per le roulottes / Carretera prohibida a las caravanas

Transports / Trasporti / Transportes
Voie ferrée / Ferrovia / Línea férrea
Aéroport - Aérodrome / Aeroporto - Aerodromo / Aeropuerto - Aeródromo
Transport des autos : (liaison saisonnière en rouge) / Trasporto auto: (stagionale in rosso) / Transporte de coches: (Enlace de temporada: signo rojo)
par bateau / su traghetto / por barco
par bac (charge maximum en tonnes) / su chiatta (carico massimo in t.) / por barcaza (carga máxima en toneladas)
Bac pour piétons et cycles / Traghetto per pedoni e biciclette / Barcaza para el paso de peatones y vehículos dos ruedas

Hébergement - Administration / Risorse - Amministrazione / Alojamiento - Administración
Capitale de division administrative / Capoluogo amministrativo / Capital de división administrativa
Limites administratives / Confini amministrativi / Limites administrativos
Frontière : / Frontiera: / Frontera:
Douane - Douane avec restriction / Dogana - Dogana con limitazioni / Aduanas - Aduana con restricciones

Sports - Loisirs / Sport - Divertimento / Deportes - Ocio
Golf - Hippodrome - Circuit automobile / Golf - Ippodromo - Circuito Automobilistico / Golf - Hipódromo - Circuito de velocidad
Vol à voile - Baignade / Volo a vela - Stabilimento balneare / Ala Delta o parapente - Zona de baño
Port de plaisance - Centre de voile / Porto turistico - Centro velico / Puerto deportivo - Vela
Plage (sable, herbe) / Spiaggia (sabbia, erba) / Playa (arena, hierba)
Base ou parc de loisirs - Parc animalier, zoo / Parco divertimenti - Parco con animali, zoo / Parque de ocio - Reserva de animales, zoo
Réserve d'oiseaux / Riserva ornitologica / Reserva de pájaros
Sentier de grande randonnée / Sentiero per escursioni / Sendero de gran ruta
Hôtel ou restaurant isolé / Albergo, ristorante isolato / Hotel o restaurante aislado
Refuge de montagne - Camping, caravaning / Rifugio - Campeggi, caravaning / Refugio de montaña - Camping, caravaning
Funiculaire, téléphérique, télésiège / Funicolare, funivia, seggiovia / Funicular, Teleférico, telesilla
Train touristique - à crémaillère / Trenino turistico - a cremagliera / Tren turístico - Línea de cremallera

Curiosités / Mete e luoghi d'interesse / Curiosidades
Principales curiosités : voir LE GUIDE VERT / Principali luoghi d'interesse, vedere LA GUIDA VERDE / Principales curiosidades: ver LA GUÍA VERDE
Localités ou sites intéressants, lieux de séjour / Località o siti interessanti, luoghi di soggiorno / Localidad o lugar interesante, lugar para quedarse
Édifice religieux - Château / Edificio religioso - Castello / Edificio religioso - Castillo, fortaleza
Ruines - Moulin à vent / Rovine - Mulino a vento / Ruinas - Molino de viento
Grotte - Jardin, parc / Grotta - Giardino, parco / Cueva - Jardín, parque
Autres curiosités / Altri luoghi d'interesse / Curiosidades diversas
Panorama - Point de vue / Panorama - Vista / Vista panorámica - Vista parcial
Parcours pittoresque / Percorso pittoresco / Recorrido pintoresco
Route touristique / Strada turistica / Carretera turística

Signes divers / Simboli vari / Signos diversos
Transporteur industriel aérien / Teleferica industriale / Transportador industrial aéreo
Industries / Industrie / Industrias
Tour ou pylône de télécommunications - Raffinerie / Torre o pilone per telecomunicazioni - Raffineria / Torreta o poste de telecomunicación - Refinería
Puits de pétrole ou de gaz - Centrale électrique / Pozzo petrolifero o gas naturale - Centrale elettrica / Pozos de petróleo o de gas - Central eléctrica
Mine - Carrière - Phare / Miniera - Cava - Faro / Mina - Cantera - Faro
Barrage - Cimetière militaire / Diga - Cimitero militare / Presa - Cementerio militar
Parc national - Parc naturel / Parco nazionale - Parco naturale / Parque nacional - Parque natural

VI

Zeichenerklärung: Benelux | Verklaring van de tekens: Benelux | Key: Benelux

Straßen	**Wegen**	**Roads**
Autobahn	Autosnelweg	Motorway
Schnellstraße mit getrennten Fahrbahnen	Gescheiden rijbanen van het type autosnelweg	Dual carriageway with motorway characteristics
Anschlussstellen: Voll - bzw. Teilanschlussstellen	Aansluitingen: volledig, gedeeltelijk	Interchanges: complete, limited
Anschlussstellennummern	Afritnummers	Interchange numbers
Internationale bzw. nationale Hauptverkehrsstraße	Internationale of nationale verbindingsweg	International and national road network
Überregionale Verbindungsstraße oder Umleitungsstrecke	Interregionale verbindingsweg	Interregional and less congested road
Straße mit Belag - ohne Belag	Verharde weg - onverharde weg	Road surfaced - unsurfaced
Wirtschaftsweg - Pfad	Landbouwweg - Pad	Rough track - Footpath
Autobahn, Straße im Bau	Autosnelweg in aanleg - Weg in aanleg	Motorway, road under construction
(ggf. voraussichtliches Datum der Verkehrsfreigabe)	(indien bekend: datum openstelling)	(when available: with scheduled opening date)
Straßenbreiten	**Breedte van de wegen**	**Road widths**
Getrennte Fahrbahnen	Gescheiden rijbanen	Dual carriageway
4 Fahrspuren - 3 Fahrspuren	4 rijstroken - 3 rijstroken	4 lanes - 3 lanes
2 breite Fahrspuren	2 brede rijstroken	2 wide lanes
2 Fahrspuren - 1 Fahrspur	2 rijstroken - 1 rijstrook	2 lanes - 1 lane
Straßenentfernungen (Gesamt- und Teilentfernungen)	**Afstanden** (totaal en gedeeltelijk)	**Distances** (total and intermediate)
Mautstrecke auf der Autobahn	Gedeelte met tol op autosnelwegen	Toll roads on motorway
Mautfreie Strecke auf der Autobahn	Tolvrij gedeelte op autosnelwegen	Toll-free section on motorway
auf der Straße	op andere wegen	on road
Nummerierung - Wegweisung	**Wegnummers - Bewegwijzering**	**Numbering - Signs**
Europastraße - Autobahn E 54 A 96	Europaweg - Autosnelweg E 54 A 96	European route - Motorway E 54 A 96
Sonstige Straßen N 49	Andere wegen N 49	Other roads N 49
Verkehrshindernisse	**Hindernissen**	**Obstacles**
Starke Steigung (Steigung in Pfeilrichtung) 7-12% +12%	Steile helling (pijlen in de richting van de helling) 7-12% +12%	Steep hill (ascent in direction of the arrow) 7-12% +12%
Bahnübergänge: schienengleich, Unterführung, Überführung	Wegovergangen: gelijkvloers, overheen, onderdoor	Level crossing: railway passing, under road, over road
Mautstelle - Gesperrte Straße	Tol - Verboden weg	Toll barrier - Prohibited road
Verkehrsmittel (rotes Zeichen: saisonbedingte Verbindung)	**Vervoer** (tijdens het seizoen: rood teken)	**Transportation** (seasonal services in red)
Bahnlinie - Straßenbahn	Spoorweg - Tram	Railway - Tramway
Autotransport: per Schiff	Vervoer van auto's: per boot	Transportation of vehicles: by boat
per Fähre (Höchstbelastung in t)	per veerpont (maximum draagvermogen in t.)	by ferry (load limit in tons)
Personenfähre	Veerpont voor voetgangers	Passenger ferry
Flughafen - Flugplatz	Luchthaven - Vliegveld	Airport - Airfield
Unterkunft - Verwaltung	**Verblijf - Administratie**	**Accommodation - Administration**
Verwaltungshauptstadt	Hoofdplaats van administratief gebied	Administrative district seat
Verwaltungsgrenzen	Administratieve grenzen	Administrative boundaries
Staatsgrenze	Staatsgrens	National boundary
Sport - Freizeit	**Sport - Recreatie**	**Sport & Recreation Facilities**
Golfplatz - Pferderennbahn	Golfterrein - Renbaan	Golf course - Horse racetrack
Rennstrecke	Autocircuit	Racing circuit
Yachthafen - Badestrand	Jachthaven - Strand	Pleasure boat harbour - Beach
Erholungsgebiet - Badepark	Recreatiegebied - Watersport	Recreational centre - Water park
Vergnügungspark - Tierpark, Zoo	Pretpark - Safaripark, dierentuin	Amusement park - Safari park, zoo
Vogelschutzgebiet - Abgelegenes Hotel	Vogelreservaat - Afgelegen hotel	Bird sanctuary, refuge - Secluded hotels
Campingplatz	Kampeerterrein (tent, caravan)	Caravan and camping sites
Museumseisenbahn	Toeristentreintje	Tourist train
Sehenswürdigkeiten	**Bezienswaardigheden**	**Sights**
Hauptsehenswürdigkeiten: siehe GRÜNER REISEFÜHRER	Belangrijkste bezienswaardigheden: zie DE GROENE GIDS	Principal sights: see THE GREEN GUIDE
Sehenswerte orte, Ferienorte	Interessante steden of plaatsen, vakantieoorden	Towns or places of interest, places to stay
Sakral-Bau - Schloss, Burg - Ruine	Kerkelijk gebouw - Kasteel - Ruïne	Religious building - Historic house, castle - Ruins
Höhle - Vorgeschichtliches Steindenkmal	Grot - Megaliet	Cave - Prehistoric monument
Museumsmühle - Sonstige Sehenswürdigkeit	Molen - Andere bezienswaardigheid	Museum in windmill - Other places of interest
Rundblick - Aussichtspunkt	Panorama - Uitzichtpunt	Panoramic view - Viewpoint
Landschaftlich schöne Strecke	Schilderachtig traject	Scenic route
Sonstige Zeichen	**Diverse tekens**	**Other signs**
Leuchtturm - Funk-, Sendeturm	Vuurtoren - Telecommunicatietoren of -mast	Lighthouse - Telecommunications tower or mast
Erdöl-, Erdgasförderstelle	Olie- of gasput	Oil or gas well
Kraftwerk	Elektriciteitscentrale	Power station
Raffinerie - Industrieanlagen	Raffinaderij - Industrie	Refinery - Industrial activity
Bergwerk - Steinbruch	Mijn - Steengroeve	Mine - Quarry
Industrieschwebebahn	Kabelvrachtvervoer	Industrial cable way
Staudamm - Soldatenfriedhof	Stuwdam - Militaire begraafplaats	Dam - Military cemetery
Höhenangabe:	Hoogten:	Altitudes:
über dem Meeresspiegel .27	boven de zeespiegel .27	above sea level .27
unter dem Meeresspiegel -2.	onder de zeespiegel -2.	below sea level -2.
Nationalpark - Naturpark	Nationaal park - Natuurpark	National park - Nature park

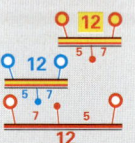

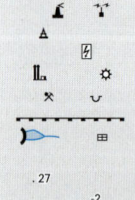

VII

Légende : Benelux | Legenda: Benelux | Signos convencionales: Benelux

Routes / Strade / Carreteras
- Autoroute / Autostrada / Autopista
- Double chaussée de type autoroutier / Doppia carreggiata di tipo autostradale / Autovía
- Échangeurs : complet, partiels / Svincoli: completo, parziale / Enlaces : completo, parciales
- Numéros d'échangeurs / Svincoli numerati / Números de los accesos
- Route de liaison internationale ou nationale / Strada di collegamento internazionale o nazionale / Carretera de comunicación internacional o nacional
- Route de liaison interrégionale ou de dégagement / Strada di collegamento interregionale o di disimpegno / Carretera de comunicación interregional o alternativo
- Route revêtue - non revêtue / Strada rivestita - non rivestita / Carretera asfaltada - sin asfaltar
- Chemin d'exploitation, sentier / Strada per carri, sentiero / Camino agrícola, sendero
- Autoroute, route en construction / Autostrada, strada in costruzione / Autopista, carretera en construcción
- (le cas échéant : date de mise en service prévue) / (data di apertura prevista) / (en su caso: fecha prevista de entrada en servicio)

Largeur des routes / Larghezza delle strade / Ancho de las carreteras
- Chaussées séparées / Carreggiate separate / Calzadas separadas
- 4 voies - 3 voies / 4 corsie - 3 corsie / Cuatro carriles - Tres carriles
- 2 voies larges / 2 corsie larghe / Dos carriles anchos
- 2 voies - 1 voie / 2 corsie - 1 corsia / Dos carriles - Un carril

Distances (totalisées et partielles) / Distanze (totali e parziali) / Distancias (totales y parciales)
- Section à péage sur autoroute / tratto a pedaggio su autostrada / Tramo de peaje en autopista
- Section libre sur autoroute / tratto esente da pedaggio su autostrada / Tramo libre en autopista
- sur route / Su strada / en carretera

Numérotation - Signalisation / Numerazione - Segnaletica / Numeración - Señalización
- Route européenne - Autoroute / Strada europea - Autostrada / Carretera europea - Autopista
  - E 54   A 96
- Autres routes / Altre strade / Otras carreteras
  - N 49

Obstacles / Ostacoli / Obstáculos
- Forte déclivité (flèches dans le sens de la montée) / Forte pendenza (salita nel senso della freccia) / Pendiente Pronunciada (las flechas indican el sentido del ascenso)
  - 7-12%   +12%
- Passages de la route : à niveau, supérieur, inférieur / Passaggi della strada: a livello, cavalcavia, sottopassaggio / Pasos de la carretera: a nivel, superior, inferior
- Barrière de péage - Route interdite / Casello - Strada vietata / Barrera de peaje - Tramo prohibido

Transports (liaison saisonnière en rouge) / Trasporti (stagionale in rosso) / Transportes (Enlace de temporada: signo rojo)
- Voie ferrée - Tramway / Ferrovia - Tranvia / Línea férrea
- Transport des autos : par bateau / Trasporto auto: su traghetto / Transporte de coches: por barco
- par bac (charge maximum en tonnes) / su chiatta (carico massimo in t.) / por barcaza (carga máxima en toneladas)
- Bac pour piétons / Traghetto per trasporto passegeri / Barcaza para el paso de peatones
- Aéroport - Aérodrome / Aeroporto - Aerodromo / Aeropuerto - Aeródromo

Hébergement - Administration / Risorse - Amministrazione / Alojamiento - Administración
- Capitale de division administrative / Capoluogo amministrativo / Capital de división administrativa
- Limites administratives / Confini amministrativi / Limites administrativos
- Frontière / Frontiera / Frontera

Sports - Loisirs / Sport - Divertimento / Deportes - Ocio
- Golf - Hippodrome / Golf - Ippodromo / Golf - Hipódromo
- Circuit autos, motos / Circuito Automobilistico / Circuito de velocidad
- Port de plaisance - Plage / Porto turistico - Spiaggia / Puerto deportivo - Playa
- Base de loisirs - Parc aquatique / Area per attività ricreative - Parco acquatico / Centro de recreo - Parque acuático
- Parc d'attractions - Parc animalier, zoo / Parco divertimenti - Parco con animali, zoo / Parque de atracciones - Reserva de animales, zoo
- Réserve d'oiseaux - Hôtel isolé / Riserva ornitologica - Albergo, ristorante isolato / Reserva de pájaros - Hotel o restaurante aislado
- Camping, caravaning / Campeggi, caravaning / Camping, caravaning
- Train touristique / Trenino turistico / Tren turistico

Curiosités / Mete e luoghi d'interesse / Curiosidades
- Principales curiosités : voir LE GUIDE VERT / Principali luoghi d'interesse, vedere LA GUIDA VERDE / Principales curiosidades: ver LA GUÍA VERDE
  - Poperinge (▲)
  - Moulbaix
- Localités ou sites intéressants, lieux de séjour / Località o siti interessanti, luoghi di soggiorno / Localidad o lugar interesante, lugar para quedarse
- Édifice religieux - Château - Ruines / Edificio religioso - Castello - Rovine / Edificio religioso - Castillo, fortaleza - Ruinas
- Grotte - Monument mégalithique / Grotta - Monumento megalitico / Cueva - Monumento megalítico
- Moulin à vent - Autre curiosité / Mulino a vento - Altri luoghi d'interesse / Molino de viento - Curiosidades diversas
- Panorama - Point de vue / Panorama - Vista / Vista panorámica - Vista parcial
- Parcours pittoresque / Percorso pittoresco / Recorrido pintoresco

Signes divers / Simboli vari / Signos diversos
- Phare - Tour ou pylône de télécommunications / Faro - Torre o pilone per telecomunicazioni / Faro - Torreta o poste de telecomunicación
- Puits de pétrole ou de gaz / Pozzo petrolifero o gas naturale / Pozos de petróleo o de gas
- Centrale électrique / Centrale elettrica / Central eléctrica
- Raffinerie - Industries / Raffineria - Industrie / Refinería - Industrias
- Mine - Carrière / Miniera - Cava / Mina - Cantera
- Transporteur industriel aérien / Teleferica industriale / Transportador industrial aéreo
- Barrage - Cimetière militaire / Diga - Cimitero militare / Presa - Cementerio militar
- Altitudes : au-dessus de la mer / Altitudini: al di sopra del mare / Altitudes: sobre el mar
  - . 27
- au-dessous de la mer / al di sotto del mare / baso el mar
  - -2.
- Parc national - Parc naturel / Parco nazionale - Parco naturale / Parque nacional - Parque natural

VIII

Zeichenerklärung: Tschechien	Verklaring van de tekens: Tsjechië	Key: Czechia
Straßen	**Wegen**	**Roads**
Autobahn - Tankstelle mit Raststätte	Autosnelweg - Serviceplaatsen	Motorway - Service areas
Schnellstraße mit getrennten Fahrbahnen	Gescheiden rijbanen van het type autosnelweg	Dual carriageway with motorway characteristics
Anschlussstellen: Voll - bzw. Teilanschlussstellen	Aansluitingen: volledig, gedeeltelijk	Interchanges: complete, limited
Anschlussstellennummern	Afritnummers	Interchange numbers
Internationale bzw. nationale Hauptverkehrsstraße	Internationale of nationale verbindingsweg	International and national road network
Überregionale Verbindungsstraße oder Umleitungsstrecke	Interregionale verbindingsweg	Interregional and less congested road
Straße mit Belag - ohne Belag	Verharde weg - onverharde weg	Road surfaced - unsurfaced
Autobahn, Straße im Bau	Autosnelweg in aanleg, weg in aanleg	Motorway, road under construction
Straßenbreiten	**Breedte van de wegen**	**Road widths**
Getrennte Fahrbahnen	Gescheiden rijbanen	Dual carriageway
4 Fahrspuren	4 rijstroken	4 lanes
2 breite Fahrspuren	2 brede rijstroken	2 wide lanes
2 Fahrspuren	2 rijstroken	2 lanes
1 Fahrspur	1 rijstrook	1 lane
Straßenentfernungen (Gesamt- und Teilentfernungen)	**Afstanden** (totaal en gedeeltelijk)	**Distances** (total and intermediate)
Mautstrecke auf der Autobahn - auf der Schnellstraße	Gedeelte met tol op autosnelwegen	Toll roads on motorway - on express road
Mautfreie Strecke auf der Autobahn auf der Schnellstraße	Tolvrij gedeelte op autosnelwegen	Toll-free section on motorway - on express road
auf der Straße	op andere wegen	on road
Verkehrshindernisse	**Hindernissen**	**Obstacles**
Starke Steigung (Steigung in Pfeilrichtung)	Steile helling (pijlen in de richting van de helling)	Steep hill (ascent in direction of the arrow)
Bahnübergänge: schnienengleich - Unterführung - Überführung	Wegovergangen: gelijkvloers, overheen, onderdoor	Level crossing: railway passing, under road, over road
Straße mit Verkehrsbeschränkungen	Beperkt opengestelde weg	Road subject to restrictions
Mautstelle	Tol	Toll barrier
Eingeschneite Straße: voraussichtl. Wintersperre	Sneeuw: vermoedelijke sluitingsperiode	Snowbound, impassable road during the period shown
Verkehrsmittel	**Vervoer**	**Transportation**
Flughafen	Luchthaven	Airport
Bahnlinie	Spoorweg	Railway
Standseibahn, Seilbahn, Sessellift	Kabelspoor, kabelbaan, stoeltjeslift	Funicular, cable car, chairlift
Zahnradbahn	Tandradbaan	Rack railway
Autotransport per Fähre	Veerpont voor auto's	Car ferry
Verwaltung	**Administratie**	**Administration**
Verwaltungshauptstadt	Hoofdplaats van administratief gebied	Administrative district seat
Verwaltungsgrenzen	Administratieve grenzen	Administrative boundaries
Staatsgrenze	Staatsgrens	National boundary
Hauptzollamt - Zollstation mit Einschränkungen	Hoofddouanekantoor - Douanekantoor met beperkte bevoegdheden	Principal customs post - Secondary customs post
Sport - Freizeit	**Sport - Recreatie**	**Sport & Recreation Facilities**
Rennstrecke	Autocircuit	Racing circuit
Yachthafen	Jachthaven	Sailing
Thermalbad	Kuuroord	Spa
Skigebiet	Wintersportplaats	Ski resort
Schutzhütte	Berghut	Mountain refuge hut
Campingplatz	Kampeerterrein	Camping sites
Museumseisenbahn-Linie	Toeristentreintje	Tourist train
Nationalpark - Naturpark	Nationaal park - Natuurpark	National park - Nature park
Sehenswürdigkeiten	**Bezienswaardigheden**	**Sights**
Denkmalgeschützter Stadtteil	Onder monumentenzorg	Listed historic town
Sakral-Bau	Kerkelijk gebouw	Religious building
Holzkirche	Houten kerk	Wooden church
Höhle	Grot	Cave
Schloss, Burg	Kasteel	Historic house, castle
Ruine	Ruïne	Ruins
Sonstige Sehenswürdigkeit	Andere bezienswaardigheden	Other places of interest
Freilichtmuseum	Openluchtmuseum	Open air museum
Rundblick - Aussichtspunkt	Panorama - Uitzichtpunt	Panoramic view - Viewpoint
Landschaftlich schöne Strecke	Schilderachtig traject	Scenic route

Légende : Tchéquie | Legenda: Cechia | Signos convencionales: Chequia

Routes / Strade / Carreteras
- Autoroute - Aires de service / Autostrada - Area di servizio / Autopista - Áreas de servicio
- Double chaussée de type autoroutier / Doppia carreggiata di tipo autostradale / Autovía
- Échangeurs : complet, partiels / Svincoli: completo, parziale / Enlaces : completo, parciales
- Numéros d'échangeurs / Svincoli numerati / Números de los accesos
- Route de liaison internationale ou nationale / Strada di collegamento internazionale o nazionale / Carretera de comunicación internacional o nacional
- Route de liaison interrégionale ou de dégagement / Strada di collegamento interregionale o di disimpegno / Carretera de comunicación interregional o alternativo
- Route revêtue - non revêtue / Strada rivestita - non rivestita / Carretera asfaltada - sin asfaltar
- Autoroute, route en construction / Autostrada, strada in costruzione / Autopista, carretera en construcción

Largeur des routes / Larghezza delle strade / Ancho de las carreteras
- Chaussées séparées / Carreggiate separate / Calzadas separadas
- 4 voies / 4 corsie / Cuatro carriles
- 2 voies larges / 2 corsie larghe / Dos carriles anchos
- 2 voies / 2 corsie / Dos carriles
- 1 voie / 1 corsia / Un carril

Distances (totalisées et partielles) / Distanze (totali e parziali) / Distancias (totales y parciales)
- Section à péage sur autoroute - sur voie express / tratto a pedaggio su autostrada - su strada di tipo autostradale / Tramo de peaje en autopista - en vía rapido
- Section libre sur autoroute - sur voie express / tratto esente da pedaggio su autostrada - su strada di tipo autostradale / Tramo libre en autopista - en vía rapido
- sur route / Su strada / en carretera

Obstacles / Ostacoli / Obstáculos
- Forte déclivité (flèches dans le sens de la montée) / Forte pendenza (salita nel senso della freccia) / Pendiente Pronunciada (las flechas indican el sentido del ascenso)
- Passages de la route : à niveau, supérieur, inférieur / Passaggi della strada: a livello, cavalcavia, sottopassaggio / Pasos de la carretera: a nivel, superior, inferior
- Route réglementée / Strada a circolazione regolamentata / Carretera restringida
- Barrière de péage / Casello / Barrera de peaje
- Enneigement : période probable de fermeture / Innevamento: probabile periodo di chiusura / Nevada : Período probable de cierre

Transports / Trasporti / Transportes
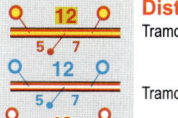
- Aéroport / Aeroporto / Aeropuerto
- Voie ferrée / Ferrovia / Línea férrea
- Funiculaire, téléphérique, télésiège / Funicolare, funivia, seggiovia / Funicular, Teleférico, telesilla
- Voie à crémaillère / Ferrovia a cremagliera / Línea de cremallera
- Bac pour autos / Trasporto auto su chiatta / Barcaza para el paso de coches

Administration / Amministrazione / Alojamiento - Administración
- Capitale de division administrative / Capoluogo amministrativo / Capital de división administrativa K L M W
- Limites administratives / Confini amministrativi / Limites administrativos
- Frontière / Frontiera / Frontera
- Douane principale - Douane avec restriction / Dogana principale - Dogana con limitazioni / Aduana principal - Aduana con restricciones

Sports - Loisirs / Sport - Divertimento / Deportes - Ocio
- Circuit automobile / Circuito Automobilistico / Circuito de velocidad
- Centre de voile / Centro velico / Vela
- Station thermale / Stazione termale / Estación termal
- Station de sports d'hiver / Sport invernali / Área de esquí
- Refuge de montagne / Rifugio / Refugio de montaña
- Camping / Campeggio / Camping
- Train touristique / Trenino turistico / Tren turístico
- Parc national - Parc naturel / Parco nazionale - Parco naturale / Parco nacional - Parque natural

Curiosités / Mete e luoghi d'interesse / Curiosidades
- Ville classée / Citta' classificata / Ciudad destacada
- Édifice religieux / Edificio religioso / Edificio religioso
- Église en bois / Chiesa in legno / Iglesia de madera
- Grotte / Grotta / Cueva
- Château / Castello / Castillo, fortaleza
- Ruines / Rovine / Ruinas
- Autres curiosités / Altri luoghi d'interesse / Curiosidades diversas
- Musée de plein air / Museo all'aperto / Museo al aire libre
- Panorama - Point de vue / Panorama - Vista / Vista panorámica - Vista parcial
- Parcours pittoresque / Percorso pittoresco / Recorrido pintoresco

IX

Straßenverkehrsordnung
Wegcode / Motoring regulations / Réglements routiers
Regolamenti stradali / Código de circulación

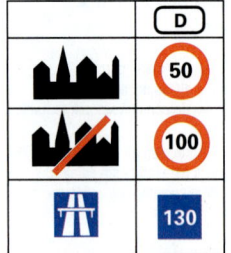

Geschwindigkeitsbegrenzung in km/h
Snelheidsbeperkingen (in km/uur)
Maximum Speed Limit: in kilometres per hour
Limitations de vitesse en kilomètres/heure
Limite di velocità in chilometri/ora
Limitación de velocidad en km/hora

Maximal zulässiger Blutalkoholgehalt / Maximaal toegelaten alcoholconcentratie in het bloed / Maximum blood alcohol level
Taux maximum d'alcool toléré dans le sang / Tasso massimo di alcol ammesso nel sangue
Indice máximo de alcohol permitido en sangre
Ⓓ 0.5g/l

Mindestalter für Autofahrer: 18 Jahre / Minimum leeftijd van de bestuurder: 18 jaar / Minimum driving age: 18 years
Age minimum du conducteur : 18 ans / Età minima del conducente: 18 anni / Edad minima del conductor: 18 años
Ⓓ

Anlegen von Sicherheitsgurten vorn und hinten vorgeschrieben / Gebruik van veiligheidsgordels vooraan en achteraan verplicht
Seat belts must be worn by driver and all passengers in front and rear seats
Port de la ceinture de sécurité à l'avant et à l'arrière obligatoire
Cintura di sicurezza sedili anteriori e posteriori obbligatoria / Cinturón de seguridad obligatorio en asientos delanteros y trasesos
Ⓓ

Helmpflicht für Motorradfahrer und -beifahrer / Gebruik van valhelm verplicht voor bestuurders en passagiers van motorfietsen
Helmets compulsory for motorcycle riders and passengers / Port du casque pour les motocyclistes et les passagers obligatoire
Casco obbligatorio per motociclisti e loro passeggeri / Casco de conductor y pasajero obligatorio en motocicletes

Abblendlicht bei Tag und Nacht vorgeschrieben / Gebruik van dimlichten dag en nacht verplicht
Dipped headlights required at all times / Allumage des codes jour et nuit obligatoire
Obbligo di accendere gli anabbaglianti giorno e notte / Alumbrado de emergencia de día y de noche obligatorio
Ⓓ

Spikereifen verboten / Spijkerbanden verboden / Studded tyres forbidden
Pneus cloutés interdits / Gomme da neve vietate / Neumáticos claveteados prohibidos
Ⓓ

Winterreifen bei Winterwetter gesetzespflichtig / Winterbanden verplicht bij winterse verkeersomstandigheden /
Winter tyres compulsory in wintry driving conditions / Pneus hiver obligatoires en condition de circulation hivernale
Pneumatici invernali obbligatori in condizioni di circolazione invernali / Neumáticos de invierno obligatorios en condiciones de circulación invernales
Ⓓ

Warndreieck vorgeschrieben / Gevarendriehoek verplicht / Warning Triangle compulsory
Triangle de présignalisation obligatoire / Triangolo di presegnalazione obbligatorio / Triangulo de preseñalización obligatorio
Ⓓ

Verbandskasten vorgeschrieben / Verbandtrommel verplicht / First aid kit compulsory
Trousse de premiers secours obligatoire / Valigetta pronto soccorso obbligatoria / Botiguin obligatorio
Ⓓ

Sicherheitsweste vorgeschrieben / Reflecterend vest verplicht / Reflective jacket compulsory
Gilet de sécurité obligatoire / Giubbotto di sicurezza obbligatorio / Chaleco reflectante obligatorio
Ⓓ

Feuerlöscher empfohlen / Brandblusser aanbevolen / Fire extinguisher recommended
Extincteur conseillé / Estintore consigliato / Extinctor recomendado
Ⓓ

Benötigte Dokumente: Zulassungs- oder Mietwagenpapiere, Haftpflicht-versicherungsnachweis, Nationalitätskennzeichen.
Vereiste documenten: inschrijvingsbewijs of huurcontract van het voertuig, verzekering voor burgerlijke aansprakelijkheid,
officiële nummerplaat.
Documents required. Vehicle registration document or rental agreement. Third party Insurance certificate. National vehicle
identification plate.
Documents nécessaires : certificat d'immatriculation du véhicule ou de location, assurance responsabilité civile,
plaque nationale.
Documenti necessari: certificato d'immatricolazione del veicolo o di noleggio, assicurazione responsabilità civile,
targa nazionale.
Documentos necesarios: certificado de matriculación del vehiculo o certificado de alquiler, seguro de responsabilidad civil,
placa indicativa del país

Straßenverkehrsordnung / Wegcode / Motoring regulations / Réglements routiers / Regolamenti stradali / Código de circulación (15/05/2017)

Deutschland 3

1 : 300 000

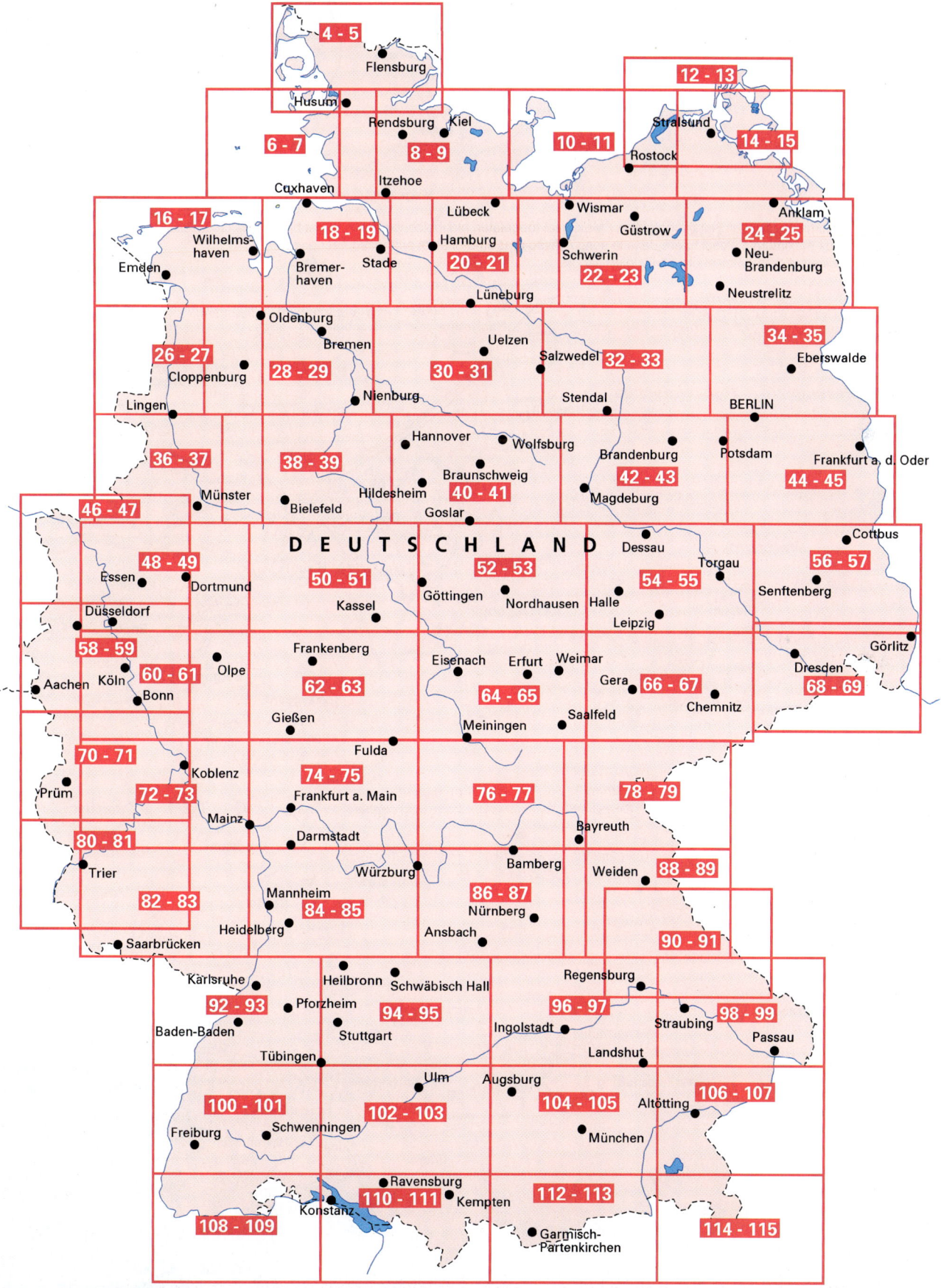

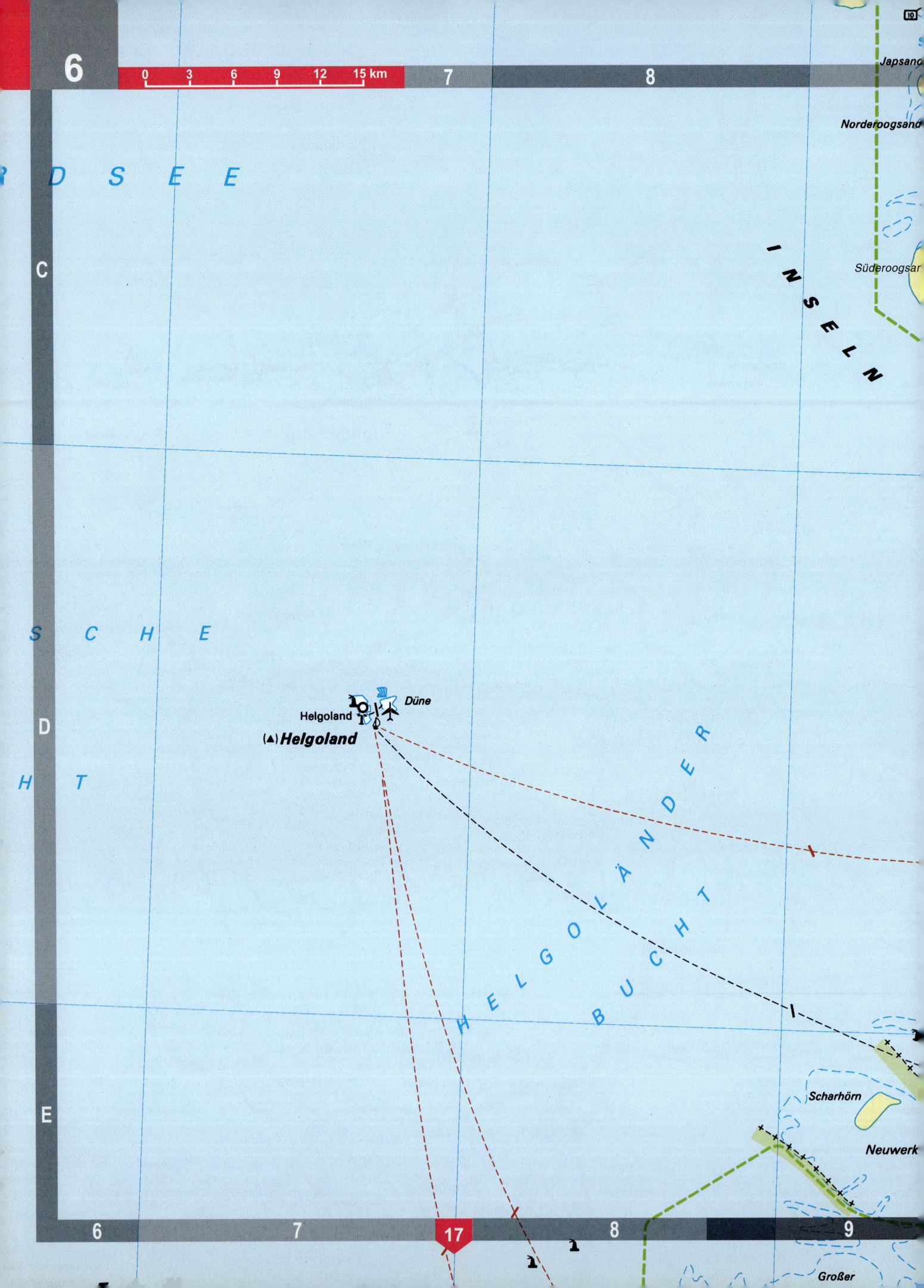

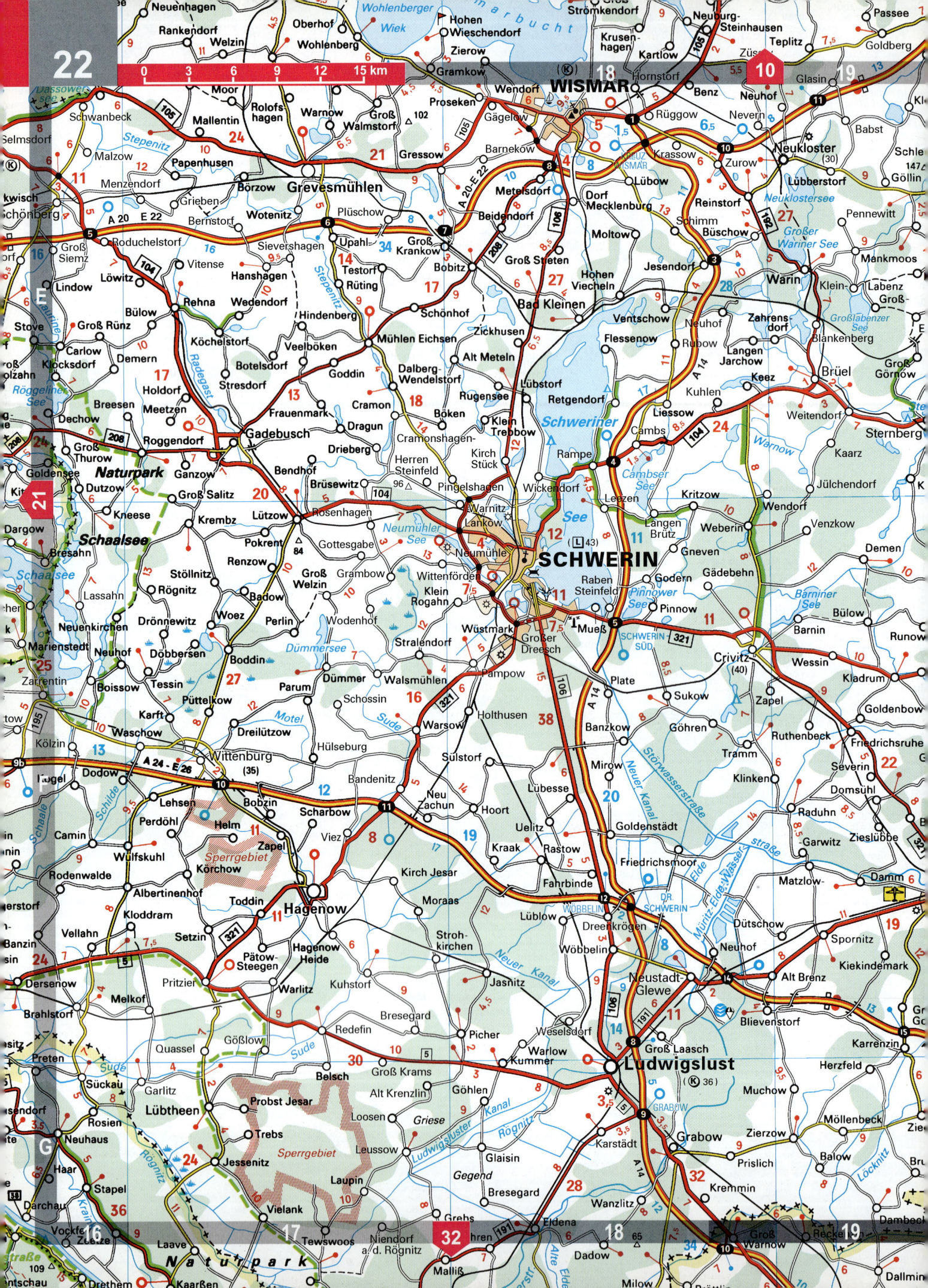

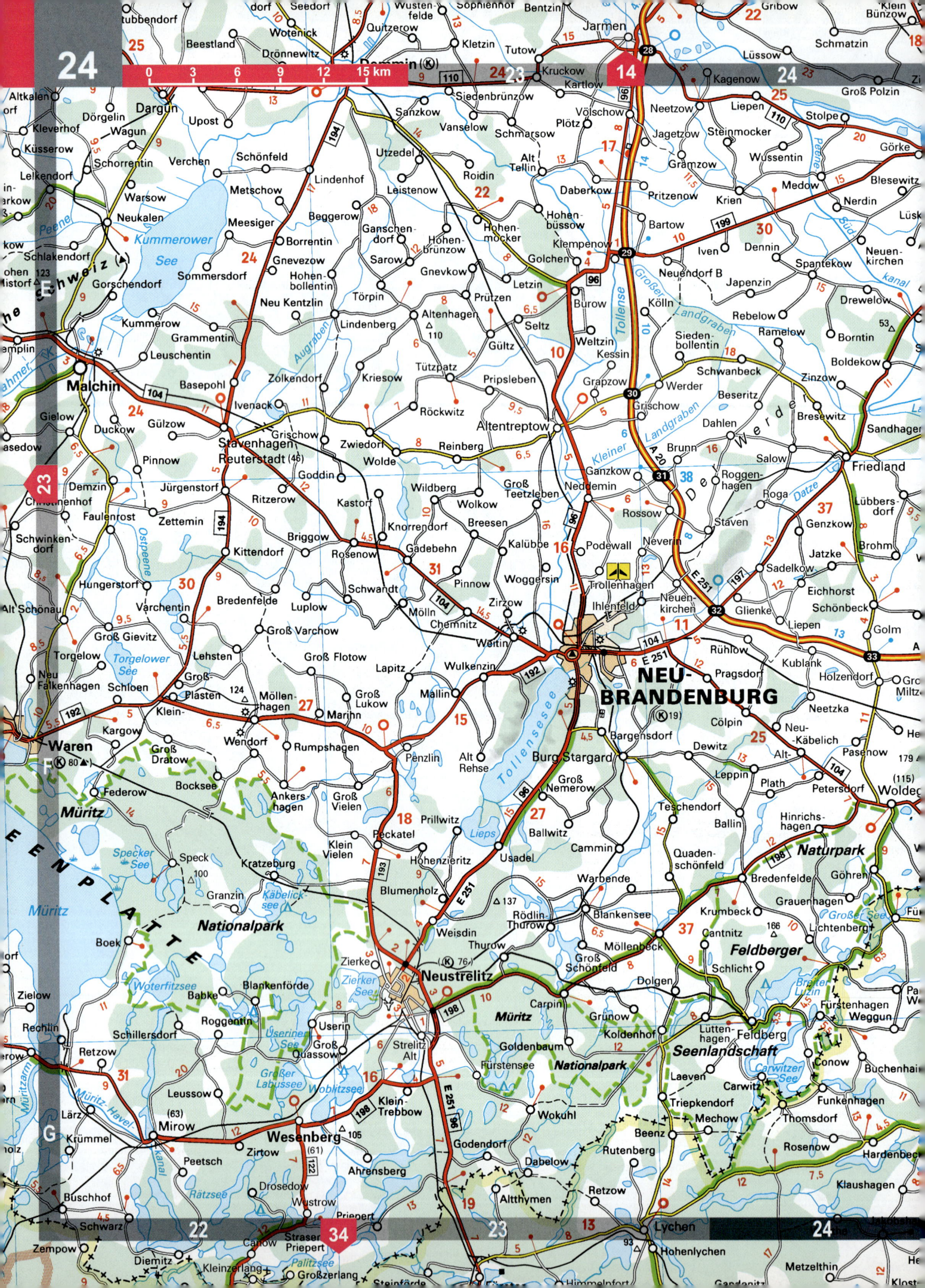

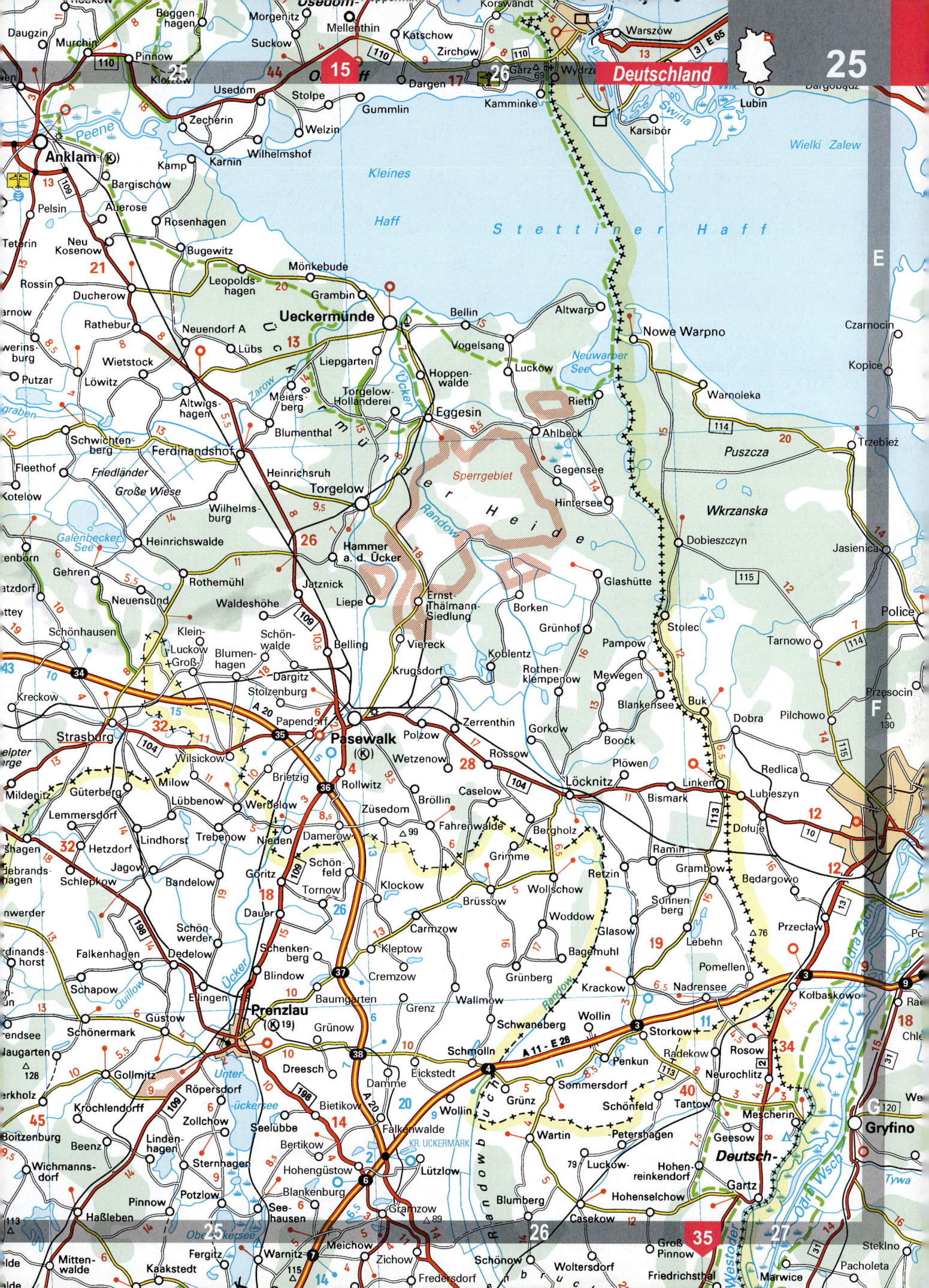

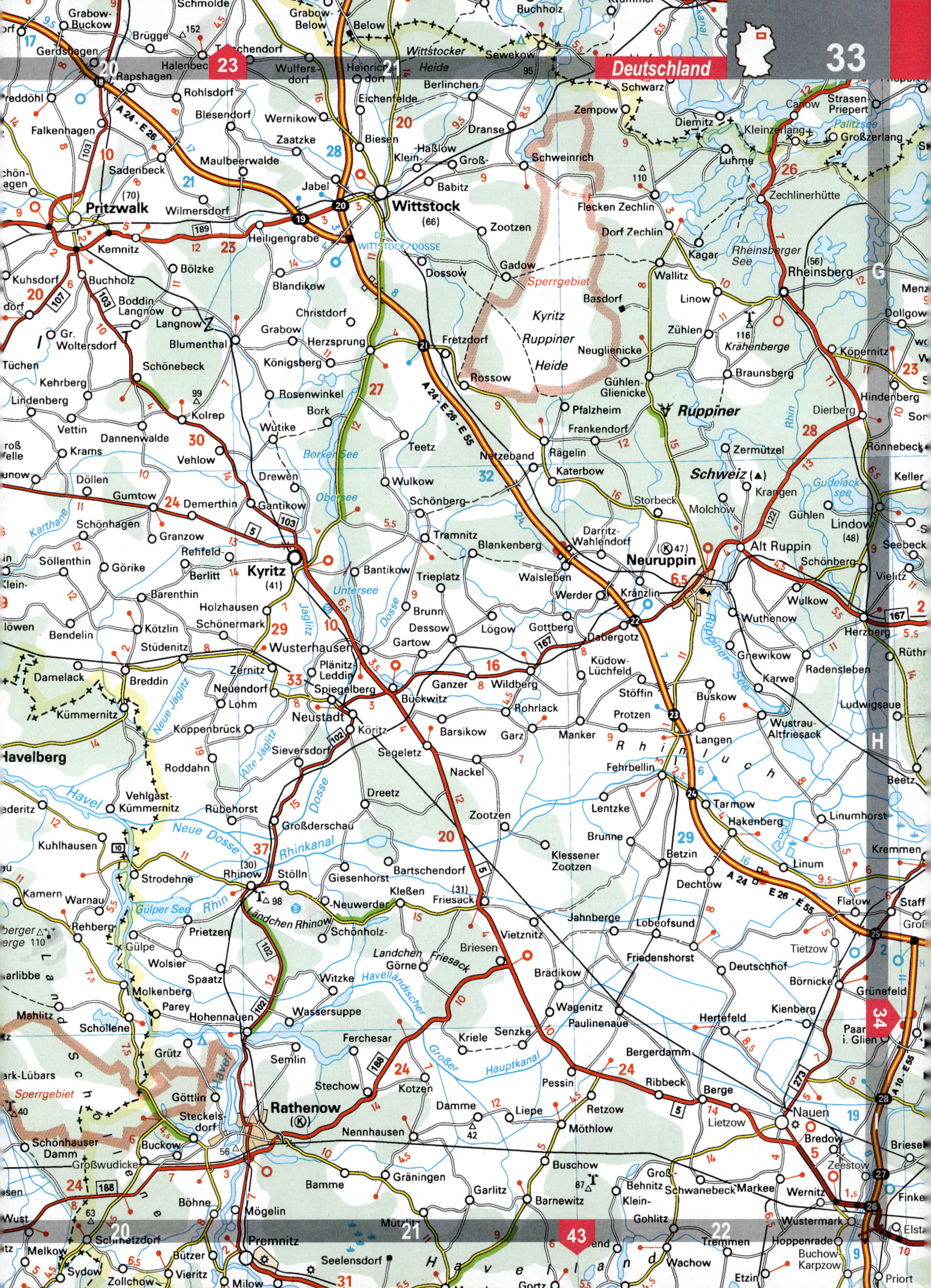

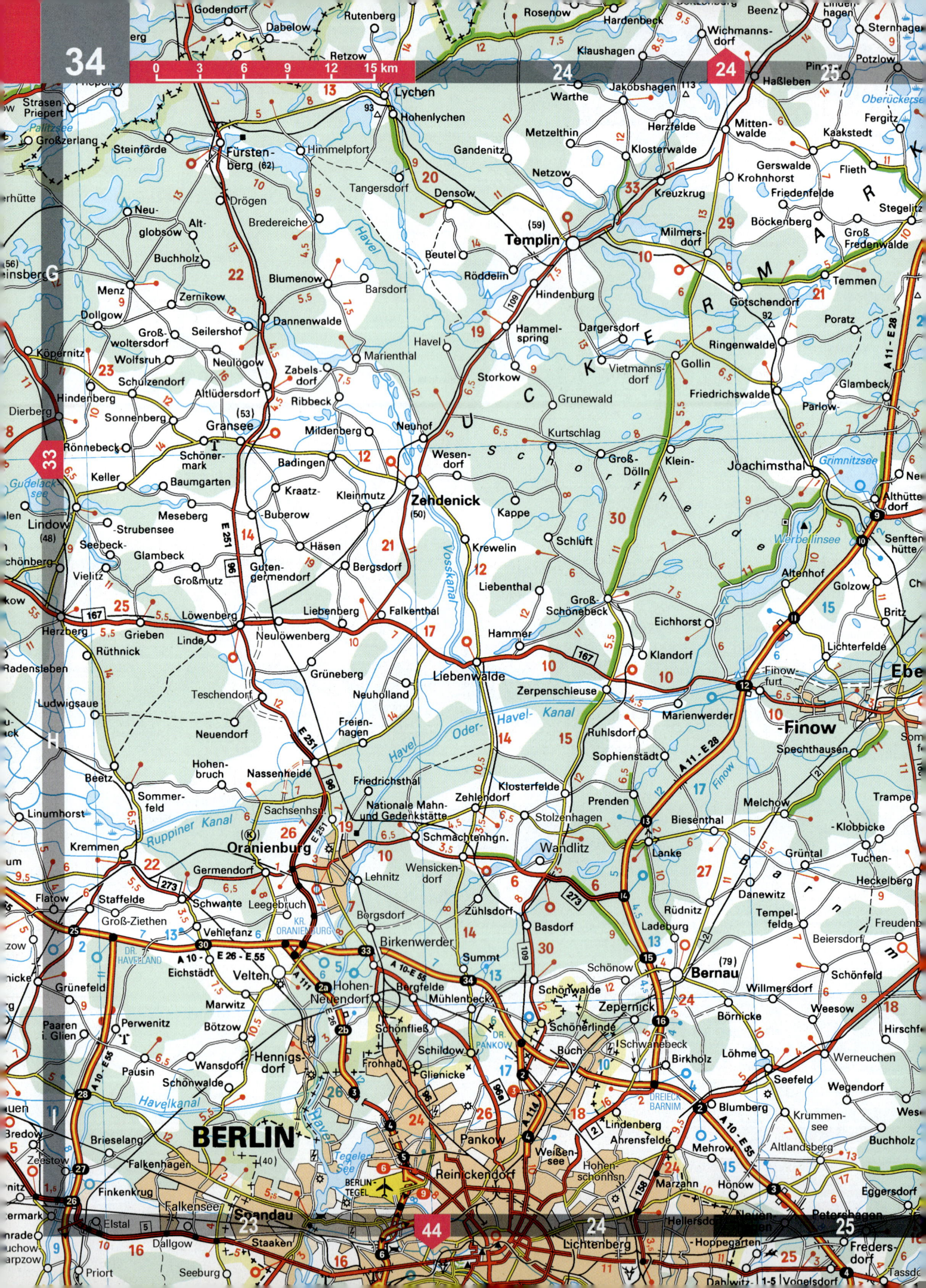

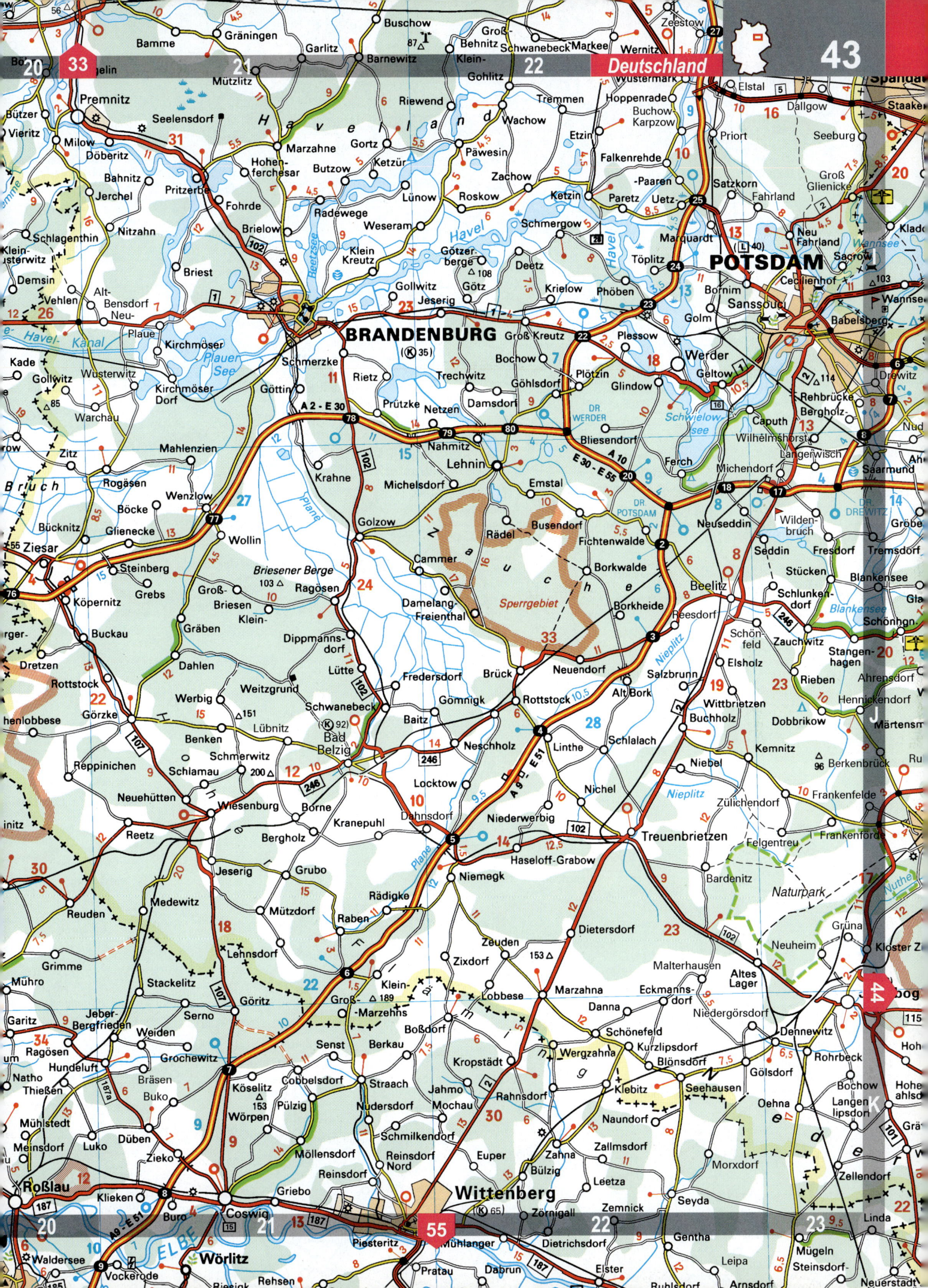

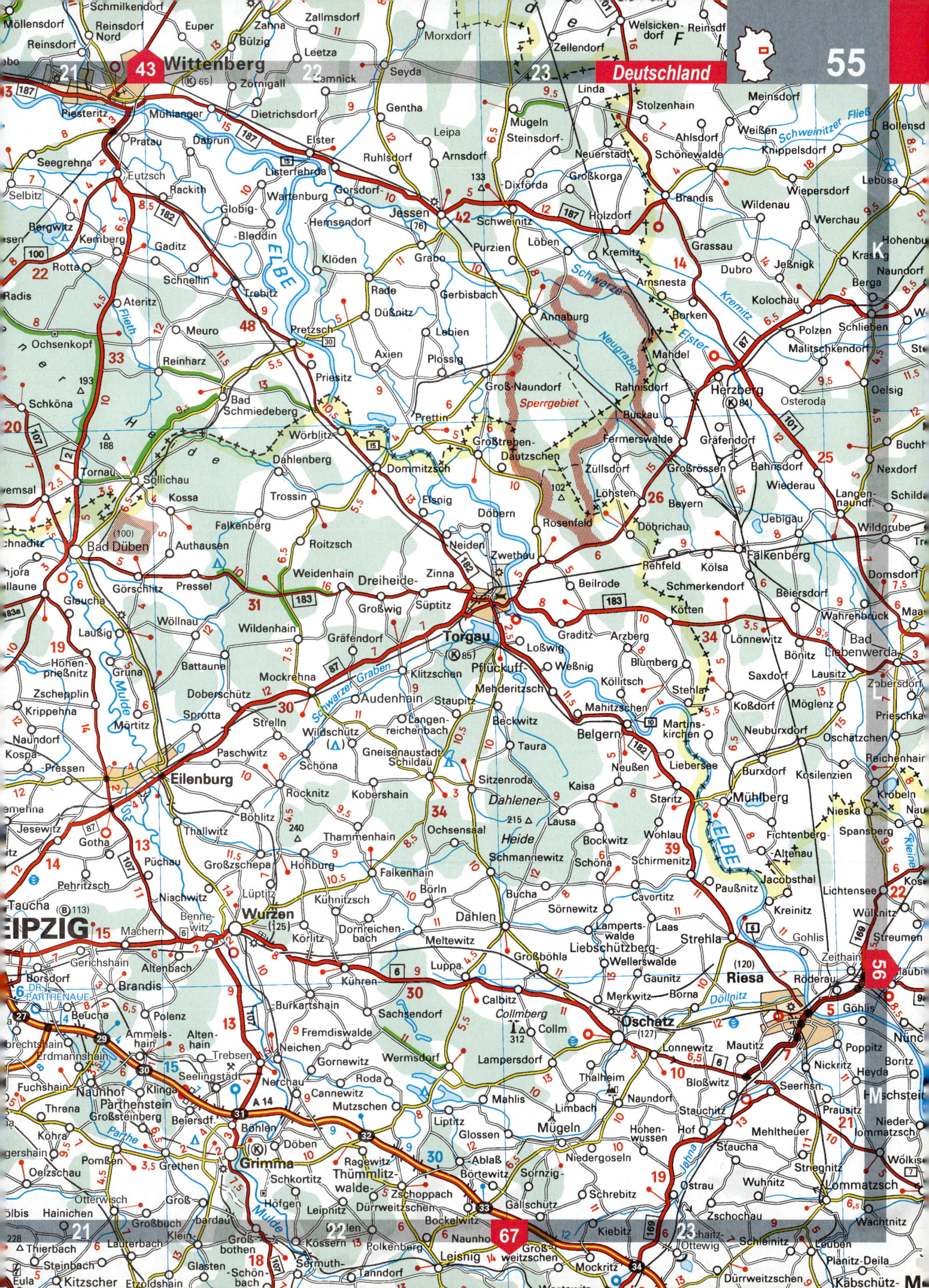

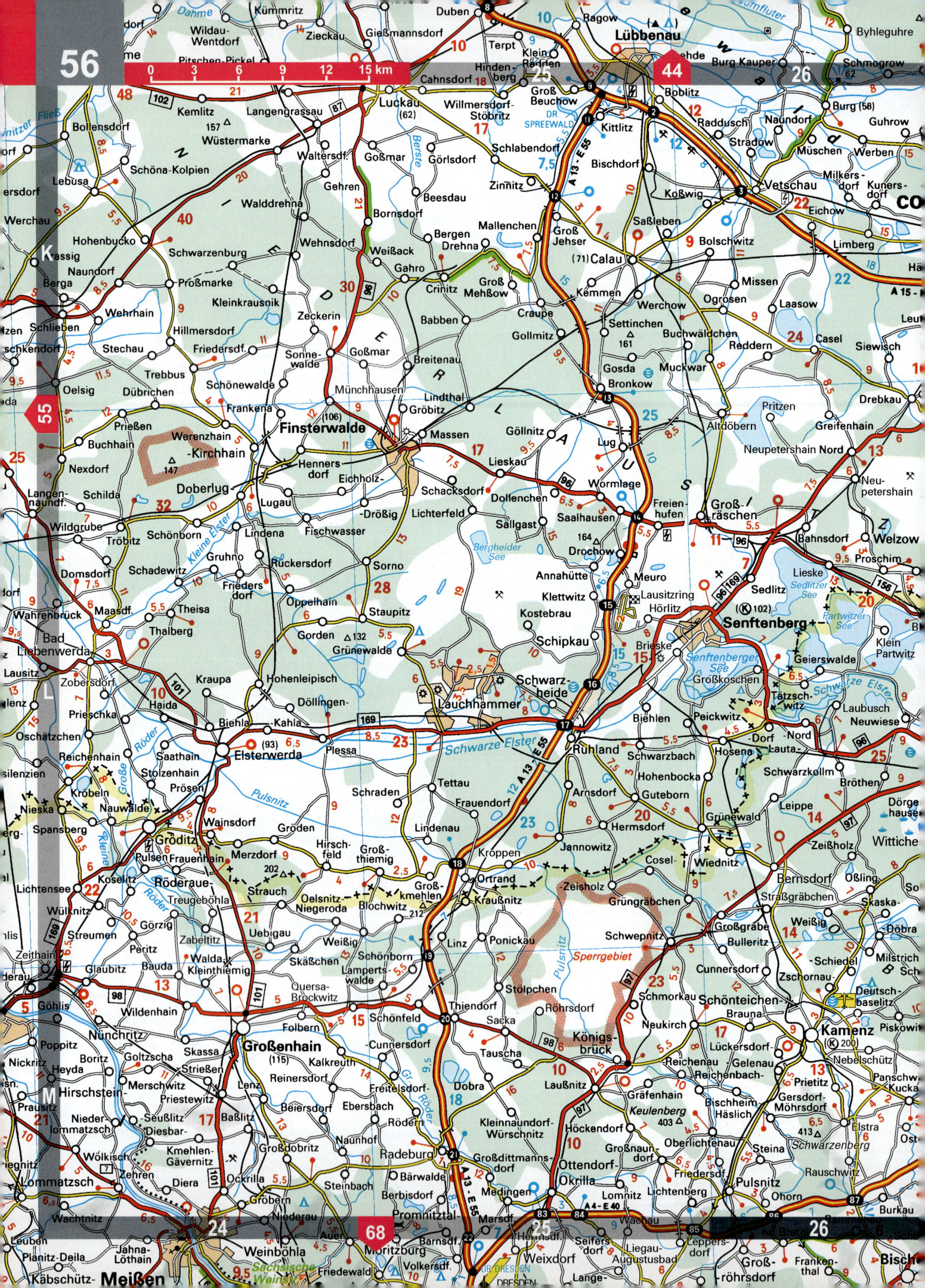

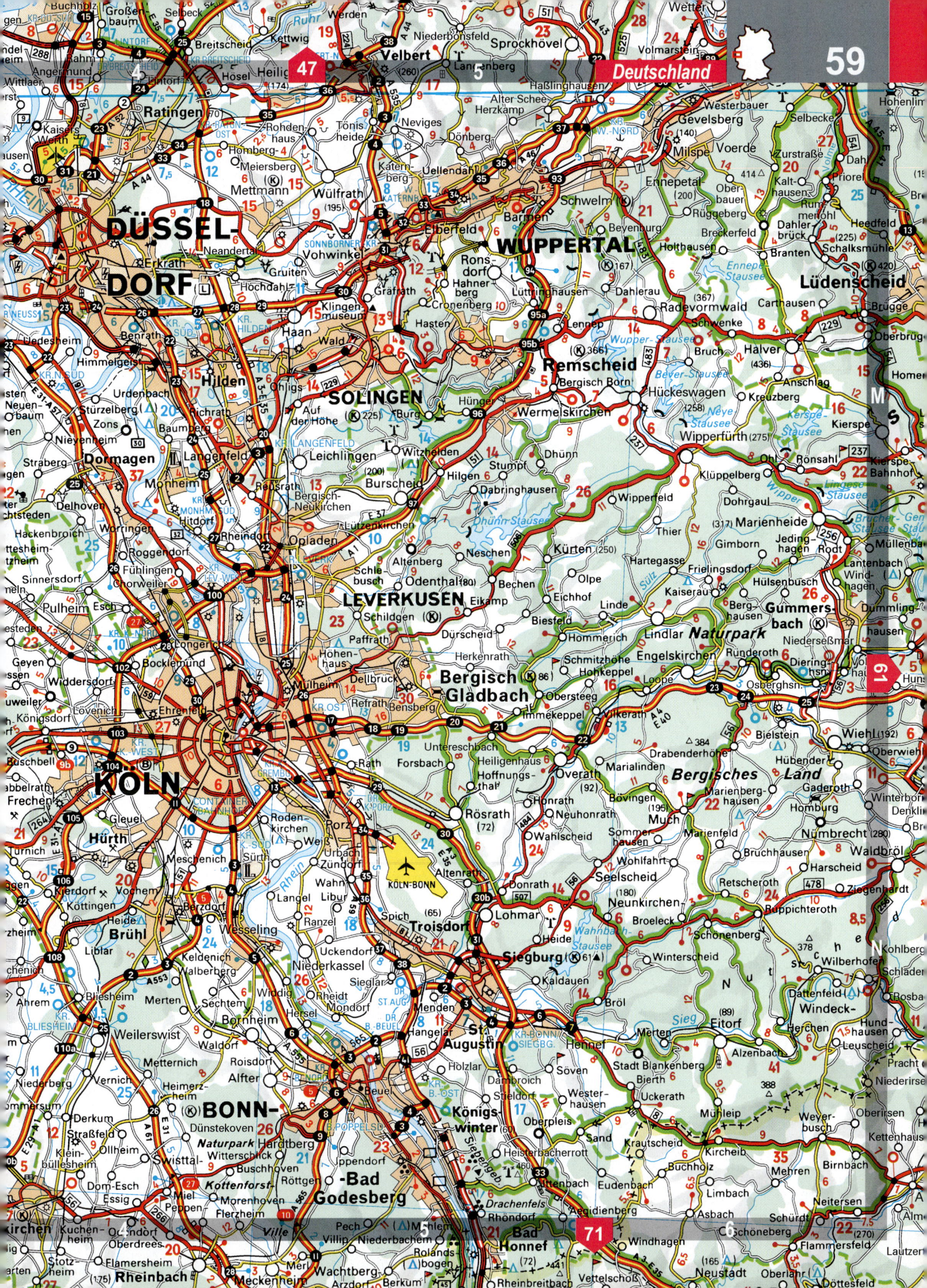

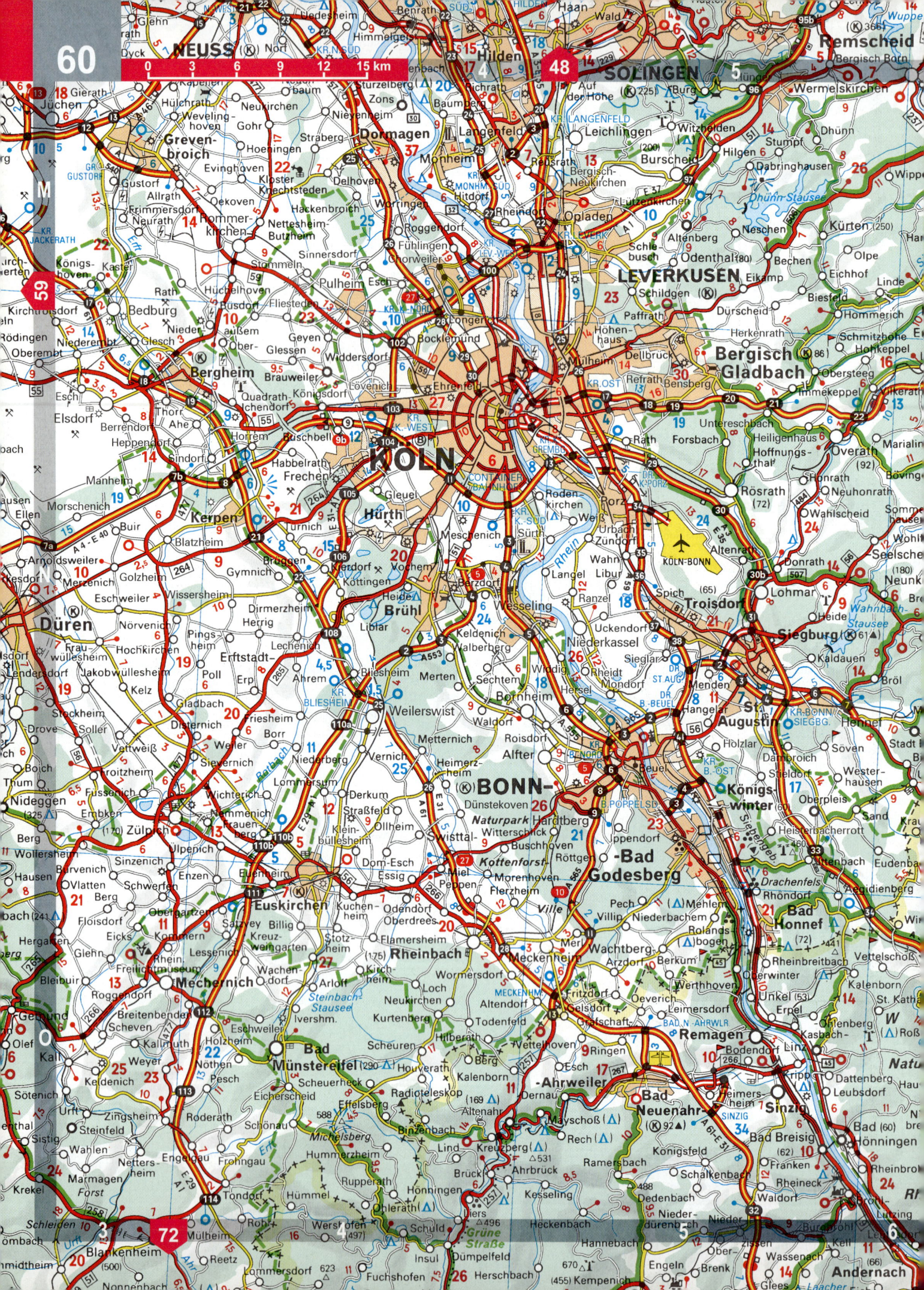

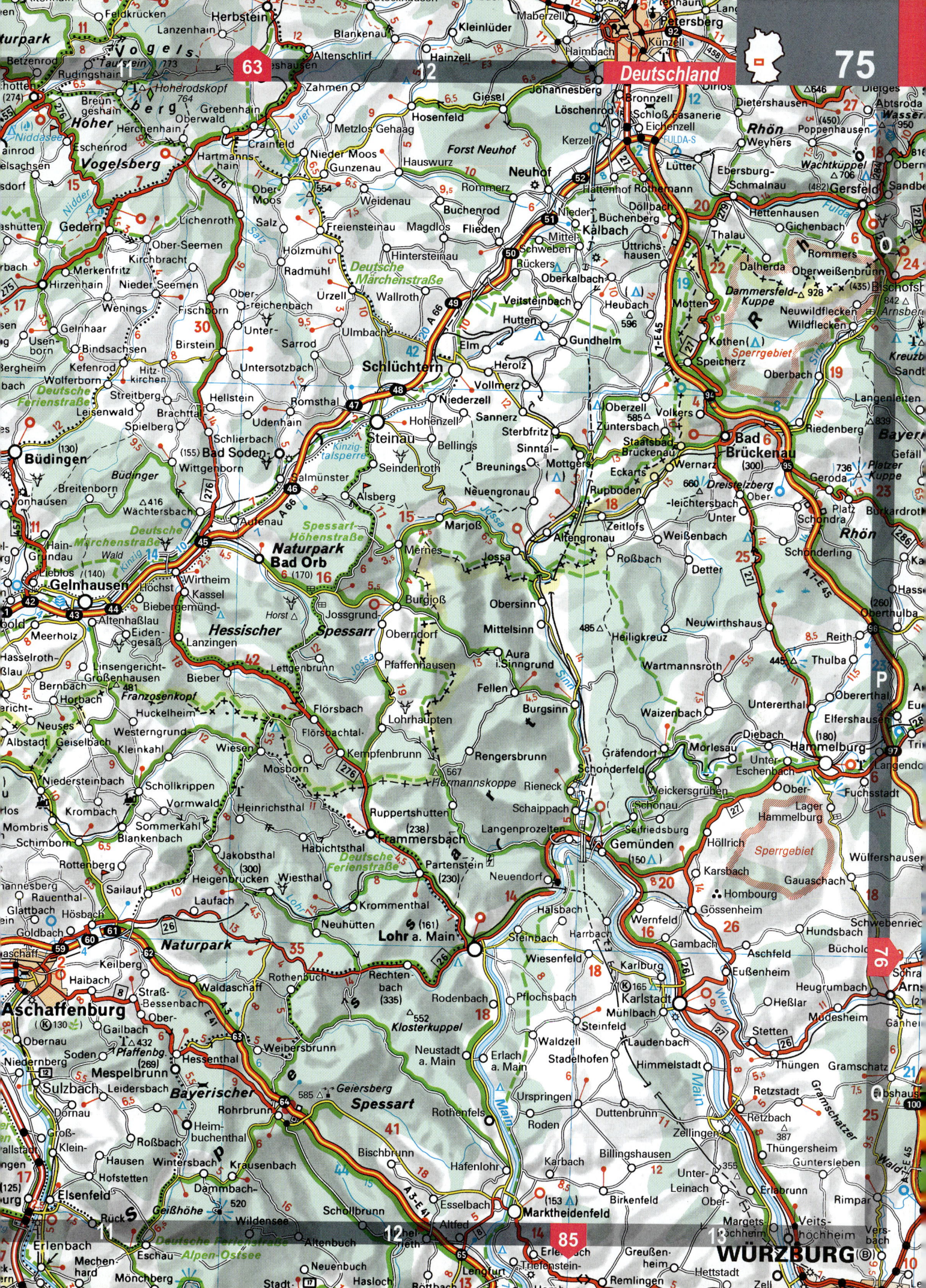

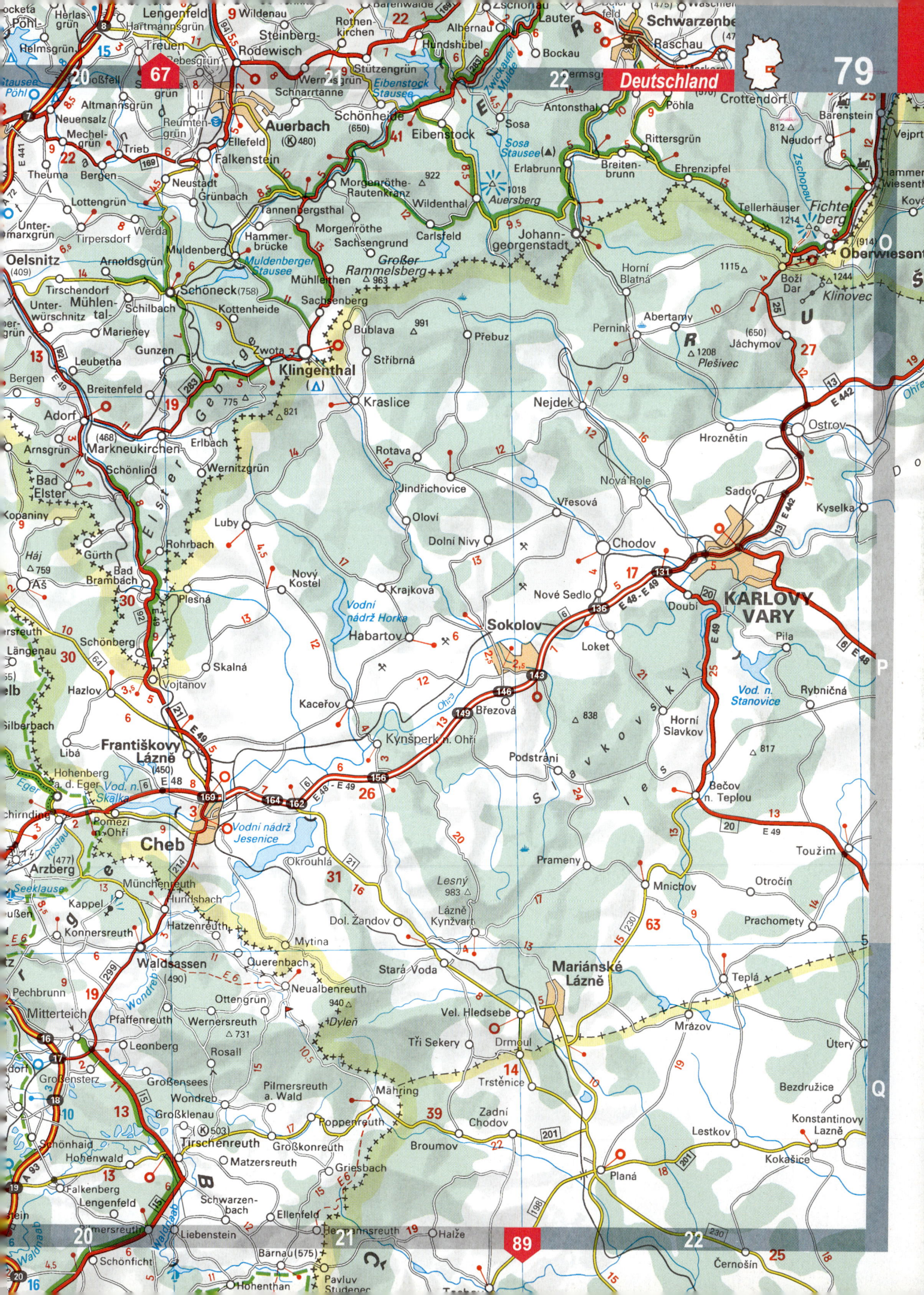

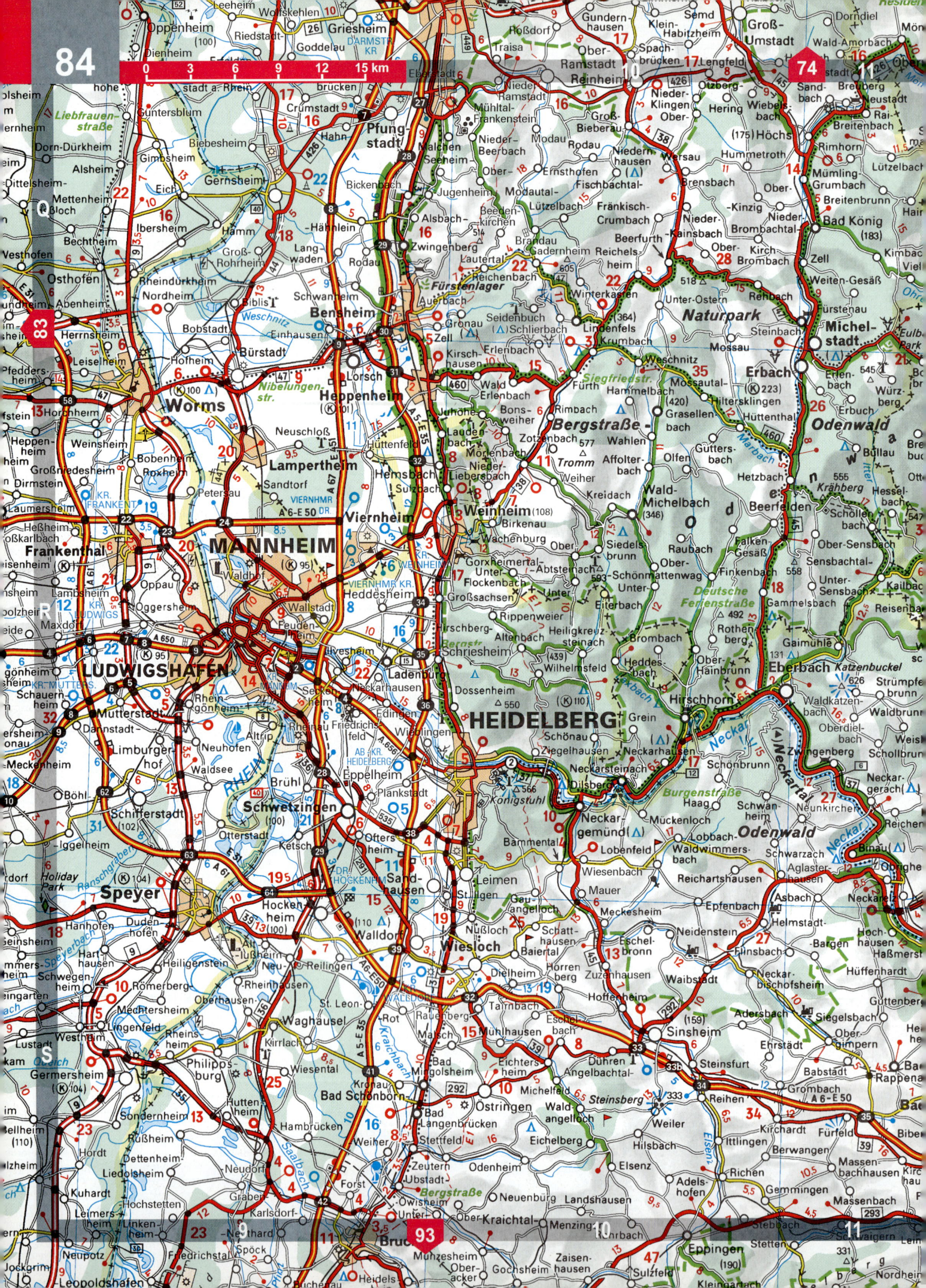

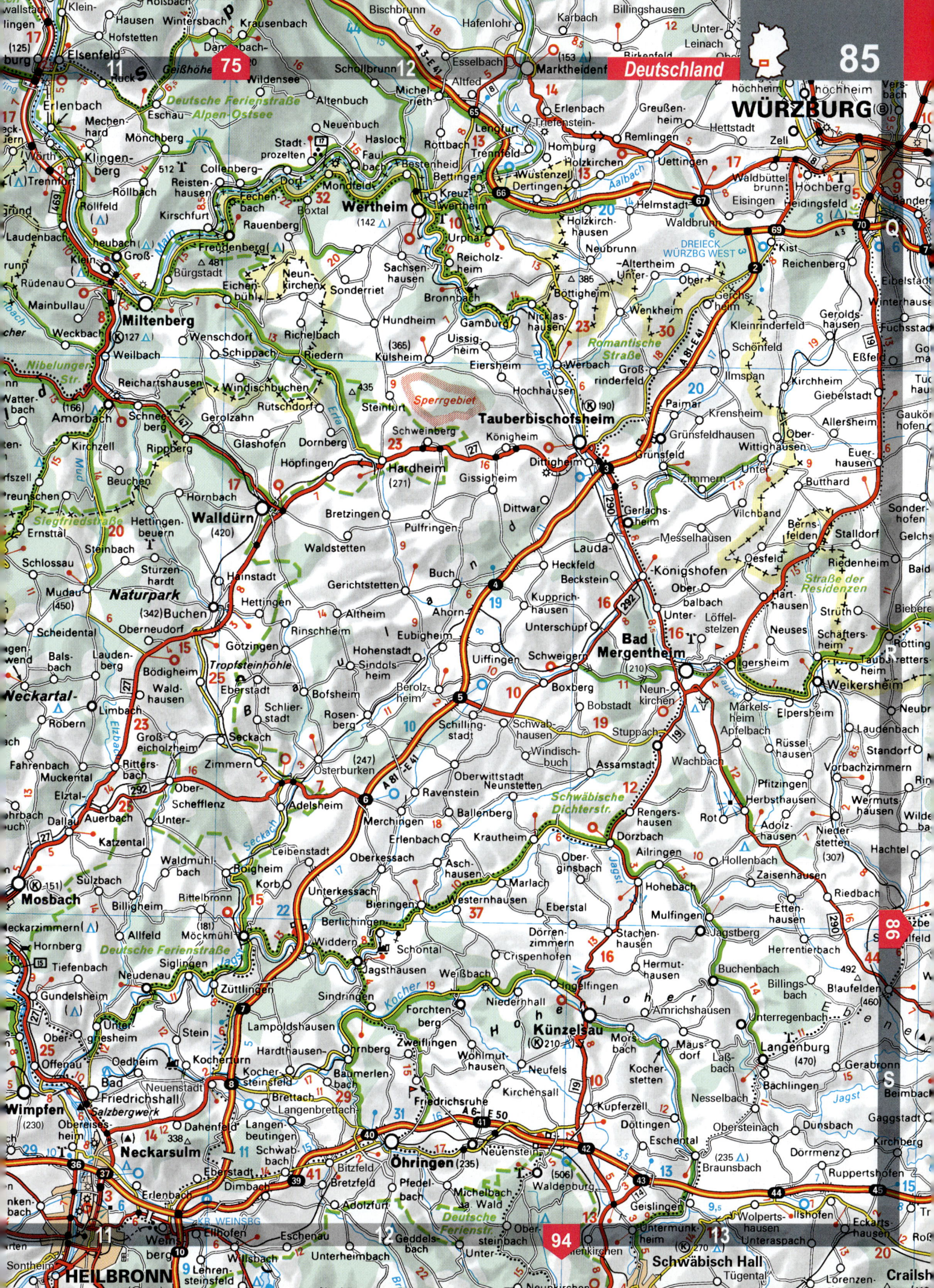

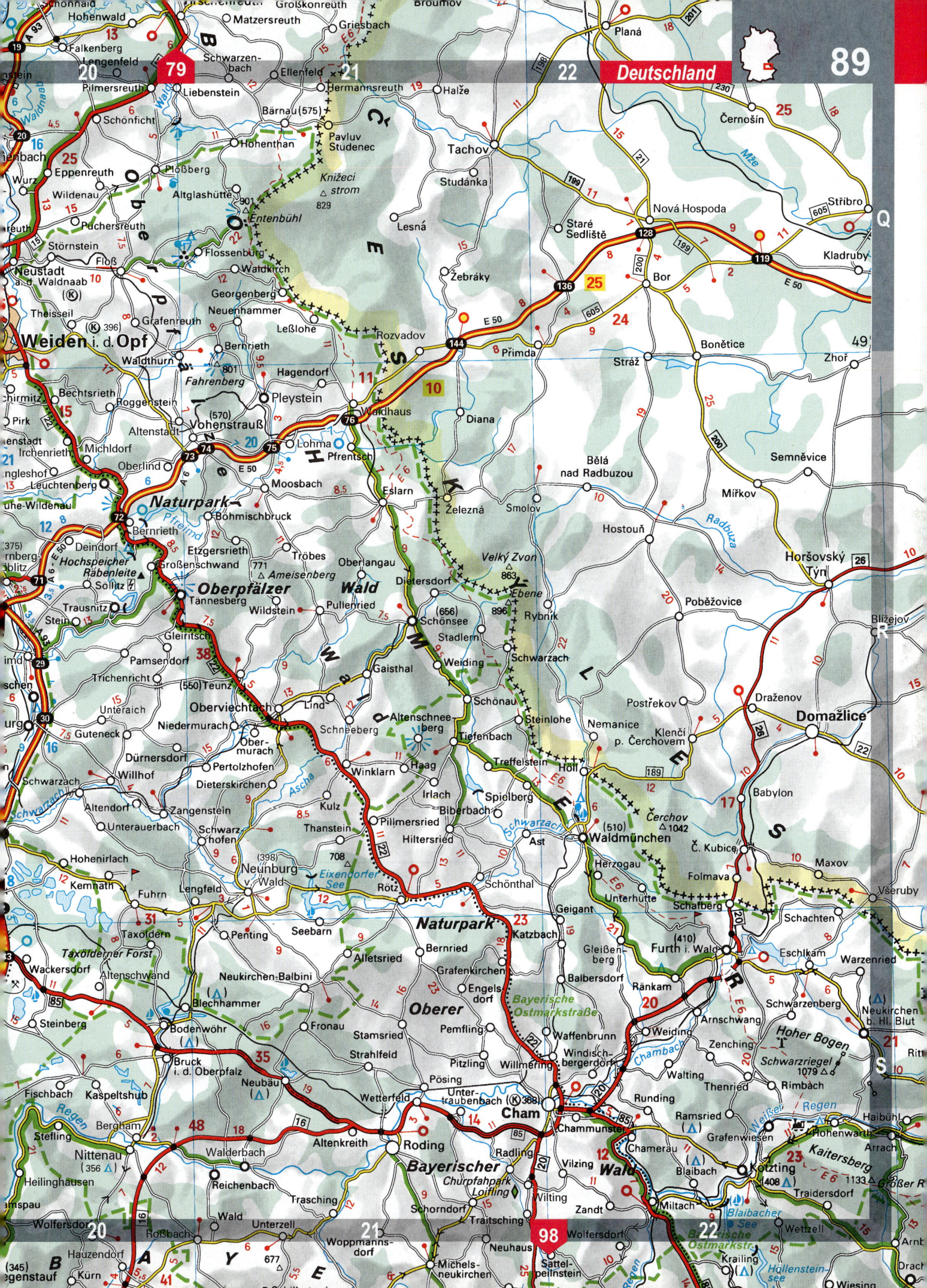

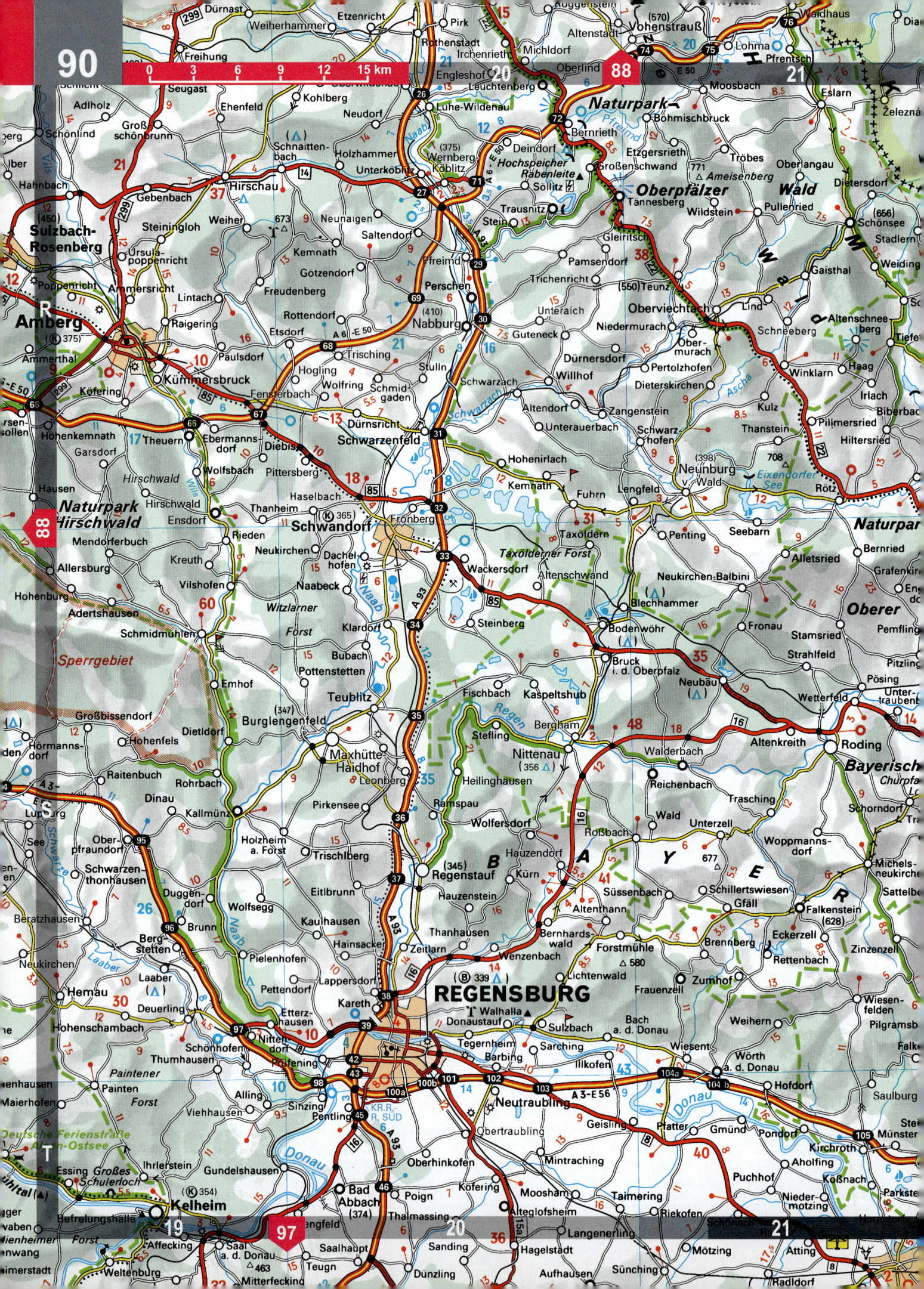

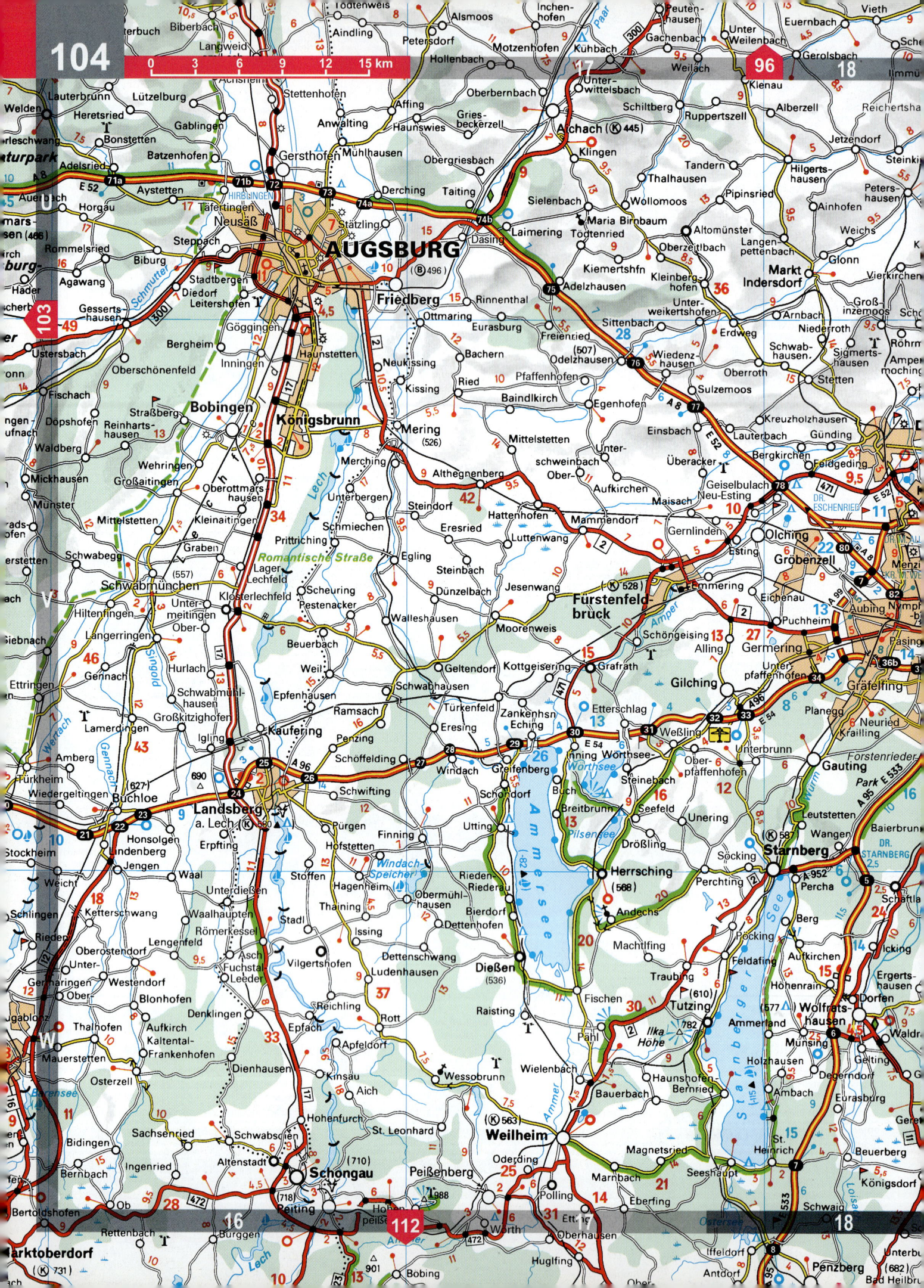

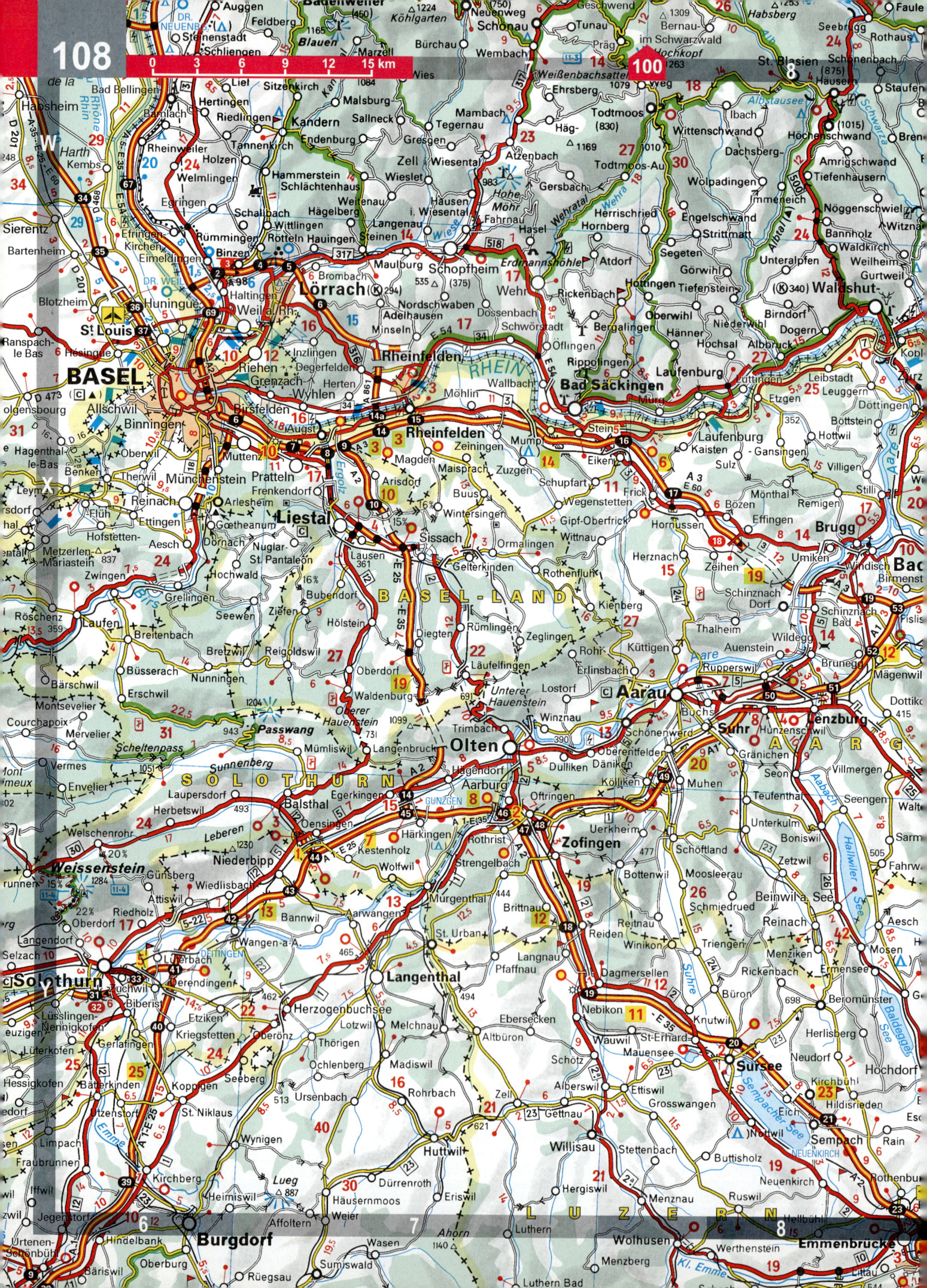

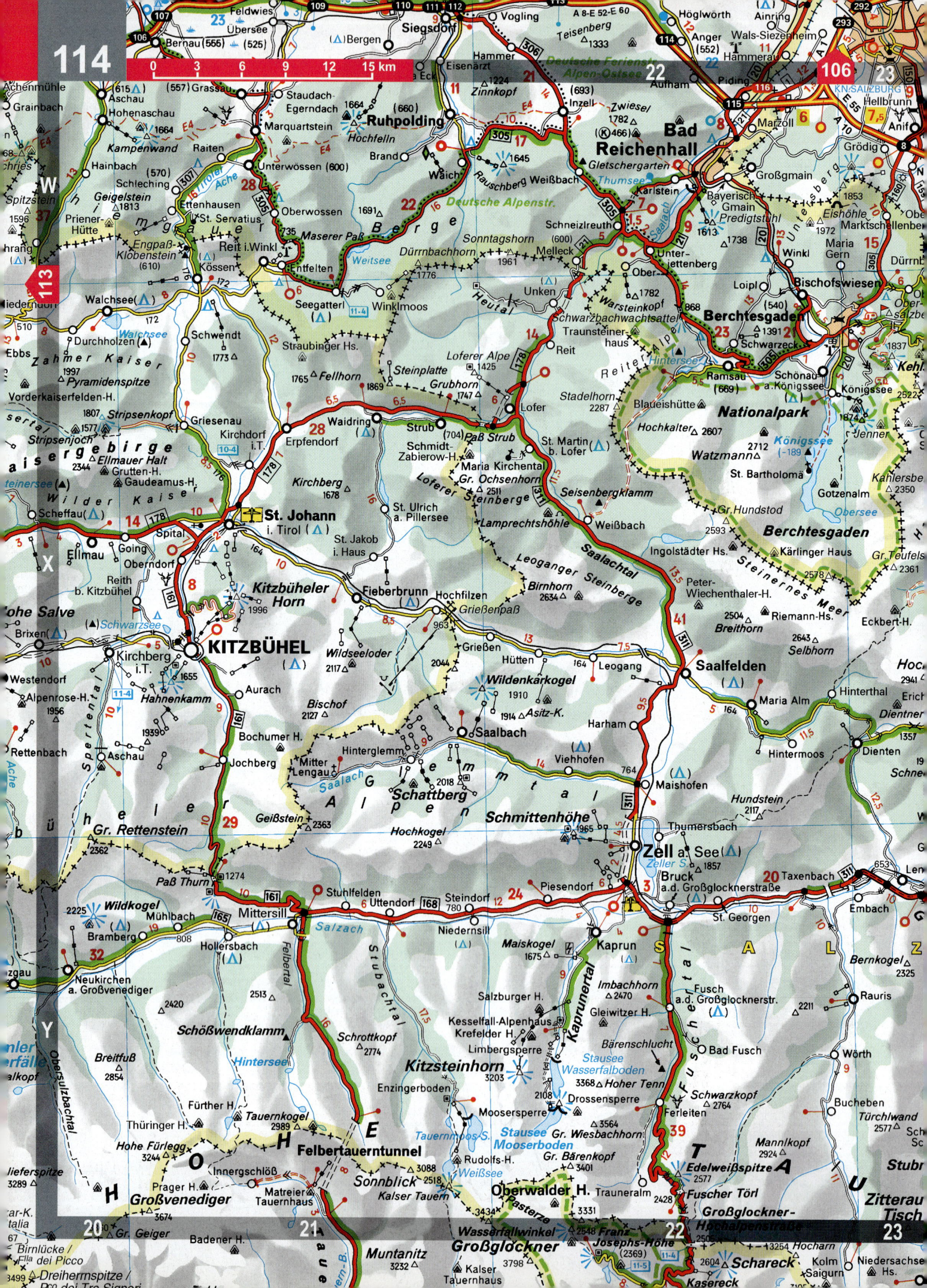

Straßenverkehrsordnung
Wegcode / Motoring regulations / Réglements routiers
Regolamenti stradali / Código de circulación

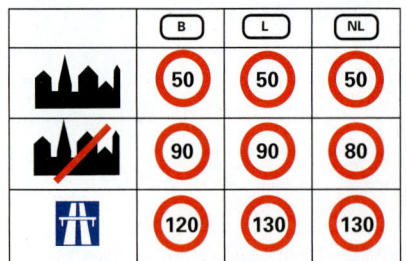

Geschwindigkeitsbegrenzung in km/h
Snelheidsbeperkingen (in km/uur)
Maximum Speed Limit: in kilometres per hour
Limitations de vitesse en kilomètres/heure
Limite di velocità in chilometri/ora
Limitación de velocidad en km/hora

 Maximal zulässiger Blutalkoholgehalt / Maximaal toegelaten alcoholconcentratie in het bloed / Maximum blood alcohol level
Taux maximum d'alcool toléré dans le sang / Tasso massimo di alcol ammesso nel sangue / Indice máximo de alcohol permitido en sangre
Ⓑ Ⓛ Ⓝ 0.5g/l

 Mindestalter für Kinder auf den Frontsitzen / Minimum leeftijd van passagiers vooraan:
Children under years of age not permitted in front seats / Age minimum des enfants admis à l'avant:
Età minima dei bambini ammessi sul sedile anteriore / Edad mínima permitida a menores para circular en el asiento delantero derecho:
Ⓛ Ⓝ 12

 Mindestalter für Autofahrer: 18 Jahre / Minimum leeftijd van de bestuurder: 18 jaar / Minimum driving age: 18 years
Age minimum du conducteur : 18 ans / Età minima del conducente: 18 anni / Edad mínima del conductor: 18 años
Ⓑ Ⓛ Ⓝ

 Anlegen von Sicherheitsgurten vorn und hinten vorgeschrieben / Gebruik van veiligheidsgordels vooraan en achteraan verplicht
Seat belts must be worn by driver and all passengers in front and rear seats
Port de la ceinture de sécurité à l'avant et à l'arrière obligatoire
Cintura di sicurezza sedili anteriori e posteriori obbligatoria / Cinturón de seguridad obligatorio en asientes delanteros y traseros
Ⓑ Ⓛ Ⓝ

 Helmpflicht für Motorradfahrer und -beifahrer / Gebruik van valhelm verplicht voor bestuurders en passagiers van motorfietsen
Helmets compulsory for motorcycle riders and passengers / Port du casque pour les motocyclistes et les passagers obligatoire
Casco obbligatorio per motociclisti e loro passeggeri / Casco de conductor y pasajero obligatorio en motocicletes
Ⓑ Ⓛ Ⓝ

 Abblendlicht bei Tag und Nacht vorgeschrieben / Gebruik van dimlichten dag en nacht verplicht
Dipped headlights required at all times / Allumage des codes jour et nuit obligatoire
Obbligo di accendere gli anabbaglianti giorno e notte / Alumbrado de emergencia de dia y de noche obligatorio
Ⓑ Ⓛ

 Spikereifen erlaubt / Spijkerbanden toegestaan / Studded tyres allowed
Pneus cloutés autorisés / Gomme da neve autorizzate / Neumáticos claveteados autorizados
Ⓑ 01/11 - 31/03   Ⓛ 01/12 - 31/03

 Spikereifen verboten / Spijkerbanden verboden / Studded tyres forbidden / Pneus cloutés interdits
Gomme da neve vietate / Neumáticos claveteados prohibidos
Ⓝ

 Warndreieck vorgeschrieben / Gevarendriehoek verplicht / Warning Triangle compulsory / Triangle de présignalisation obligatoire / Triangolo di presegnalazione obbligatorio / Triangulo de preseñalización obligatorio
Ⓑ Ⓛ

Warndreieck empfohlen / Gevarendriehoek aanbevolen
Warning Triangle recommended / Triangle de présignalisation conseillée / Triangolo di presegnalazione consigliata / Triangulo de preseñalización recomendado
Ⓝ

 Verbandskasten empfohlen / Verbandtrommel aanbevolen / First aid kit recommended
Trousse de premiers secours conseillée / Valigetta pronto soccorso consigliata / Botiguin recomendado
Ⓑ Ⓛ Ⓝ

 Sicherheitsweste vorgeschrieben / Reflecterend vest verplicht
Reflective jacket compulsory / Gilet de sécurité obligatoire
Giubbotto di sicurezza obbligatorio / Chaleco reflectante obligatorio
Ⓑ Ⓛ

Sicherheitsweste empfohlen / Reflecterend vest aanbevolen
Reflective jacket recommended / Gilet de sécurité conseillé
Giubbotto di sicurezza consigliato
Chaleco reflectante aconsejado
Ⓝ

 Feuerlöscher empfohlen / Brandblusser aanbevolen / Fire extinguisher recommended
Extincteur conseillé / Estintore consigliato / Extinctor recomendado
Ⓑ Ⓛ Ⓝ

 Benötigte Dokumente: Zulassungs- oder Mietwagenpapiere, Haftpflicht-versicherungsnachweis, Nationalitätskennzeichen.
Vereiste documenten: inschrijvingsbewijs of huurcontract van het voertuig, verzekering voor burgerlijke aansprakelijkheid, officiële nummerplaat.
Documents required. Vehicle registration document or rental agreement. Third party Insurance certificate. National vehicle identification plate.
Documents nécessaires : certificat d'immatriculation du véhicule ou de location, assurance responsabilité civile, plaque nationale.
Documenti necessari: certificato d'immatricolazione del veicolo o di noleggio, assicurazione responsabilità civile, targa nazionale.
Documentos necesarios: certificado de matriculación del vehículo o certificado de alquiler, seguro de responsabilidad civil, placa indicativa del país

Straßenverkehrsordnung / Wegcode / Motoring regulations / Réglements routiers / Regolamenti stradali / Código de circulación (15/05/2017)

1: 400 000

Benelux 117

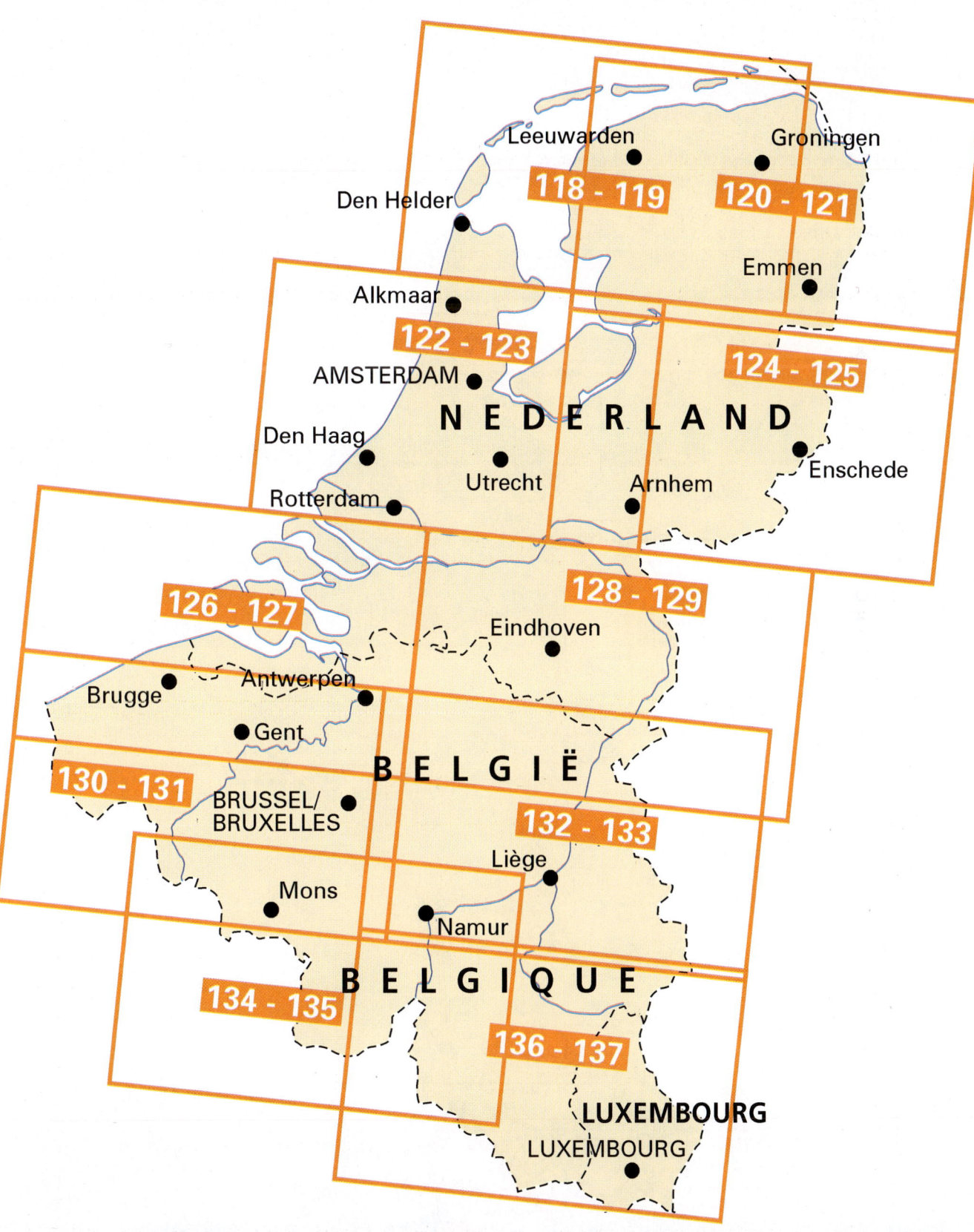

0 4 8 12 16 20 km
J
K
H
1
2
3
WADDENEILANDEN
De Boschplaat
Hollum
Borndiep
Oosterend
Hoorn
Midsland
Lies
Kaart
TERSCHELLING
West-Terschelling
Vliestroom
Terschellingerwad
Oost-Vlieland
Richel
VLIELAND
Griend
St.-Jacobiparochie
Minnertsga
Tzummarum
Oosterbierum
Sexbierum
Ried
Dongjum
Midlum
Franeker
Harlingen
Waardgronden
Eierlandsel Gat
De Eijerlandse Duinen
De Cocksdorp
WADDENZEE
Eierlandse Polder
De Slufter
De Muy
Nationaal Park
De Koog
Oosterend
TEXEL
Duinen
Natuurrecreatiecentrum
De Waal
van Texel
Den Burg
De Westerduinen
Den Hoorn
Oudeschild
De Geul
't Horntje
Noorderhaaks
Marsdiep
Hitzum
Tzum
Winsum
Achlum
Arum
Lollum
Pingjum
Zurich
Witmarsum
Lorentzsluizen
Wons
Bolsward
Makkum
Exmorra
Allingawier
Tjerkwerd
Piaam
Gaast
Blauwhuis
Parrega
Oosthem
Breezanddijk
Afsluitdijk
Ferwoude
Workum
Oudega
(Súdwest Fryslân)
Gaastmeer
De Fluezen
Hindeloopen
Koudum
Elahuizen
Molkwerum
Oudega
Hemelum
Balk
Stavoren
Warns
Bakhuizen
Rijs
Sondel
Oudemirdum
Nijemirdum
Den Helder
Huisduinen
Nieuw Den Helder
De Schooten
Den Oever
Oosterland
Stevinsluizen
(Wieringen)
Hippolytushoef
De Zandloper
Westerland
Julianadorp
Breezand
Gelderse Buurt
Amstelmeer
Wieringermeer
Groote Keeten
Anna Paulowna
Wieringerwerf
Callantsoog
't Zand
't Zwanenwater
Noordhollandskanaal
Wieringerwaard
Slootdorp
Middenmeer
Polder
IJSSELMEER
Zeewering
Schagerbrug
St.-Maartensvlotbrug
Schagen
Kolhorn
Petten
Barsingerhorn
Medemblik
St.-Maarten
Winkel
Opperdoes
Burgervlotbrug
Zijdewind
Onderdijk
Andijk
Hondsbosse Zeewering
Dirkshorn
(Harenkarspel)
Nieuwe-Niedorp
Wervershoof
(Drechterland)
Camperduin
Groet
Warmenhuizen
Oudkarspel
Hoogwoud
Sijbekarspel
123
Midwoud
Zwaagdijk
Enkhuizen
Schoorl
Opmeer
(Koggenland)
Hoogkarspel
Spanbroek
Nibbixwoud
Bovenkarspel
(Stede Broec)
Koedijk
Broek op Langedijk
Langedijk
Wadway
Westwoud
Obdam
A7-E22
N9
N99
N31

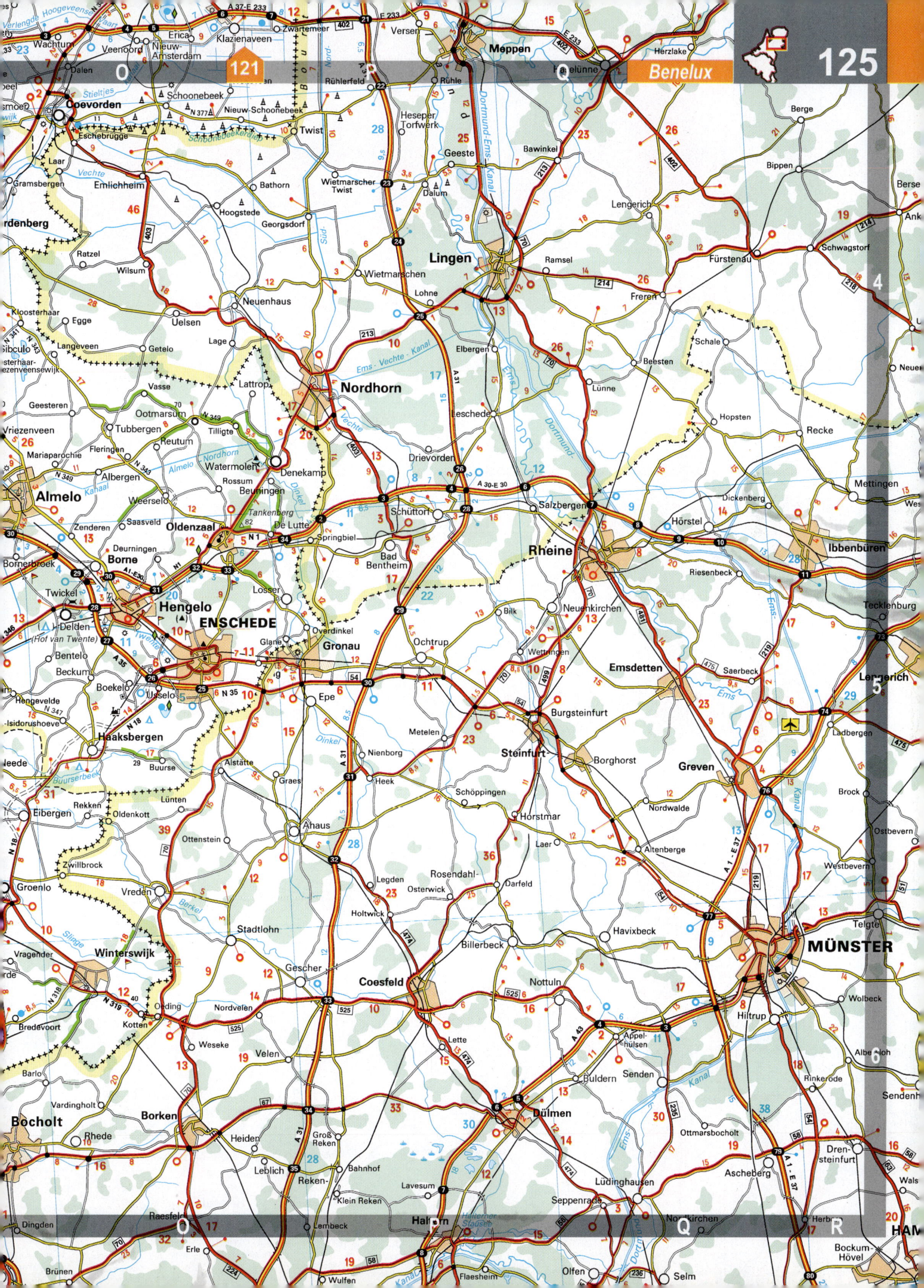

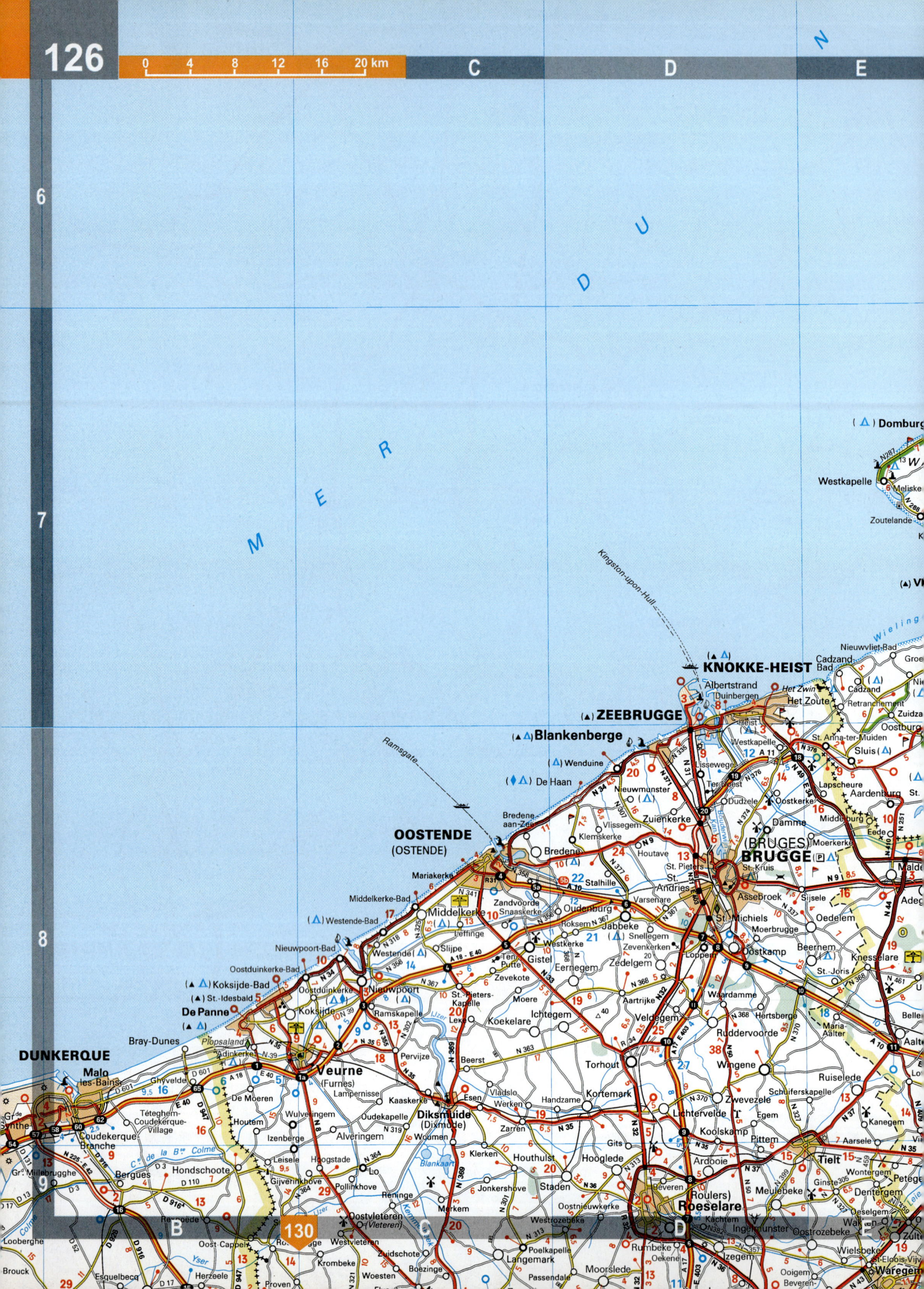

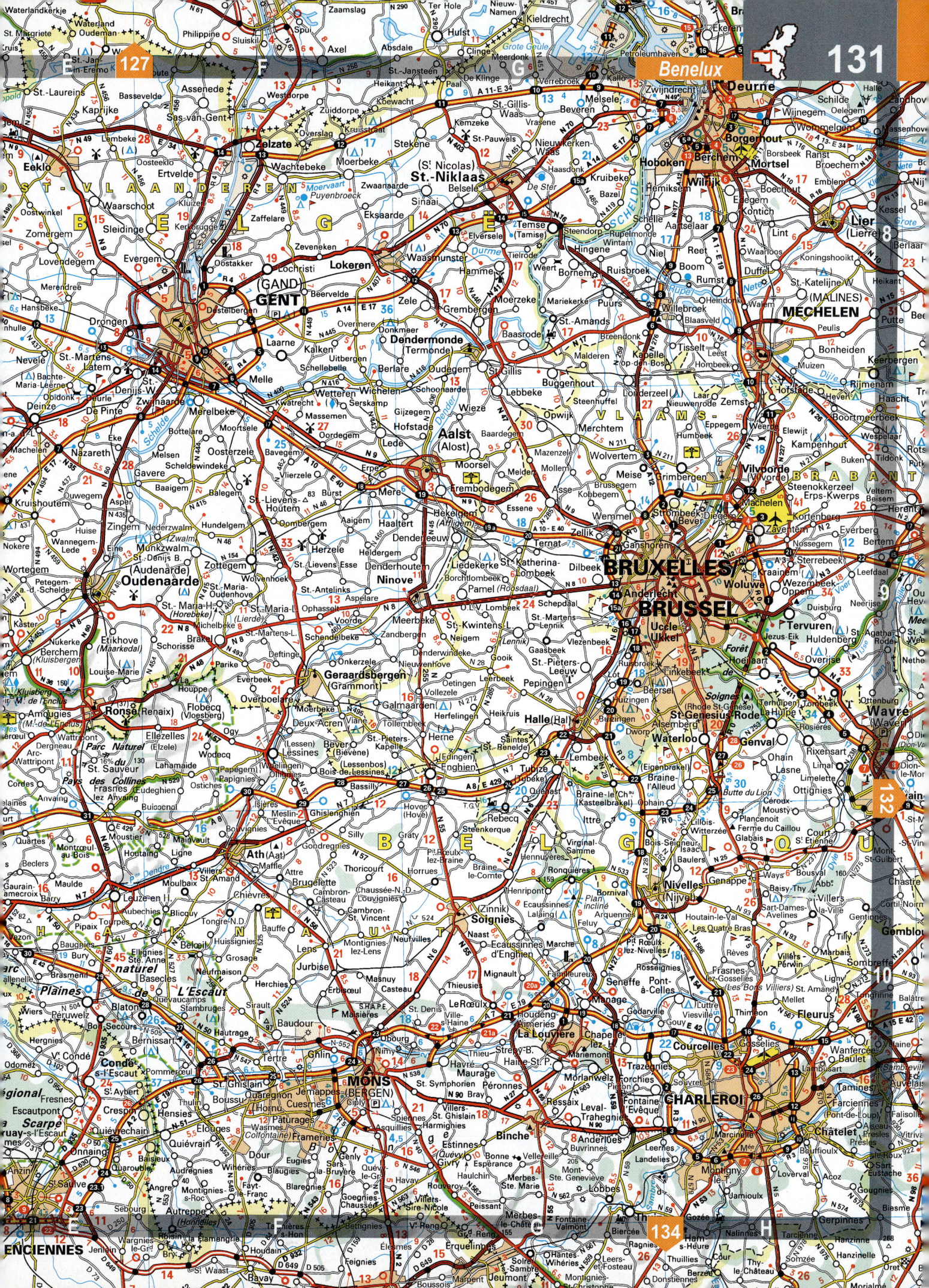

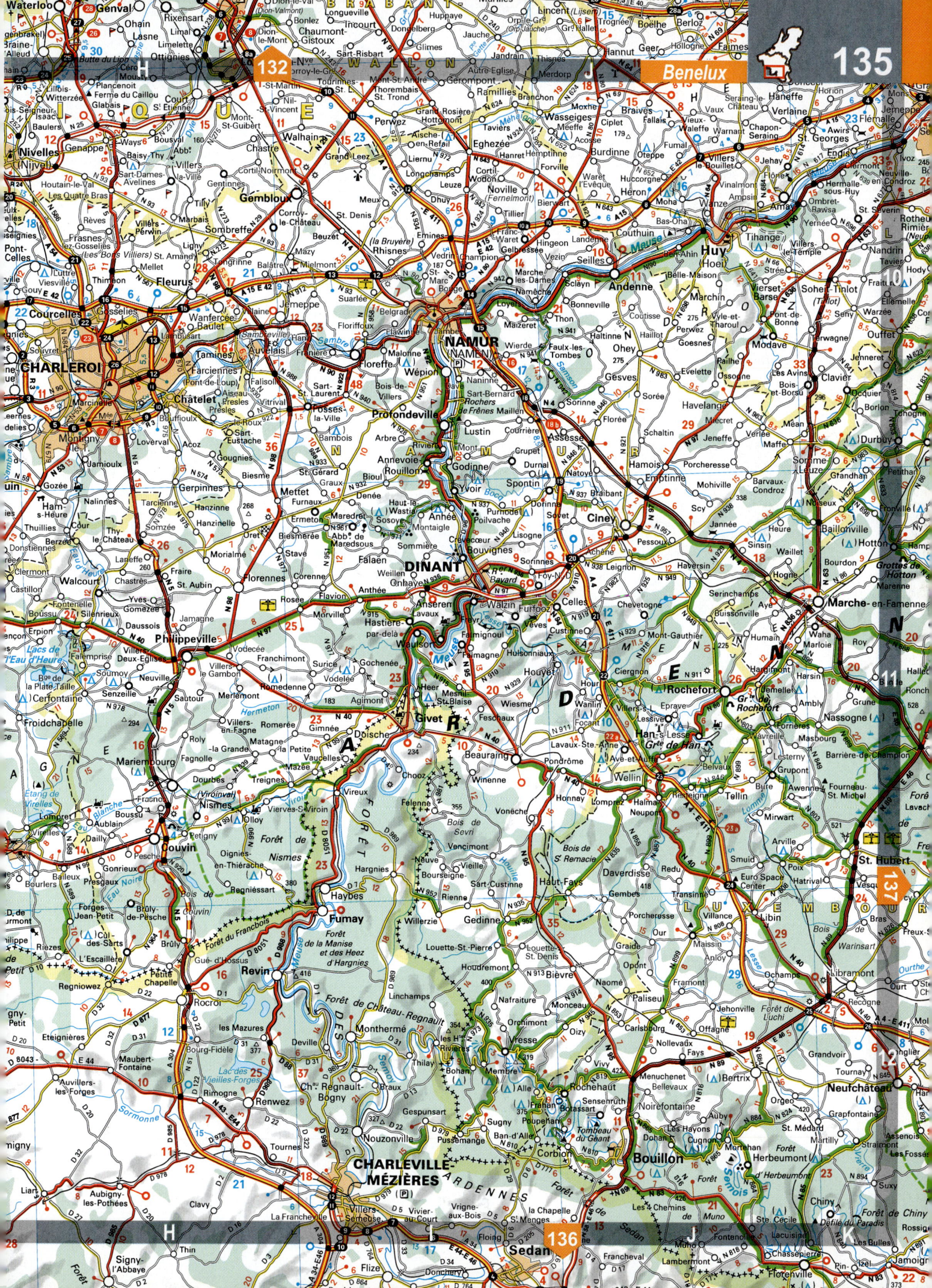

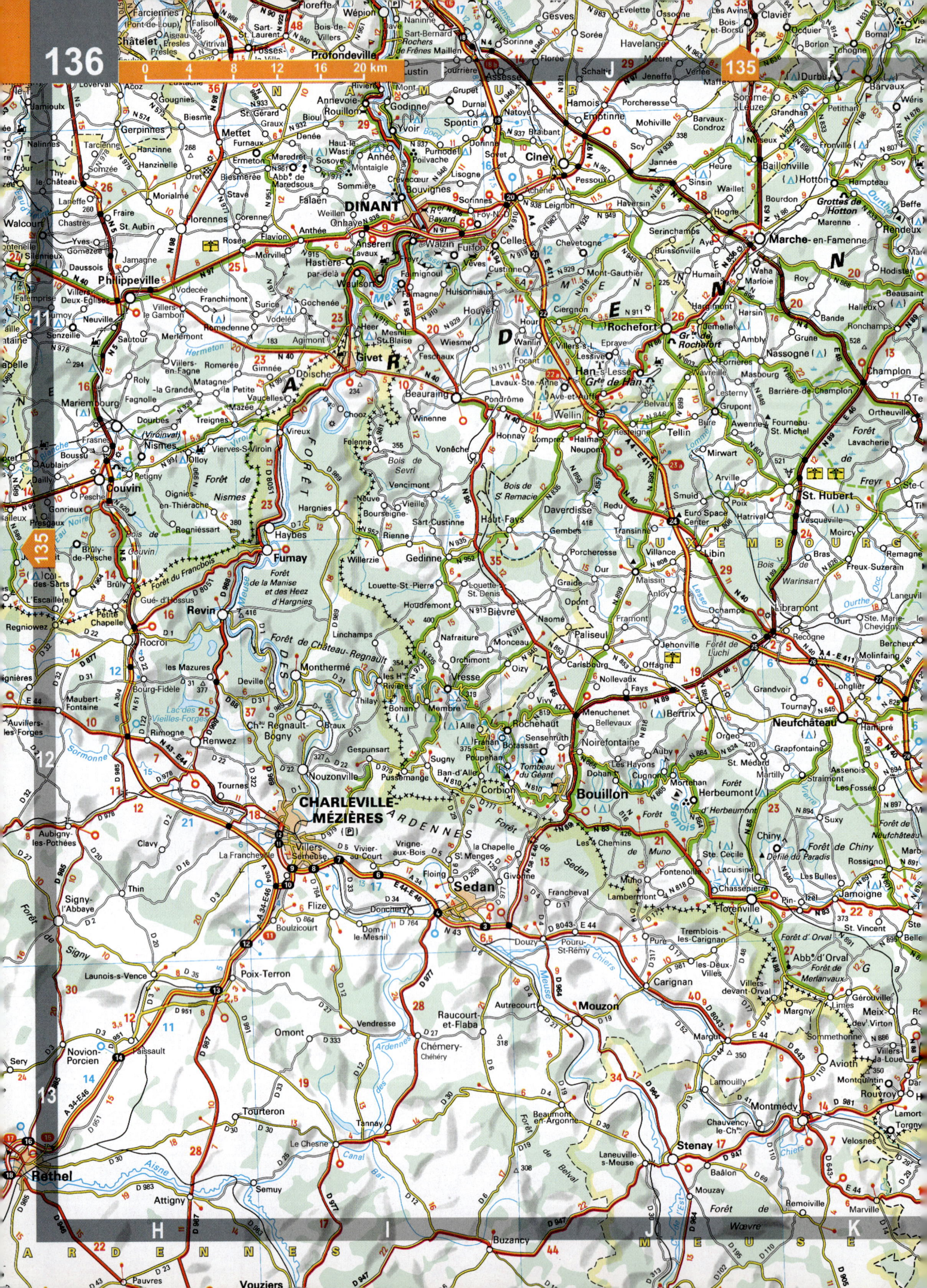

Straßenverkehrsordnung
Wegcode / Motoring regulations / Réglements routiers
Regolamenti stradali / Código de circulación

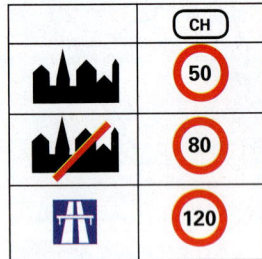

Geschwindigkeitsbegrenzung in km/h
Snelheidsbeperkingen (in km/uur)
Maximum Speed Limit: in kilometres per hour
Limitations de vitesse en kilomètres/heure
Limite di velocità in chilometri/ora
Limitación de velocidad en km/hora

 Maximal zulässiger Blutalkoholgehalt / Maximaal toegelaten alcoholconcentratie in het bloed / Maximum blood alcohol level
Taux maximum d'alcool toléré dans le sang / Tasso massimo di alcol ammesso nel sangue / Indice máximo de alcohol permitido en sangre
CH 0.5 g/l

 Mindestalter für Autofahrer: 18 Jahre / Minimum leeftijd van de bestuurder: 18 jaar / Minimum driving age: 18 years
Age minimum du conducteur : 18 ans / Età minima del conducente: 18 anni / Edad minima del conductor: 18 años
CH

 Anlegen von Sicherheitsgurten vorn und hinten vorgeschrieben
Gebruik van veiligheidsgordels vooraan en achteraan verplicht
Seat belts must be worn by driver and all passengers in front and rear seats
Port de la ceinture de sécurité à l'avant et à l'arrière obligatoire
Cintura di sicurezza sedili anteriori e posteriori obbligatoria
Cinturón de seguridad obligatorio en asientes delanteros y trasesos
CH

 Helmpflicht für Motorradfahrer und -beifahrer
Gebruik van valhelm verplicht voor bestuurders en passagiers van motorfietsen
Helmets compulsory for motorcycle riders and passengers
Port du casque pour les motocyclistes et les passagers obligatoire
Casco obbligatorio per motociclisti e loro passeggeri
Casco de conductor y pasajero obligatorio en motocicletes
CH

 Abblendlicht bei Tag und Nacht vorgeschrieben / Gebruik van dimlichten dag en nacht verplicht
Dipped headlights required at all times / Allumage des codes jour et nuit obligatoire
Obbligo di accendere gli anabbaglianti giorno e notte / Alumbrado de emergencia de dia y de noche obligatorio
CH

 Spikereifen erlaubt / Spijkerbanden toegestaan / Studded tyres allowed
Pneus cloutés autorisés / Gomme da neve autorizzate / Neumáticos claveteados autorizados
CH 24/10 - 30/04

 Warndreieck vorgeschrieben / Gevarendriehoek verplicht
Warning Triangle compulsory / Triangle de présignalisation obligatoire
Triangolo di presegnalazione obbligatorio / Triangulo de preseñalización obligatorio
CH

 Verbandskasten empfohlen / Verbandtrommel aanbevolen
First aid kit recommended / Trousse de premiers secours conseillée
Valigetta pronto soccorso consigliata / Botiguin recomendado

 Feuerlöscher empfohlen / Brandblusser aanbevolen
Fire extinguisher recommended / Extincteur conseillé
Estintore consigliato / Extinctor recomendado
CH

 Sicherheitsweste empfohlen / Reflecterend vest aanbevolen
Reflective jacket recommended / Gilet de sécurité conseillé
Giubbotto di sicurezza consigliato / Chaleco reflectante aconsejado
CH

 Benötigte Dokumente: Zulassungs- oder Mietwagenpapiere, Haftpflicht-versicherungsnachweis, Nationalitätskennzeichen.
Vereiste documenten: inschrijvingsbewijs of huurcontract van het voertuig, verzekering voor burgerlijke aansprakelijkheid, officiële nummerplaat.
Documents required. Vehicle registration document or rental agreement. Third party Insurance certificate. National vehicle identification plate.
Documents nécessaires : certificat d'immatriculation du véhicule ou de location, assurance responsabilité civile, plaque nationale.
Documenti necessari: certificato d'immatricolazione del veicolo o di noleggio, assicurazione responsabilità civile, targa nazionale.
Documentos necesarios: certificado de matriculación del vehiculo o certificado de alquiler, seguro de responsabilidad civil, placa indicativa del país

Straßenverkehrsordnung / Wegcode / Motoring regulations / Réglements routiers / Regolamenti stradali / Código de circulación (15/05/2017)

Schweiz / Suisse / Svizzera **139**

1: 400 000

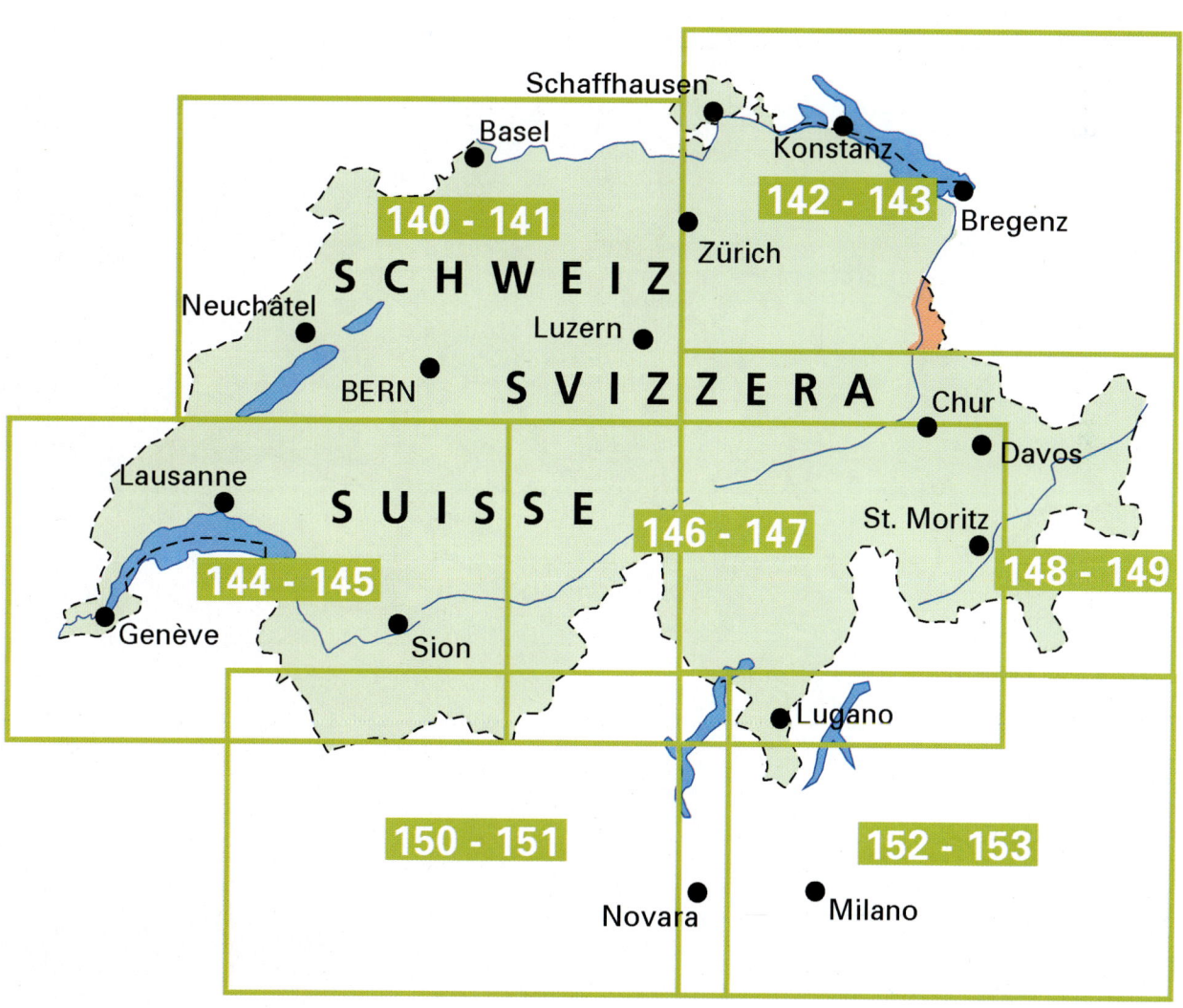

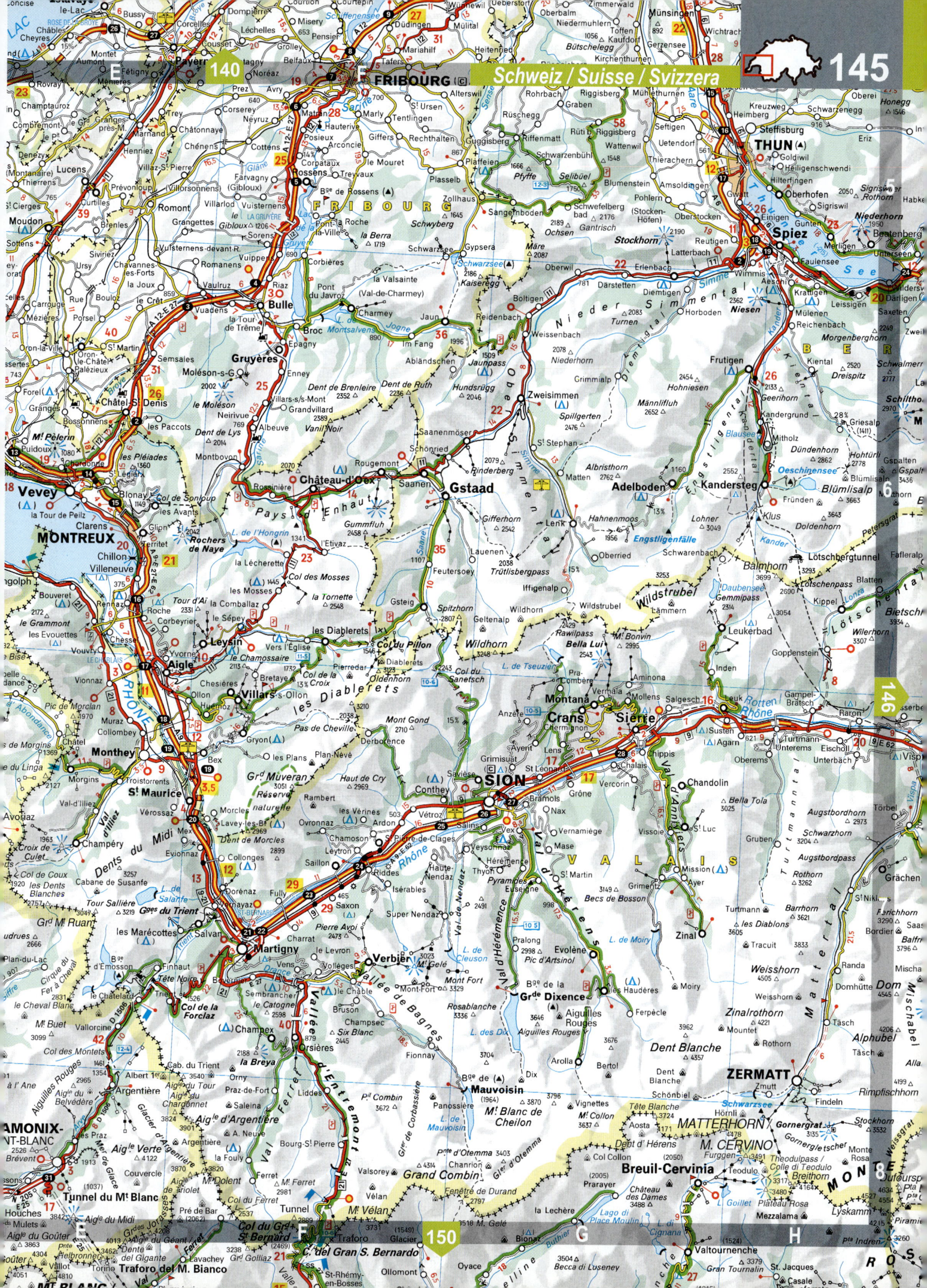

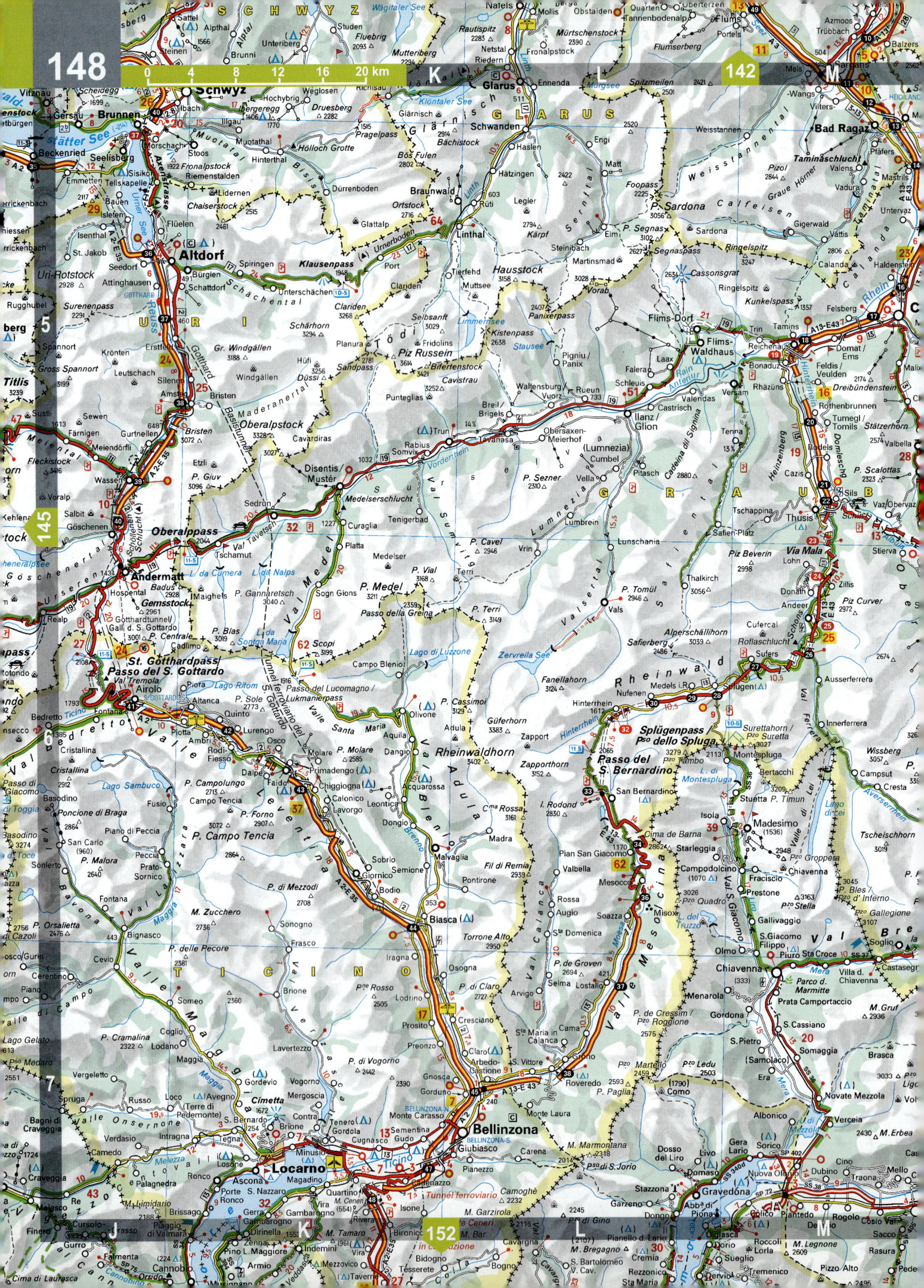

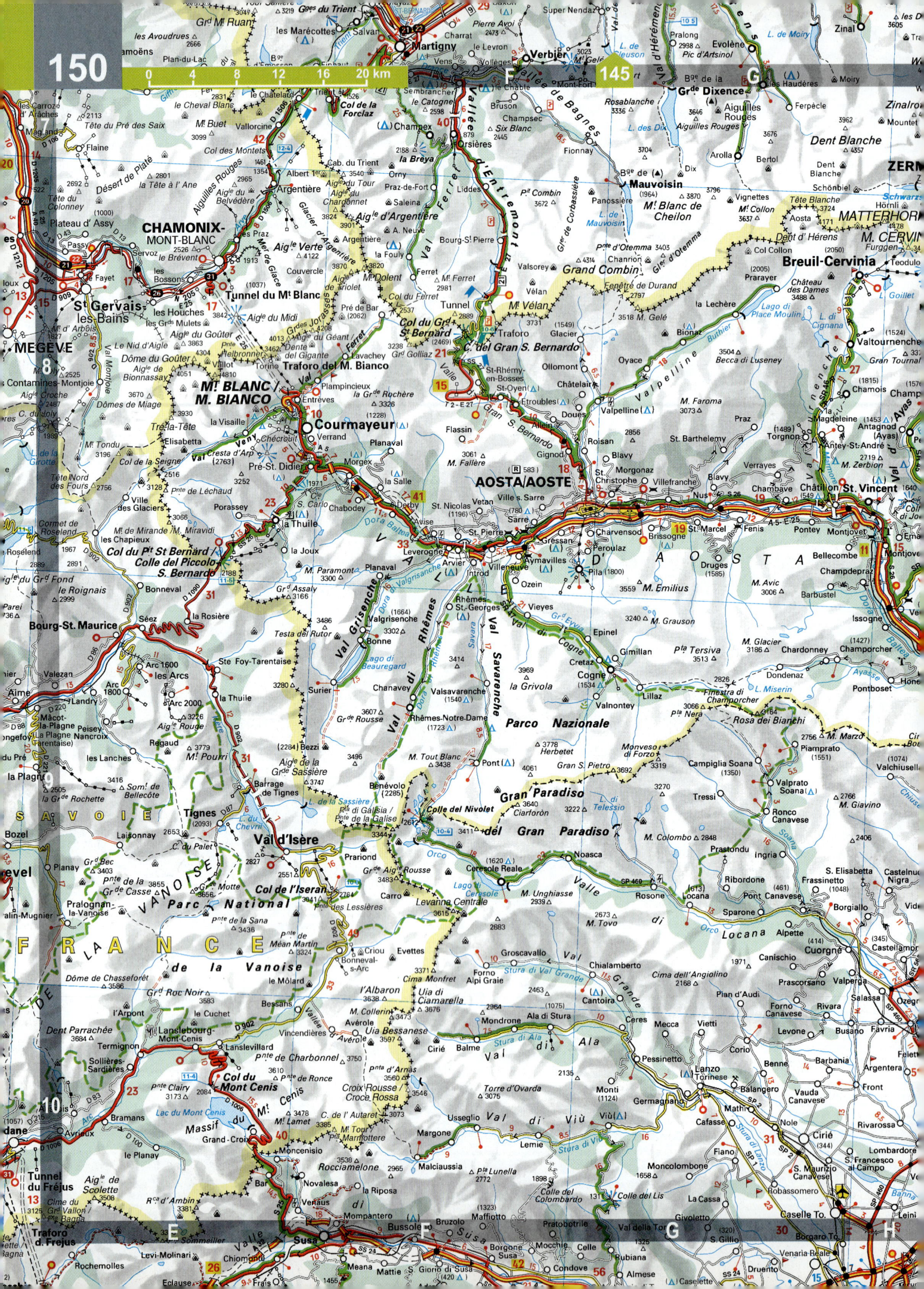

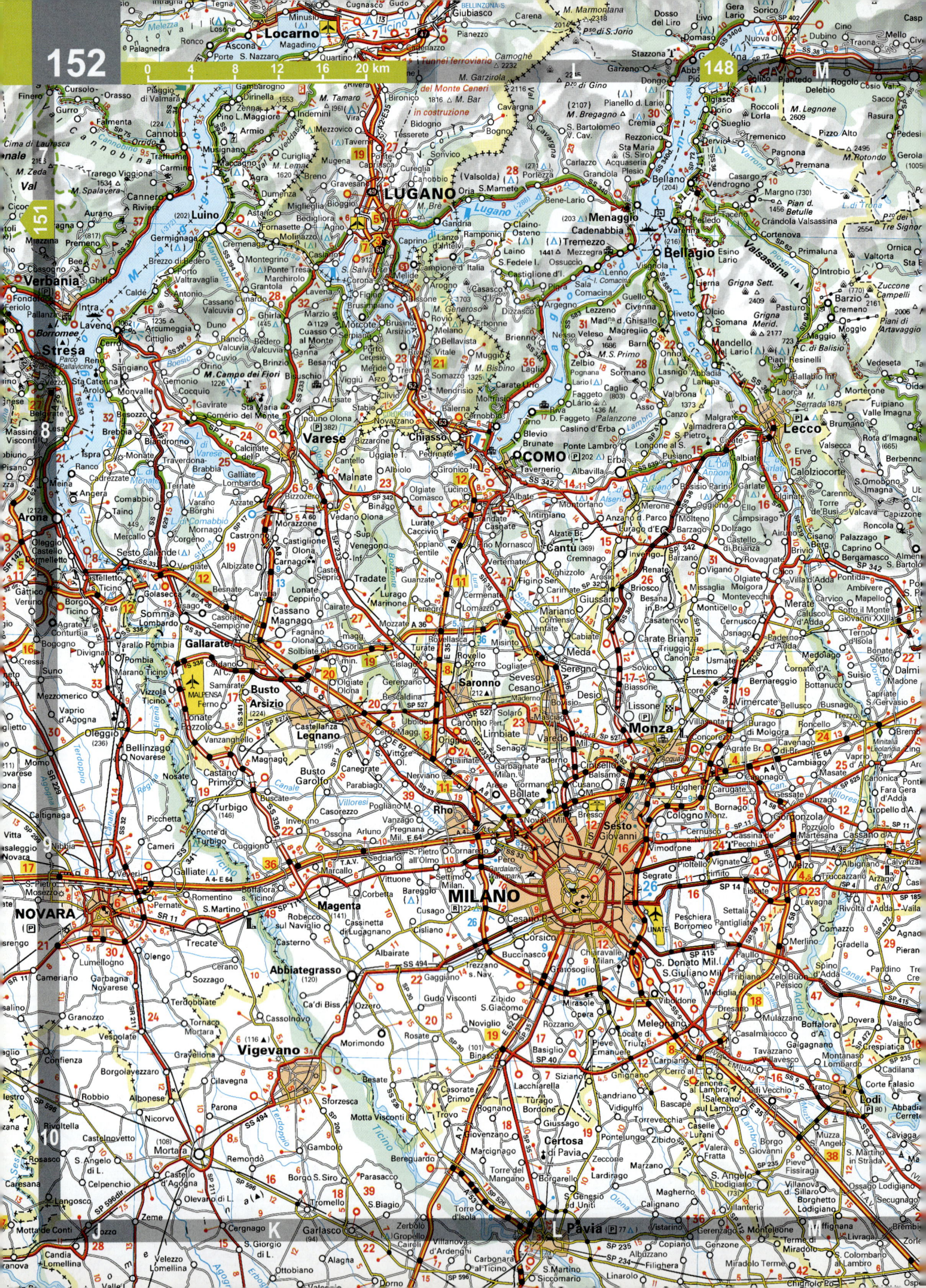

Straßenverkehrsordnung
Wegcode / Motoring regulations / Réglements routiers
Regolamenti stradali / Código de circulación

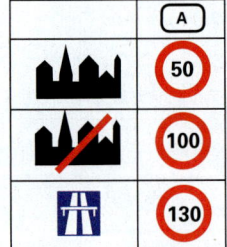 Geschwindigkeitsbegrenzung in km/h
Snelheidsbeperkingen (in km/uur)
Maximum Speed Limit: in kilometres per hour
Limitations de vitesse en kilomètres/heure
Limite di velocità in chilometri/ora
Limitación de velocidad en km/hora

 Maximal zulässiger Blutalkoholgehalt / Maximaal toegelaten alcoholconcentratie in het bloed
Maximum blood alcohol level / Taux maximum d'alcool toléré dans le sang
Tasso massimo di alcol ammesso nel sangue / Indice máximo de alcohol permitido en sangre
Ⓐ 0.5 g/l

 Mindestalter für Autofahrer: 18 Jahre / Minimum leeftijd van de bestuurder: 18 jaar
Minimum driving age: 18 years / Age minimum du conducteur : 18 ans
Età minima del conducente: 18 anni / Edad minima del conductor: 18 años
Ⓐ

 Anlegen von Sicherheitsgurten vorn und hinten vorgeschrieben
Gebruik van veiligheidsgordels vooraan en achteraan verplicht
Seat belts must be worn by driver and all passengers in front and rear seats
Port de la ceinture de sécurité à l'avant et à l'arrière obligatoire
Cintura di sicurezza sedili anteriori e posteriori obbligatoria
Cinturón de seguridad obligatorio en asientes delanteros y traseros
Ⓐ

 Helmpflicht für Motorradfahrer und -beifahrer
Gebruik van valhelm verplicht voor bestuurders en passagiers van motorfietsen
Helmets compulsory for motorcycle riders and passengers
Port du casque pour les motocyclistes et les passagers obligatoire
Casco obbligatorio per motociclisti e loro passeggeri
Casco de conductor y pasajero obligatorio en motocicletes
Ⓐ

 Spikereifen erlaubt / Spijkerbanden toegestaan / Studded tyres allowed
Pneus cloutés autorisés / Gomme da neve autorizzate / Neumáticos claveteados autorizados
Ⓐ 01/10 -31/05

 Winterreifen bei Winterwetter gesetzespflichtig / Winterbanden verplicht bij winterse verkeersomstandigheden /
Winter tyres compulsory in wintry driving conditions / Pneus hiver obligatoires en condition de circulation hivernale
Pneumatici invernali obbligatori in condizioni di circolazione invernali / Neumáticos de invierno obligatorios en condiciones de circulación invernales
Ⓐ

 Warndreieck vorgeschrieben / Gevarendriehoek verplicht
Warning Triangle compulsory / Triangle de présignalisation obligatoire
Triangolo di presegnalazione obbligatorio / Triangulo de preseñalización obligatorio
Ⓐ

 Verbandskasten vorgeschrieben / Verbandtrommel verplicht / First aid kit compulsory / Trousse de premiers secours obligatoire
Valigetta pronto soccorso obbligatoria / Botiguin obligatorio
Ⓐ

 Sicherheitsweste vorgeschrieben / Reflecterend vest verplicht / Reflective jacket compulsory / Gilet de sécurité obligatoire
Giubbotto di sicurezza obbligatorio / Chaleco reflectante obligatorio
Ⓐ

 Feuerlöscher empfohlen / Brandblusser aanbevolen / Fire extinguisher recommended / Extincteur conseillé
Estintore consigliato / Extinctor recomendado
Ⓐ

 Benötigte Dokumente: Zulassungs- oder Mietwagenpapiere, Haftpflicht-versicherungsnachweis, Nationalitätskennzeichen.
Vereiste documenten: inschrijvingsbewijs of huurcontract van het voertuig, verzekering voor burgerlijke aansprakelijkheid, officiële nummerplaat.
Documents required. Vehicle registration document or rental agreement. Third party Insurance certificate. National vehicle identification plate.
Documents nécessaires : certificat d'immatriculation du véhicule ou de location, assurance responsabilité civile, plaque nationale.
Documenti necessari: certificato d'immatricolazione del veicolo o di noleggio, assicurazione responsabilità civile, targa nazionale.
Documentos necesarios: certificado de matriculación del vehiculo o certificado de alquiler, seguro de responsabilidad civil, placa indicativa del país

Straßenverkehrsordnung / Wegcode / Motoring regulations / Réglements routiers / Regolamenti stradali / Código de circulación (15/05/2017)

Österreich 155

1: 400 000

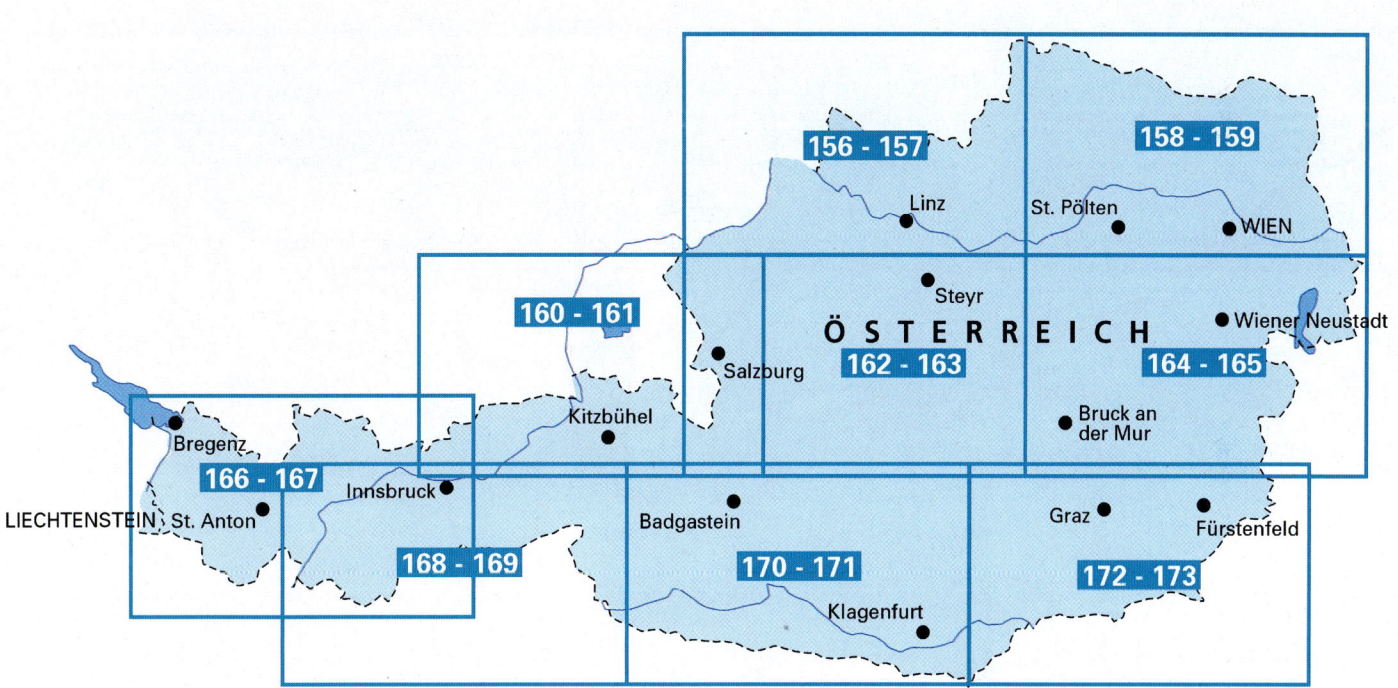

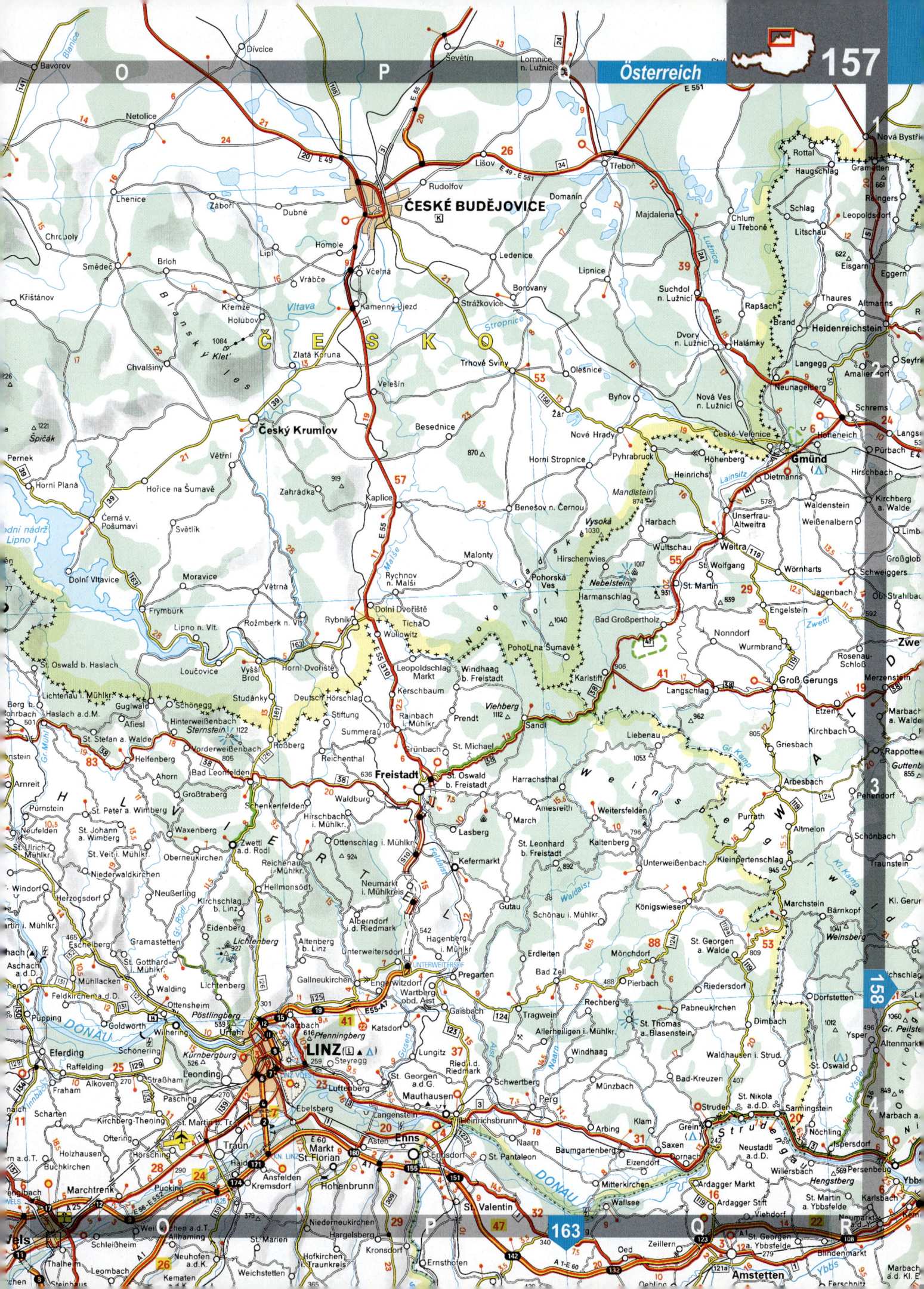

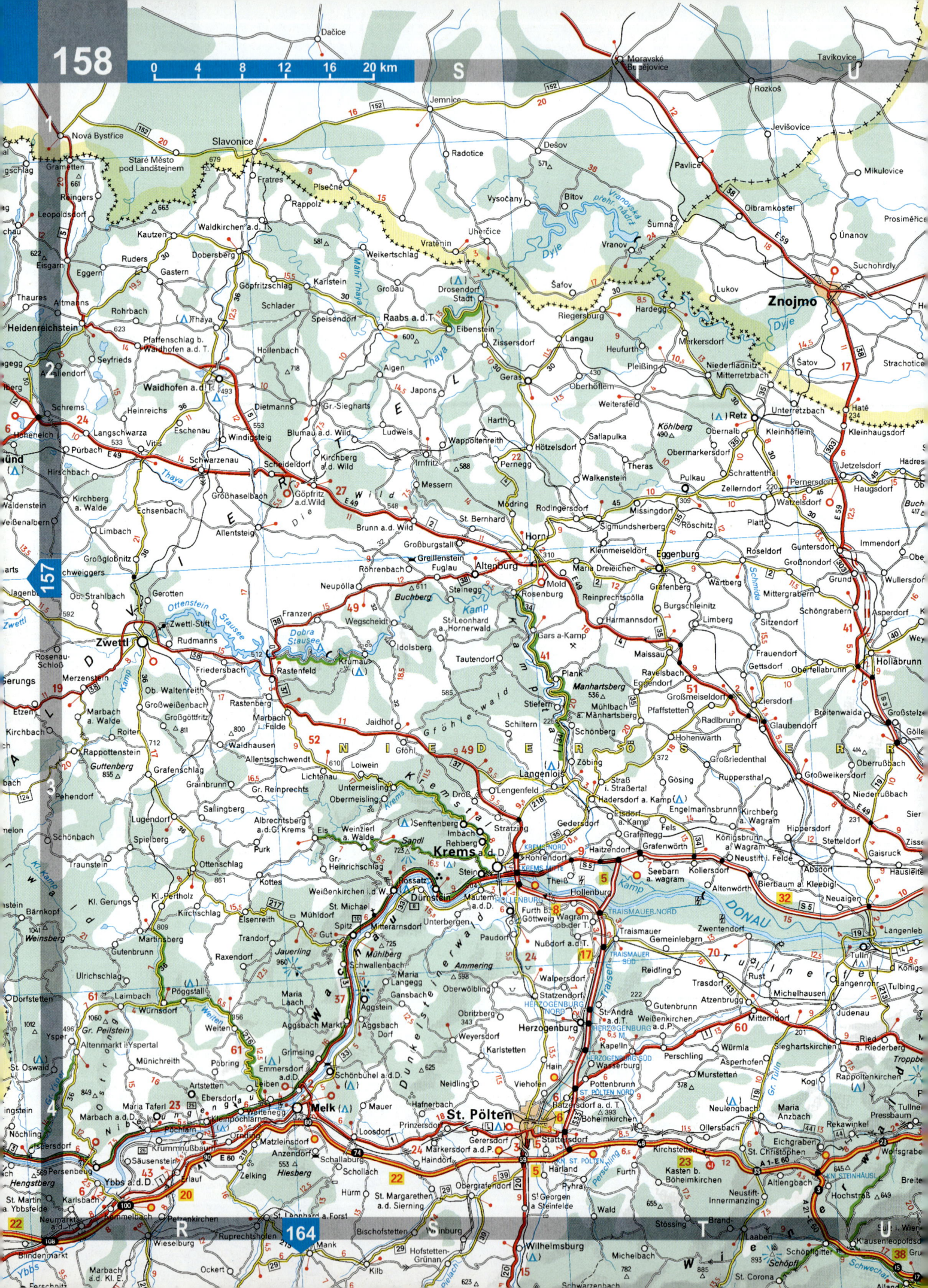

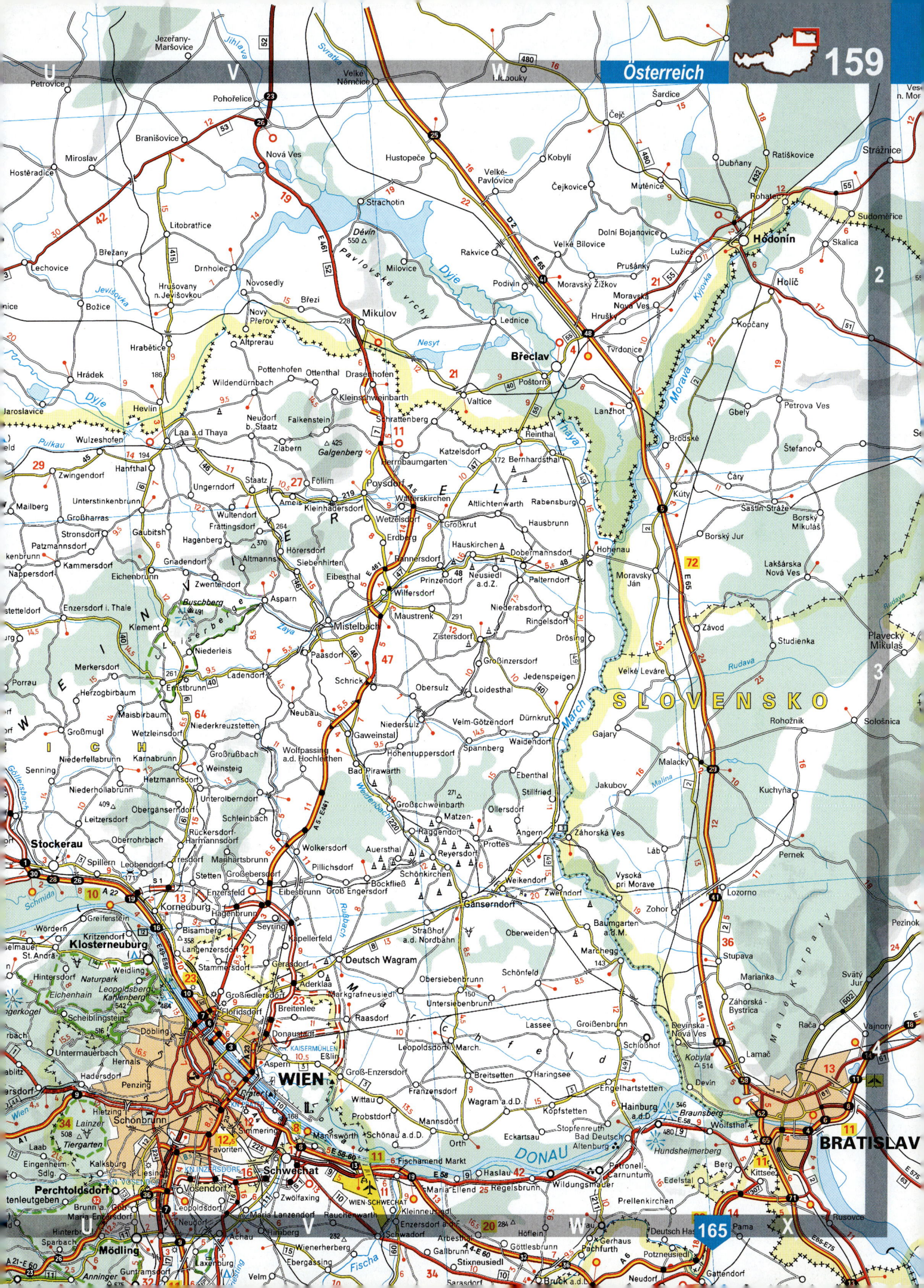

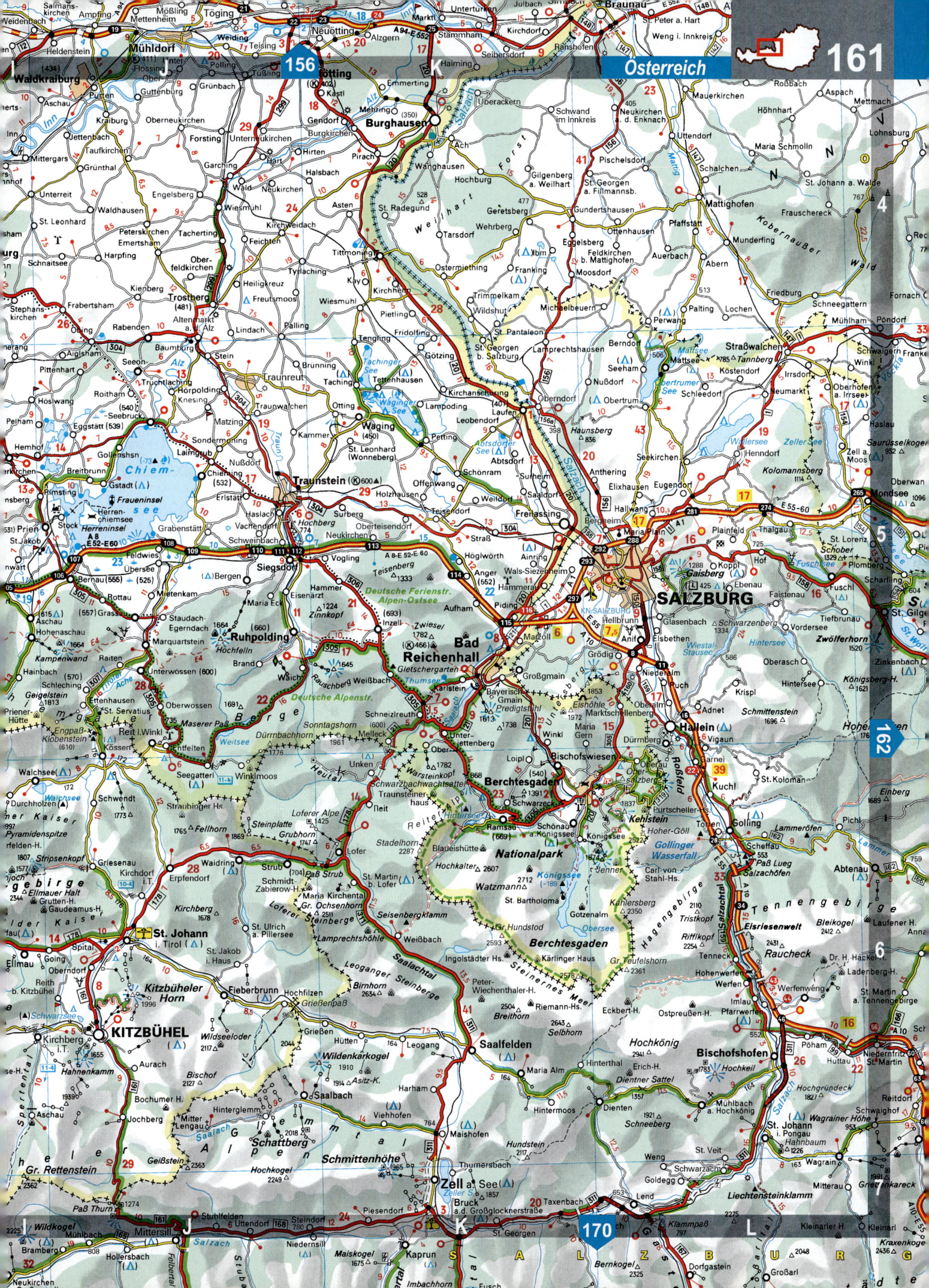

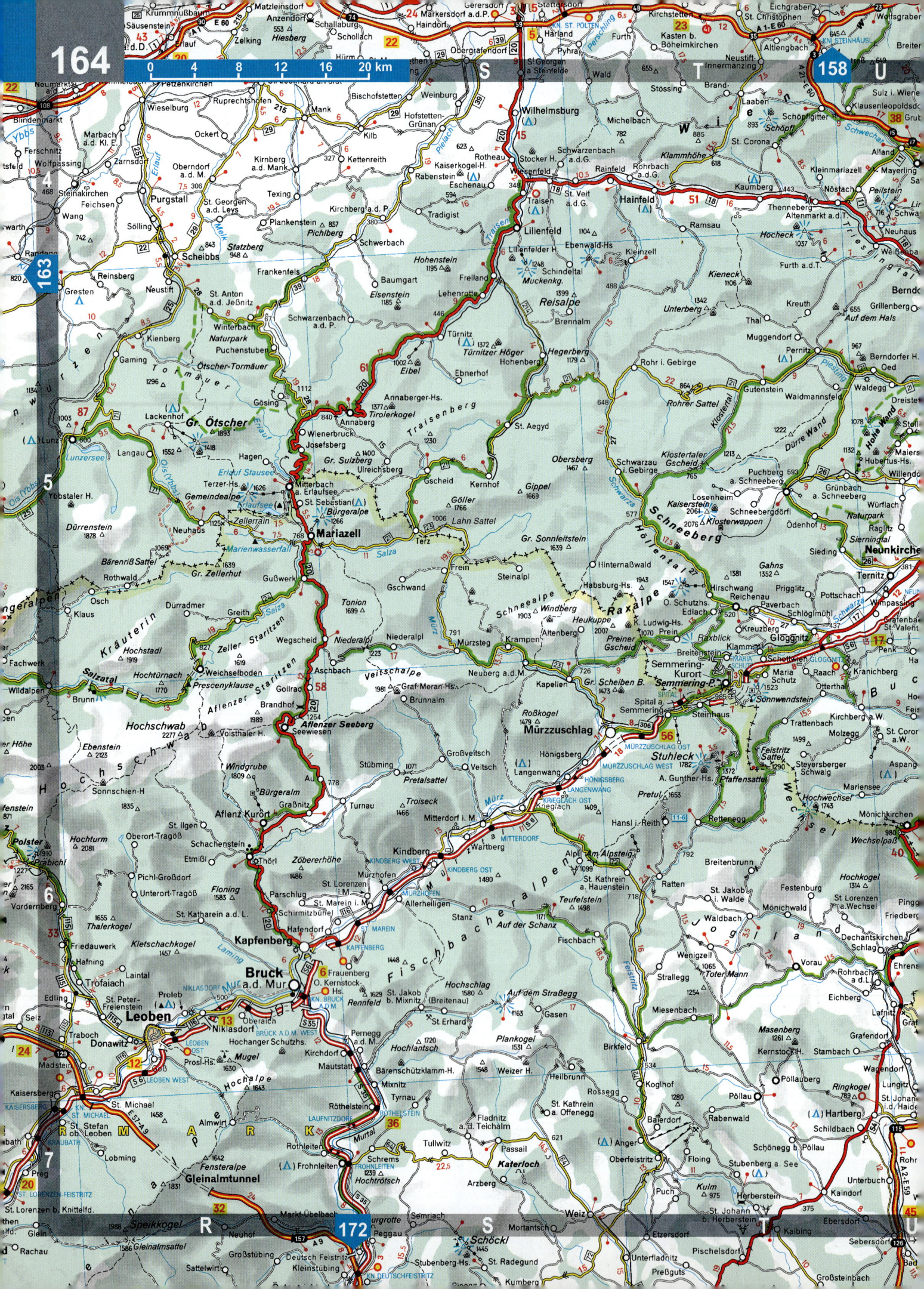

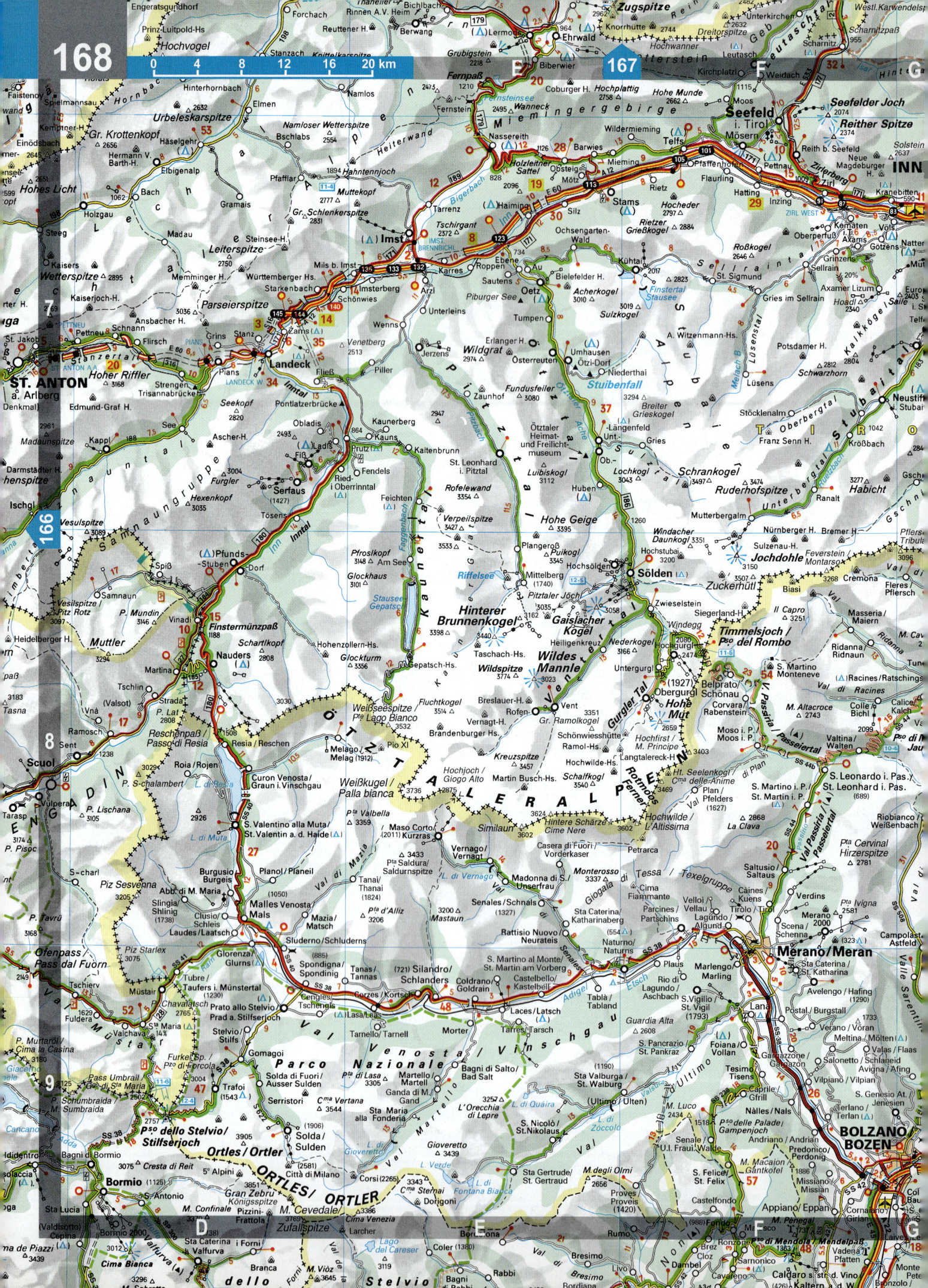

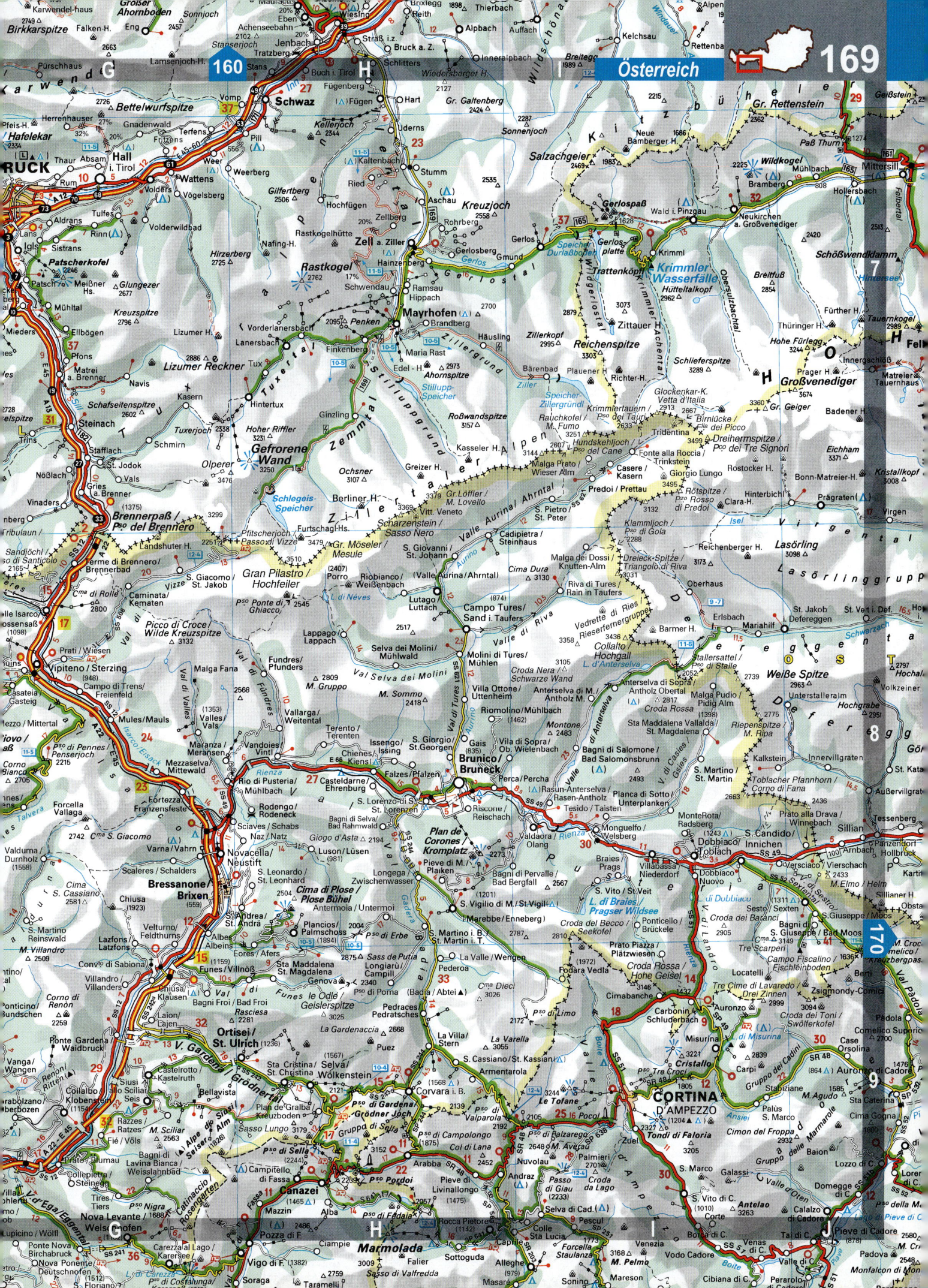

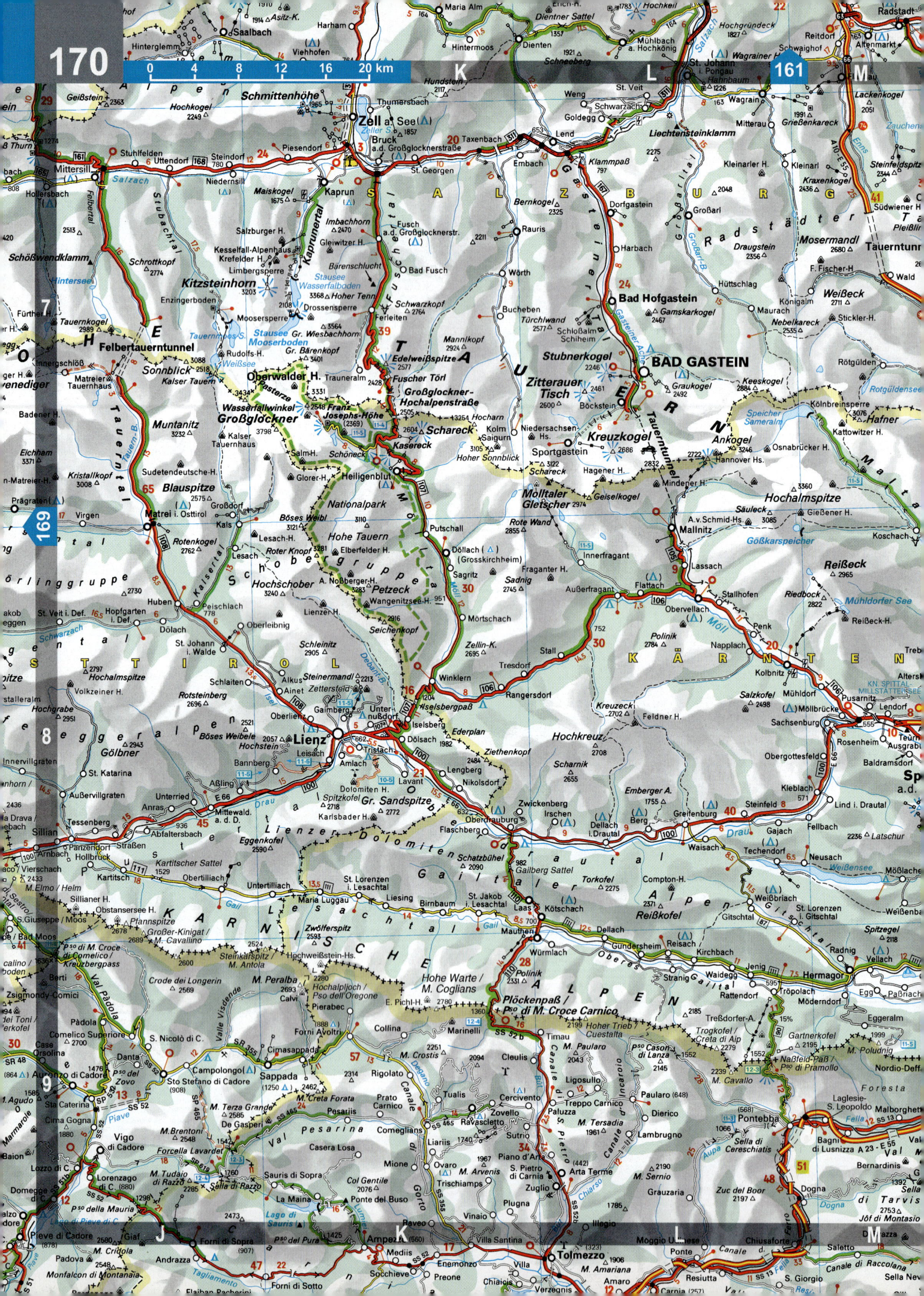

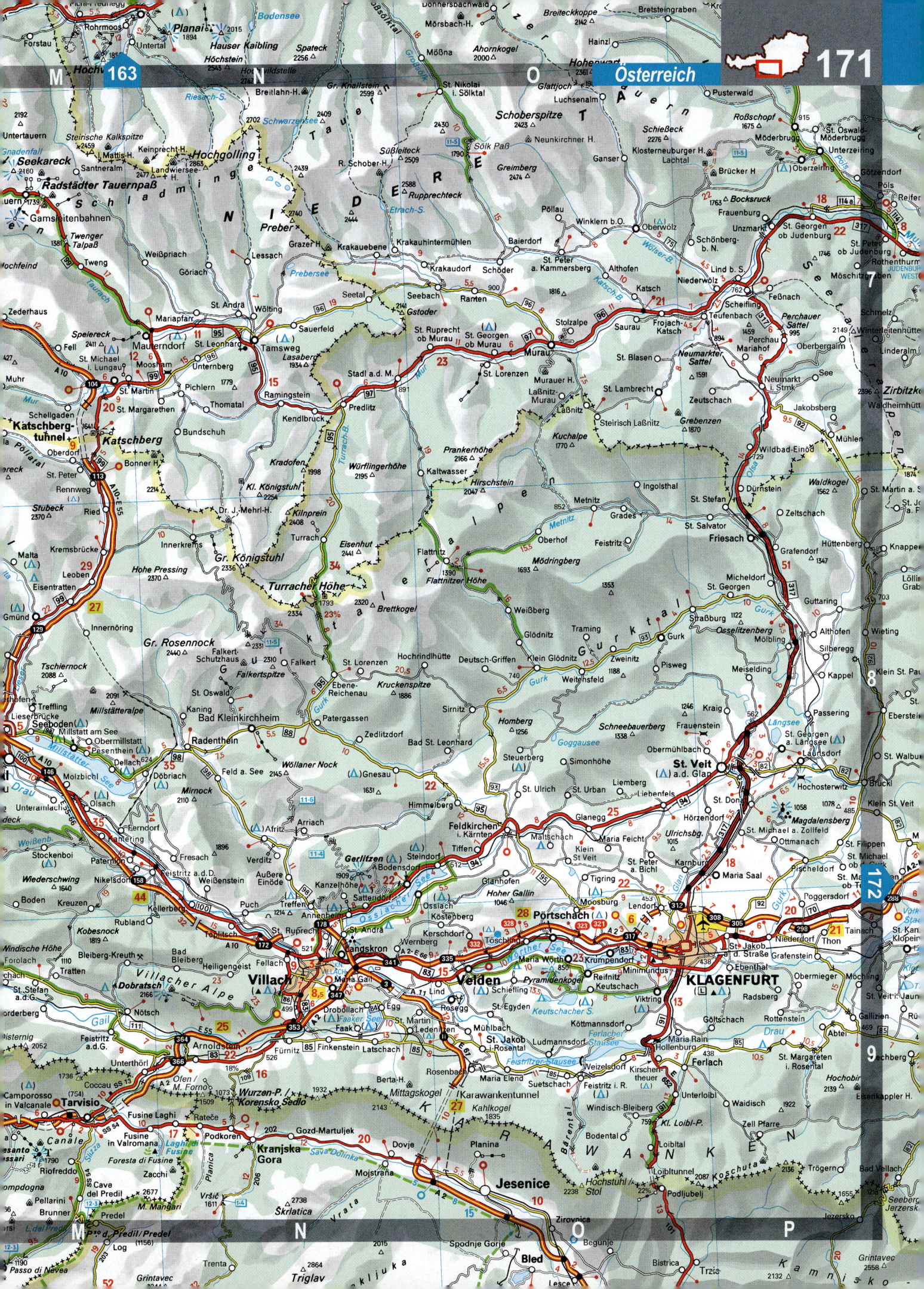

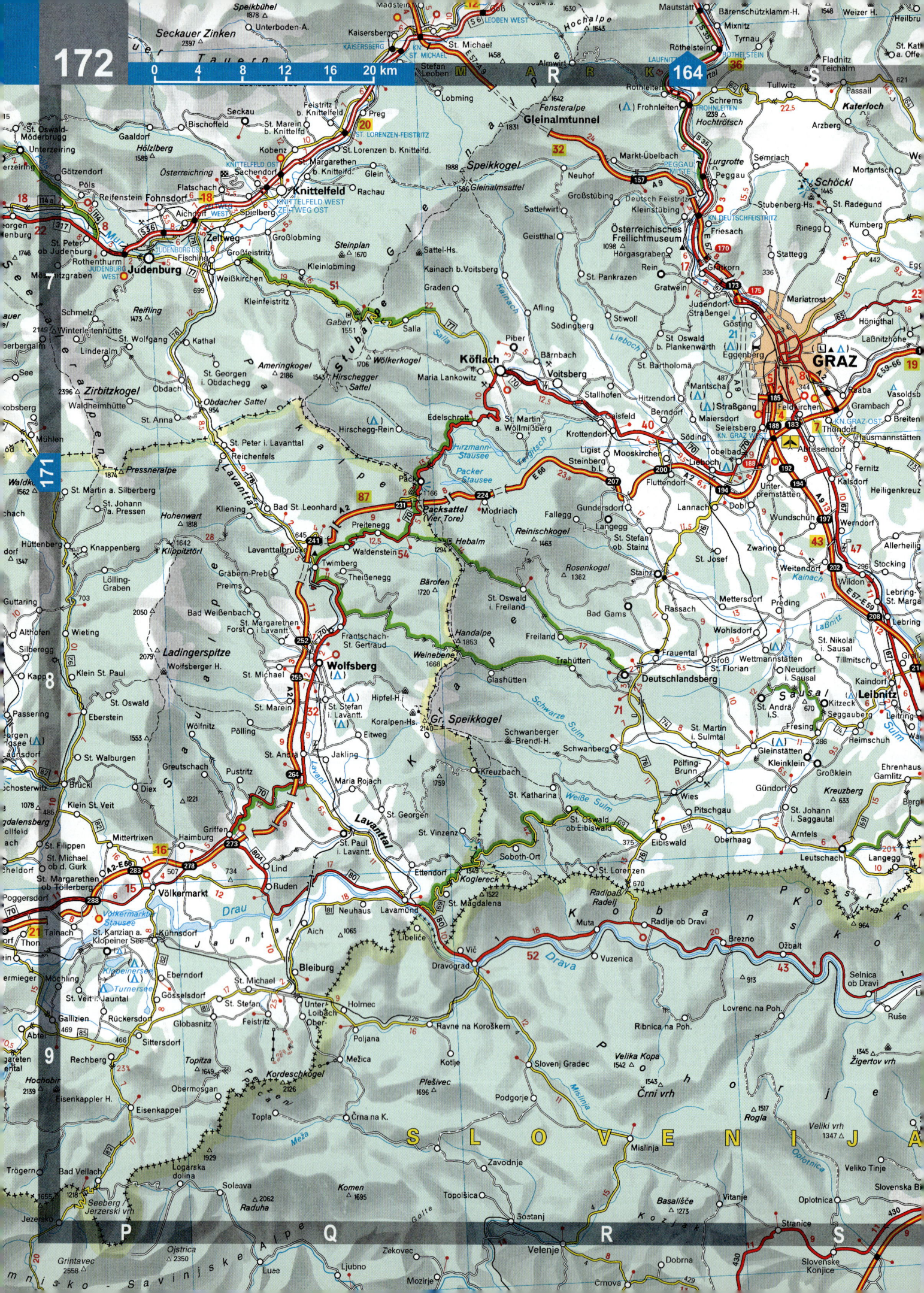

Straßenverkehrsordnung
Wegcode / Motoring regulations / Réglements routiers
Regolamenti stradali / Código de circulación

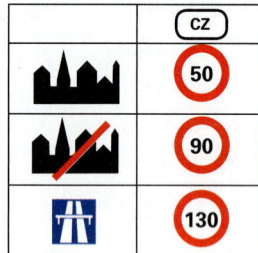

Geschwindigkeitsbegrenzung in km/h
Snelheidsbeperkingen (in km/uur)
Maximum Speed Limit: in kilometres per hour
Limitations de vitesse en kilomètres/heure
Limite di velocità in chilometri/ora
Limitación de velocidad en km/hora

 Alkoholverbot / Alcohol verboden / Zero blood alcohol level
Alcool interdit / Alcol vietato / Alcohol prohibido
(CZ)

 Mindestalter für Autofahrer: 18 Jahre / Minimum leeftijd van de bestuurder: 18 jaar
Minimum driving age: 18 years / Age minimum du conducteur : 18 ans
Età minima del conducente: 18 anni / Edad minima del conductor: 18 años
(CZ)

 Anlegen von Sicherheitsgurten vorn und hinten vorgeschrieben
Gebruik van veiligheidsgordels vooraan en achteraan verplicht
Seat belts must be worn by driver and all passengers in front and rear seats
Port de la ceinture de sécurité à l'avant et à l'arrière obligatoire
Cintura di sicurezza sedili anteriori e posteriori obbligatoria
Cinturón de seguridad obligatorio en asientes delanteros y traseros
(CZ)

 Helmpflicht für Motorradfahrer und -beifahrer
Gebruik van valhelm verplicht voor bestuurders en passagiers van motorfietsen
Helmets compulsory for motorcycle riders and passengers
Port du casque pour les motocyclistes et les passagers obligatoire
Casco obbligatorio per motociclisti e loro passeggeri
Casco de conductor y pasajero obligatorio en motocicletes
(CZ)

 Abblendlicht bei Tag und Nacht vorgeschrieben / Gebruik van dimlichten dag en nacht verplicht
Dipped headlights required at all times / Allumage des codes jour et nuit obligatoire
Obbligo di accendere gli anabbaglianti giorno e notte / Alumbrado de emergencia de dia y de noche obligatorio
(CZ)

 Spikereifen verboten / Spijkerbanden verboden
Studded tyres forbidden / Pneus cloutés interdits
Gomme da neve vietate / Neumáticos claveteados prohibidos
(CZ)

 Warndreieck vorgeschrieben / Gevarendriehoek verplicht
Warning Triangle compulsory / Triangle de présignalisation obligatoire
Triangolo di presegnalazione obbligatorio / Triangulo de preseñalización obligatorio
(CZ)

 Verbandskasten vorgeschrieben / Verbandtrommel verplicht / First aid kit compulsory
Trousse de premiers secours obligatoire / Valigetta pronto soccorso obbligatoria / Botiguin obligatorio
(CZ)

 Sicherheitsweste vorgeschrieben / Reflecterend vest verplicht / Reflective jacket compulsory / Gilet de sécurité obligatoire
Giubbotto di sicurezza obbligatorio / Chaleco reflectante obligatorio
(CZ)

 Feuerlöscher empfohlen / Brandblusser aanbevolen / Fire extinguisher recommended
Extincteur conseillé / Estintore consigliato / Extinctor recomendado
(CZ)

 Benötigte Dokumente: Zulassungs- oder Mietwagenpapiere, Haftpflicht-versicherungsnachweis, Nationalitätskennzeichen.
Vereiste documenten: inschrijvingsbewijs of huurcontract van het voertuig, verzekering voor burgerlijke aansprakelijkheid, officiële nummerplaat.
Documents required. Vehicle registration document or rental agreement. Third party Insurance certificate. National vehicle identification plate.
Documents nécessaires : certificat d'immatriculation du véhicule ou de location, assurance responsabilité civile, plaque nationale.
Documenti necessari: certificato d'immatricolazione del veicolo o di noleggio, assicurazione responsabilità civile, targa nazionale.
Documentos necesarios: certificado de matriculación del vehiculo o certificado de alquiler, seguro de responsabilidad civil, placa indicativa del país

Straßenverkehrsordnung / Wegcode / Motoring regulations / Réglements routiers / Regolamenti stradali / Código de circulación (15/05/2017)

Česko 175

1: 600 000

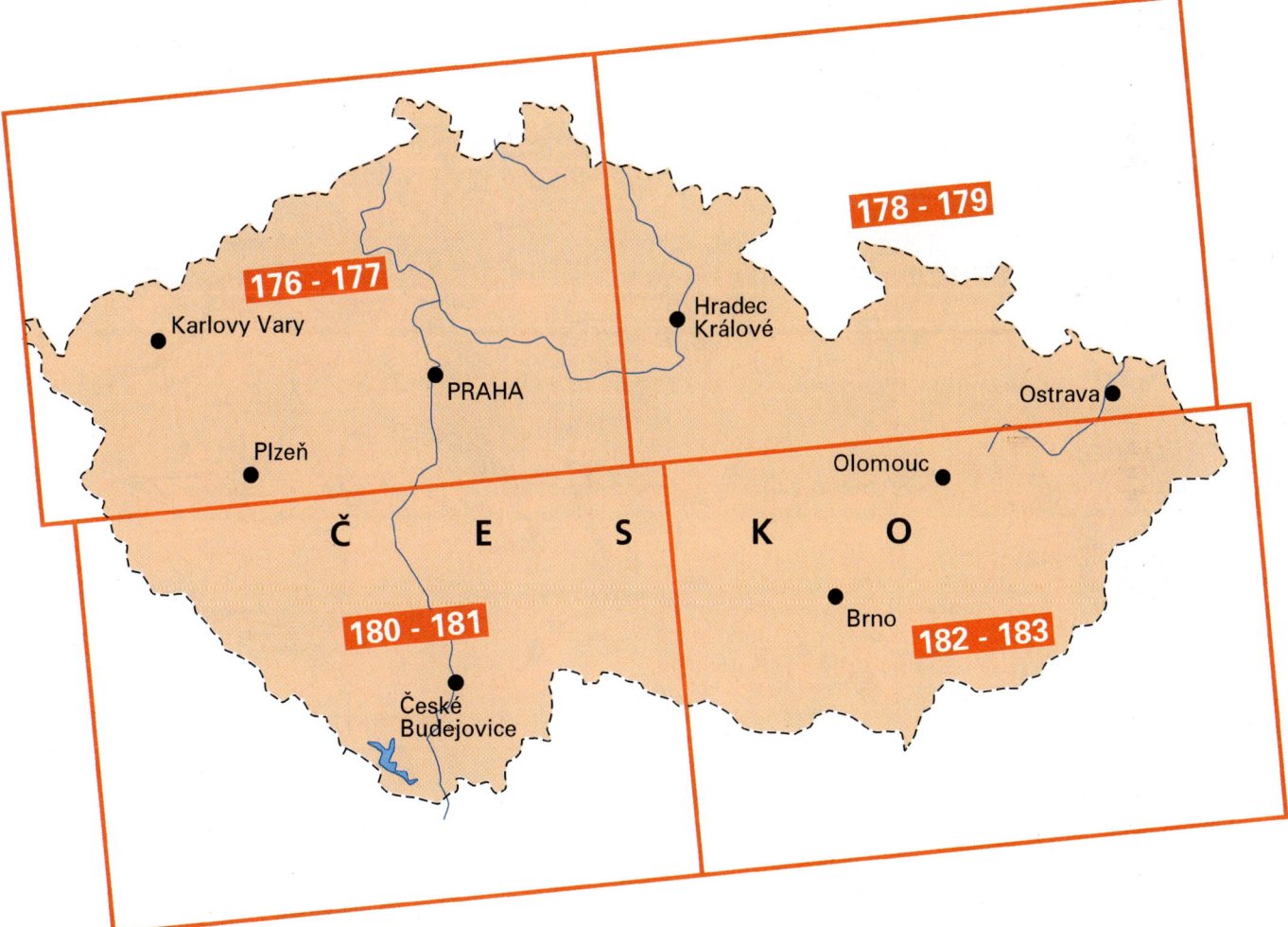

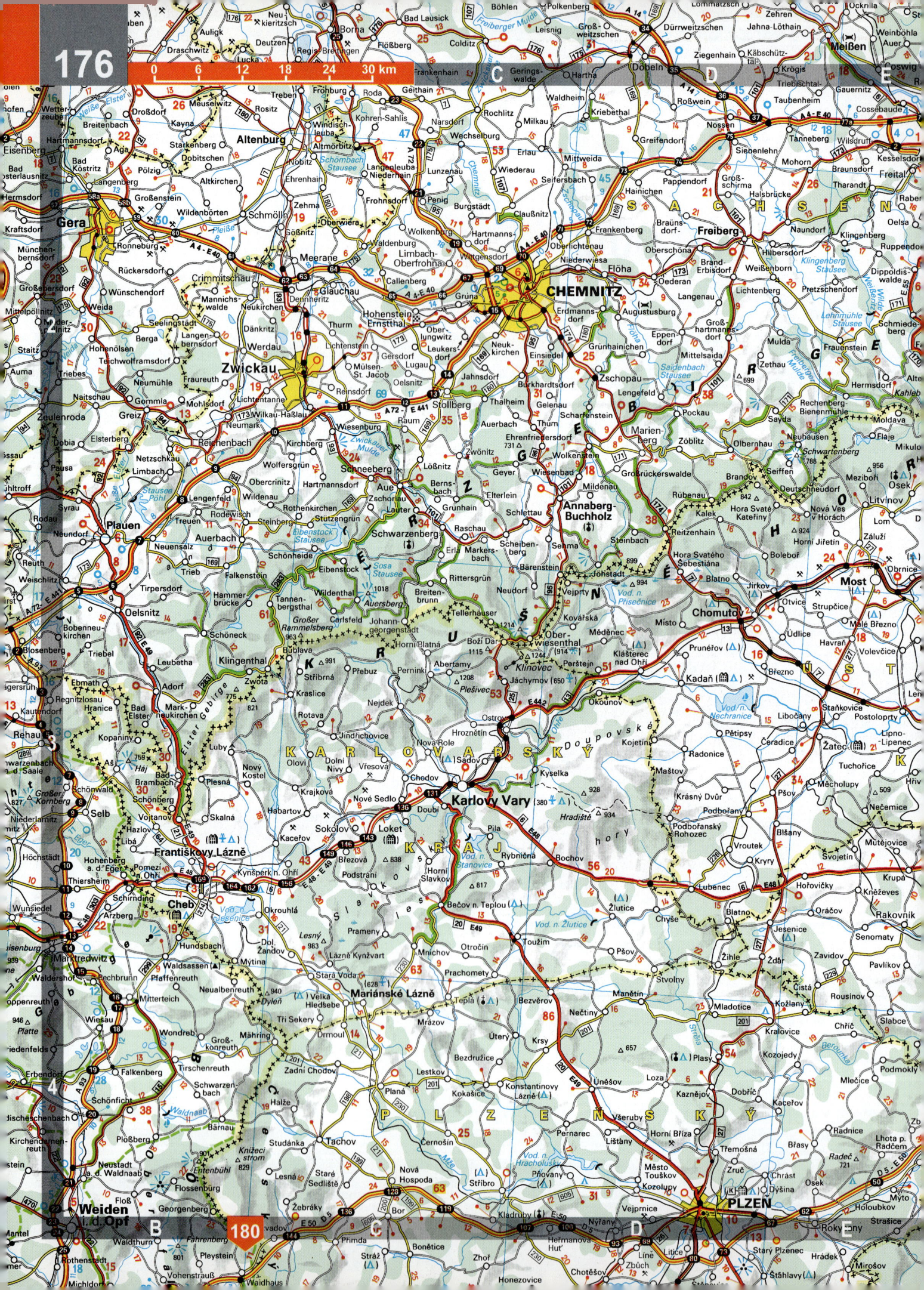

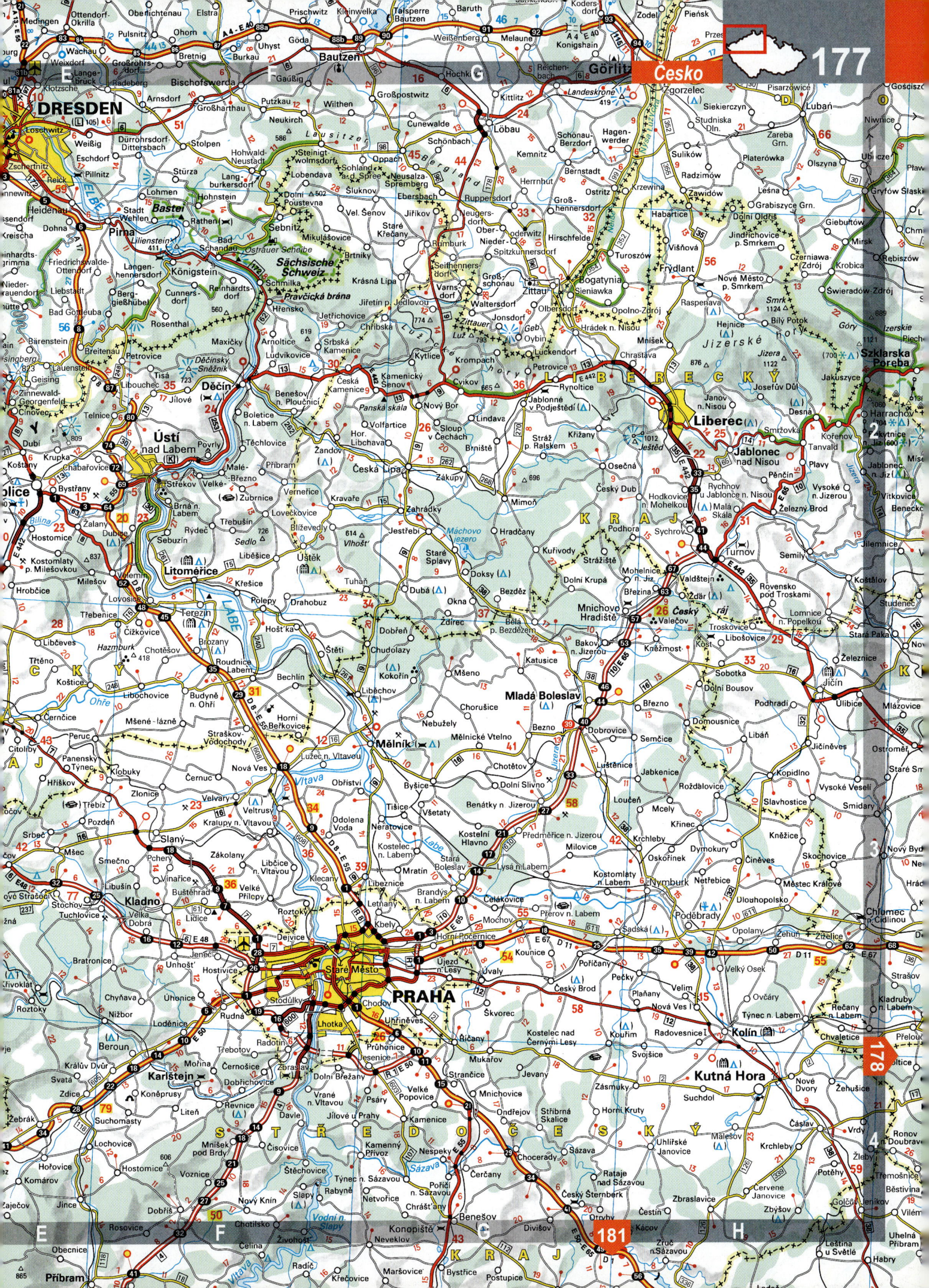

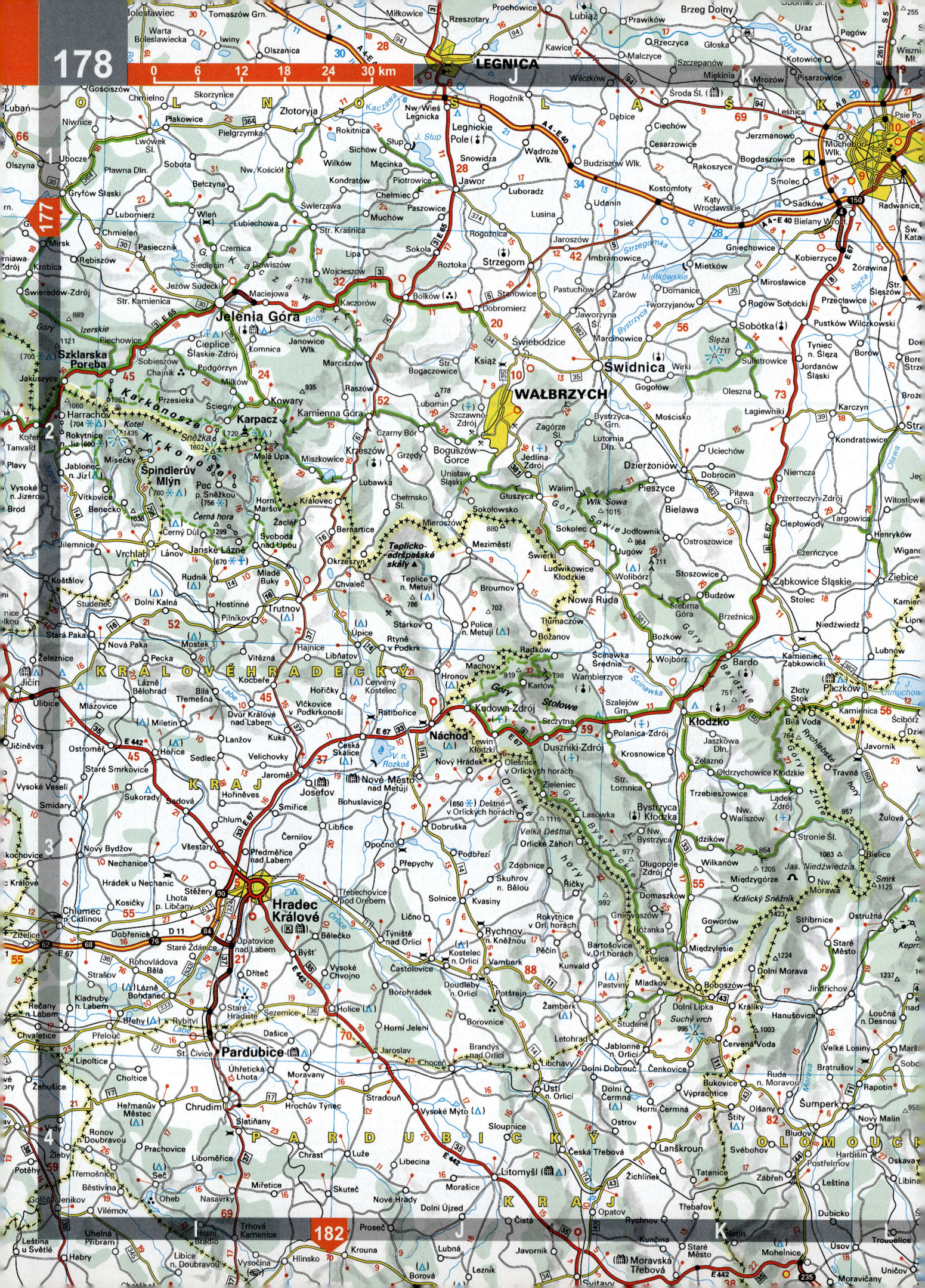

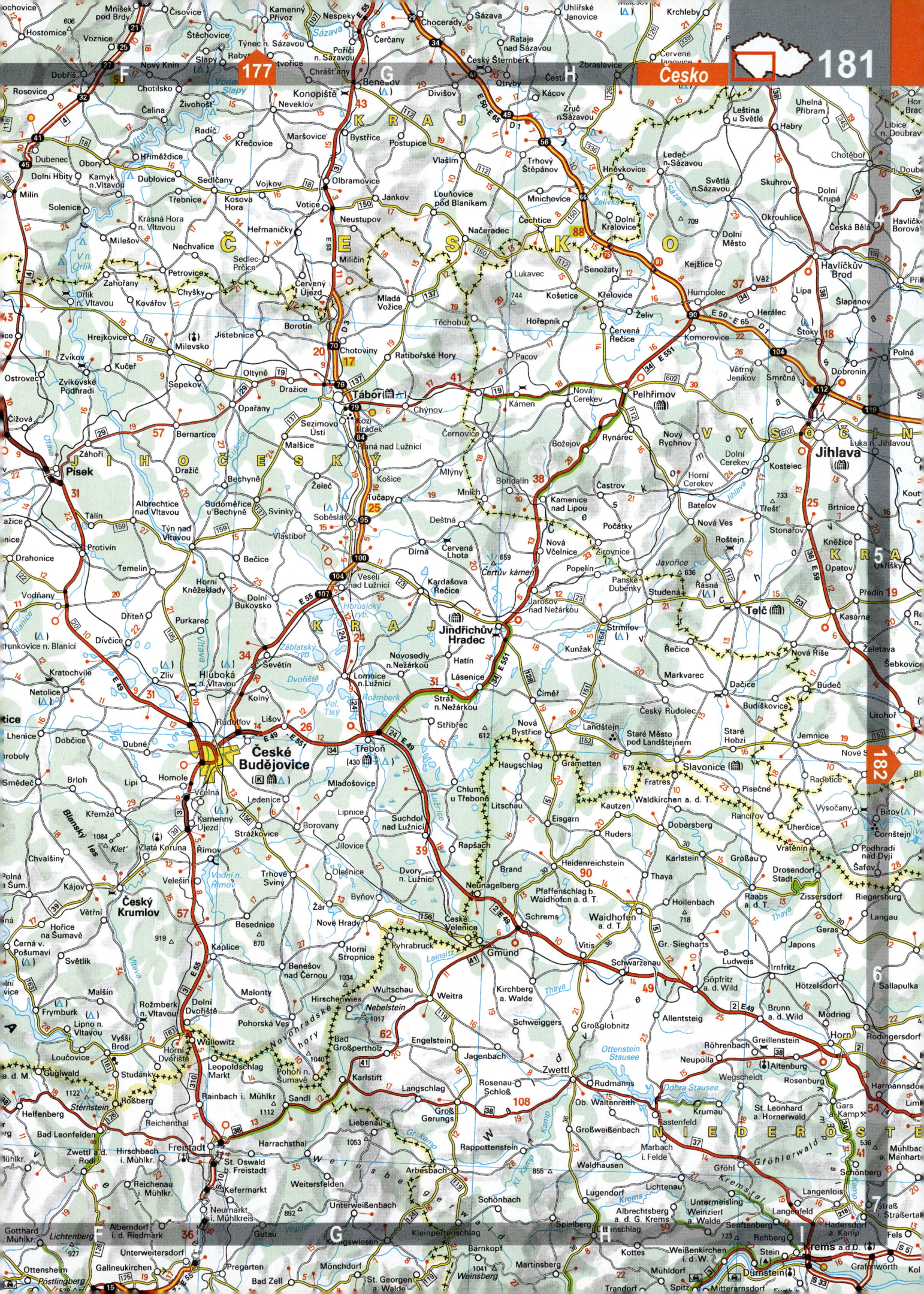

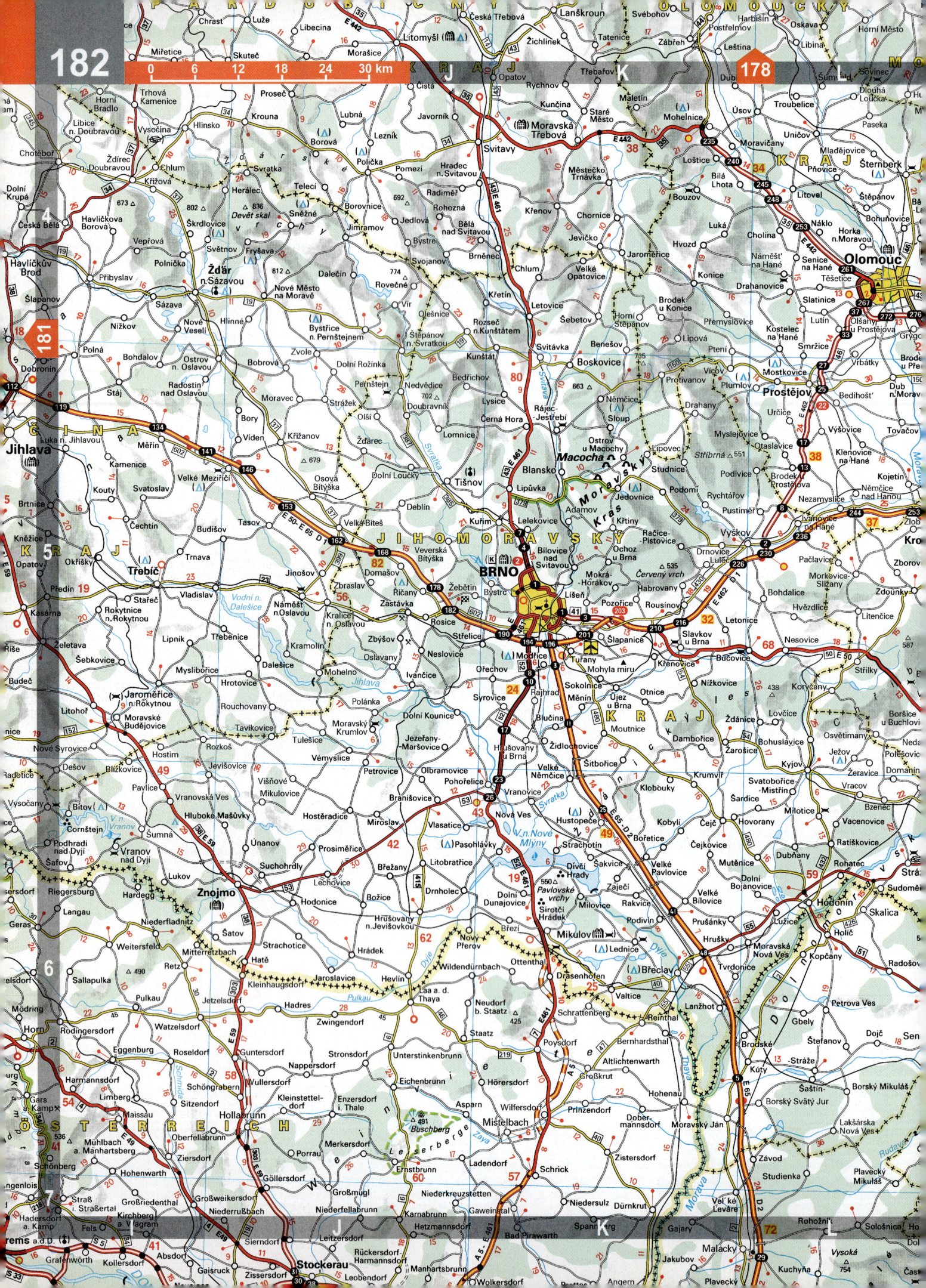

184 Deutschland

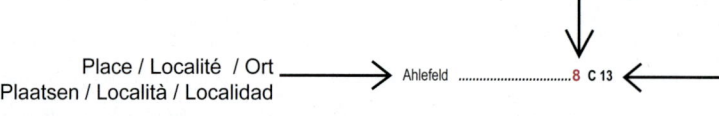

A B C D E F G H I J K L M N O P Q R S T U V W X Y Z

Page number / Numéro de page / Seitenzahl
Paginanummer / Numero di pagina / Número de página

Place / Localité / Ort
Plaatsen / Località / Localidad

Ahlefeld .... 8 C 13

Grid coordinates / Coordonnées de carroyage
Koordinatenangabe / Verwijstekens ruitsysteem
Coordinate riferite alla quadrettatura
Coordenadas en los mapas

A

Aa 46 K 3
Aabach Stausee 50 L 10
Aach (Bach) 102 W 11
Aach (Kreis Freudenstadt) 93 U 9
Aach (Kreis Kempten) 111 X 13
Aach (Kreis Trier-Saarburg) 80 Q 3
Aach (Hegau) 101 W 10
Aach-Linz 102 W 11
Aachen 58 N 2
Aachquelle 101 W 10
Aalbach 85 Q 13
Aalen 95 T 14
Aar 73 O 8
Aarbergen 73 P 8
Aasbüttel 8 D 12
Aasen 101 W 9
Abbehausen 18 F 9
Abbehauser Hörne 18 F 9
Abbendorf (Kreis Prignitz) 32 H 19
Abbendorf (Kreis Rotenburg) 29 G 12
Abbendorf (Kreis Westliche Altmark) 31 H 16
Abbenfleth 19 E 12
Abbenrode (Kreis Wernigerode) 41 K 15
Abbenrode (Kreis Wolfenbüttel) 41 J 16
Abbensen (Kreis Hannover) 30 I 12
Abbensen (Kreis Peine) 40 I 14
Abbenseth 18 F 11
Abberode 53 L 17
Abbesbüttel 41 I 15
Abenberg 87 S 16
Abenden 58 N 3
Abenheim 83 Q 8
Abens 97 U 19
Abensberg 97 T 19
Abentheuer 81 R 5
Abersfeld 76 P 15
Ablach 102 V 11
Ablaß 55 M 22
Absberg 96 S 16
Abstatt 94 S 11
Abterode 52 M 13
Abtsberg 65 M 16
Abtsbessingen 52 M 16
Abtschlag 99 T 23
Abtsdorf 106 W 22
Abtsdorfer See 106 W 22
Abtsgmünd 95 T 13
Abtshagen 13 D 23
Abtsroda 75 O 13
Abtsteinach 84 R 10
Abtswind 86 Q 15
Abtweiler 81 Q 6
Abwinkl 113 W 19
Accum 17 F 8
Achberg 110 X 13
Achdorf 101 W 9
Achenbach 61 N 7
Achenmühle 105 W 20
Acher 92 U 8
Achering 105 U 19
Achern 92 U 8
Achim (Kreis Verden) 29 G 11
Achim (Kreis Wolfenbüttel) 41 J 15
Achmer 37 I 7
Achsheim 104 U 16
Achslach 91 T 22
Achstetten 103 V 13
Achtel 87 R 18
Achterberg 30 H 13
Achternmeer 27 G 8
Achterwasser 15 D 25
Achterwehr 9 D 13
Achtrup 4 B 11
Achtum 40 J 14
Ackendorf 42 J 18
Ackenhausen 40 K 14
Adamshoffnung 23 F 21
Addrup 27 H 8
Adelberg 94 T 12
Adelebsen 51 L 13
Adelhausen (Kreis Hildburghausen) 76 O 16
Adelhausen (Kreis Lörrach) 108 X 7
Adelheide 29 G 9
Adelheidsdorf 30 I 14
Adelmannsfelden 95 T 14
Adelschlag 96 T 17
Adelsdorf 87 Q 16
Adelsheim 85 R 12
Adelshofen (Kreis Ansbach) 86 R 14
Adelshofen (Rhein-Neckar-Kreis) 84 S 10
Adelsried 104 U 16
Adelwitz 55 L 23
Adelzhausen 104 U 17
Adenau 71 O 4
Adenbüttel 40 I 17
Adendorf 20 G 15
Adensen 40 J 13
Adenstedt (Kreis Hildesheim) 40 J 13
Adenstedt (Kreis Peine) 40 J 14
Adersbach 84 S 10
Adersheim 40 J 15
Adersleben 41 K 17
Aderstedt (Kreis Bernburg) 54 K 19
Aderstedt (Kreis Halberstadt) 41 J 16
Adertshausen 88 S 19
Adlhausen 97 T 20
Adlholz 88 R 19
Adlkofen 97 U 20
Adlum 40 J 14
Admannshagen 11 D 20
Adolzfurt 85 S 12
Adolzhausen 85 R 13
Adorf (Kreis Emsland) 26 I 5
Adorf (Kreis Waldeck-Frankenberg) 50 L 10
Adorf (Vogtlandkreis) 79 P 20
Adorf (Erzgebirge) 67 N 22
Adrazhofen 103 W 14
Aebtissinwisch 7 E 11
Aegidienberg 60 O 5
Aengenesch 46 L 3
Äpfingen 102 V 13
Aerzen 39 J 11
Affalter 67 O 22
Affalterbach 94 T 11
Affaltern 96 U 16
Affecking 97 T 19
Affeln 49 M 7
Afferde 39 J 12
Affing 104 U 16
Affinghausen 29 H 10
Affoldern 63 M 11
Affolterbach 84 R 10
Aftersteg 100 W 7
Aga 66 N 20
Agathenburg 19 F 12
Agawang 104 U 16
Agenbach 93 T 9
Agger 59 N 6
Agger-Stausee 61 M 6
Aglasterhausen 84 R 10
Agterhorn 26 I 4
Aham 98 U 21
Ahaus 36 J 5
Ahausen (Bodenseekreis) 110 W 11
Ahausen (Kreis Rotenburg) 29 G 11
Ahden 50 L 9
Ahe 58 N 3
Ahlbeck (Kreis Ostvorpommern) 15 E 26
Ahlbeck (Kreis Uecker-Randow) 25 E 26
Ahlde 36 I 5
Ahlden 30 H 12
Ahlefeld 8 C 13
Ahlem 40 I 12
Ahlen (Kreis Biberach) 102 V 12
Ahlen (Kreis Emsland) 26 H 5
Ahlen (Kreis Warendorf) 49 K 7
Ahlen-Falkenberg 18 E 10
Ahlenmoor 18 E 10
Ahlerstedt 19 F 12
Ahlhorn 27 H 8
Ahlintel 37 J 6
Ahlsburg 51 K 13
Ahlsdorf (Kreis Elbe-Elster) 55 K 23
Ahlsdorf (Kreis Mansfelder Land) 53 L 18
Ahlshausen 52 K 13
Ahlstadt 77 O 16
Ahlten 40 I 13
Ahlum (Altmarkkreis Salzwedel) 31 H 17
Ahlum (Kreis Wolfenbüttel) 41 J 15
Ahmsen 27 H 6
Ahnatal 51 L 12
Ahndorf 31 G 16
Ahneby 5 B 13
Ahnsbeck 30 I 14
Ahnsen 40 I 15
Aholfing 90 T 21
Aholming 98 T 22
Ahorn (Kreis Coburg) 77 P 16
Ahorn (Main-Tauber-Kreis) 85 R 12
Ahornberg 78 P 19
Ahorntal 87 Q 18
Ahr 71 O 4
Ahrbergen 40 J 13
Ahrbrück 60 O 4
Ahrem 59 N 4
Ahrensberg 24 G 23
Ahrensbök 9 D 15
Ahrensburg 20 E 14
Ahrensdorf (b. Ludwigsfelde) 44 J 23
Ahrensdorf (b. Oldenburg) 27 G 7
Ahrensdorf (b. Trebbin) 44 J 23
Ahrensdorf (Kreis Oder-Spree) 45 J 26
Ahrensfelde 34 I 24
Ahrenshagen 11 D 21
Ahrenshöft 4 C 11
Ahrenshoop 11 C 21
Ahrensmoor 19 F 12
Ahrenswohlde 19 F 12
Ahrenviöl 5 C 11
Ahrenviölfeld 5 C 11
Ahrhütte 70 O 4
Ahrweiler 60 O 5
Aich (Kreis Ansbach) 87 S 16
Aich (Kreis Esslingen) 94 U 11
Aich (Kreis Freising) 105 U 19
Aich (Kreis Landshut) 106 U 21
Aicha 99 T 23
Aicha v. Wald 98 T 23
Aichach 104 U 17
Aichelau 102 V 12
Aichelberg (Kreis Calw) 93 T 9
Aichelberg (Kreis Göppingen) 94 U 12
Aichhalden (Kreis Calw) 93 U 9
Aichhalden (Kreis Rottweil) 101 V 9
Aichschieß 94 T 12
Aichstetten 103 W 14
Aichtal 94 U 11
Aidenbach 98 U 23
Aidhausen 76 P 15
Aidlingen 93 T 10
Aigen 107 V 23
Aiglsbach 97 T 19
Aiglsham 106 W 21
Ailertchen 61 O 7
Ailingen 110 W 12
Ailringen 85 R 13
Ainbrach 98 T 22
Aindling 96 U 16
Ainhofen 104 U 18
Ainring 106 W 22
Aisch 86 R 15
Aising 105 W 20
Aislingen 95 U 15
Aistaig 101 V 9
Aiterach 98 T 21
Aiterhofen 98 T 21
Aitrach 103 W 14
Aitrang 103 W 15
Aitzendorf 67 M 22
Aixheim 101 V 10
Aken 54 K 20
Alach 65 N 16
Aland 32 H 19
Alb (Fluß b. Feldberg) 100 W 8
Alb (Fluß b. Karlsruhe) 93 T 9
Albaching 105 V 20
Albachten 37 K 6
Albaum 61 M 8
Albaxen 51 K 12
Albbruck 108 X 8
Albeck 95 U 14
Albernau 67 O 21
Albersdorf (Kreis Dithmarschen) 7 D 11
Albersdorf (Saale-Holzland-Kreis) 66 N 19
Albershausen 94 T 12
Albersloh 37 K 7
Albersroda 54 M 19
Alberstedt 53 L 18
Albersweiler 83 S 8
Albertinenhof 21 F 17
Albertsdorf 10 C 17
Albertshausen 76 P 13
Albertshofen 86 Q 14
Alberzell 104 U 18
Albig 83 Q 8
Albisheim 83 R 8
Albrechts 64 O 15
Albrechtshain 55 M 21
Albringhausen 29 H 10
Albshausen 62 N 10
Albstadt (Kreis Aschaffenburg) 75 P 11
Albstadt (Zollernalbkreis) 101 V 11
Albstausee 108 W 8
Albstedt 18 G 10
Albtal 108 W 8
Albuch 95 T 13
Alburg 98 T 21
Alchen 61 N 7
Aldekerk 46 L 3
Aldenhoven 58 N 2
Aldenrade 47 L 4
Aldersbach 98 U 23
Aldingen 101 V 10
Aldingen am Neckar 94 T 11
Aldorf 28 H 9
Alendorf 70 O 3
Alerheim 95 T 15
Alertshausen 62 M 9
Alesheim 96 S 16
Aletshausen 103 V 15
Alexisbad 53 L 17
Alf 71 P 5
Alfdorf 94 T 13
Alfeld (Kreis Hildesheim) 40 K 13
Alfeld (Kreis Nürnberger Land) 87 R 18
Alfen 50 L 10
Alferde 40 J 13
Alfershausen 96 S 17
Alfhausen 37 I 7
Alflen 71 P 5
Alfsee 37 I 7
Alfstedt (Kreis Cuxhaven) 18 F 10
Alfstedt (Kreis Rotenburg) 18 F 11
Alfter 59 N 5
Algenrodt 81 Q 5
Algenstedt 32 I 18
Algermissen 40 J 13
Algersdorf 87 R 18
Alhausen 51 K 11
Alheim 63 M 12
Aligse 40 I 13
Alitzheim 76 Q 14
Aljarn 31 G 15
Alken 71 P 6
Alkersleben 65 N 17
Alkersum 4 B 9
Alladorf 77 Q 18
Allagen 50 L 8
Allenbach (Kreis Birkenfeld) 81 Q 5
Allenbach (Kreis Siegen-Wittgenstein) 61 N 8
Allenbostel 31 G 15
Allendorf (b. Greifenstein) 62 O 8
Allendorf (b. Haiger) 61 N 8
Allendorf (Kreis Hersfeld-Rotenburg) 63 N 12
Allendorf (Kreis Limburg-Weilburg) 61 O 8
Allendorf (Kreis Saalfeld-Rodolstadt) 65 O 17
Allendorf (Schwalm-Eder-Kreis) 63 N 11
Allendorf (Eder) 62 M 10
Allendorf (Lumda) 62 N 10
Allendorf (Sauerland) 49 M 7
Allensbach 110 W 11
Aller 41 J 17
Allerheiligen 92 U 8
Allerheiligen Wasserfälle 92 U 8
Allerhoop 30 I 13
Alleringhausen 50 M 10
Allerkanal 41 I 17
Allermöhe 20 F 14
Allersberg 87 S 17
Allersburg 88 S 19
Allersdorf 91 S 22
Allersehl 31 H 15
Allershausen 105 U 18
Allersheim 85 R 13
Allerstorf 11 D 21
Alleshausen 102 V 12
Alletsried 89 S 21
Allfeld 85 S 11
Allgäuer Alpen 111 Y 14
Alling (Kreis München) 104 V 17
Alling (Kreis Regensburg) 90 T 19
Allmannsdorf 110 W 11
Allmannsweier 100 U 7
Allmannsweiler 102 V 12
Allmendingen 102 V 13
Allmenhausen 52 M 16
Allmersbach i. Tal 94 T 12
Allmuthshausen 63 N 12
Allrath 58 M 3
Allrode 53 K 16
Allstedt 53 L 18
Alme 50 L 9
Almena 39 J 11
Almersbach 61 N 6
Almerswind 77 O 17
Almke 41 I 16
Almstedt 40 J 13
Alpen 46 L 3
Alpenrod 61 O 7
Alpersbach 100 W 8
Alperstedt 65 M 17
Alpirsbach 101 U 9
Alpsee (b. Füssen) 112 X 16
Alpsee (b. Immenstadt) 111 X 14
Alsbach 73 O 6
Alsbach-Hähnlein 84 Q 9
Alsberg 75 P 12
Alsdorf (Kreis Aachen) 58 N 2
Alsdorf (Kreis Altenkirchen) 61 N 7
Alse 18 F 9
Alsenborn 83 R 7
Alsenbrück-Langmeil 83 R 7
Alsenz 83 Q 7
Alsfeld 63 N 11
Alsheim 84 Q 9
Alsleben 76 P 15
Alsleben (Saale) 54 K 19
Alsmoos 96 U 17
Alst (Kreis Steinfurt) 36 J 5
Alst (Kreis Warendorf) 37 K 7
Alstätte 36 J 4
Alstedde 37 J 7
Alster 20 E 14
Alswede 38 I 9
Alsweiler 81 R 5
Alt Barenaue 37 I 8
Alt Bennebek 8 C 12
Alt Bork 43 J 22
Alt Brenz 22 F 19
Alt Bukow 10 E 18
Alt Duvenstedt 8 C 12
Alt Gaarz 23 F 21
Alt Garge 21 G 16
Alt Golm 45 J 26
Alt-Käbelich 24 F 24
Alt Kätwin 11 E 20
Alt Kaliß 32 G 17
Alt Krenzlin 21 G 17
Alt Madlitz 45 I 26
Alt Meteln 21 E 18
Alt Mölln 21 F 15
Alt Pannekow 14 E 22
Alt-Plestlin 14 E 23
Alt Reddewitz 13 D 25
Alt Rehse 24 F 23
Alt Ruppin 33 H 22
Alt Sammit 23 F 20
Alt Schadow 44 J 25
Alt Schönau 24 F 22
Alt Schwerin 23 F 21
Alt Stahnsdorf 44 J 25
Alt Sührkow 23 E 21
Alt Tellin 24 E 23
Alt-Teterin 24 E 24
Alt Tucheband 35 I 27
Alt Wallmoden 40 J 14
Alt Zauche 45 K 26
Alt Zeschdorf 45 I 27
Altastenberg 50 M 9
Altbach 94 T 12
Altbensdorf 43 I 21
Altbülk 9 C 14
Altburg 93 T 10
Altburlage 27 G 6
Altdahn 83 S 7
Altdöbern 56 L 26
Altdorf (Kreis Böblingen) 93 U 10
Altdorf (Kreis Eichstätt) 96 T 17
Altdorf (Kreis Landshut) 97 U 20
Altdorf (Kreis Südliche Weinstraße) 83 S 8
Altdorf (Ortenaukreis) 100 V 7
Altdorf b. Nürnberg 87 R 18
Altdorfer Wald 102 W 12
Altdürnbuch 97 T 19
Alte Elde 32 G 18
Alte Jäglitz 33 H 21
Alte Oder 35 I 26
Alte Piccardie 26 I 5
Alte Salzstraße 21 F 15
Alte Sorge 7 C 12
Alteburg 73 Q 6
Altefähr 13 D 23
Alteglofsheim 97 T 20
Alten-Buseck 62 O 10
Altena 49 M 7
Altenahr 60 O 4
Altenau (Bach) 50 L 10
Altenau (Kreis Elbe-Elster) 55 L 23
Altenau (Kreis Garmisch-Partenkirchen) 112 X 17
Altenau Bergstadt 52 K 15
Altenbach (Muldentalkreis) 55 L 22
Altenbach (Rhein-Neckar-Kreis) 84 R 10
Altenbanz 77 P 16
Altenbeken 50 K 10
Altenberg (Kreis Dillingen a. d. Donau) 95 U 14
Altenberg (Rheinisch-Bergischer Kreis) 59 M 5
Altenberg (Weißeritzkreis) 68 N 25
Altenberga 65 N 18
Altenberge (Kreis Emsland) 26 H 5
Altenberge (Kreis Steinfurt) 37 J 6
Altenbergen 51 K 11

Altenbögge 49 L 7
Altenboitzen 30 H 12
Altenbrak 53 K 16
Altenbruch 18 E 10
Altenbuch (Kreis Dingolfing-Landau) 98 T 22
Altenbuch (Kreis Miltenberg) 85 Q 12
Altenbüren 50 L 9
Altenburg (Kreis Altenburger Land) 66 N 21
Altenburg (Kreis Bernburg) 54 K 19
Altenburg (Kreis Waldshut) 109 X 9
Altenburg (Vogelsbergkreis) 63 N 11
Altencelle 30 I 14
Altendambach 64 O 16
Altendiez 73 O 7
Altendorf (Kreis Bamberg) 87 Q 17
Altendorf (Kreis Gifhorn) 31 I 16
Altendorf (Kreis Kassel) 51 M 11
Altendorf (Kreis Neustadt a. d. Waldnaab) 88 Q 19
Altendorf (Kreis Schwandorf) 89 R 20
Altendorf (Rhein-Sieg-Kreis) 60 O 5
Altenerding 105 V 19
Altenesch 29 G 9
Altenessen (Essen) 47 L 5
Altenfeld 50 M 9
Altenfeld (Ilm-Kreis) 65 O 16
Altenfurt 87 R 17
Altengamme 20 F 14
Altengesees 65 O 18
Altengeseke 50 L 8
Altenglan 81 R 6
Altengottern 64 M 15
Altengroden 17 F 8
Altengronau 75 P 12
Altenhagen (Kreis Bad Doberan) 11 D 19
Altenhagen (Kreis Bielefeld) 38 J 9
Altenhagen (Kreis Demmin) 24 E 23
Altenhagen (Kreis Hameln-Pyrmont) 39 J 12
Altenhagen (Kreis Nordvorpommern) 12 D 22
Altenhain 55 M 22
Altenhain 63 O 11
Altenhaßlau 75 P 11
Altenhasungen 51 L 11
Altenhausen 41 J 17
Altenheerse 50 L 11
Altenheim 92 U 7
Altenhellefeld 49 M 8
Altenhof 61 N 7
Altenhof (Kreis Barnim) 34 H 25
Altenhof (Kreis Müritz) 23 F 21
Altenhof (Kreis Rendsburg-Eckernförde) 5 C 13
Altenhohenau 105 V 20
Altenholz 9 C 14
Altenhundem 61 M 8
Altenilpe 50 M 8
Altenkattbek 8 D 13
Altenkirchen 13 C 24
Altenkirchen (b. Herborn) 62 N 9
Altenkirchen (b. Weiburg) 74 O 9
Altenkirchen (Kreis Kusel) 81 R 5
Altenkirchen i. Westerwald 61 N 6
Altenkleusheim 61 M 7
Altenklitsche 42 I 20
Altenkreith 89 S 21
Altenkrempe 9 D 16
Altenkunstadt 77 P 17
Altenlotheim 62 M 10
Altenlünne 37 I 6
Altenmarhorst 29 H 9
Altenmarkt (Kreis Deggendorf) 99 T 23
Altenmarkt (Kreis Passau) 98 U 24
Altenmarkt a. d. Alz 106 V 21
Altenmedingen 31 G 15
Altenmellrich 50 L 8
Altenmünster (Kreis Augsburg) 103 U 15
Altenmünster (Kreis Schweinfurt) 76 P 15
Altenoythe 27 G 7
Altenparkstein 88 Q 20
Altenplathow 42 I 20
Altenpleen 12 C 22
Altenplos 77 Q 18
Altenrath 59 N 5
Altenroda 53 M 18
Altenrüthen 50 L 9
Altensalzkoth 30 H 14
Altensalzwedel 31 H 17
Altenschlirf 63 O 12
Altenschneeberg 89 R 21
Altenschönbach 86 Q 15
Altenschwand 89 S 20
Altenseelbach 61 N 8
Altenstadt 74 P 10
Altenstadt (b. Vohenstrauß) 89 R 20
Altenstadt (Kreis Neu-Ulm) 103 V 14
Altenstadt (Kreis Weilheim-Schongau) 104 W 16
Altenstadt a. d. Waldnaab 89 Q 20
Altenstädt 51 M 11
Altensteig 93 U 9
Altenthann 90 S 20
Altentreptow 24 E 23
Altenveldorf 88 S 19
Altenvers 62 N 9
Altenwahlingen 30 H 12
Altenwalde 18 E 9
Altenweddingen 42 K 18
Altenwillershagen 11 D 21
Altenzaun 32 H 20
Alter Schee 48 M 5
Alterkülz 71 P 6
Alterlangen 87 R 16
Alterode 53 K 18
Altershausen 76 P 15
Altertheim 85 Q 13
Altes Lager 43 J 22
Altes Land 19 F 12
Altfeld 85 Q 12
Altforweiler 82 S 4
Altfraunhofen 105 U 20
Altfriedland 35 I 26
Altfunnixsiel 17 F 7
Altgalendorf 10 D 16
Altgandersheim 40 K 14
Altgarmssiel 17 F 7
Altglashütte 89 Q 21
Altglashütten 100 W 8
Altglobsow 34 G 23
Altharen 26 H 5
Altharlingersiel 17 E 7
Altharmhorst 9 D 16
Althausen 76 P 15
Althegnenberg 104 V 17
Altheim (Alb-Donau-Kreis) 102 V 13
Altheim (Bodenseekreis) 102 W 11
Altheim (Kreis Biberach a. d. Riß) 102 V 12
Altheim (Kreis Darmstadt-Dieburg) 74 Q 10
Altheim (Kreis Freudenstadt) 93 U 9
Altheim (Kreis Landshut) 97 U 20
Altheim (Neckar-Odenwald-Kreis) 85 R 12
Altheim (Saar-Pfalz-Kreis) 82 S 5
Altheim (Alb) 95 U 14
Altheim ob Weihung 103 V 13
Althemmoor 19 E 11
Althengstett 93 T 10
Althütte (Kreis Freyung-Grafenau) 91 T 23
Althütte (Rems-Murr-Kreis) 94 T 12
Althüttendorf 34 H 25
Altingen 93 U 10
Altjührden 17 F 8
Altkalen 24 E 22
Altkirchen 66 N 21
Altkirchen 105 W 18
Altkünkendorf 35 G 25
Altlacher Hoch Kopf 112 X 18
Altlandsberg 34 I 25
Altlay 72 Q 5
Altleiningen 83 R 8
Altlewin 35 H 26
Altlüdersdorf 34 G 23
Altlünen 47 L 6
Altluneberg 18 F 10
Altlußheim 84 S 9
Altmannsgrün 79 O 20
Altmannshausen 86 R 15
Altmannstein 97 T 18
Altmark 31 H 17
Altmersleben 32 H 18
Altmittweida 67 N 22
Altmörbitz 67 N 21
Altmoorhausen 28 G 9
Altmorschen 63 M 12
Altmühl 96 S 15
Altmühlendorf 8 D 13
Altmühlsee 96 S 16
Altmühltal 97 T 19
Altmühltal (Naturpark) 96 T 17
Altoberndorf 101 V 9
Altötting 106 V 22
Altomünster 104 U 17
Altona (Hamburg) 19 F 13
Altranft 35 H 26
Altranstädt 54 M 20
Altreetz 35 H 26
Altreichenau 99 T 25
Altrich 72 Q 4
Altrip 84 R 9
Altrosenthal 35 I 26
Altsadt 81 S 5
Altscheid 70 P 3
Altschönau 99 T 24
Altschweier 92 T 8
Altshausen 102 W 12
Altsimonswald 100 V 8
Altstädten 111 X 14
Altsteußlingen 102 V 12
Alttann 102 W 13
Altthymen 24 G 23
Altusried 103 W 14
Altwarmbüchen 40 I 13
Altwarp 25 E 26
Altweilnau 74 P 9
Altwied 61 O 6
Altwigshagen 25 E 25
Altwindeck 92 T 8
Altwistedt 18 F 10
Altwriezen 35 H 26
Altzirkendorf 88 Q 19
Alverdissen 39 J 11
Alvern (Kreis Celle) 30 I 14
Alvern (Kreis Soltau-Fallingbostel) 30 G 14
Alverskirchen 37 K 7
Alveslohe 19 E 13
Alvesrode 39 J 12
Alvesse 40 I 14
Alz 106 W 21
Alzenau 74 P 11
Alzenbach 59 N 6
Alzey 83 Q 8
Alzgern 106 V 22
Ambach 104 W 18
Amberg 88 R 19
Amberg (Kreis Unterallgäu) 104 V 16
Ambergen 28 H 9
Amdorf 17 G 6
Amecke 49 M 7
Ameisenberg 89 R 21
Amelgatzen 39 J 12
Amelinghausen 30 G 14
Amelith 51 K 12
Ameln 58 N 3
Amelsbüren 37 K 6
Amelunxen 51 K 12
Amerang 106 W 20
Amerbach 96 T 16
Amerbusch 28 H 9
Amerdingen 95 T 15
Amern 58 M 2
Amesdorf 53 K 18
Ammelbruch 95 S 15
Ammeldingen 70 P 2
Ammeloe 36 J 4
Ammelsdorf 68 N 24
Ammelshain 55 M 21
Ammendorf 54 L 19
Ammensen 40 K 13
Ammer 112 X 17
Ammer-Sattel 112 X 16
Ammerbuch 93 U 10
Ammerfeld 96 T 16
Ammergebirge 112 X 16
Ammerland 104 W 18
Ammern 52 M 15
Ammerndorf 87 R 16
Ammersbek 20 E 14
Ammersee 104 V 17
Ammersricht 88 R 19
Ammersum 17 G 6
Ammerthal 88 R 19
Ammertsweiler 94 S 12
Amönau 62 N 10
Amöneburg 62 N 10
Amorbach 85 R 11
Ampen 49 L 8
Amper (b. Moosburg) 104 U 18
Ampermoching 105 V 18
Amperpettenbach 105 V 18
Ampferbach 86 Q 16
Ampfing 106 V 21
Ampfurth 41 J 17
Ampleben 41 J 16
Amrichshausen 85 S 13
Amrigschwand 108 W 8
Amrum (Insel) 4 C 8
Amsdorf 54 L 19
Amsham 98 U 23
Amshausen 38 J 9
Amstetten 95 U 13
Amtsberg 67 N 22
Amtzell 110 W 13
Andechs 104 W 17
Andenhausen 64 O 14
Anderbeck 41 K 16
Anderlingen 19 F 11
Andermannsdorf 97 T 20
Andernach 71 O 6
Anderten (Kreis Nienburg) 29 H 11
Anderten (Stadtkreis Hannover) 40 I 13
Andervenne 37 I 6
Andisleben 65 M 16
Andorf 86 R 15
Andorf (Kreis Osnabrück) 27 I 7
Andorf (Kreis Westliche Altmark) 31 H 16
Andreasberg 50 M 9
Andrup 27 I 6
Anemolter 39 I 11
Angel 37 K 7
Angelbachtal 84 S 10
Angelburg 62 N 9
Angelmodde 37 K 7
Angeln 5 B 13
Angenrod 63 N 11
Anger 106 W 22
Angering 106 V 20
Angermünde 35 G 26
Angermund 48 M 4
Angern 42 I 19
Angersbach 63 O 12
Angerskirchen 105 V 20
Angfeld 88 R 19
Anhausen 61 O 6
Anholt 46 K 3
Ankelohe 18 F 10
Ankershagen 24 F 22
Anklam 25 E 25
Ankum 27 I 7
Annaberg-Buchholz 67 O 23
Annaburg 55 K 23
Annahütte 56 L 25
Annarode 53 L 18
Annathal 99 T 24
Annerod 62 O 10
Annweiler 83 S 7
Anrath 58 M 3
Anreppen 50 K 9
Anröchte 50 L 8
Ansbach 86 S 15
Anschlag 49 M 6
Ansprung 67 O 23
Anstedt 29 H 10
Antdorf 112 W 17
Anten 27 I 7
Antfeld 50 L 9
Antonsthal 79 O 22
Antrift 63 N 11
Antrifttal 63 N 11
Antweiler 71 O 4
Anwalting 104 U 16
Anzefahr 62 N 10
Anzenkirchen 106 U 23
Anzhausen 61 N 8
Anzing 105 V 19
Apeldorn 27 H 6
Apelern 39 J 12
Apelnstedt 41 J 15
Apelstedt 29 H 10
Apen 17 G 7
Apenburg 32 H 17
Apensen 19 F 12
Apfelbach 85 R 13
Apfeldorf 104 W 16
Apfelstädt 65 N 16
Apfelstetten 102 U 12
Apfeltrach 103 V 15
Apfeltrang 103 W 15
Apflau 110 X 12
Aplerbeck (Dortmund) 47 L 6
Apolda 65 M 18
Appel (Kreis Harburg) 19 F 13
Appel (Kreis Rotenburg) 19 G 12
Appeldorn 46 K 3
Appelhülsen 36 K 6
Appeln 18 F 10
Appen 19 F 13
Appendorf 77 Q 16
Appenfeld 63 N 12
Appenfelden 86 Q 15
Appenheim 73 Q 8
Appenrod 62 N 11
Appenrode 52 L 16
Appenweier 92 U 7
Arberg 95 S 15
Arbersee 91 S 23
Arbing 106 V 22
Archsum 4 B 9
Ardorf 17 F 7
Aremberg 71 O 4
Arenborn 51 L 12
Arendsee 32 H 18
Arendsee (Kreis Uckermark) 25 G 24
Arensch 18 E 9
Arensdorf (Kreis Köthen) 54 K 20
Arensdorf (Kreis Oder-Spree) 45 I 26
Arenshausen 52 L 13
Aresing (Kreis Altötting) 106 V 21
Aresing (Kreis Neuburg-Schrobenhausen) 96 U 17
Arfeld 62 M 9
Argen 110 X 13
Argenbühl 111 W 13
Argenschwang 73 Q 7
Argenthal 73 Q 6
Arget 105 W 18
Arheilgen 74 Q 9
Arholzen 51 K 12
Arkebek 7 D 11
Arkeburg 28 H 9
Arkona (Kap) 13 B 24
Arlau 5 C 11
Arle 17 F 6
Arlesberg 95 T 14
Arlesried 103 V 15
Arlewatt 4 C 11
Arloff 60 O 4
Armsen 29 H 12
Armsfeld 62 M 11
Armsheim 83 Q 8
Armstorf 18 F 11
Arnach 103 W 13
Arnbach 104 U 18
Arnbruck 91 S 23
Arndorf 98 T 22
Arneburg 32 H 20
Arnegg 103 U 13
Arnim 32 I 19
Arnis 5 C 13
Arnoldsgrün 79 O 20
Arnoldshain 74 P 9
Arnoldsweiler 58 N 3
Arnsberg 76 O 13
Arnsberg (Dorf) 96 T 18
Arnsberg (Stadt) 49 L 8
Arnsberger Wald 49 L 8
Arnsberger Wald (Naturpark) 50 L 8
Arnsburg 74 O 10
Arnschwang 89 S 22
Arnsdorf (Kreis Mittweida) 67 M 23
Arnsdorf (Kreis Oberspreewald-Lausitz) 56 L 25
Arnsdorf (Kreis Wittenberg) 55 K 22
Arnsdorf b. Dresden 68 M 25
Arnsdorf-Hilbersdorf 69 M 28
Arnsfeld 67 O 23
Arnsgereuth 65 O 17
Arnsgrün (Elstertalkreis) 79 P 20
Arnsgrün (Kreis Greiz) 66 O 20
Arnshain 63 N 11
Arnsnesta 55 K 23
Arnstadt 65 N 16
Arnstedt 53 K 18
Arnstein 73 P 7
Arnstein (Kreis Lichtenfels) 77 P 17
Arnstein (Kreis Main-Spessart) 76 Q 13
Arnstorf 98 U 22
Arnum 40 J 13
Arpke 40 I 14
Arpsdorf 8 D 13
Arrach 91 S 22
Arras 67 M 22
Arsbeck 58 M 2
Artelshofen 87 R 18
Artern 53 L 17
Arth 97 U 20
Artlenburg 21 F 15
Arzbach 73 O 7
Arzbach 113 W 18
Arzberg 55 L 23
Arzberg 79 P 20
Arzdorf 60 O 5
Arzfeld 70 P 2
Asbach (Kreis Hersfeld-Rotenburg) 63 N 12
Asbach (Kreis Neuwied) 61 O 6
Asbach (Kreis Passau) 107 U 23
Asbach (Kreis Regen) 91 S 23
Asbach (Kreis Schmalkalden-Meiningen) 64 N 15
Asbach (Neckar-Odenwald-Kreis) 84 R 11
Asbach-Bäumenheim 96 T 16
Asbeck (Kreis Borken) 36 J 5
Asbeck (Märkischer Kreis) 49 L 7
Asch (Kreis Langsberg a. Lech) 104 W 16
Asch (Kreis Ulm) 102 U 13
Asch-Berg 8 C 13
Ascha 91 T 21
Aschach 76 P 14
Aschaffenburg 75 Q 11
Aschara 64 M 16
Aschau 5 C 13
Aschau a. Inn 106 V 21
Aschau i. Chiemgau 114 W 20
Aschbach 86 Q 15
Aschbacherhof 83 R 7
Aschbuch 97 T 18
Ascheberg 9 D 15
Ascheberg 49 K 6
Ascheffel 8 C 13
Aschen 28 I 9
Aschenau 98 T 22
Aschendorf 37 J 8
Aschendorf (Ems) 26 G 5
Aschenhausen 64 O 14
Aschenstedt 28 H 9
Aschersleben 53 K 18
Aschfeld 75 P 13
Aschhausen 85 R 12
Aschheim-Dornach (München) 105 V 19
Aschhorn 19 E 12
Ascholding 105 W 18
Aschwarden 18 G 9
Aselage 27 H 7
Aseleben 54 L 19
Asendorf 39 J 11
Asendorf (Kreis Diepholz) 29 H 11
Asendorf (Kreis Harburg) 19 G 13
Asenham 106 U 23
Ashausen 20 F 14
Asmushausen 63 M 13
Aspach 64 N 15
Aspach 94 T 12
Aspe 19 G 11
Aspenstedt 41 K 16
Asperden 46 K 2
Asperg 94 T 11
Aspisheim 73 Q 7
Assamstadt 85 R 13
Asse 41 J 15
Assel 19 E 12
Asselheim 83 R 8
Asseln (Kreis Paderborn) 50 L 10
Asseln (Dortmund-) 49 L 6
Asselstein 83 S 7
Assenheim 74 P 10
Assinghausen 50 M 9
Aßlar 62 O 9
Aßling 105 W 20
Aßmannshardt 102 V 13
Assmannshausen 73 Q 7
Aßweiler 82 S 5
Ast (Kreis Cham) 89 R 21
Ast (Kreis Landshut) 97 U 20
Astederfeld 17 F 7
Asten 106 V 22
Asterode 63 N 12
Astfeld 40 K 15
Astheim 74 Q 9
Astrup (Kreis Oldenburg) 27 G 8
Astrup (Kreis Vechta) 28 H 8
Atdorf 108 X 7
Ateritz 55 K 21
Athenstedt 41 K 16
Attaching 105 V 19
Attahöhle 61 M 7
Attel 105 V 20
Atteln 50 L 10
Attendorn 61 M 7
Attenhausen 73 P 7
Attenhausen (Kreis Landshut) 97 U 20

Attenhausen *(Kreis Memmingen)* 103 W 15
Attenhofen 97 U 19
Attenkirchen 97 U 19
Attenweiler 102 V 13
Atter 37 J 7
Atterwasch 45 K 27
Atting 98 T 21
Atzelgift 61 N 7
Atzenbach 108 W 7
Atzendorf 42 K 18
Atzenhain 62 O 10
Atzenhausen 51 L 13
Atzmannsberg 88 Q 19
Au 61 N 6
Au 97 U 19
Au a. Inn 106 V 20
Au a. Rhein 93 T 8
Au b. Bad Aibling 113 W 19
Aua 63 N 12
Aub *(Kreis Rhön-Grabfeld)* 76 P 15
Aub *(Kreis Würzburg)* 86 R 14
Aubing 104 V 18
Aubstadt 76 P 15
Audenhain 55 L 22
Auderath 71 P 5
Audigast 66 M 20
Aue 67 O 22
Aue *(Fluß b. Bad Zwischenahn)* 17 G 7
Aue *(Fluß b. Celle)* 40 I 14
Aue *(Fluß b. Harsefeld)* 19 F 12
Aue *(Kreis Ammerland)* 27 G 8
Aue *(Kreis Cuxhaven)* 18 E 11
Aue *(Kreis Siegen-Wittgenstein)* 62 M 8
Aue *(Werra-Meißner-Kreis)* 64 M 14
Auel 70 P 3
Auen 27 H 7
Auendorf 94 U 13
Auenhausen 51 L 11
Auenheim 92 U 7
Auenstein 94 S 11
Auenwald 94 T 12
Auer 68 M 24
Auerbach 67 N 22
Auerbach *(Kreis Augsburg)* 104 U 16
Auerbach *(Kreis Bergstraße)* 84 Q 9
Auerbach *(Kreis Deggendorf)* 98 T 23
Auerbach *(Neckar-Odenwald-Kreis)* 85 R 11
Auerbach (Vogtland) 79 O 21
Auerbach i. d. Oberpfalz 88 Q 18
Auerberg 113 W 16
Auernheim *(Kreis Heidenheim)* 95 T 14
Auernheim *(Kreis Weißenburg-Gunzenhsn)* 96 T 16
Auernhofen 86 R 14
Auerose 25 E 25
Auersberg 79 O 21
Auersbergsreut 99 T 25
Auerstedt 65 M 18
Auerswalde 67 N 22
Auetal 39 J 11
Auf dem Acker 52 K 15
Auf der Höhe 59 M 5
Aufenau 75 P 11
Aufham *(Kreis Berchtesgadener Land)* 114 W 22
Aufham *(Kreis Pfaffenhofen a. d. Ilm)* 105 U 8
Aufhausen *(Kreis Dingolfing-Landau)* 98 U 22
Aufhausen *(Kreis Donau-Ries)* 95 T 14
Aufhausen *(Kreis Erding)* 105 V 19
Aufhausen *(Kreis Göppingen)* 94 U 13
Aufhausen *(Kreis Regensburg)* 97 T 20
Aufhausen *(Ostalbkreis)* 95 T 15
Aufhofen 102 V 13
Aufkirch 104 W 16
Aufkirchen *(Kreis Fürstenfeldbruck)* 104 V 17
Aufkirchen *(Kreis Starnberg)* 104 W 18
Aufseß 77 Q 17
Auggen 100 W 6
Augraben *(Bach z. Biese)* 32 H 18
Augraben *(Bach z. Tollense)* 24 E 22
Augsberg 88 R 19
Augsburg 104 U 16
Augsburg-Westliche Wälder (Naturpark) 103 U 15
Augsfeld 76 P 15
Augustdorf 38 K 10
Augustendorf 18 F 11
Augustenfeld 27 H 7
Augustenhof 10 D 17
Augustfehn 17 G 7
Augustusburg 67 N 23
Auhagen 39 I 11
Auhausen 95 S 15
Auheim 74 P 10
Auingen 102 U 12
Aukrug 8 D 13
Aukrug (Naturpark) 8 D 13
Auleben 53 L 16
Aulendorf 36 J 6
Aulendorf 102 W 12
Aulfingen 101 W 9
Auligk 66 M 20
Aulosen 32 H 18
Auma 66 N 19
Aumenau 73 O 8
Aumühle *(Kreis Herzogtum Lauenburg)* 20 F 14
Aumühle *(Kreis Oldenburg)* 28 H 9
Aunkirchen 99 U 23
Aura 76 P 14
Aura i. Sinngrund 75 P 12
Aurach *(Fluß)* 86 R 15
Aurach *(Kreis Ansbach)* 86 S 15
Aurach *(Kreis Miesbach)* 113 W 19
Aurachtal 87 R 16
Aurau 87 S 17
Aurich 17 F 6
Aurich-Oldendorf 17 F 6
Aurith 45 J 28
Ausacker 5 B 12
Ausbach 63 N 13
Ausleben 41 J 17
Ausnang 103 W 14
Außernbrünst 99 T 24
Außernzell 99 T 23
Autenhausen 76 P 16
Autenried 103 U 14
Authausen 55 L 22
Auw a. d. Kyll 72 Q 3
Auw b. Prüm 70 P 3
Auwel 46 L 2
Avendorf *(Kreis Harburg)* 20 F 15
Avendorf a. Fehmarn 10 C 17
Aventoft 4 B 10
Avenwedde 38 K 9
Averhoy 30 I 12
Averlak 7 E 11
Axien 55 K 22
Axstedt 18 F 10
Aying 105 W 19
Ayl 80 R 3
Aystetten 104 U 16

B

Baabe 13 C 25
Baal *(Kreis Heinsberg)* 58 M 2
Baal *(Kreis Kleve)* 46 L 2
Baalberge 54 K 19
Baar 71 O 5
Baasdorf 54 K 19
Babben 56 K 25
Babelsberg 43 I 23
Baben 32 H 19
Babenhausen 74 Q 10
Babenhausen 103 V 14
Babensham 105 V 20
Babitz 33 G 21
Babke 24 F 22
Babst 22 E 19
Babstadt 84 S 11
Baccum 37 I 6
Bach a. d. Donau 90 S 20
Bacharach 73 P 7
Bachem 80 R 4
Bachern 104 V 17
Bachfeld 77 O 16
Bachhagel 95 U 14
Bachheim 101 W 9
Bachl 97 T 19
Bachra 65 M 18
Backemoor 27 G 6
Backensholz 5 C 11
Backnang 94 T 12
Bad Abbach 90 T 20
Bad Aibling 105 W 20
Bad Alexandersbad 78 P 20
Bad Antogast 93 U 8
Bad Arolsen 50 L 11
Bad Bayersoien 112 W 17
Bad Bellingen 108 W 6
Bad Bentheim 36 J 5
Bad Bergzabern 92 S 8
Bad Berka 65 N 17
Bad Berleburg 62 M 9
Bad Berneck 78 P 19
Bad Bertrich 71 P 5
Bad Bevensen 31 G 15
Bad Bibra 53 M 18
Bad Birnbach 106 U 23
Bad Blankenburg 65 N 17
Bad Bocklet 76 P 14
Bad Brambach 79 P 20
Bad Bramstedt 8 E 13
Bad Breisig 60 O 5
Bad Brückenau 75 P 13
Bad Buchau 102 V 12
Bad Camberg 74 P 8
Bad Cannstatt 94 T 11
Bad Colberg 77 P 16
Bad Ditzenbach 94 U 13
Bad Doberan 11 D 19
Bad Driburg 50 K 11
Bad Düben 55 L 21
Bad Dürkheim 83 R 8
Bad Dürrenberg 54 M 20
Bad Dürrheim 101 V 9
Bad Eilsen 39 J 11
Bad Elster 79 P 20
Bad Ems 73 O 7
Bad Endbach 62 N 9
Bad Endorf 106 W 20
Bad Essen 38 J 9
Bad Feilnbach 113 W 20
Bad Frankenhausen 53 L 17
Bad Fredeburg 50 M 8
Bad Freienwalde 35 H 26
Bad Friedrichshall 85 S 11
Bad Füssing 107 U 23
Bad Gandersheim 52 K 14
Bad Godesberg *(Bonn)* 59 N 5
Bad Gögging 97 T 19
Bad Gottleuba 68 N 25
Bad Griesbach i. Rottal 107 U 23
Bad Grönenbach 103 W 14
Bad Grund 52 K 14
Bad Harzburg 52 K 15
Bad Heilbrunn 112 W 18
Bad Helmstedt 41 J 17
Bad Herrenalb 93 T 9
Bad Hersfeld 63 N 13
Bad Höhenstadt 99 U 23
Bad Hönningen 60 O 5
Bad Homburg 74 P 9
Bad Honnef 60 O 5
Bad Iburg 37 J 8
Bad Imnau 101 U 10
Bad Karlshafen 51 L 12
Bad Kissingen 76 P 14
Bad Kleinen 22 E 18
Bad Klosterlausnitz 66 N 19
Bad König 84 Q 11
Bad Königshofen 76 P 15
Bad Kösen 66 M 19
Bad Köstritz 66 N 20
Bad Kohlgrub 112 W 17
Bad Kreuznach 73 Q 7
Bad Krozingen 100 W 7
Bad Laasphe 62 N 9
Bad Laer 37 J 8
Bad Langenbrücken 84 S 9
Bad Langensalza 64 M 15
Bad Lauchstädt 54 L 19
Bad Lausick 67 M 21
Bad Lauterberg 52 L 15
Bad Liebenstein 64 N 15
Bad Liebenwerda 56 L 24
Bad Liebenzell 93 T 10
Bad Lippspringe 50 K 10
Bad Marienberg 61 O 7
Bad Meinberg 39 K 10
Bad Mergentheim 85 R 13
Bad Mingolsheim 84 S 9
Bad Münder am Deister 39 J 12
Bad Münster a. Stein 73 Q 7
Bad Münstereifel 60 O 4
Bad Muskau 57 L 28
Bad Nauheim 74 O 10
Bad Nenndorf 39 I 12
Bad Neuenahr 60 O 5
Bad Neustadt 76 P 14
Bad Niedernau 101 U 10
Bad Oberdorf 111 X 15
Bad Oeynhausen 39 J 10
Bad Oldesloe 20 E 15
Bad Orb 75 P 12
Bad Peterstal 100 U 8
Bad Pyrmont 39 K 11
Bad Rappenau 84 S 11
Bad Rehburg 39 I 11
Bad Reichenhall 114 W 22
Bad Rippoldsau 101 U 8
Bad Rodach 76 O 16
Bad Rotenfels 93 T 8
Bad Rothenfelde 37 J 8
Bad Saarow 45 J 26
Bad Sachsa 52 L 15
Bad Säckingen 108 X 7
Bad Salzdetfurth 40 J 14
Bad Salzhausen 74 O 10
Bad Salzig 71 P 6
Bad Salzschlirf 63 O 12
Bad Salzuflen 39 J 10
Bad Salzungen 64 N 14
Bad Sassendorf 49 L 8
Bad Saulgau 102 V 12
Bad Schandau 68 N 26
Bad Schmiedeberg 55 K 22
Bad Schönborn 84 S 9
Bad Schussenried 102 V 12
Bad Schwalbach 73 P 8
Bad Schwartau 9 E 16
Bad Segeberg 9 E 14
Bad Sobernheim 81 Q 6
Bad Soden 75 P 12
Bad Soden am Taunus 74 P 9
Bad Sooden-Allendorf 52 M 13
Bad St. Peter *(St. Peter-Ording)* 7 D 9
Bad Steben 78 O 18
Bad Suderode 53 K 17
Bad Sülze 12 D 21
Bad Sulza 65 M 18
Bad Sulzburg 100 W 7
Bad Teinach 93 T 10
Bad Teinach-Zavelstein 93 T 10
Bad Tennstedt 65 M 16
Bad Tölz 113 W 18
Bad Überkingen 94 U 13
Bad Urach 94 U 12
Bad Vilbel *(Frankfurt)* 74 P 10
Bad Waldliesborn 50 K 9
Bad Waldsee 102 W 13
Bad Westernkotten 50 L 9
Bad Wiessee 113 W 19
Bad Wildungen 63 M 11
Bad Wilsnack 32 H 19
Bad Wimpfen 85 S 11
Bad Windsheim 86 R 15
Bad Wörishofen 103 V 15
Bad Wurzach 103 W 13
Bad Zwischenahn 27 G 8
Badbergen 27 I 7
Baddeckenstedt 40 J 14
Badeborn 53 K 17
Badel 32 H 17
Badeleben 41 J 17
Badem 70 P 3
Bademühlen 19 G 11
Baden 29 G 11
Baden-Baden 93 T 8
Baden-Neuweier 92 T 8
Baden-Oos *(Baden-Baden)* 93 T 8
Baden-Sandweier 92 T 8
Badendorf 21 E 15
Badener Höhe 93 T 8
Badenhausen 52 K 14
Badenstedt *(Kreis Rotenburg)* 19 G 11
Badenweiler 100 W 7
Badersleben 41 K 16
Badewitz 42 J 20
Badingen *(Kreis Oberhavel)* 34 H 23
Badingen *(Kreis Stendal)* 32 I 18
Badow 21 F 17
Badra 53 L 16
Badrina 54 L 21
Bächingen 95 U 14
Bächlein 77 P 17
Bächlingen 85 S 13
Baek 32 G 19
Bäk 21 E 16
Bälau 21 F 15
Bärenbach 81 Q 6
Bärenbrück 57 K 27
Bärenfels 68 N 25
Bärenhöhle 102 U 11
Bärenklau 45 K 27
Bärensee 103 W 15
Bärenstein *(Kreis Annaberg)* 79 O 23
Bärenstein *(Weißeritzkreis)* 68 N 25
Bärental 100 W 8
Bärenthal 101 V 10
Bärenwalde 67 O 21
Baerl 46 L 4
Bärnau 89 Q 21
Bärnsdorf 68 M 25
Bärnzell 91 T 23
Bärwalde *(Kreis Meißen-Dresden)* 68 M 25
Bärwalde *(Westlausitzkreis)* 57 L 27
Bärweiler 81 Q 6
Baesweiler 58 N 2
Bätholt 27 G 7
Bagband 17 F 6
Bagemuhl 25 F 26
Bagenz 57 L 27
Bahlburg 20 G 14
Bahlingen 100 V 7
Bahndhof *(Stühlingen)* 109 W 9
Bahnhof-Boizenburg 21 F 16
Bahnhof Jerxheim 41 J 16
Bahnhof Rehfelde 44 I 25
Bahnhof-Reken 47 K 5
Bahnhof Wintermoor 30 G 13
Bahnitz 43 I 21
Bahnsdorf *(Kreis Elbe-Elster)* 55 L 23
Bahnsdorf *(Kreis Oberspreewald-Lausitz)* 56 L 26
Bahnsen 31 H 15
Bahra 76 O 14
Bahratal 68 N 25
Bahrdorf 41 I 17
Bahrenborstel 29 I 10
Bahrendorf 42 K 18
Bahretal 68 N 25
Bahro 45 J 27
Baienfurt 102 W 12
Baier 64 N 14
Baierbach *(Kreis Landshut)* 105 U 20
Baierbach *(Kreis Rosenheim)* 105 W 20
Baierbrunn 105 V 18
Baiern 105 W 19
Baiernrain 105 W 18
Baiersbronn 93 U 9
Baiersdorf 87 R 17
Baiertal 84 S 10
Baierz 103 W 13
Baindlkirch 104 V 17
Baindt 102 W 12
Bairawies 105 W 18
Baisingen 93 U 10
Baisweil 103 W 15
Baitz 43 J 22
Bakede 39 J 12
Bakenberg 13 B 23
Bakum 27 H 8
Balbersdorf 89 S 22
Baldeneysee *(Essen)* 47 L 5
Balderhaar 26 I 4
Baldern 95 T 14
Balderschwang 111 X 14
Baldersheim 86 R 14
Baldingen 101 W 9
Balduinstein 73 O 7
Balesfeld 70 P 3
Balge 29 H 11
Balgstädt 54 M 19
Balhorn 51 M 11
Balingen 101 V 10
Balje 19 E 11
Balksee 18 E 11
Balkum 37 I 7
Ballenberg 85 R 12
Ballendorf 67 M 22
Ballendorf 95 U 14
Ballenstedt 53 K 17
Ballersbach 62 N 9
Ballerstedt 32 H 19
Ballhausen 65 M 16
Ballin 24 F 24
Ballingshausen 76 P 14
Ballmertshofen 95 T 15
Ballrechten-Dottingen 100 W 7
Ballstädt 64 M 16
Ballstedt 65 M 17
Ballwitz 24 F 23
Balow 22 G 19
Balsbach 85 R 11
Balteratsried 111 W 15
Baltersweil 109 X 9
Baltersweiler 81 R 5
Baltmannsweiler 94 T 12
Baltringen 103 V 13
Baltrum 17 E 6
Baltrum *(Insel)* 17 E 6
Balve 49 M 7
Balzhausen 103 V 15
Balzheim 103 V 14
Balzhofen 92 T 8
Bamberg 77 Q 16
Bamenohl 61 M 7
Bamlach 108 W 6
Bamme 33 I 21
Bammental 84 R 10
Bandau 31 H 17
Bandelin 14 E 24
Bandelow 25 F 25
Bandelstorf 11 D 20
Bandenitz 21 F 17
Bandow 11 E 20
Banfe 62 N 9
Bankewitz 31 G 16
Bankholzen 109 W 10
Bann 81 R 6
Bannemin 15 D 25
Bannesdorf 10 C 17
Bannetze 30 H 13
Bannewitz 68 N 25
Bannholz 108 W 8
Bannwaldsee 112 X 16
Bansin 15 E 26
Bansleben 41 J 16
Bansow 23 E 21
Banteln 40 J 13
Bantikow 33 H 21
Banz 77 P 17
Banzin 21 F 16
Banzkow 22 F 18
Barbarossahöhle 53 L 17
Barbecke 40 J 14
Barbelroth 92 S 8
Barbing 90 S 20
Barbis 52 L 15
Barby 42 K 19
Barchel 18 F 11
Barchfeld 64 N 14
Barchfeld a. d. Ilm 65 N 17
Bardel 36 J 5
Bardenbach 81 R 4
Bardenberg 58 N 2
Bardenfleth 18 G 9
Bardenitz 43 J 22
Barderup 5 B 12
Bardewisch 29 G 9
Bardowick 20 G 15
Bardüttingdorf 38 J 9
Barenburg 29 I 10
Barendorf 31 G 15
Barenthin 33 H 20
Barfelde 40 J 13
Barförde 21 F 15
Bargau 95 T 13
Bargdorf 31 G 15
Bargen 101 W 10
Bargen *(Kreis Dithmarschen)* 7 D 11
Bargen *(Kreis Schleswig-Flensburg)* 7 D 11
Bargen (Helmstadt-) 84 S 11
Bargensdorf 24 F 23
Bargenstedt 7 D 11
Bargeshagen 11 D 19
Bargfeld *(Kreis Celle)* 31 H 15
Bargfeld *(Kreis Rendsburg-Eckernförde)* 8 D 13
Bargfeld *(Kreis Uelzen)* 31 H 15
Bargfeld-Stegen 20 E 14
Barghorst 9 D 15
Bargischow 25 E 25
Bargkamp 18 E 11
Bargstall 8 D 12
Bargstedt *(Kreis Rendsburg-Eckernförde)* 8 D 13
Bargstedt *(Kreis Stade)* 19 F 12
Bargteheide 20 E 14
Bargum 4 B 10
Barhöft 13 C 23
Bark 20 E 14
Barkau 9 D 15
Barkelsby 5 C 13
Barkenberg 47 K 5
Barkenholm 7 D 11
Barkhausen *(Kreis Osnabrück)* 38 J 9
Barkhausen a. d. Porta 39 J 10
Barkhorst 20 E 15
Barkow 23 F 20
Barleben 42 J 18
Barlo 36 K 3
Barlohe 8 D 12
Barlt 7 D 11

Barmbek (Hamburg) 20 F 14
Barme 29 H 11
Barmen 58 N 3
Barmen (Wuppertal-) 48 M 5
Barmke 41 J 16
Barmsee 112 X 17
Barmstedt 19 E 13
Barnebeck 31 H 16
Barneberg 41 J 17
Barnekow 22 E 18
Barnewitz 33 I 21
Barnim 34 H 25
Barnin 22 F 19
Barniner See 22 F 19
Barnstädt 54 L 18
Barnstedt (Kreis Lüneburg) 31 G 15
Barnstedt (Kreis Verden) 29 H 11
Barnstorf (Kreis Diepholz) 28 H 9
Barnstorf (Kreis Wolfenbüttel) 41 J 16
Barnstorf (Stadtkreis Wolfsburg) 41 I 16
Barnten 40 J 13
Barntrup 39 K 11
Barockgarten Großsedlitz (Pirna) 68 N 25
Barrien 29 H 10
Barrl 30 G 13
Barsbek 9 C 14
Barsbüttel 20 F 14
Barsdorf 34 G 23
Barsikow 33 H 21
Barsinghausen 39 J 12
Barskamp 21 G 16
Barßel 27 G 7
Barstede 17 F 6
Bartelsdorf 30 G 12
Bartelshagen I 11 D 21
Bartelshagen II 11 D 21
Bartenshagen-Parkentin 11 D 19
Bartensleben 41 J 17
Barterode 51 L 13
Barth 12 C 22
Barthe 12 D 22
Barthelmesaurach 87 S 16
Barther Bodden 12 C 22
Bartholomä 95 T 13
Bartmannshagen 13 D 23
Bartolfelde 52 L 15
Bartow 24 E 24
Bartschendorf 33 H 21
Barum (Kreis Lüneburg) 20 F 15
Barum (Kreis Uelzen) 31 G 15
Barum (Salzgitter-) 40 J 15
Baruth (Kreis Bautzen) 69 M 27
Baruth / Mark 44 J 24
Barver 29 I 9
Barwedel 41 I 16
Barweiler 71 O 4
Barz 23 E 21
Basbeck 19 E 11
Basdahl 18 F 10
Basdorf (Kreis Barnim) 34 H 24
Basdorf (Kreis Ostprignitz-Ruppin) 33 G 22
Basedow (Kreis Demmin) 23 E 22
Basedow (Kreis Herzogtum Lauenburg) 21 F 15
Basel 50 K 8
Basepohl 24 E 22
Basse 39 I 12
Bassen 29 G 11
Bassendorf 14 D 22
Bassenheim 71 O 6
Baßlitz 68 M 24
Bassum 29 H 10
Bastei 68 N 26
Bastheim 76 O 14
Basthorst 21 F 15
Bastorf 10 D 19
Batenhorst 50 K 8
Batensen 31 H 16
Battaune 55 L 22
Batten 64 O 14
Battenberg 62 M 9
Battenfeld 62 M 9
Battenhausen 62 M 11
Batzenhofen 104 U 16
Batzhausen 87 S 18
Batzlow 35 I 26
Bauda 56 M 24
Baudenbach 86 R 15
Bauerbach 62 N 10
Bauerbach (Kreis Karlsruhe) 93 S 10
Bauerbach (Kreis Schmalkalden-Meiningen) 76 O 15
Bauerbach (Kreis Weilheim-Schongau) 104 W 17
Bauland 85 R 12
Bauler 71 P 4
Baumbach (Kreis Hersfeld-Rotenburg) 63 M 13
Baumbach (Ransbach-) 73 O 7
Baumberg 59 M 4
Baumberge 36 K 6
Baumburg 106 V 21
Baumerlenbach 85 S 12
Baumersroda 54 M 19
Baumgarten 98 U 22
Baumgarten (Kreis Güstrow) 23 E 19
Baumgarten (Kreis Oberhavel) 34 H 23
Baumgarten (Kreis Uckermark) 25 F 25
Baumholder 81 R 6
Baunach 77 Q 16
Baunatal 51 M 12
Bauschheim 74 Q 9
Bauschlott 93 T 10
Bausendorf 71 P 4
Bausenhagen 49 L 7
Baustert 70 Q 3
Baustetten 103 V 13
Bautzen 69 M 27
Bautzen (Talsperre) 69 M 27
Baven 30 H 14
Bavendorf 31 G 15
Bavendorf 110 W 12
Bawinkel 27 I 6
Bayerbach (Kreis Rottal-Inn) 107 U 23
Bayerbach b. Ergoldsbach 98 T 20
Bayerdilling 96 U 16
Bayerisch Eisenstein 91 S 23
Bayerisch Gmain 114 W 22
Bayerische Rhön (Naturpark) 76 O 14
Bayerischer Spessart (Naturpark) 75 Q 11
Bayerischer Wald 91 S 20
Bayerischer Wald (Naturpark) 90 T 22
Bayersried 103 W 15
Bayerwald 113 X 19
Bayralm 113 X 19
Bayreuth 77 Q 18
Bayreuth (Flughafen) 77 Q 18
Bayrischzell 113 W 20
Beauregard 35 H 26
Bebelsheim 82 S 5
Bebenhausen 94 U 11
Bebensee 20 E 14
Beber 39 J 12
Beberbeck 51 L 12
Beberstedt 52 M 15
Bebertal 41 J 18
Bebra 63 N 13
Becheln 73 P 7
Bechen 59 M 5
Bechenheim 83 Q 8
Becherbach 83 R 7
Becherbach b. Kirn 81 Q 6
Bechhofen 95 S 15
Bechhofen 81 R 6
Bechtersbohl 109 X 9
Bechtheim (Kreis Alzey-Worms) 84 Q 8
Bechtheim (Rheingau-Taunus-Kreis) 73 P 8
Bechtolsheim 83 Q 8
Bechtsrieth 89 R 20
Beckdorf 19 F 12
Beckedorf (Kreis Celle) 30 H 14
Beckedorf (Kreis Schaumburg) 39 I 11
Beckeln 29 H 9
Beckendorf-Neindorf 41 J 17
Beckingen 80 R 4
Becklingen 30 H 13
Beckstedt 28 H 9
Beckstein 85 R 13
Beckum (Kreis Warendorf) 49 K 8
Beckum (Märkischer Kreis) 49 L 7
Beckumer Berge 49 K 8
Beckwitz 55 L 22
Bedburg (Erftkreis) 58 N 3
Bedburg-Hau 46 K 2
Beddelhausen 62 M 9
Bedekaspel 16 F 5
Bederkesa 18 F 10
Bederkesaer See 18 F 10
Bedernau 103 V 15
Bedesbach 81 R 6
Bedheim 76 O 15
Beeck (Kreis Heinsberg) 58 M 2
Beedenbostel 30 I 14
Beedenkirchen 84 Q 10
Beelen 37 K 8
Beelitz 43 J 22
Beendorf 41 J 17
Beenz (b. Lychen) 24 G 24
Beenz (b. Prenzlau) 25 G 25
Beerfelde 45 I 26
Beerfelden 84 R 10
Beerfurth 84 Q 10
Beerlage 36 J 6
Beerwalde 68 N 24
Beesdau 56 K 25
Beesenlaublingen 54 K 19
Beesenstedt 54 L 19
Beeskow 45 J 26
Beesten 37 I 6
Beestland 14 E 22
Beetenbrück 30 H 12
Beetz 34 H 23
Beetzendorf 31 H 17
Beetzsee 43 I 21
Beffendorf 101 V 9
Befreiungshalle 97 T 19
Bega 39 J 11
Beggerow 24 E 23
Behl 9 D 15
Behla 101 W 9
Behlendorf (Kreis Herzogtum Lauenburg) 21 E 16
Behlendorf (Kreis Oder-Spree) 45 I 26
Behler See 9 D 15
Behningen 30 G 13
Behnkendorf 13 D 23
Behnsdorf 41 J 17
Behren 31 H 15
Behren Lübchin 14 D 21
Behrendorf 32 H 19
Behrendorf 5 C 11
Behrenhoff 14 D 24
Behrensdorf 9 C 15
Behrensen 39 J 12
Behringen 64 M 15
Behringen 30 G 13
Behringersdorf (Nürnberg) 87 R 17
Behringersmühle 87 Q 18
Behrungen 76 O 15
Beichlingen 53 M 17
Beidendorf 22 E 18
Beidenfleth 19 E 12
Beienrode 41 I 16
Beierfeld 67 O 22
Beiersdorf (Kreis Elbe-Elster) 55 L 23
Beiersdorf (Kreis Löbau-Zittau) 69 M 27
Beiersdorf (Kreis Märkisch-Oderland) 34 H 25
Beiersdorf (Kreis Riesa-Großenhain) 68 M 24
Beiersdorf (Kreis Zwickauer Land) 66 N 21
Beiersdorf (Muldentalkreis) 55 M 22
Beierstedt 41 J 16
Beifang 47 K 6
Beikheim 77 P 17
Beilngries 96 S 18
Beilrode 55 L 23
Beilstein 94 S 11
Beilstein (Kreis Cochem-Zell) 71 P 5
Beilstein (Lahn-Dill-Kreis) 61 O 8
Beimbach 86 S 13
Beimerstetten 95 U 13
Beinum 40 J 15
Beiseförth 63 M 12
Bekhausen 17 G 8
Bekond 72 Q 4
Belau 9 D 14
Belauer See 9 D 14
Belchen 100 W 7
Beldorf 8 D 12
Belecke 50 L 9
Belgern (Torgau) 55 L 23
Belgershain 55 M 21
Belicke 43 I 20
Belkau 32 I 19
Bell 71 O 5
Bell (Hunsrück) 71 P 6
Bellahn 31 G 16
Bellamont 103 V 13
Belle 39 K 11
Belleben 53 K 18
Bellen 30 G 12
Bellenberg 103 V 14
Bellersen 51 K 11
Bellersheim 74 O 10
Bellheim 83 S 8
Bellin (Kreis Güstrow) 23 E 20
Bellin (Kreis Plön) 9 D 15
Bellin (Kreis Uecker-Randow) 25 E 26
Belling 25 F 25
Bellingen 42 I 19
Bellings 75 P 12
Bellnhausen 62 N 10
Belm 37 J 8
Belmicke 61 M 7
Below (Kreis Müritz) 23 G 21
Below (Kreis Parchim) 23 F 19
Belrieth 76 O 15
Belsch 21 G 17
Belsdorf (Bördekreis) 41 J 17
Belsdorf (Ohrekreis) 41 I 17
Belsen 30 H 13
Belsen 101 U 11
Beltershain 62 O 10
Beltheim 71 P 6
Belum 18 E 10
Belvedere (Schloß) (Weimar) 65 N 18
Belzig 43 J 21
Bempflingen 94 U 11
Bendeleben 53 L 17
Bendelin 33 H 20
Bendestorf 19 F 13
Bendfeld 9 C 15
Bendhof 21 E 17
Bendingbostel 29 H 12
Bendorf 8 D 12
Bendorf 71 O 6
Benediktbeuern 112 W 18
Benediktenwand 112 X 18
Benefeld 30 H 12
Benfe 62 N 8
Bengel 71 P 5
Benhausen 50 K 10
Benk (Kreis Bayreuth) 77 P 18
Benk (Kreis Hof) 78 P 19
Benkeloh 30 G 12
Benken 43 J 21
Benkendorf 32 H 17
Benndorf (Kreis Delitzsch) 54 L 21
Benndorf (Kreis Leipziger Land) 67 M 21
Benndorf (Kreis Mansfelder Land) 53 L 18
Benneckenstein 52 K 16
Bennemühlen 30 I 13
Bennewitz 55 L 22
Benniehausen 52 L 14
Bennigsen 40 J 13
Bennin 21 F 16
Benningen 103 W 14
Benningen a. Neckar 94 T 11
Benninghausen 50 L 8
Bennstedt 54 L 19
Bennungen 53 L 17
Benolpe 61 M 8
Benrath 48 M 4
Bensberg 59 N 5
Bensdorf 43 I 21
Bensen 39 J 11
Bensersiel 17 E 6
Benshausen 64 O 15
Bensheim 84 Q 9
Benstorf 40 J 12
Benstrup 27 H 7
Benteler 50 K 8
Bentfeld 50 K 9
Benthen 23 F 20
Benthullen 27 G 8
Bentierode 52 K 14
Bentorf 39 J 10
Bentstreek 17 F 7
Bentwisch (Kreis Bad Doberan) 11 D 20
Bentwisch (Kreis Prignitz) 32 G 19
Benz (Kreis Nordwestmecklenburg) 22 E 18
Benz (Kreis Ostholstein) 9 D 15
Benz (Kreis Ostvorpommern) 15 E 26
Benzenzimmern 95 T 15
Benzin 23 F 20
Benzingen 102 V 11
Benzingerode 53 K 16
Beppen 29 H 11
Beratzhausen 90 S 19
Berau 108 W 8
Berbersdorf 67 M 23
Berbisdorf 68 M 25
Berbling 105 W 19
Berching 96 S 18
Berchtesgaden 114 X 22
Berdel 37 K 7
Berdum 17 F 7
Bere 53 L 16
Berel 40 J 14
Berenbostel 40 I 12
Berenbrock 41 I 17
Berensch-Arensch 18 E 9
Berfa 63 N 12
Berg (Alb-Donau-Kreis) 102 V 13
Berg (Kreis Ahrweiler) 60 O 4
Berg (Kreis Donau-Ries) 96 T 16
Berg (Kreis Düren) 58 N 3
Berg (Kreis Euskirchen) 60 O 3
Berg (Kreis Hof) 78 O 19
Berg (Kreis Ravensburg) 102 W 12
Berg (Kreis Starnberg) 104 W 18
Berg (Pfalz) 93 T 8
Berg b. Neumarkt 87 R 18
Berg i. Gau 96 U 17
Berga (Kreis Elbe-Elster) 56 K 24
Berga (Kreis Sangerhausen) 53 L 17
Berga (Elster) 66 N 20
Bergalingen 108 X 7
Bergatreute 102 W 13
Bergbaumuseum (Sangerhausen) 53 L 17
Bergbronn 95 S 14
Berge 27 I 7
Berge 50 L 9
Berge (Altmarkkreis Salzwedel) 42 I 18
Berge (Kreis Havelland) 33 I 22
Berge (Kreis Prignitz) 23 G 19
Bergede 49 L 8
Bergedorf 28 G 9
Bergedorf (Hamburg-) 20 F 14
Bergen (Bördekreis) 42 J 18
Bergen (Elstertalkreis) 79 O 20
Bergen (Göltzschtalkreis) 79 O 20
Bergen (Kreis Birkenfeld) 81 Q 6
Bergen (Kreis Celle) 30 H 13
Bergen (Kreis Dahme-Spreewald) 56 K 25
Bergen (Kreis Freising) 97 U 19
Bergen (Kreis Merzig-Wadern) 80 R 4
Bergen (Kreis Neuburg-Schrobenhausen) 96 T 17
Bergen (Kreis Traunstein) 106 W 21
Bergen (Kreis Weißenburg-Gunzenhausen) 96 S 17
Bergen (Kreis Wesel) 46 K 3
Bergen (Dumme) 31 H 16
Bergen (Rügen) 13 C 24
Bergenhusen 7 C 11
Bergerdamm 33 I 22
Bergerhof 61 N 7
Bergfeine 27 I 8
Bergfeld 41 I 16
Bergfelde 34 H 23
Bergfelden 101 U 10
Bergfreiheit 63 M 11
Berggießhübel 68 N 25
Bergham (Kreis Rosenheim) 105 V 20
Bergham (Kreis Schwandorf) 89 S 20
Berghaselbach 97 U 19
Berghaupten 100 U 7
Berghausen 93 S 9
Berghausen (Hochsauerlandkreis) 50 M 8
Berghausen (Kreis Siegen-Wittgenstein) 62 M 9
Berghausen (Oberbergischer Kreis) 59 M 6
Berghausen (Rhein-Lahn-Kreis) 73 P 8
Bergheim (Erftkreis) 58 N 3
Bergheim (Hochsauerlandkreis) 49 L 7
Bergheim (Kreis Augsburg) 104 V 16
Bergheim (Kreis Höxter) 50 K 11
Bergheim (Kreis Neuburg-Schrobenhausen) 96 T 17
Bergheim (Kreis Waldeck-Frankenberg) 63 M 11
Bergheim (Wetteraukreis) 74 O 11
Berghof 112 X 16
Bergholz (Kreis Potsdam-Mittelmark) 43 J 21
Bergholz (Kreis Uecker-Randow) 25 F 26
Bergholz-Rehbrücke 43 I 23
Berghülen 102 U 13
Bergisch Born 48 M 5
Bergisch Gladbach 59 N 5
Bergisch Neukirchen 59 M 5
Bergisches Land (Naturpark) 59 N 6
Bergkamen 49 L 6
Bergkirchen 39 J 10
Bergkirchen 104 V 18
Berglen 94 T 12
Berglern 105 U 19
Berglicht 72 Q 4
Bergneustadt 61 M 6
Bergrade Dorf 22 F 19
Bergrheinfeld 76 P 14
Bergsdorf 34 H 23
Bergstedt 20 E 14
Bergstein 58 N 3
Bergstetten 90 S 19
Bergstraße 84 R 10
Bergstraße-Odenwald (Naturpark) 84 R 10
Bergtheim 76 Q 14
Bergweiler 72 Q 4
Bergwitz 55 K 21
Bergzow 42 I 20
Beringhausen 50 L 10
Beringstedt 8 D 12
Berk 70 O 3
Berka 53 L 16
Berka a. d. Werra 64 N 14
Berka v. d. Hainich 64 M 15
Berkach 76 O 15
Berkatal 51 M 13
Berkau (Altmarkkreis Salzwedel) 32 I 18
Berkau (Kreis Wittenberg) 43 K 21
Berkel 36 J 4
Berkenbrück (Kreis Oder-Spree) 45 I 26
Berkenbrück (Kreis Teltow-Fläming) 44 J 23
Berkenthin 21 E 15
Berkheim 103 V 14
Berkhof 30 I 13
Berkholz 25 G 24
Berkholz-Meyenburg 35 G 26
Berklingen 41 J 16
Berkum 60 O 5
Berlar 50 M 9
Berlebeck 39 K 10
Berlepsch 51 L 13
Berlichingen 85 S 12
Berlin 44 I 23
Berlin (Kreis Segeberg) 9 D 15
Berlin-Schönefeld (Flughafen) 44 I 24
Berlin-Tegel (Flughafen) 34 I 23
Berlin-Tempelhof (Flughafen) 44 I 24
Berlinchen 33 G 21
Berlingerode 52 L 14
Berlitt 33 H 20
Berlstedt 65 M 17
Bermaringen 102 U 13
Bermatingen 110 W 12
Bermbach (Kreis Schmalkalden-Meiningen) 64 N 15
Bermbach (Wartburgkreis) 64 N 13
Bermbeck 38 J 9
Bermel 71 P 5
Bermesbach 93 T 9
Bermoll 62 O 9
Bermsgrün 67 O 22
Bernau 34 H 24
Bernau a. Chiemsee 106 W 21
Bernau i. Schwarzwald 100 W 8
Bernbach 75 P 11
Bernbach (Kreis Calw) 93 T 9
Bernbach (Kreis Ostallgäu) 104 W 16
Bernbeuren 112 W 16
Bernburg 54 K 19
Berndorf 50 M 10
Berne 28 G 9
Berneburg 63 M 13
Berneck 93 U 9
Berngau 87 S 18
Bernhardswald 90 S 20
Bernhausen 94 T 11

Bernheck 87 R 18
Bernitt 23 E 19
Bernkastel 72 Q 5
Bernloch 102 U 12
Bernried (Kreis Cham) 89 S 21
Bernried (Kreis Deggendorf) 91 T 22
Bernried a. Starnberger See 104 W 17
Bernrieth (b. Großenschwand) 89 R 20
Bernrieth (b. Neuenhammer) 89 Q 21
Bernsbach 67 O 22
Bernsdorf (Kreis Chemnitzer Land) 67 N 21
Bernsdorf (Westlausitzkreis) 56 L 26
Bernsfeld 62 N 10
Bernsfelden 85 R 13
Bernsgrün 66 O 20
Bernshausen 63 O 12
Bernstadt 69 M 28
Bernstadt 95 U 14
Bernstein (Kreis Tirschenreuth) 88 Q 20
Bernstein (Kreis Wunsiedel i. F.) 78 P 20
Bernstein a. Wald 77 P 18
Bernsteininsel 11 C 21
Bernstorf 21 E 17
Bernte 36 I 5
Bernterode (b. Heiligenstadt) 52 M 14
Bernterode (b. Worbis) 52 L 15
Berolzheim (Kreis Neustadt a. d. A.-Bad W.) 86 R 15
Berolzheim (Main-Tauber-Kreis) 85 R 12
Berrendorf 58 N 3
Berschweiler 81 R 5
Bersede 26 H 5
Bersenbrück 27 I 7
Bersrod 62 O 10
Berßel 41 K 16
Berstadt 74 O 10
Berste 56 K 25
Berthelsdorf (Kreis Löbau-Zittau) 69 M 28
Berthelsdorf (Kreis Sächsische Schweiz) 69 M 26
Berthelsdorf (Erzgebirge) 68 N 24
Bertikow 25 G 25
Bertingen 42 I 19
Bertkow 32 H 19
Bertoldsheim 96 T 17
Bertoldshofen 111 W 15
Bertsdorf-Hörnitz 69 N 28
Berum 16 F 5
Berumbur 17 F 5
Berumerfehn 17 F 6
Berus 82 S 4
Berwangen 84 S 10
Berwartstein 92 S 7
Berwicke 49 L 8
Berzdorf 59 N 4
Berzhahn 61 O 7
Besandten 32 G 17
Besch 80 R 3
Bescheid 81 Q 4
Beschendorf 10 D 16
Beschotenweg 26 G 5
Beselich 73 O 8
Besenfeld 93 U 9
Besenthal 21 F 16
Beseritz 24 E 24
Besigheim 94 T 11
Besitz 21 F 16
Besse 51 M 12
Bessenbach 75 Q 11
Besseringen 80 R 3
Besten 47 L 4
Bestenheid 85 Q 12
Bestensee 44 J 24
Bestwig 50 L 9
Betheln 40 J 13
Bethen 27 H 8
Bethenhausen 66 N 20
Bettbrunn 97 T 18
Bettendorf 73 P 7
Bettenfeld 70 P 4
Bettenhausen 64 O 14
Bettenhausen 101 U 9
Bettingen (Kreis Bitburg-Prüm) 80 Q 3
Bettingen (Main-Tauber-Kreis) 85 Q 12
Bettingerode 41 K 15
Bettinghausen 50 L 8
Bettmar (Kreis Hildesheim) 40 J 14
Bettmar (Kreis Peine) 40 J 14
Bettmaringen 109 W 9
Bettringen 95 T 13
Bettrum 40 J 14
Betzdorf 61 N 7
Betzendorf 31 G 14
Betzenrod 75 O 11
Betzenstein 87 Q 18
Betzenweiler 102 V 12
Betzhorn 31 I 15
Betziesdorf 62 N 10
Betzigau 111 W 15
Betzin 33 H 22
Betzweiler-Wälde 101 U 9
Beucha 55 M 21
Beuchen 85 R 11
Beuchte 41 K 15
Beuel (Bonn) 59 N 5
Beuerbach 73 P 8
Beuerbach 104 V 16
Beuerberg 104 W 18
Beuern 62 O 10
Beuna 54 M 19
Beuren 52 L 14
Beuren (Kreis Cochem-Zell) 71 P 5
Beuren (Kreis Esslingen) 94 U 12
Beuren (Kreis Ravensburg) 111 W 14
Beuren (Kreis Trier-Saarburg) 80 R 3
Beuren (Hochwald) 81 Q 4
Beuren a. d. Aach 101 W 10
Beuren a. Ried 101 W 10
Beurig 80 R 3
Beuron 101 V 10
Beuster 32 H 19
Beutel 34 G 24
Beutelsbach 99 U 23
Beutha 67 O 22
Bevenrode 41 I 15
Bevensen 30 I 12
Bever 37 J 7
Bever (Niedersachsen) 19 F 11
Bever-Stausee 49 M 6
Beverbrok 27 G 8
Beverbruch 27 H 8
Bevergern 37 J 6
Bevern (Kreis Cloppenburg) 27 H 8
Bevern (Kreis Holzminden) 51 K 12
Bevern (Kreis Pinneberg) 19 E 13
Bevern (Kreis Rotenburg) 19 F 11
Beverstedt 18 F 10
Beverstrang 37 J 7
Beverungen 51 L 12
Bexbach 81 R 5
Bexhövede 18 F 10
Bexten 36 I 6
Beyenburg 48 M 5
Beyendorf 42 J 18
Beyerberg 95 S 15
Beyern 55 L 23
Beyernaumburg 53 L 18
Beyharting 105 W 19
Bias 42 K 20
Biber 103 U 14
Biberach 85 S 11
Biberach an der Riß 102 V 13
Biberach i. Kinzigtal 100 U 8
Biberbach (Kreis Augsburg) 96 U 16
Biberbach (Kreis Cham) 89 R 21
Biberbach (Kreis Dachau) 105 U 18
Biberberg 103 U 14
Bibergau 86 Q 14
Biberkopf 111 Y 14
Bibersfeld 94 S 13
Bibert 87 R 16
Bibertal 103 U 14
Biblis 84 Q 9
Bibra 76 O 15
Biburg (Kreis Augsburg) 104 U 16
Biburg (Kreis Kelheim) 97 T 19
Bichl 112 W 18
Bickelsteiner Heide 31 I 16
Bicken 62 N 9
Bickenbach (Kreis Darmstadt-Dieburg) 84 Q 9
Bickenbach (Rhein-Hunsrück-Kreis) 71 P 6
Bickendorf (Kreis Bitburg-Prüm) 70 P 3
Bickenriede 52 M 15
Bickensohl 100 V 6
Bidingen 104 W 16
Biebelnheim 83 Q 8
Biebelried 86 Q 14
Bieber 75 P 11
Bieberbach 87 Q 17
Bieberehren 86 R 14
Biebergemünd 75 P 11
Biebern 73 Q 6
Biebersdorf 44 K 25
Bieberstein (Kreis Freiberg) 67 M 24
Bieberstein (Kreis Fulda) 63 O 13
Biebertal 62 O 9
Biebesheim 84 Q 9
Biebrich 73 P 8
Biedebach 63 N 12
Biedenkopf 62 N 9
Biederbach (Kreis Ansbach) 86 S 16
Biederbach (Kreis Emmendingen) 100 V 8
Biederitz 42 J 19
Biedesheim 83 R 8
Biegen 45 J 27
Biehain 57 M 28
Biehla 56 L 24
Biehlen 56 L 25
Bielatal 68 N 26
Bielefeld 38 J 9
Bielen 53 L 16
Bielenberg 19 E 12
Bielstein 59 N 6
Biemenhorst 46 K 3
Biendorf (Kreis Bad Doberan) 10 D 19
Biendorf (Kreis Bernburg) 54 K 19
Biene 26 I 5
Bienen 46 K 3
Bienenbüttel 31 G 15
Biengen 100 W 7
Bienitz 54 L 20
Bienrode 41 J 15
Bienstädt 65 M 16
Bienwald 92 S 8
Bienwaldmühle 92 S 8
Bier-und-Burgenstraße 65 O 18
Bierbergen 40 J 14
Bierde (Kreis Minden-Lübbecke) 39 I 11
Bierde (Kreis Soltau-Fallingbostel) 30 H 12
Bierdorf 104 W 17
Biere 42 K 18
Bieringen (Hohenlohekreis) 85 R 12
Bieringen (Kreis Tübingen) 101 U 10
Bierlingen 101 U 10
Biersdorf 70 P 3
Bierstadt 74 P 8
Bierstedt 31 H 17
Bierth 59 N 6
Biese 32 H 18
Biesen 33 G 21
Biesenbrow 35 G 26
Biesenhard 96 T 17
Biesenrode 53 L 18
Biesenthal 34 H 24
Biesfeld 59 M 5
Biesingen 101 W 9
Biessenhofen 103 W 15
Bieste 37 I 8
Bieswang 96 T 17
Bietigheim 94 T 11
Bietigheim 93 T 8
Bietikow 25 G 25
Bietingen 109 W 10
Biewer 72 Q 3
Bigge 50 L 9
Biggesee 61 M 7
Bildchen 58 N 2
Bildechingen 93 U 10
Bilk 36 J 5
Billafingen (Bodenseekreis) 102 W 11
Billafingen (Kreis Biberach an der Riß) 102 V 11
Billbrook (Hamburg) 20 F 14
Bille 20 F 14
Billenhausen 103 V 15
Billerbeck 31 H 16
Billerbeck (Kreis Coesfeld) 36 K 5
Billerbeck (Kreis Lippe) 39 K 11
Billig 60 O 4
Billigheim (Neckar-Odenwald-Kreis) 85 R 11
Billigheim-Ingenheim 83 S 8
Billingsbach 85 S 13
Billingshausen 52 L 14
Billingshausen 75 Q 13
Billmerich 49 L 7
Billroda 65 M 18
Bilm 40 I 13
Bilsen 19 E 13
Bilshausen 52 L 14
Bilstein 61 M 8
Bilzingsleben 53 M 17
Bimbach 63 O 12
Bimmen 46 K 2
Bimöhlen 9 E 13
Bimolten 36 I 5
Binabiburg 106 U 21
Binau 84 R 11
Binde 32 H 18
Bindersleben 65 N 16
Bindfelde 32 I 19
Bindlach-Obergräfenthal 77 Q 18
Bindow 44 J 25
Bindsachsen 75 O 11
Bingen 73 Q 7
Bingen 102 V 11
Bingenheim 74 O 10
Binger Wald 73 Q 7
Binghöhle 87 Q 17
Bingum 17 G 6
Binnen 29 I 11
Binningen 71 P 5
Binningen 101 W 10
Binsdorf 101 V 10
Binsfeld 72 Q 4
Binswangen 95 U 15
Binz 13 C 24
Binzen 108 X 6
Binzenbach 60 O 4
Binzwangen 102 V 12
Bippen 27 I 7
Birgden 58 M 2
Birgel (Kreis Daun) 70 P 3
Birgel (Kreis Düren) 58 N 3
Birgelen 58 M 2
Birgland 88 R 18
Birgte 37 J 6
Biringen 80 R 3
Birkach (Kreis Bamberg) 87 Q 16
Birkach (Kreis Ebersberg) 105 V 20
Birkach (Kreis Haßberge) 76 P 15
Birkefehl 62 M 8
Birkelbach 62 M 8
Birken-Honigsessen 61 N 7
Birkenau 84 R 10
Birkenbringhausen 62 M 10
Birkendorf 109 W 8
Birkenfeld 81 R 5
Birkenfeld (Enzkreis) 93 T 9
Birkenfeld (Kreis Main-Spessart) 75 Q 13
Birkenfeld (Kreis Neustadt a. d. A.-Bad W.) 86 R 15
Birkenfelde 52 L 14
Birkenhainchen 45 J 26
Birkenhard 102 V 13
Birkenheide 83 R 8
Birkenhördt 92 S 7
Birkenhügel 78 O 19
Birkenkopf 94 T 11
Birkenlach 87 S 17
Birkenmoor 5 C 14
Birkenwerder 34 H 23
Birkesdorf 58 N 3
Birkholz (Kreis Barnim) 34 I 24
Birkholz (Kreis Stendal) 42 I 19
Birklingen 86 Q 15
Birkmannsweiler 94 T 12
Birkungen 52 L 15
Birkwitz-Pratzschwitz 68 N 25
Birnau 110 W 11
Birnbach 97 T 20
Birnbach 59 N 6
Birnbaum (Kreis Kronach) 77 O 18
Birnbaum (Kreis Neustadt a. d. A.-Bad W.) 86 R 16
Birndorf 108 X 8
Birresborn 70 P 3
Birstein 75 O 11
Birten 46 L 3
Birx 64 O 14
Bischberg 77 Q 16
Bischbrunn 75 Q 12
Bischdorf (Kreis Löbau-Zittau) 69 M 28
Bischdorf (Kreis Oberspreewald-Lausitz) 56 K 25
Bischhagen 52 L 14
Bischhausen (Kreis Göttingen) 52 L 14
Bischhausen (Schwalm-Eder-Kreis) 63 M 11
Bischhausen (Werra-Meißner-Kreis) 64 M 13
Bischheim-Häslich 68 M 26
Bischleben 65 N 16
Bischoffen 62 N 9
Bischofferode (Kreis Eichsfeld) 52 L 15
Bischofferode (Schwalm-Eder-Kreis) 63 M 13
Bischoffingen 100 V 6
Bischofrod 64 O 15
Bischofroda 64 M 15
Bischofrode 53 L 18
Bischofsdorf 13 C 23
Bischofsgrün 78 P 19
Bischofsheim (Kreis Groß-Gerau) 74 Q 9
Bischofsheim (Main-Kinzig-Kreis) 74 P 10
Bischofsheim an der Rhön (Kreis Rhön-Grabfeld) 76 O 14
Bischofsmais 91 T 23
Bischofsreut 99 T 25
Bischofswerda 68 M 26
Bischofswiesen 114 X 22
Bischweier 93 T 8
Bischwind 76 P 16
Bishausen 52 L 13
Bisingen 101 V 10
Biskirchen 62 O 8
Bislich 46 K 3
Bismark (Kreis Uecker-Randow) 25 F 26
Bismark (Altmark) 32 I 18
Bisperode 39 J 12
Bispingen 30 G 13
Bissee 9 D 14
Bissel 27 H 8
Bissendorf (Kreis Hannover) 40 I 13
Bissendorf (Kreis Osnabrück) 37 J 8
Bissingen 95 T 15
Bissingen an der Teck 94 U 12
Bissingen ob Lontal (Kreis Heidenheim) 95 U 14
Bissingheim 47 L 4
Bisten 82 S 4
Bistensee 8 C 13
Bistoft 5 B 12
Bitburg 70 Q 3
Bitburg (Stausee) 70 P 3
Bittelbronn 85 R 11
Bittelbrunn 101 W 10
Bittelschieß 102 W 11
Bittenbrunn 96 T 17
Bittenfeld 94 T 11
Bitterfeld 54 L 20
Bittkau 42 I 19
Bitz (Kreis Eichstätt) 97 T 18
Bitz (Zollernalbkreis) 102 V 11
Bitzen 61 N 7
Bitzfeld 85 S 12
Blaibach 89 S 22
Blaibacher See 91 S 22
Blaichach 111 X 14
Blandikow 33 G 21
Blankenau (Kreis Fulda) 63 O 12
Blankenau (Kreis Höxter) 51 K 12
Blankenbach 75 P 11
Blankenberg (Kreis Ostprignitz-Ruppin) 33 H 21
Blankenberg (Kreis Parchim) 22 E 19
Blankenberg (Saale-Orla-Kreis) 78 O 19
Blankenburg (Kreis Uckermark) 25 G 25
Blankenburg (Unstrut-Hainich-Kreis) 64 M 16
Blankenburg (Harz) 53 K 16
Blankenese 19 F 13
Blankenfelde 44 J 24
Blankenförde 24 F 22
Blankenhagen 11 D 21
Blankenhagen 38 K 9
Blankenhain (Kreis Weimarer Land) 65 N 18
Blankenhain (Kreis Zwickauer Land) 66 N 20
Blankenheim (Kreis Euskirchen) 70 O 3
Blankenheim (Kreis Hersfeld-Rotenburg) 63 N 13
Blankenheim (Kreis Sangerhausen) 53 L 18
Blankenloch 93 S 9
Blankenrath 71 P 5
Blankenrode 50 L 10
Blankensee (Kreis Mecklenburg-Strelitz) 24 F 23
Blankensee (Kreis Teltow-Fläming) 44 J 23
Blankensee (Kreis Uecker-Randow) 25 F 26
Blankensee (Lübeck-) 21 E 16
Blankenstein 68 M 24
Blankenstein 78 O 19
Blasbach 62 O 9
Blasheim 38 J 9
Blatzheim 58 N 3
Blaubeuren 102 U 13
Blaueishütte 114 X 22
Blauen 100 W 7
Blauer Berg 31 H 15
Blaufelden 86 S 13
Blauhand 17 F 8
Blauort (Insel) 7 D 10
Blaustein 103 U 13
Bleche 61 M 7
Blechhammer 89 S 20
Bleckede 21 G 16
Bleckenstedt 40 J 15
Bleckhausen 70 P 4
Bleckmar 30 H 13
Blecksteinhaus 113 X 19
Bleddin 55 K 22
Bleibach 100 V 8
Bleibuir 60 O 3
Bleichenbach 74 P 11
Bleicherode 52 L 15
Bleichheim 100 V 7
Bleichstetten 102 U 12
Bleidenstadt 73 P 8
Bleiloch Stausee 78 O 19
Bleiwäsche 50 L 10
Blekendorf 9 D 15
Blender 29 H 11
Blenhorst 29 H 11
Blersum 17 F 7
Blesendorf 33 G 21
Blesewitz 24 E 24
Blexen 18 F 9
Blickwedel 31 H 15
Blickweiler 82 S 5
Bliedersdorf 19 F 12
Blies 81 R 5
Bliesdalheim 82 S 5
Bliesdorf (Kreis Märkisch-Oderland) 35 H 26
Bliesdorf (Kreis Ostholstein) 10 D 16
Bliesen 81 R 5
Bliesendorf 43 I 22
Bliesheim 59 N 4
Blieskastel 82 S 5
Bliesmengen-Bolchen 82 S 5
Bliesransbach 82 S 5
Bliestorf 21 E 15
Blievenstorf 22 F 18
Blindheim 95 U 15
Blindow 25 F 25
Blintendorf 78 O 19
Blitzenreute 102 W 12
Blochingen 102 V 12
Blochwitz 56 L 25
Blönried 102 W 12
Blönsdorf 43 K 22
Bloh 27 G 8
Bloischdorf 57 L 27
Blomberg 17 F 6
Blomberg 39 K 11
Blomesche Wildnis 19 E 12
Blonhofen 104 W 16
Blosenberg 78 O 19
Blossenau 96 T 16
Blossersberg 91 S 22
Blossin 44 J 25
Bloßwitz 55 M 23
Blosterlang 111 X 14
Blowatz 10 E 18
Blücher 21 F 16
Blüthen 32 G 19
Blumberg 101 W 9
Blumberg (Kreis Barnim) 34 I 24
Blumberg (Kreis Torgau-Oschatz) 55 L 23
Blumberg (Kreis Uckermark) 25 G 26
Blumegg 101 W 9
Blumenau 67 N 23
Blumenberg 42 J 18
Blumenhagen (Kreis Peine) 40 I 14

Blumenhagen *(Kreis Uecker Randow)* 25 F 25
Blumenholz 24 F 23
Blumenow 34 G 23
Blumenrod 77 P 17
Blumenthal 70 O 3
Blumenthal *(Kreis Jerichower Land)* 42 J 19
Blumenthal *(Kreis Ostprignitz-Ruppin)* 33 G 21
Blumenthal *(Kreis Rendsburg-Eckernförde)* 9 D 13
Blumenthal *(Kreis Uecker-Randow)* 25 E 25
Blumenthal (Bremen-) 29 G 9
Blunk 9 D 14
Bluno 56 L 26
Bobbau 54 K 20
Bobbin *(Kreis Güstrow)* 14 E 22
Bobbin *(Kreis Rügen)* 13 C 24
Bobengrün 78 O 18
Bobenhausen *(Vogelsbergkreis)* 63 O 11
Bobenhausen *(Wetteraukreis)* 74 O 11
Bobenheim 84 R 9
Bobenneukirchen 78 O 20
Bobenthal 92 S 7
Boberow 32 G 18
Bobingen 104 V 16
Bobitz 21 E 18
Boblitz 50 K 23
Bobstadt *(Kreis Bergstraße)* 84 R 9
Bobstadt *(Main-Tauber-Kreis)* 85 R 13
Bobzin 21 F 17
Bochin 32 G 18
Bochingen 101 V 9
Bocholt 36 K 3
Bochow *(Kreis Potsdam-Mittelmark)* 43 I 22
Bochow *(Kreis Teltow-Fläming)* 43 K 23
Bochum 47 L 5
Bock 13 C 23
Bockau 67 O 22
Bockelnhagen 52 L 15
Bockelskamp 30 I 14
Bockelwitz 55 M 22
Bockenau 73 Q 7
Bockendorf 67 N 23
Bockenem 40 J 14
Bockenheim a. d. Weinstraße 83 R 8
Bocker Kanal 50 K 9
Bockert 58 M 3
Bocket 58 M 1
Bockholte 27 H 7
Bockhorn 105 V 19
Bockhorn *(Kreis Friesland)* 17 F 8
Bockhorn *(Kreis Soltau-Fallingbostel)* 30 H 13
Bockhornerfeld 17 F 8
Bockhorst 37 J 8
Bockhorst *(Kreis Emsland)* 27 G 6
Bockhorst *(Kreis Steinburg)* 8 D 12
Bocklemünd 59 N 4
Bocksberg 96 U 16
Bocksee 24 F 22
Bockstedt 28 H 9
Bockswiese *(Hahnenklee)* 52 K 15
Bockum 46 L 3
Bockum-Hövel 49 K 7
Bockwitz 55 L 23
Boddin *(Kreis Güstrow)* 11 E 21
Boddin *(Kreis Ludwigslust)* 21 F 17
Boddin-Langnow 33 G 20
Bode *(Bach z. Saale)* 53 K 17
Bode *(Bach z. Wipper)* 52 L 15
Bodelsberg 111 W 15
Bodelshausen 101 U 10
Bodelwitz 65 N 18
Boden 73 O 7
Bodenbach 71 P 4
Bodenburg 40 J 14
Bodendorf 41 J 17
Bodendorf 60 O 5
Bodenfelde 51 L 12
Bodenheim 74 Q 8
Bodenkirchen 106 U 21
Bodenmais 91 S 23
Bodenrod 74 O 9
Bodenrode 52 L 14
Bodensee 52 L 14
Bodensee 110 X 12
Bodenstedt 40 J 15
Bodenteich 31 H 16
Bodenwerder 39 K 12
Bodenwöhr 89 S 20
Bodersweier 92 U 7
Bodetal 53 K 16
Bodman 101 W 11
Bodman-Ludwigshafen 101 W 11
Bodnegg 110 W 13
Bodolz 110 X 12
Bodstedt 11 C 21
Bodstedter Bodden 11 C 21
Böbing 112 W 16
Böbingen an der Rems 95 T 13
Böblingen 93 T 11
Böbrach 91 S 23
Böbs 9 E 15
Böchingen 83 S 8
Böcke 43 J 21
Böckenberg 34 G 25
Böddeken 50 L 10
Böddensell 41 I 17
Böddenstedt 31 H 15
Bödefeld 50 M 9
Bödexen 51 K 12
Bödigheim 85 R 11
Böel 5 C 13
Böen 27 H 7
Böglum 4 B 10
Böhen 103 W 14
Böhl-Iggelheim 84 R 9
Böhl-Süderhöft 7 D 9
Böhlen *(b. Leisnig)* 55 M 22
Böhlen *(Ilmkreis)* 65 O 17
Böhlen *(Kreis Leipziger Land)* 54 M 21
Böhlen *(Muldentalkreis)* 67 M 22
Böhlendorf 14 D 22
Böhlitz 55 L 22
Böhlitz-Ehrenberg 54 L 20
Böhme 30 H 12
Böhmenkirch 95 T 13
Böhmer Wald 89 Q 21
Böhmerwold 16 G 5
Böhmfeld 96 T 18
Böhmischbruck 89 R 21
Böhmzwiesel 99 T 24
Böhne 33 I 20
Böhne 51 M 11
Böhnhusen 9 D 14
Böhrde 29 I 10
Böhrigen 67 M 23
Böhringen *(Kreis Konstanz)* 109 W 10
Böhringen *(Kreis Reutlingen)* 94 U 12
Böhringen *(Kreis Rottweil)* 101 V 9
Boek 24 F 22
Böken 21 E 17
Bökendorf 51 K 11
Bökenförde 50 L 9
Böklund 8 C 12
Bölkendorf 35 H 26
Bölkow *(Kreis Bad Doberan)* 11 D 19
Bölkow *(Kreis Güstrow)* 23 E 20
Bölsdorf 42 I 19
Bölzke 33 G 20
Bömenzien 32 H 18
Bömighausen 50 M 10
Boen 26 G 5
Bönebüttel 9 D 14
Bönen 49 L 7
Bönitz 55 L 23
Bönnien 40 J 14
Bönnigheim 94 S 11
Bönninghardt *(Dorf)* 46 L 3
Bönningstedt 19 E 13
Bönstadt 74 P 10
Börfink 81 Q 5
Börger 27 H 6
Börgerende-Rethwisch 11 D 19
Börgermoor 27 G 6
Börln 55 L 22
Börm 8 C 12
Börmerkoog 8 C 12
Börnecke 53 K 17
Börnersdorf 68 N 25
Börnichen 67 N 23
Börnicke *(Kreis Barnim)* 34 I 24
Börnicke *(Kreis Havelland)* 33 H 22
Börninghausen 38 J 9
Börnsdorf *(Kreis Plön)* 9 D 15
Börnsen 20 F 14
Börrstadt 83 R 7
Börry 39 J 12
Börsborn 81 R 6
Börßum 41 J 15
Börstel *(Kreis Emsland)* 27 I 7
Börtewitz 55 M 22
Börtlingen 94 T 12
Börwang 111 W 15
Börzow 21 E 17
Bösdorf *(Kreis Plön)* 9 D 15
Bösdorf *(Ohrekreis)* 41 I 17
Bösel *(Kreis Cloppenburg)* 27 G 7
Bösel *(Kreis Lüchow-Dannenberg)* 31 H 17
Bösenbechhofen 87 Q 16
Bösenbrunn 78 O 20
Bösenburg 54 L 18
Böseneck 78 P 19
Bösensell 37 K 6
Bösingen *(Kreis Freudenstadt)* 93 U 9
Bösingen *(Kreis Rottweil)* 101 V 9
Bösingfeld 39 J 11
Bösleben-Wüllersleben 65 N 17
Bösperde 49 L 7
Bössow 10 E 17
Bötersen 29 G 11
Bötersheim 19 G 13
Böttigheim 85 Q 12
Böttingen *(Kreis Reutlingen)* 102 U 12
Böttingen *(Kreis Tuttlingen)* 101 V 10
Bötzingen 100 V 7
Bötzow 34 I 23
Bövingen 59 N 6
Böxlund 4 B 11
Boffzen 51 K 12
Bofsheim 85 R 12
Bogel 73 P 7
Bogen 98 T 22
Bogenberg 98 T 22
Bohlenbergerfeld 17 F 7
Bohlingen 109 W 10
Bohlsen 31 H 15
Bohmstedt 4 C 11
Bohmte 38 I 8
Bohnert 5 C 13
Bohnhorst 39 I 10
Bohsdorf 57 L 27
Boich 58 N 3
Boiensdorf 10 D 18
Boisheim 58 M 2
Boissow 21 F 16
Boitin 23 E 19
Boitze 31 G 16
Boitzen 19 F 12
Boitzenburg 25 G 24
Boitzenhagen 31 I 16
Boize 21 F 16
Boizenburg 21 F 16
Bojendorf 10 C 17
Bojendorf 77 P 17
Bokel *(b. Halle)* 50 K 9
Bokel *(b. Rietberg)* 38 J 8
Bokel *(Kreis Cuxhaven)* 18 F 10
Bokel *(Kreis Emsland)* 27 G 6
Bokel *(Kreis Gifhorn)* 31 H 15
Bokel *(Kreis Pinneberg)* 19 E 13
Bokel *(Kreis Rendsburg-Eckernförde)* 8 D 13
Bokelholm 8 D 13
Bokelhop 8 D 12
Bokeloh *(Kreis Emsland)* 26 H 6
Bokeloh *(Kreis Hannover)* 39 I 12
Bokensdorf 41 I 16
Bokholt-Hanredder 19 E 13
Bokhorst 9 D 14
Boklund 8 C 12
Boksee 9 D 14
Bolanden 83 R 8
Boldebuck 23 E 20
Boldekow 24 E 24
Boldevitz 13 C 24
Bolheim 95 U 14
Boll *(Kreis Göppingen)* 94 U 12
Boll *(Kreis Sigmaringen)* 101 W 11
Boll *(Kreis Waldshut)* 101 W 9
Bollen 29 G 10
Bollendorf 80 Q 3
Bollensdorf 56 K 24
Bollensen *(Kreis Northeim)* 51 L 13
Bollensen *(Kreis Uelzen)* 31 H 15
Bolleroda 64 M 15
Bollersdorf 35 I 26
Bollersen 30 H 13
Bollingen 103 U 13
Bollingstedt 5 C 12
Bollschweil 100 W 7
Bollstadt 95 T 15
Bollstedt 64 M 15
Bolschwitz 56 K 26
Bolsehle 29 I 11
Bolstern 102 W 12
Boltenhagen 10 E 17
Boltersen 21 G 15
Bolzum 40 J 13
Bombach 100 V 7
Bomlitz *(Lönsgrab)* 30 H 12
Bommelsen 30 H 13
Bommern 47 L 6
Boms 102 W 12
Bomsdorf 45 J 27
Bonames 74 P 10
Bonbaden 74 O 9
Bonbruck 106 U 21
Bondelum 5 C 11
Bondenau 5 B 12
Bondorf 93 U 10
Bonenburg 50 L 11
Bonese 31 H 16
Bongard 71 P 4
Bongsiel 4 B 10
Bonlanden 94 U 11
Bonn 59 N 5
Bonndorf *(Bodenseekreis)* 102 W 11
Bonndorf *(Kreis Waldshut)* 101 W 9
Bonneberg 38 J 10
Bonstetten 104 U 16
Bonstorf 30 H 14
Bonsweiher 84 R 10
Bontkirchen 50 L 9
Bonzel 61 M 8
Boock 25 F 26
Bookhof 27 H 6
Booknis 5 C 14
Boos 71 P 5
Boos 103 V 14
Boossen 45 I 27
Boostedt 9 D 14
Bopfingen 95 T 15
Boppard 71 P 6
Borbeck 27 G 8
Borbeck *(Essen)* 47 L 4
Borbein 49 K 7
Borchen 50 K 10
Bordelum 4 C 10
Bordenau 39 I 12
Bordesholm 9 D 14
Boren 5 C 13
Borg *(Kreis Merzig-Wadern)* 80 R 3
Borg *(Kreis Münster)* 37 K 6
Borgau 65 M 18
Borgdorf-Seedorf 8 D 13
Borgeln 49 L 8
Borgentreich 51 L 11
Borgerende 11 D 19
Borgfeld *(Kreis Bremen)* 29 G 10
Borgholz 51 L 11
Borgholzhausen 38 J 8
Borghorst 36 J 6
Borgloh 37 J 8
Borgsdorf 34 H 23
Borgstedt 8 C 13
Borgwallsee 14 D 22
Borgwedel 5 C 12
Boritz 68 M 24
Bork 33 G 21
Bork 47 K 6
Borken 36 K 4
Borken *(Kreis Elbe-Elster)* 55 K 23
Borken *(Kreis Uecker-Randow)* 25 F 26
Borken (Hessen) *(Kreis Hessen)* 63 M 11
Borkenberge *(Dorf)* 47 K 5
Borker See 33 G 21
Borkheide 43 J 22
Borkum 16 F 3
Borkum (Insel) *(Kreis Leer)* 16 F 4
Borkwalde 43 J 22
Borlinghausen 50 L 11
Born 42 I 18
Born am Darß *(Kreis Nordvorpommern)* 11 C 21
Borna *(Kreis Leipziger Land)* 67 M 21
Borna *(Kreis Torgau-Oschatz)* 55 M 23
Borna-Gersdorf 68 N 25
Bornberg 19 F 11
Borne *(Kreis Aschersleben-Staßfurt)* 42 K 18
Borne *(Kreis Potsdam-Mittelmark)* 43 J 21
Bornhagen 52 L 13
Bornhausen 40 K 14
Bornheim *(Rhein-Sieg-Kreis)* 59 N 4
Bornhöved 9 D 14
Bornholt 8 D 12
Bornich 73 P 7
Bornim 43 I 23
Bornitz 66 M 20
Bornow 45 J 26
Bornsdorf *(Kreis Dahme-Spreewald)* 56 K 25
Bornsen *(Kreis Uelzen)* 31 G 15
Bornsen *(Kreis Westliche Altmark)* 31 H 16
Bornstedt *(Kreis Mansfelder Land)* 53 L 18
Bornstedt *(Ohrekreis)* 41 J 18
Bornstein 9 C 13
Borntin 24 E 24
Borntosten 50 L 10
Bornum *(Kreis Anhalt-Zerbst)* 41 J 15
Bornum am Elm *(Kreis Elmstedt)* 41 J 16
Bornum am Harz 40 K 14
Borod 61 O 7
Borr 59 N 4
Borrentin 24 E 22
Borsch 64 N 13
Borsdorf 55 L 21
Borsdorf 74 O 10
Borsfleth 19 E 12
Borßum 16 F 5
Borstel *(Kreis Diepholz)* 29 H 10
Borstel *(Kreis Hannover)* 29 I 12
Borstel *(Kreis Harburg)* 19 F 14
Borstel *(Kreis Segeberg)* 8 E 13
Borstel *(Kreis Stade)* 20 F 13
Borstel *(Kreis Stendal)* 32 I 19
Borstel *(Kreis Stormarn)* 20 E 14
Borstel *(Kreis Verden)* 29 G 11
Borstel-Hohenraden *(Kreis Pinneberg)* 19 E 13
Borstel in der Kuhle *(Kreis Soltau-Fallingbostel)* 30 G 14
Borstendorf 67 N 23
Borstorf 21 F 15
Borsum *(Kreis Emsland)* 26 G 5
Borsum *(Kreis Hildesheim)* 40 J 14
Bortfeld 40 J 15
Borth 46 L 3
Borthen 68 N 25
Borwede 29 H 9
Borxleben 53 L 17
Bosau 9 D 15
Bosbüll 4 B 10
Boscheln 58 N 2
Bosen 81 R 5
Bosenbach 81 R 6
Boßdorf 43 K 22
Bosseborn 51 K 11
Bostalsee 81 R 5
Bostelwiebeck 31 G 15
Botelsdorf 21 E 17
Bothel 30 G 12
Bothenheilingen 64 M 15
Bothkamper See 9 D 14
Bothmer 30 H 12
Botnang 94 T 11
Bottenbach 83 S 6
Bottendorf 53 M 18
Bottendorf 62 M 10
Bottenhorn 62 N 9
Bottmersdorf 42 J 18
Bottorf 27 H 7
Bottrop 47 L 4
Bourtanger Moor 26 H 5
Bous 82 S 4
Bovenau 8 D 13
Bovenden 52 L 13
Bovenmoor 18 E 10
Boxberg 57 L 27
Boxberg 71 P 4
Boxberg 85 R 12
Boxbrunn 87 R 16
Boxbrunn i. Odenwald 84 R 11
Boxdorf 68 M 25
Boxdorf 87 R 17
Boxtal 85 Q 12
Braach 63 M 13
Braak *(Kreis Ostholstein)* 9 D 15
Braak *(Kreis Stormarn)* 20 F 14
Braam-Ostwennemar 49 K 7
Brachbach 61 N 7
Brachelen 58 M 2
Brachenfeld 9 D 14
Brachstedt 54 L 20
Bracht *(Hochsauerlandkreis)* 61 M 8
Bracht *(Kreis Marburg-Biedenkopf)* 62 N 10
Bracht *(Kreis Viersen)* 58 M 2
Brachthausen 61 M 8
Brachttal 75 P 11
Brachwitz 54 L 19
Brackede 21 F 16
Brackel 20 G 14
Brackel 47 L 6
Brackenheim 94 S 11
Brackstedt 41 I 16
Brackwede 38 K 9
Braderup (Sylt) *(Kreis Nordfriesland)* 4 B 10
Brädikow 33 H 21
Bräsen 43 K 21
Bräunisheim 95 U 13
Bräunlingen 101 W 9
Bräunrode 53 L 18
Bräunsdorf-Langhennersdorf 67 N 23
Brahlstorf 21 F 16
Brahmenau 66 N 20
Brahmsee 8 D 13
Braidbach 76 O 14
Brake *(Kreis Diepholz)* 29 H 10
Brake *(Kreis Lippe)* 39 J 10
Brake (Bielefeld-) *(Kreis Bielefeld)* 38 J 9
Brake (Unterweser) *(Kreis Wesermarsch)* 18 F 9
Brakel 51 K 11
Brakelsiek 39 K 11
Bralitz 35 H 26
Brambauer 47 L 6
Bramberg (Dorf) *(Kreis Haßberge)* 76 P 15
Brambostel 30 H 14
Bramel 18 F 10
Bramfeld *(Hamburg)* 20 F 14
Bramgauroute 37 I 7
Bramhar 26 I 6
Brammer 8 D 13
Bramsche *(Kreis Emsland)* 36 I 6
Bramsche *(Kreis Osnabrück)* 37 I 7
Bramstedt *(Kreis Cuxhaven)* 18 F 10
Bramstedt *(Kreis Nordfriesland)* 4 B 11
Bramwald 51 L 12
Brand *(Kreis Fulda)* 64 O 13
Brand *(Kreis Tirschenreuth)* 78 Q 19
Brand *(Kreis Traunstein)* 114 W 21
Brand *(Kreis Wunsiedel i. F.)* 78 P 20
Brand (Aachen-) 58 N 2
Brand-Erbisdorf 67 N 23
Brandau 84 Q 10
Brande-Hörnerkirchen 19 E 13
Branden-Kopf 92 U 8
Brandenberg *(Kreis Düren)* 58 N 3
Brandenberg b. Todtnau 100 W 7
Brandenburg 43 I 21
Brandenburg-Plaue 43 I 21
Branderoda 54 M 19
Brandis *(Kreis Elbe-Elster)* 55 K 23
Brandis *(Muldentalkreis)* 55 L 21
Brandlecht 36 I 5
Brandoberndorf 74 O 9
Brandscheid 70 P 2
Brandshagen 13 D 23
Branitz 57 K 27
Brannenburg 113 W 20
Branten 49 M 6
Braschwitz 54 L 20
Brassert 47 L 5
Brattendorf 77 O 16
Braubach 71 P 6
Brauel 19 G 11
Brauerschwend 63 N 11
Brauersdorf *(Kreis Kronach)* 77 O 17
Brauersdorf *(Kreis Siegen-Wittgenstein)* 61 N 8
Brauna 56 M 26
Braunau 63 M 11
Brauneberg 72 Q 4
Brauneck 113 W 18
Braunenweiler 102 V 12
Braunfels 62 O 9

Braunlage 52 K 15
Braunsbach 85 S 13
Braunsbedra 54 M 19
Braunsberg 33 G 22
Braunschweig 41 J 15
Braunschwende 53 L 17
Braunsdorf (Kreis Greiz) 66 N 19
Braunsdorf (Kreis Oder-Spree) 44 I 25
Braunsdorf (Weißeritzkreis) 68 M 24
Braunsen 50 L 11
Braunshausen 62 M 10
Braunshorn 71 P 6
Braunsrath 58 M 2
Braunsroda 65 M 18
Braunstein 62 N 10
Brauweiler 59 N 4
Brebach 82 S 5
Brebel 5 C 13
Breberen 58 M 1
Brechen 73 O 8
Brechte 36 J 5
Brechten 47 L 6
Brechtorf 41 I 16
Breckenheim 74 P 9
Breckerfeld 49 M 6
Breddenberg 27 H 6
Breddin 33 H 20
Breddorf 18 G 11
Bredehorn 17 F 7
Bredelar 50 L 10
Bredelem 40 K 15
Bredenbeck (Kreis Hannover) 40 J 12
Bredenbek (Kreis Plön) 9 D 15
Bredenbek (Kreis Rendsburg-Eckernförde) 8 D 13
Bredenborn 51 K 11
Bredenbruch 49 L 7
Bredeney (Essen) 47 L 4
Bredenfelde (Kreis Demmin) 24 F 22
Bredenfelde (Kreis Mecklenburg-Strelitz) 24 F 24
Bredereiche 34 G 23
Bredow 33 I 22
Bredstedt 4 C 10
Breege 13 C 24
Breese 32 G 19
Breesen (Kreis Demmin) 24 F 23
Breesen (Kreis Güstrow) 23 E 21
Breesen (Kreis Nordvorpommern) 14 D 22
Breesen (Kreis Nordwestmecklenburg) 21 E 17
Breetze 21 G 16
Breetzer Bodden 13 C 23
Breg 101 W 9
Bregenstedt 41 J 17
Brehme 52 L 15
Brehna 54 L 20
Breidenbach 62 N 9
Breidenstein 62 N 9
Breiholz 8 D 12
Breinermoor 27 G 6
Breinig 58 N 2
Breisach 100 V 6
Breischen 37 I 6
Breitachklamm 111 X 14
Breitau 64 M 14
Breitbrunn (Kreis Haßberge) 76 P 16
Breitbrunn (Kreis Starnberg) 104 V 17
Breitbrunn am Chiemsee 106 W 21
Breitenau (Kreis Ansbach) 86 S 14
Breitenau (Kreis Coburg) 77 P 16
Breitenau (Kreis Elbe-Elster) 56 K 25
Breitenau (Kreis Freiberg) 67 N 23
Breitenau (Weißeritzkreis) 68 N 25
Breitenau (Westerwaldkreis) 61 O 7
Breitenbach (Burgenlandkreis) 66 M 20
Breitenbach (Kreis Hersfeld-Rotenburg) 63 N 13
Breitenbach (Kreis Kassel) 51 M 11
Breitenbach (Kreis Kusel) 81 R 5
Breitenbach (Kreis Sangerhausen) 53 L 17
Breitenbach a. Herzberg (Kreis Hersfeld-Rotenburg) 63 N 12
Breitenbach b. Schleusingen (Kreis Hildburghausen) 64 O 16
Breitenbach-Stausee (Kreis Siegen-Wittgenstein) 61 N 8
Breitenbenden 60 O 4
Breitenberg (Kreis Göttingen) 52 L 14
Breitenberg (Kreis Ostallgäu) 111 X 15
Breitenberg (Kreis Passau) 99 T 25
Breitenborn (Leipziger Land) 67 M 22
Breitenborn (Main-Kinzig-Kreis) 75 P 11
Breitenbronn 103 V 15
Breitenbruch 49 L 8
Breitenbrunn (Kreis Neumarkt i. d. Oberpfalz) 103 V 15
Breitenbrunn (Kreis Unterallgäu) 97 S 18
Breitenbrunn (Odenwaldkreis) 84 Q 11
Breitenbrunn (Erzgeb.) (Westerzgebirgskreis) 79 O 22
Breitenbuch 84 R 11
Breitenburg 19 E 12
Breitenburger Moor 19 E 12
Breitenfeld (Altmarkkreis Salzwedel) 32 I 17
Breitenfeld (Elstertalkreis) 79 O 20
Breitenfelde 21 F 15
Breitenfürst 94 T 12
Breitenfurt 96 T 17
Breitengüßbach 77 Q 16
Breitenhagen (Kreis Schönebeck) 42 K 19
Breitenhagen (Märkischer Kreis) 49 M 7
Breitenheerda 65 N 17
Breitenhees 31 H 15
Breitenholz 93 U 10
Breitenlesau 77 Q 17
Breitenlohe 86 Q 15
Breitenrode 41 I 16
Breitensee 76 O 15
Breitenstein 53 L 16
Breitenthal 72 Q 6
Breitenthal 103 V 14
Breitenwisch 19 F 11
Breitenworbis 52 L 15
Breiter Luzin 24 F 24
Breitfurt 82 S 5
Breithardt 73 P 8
Breitingen 95 U 13
Breitling 11 D 20
Breitnau 100 W 8
Breitscheid (Kreis Mettmann) 47 L 4
Breitscheid (Kreis Neuwied) 61 O 6
Breitscheid (Lahn-Dill-Kreis) 61 N 8
Breitungen 53 L 17
Breitungen (Werra) 64 N 14
Brekendorf 8 C 12
Breklum 4 C 10
Brelingen 40 I 13
Breloh 30 G 14
Bremberg 73 P 7
Bremelau 102 U 12
Bremen (Kreis Bremen) 29 G 10
Bremen (Kreis Soest) 49 L 7
Bremen (Thüringen) 64 N 14
Bremen-Neustadt (Flughafen) 29 G 10
Bremerhagen 13 D 23
Bremerhaven 18 F 9
Bremervörde 19 F 11
Bremgarten 100 W 6
Bremke (Hochsauerlandkreis) 49 M 8
Bremke (Kreis Göttingen) 52 L 14
Bremm 71 P 5
Bremsdorf 45 J 27
Bremthal 74 P 9
Brend (Bach) 76 O 14
Brend (Kreis Emmendingen) 100 V 8
Brenden 108 W 8
Brenk 71 O 5
Brenken 50 L 9
Brenkenhagen 10 D 16
Brenkhausen 51 K 12
Brennberg 90 S 21
Brennersgrün 77 O 18
Brennes 91 S 23
Brensbach 84 Q 10
Brenschelbach 82 S 6
Brenz (Kreis Heidenheim) 95 U 14
Bresahn 21 F 16
Bresch 32 G 19
Bresegard b. Eldena (Kreis Ludwigslust) 22 G 18
Bresegard b. Picher (Kreis Ludwigslust) 21 F 17
Breselenz 31 G 17
Bresewitz (Kreis Mecklenburg-Strelitz) 24 E 24
Bresewitz (Kreis Nordvorpommern) 12 C 22
Bresinchen 45 J 28
Breslack 45 J 28
Brest 19 F 12
Bretleben 53 L 17
Bretnig 68 M 26
Bretsch 32 H 18
Brettach (Bach) 85 S 12
Bretten 93 S 10
Brettenfeld 86 S 14
Brettental 100 V 7
Brettheim 86 S 14
Brettin 42 I 20
Brettorf 28 H 9
Bretwisch 14 D 23
Bretzenheim (Kreis Bad Kreuznach) 73 Q 7
Bretzfeld 85 S 12
Bretzingen 85 R 12
Breuberg 84 Q 11
Breuna 51 L 11
Breungeshain 75 O 11
Breunigweiler 83 R 7
Breunings 75 P 12
Breunsdorf 66 M 21
Brevörde 39 K 12
Brey 71 P 6
Breyell 58 M 2
Brickeln 7 D 11
Briedel 71 P 5
Brielow 43 I 21
Briescht 45 J 26
Brieselang 34 I 23
Briesen (Kreis Dahme-Spreewald) 44 J 25
Briesen (Kreis Havelland) 33 H 21
Briesen (Kreis Oder-Spree) 45 I 26
Briesen (Kreis Spree-Neiße) 56 K 26
Briesener Berge 43 J 21
Briesensee 45 K 26
Brieske 56 L 25
Brieskow-Finkenheerd 45 J 27
Briesnig 57 K 27
Briest (Kreis Potsdam-Mittelmark) 43 I 21
Briest (Kreis Stendal) 42 I 20
Briest (Kreis Uckermark) 35 G 26
Brietlingen 20 F 15
Brietz 31 H 17
Brietzig 25 F 25
Brietzke 42 J 20
Brigach 101 V 9
Brigachtal 101 V 9
Briggow 24 F 22
Brillit 18 F 10
Brilon 50 L 9
Brilon-Wald 50 L 9
Bringhausen 62 M 10
Brink (Kreis Grafschaft Bentheim) 36 I 4
Brink (Märkischer Kreis) 49 M 7
Brinkum (Kreis Diepholz) 29 G 10
Brinkum (Kreis Leer) 17 G 6
Brinnis 54 L 21
Bristow 23 E 21
Britten 80 R 4
Brittheim 101 V 10
Britz (Kreis Barnim) 34 H 25
Britzingen 100 W 7
Brobergen 19 F 11
Brochdorf 30 G 13
Brochenzell 110 W 12
Brochterbeck 37 J 7
Brochthausen 52 L 15
Brock 37 J 7
Brockau (Vogtlandkreis) 66 O 20
Brockdorf 27 I 8
Brockel (Kreis Rotenburg) 30 G 12
Brocken 52 K 15
Brockhagen 38 K 9
Brockhausen (Kreis Emsland) 26 I 6
Brockhausen (Kreis Osnabrück) 38 I 9
Brockhöfe 30 G 14
Brockscheid 71 P 4
Brockum 38 I 9
Brockzetel 17 F 6
Brodenbach 71 P 6
Brodersby (Kreis Rendsburg-Eckernförde) 5 C 13
Brodersby (Kreis Schleswig-Flensburg) 5 C 13
Brodersdorf (Kreis Plön) 9 C 14
Broderstorf (Kreis Bad Doberan) 11 D 20
Brodowin 35 H 25
Brodswinden 86 S 15
Brodten 10 E 16
Bröbberow 11 E 20
Bröckau (Burgenlandkreis) 66 M 20
Bröckel (Kreis Celle) 40 I 14
Bröckelbeck 18 E 11
Brögbern 26 I 6
Brökeln 39 K 12
Broekhuysen 46 L 2
Bröl 59 N 5
Bröleck 59 N 6
Bröllin 25 F 26
Bröthen (Kreis Herzogtum Lauenburg) 21 F 16
Bröthen (Kreis Hoyerswerda) 56 L 26
Broggingen 100 V 7
Brohl 71 P 5
Brohl Lützing 60 O 5
Brohm 24 F 24
Broich (Kreis Düren) 58 N 3
Broich (Mülheim-) 47 L 4
Broichweiden 58 N 2
Broistedt 40 J 14
Brokdorf 19 E 11
Brokeloh 39 I 11
Brokenlande 9 D 13
Brokstedt 8 E 13
Brombach (Hochtaunuskreis) 74 P 9
Brombach (Kreis Lörrach) 108 X 7
Brombach (Kreis Rottal-Inn) 106 U 23
Brombach (Rhein-Neckar-Kreis) 84 R 10
Brombachsee 96 S 16
Brombachtal 84 Q 10
Brome 31 I 16
Bromskirchen 62 M 9
Bronkow 56 K 25
Bronn 87 Q 18
Bronnbach 85 Q 12
Bronnweiler 102 U 11
Bronnzell 75 O 13
Broock 23 F 20
Brosen 39 J 10
Brotdorf 80 R 4
Brotterode 64 N 15
Brual 26 G 5
Bruch (Kreis Bernkastel-Wittlich) 72 Q 4
Bruch (Oberbergischer Kreis) 49 M 6
Brucher-Stausee 59 M 6
Bruchertseifen 61 N 7
Bruchhausen (Kreis Diepholz) 29 H 11
Bruchhausen (Kreis Höxter) 51 K 11
Bruchhausen (Kreis Karlsruhe) 93 T 9
Bruchhausen (Rhein-Sieg-Kreis) 59 N 6
Bruchhausen b. Arnsberg (Hochsauerlandkreis) 49 L 8
Bruchhausen b. Olsberg (Hochsauerlandkreis) 50 M 9
Bruchköbel 74 P 10
Bruchmühlbach-Miesau 81 R 6
Bruchmühlen 38 J 9
Bruchsal 93 S 9
Bruchstedt 65 M 16
Bruchtorf 31 G 15
Bruchweiler 72 Q 5
Bruck (Kreis Ebersberg) 105 V 19
Bruck (Kreis Hof) 78 O 19
Bruck (Kreis Miesbach) 105 W 19
Bruck (Kreis Neuburg-Schrobenhausen) 96 T 17
Bruck i. d. Oberpfalz (Kreis Schwandorf) 89 S 20
Bruckberg (Kreis Ansbach) 86 R 16
Bruckberg (Kreis Landshut) 97 U 19
Bruckdorf 54 L 20
Bruckhausen (Kreis Wesel) 47 L 4
Bruckhausen (Duisburg-) (Kreis Duisburg) 47 L 4
Bruckmühl 105 W 19
Brudersdorf 14 E 22
Brüchermühle 61 N 6
Brück (Kreis Ahrweiler) 60 O 4
Brück (Kreis Kitzingen) 86 Q 14
Brück (Kreis Potsdam-Mittelmark) 43 J 22
Brück (Dreis-) (Kreis Daun) 70 P 4
Brücken (Kreis Birkenfeld) 81 R 5
Brücken (Kreis Sangerhausen) 53 L 17
Brücken (Pfalz) (Kreis Kusel) 81 R 6
Brücklein 77 P 18
Brüel 22 E 19
Brügge 49 M 6
Brügge (Kreis Prignitz) 23 G 20
Brügge (Kreis Rendsburg-Eckernförde) 9 D 14
Brüggen (Kreis Hildesheim) 40 J 13
Brüggen (Kreis Viersen) 58 M 2
Brüggen (Erft) 59 N 4
Brühl (Erftkreis) 59 N 4
Brühl (Rhein-Neckar-Kreis) 84 R 9
Brüllingsen 50 L 8
Brümmerhof 19 G 11
Brün 61 N 7
Bründel 54 K 18
Bründersen 51 M 11
Brünen 46 K 4
Brüninghausen 49 M 7
Brüninghorstedt 39 I 10
Brünkendorf 11 D 21
Brünlos 67 N 22
Brünn (Kreis Haßberge) 76 P 16
Brünn (Kreis Hildburghausen) 77 O 16
Brünnau 76 Q 15
Brünning 106 W 21
Brünnstadt 76 Q 14
Brünnstein 113 X 20
Brünst (Kreis Ansbach Land) 86 R 15
Brüntorf 39 J 10
Brüntrup 39 K 10
Brünzow 13 D 24
Brüsewitz 21 E 17
Brüssow 25 F 26
Brüttendorf 19 G 11
Brüxken 46 L 2
Brumby 42 K 19
Brunau 32 H 18
Brungershausen 62 N 9
Brunkensen 40 K 13
Brunn (Kreis Mecklenburg-Strelitz) 24 E 24
Brunn (Kreis Neustadt a. d. A.-Bad W.) 86 R 16
Brunn (Kreis Ostprignitz-Ruppin) 33 H 21
Brunn (Kreis Regensburg) 90 S 19
Brunne 33 H 22
Brunnen (Kreis Neuburg-Schrobenhausen) 96 U 17
Brunnenthal 78 O 19
Brunnthal 105 V 19
Brunow (Kreis Ludwigslust) 22 G 19
Brunow (Kreis Märkisch-Oderland) 35 H 25
Brunsbek 20 F 14
Brunsbüttel 19 E 11
Brunsen 51 K 13
Brunskappel 50 M 9
Brunslar 63 M 12
Brunsmark 21 F 16
Brunst (Kreis Ansbach Land) 86 S 15
Brunstorf 20 F 15
Bruschied 72 Q 6
Brusendorf 44 J 24
Bruttig-Fankel 71 P 5
Brux 8 D 13
Bubach (Kreis Dingolfing-Landau) 98 U 21
Bubach (Rhein-Hunsrück-Kreis) 71 P 6
Bubach a. d. Naab 88 S 20
Bubach-Calmesweiler 81 R 4
Bubenbach 101 W 8
Bubenheim 96 T 16
Bubenorbis 94 S 12
Bubenreuth 87 R 17
Buberow 34 H 23
Bubesheim 103 U 14
Bubsheim 101 V 10
Buch (Kreis Erlangen-Höchstadt) 87 Q 16
Buch (Kreis Haßberge) 76 P 15
Buch (Kreis Kelheim) 97 T 19
Buch (Kreis Neu-Ulm) 103 V 14
Buch (Kreis Nürnberg) 87 R 17
Buch (Kreis Stendal) 42 I 19
Buch (Rhein-Hunsrück-Kreis) 71 P 6
Buch (Berlin-) 34 I 24
Buch a. Ahorn 85 R 12
Buch a. Ammersee 104 V 17
Buch a. Buchrain 105 V 19
Buch a. Erlbach 105 U 20
Buch a. Forst 77 P 17
Buch a. Wald 86 R 15
Bucha (Burgenlandkreis) 53 M 18
Bucha (Kreis Saalfeld-Rudolstadt) 65 O 18
Bucha (Kreis Torgau-Oschatz) 55 L 23
Bucha (Saale-Holzland-Kreis) 65 N 18
Bucha (Saale-Orla-Kreis) 66 O 19
Buchau (Kreis Bayreuth) 87 Q 18
Buchau (Kreis Kulmbach) 77 P 17
Buchbach (Kreis Kronach) 77 O 17
Buchbach (Kreis Mühldorf a. Inn) 105 V 20
Buchdorf 96 T 16
Buchen (Neckar-Odenwald-Kreis) 85 R 11
Buchenau (Kreis Fulda) 63 N 13
Buchenau (Kreis Marburg-Biedenkopf) 62 N 9
Buchenau (Kreis Regen) 91 S 23
Buchenbach (Hohenlohekreis) 85 S 13
Buchenbach (Kreis Breisgau-Hochschwarzwald) 100 W 8
Buchenberg (Kreis Oberallgäu) 111 W 14
Buchenberg (Kreis Waldeck-Frankenberg) 62 M 10
Buchenberg (Schwarzwald-Baar-Kreis) 101 V 9
Buchenhain (Kreis Uckermark) 24 G 24
Buchenrod 75 O 12
Buchenwald 65 M 17
Buchhain 56 L 24
Buchhausen 97 T 20
Buchheim (Kreis Breisgau-Hochschwarzwald) 100 V 7
Buchheim (Kreis Tuttlingen) 101 V 10
Buchheim (Muldentalkreis) 67 M 21
Buchheim (Saale-Holzland-Kreis) 66 M 19
Buchhofen 98 T 22
Buchholz (Kreis Bad Doberan) 11 D 20
Buchholz (Kreis Dithmarschen) 7 E 11
Buchholz (Kreis Emmendingen) 100 V 7
Buchholz (Kreis Herzogtum Lauenburg) 21 E 16
Buchholz (Kreis Märkisch-Oderland) 34 I 25
Buchholz (Kreis Minden-Lübbecke) 39 I 11
Buchholz (Kreis Müritz) 23 G 21
Buchholz (Kreis Neuwied) 59 N 6
Buchholz (Kreis Nordhausen) 53 L 16
Buchholz (Kreis Nordvorpommern) 12 D 22
Buchholz (Kreis Oberhavel) 34 G 23
Buchholz (Kreis Oder-Spree) 45 I 26
Buchholz (Kreis Prignitz) 33 G 20
Buchholz (Kreis Stendal) 42 I 19
Buchholz (Niederschlesischer Oberlausitzkr.) 69 M 28
Buchholz (Rhein-Hunsrück-Kreis) 71 P 6
Buchholz (Stadtkreis Hannover) 40 I 13
Buchholz (Aller) 30 H 13
Buchholz (Duisburg-) 47 L 4
Buchholz b. Ottersberg 29 G 11
Buchholz b. Treuenbrietzen 43 J 22
Buchholz b. Visselhövede 30 G 12
Buchholz i. d. Nordheide 19 F 13
Buchhorst 41 I 17
Buching 112 X 16
Buchloe 104 V 16
Buchow-Karpzow 43 I 22
Buchschlag (Frankfurt) 74 P 10
Buchschwabach 87 R 16
Buchwäldchen 56 K 26
Buckau (Kreis Elbe-Elster) 55 L 23
Buckau (Kreis Potsdam-Mittelmark) 43 J 20
Buckenhof 87 R 17
Buckow (Kreis Havelland) 33 I 20

Buckow (Kreis Oder-Spree) 45 J 26
Buckow (Kreis Teltow-Fläming) 44 K 24
Buckow (Märkische Schweiz) 35 I 26
Budberg 46 L 3
Buddenbaum 37 K 7
Buddenhagen 15 D 25
Budenheim 73 P 8
Büchel 71 P 5
Büchelberg (Kreis Germersheim) 92 S 8
Büchelberg (Kreis Rhön-Grabfeld) 76 P 15
Bücheloh 65 N 16
Büchen (Kreis Herzogtum Lauenburg) 21 F 15
Büchenau (Kreis Karlsruhe Land) 93 S 9
Büchenbach (Kreis Roth) 87 S 17
Büchenberg (Kreis Fulda) 75 O 13
Büchenbeuren 72 Q 5
Büchenbronn 93 T 9
Büchereck 100 V 8
Büches 74 P 11
Büchlberg 99 T 24
Büchold 76 P 13
Bückau 31 G 17
Bückeberge 39 J 11
Bückeburg 39 J 11
Bückelte 27 I 6
Bücken 29 H 11
Bücknitz 43 J 20
Bückwitz 33 H 21
Büddenstedt 41 J 17
Büdelsdorf 8 D 13
Büden 42 J 19
Büderich (Kreis Neuss) 48 M 4
Büderich (Kreis Soest) 49 L 7
Büderich (Kreis Wesel) 46 L 3
Büdesheim (Kreis Bitburg-Prüm) 70 P 3
Büdesheim (Main-Kinzig-Kreis) 74 P 10
Büdingen (Kreis Merzig-Wadern) 80 R 3
Büdingen (Wetteraukreis) 75 P 11
Büdinger Wald 75 P 11
Büdlich 81 Q 4
Büemke 50 M 8
Bühl (Kreis Günzburg) 103 U 14
Bühl (Kreis Tübingen) 93 U 10
Bühl (Kreis Waldshut) 109 X 9
Bühl (Ortenaukreis) 92 U 7
Bühl (Baden) 92 T 8
Bühl am Alpsee 111 X 14
Bühl i. Ries 95 T 15
Bühlau 68 M 26
Bühle 51 M 11
Bühler 95 T 13
Bühlerhöhe 93 T 8
Bühlertal 92 T 8
Bühlertann 95 S 13
Bühlerzell 95 S 13
Bühne (Kreis Halberstadt) 41 K 15
Bühne (Kreis Höxter) 51 L 11
Bühnsdorf 20 E 15
Bühren (Kreis Cloppenburg) 27 H 8
Bühren (Kreis Göttingen) 51 L 13
Bühren (Kreis Nienburg) 29 I 11
Bülkau 18 E 10
Bülow (Kreis Nordwestmecklenburg) 21 E 17
Bülow (Kreis Parchim) 22 F 19
Bülstedt 29 G 11
Bülstringen 41 J 18
Bültum 40 J 14
Bülzig 43 K 22
Bünde 38 J 9
Bündheim 41 K 15
Bünsdorf 8 C 13
Bünzen 8 D 13
Buer 38 J 9
Buer (Gelsenkirchen-) 47 L 5
Bürchau 100 W 7
Bürden 77 O 16
Büren (Kreis Borken) 36 K 5
Büren (Kreis Hannover) 30 I 12
Büren (Kreis Paderborn) 50 L 9
Büren (Kreis Steinfurt) 37 J 7
Bürgel (Saale-Holzland-Kreis) 66 N 19
Bürgeln (Kreis Lörrach) 108 W 7
Bürgeln (Kreis Marburg-Biedenkopf) 62 N 10
Bürgersee 94 U 12
Bürglein 87 R 16
Bürgstadt 85 Q 11
Bürresheim 71 O 5
Bürstadt 84 R 9
Bürvenich 58 O 3
Büsbach 58 N 2
Büschdorf 80 R 3
Büscheich 70 P 4
Büschergrund 61 N 7
Büscherheide 38 J 9
Büschfeld 81 R 4
Büschow 22 E 18
Büsdorf 58 N 4
Büsingen 109 W 10
Büßfeld 62 N 11
Büßleben 65 N 17
Büßlingen 101 W 10
Büste 32 H 18
Büsum 7 D 10
Büsumer Deichhausen 7 D 10
Bütlingen 20 F 15
Bütow 23 F 21
Büttel (Kreis Cuxhaven) 18 F 9
Büttel (Kreis Steinburg) 19 E 11
Büttelborn 74 Q 9
Büttgen 48 M 3
Bütthard 85 R 13
Büttstedt 52 M 14
Bützer 43 I 20
Bützfleth 19 F 12
Bützflethermoor 19 F 12
Bützow 23 F 19
Bufleben 64 N 16
Buflings 111 X 14
Bug 77 Q 16
Bugewitz 25 E 25
Buggenhagen 15 E 25
Buggenried 108 W 8
Buggingen 100 W 6
Bugk 44 J 25
Buhla 52 L 15
Buhlen 63 M 11
Buhlenberg 81 R 5
Buhlendorf 42 J 20
Buir 58 N 3
Bujendorf 9 D 16
Buke 50 K 10
Buko 43 K 21
Buldern 36 K 6
Bullau 84 R 11
Bullay 71 P 5
Bullendorf 21 F 15
Bullenhausen 20 F 14
Bulleritz 56 M 26
Bunde 26 G 5
Bundenbach 72 Q 6
Bundenthal 92 S 7
Bunderhee 16 G 5
Bunderneuland 26 G 5
Bundesgaarder See 4 B 10
Bundorf 76 P 15
Bungsberg 9 D 16
Bunkenburg 31 I 14
Bunsoh 7 D 11
Buntenbock 52 K 15
Burbach 61 N 8
Burg 7 E 11
Burg (Kreis Spree-Neiße) 56 K 26
Burg (Lahn-Dill-Kreis) 62 N 8
Burg (Solingen) 59 M 5
Burg (Westlausitzkreis) 57 L 27
Burg (Mosel) 71 P 5
Burg auf Fehmarn 10 C 17
Burg b. Magdeburg 42 J 19
Burg-Gemünden 62 N 11
Burg Hohenstein 73 P 8
Burg Kauper 45 K 26
Burg Stargard 24 F 23
Burgaltendorf 47 L 5
Burgambach 86 Q 15
Burgau 103 U 15
Burgberg 95 U 14
Burgberg i. Allgäu 111 X 14
Burgbernheim 86 R 14
Burgbrohl 71 O 5
Burgdorf 40 I 14
Burgebrach 86 Q 16
Burgen 71 P 6
Burgenstraße 84 R 10
Burgfarrnbach 87 R 16
Burgfelden 101 V 10
Burggen 112 W 16
Burggriesbach 96 S 18
Burggrub 77 P 17
Burghammer 57 L 27
Burghaslach 86 Q 15
Burghasungen 51 M 11
Burghaun 63 N 13
Burghausen (Kreis Altötting) 106 V 22
Burghausen (Kreis Ansbach) 86 R 15
Burghausen (Stadtkreis Leipzig) 54 L 20
Burgheim 96 T 17
Burgheßler 66 M 18
Burgholz 62 N 10
Burgholzhausen 74 P 10
Burgjoß 75 P 12
Burgkemnitz 54 K 21
Burgkirchen 106 V 22
Burgkunstadt 77 P 17
Burglahr 61 O 6
Burglauer 76 P 14
Burglengenfeld 88 S 20
Burglesum 29 G 10
Burgliebenau 54 L 20
Burgoberbach 86 S 15
Burgpreppach 76 P 15
Burgrieden 103 V 13
Burgsalach 96 S 17
Burgscheidungen 54 M 18
Burgschwalbach 73 P 8
Burgsdorf 54 L 18
Burgsinn 75 P 12
Burgsolms 62 O 9
Burgstaaken 10 C 17
Burgstädt 67 N 22
Burgstall 42 I 19
Burgstein 78 O 19
Burgsteinfurt 36 J 6
Burgstemmen 40 J 13
Burgstetten 94 T 12
Burgthann 87 R 17
Burgtonna 64 M 16
Burguffeln 51 L 12
Burgwald (Gemeinde) 62 N 10
Burgwalde 52 L 14
Burgwallbach 76 O 14
Burgwedel 40 I 13
Burgweiler 102 W 12
Burgwindheim 86 Q 15
Burhafe 17 F 7
Burhave 18 F 9
Burk (Kreis Ansbach) 95 S 15
Burk (Kreis Forchheim) 87 Q 17
Burkardroth 76 P 13
Burkartshain 55 M 22
Burkau 68 M 26
Burkersdorf (Kreis Freiberg) 68 N 24
Burkersdorf (Kreis Kronach) 77 P 17
Burkersroda 66 M 18
Burkhardsfelden 62 O 10
Burkhardswalde 68 N 25
Burkhardswalde-Munzig 68 M 24
Burkhardtroda 64 N 14
Burkhardtsdorf 67 N 22
Burkhardtsgrün 67 O 21
Burkhelm 100 V 6
Burladingen 102 V 11
Burlafingen 103 U 14
Burlage 38 I 9
Buro 43 K 21
Burow (Kreis Demmin) 24 E 23
Burow (Kreis Parchim) 23 F 20
Burrweiler 83 S 8
Burscheid 59 M 5
Bursfelde 51 L 12
Burtenbach 103 U 15
Burtscheid 58 N 2
Burweg 19 F 11
Burxdorf 55 L 23
Busbach 77 Q 18
Busch 32 H 19
Buschbell 59 N 4
Buschhausen 47 K 4
Buschhof 24 G 22
Buschhoven 59 N 4
Buschkamp 38 K 9
Buschow 33 I 21
Buschvitz 13 C 24
Busdorf 5 C 12
Busenbach 93 T 9
Busenberg 83 S 7
Busendorf 43 J 22
Busenwurth 7 D 11
Buskow 33 H 22
Bussau 31 H 16
Bussen 102 V 12
Butjadingen 18 F 8
Buttelstedt 65 M 18
Buttenhausen 102 U 12
Buttenheim 87 Q 17
Buttenwiesen 96 U 16
Buttforde 17 F 7
Buttlar 64 N 13
Buttstädt 65 M 18
Butzbach 74 O 10
Butzen 45 K 26
Butzow 43 I 21
Butzweiler 72 Q 3
Buweiler 81 R 4
Buxheim (Kreis Eichstätt) 96 T 17
Buxheim (Kreis Unterallgäu) 103 W 14
Buxtehude 19 F 13
Byhleguhre 45 K 26
Byhlen 45 K 26
Byhusen 19 F 11

C

Caaschwitz 66 N 19
Cadenberge 18 E 11
Cadolzburg 87 R 16
Cäciliengroden 17 F 8
Cämmerswalde 68 N 24
Cahnsdorf 56 K 25
Cainsdorf 67 N 21
Calau 56 K 25
Calbe 42 K 19
Calbecht 40 J 15
Calberlah 41 I 15
Calbitz 55 M 23
Calden 51 L 12
Caldern 62 N 9
Calenberg 51 L 11
Calhorn 27 H 8
Callbach 83 Q 7
Calle 50 L 8
Callenberg 67 N 21
Calmbach 93 T 9
Calveslage 28 H 8
Calvörde 41 I 17
Calw 93 T 10
Cambs 22 E 18
Cambser See 22 E 18
Camburg 66 M 19
Camin 21 F 16
Cammer 43 J 21
Cammin (Kreis Bad Doberan) 11 E 21
Cammin (Kreis Mecklenburg-Strelitz) 24 F 23
Campemoor 37 I 8
Campen 16 F 5
Canhusen 16 F 5
Cannewitz 55 M 22
Canow 33 G 22
Canstein 50 L 10
Cantnitz 24 F 24
Capelle 49 K 6
Capellenhagen 40 K 12
Cappel 18 E 9
Cappel (Kreis Lippe) 39 K 11
Cappel (Kreis Marburg-Biedenkopf) 62 N 10
Cappel b. Lippstadt 50 K 8
Cappel-Neufeld 18 E 9
Cappeln 27 H 8
Cappenberg 47 L 6
Caputh 43 I 22
Carlow 21 E 16
Carlsberg 83 R 8
Carlsdorf 51 L 12
Carlsfeld 79 O 21
Carlsruhe 11 D 21
Carmzow 25 F 26
Carolinensiel 17 E 7
Carpin 24 F 23
Carthausen 49 M 6
Carum 27 H 8
Carwitz 24 G 24
Carwitzer See 24 G 24
Casekow 25 G 26
Casel 56 K 26
Caselow 25 F 26
Castell 86 Q 15
Castrop-Rauxel 47 L 5
Catenhorn 37 J 6
Cattenstedt 53 K 16
Catterfeld 64 N 15
Cavertitz 55 L 23
Cecilienhof (Potsdam) 43 I 23
Cecilienkoog 4 C 10
Celle 30 I 14
Cham 89 S 21
Chambach 89 S 22
Chamerau 89 S 22
Chammünster 89 S 22
Charlottendorf Ost 27 G 8
Charlottendorf West 27 G 8
Charlottenfelde 44 K 23
Charlottenhöhle 95 U 14
Charlottenthal 23 E 20
Chemnitz (Kreis Mecklenburg-Strelitz) 24 F 23
Chemnitz (Stadtkreis Chemnitz) 67 N 22
Chemnitz-Kleinolbersdorf 67 N 23
Chiemgauer Berge 114 W 20
Chieming 106 W 21
Chiemsee 106 W 21
Chorin 35 H 25
Chorin (Kloster) 35 H 25
Chorweiler (Köln) 59 M 4
Chossewitz 45 J 27
Christazhofen 111 W 13
Christdorf 33 G 21
Christertshofen 103 V 14
Christes 64 O 15
Christgarten 95 T 15
Christiansholm 8 D 12
Christianskoog 7 D 10
Christinendorf 44 J 23
Christinenhof 24 F 22
Christinental 8 D 12
Chüden 32 H 17
Chursbachtal 67 N 22
Cismar 10 D 16
Clarholz 37 K 8
Clarsbach 87 R 16
Clauen 40 J 14
Clausen 83 S 7
Clausnitz 68 N 24
Claußnitz 67 N 22
Clausstraße 53 L 17
Clausthal-Zellerfeld 52 K 15
Cleeberg 74 O 9
Cleebronn 94 S 11
Clemenswerth (Sögel) 27 H 6
Clenze 31 H 16
Cleverns 17 F 7
Clingen 53 M 16
Cloef 80 R 3
Cloppenburg 27 H 8
Clusorth 26 I 6
Cobbel 42 I 19
Cobbelsdorf 43 K 21
Cobbenrode 49 M 8
Coburg 77 P 16
Cochem 71 P 5
Cochstedt 53 K 18
Cölbe 62 N 10
Cölpin 24 F 24
Coerde 37 K 6
Cörmigk 54 K 19
Coesfeld 36 K 5
Cöthen 35 H 25
Colbitz 42 J 18
Colbitz-Letzlinger Heide 42 I 18
Coldewey 18 G 9
Colditz 67 M 22
Collenberg 85 Q 11
Collinghorst 27 G 6
Collm 55 M 23
Collmberg 67 M 23
Colmberg 86 R 15
Colmnitz 68 N 24
Colnrade 28 H 9
Commerau 57 L 26
Commerau b. Klix 57 M 27
Conneforde 17 G 8
Conow 24 G 24
Conradsdorf 68 N 24
Contwig 82 S 6
Coppenbrügge 39 J 12
Coppengrave 40 K 13
Cornau 28 H 9
Cornberg 63 M 13
Corvey 51 K 12
Coschen 45 J 28
Cosel-Zeisholz 56 L 25
Cossebaude 68 M 24
Cossengrün 66 O 20
Coswig 68 M 24
Coswig (Anhalt) 43 K 21
Cotta 68 N 25
Cottbus 57 K 26
Cottenbach 77 Q 18
Cracau 42 J 19
Crailsheim 95 S 14
Crainfeld 75 O 12
Cramme 40 J 15
Cramon 21 E 17
Cramonshagen 21 E 17
Cranz 19 F 13
Cranzahl 67 O 22
Craula 64 M 15
Craupe 56 K 25
Crawinkel 65 N 16
Creglingen 86 R 14
Cremlingen 41 J 15
Cremzow 25 F 26
Creußen 88 Q 18
Creuzburg 64 M 14
Criewen 35 G 26
Crimmitschau 66 N 21
Crinitsberg 67 O 21
Crinitz 56 K 25
Crispendorf 66 O 19
Crispenhofen 85 S 12
Critzum 17 G 6
Crivitz 22 F 18
Crock 77 O 16
Cröchern 42 I 18
Cronenberg 48 M 5
Cronheim 96 S 15
Crossen (Kreis Mittweida) 67 M 22
Crossen (Kreis Zwickauer Land) 67 N 21
Crossen a. d. Elster 66 N 19
Crosta 57 M 27
Crostau 69 M 27
Crostwitz 69 M 26
Crottendorf 79 O 22
Croya 41 I 16
Crumstadt 84 Q 9
Crussow 35 G 26
Culmitz 78 P 19
Cumbach 65 N 18
Cumlosen 32 G 18
Cunersdorf (Kreis Annaberg) 67 O 23
Cunersdorf (Kreis Zwickauer Land) 67 O 21
Cunewalde 69 M 27
Cunnersdorf (Kreis Mittweida) 67 N 23
Cunnersdorf (Weißeritzkreis) 68 N 25
Cunnersdorf (Westlausitzkreis) 56 M 26
Cunnersdorf (Freitelsdorf-) 68 M 25
Cunnersdorf b. Königstein 68 N 26
Cunnewitz 57 M 26
Curau 9 E 15
Cursdorf 65 O 17
Curslack 20 F 14
Cuxhaven 18 E 10
Czorneboh 69 M 27

D

Daaden 61 N 7
Dabel 23 F 19
Dabelow 24 G 23
Dabendorf 44 J 24
Dabergotz 33 H 22
Daberkow 24 E 23
Dabringhausen 59 M 5
Dabrun 55 K 22
Dachau 104 V 18
Dachelhofen 88 S 20
Dachrieden 52 M 15
Dachsbach 86 R 16
Dachsberg 108 W 8
Dachsenhausen 73 P 7
Dachtel 93 T 10
Dachwig 65 M 16
Dackscheid 70 P 3
Dadow 32 G 18
Dächingen 102 V 12
Dägeling 19 E 12
Dähre 31 H 16
Dämmerwald 47 K 4
Dänholm 13 D 23
Dänisch Nienhof 9 C 14
Dänischenhagen 9 C 14
Dänischer Wohld 9 C 13
Dänkritz 66 N 21
Dänschenburg 11 D 21
Dänschendorf 10 C 17
Dätgen 9 D 13
Dagebüll 4 B 10
Dagebüll-Hafen 4 B 10
Dahenfeld 85 S 11
Dahl 50 K 10
Dahl (Hagen-) 49 M 6
Dahlbruch 61 N 8
Dahle 49 M 7
Dahlem (Kreis Euskirchen) 70 O 3
Dahlem (Kreis Lüneburg) 31 G 16
Dahlemer See 18 E 10
Dahlen (Kreis Mecklenburg-Strelitz) 24 E 24

Dahlen (*Kreis Potsdam-Mittelmark*) 43 J 21
Dahlen (*Kreis Stendal*) 42 I 19
Dahlen (*Kreis Torgau-Oschatz*) 55 L 23
Dahlenberg 55 L 22
Dahlenburg 31 G 16
Dahlener Heide 55 L 23
Dahlenwarsleben 42 J 18
Dahlerau 48 M 5
Dahlerbrück 49 M 6
Dahlewitz 44 J 24
Dahlheim 73 P 7
Dahlum 41 J 16
Dahlwitz-Hoppegarten 44 I 24
Dahme (*Kreis Ostholstein*) 10 D 17
Dahme (*Kreis Teltow-Fläming*) 44 K 24
Dahme-Umflut-Kanal 44 J 25
Dahmen 23 F 21
Dahmer Kanal 23 E 22
Dahmsdorf 45 J 25
Dahn 83 S 7
Dahnen 70 P 2
Dahnsdorf 43 J 21
Dahrendorf 31 H 16
Dahrenwurth 7 C 11
Dainrode 62 M 10
Daiting 96 T 16
Dalberg-Wendelstorf 21 E 17
Dalchau (*Kreis Anhalt-Zerbst*) 42 J 19
Dalchau (*Kreis Stendal*) 32 H 20
Daldorf 9 D 14
Daldrup 47 K 6
Daleiden 70 P 2
Dalhausen 51 L 11
Dalheim (*Kreis Mainz-Bingen*) 74 Q 8
Dalheim (*Kreis Paderborn*) 50 L 10
Dalheim (-Rödgen) 58 M 2
Dalherda 75 O 13
Dalkendorf 23 E 21
Dalkingen 95 T 14
Dallau 85 R 11
Dalldorf (*Kreis Gifhorn*) 40 I 15
Dalldorf (*Kreis Herzogtum Lauenburg*) 21 F 15
Dalldorf (*Kreis Uelzen*) 31 H 16
Dalle 30 H 14
Dallgow 43 I 23
Dallmin 32 G 19
Dalum (*Kreis Emsland*) 26 I 5
Dalum (*Kreis Osnabrück*) 27 I 7
Dalvers 27 I 7
Dalwigksthal 62 M 10
Dalwitz 11 E 21
Dambeck (*Altmarkkreis Salzwedel*) 31 H 17
Dambeck (*Kreis Ludwigslust*) 22 G 19
Dambeck (*Kreis Lüchow-Dannenberg*) 31 G 17
Dambeck (*Kreis Müritz*) 23 F 21
Dambeck (*Kreis Ostvorpommern*) 14 E 24
Dambroich 59 N 5
Damelack 33 H 20
Damelang-Freienthal 43 J 22
Damendorf 8 C 13
Damerow 25 F 25
Damerower See 23 F 20
Damflos 81 Q 4
Damgarten 11 D 21
Damlos 10 D 16
Damm (*Kreis Bad Doberan*) 11 D 20
Damm (*Kreis Parchim*) 22 F 19
Damm (*Kreis Wesel*) 47 K 4
Dammbach 75 Q 11
Damme (*Kreis Havelland*) 33 I 21
Damme (*Kreis Uckermark*) 25 G 26
Damme (*Kreis Vechta*) 37 I 8
Dammendorf 45 J 27
Dammerberge 27 I 8
Dammersbach 63 O 13
Dammersfeld-Kuppe 75 O 13
Dammhausen 19 F 12
Damnatz 31 G 17
Damp 5 C 13
Damp 2000 5 C 14
Damsdorf (*Kreis Dahme-Spreewald*) 44 K 24
Damsdorf (*Kreis Potsdam-Mittelmark*) 43 I 22
Damsdorf (*Kreis Segeberg*) 9 D 14
Damshagen 10 E 17
Damshausen 62 N 9
Danewitz 34 H 25
Dangast 17 F 8
Dankelsheim 40 K 14
Dankenfeld 76 Q 16
Dankerath 71 O 4
Dankerode 53 L 17
Dankersen 39 J 10
Danketsweiler 102 W 12
Dankmarshausen 64 N 14
Dankoltsweiler 95 S 14
Danna 43 K 22
Dannau 9 D 15
Danndorf 41 I 16
Dannefeld 41 I 17
Dannenberg (*Kreis Märkisch-Oderland*) 35 H 25
Dannenberg (*Kreis Osterholz*) 29 G 11
Dannenberg (Elbe) 31 G 17
Dannenbüttel 41 I 15
Dannenfels 83 R 7
Dannenwalde (*Kreis Oberhavel*) 34 G 23
Dannenwalde (*Kreis Prignitz*) 33 G 20
Dannewerk 5 C 12
Dannheim 65 N 16
Dannigkow 42 J 19
Dannstadt 84 R 8
Dansenberg 83 R 7
Danstedt 41 K 16
Dapfen 102 U 12
Darchau 21 G 16
Dardesheim 41 K 16
Daren 27 H 8
Darfeld 36 J 5
Dargelin 14 D 24
Dargelütz 23 F 19
Dargen 15 E 26
Dargersdorf 34 G 24
Dargitz 25 F 25
Dargow 21 F 16
Dargun 24 E 22
Darlaten 39 I 10
Darlingerode 52 K 16
Darmsheim 93 T 10
Darmstadt 74 Q 9
Darrigsdorf 31 H 16
Darritz-Wahlendorf 33 H 22
Darscheid 71 P 4
Darß (*Dorf*) 23 F 20
Darßer Ort 11 C 21
Darup 36 K 5
Dasburg 70 P 2
Daseburg 51 L 11
Dasing 104 U 17
Daskow 11 D 21
Daspe 39 K 12
Dassel 51 K 13
Dasselsbruch 30 I 14
Dassendorf 20 F 15
Dassensen 51 K 13
Dassow 21 E 16
Dassower See 21 E 16
Daßwang 97 S 18
Datteln 47 L 6
Datteln-Hamm-Kanal 47 L 6
Dattenberg 60 O 5
Dattenfeld 59 N 6
Datterode 64 M 14
Datze 24 F 24
Daubach 73 Q 6
Daubitz 57 L 28
Dauborn 73 P 8
Daubringen 62 O 10
Dauchingen 101 V 9
Dauelsen 29 H 11
Dauer 25 F 25
Dauernheim 74 O 10
Daugendorf 102 V 12
Daugzin 25 E 25
Daumitsch 66 N 19
Daun 71 P 4
Dausenau 73 P 7
Dautenheim 83 Q 8
Dautmergen 101 V 10
Dautphe 62 N 9
Dautphetal 62 N 9
Dautzschen 55 L 23
Davensberg 49 K 6
Daverden 29 H 11
Davert 47 K 6
Daxstein 99 T 23
Daxweiler 73 Q 7
Dazendorf 10 C 16
Deberndorf 87 R 16
Deblinghausen 29 I 10
Debstedt 18 F 9
Dechow 21 E 16
Dechsendorf 87 R 16
Dechtow 33 H 22
Deckbergen 39 J 11
Deckenbach 62 N 10
Deckenpfronn 93 U 10
Dedeleben 41 J 16
Dedelow 25 F 25
Dedelstorf 31 H 15
Dedenbach 60 O 5
Dedenborn 70 O 3
Dedenhausen 40 I 14
Dedensen 39 I 12
Dederstedt 54 L 19
Dedesdorf 18 F 9
Dedinghausen 50 K 9
Deensen 51 K 12
Deepen 30 G 12
Deersheim 41 K 16
Deesdorf 41 K 17
Deesen 61 O 7
Deetz 42 J 20
Deetz (Havel) 43 I 22
Deezbüll 4 B 10
Deffingen 103 U 14
Degenfeld 95 T 13
Degerfelden 108 X 7
Degernbach 91 T 22
Degerndorf 104 W 18
Degerndorf a. Inn 113 W 20
Degersheim 96 S 16
Deggenau 98 T 22
Deggendorf 98 T 22
Deggenhausen 102 W 12
Deggenhausertal 110 W 12
Deggingen 94 U 13
Dehlingen 95 T 15
Dehmkerbrock 39 J 11
Dehrn 73 O 8
Deichhausen 29 G 9
Deidesheim 83 R 8
Deifeld 50 M 9
Deilingen 101 V 10
Deilinghofen 49 L 7
Deimern 30 G 13
Deindorf 89 R 20
Deining (*Kreis Bad Tölz-Wolfratshausen*) 105 W 18
Deining (*Kreis Neumarkt i. d. Oberpfalz*) 87 S 18
Deiningen 95 T 15
Deinschwang 87 R 18
Deinsen 40 J 13
Deinste 19 F 12
Deinstedt 19 F 11
Deiringsen 49 L 8
Deisel 51 L 12
Deisenhausen 103 V 14
Deisenhofen 95 U 15
Deißlingen 101 V 9
Deister 39 J 12
Deitersen 51 K 13
Deizisau 94 T 12
Delbrück 50 K 9
Delecke 49 L 8
Delfshausen 18 G 8
Delhoven 59 M 4
Delingsdorf 20 E 14
Delitz a. Berge 54 L 19
Delitzsch 54 L 21
Dellbrück 59 N 5
Delliehausen 51 K 13
Delligsen 40 K 13
Dellmensingen 103 V 13
Dellstedt 8 D 12
Dellstedter Moor 8 D 12
Dellwig 49 L 7
Delme 29 H 9
Delmenhorst 29 G 9
Delve 7 D 11
Demen 22 F 19
Demerath 71 P 4
Demern 21 E 16
Demerthin 33 H 20
Demitz-Thumitz 69 M 26
Demker 42 I 19
Demling 97 T 18
Demmin 14 E 23
Demmingen 95 T 15
Demnitz 45 I 26
Demsin 43 I 20
Demzin 24 E 22
Denkendorf (*Kreis Eichstätt*) 96 T 18
Denkendorf (*Kreis Esslingen*) 94 T 11
Denkershausen 52 K 14
Denkingen (*Kreis Sigmaringen*) 102 W 11
Denkingen (*Kreis Tuttlingen*) 101 V 10
Denklingen (*Kreis Landsberg a. Lech*) 104 W 16
Denklingen (*Oberbergischer Kreis*) 61 N 6
Denkte 41 J 15
Dennach 93 T 9
Dennenlohe 95 S 15
Dennewitz 43 K 23
Dennheritz 66 N 21
Dennin 24 E 24
Dennweiler-Frohnbach 81 R 6
Densberg 63 N 11
Densborn 70 P 3
Densow 34 G 24
Dentlein 95 S 15
Denzlingen 100 V 7
Depenau 9 D 14
Dequede 32 H 19
Derben 42 I 19
Derching 104 U 16
Derenburg 53 K 16
Derental 51 K 12
Dergenthin 32 G 19
Derkum 59 N 4
Dermbach (*Kreis Altenkirchen Westerw*) 61 N 7
Dermbach (*Wartburgkreis*) 64 N 14
Dermsdorf 65 M 17
Dernau 60 O 5
Dernbach (*Kreis Neuwied*) 61 O 6
Dernbach (*Kreis Südliche Weinstraße*) 83 S 8
Dernbach (*Westerwaldkreis*) 73 O 7
Derne 47 L 6
Derneburg 40 J 14
Dernekamp 47 K 5
Dersau 9 D 15
Derschen 61 N 7
Derschlag 61 M 6
Dersekow 14 D 23
Dersenow 21 F 16
Dersum 26 H 5
Dertingen 85 Q 12
Deschka 57 M 29
Desenberg 51 L 11
Despetal 40 J 13
Dessau (*Kreis Weilheim-Schongau*) 112 W 16
Dessau (*Stadtkreis Dessau*) 54 K 20
Dessow 33 H 21
Destedt 41 J 16
Destel 38 I 9
Detern 17 G 7
Detershagen 42 J 19
Dethlingen 30 H 14
Detmerode 41 I 16
Detmold 39 K 10
Dettelbach 86 Q 14
Dettendorf (*Kreis Neustadt a. d. A.-Bad W.*) 86 R 16
Dettendorf (*Kreis Rosenheim*) 105 W 19
Dettenhausen 94 U 11
Dettenheim (*Kreis Karlsruhe*) 84 S 9
Dettenheim (*Kreis Weißenburg-Gunzenhausen*) 96 T 16
Dettenhofen (*Kreis Landsberg a. Lech*) 104 W 17
Dettenhofen (*Kreis Neuburg-Schrobenhausen*) 96 U 17
Dettenschwang 104 W 17
Detter 75 P 13
Dettighofen 109 X 9
Dettingen (*Kreis Freudenstadt*) 101 U 9
Dettingen (*Kreis Konstanz*) 110 W 11
Dettingen (*Kreis Tübingen*) 101 U 10
Dettingen a. Albuch 95 U 14
Dettingen a. d. Erms 94 U 12
Dettingen a. d. Iller 103 V 14
Dettingen a. Main 74 P 11
Dettingen u. Teck 94 U 12
Dettmannsdorf 11 D 21
Dettum 41 J 15
Detwang 86 R 14
Detzeln 109 W 8
Deuben 66 M 20
Deudesfeld 70 P 4
Deuerling 90 S 19
Deufringen 93 T 10
Deuna 52 L 15
Deute 63 M 12
Deutenheim 86 R 15
Deutsch 32 H 18
Deutsch-Belgischer Naturpark 70 O 3
Deutsch Evern 31 G 15
Deutsch-Luxemburgischer Naturpark 70 P 2
Deutsch Ossig 69 M 28
Deutsch Paulsdorf 69 M 28
Deutsch-Polnischer National-park 35 G 27
Deutschbaselitz 56 M 26
Deutsche Alpenstraße 113 X 18
Deutsche Schuhstraße 92 S 7
Deutsche Wildstraße 70 P 3
Deutscheinsiedel 68 O 24
Deutschenbora 68 M 24
Deutschhof 33 H 22
Deutschneudorf 68 O 24
Deutzen 66 M 21
Deuz 61 N 8
Dewangen 95 T 14
Dewichow 15 E 25
Dewitz 24 F 24
Dexheim 74 Q 8
Deyelsdorf 14 D 22
Dezenacker 96 T 17
Dhaun 73 Q 6
Dhron (Neumagen-) 72 Q 4
Dhünn 59 M 5
Dhünn Stausee 59 M 5
Diahren 31 H 17
Dibbersen (*Kreis Harburg*) 19 F 13
Dibbersen (*Kreis Verden*) 29 H 10
Dichtelbach 73 P 7
Dickel 28 I 9
Dickenberg 37 J 7
Dickenschied 72 Q 6
Dickschied 73 P 7
Didderse 40 I 17
Diebach (*Kreis Ansbach*) 86 S 14
Diebach (*Kreis Bad Kissingen*) 75 P 13
Diebis 88 R 19
Dieblich 26 H 5
Dieburg 74 Q 10
Diebzig 54 K 19
Diedelkopf 81 R 6
Diedelsheim 93 S 10
Diedenbergen 74 P 9
Diedenshausen 62 M 9
Diedersdorf (*Kreis Märkisch-Oderland*) 45 I 26
Diedersdorf (*Kreis Teltow-Fläming*) 44 I 24
Diedesfeld 83 S 8
Diedorf (*Kreis Augsburg Land*) 104 U 16
Diedorf (*Unstrut-Hainich-Kreis*) 64 M 14
Diedorf (*Wartburgkreis*) 64 O 14
Diedrichshagen 14 D 24
Diehlo 45 J 27
Diehsa 69 M 28
Diekhof 23 E 21
Diekholzen 40 J 13
Diekhusen 7 E 11
Diekhusen-Fahrstedt 7 E 11
Dieksanderkoog 7 E 10
Dieksee 9 D 15
Dieksmannshausen 18 F 8
Diele 26 G 5
Dielheim 84 S 10
Dielingen 38 I 9
Dielkirchen 83 R 7
Dielmissen 39 K 12
Diemantstein 95 T 15
Diemarden 52 L 13
Diemel 50 M 10
Diemelsee (*Gemeinde*) 50 L 10
Diemelstadt 50 L 10
Diemerode 63 M 13
Diemitz 33 G 22
Dienhausen 104 W 16
Dienheim 74 Q 9
Diensdorf-Radlow 45 J 26
Dienstädt 65 N 18
Dienstedt-Hettstedt 65 N 17
Diensthop 29 H 11
Diepenau 38 I 10
Diepersdorf 87 R 17
Diepholz 28 I 9
Diepholzer Moor 28 I 8
Diepoldshofen 103 W 13
Diepoltskirchen 98 U 22
Diepolz 111 X 14
Diera 68 M 24
Dierberg 33 G 22
Dierdorf 61 O 6
Dierhagen 11 D 21
Dieringhausen 59 N 6
Dierkow 11 D 20
Dierkshausen 19 G 13
Diersbüttel 30 G 14
Diersburg 100 U 7
Diersfordt 46 K 3
Diersheim 92 T 8
Dies 73 O 7
Diesbar-Seußlitz 68 M 24
Diesdorf (*Altmarkkreis Salzwedel*) 31 H 16
Diesdorf (*Kreis Magdeburg*) 42 J 18
Dieskau 54 L 20
Diespeck 86 R 15
Dießen 101 U 9
Dießen a. Ammersee 104 W 17
Dießfurt 88 Q 19
Diestedde 49 K 8
Diestelow 23 F 20
Dietelhofen 102 V 12
Dietelskirchen 98 U 21
Dietenheim 103 V 14
Dietenhofen 86 R 16
Dietenwengen 103 V 13
Dieterode 52 M 14
Dietersburg 98 U 22
Dietersdorf (*Kreis Coburg*) 77 P 16
Dietersdorf (*Kreis Potsdam-Mittelmark*) 43 J 22
Dietersdorf (*Kreis Sangerhausen*) 53 L 17
Dietersdorf (*Kreis Schwandorf*) 89 R 21
Dietershausen 75 O 13
Dietersheim (*Kreis Freising*) 105 V 19
Dietersheim (*Kreis Neustadt a. d. A.-Bad W.*) 86 R 15
Dietershofen 103 V 14
Dieterskirch 102 V 12
Dieterskirchen 89 R 21
Dietersweiler 101 U 9
Dietfurt a. d. Altmühl 97 S 18
Dietfurt i. Mittelfranken 96 T 16
Dietges 63 O 13
Diethensdorf 67 N 22
Dietingen 101 V 9
Dietkirchen 87 S 18
Dietldorf 88 S 19
Dietlingen 93 T 9
Dietmanns 103 W 13
Dietmannsried 103 W 14
Dietramszell 105 W 18
Dietrichingen 82 S 6
Dietrichsdorf 55 K 22
Dietrichsfeld 17 F 6
Dietzenbach 74 P 10
Dietzhausen 64 O 15
Dietzhölztal 62 N 8
Diez 73 O 8
Differten 82 S 4
Dilkrath 58 M 2
Dill 72 Q 6
Dillberg 87 S 18
Dillenburg 62 N 8
Dillich 63 N 11
Dillingen (Saar) 80 R 4
Dillingen a. d. Donau 95 U 15
Dillstädt 64 O 15
Dilsberg 84 R 10
Dimbach (*Hohenlohekreis*) 85 S 12
Dimbach (*Kreis Kitzingen*) 86 Q 14
Dimhausen 29 H 10
Dinau 90 S 19
Dingden 46 K 3
Dingelbe 40 J 14
Dingelsdorf 110 W 11
Dingelstädt 52 M 14
Dingelstedt 41 K 16
Dingen 7 E 11
Dingolfing 98 U 21
Dingolshausen 76 Q 15
Dingsleben 76 O 15
Dingstede 28 G 9
Dinkel 36 J 5
Dinkelburg 51 L 11
Dinkelsbühl 95 S 14

Dinkelscherben 103 U 15
Dinkelshausen 96 U 17
Dinker 49 L 7
Dinklage 27 I 8
Dinklar 40 J 14
Dinslaken 47 L 4
Dipbach 76 Q 14
Dippach (Kreis Fulda) 64 O 14
Dippach (Wartburgkreis) 64 N 14
Dippach a. Main (Kreis Haßberge) 76 Q 16
Dipperz 63 O 13
Dippmannsdorf 43 J 21
Dippoldiswalde 68 N 25
Dipshorn 29 G 11
Dirlammen 63 O 11
Dirlewang 103 V 15
Dirlos 75 O 13
Dirmerzheim 59 N 4
Dirmingen 81 R 5
Dirmstein 83 R 8
Dirnaich 106 U 21
Dischingen 95 T 15
Disibodenberg 83 Q 7
Dissau 9 E 15
Dissen (Kreis Osnabrück) 37 J 8
Dissen (Kreis Spree-Neiße) 57 K 26
Dissenchen 57 K 27
Disternich 58 N 4
Ditfurt 53 K 17
Dithmarschen 7 D 11
Dittelbrunn 76 P 14
Dittelsdorf 69 N 28
Dittelsheim 83 Q 8
Dittenheim 96 S 16
Dittersbach 68 N 24
Dittersbach a. d. Eigen 69 M 28
Dittersdorf (Mittlerer Erzgebirgskreis) 67 N 22
Dittersdorf (Saale-Orla-Kreis) 66 O 19
Dittersdorf (Weißeritzkreis) 68 N 25
Ditterswind 76 P 15
Dittigheim 85 R 13
Dittishausen 101 W 9
Dittlofrod 63 N 13
Dittmannsdorf (Kreis Freiberg) 68 M 24
Dittmannsdorf (Mittlerer Erzgebirgskreis) 67 N 23
Dittrichshütte 65 O 17
Dittwar 85 R 12
Ditzingen 94 T 11
Ditzum 16 G 5
Ditzumerverlaat 16 G 5
Divitz 12 D 22
Dixförda 55 K 23
Dobareuth 78 O 19
Dobbeln 41 J 16
Dobbertin 23 F 20
Dobberzin 35 G 26
Dobbin 23 F 20
Dobbrikow 43 J 23
Dobbrun 32 H 19
Dobel 93 T 9
Doberburg 45 J 26
Doberlug-Kirchhain 56 L 24
Doberschau 69 M 27
Doberschütz 55 L 22
Dobersdorf 9 D 14
Dobersdorfer See 9 D 14
Dobia 66 O 20
Dobitschen 66 N 20
Dobra 68 M 25
Dobritz 42 J 20
Dobrock 18 E 11
Dockweiler 70 P 4
Dodenau 62 M 9
Dodendorf 42 J 18
Dodenhausen 62 M 11
Dodow 21 F 16
Döbberin 45 I 27
Döbbersen 21 F 17
Döbbrick 57 K 27
Döbeln 67 M 23
Döben 55 M 22
Döberitz 43 I 21
Döbern (Kreis Spree-Neiße) 57 L 27
Döbern (Kreis Torgau-Oschatz) 55 L 22
Döbernitz 54 L 21
Döbra (Kreis Hof) 78 P 18
Döbra (Kreis Sächsische Schweiz) 68 N 25
Döbra-Berg 78 P 18
Döbrichau 55 L 23
Döckingen 96 T 16
Döcklitz 53 L 18
Döggingen 101 W 9
Döhlau 78 P 19
Döhle 30 G 14
Döhlen 27 H 8
Döhnsdorf 9 D 16
Döhren (Kreis Minden-Lübbecke) 39 I 11
Döhren (Ohrekreis) 41 I 17
Döhren (Stadtkreis Hannover) 40 I 13
Dölau 54 L 19
Dölitz 14 E 22
Döllbach 75 O 13
Döllen 33 H 20
Döllingen 56 L 24
Döllnitz (Bach) 55 M 23
Döllnitz (Kreis Kulmbach) 77 P 18
Döllnitz (Saalkreis) 54 L 20
Döllstädt 65 M 16
Döllwang 87 S 18
Dölme 39 K 12
Dölzig 54 L 20
Dömitz 32 G 17
Dömnitz (Bach) 32 G 20
Dönberg 48 M 5
Dönges 64 N 14
Dönitz 31 I 17
Döpshofen 104 V 16
Dörenhagen 50 K 10
Dörenthe 37 J 7
Dörentrup 39 J 11
Dörfles-Esbach 77 P 16
Dörflis 76 P 15
Dörgelin 24 E 22
Dörgenhausen 57 L 26
Döringstadt 77 P 16
Dörlinbach 100 V 7
Dörna 52 M 15
Dörnberg 51 L 12
Dörndorf 97 T 18
Dörnfeld 65 N 17
Dörnhagen 51 M 12
Dörnigheim 74 P 10
Dörnitz 42 J 20
Dörnten 40 K 15
Dörnthal 68 N 24
Dörpe 39 J 12
Dörpel 29 H 9
Dörpen 26 H 5
Dörpling 7 D 11
Dörpstedt 5 C 12
Dörpum 4 C 10
Dörrebach 73 Q 7
Dörrenbach 92 S 7
Dörrenzimmern 85 R 13
Dörrieloh 29 I 10
Dörrigsen 51 K 13
Dörrmenz 85 S 13
Dörrmoschel 83 R 7
Dörscheid 73 P 7
Dörsdorf 81 R 4
Dörverden 29 H 11
Dörzbach 85 R 13
Döschwitz 66 M 20
Döse 18 E 10
Dößel 54 L 19
Dössel 51 L 11
Dötlingen 28 H 9
Döttesfeld 61 O 6
Döttingen 71 O 5
Döttingen 85 S 13
Dogern 108 X 8
Dohm-Lammersdorf 70 P 3
Dohna 68 N 25
Dohndorf 54 K 19
Dohnsen (Kreis Celle) 30 H 14
Dohnsen (Kreis Holzminden) 39 J 12
Dohren (Kreis Emsland) 27 I 6
Dohren (Kreis Harburg) 19 G 13
Dohrenbach 51 M 13
Dohrgaul 59 M 6
Dolberg 49 K 7
Dolgelin 45 I 27
Dolgen (Kreis Hannover) 40 J 14
Dolgen (Kreis Mecklenburg-Strelitz) 24 F 24
Dolgow 31 H 17
Dollart 16 G 5
Dollbergen 40 I 14
Dolle 42 I 18
Dollenbach 101 U 8
Dollenchen 56 L 25
Dollendorf 70 O 4
Dollern 19 F 12
Dollerup 5 B 13
Dollgow 34 G 23
Dollnstein 96 T 17
Dolsenhain 67 M 21
Dom-Esch 59 N 4
Dombach 74 P 8
Dombühl 86 S 14
Domersleben 42 J 18
Dommershausen 71 P 6
Dommitzsch 55 L 22
Domnitz 54 L 19
Domsdorf 56 L 24
Domsühl 22 F 19
Donau 101 W 10
Donaualtheim 95 U 15
Donaueschingen 101 W 9
Donaumünster 96 T 16
Donauquelle 100 V 8
Donauried 95 U 15
Donaustauf 90 S 20
Donaustetten 103 V 13
Donauwörth 96 T 16
Dondörflein 87 R 16
Donndorf (Kreis Bayreuth) 77 Q 18
Donndorf (Kyffhäuserkreis) 53 M 18
Donnern 18 F 10
Donnersberg 83 R 7
Donnersdorf 76 Q 15
Donnstetten 94 U 12
Donop 39 K 10
Donrath 59 N 5
Donsbach 62 N 8
Donsbrüggen 46 K 2
Donsieders 83 S 6
Donstorf 29 H 9
Donzdorf 94 T 13
Dora (Gedenkstätte) 52 L 16
Dorf 81 R 4
Dorf-Güll 74 O 10
Dorf i. Warndt 82 S 4
Dorf Mecklenburg (Kreis Nordwestmecklenburg) 22 E 18
Dorf Saarow 45 J 26
Dorf Zechlin 33 G 22
Dorfbach 99 U 23
Dorfchemnitz 67 O 22
Dorfchemnitz b. Sayda 68 N 24
Dorfen (Kreis Bad Tölz-Wolfratshausen) 104 W 18
Dorfen (Kreis Erding) 105 V 20
Dorfgütingen 86 S 14
Dorfhain 68 N 24
Dorfitter 50 M 10
Dorfkemmathen 95 S 15
Dorfmark 30 H 13
Dorfmerkingen 95 T 14
Dorfprozelten 85 Q 12
Dorheim 74 O 10
Dorlar (Hochsauerlandkreis) 50 M 8
Dorlar (Lahn-Dill-Kreis) 62 O 9
Dorm 41 J 16
Dormagen 59 M 4
Dormettingen 101 V 10
Dormitz 87 R 17
Dorn 99 T 24
Dorn-Dürkheim 83 Q 8
Dornau 75 Q 11
Dornberg 85 R 12
Dornbock 54 K 19
Dornburg (Kreis Anhalt-Zerbst) 42 J 19
Dornburg (Kreis Limburg-Weilburg) 61 O 8
Dornburg (Saale) 66 M 18
Dornbusch 19 E 12
Dorndiel 74 Q 11
Dorndorf 64 N 14
Dorndorf-Steudnitz 66 M 19
Dornhan 101 U 9
Dornheim (Ilmkreis) 65 N 17
Dornheim (Kreis Groß-Gerau) 74 Q 9
Dornheim (Kreis Kitzingen) 86 R 14
Dornreichenbach 55 L 22
Dornsode 18 F 11
Dornstadt (Alb-Donau-Kreis) 103 U 13
Dornstadt (Kreis Donau-Ries) 95 S 15
Dornstedt 54 L 19
Dornstetten 93 U 9
Dornswalde 44 J 24
Dornum 17 F 6
Dornumergrode 17 E 6
Dornumersiel 17 E 6
Dornwang 98 U 21
Dorschhausen 103 V 15
Dorsel 70 O 4
Dorst 42 I 18
Dorstadt 41 J 15
Dorste 52 K 14
Dorsten 47 L 4
Dortelweil 74 P 10
Dortmund 47 L 6
Dortmund-Ems-Kanal 36 I 5
Dortmund-Ems-Kanal 37 I 6
Dortmund-Wickede (Flughafen) 49 L 6
Dorum 18 E 9
Dorumer Neufeld 18 E 9
Dorweiler 71 P 6
Dosdorf 65 N 16
Dose 17 F 7
Dosse 33 G 21
Dossenbach 108 X 7
Dossenheim 84 R 10
Dossow 33 G 21
Dothen 66 M 19
Dottenheim 86 R 15
Dotternhausen 101 V 10
Dottingen 102 U 12
Dottingen (Ballrechten-) 100 W 7
Dotzheim 73 P 8
Dotzlar 62 M 9
Doveren 58 M 2
Drabenderhöhe 59 N 6
Drachenberg 41 J 16
Drachenfels (Pfälzer Wald) 83 R 8
Drachhausen 45 K 26
Drachselsried 91 S 23
Drackenstedt 41 J 18
Drackenstein 94 U 13
Drage (Kreis Harburg) 20 F 14
Drage (Kreis Nordfriesland) 7 C 11
Drage (Kreis Steinfurt) 8 D 12
Dragun 21 E 17
Drahendorf 45 J 26
Drahnsdorf 44 K 24
Drakenburg 29 H 11
Drangstedt 18 F 10
Dranse 33 G 21
Dransfeld 51 L 13
Dranske 13 C 23
Draschwitz 66 M 20
Dreba 66 N 19
Drebach 67 N 23
Drebber 28 I 9
Drebkau 56 L 26
Drechow 12 D 22
Dreeke 28 H 9
Dreenkrögen 22 F 18
Drees 71 O 4
Dreesch 25 G 25
Dreeßel 30 H 12
Dreetz (Kreis Güstrow) 23 E 19
Dreetz (Kreis Ostprignitz-Ruppin) 33 H 21
Dreggers 20 E 15
Drehle 27 I 8
Drehna 56 K 25
Drehnow 45 K 27
Drehsa 69 M 27
Drei 5 B 12
Drei Annen Hohne 52 K 16
Dreiborn 70 O 3
Dreieck 18 E 10
Dreieich 74 P 10
Dreieichenhain 74 P 10
Dreierwalde 37 I 6
Dreifaltigkeitsberg 101 V 10
Dreifelden 61 O 7
Dreifelder Weiher 61 O 7
Dreihausen 62 N 10
Dreiheide 55 L 22
Dreilägerbach-Stausee 58 O 2
Dreileben 41 J 18
Dreilingen 31 H 15
Dreilützow 21 F 17
Dreis 72 Q 4
Dreis-Brück 70 P 4
Dreis-Tiefenbach 61 N 8
Dreisbach 61 O 7
Dreisen 83 R 8
Dreisesselberg 99 T 25
Dreiskau-Muckern 54 M 21
Dreislar 62 M 10
Dreißigacker 64 O 15
Dreistegen 100 V 8
Dreistelzberg 75 P 13
Dreitorspitze 112 X 17
Dreitzsch 66 N 19
Drelsdorf 4 C 11
Dremmen 58 M 2
Drenke 51 K 11
Drensteinfurt 49 K 7
Drentwede 29 H 9
Dreschvitz 13 C 23
Dresden 68 M 25
Dresden-Klotzsche (Flughafen) 68 M 25
Dressendorf 78 Q 18
Drestedt 19 G 13
Drethen 31 G 16
Dretzen 43 J 20
Drevenack 47 L 4
Drewelow 24 E 24
Drewen 33 H 21
Drewer 50 L 9
Drewitz (Kreis Jerichower Land) 42 J 20
Drewitz (Kreis Potsdam) 44 I 23
Drewitz (Kreis Spree-Neiße) 45 K 27
Drewitzer See 23 F 21
Dreye 29 G 10
Drieberg 21 E 17
Driedorf 61 O 8
Driesch 71 P 5
Drieschnitz-Kahsel 57 K 27
Driever 17 G 6
Drievorden 36 I 5
Driftsethe 18 F 9
Dringenberg 50 K 11
Drochow 56 L 25
Drochtersen 19 E 12
Dröbel 54 K 19
Dröbischau 65 O 17
Dröda 78 O 20
Drögen 34 G 23
Drögennindorf 30 G 14
Drölitz 23 E 21
Drönnewitz (Kreis Demmin) 14 E 22
Drönnewitz (Kreis Ludwigslust) 21 F 17
Drösede 32 H 18
Drößig 56 L 25
Drößling 104 V 17
Drogen 66 N 20
Drognitz 65 O 18
Drohndorf 53 K 18
Drolshagen 61 M 7
Dromersheim 73 Q 7
Drope 27 I 6
Drosa 54 K 19
Drosedow (Kreis Demmin) 14 E 23
Drosedow (Kreis Mecklenburg-Strelitz) 24 G 22
Drosedower Wald 25 G 25
Drosendorf a. d. Aufseß 77 Q 17
Drosendorf a. Eggerbach 87 Q 17
Droßdorf 66 M 20
Drove 58 N 3
Droyßig 66 M 20
Druchhorn 27 I 7
Drübeck 52 K 16
Drüber 52 K 13
Drügendorf 87 Q 17
Drüsensee 21 F 16
Druffel 50 K 9
Druisheim 96 U 16
Druxberge 41 J 17
Dubbelau See 38 I 7
Duben 44 K 25
Dubrau 57 K 27
Dubro 55 K 23
Ducherow 25 E 25
Duchtlingen 101 W 10
Duckow 24 E 22
Duddenhausen 29 H 11
Dudeldorf 72 Q 3
Dudenbostel 30 I 12
Dudendorf 11 D 21
Dudenhofen (Kreis Ludwigshafen Land) 84 S 9
Dudenhofen (Kreis Offenbach) 74 P 10
Dudensen 30 I 12
Duderstadt 52 L 14
Dudweiler 82 S 5
Düben 43 K 21
Dübener Heide 55 K 21
Dübrichen 56 K 24
Düchelsdorf 21 E 15
Dückerswisch 7 D 11
Düdelsheim 74 P 11
Düdenbüttel 19 F 12
Düderode 52 K 14
Düdinghausen 29 I 10
Düdinghausen 50 M 10
Düffelward 46 K 2
Dühren 84 S 10
Dülken 58 M 2
Dülmen 47 K 5
Dülseberg 31 H 16
Dümmer 21 F 17
Dümmer (See) 37 I 8
Dümmer (Naturpark) 38 I 8
Dümmerlohausen 38 I 8
Dümmersee 21 F 17
Dümmlinghausen 61 M 6
Dümpelfeld 71 O 4
Dümpten 47 L 4
Dün 52 L 15
Düne (Insel) 6 D 7
Dünebroek 26 G 5
Düngenheim 71 P 5
Düngstrup 28 H 9
Dünne 38 J 9
Dünsbach 85 S 13
Dünsberg 62 O 9
Dünsche 32 G 17
Dünschede 61 M 7
Dünsen 29 H 9
Dünstekoven 59 N 4
Dünwald 52 M 15
Dünzelbach 104 V 17
Dünzlau 96 T 17
Dünzling 97 T 20
Düpow 32 G 19
Düppenweiler 80 R 4
Dürbheim 101 V 10
Düren 58 N 3
Düring 18 F 9
Dürmentingen 102 V 12
Dürn 97 S 18
Dürnast 88 R 19
Dürnast (Taldorf) 110 W 12
Dürnau 102 V 12
Dürnbach 113 W 19
Dürnbucher Forst 97 T 19
Dürnersdorf 89 R 20
Dürnhaindlfing 97 U 19
Dürnsricht 88 R 20
Dürrenhofe 44 J 25
Dürrenmettstetten 101 U 9
Dürrenuhlsdorf 67 N 21
Dürrenwaid 77 O 18
Dürrenwaldstetten 102 V 12
Dürrenzimmern 95 T 15
Dürrfeld 76 Q 15
Dürrhennersdorf 69 M 27
Dürrlauingen 103 U 15
Dürrn 93 T 10
Dürrnbachhorn 114 W 21
Dürrnhaar 105 W 19
Dürröhrsdorf-Dittersbach 68 M 25
Dürrwangen 95 S 15
Dürrweitzschen (Kreis Döbeln) 67 M 23
Dürrweitzschen (Muldentalkreis) 55 M 22
Dürscheid 59 M 5
Dürwiß 58 N 2
Düsedau 32 H 19
Düshorn 30 H 12
Düsseldorf 48 M 4
Düsseldorf-Lohausen (Flughafen) 48 M 4
Düßnitz 55 K 22
Düste 28 H 9
Düthe 26 H 5
Dütschow 22 F 19
Dützen 39 J 10
Düversbruch 38 I 9
Düvier 14 D 23
Duggendorf 90 S 19
Duhnen 18 E 9
Duingen 40 J 13
Duisburg 47 L 4
Duisenburg 27 I 6
Dumme 31 H 16
Dummeldorf 98 U 22
Dummerstorf 11 D 20
Dundenheim 92 U 7
Dungelbeck 40 J 14
Dunningen 101 V 9
Dunstelkingen 95 T 15
Dunsum 4 B 9
Dunum 17 F 6
Duppach 70 P 3
Durach 111 W 15
Durbach 92 U 8
Durchhausen 101 V 10
Durlach 93 T 9
Durlangen 94 T 13

194 Deutschland

A B C D E F G H I J K L M N O P Q R S T U V W X Y Z

Durmersheim 93 T 8
Dußlingen 102 U 11
Dutendorf 86 Q 15
Dutenhofen 62 O 9
Duttenbrunn 75 Q 13
Dutzow 21 E 16
Duvensee 21 E 15
Duvenstedt 20 E 14
Dwergte 27 H 7
Dwerkaten 20 E 15
Dyck 48 M 3
Dykhausen 17 F 7

E

Ebbegebirge *(Märkischer Kreis)* 61 M 7
Ebbingen 30 H 12
Ebbinghausen 50 L 10
Ebeleben 52 M 16
Ebelsbach 76 Q 16
Ebendörfel 69 M 27
Ebendorf 42 J 18
Ebene 89 R 21
Ebenhards 76 O 16
Ebenhausen *(Kreis Bad Kissingen)* 76 P 14
Ebenhausen *(Kreis Pfaffenhofen a. d. Ilm)* 96 T 18
Ebenheim 64 N 15
Ebenhofen 103 W 15
Ebenried 87 S 17
Ebensfeld 77 P 16
Ebenweiler 102 W 12
Eberbach 84 R 10
Eberbach (Kloster) 73 P 8
Eberdingen 93 T 10
Eberfing 112 W 17
Eberfingen 109 W 9
Ebergötzen 52 L 14
Eberhardsreuth 99 T 24
Eberhardzell 102 V 13
Eberhausen 51 L 13
Eberholzen 40 J 13
Ebermannsdorf 88 R 19
Ebermannstadt 87 Q 17
Ebermergen 96 T 16
Ebern 77 P 16
Ebernburg a. Stein 73 Q 7
Ebernhahn 73 O 7
Ebersbach 103 W 15
Ebersbach *(Kreis Döbeln)* 67 M 23
Ebersbach *(Kreis Löbau-Zittau)* 69 M 27
Ebersbach *(Kreis Ravensburg)* 102 W 12
Ebersbach *(Kreis Riesa-Großenhain)* 68 M 25
Ebersbach *(Muldentalkreis)* 67 M 22
Ebersbach a. d. Fils 94 T 12
Ebersbach-Musbach 102 W 12
Ebersberg 105 V 19
Ebersberger Forst 105 V 19
Ebersbrunn *(Kreis Kitzingen)* 86 Q 15
Ebersbrunn *(Kreis Zwickauer Land)* 66 O 21
Ebersburg 75 O 13
Eberschütz 51 L 12
Ebersdorf *(Kreis Coburg)* 77 P 17
Ebersdorf *(Kreis Kronach)* 77 O 18
Ebersdorf *(Kreis Löbau-Zittau)* 69 M 28
Ebersdorf *(Kreis Rotenburg Wümme)* 18 F 11
Ebersdorf *(Saale-Orla-Kreis)* 78 O 19
Ebersdorf b. Coburg 77 P 17
Ebersgrün 66 O 20
Ebershausen 103 V 14
Ebersheim 73 Q 8
Eberspoint 106 U 20
Eberstadt *(Kreis Gießen)* 74 O 10
Eberstadt *(Kreis Heilbronn Land)* 85 S 11
Eberstadt *(Neckar-Odenwald-Kreis)* 85 R 12
Eberstadt (Darmstadt-) 84 Q 9
Eberstal 85 R 12
Eberstein 93 T 9
Ebersteinburg 93 T 8
Eberswalde 34 H 25
Ebersweier 92 U 7
Ebertshausen *(Kreis Schmalkalden-Meiningen)* 64 O 15
Ebertshausen *(Kreis Schweinfurt)* 76 P 15
Ebertsheim 83 R 8
Ebertswiese 64 N 15
Ebhausen 93 U 10
Ebingen 101 V 11
Ebmath 78 P 20
Ebnat 95 T 14
Ebnath 78 Q 19
Ebnet *(Kreis Freiburg i. B.)* 100 W 7
Ebnet *(Kreis Waldshut)* 101 W 8
Ebni-See 94 T 12
Eboldshausen 52 K 14
Ebrach 76 Q 15
Ebratshofen 111 X 14
Ebsdorf 62 N 10
Ebsdorfergrund 62 N 10
Ebstorf 31 G 15
Echbeck 102 W 11
Echelsbacher Brücke 112 W 16
Echem 21 F 15
Eching *(Kreis Freising)* 105 V 18
Eching *(Kreis Landshut)* 97 U 20
Eching a. Ammersee 104 V 17
Echte 52 K 14
Echteler 26 I 4
Echterdingen 94 T 11
Echternacherbrück 80 Q 3
Echtershausen 70 P 3
Echthausen 49 L 7
Echtz 58 N 3
Echzell 74 O 10
Eckardts 64 N 14
Eckardtshausen 64 N 14
Eckardtsheim 38 K 9
Eckardtsleben 64 M 16
Eckarts 75 P 13
Eckartsberga 65 M 18
Eckartshausen *(Kreis Haßberge)* 76 P 16
Eckartshausen *(Kreis Schwäbisch-Hall)* 95 S 13
Eckartshausen *(Wetteraukreis)* 74 P 11
Eckartsweier 92 U 7
Eckbach 83 R 8
Eckel 19 F 13
Eckelshausen 62 N 9
Eckelsheim 83 Q 7
Eckenhagen 61 N 7
Eckenhaid 87 R 17
Eckental 87 R 17
Ecker 52 K 15
Eckernförde 5 C 13
Eckernförder Bucht 5 C 14
Eckersdorf 77 Q 18
Eckersmühlen 87 S 17
Eckerstausee 52 K 15
Eckertal 41 K 15
Eckerzell 90 S 21
Eckfeld 71 P 4
Ecklak 7 E 11
Ecklingerode 52 L 14
Eckmannsdorf 43 K 22
Eckmannshausen 61 N 8
Eckolstädt 66 M 18
Eckstedt 65 M 17
Eckwarden 18 F 8
Eckwarder 18 F 8
Eckwarderhörne 18 F 8
Eckweisbach 64 O 13
Eddelak 7 E 11
Eddelstorf 31 G 15
Edderitz 54 K 19
Eddesse 40 I 14
Edelbeuren 103 V 14
Edelsberg *(Kreis Limburg-Weilburg)* 74 O 8
Edelsfeld 88 R 19
Edelshausen 96 U 17
Edemissen *(Kreis Northeim)* 51 K 13
Edemissen *(Kreis Peine)* 40 I 14
Edenbachen 103 V 14
Edendorf 8 E 12
Edenkoben 83 S 8
Edenstetten 98 T 22
Eder 61 N 8
Ederbringhausen 62 M 10
Ederen 58 N 2
Ederheim 95 T 15
Edermünde 51 M 12
Edersee 62 M 10
Edersleben 53 L 17
Edertal 63 M 11
Edesheim *(Kreis Northeim)* 52 K 13
Edesheim *(Kreis Südliche Weinstraße)* 83 S 8
Edewecht 27 G 7
Edewechterdamm 27 G 7
Ediger-Eller 71 P 5
Edingen 62 O 8
Edingen-Neckarhausen 84 R 9
Edlau 54 K 19
Edling b. Rosenheim 105 W 20
Edling b. Wasserburg 105 V 20
Edmund-Probst-Haus 111 X 15
Eesch 7 D 11
Effeld 58 M 2
Effelder *(Kreis Eichsfeld)* 52 M 14
Effelder *(Kreis Sonneberg)* 77 O 17
Effeln 50 L 9
Effelsberg 60 O 4
Effelter 77 O 18
Effeltrich 87 R 17
Efringen-Kirchen 108 X 6
Efze 63 M 12
Egeln 42 K 18
Egelsbach 74 Q 9
Egenhausen *(Kreis Freudenstadt)* 93 U 9
Egenhausen *(Kreis Neustadt a. d. A.-Bad W.)* 86 R 15
Egenhausen *(Kreis Schweinfurt)* 76 P 14
Egenhofen 104 V 17
Eger *(Fluß b. Nördlingen)* 95 T 15
Eger *(Fluß b. Selb)* 79 P 20
Egesheim 101 V 10
Egestorf 30 G 14
Egestorf a. Deister 39 J 12
Egg 98 T 22
Egg a. d. Günz 103 V 14
Egge *(Kreis Grafschaft-Bentheim)* 36 I 4
Egge *(Kreis Hameln-Pyrmont)* 39 J 11
Eggebek 5 C 12
Eggegebirge 50 K 10
Eggegebirge und Südlicher Teutoburger Wald (Naturpark) 50 K 10
Eggelingen 17 F 7
Eggelogerfeld 17 G 7
Eggenbach 77 P 16
Eggenfelden 106 U 22
Eggenrot 95 T 14
Eggenstedt 41 J 17
Eggenstein-Leopoldshafen 93 S 9
Eggenthal 103 W 15
Eggeringhausen 50 L 10
Eggermühlen 27 I 7
Eggerode 36 J 5
Eggersberg 97 T 18
Eggersdorf 42 K 19
Eggersdorf b. Müncheberg 45 I 26
Eggersdorf b. Strausberg 34 I 25
Eggesin 25 E 26
Eggestedt 18 G 9
Eggingen *(Kreis Ulm)* 103 U 13
Eggingen *(Kreis Waldshut)* 109 W 9
Egglfing 107 V 23
Egglham 98 U 23
Egglkofen 106 U 21
Eggmannsried 102 W 13
Eggmühl 97 T 20
Eggolsheim 87 Q 17
Eggstätt 106 W 21
Eggstedt 7 D 11
Eggstetten 106 V 22
Eging 99 T 23
Eglfing 112 W 17
Egling 105 W 18
Egling a. d. Paar 104 V 16
Eglingen *(Kreis Heidenheim)* 95 T 15
Eglingen *(Kreis Reutlingen)* 102 U 12
Egloffstein 87 Q 17
Eglofs 111 X 13
Egmating 105 V 19
Egringen 108 W 6
Egsdorf 44 J 24
Egstedt 65 N 17
Egweil 96 T 17
Ehebach 86 R 15
Ehekirchen 96 U 17
Ehenfeld 88 R 19
Ehestetten 102 V 12
Ehingen *(Donau-Kreis)* 102 V 13
Ehingen *(Kreis Ansbach Land)* 95 S 15
Ehingen *(Kreis Augsburg Land)* 96 U 16
Ehingen (Mühlhausen-) 101 W 10
Ehingen a. Ries 95 T 15
Ehle 42 J 19
Ehlen 51 M 11
Ehlenz 70 P 3
Ehlersdorf 8 C 13
Ehlershausen 40 I 14
Ehlhalten 74 P 9
Ehlscheid 61 O 6
Ehmen 41 I 16
Ehndorf 8 D 13
Ehningen 93 U 10
Ehra-Lessien 31 I 16
Ehrang 72 Q 4
Ehren 27 H 7
Ehrenberg *(Kreis Altenburger Land)* 66 N 21
Ehrenberg *(Kreis Sächsische Schweiz)* 68 N 26
Ehrenberg (Rhön) 76 O 14
Ehrenburg *(Kreis Diepholz)* 29 H 10
Ehrenburg *(Kreis Mayen-Koblenz)* 71 P 6
Ehrenfeld 59 N 4
Ehrenfriedersdorf 67 O 22
Ehrenhain 67 N 21
Ehrenkirchen 100 W 7
Ehrenstein 65 N 17
Ehrenstetten 100 W 7
Ehrenzipfel 79 O 22
Ehrhorn 30 G 13
Ehringen 51 L 11
Ehringhausen 50 L 9
Ehringshausen *(Lahn-Dill-Kreis)* 63 N 11
Ehringshausen *(Vogelsbergkreis)* 62 O 9
Ehrsberg 108 W 7
Ehrstädt 84 S 10
Ehrsten 51 L 12
Eibach *(Kreis Erding)* 105 V 20
Eibach *(Kreis Nürnberg)* 87 R 17
Eibau 69 N 28
Eibelshausen 62 N 9
Eibelstadt 86 Q 14
Eibenstock 79 O 21
Eibenstock Stausee 79 O 21
Eibsee 112 X 16
Eich *(Kreis Alzey-Worms)* 84 Q 9
Eich *(Kreis Mayen-Koblenz)* 71 O 6
Eicha 76 O 15
Eichede 20 E 15
Eichelberg *(Kreis Karlsruhe)* 84 S 10
Eichelberg *(Kreis Neustadt a. d. A.-Bad W.)* 86 R 15
Eichelhardt 61 N 7
Eichelsachsen 75 O 11
Eichelsdorf *(Kreis Haßberge)* 76 P 15
Eichelsdorf *(Wetteraukreis)* 74 O 11
Eichen (Kreuztal-) 61 N 7
Eichen (Nidderau-) 74 P 10
Eichenau 104 V 17
Eichenbarleben 42 J 18
Eichenberg 51 L 13
Eichenbühl 85 Q 11
Eichendorf 98 U 22
Eichenfelde 33 G 21
Eichenhüll 77 Q 17
Eichenlaubstraße 81 R 4
Eichenried 105 V 19
Eichenzell 75 O 13
Eicherloh 105 V 19
Eicherscheid *(Kreis Aachen)* 70 O 2
Eicherscheid *(Kreis Euskirchen)* 60 O 4
Eichfeld 86 Q 14
Eichhagen 61 M 7
Eichhof 59 M 5
Eichhofsberg 18 E 11
Eichholz 21 E 16
Eichholz-Drößig 56 L 24
Eichhorst *(Kreis Barnim)* 34 H 24
Eichhorst *(Kreis Mecklenburg-Strelitz)* 24 F 24
Eichigt 79 O 20
Eichlinghofen 47 L 6
Eichow 56 K 26
Eichsfeld 52 L 14
Eichstädt 34 H 23
Eichstätt 96 T 17
Eichstedt 32 H 19
Eichstegen 102 W 12
Eichstetten 100 V 7
Eichtersheim 84 S 10
Eichwalde 44 I 24
Eichwerder 35 H 26
Eickelberg 22 E 19
Eickelborn 50 L 8
Eickeloh 30 H 12
Eickendorf *(Kreis Schönebeck)* 42 K 19
Eickendorf *(Ohrekreis)* 41 I 17
Eickenrode 40 I 14
Eickhorst 39 J 10
Eicklingen 40 I 14
Eicks 60 O 3
Eickstedt 25 G 26
Eidengesäß 75 P 11
Eider 9 D 14
Eider-Sperrwerk 7 D 10
Eiderstedt 7 C 10
Eidinghausen 39 J 10
Eidumtief 4 B 8
Eiersheim 85 R 12
Eifa *(Kreis Waldeck-Frankenberg)* 62 N 9
Eifa *(Vogelsbergkreis)* 63 N 12
Eifel 70 P 4
Eifelpark 80 Q 3
Eigeltingen 101 W 10
Eigenrieden 52 M 14
Eigenrode 52 M 15
Eikamp 59 M 5
Eikeloh 50 L 9
Eilenburg 55 L 21
Eilendorf 58 N 2
Eilensen 51 K 13
Eilenstedt 41 K 17
Eilsdorf 41 K 16
Eilsdorf *(Kreis Segeberg)* 9 E 15
Eilshausen 38 J 9
Eilsleben 41 J 17
Eilsum 16 F 5
Eilte 30 H 12
Eilversen 51 K 11
Eilvese 39 I 12
Eimbeckhausen 39 J 12
Eime 40 J 13
Eimeldingen 108 X 6
Eimelrod 50 M 10
Eimen 51 K 13
Eimersleben 41 J 17
Eimke 31 H 14
Eimsbüttel 19 F 13
Einartshausen 74 O 11
Einbach 100 V 8
Einbeck 51 K 13
Eine 53 L 18
Einecke 49 L 8
Einemhof 20 G 14
Einen *(Kreis Vechta)* 28 H 9
Einen *(Kreis Warendorf)* 37 K 7
Einfeld 9 D 13
Einhaus 21 E 16
Einhausen 84 Q 9
Eining 97 T 19
Einöd 82 S 5
Einödriegel 91 T 23
Einödsbach 111 Y 14
Einöllen 81 R 6
Einruhr 70 O 3
Einsal 49 M 6
Einsbach 104 V 17
Einsiedel 67 N 22
Einsiedlerhof 81 R 7
Einsingen 103 U 13
Einste 29 H 11
Einswarden 18 F 9
Eintürnen 102 W 13
Einum 40 J 14
Einwinkel 32 H 18
Eiringhausen 49 M 7
Eisbergen 39 J 11
Eisborn 49 L 7
Eischleben 65 N 16
Eischott 41 I 16
Eisdorf 52 K 14
Eiselfing 105 V 20
Eisemroth 62 N 9
Eisen 81 R 5
Eisenach *(Kreis Bitburg-Prüm)* 80 Q 3
Eisenach *(Kreis Eisenach)* 64 N 14
Eisenärzt 106 W 21
Eisenbach 101 W 8
Eisenbach (Hessen) 63 O 12
Eisenbach (Selters-) 74 O 8
Eisenberg *(Kreis Hersfeld-Rotenburg)* 63 N 12
Eisenberg *(Kreis Ostallgäu)* 111 X 15
Eisenberg *(Saale-Holzland-Kreis)* 66 N 19
Eisenberg (Pfalz) 83 R 8
Eisenbernreut 99 T 24
Eisenbühl 78 O 19
Eisenharz 111 W 13
Eisenheim 76 Q 14
Eisenhüttenstadt 45 J 27
Eisenschmitt 70 P 4
Eiserfeld *(Kreis Siegen-Wittgenstein)* 61 N 7
Eisern 61 N 8
Eisfeld 77 O 16
Eisingen *(Enzkreis)* 93 T 10
Eisingen *(Kreis Würzburg)* 85 Q 13
Eisleben Lutherstadt 53 L 18
Eislingen 94 T 13
Eismannsberg 87 R 18
Eissel 29 H 11
Eissen 51 L 11
Eisten 27 H 6
Eitelborn 73 O 7
Eitensheim 96 T 17
Eiterbach 84 R 10
Eiterfeld 63 N 13
Eiterhagen 63 M 12
Eitlbrunn 90 S 20
Eitorf 59 N 6
Eitra 63 N 13
Eitting *(Kreis Erding)* 105 U 19
Eitting *(Kreis Straubing-Bogen)* 98 T 21
Eitze 29 H 11
Eitzen I 31 G 15
Eitzendorf 29 H 11
Eitzum 40 J 13
Eiweiler 81 R 4
Eixen 12 D 22
Eixendorfer See 89 R 21
Ekel 8 D 12
Ekelmoor 19 G 12
Ekenis 5 C 13
Ekern 27 G 7
Elbbach 61 O 7
Elbbrücken *(Hamburg)* 20 F 14
Elbe *(Fluß)* 19 F 13
Elbe *(Fluß)* 51 M 11
Elbe *(Gemeinde)* 40 J 14
Elbe-Havel-Kanal 42 J 19
Elbe-Lübeck-Kanal 21 F 15
Elbe-Seitenkanal 31 I 15
Elben 61 N 7
Elbenau 42 J 19
Elbenberg 51 M 11
Elberfeld 48 M 5
Elbergen *(Kreis Cloppenburg)* 27 H 7
Elbergen *(Kreis Emsland)* 36 I 5
Elbersberg 87 Q 18
Elbersroth 86 S 15
Elbetal (Naturpark) 32 G 17
Elbingerode 52 L 14
Elbingerode (Harz) 53 K 16
Elbrinxen 39 K 11
Elbsandstein Gebirge 68 N 26
Elbtal 61 O 8
Elbtunnel 19 F 13
Elbufer-Drawehn (Naturpark) 31 G 16
Elbuferstraße 31 G 16
Elchesheim-Illingen 93 T 8
Elchingen 103 U 14
Elchingen auf dem Härtsfeld 95 T 14
Eldagsen 40 J 12
Elde 22 F 18
Eldena *(Kreis Ludwigslust)* 32 G 18
Eldena *(Stadtkreis Greifswald)* 14 D 24
Eldenburg 32 G 18
Eldingen 31 H 15
Elend 52 K 16
Elfershausen 76 P 13
Elgersburg 65 N 16
Elgersweier 100 U 7
Eliasbrunn 77 O 18
Elisabeth-Sophien-Koog 4 C 10
Elisabethfehn 27 G 7
Elisabethfehn Kanal 27 G 7
Elisabethfehn Süd 27 G 7
Elisabethfehn West 27 G 7
Elisabethszell 91 S 22
Elkenroth 61 N 7
Elkerhausen 74 O 8
Elkeringhausen 50 M 9
Elkhausen 61 N 7
Elkofen 105 V 19
Ellar 61 O 8
Ellefeld 79 O 21
Ellen 58 N 3
Ellenbach 84 Q 10

Deutschland

Name	Seite	Koord.
Ellenberg (Kreis Schleswig-Flensburg)	5	C 13
Ellenberg (Kreis Westliche Altmark)	31	H 16
Ellenberg (Ostalbkreis)	95	S 14
Ellenbogen	64	O 14
Ellenbrunn	96	T 17
Ellenfeld	89	Q 21
Ellensen	51	K 13
Ellenserdammersiel	17	F 8
Ellenstedt	28	H 9
Ellenz-Poltersdorf	71	P 5
Eller (Mosel)	71	P 5
Ellerau	19	E 13
Ellerbach	91	R 4
Ellerbek	19	F 13
Ellerbrock	27	H 7
Ellerdorf	8	D 13
Ellerhoop	19	E 13
Elleringhausen	50	L 9
Elleringhausen (Twistetal-)	50	M 11
Ellern (Hunsrück)	73	Q 6
Ellerndorf	31	H 14
Ellershausen	51	L 13
Ellertshäuser See	76	P 15
Ellewick	36	J 4
Ellgau	96	U 16
Ellhöft	4	B 10
Ellhofen (Kreis Heilbronn)	94	S 11
Ellhofen (Kreis Lindau)	111	X 13
Ellierode	51	L 13
Ellingen (Kreis Uckermark)	25	F 26
Ellingen (Kreis Weißenburg-Gunzenhausen)	96	S 16
Ellingshausen	63	N 12
Ellingstedt	5	C 12
Ellmannsweiler	103	V 13
Ellmendingen	93	T 9
Ellrich	52	L 15
Ellrichshausen	86	S 14
Ellringen	31	G 16
Ellund	5	B 11
Ellwangen (Kreis Biberach)	103	W 13
Ellwangen (Ostalbkreis)	95	T 14
Ellwanger Berge	95	S 13
Ellweiler	81	R 5
Ellzee	103	U 14
Elm (Dorf)	19	F 11
Elm (Wald)	41	J 16
Elm b. Schlüchtern	75	O 12
Elm-Hochstraße	41	J 16
Elm-Lappwald (Naturpark)	41	J 16
Elmarshausen	51	L 11
Elmau	112	X 17
Elmendorf	17	G 8
Elmenhorst (Kreis Bad Doberan)	11	D 20
Elmenhorst (Kreis Herzogtum Lauenburg)	21	F 15
Elmenhorst (Kreis Nordvorpommern)	13	D 23
Elmenhorst (Kreis Nordwestmecklenburg)	10	E 17
Elmenhorst (Kreis Stormarn)	20	E 14
Elmlohe	18	F 10
Elmpt	58	M 2
Elmshorn	19	E 12
Elmstein	83	R 7
Elnhausen	62	N 10
Elnrode	63	N 11
Elpe	50	M 9
Elpenrod	62	N 11
Elpersbüttel	7	D 11
Elpersdorf	86	S 15
Elpersheim	85	R 13
Elsa	77	O 16
Elsdorf (Erftkreis)	58	N 3
Elsdorf (Kreis Mittweida)	67	N 22
Elsdorf (Kreis Rendsburg-Eckernförde)	8	D 12
Elsdorf (Kreis Rotenburg Wümme)	19	G 12
Elsdorf-Westermühlen	8	D 12
Else	38	J 9
Elsen	50	K 10
Elsendorf (Kreis Bamberg)	86	Q 15
Elsendorf (Kreis Kelheim)	97	T 19
Elsenfeld	75	Q 11
Elsenz	84	S 10
Elsfleth	18	G 9
Elsheim	73	Q 7
Elsholz	43	J 22
Elsnig	55	L 22
Elsnigk	54	K 20
Elsoff	62	M 9
Elsoff (Westerwald)	61	O 8
Elspe	61	M 8
Elstal	43	I 22
Elsten	27	H 8
Elster	55	K 22
Elster Gebirge	79	P 20
Elsterberg	66	O 20
Elstertrebnitz	66	M 20
Elsterwerda	56	L 24
Elstorf	19	F 13
Elstra	68	M 26
Elte	37	J 6
Elten	46	K 2
Elterlein	67	O 22
Eltern	27	H 6
Elters	63	O 13
Eltersdorf	87	R 16
Eltingshausen	76	P 14
Eltmann	76	Q 16
Eltmannshausen	64	M 13
Eltville	73	P 8
Eltz	71	P 6
Eltze	40	I 14
Elverdissen	38	J 9
Elversberg	81	S 5
Elxleben (Ilmkreis)	65	M 16
Elxleben (Kreis Sömmerda)	65	M 16
Elz	73	O 8
Elzach		
(Kreis Emmendingen)	100	V 8
Elzbach (Fluß b. Monreal)	71	P 5
Elzbach (Fluß b. Mosbach)	85	R 11
Elze (Kreis Hannover)	30	I 13
Elze (Kreis Hildesheim)	40	J 13
Elztal	85	R 11
Embken	58	N 3
Embsen	31	G 15
Embühren	8	D 12
Emden (Kreis Emden)	16	F 5
Emden (Ohrekreis)	41	J 17
Emen	26	H 5
Emerkingen	102	V 12
Emersacker	96	U 16
Emersleben	41	K 17
Emertsham	106	V 21
Emhof	88	S 19
Emkendorf (Kreis Plön)	9	C 15
Emkendorf (Kreis Rendsburg-Eckernförde)	8	D 13
Emleben	64	N 16
Emlichheim	26	I 4
Emmeln	26	H 5
Emmelsbüll-Horsbüll	4	B 10
Emmelshausen	71	P 6
Emmen	31	H 15
Emmendingen	100	V 7
Emmendorf	31	G 15
Emmer	39	J 12
Emmerich	46	K 2
Emmerichenhain	61	O 8
Emmering (Kreis Ebersberg)	105	W 20
Emmering (Kreis Fürstenfeldbruck)	104	V 17
Emmerke	40	J 13
Emmersdorf	98	U 23
Emmershausen	74	O 9
Emmerstausee	39	K 11
Emmerstedt	41	J 16
Emmerting	106	V 22
Emmerzhausen	61	N 8
Emmingen	93	U 10
Emmingen-Liptingen	101	W 10
Empede	39	I 12
Empel	46	K 3
Empfertshausen	64	O 14
Empfingen	101	U 10
Ems (Fluß)	36	I 5
Ems-Jade-Kanal	16	F 5
Ems-Vechte-Kanal	36	I 5
Emsbüren	36	I 5
Emscher	47	L 4
Emsdetten	37	J 6
Emsdorf	62	N 10
Emseloh	53	L 18
Emsing	96	S 17
Emskirchen	86	R 16
Emsland	26	H 5
Emstal (Kreis Kassel Land)	51	M 11
Emstal (Kreis Potsdam-Mittelmark)	43	J 22
Emstek	27	H 8
Emstunnel	17	G 6
Emtinghausen	29	H 10
Emtmannsberg	78	Q 18
Endeholz	31	H 14
Endel	28	H 8
Endenburg	108	W 7
Enderndorf	96	S 16
Endersbach	94	T 12
Endingen	100	V 7
Endlhausen	105	W 18
Endorf (Hochsauerlandkreis)	49	M 8
Endorf (Kreis Aschersleben-Staßfurt)	53	K 18
Endsee	86	R 14
Engar	51	L 11
Equarhofen	86	R 14
Equord	40	J 14
Erasbach	96	S 18
Erbach	103	V 13
Erbach (Kreis Mainz-Bingen)	73	P 7
Erbach (Bad Camberg-)	73	P 8
Erbach i. Odenwald	84	R 10
Erbendorf	88	Q 20
Erbenhausen	64	O 14
Erbenheim	74	P 8
Erbes-Büdesheim	83	Q 8
Erbeskopf	81	Q 5
Erbsen	51	L 13
Erbshausen	76	Q 14
Erbstadt	74	P 10
Erbstetten	102	V 12
Erbuch	84	R 11
Erda	62	N 9
Erdeborn	53	L 18
Erdeshof	108	W 8
Erdesbach	82	R 6
Erder	39	J 10
Erding	105	V 19
Erdinger Moos	105	V 19
Erdmannhausen	94	T 11
Erdmannrode	63	N 13
Erdmannsdorf (Lippersdorfer-)	66	N 19
Erdmannshain	55	M 21
Erdmannshöhle	108	X 7
Erdorf	70	P 3
Erdweg	104	V 17
Eremitage	77	Q 18
Eresing	104	V 17
Eresried	104	V 17
Erfa	85	R 12
Erfde	7	D 11
Erfelden	74	Q 9
Erfenbach	83	R 7
Erft	60	O 4
Erftstadt	59	N 4
Erfurt	65	N 17
Erfurt-Bindersleben (Flughafen)	65	N 16
Ergersheim	86	R 15
Ergertshausen	105	W 18
Erggertshofen	97	S 18
Ergolding	97	U 20
Ergolding-Piflas	97	U 20
Ergoldsbach	97	T 20
Erharting	106	V 22
Erichshagen	29	H 11
Erichsruhe	70	O 3
Eriskirch	110	X 12
Erkelenz	58	M 2
Erkenbrechtsweiler	94	U 12
Erkensruhr	70	O 3
Erkersreuth	78	P 20
Erkheim	103	V 15
Erkner	44	I 25
Erkrath	48	M 4
Erksdorf	62	N 11
Erkshausen	63	M 13
Erla	79	O 22
Erlabrunn (Kreis Aue-Schwarzenberg)	79	O 22
Erlabrunn (Kreis Würzburg Land)	75	Q 13
Erlach	86	Q 14
Erlach a. Main	75	Q 11
Erlangen	87	R 17
Erlau (Fluß)	99	U 24
Erlau (Kreis Hildburghausen)	64	O 16
Erlau (Kreis Mittweida)	67	M 22
Erlau (Kreis Passau)	99	U 24
Erlauzwiesel	99	T 24
Erlbach (Elstertalkreis)	79	P 21
Erlbach (Kreis Altötting)	106	V 22
Erlbach (Muldentalkreis)	67	M 22
Erlbach-Kirchberg	67	N 23
Erle	47	K 4
Erlenbach (Fluß z. Rhein)	92	S 8
Erlenbach (Kreis Heilbronn)	85	S 11
Erlenbach (Neckar-Odenwald-Kreis)	85	R 12
Erlenbach (Odenwaldkreis)	84	R 11
Erlenbach a. Main	85	Q 11
Erlenbach b. Dahn	92	S 7
Erlenbach b. Marktheidenfeld	85	Q 12
Erlenbrunn	83	S 6
Erlenkopf	83	S 7
Erlenmoos	103	V 13
Erlensee	74	P 10
Erligheim	94	S 11
Erlinghausen	50	L 9
Erlstätt	106	W 21
Erlte	28	H 8
Ermen	47	K 6
Ermenrod	63	O 11
Ermershausen	76	P 15
Emingen (Alb-Donau-Kreis)	102	V 13
Ersingen (Enzkreis)	93	T 9
Ermke	27	H 7
Ermlitz	54	L 20
Ermreuth	87	R 17
Ermschwerd	51	L 13
Ermsleben	53	K 18
Ernstedt	65	N 16
Erndtebrück	62	N 8
Ernsgaden	97	U 19
Ernst (Kreis Cochem-Zell)	71	P 5
Ernst-Thälmann-Siedlung	25	F 26
Ernsthausen (Kreis Marburg-Biedenkopf)	62	N 10
Ernsthausen (Kreis Waldeck-Frankenberg)	62	N 10
Ernsthofen	84	Q 10
Ernstroda	64	N 15
Ernsttal	85	R 11
Ernstthal	77	O 17
Erp	58	N 4
Erpel	60	O 5
Erpensen	31	H 16
Erpentrup	50	K 11
Erpfingen	102	U 11
Erpfting	104	V 16
Erpolzheim	83	R 7
Ershausen	52	M 14
Ersingen (Alb-Donau-Kreis)	102	V 13
Ersingen (Enzkreis)	93	T 9
Ersrode	63	N 12
Erstein	102	V 12
Erwitte	50	L 9
Erwitzen	51	K 11
Erxleben (Kreis Stendal)	32	H 19
Erxleben (Ohrekreis)	41	J 17
Erzberg	86	S 14
Erzgebirge	78	O 21
Erzgrube	93	U 9
Erzhausen (Kreis Darmstadt-Dieburg)	74	Q 9
Erzhausen (Kreis Northeim)	40	K 13
Erzingen (Kreis Waldshut)	109	X 9
Erzingen (Zollernalbkreis)	101	V 10
Esbeck (Kreis Helmstedt)	41	J 16
Esbeck (Kreis Hildesheim)	40	J 13
Esch (Erftkreis)	58	N 3
Esch (Kreis Daun)	70	O 3
Esch (Kreis Köln)	59	N 4
Esch (Grafschaft-)	60	O 5
Esch (Waldems-)	74	P 9
Eschach	95	T 13
Eschau	85	Q 11
Eschbach (Rhein-Lahn-Kreis)	73	P 7
Eschbach b. Kirchzarten	100	V 7
Eschbach i. Schwarzwald	100	W 6
Eschborn (Main-Taunus-Kreis)	74	P 9
Eschbronn	101	V 9
Eschdorf	68	M 25
Esche	26	I 4
Escheberg	51	L 11
Eschebrügge	26	I 4
Escheburg	20	E 14
Eschede	30	H 14
Eschefeld	67	M 21
Eschelbach	84	S 10
Eschelbronn	84	S 10
Eschen	77	Q 18
Eschenau (Kreis Erlangen-Höchstadt)	87	R 17
Eschenau (Kreis Heilbronn)	94	S 12
Eschenbach (Kreis Göppingen)	94	U 13
Eschenbach (Kreis Nürnberger Land)	87	R 18
Eschenbach (Kreis Siegen-Wittgenstein)	61	N 8
Eschenbach i. d. Oberpfalz	88	Q 19
Eschenberg	91	T 23
Eschenbergen	64	M 16
Eschenbruch	39	K 11
Eschenburg	62	N 9
Eschenfelden	87	R 18
Eschenlohe	112	X 17
Eschenrod	75	O 11
Eschenrode	41	J 17
Eschenstruth	51	M 12
Eschental	85	S 13
Eschentierdorf	76	M 14
Escherode	51	M 13
Eschershausen (Kreis Holzminden)	40	K 13
Eschershausen (Kreis Northeim)	51	K 12
Eschfeld	70	P 2
Eschhofen	73	O 8
Eschkopf	83	S 7
Eschlbach (Kreis Erding)	105	V 20
Eschlbach (Kreis Straubing-Bogen)	98	T 21
Eschlkam	89	S 22
Eschlohe	89	Q 9
Eschenbrücken	84	Q 9
Eschwege	64	M 14
Eschweiler (Kreis Aachen)	58	N 2
Eschweiler (Kreis Euskirchen)	60	O 4
Eschweiler ü. Feld	58	N 3
Eselsfürth	83	R 7
Esenhausen	102	W 12
Esens	17	F 6
Esenshamm	18	F 9
Esking	36	J 6
Esklum	17	G 6
Eslarn	89	R 21
Eslohe	49	M 8
Espasingen	101	W 11
Espel	37	I 7
Espelkamp	38	I 9
Espeln	50	K 9
Espenau	51	L 11
Espenhain	66	M 21
Espenschied	73	P 7
Espenstedt	41	J 16
Esperke	30	I 12
Esperstedt (Kreis Merseburg-Querfurt)	54	L 19
Esperstedt (Kyffhäuserkreis)	53	L 17
Eßbach	66	O 19
Esse	51	L 11
Essel	30	H 12
Esselbach	75	Q 12
Essen (Kreis Cloppenburg)	27	H 7
Essen (Kreis Essen)	47	L 5
Essenbach	97	U 20
Essenheim	73	Q 8
Essentho	50	L 10
Esseratsweiler	110	X 13
Essern	39	I 10
Eßfeld	86	Q 13
Essig	59	O 4
Essing	90	T 19
Essingen (Kreis Südliche Weinstraße)	83	S 8
Essingen (Ostalbkreis)	95	T 14
Essinghausen	40	J 14
Eßleben	76	Q 14
Esslingen	94	T 11
Eßlingen (Kreis Bitburg-Prüm)	80	Q 3
Eßlingen (Kreis Tuttlingen)	101	V 10
Eßweiler	81	R 6
Este	19	G 13
Estedt	32	I 18
Estenfeld	86	Q 14
Estergebirge	112	X 17
Estern	36	K 4
Esterwegen	27	H 6
Esthal	83	R 7

Esting 104 V 17
Estorf (Kreis Nienburg) 29 I 11
Estorf (Kreis Stade) 19 F 11
Etelsen 29 H 11
Etgersleben 42 K 18
Etingen 41 I 17
Etsdorf 88 R 20
Ettal 112 X 17
Etteln 50 L 10
Ettenbeuren 103 U 15
Ettenbüttel 40 I 15
Ettenhausen 64 N 14
Ettenhausen (Kreis Schwäbisch-Hall) 85 R 13
Ettenhausen (Kreis Traunstein) 114 W 21
Ettenheim 100 V 7
Ettenheimmünster 100 V 7
Ettenstatt 96 S 17
Etterschlag 104 V 17
Etterwinden 64 N 14
Etterzhausen 90 S 19
Etting (Kreis Donau-Ries) 96 U 17
Etting (Kreis Ingolstadt) 96 T 18
Etting (Kreis Weilheim-Schongau) 112 W 17
Ettlenschieß 95 U 13
Ettling 98 T 22
Ettlingen 93 T 9
Ettlingenweier 93 T 9
Ettringen (Kreis Mayen-Koblenz) 71 O 5
Ettringen (Kreis Unterallgäu) 103 V 15
Etz 19 F 13
Etzdorf (Kreis Mittweida) 67 M 23
Etzdorf (Stadtkreis Halle) 54 L 19
Etzel 17 F 7
Etzelwang 87 R 18
Etzenborn 52 L 14
Etzenricht 88 R 20
Etzgersrieth 89 R 21
Etzin 43 I 22
Etzleben 53 M 17
Etzoldshain 67 M 21
Euba 67 N 23
Eubigheim 85 R 12
Eudenbach 59 N 6
Eudorf 63 N 11
Euenheim 58 O 4
Euerbach 76 P 14
Euerdorf 76 P 14
Euerfeld 86 Q 14
Euerhausen 85 R 13
Euernbach 96 U 18
Eugenbach 97 U 20
Eula 67 M 21
Eulatal 67 M 21
Eulbacher Park 84 Q 11
Euper 43 K 22
Eurasburg (Kreis Aichach-Friedberg) 104 U 17
Eurasburg (Kreis Bad Tölz-Wolfratshausen) 104 W 18
Euren 80 Q 3
Europa-Park 100 V 7
Euskirchen 59 O 4
Eußenhausen 76 O 14
Eußenheim 75 Q 13
Eußerthal 83 S 7
Eutendorf 94 S 13
Eutenhausen 103 W 15
Eutin 9 D 15
Eutingen 93 T 10
Eutingen i. Gäu 93 U 10
Eutrich 57 M 26
Eutzsch 55 K 21
Eveking 49 M 7
Evendorf 30 G 14
Evenhausen 106 V 20
Everingen 41 I 17
Everinghausen 29 G 11
Everloh 39 I 12
Evern 40 J 14
Everode 40 K 13
Eversberg 50 L 9
Eversen 51 K 11
Eversen (Kreis Celle) 30 H 14
Eversen (Kreis Rotenburg) 29 G 11
Eversmeer 17 F 6
Everswinkel 37 K 7
Evesen 39 J 10
Evessen 41 J 16
Eving (Dortmund) 47 L 6
Evinghoven 58 M 4
Evingsen 49 M 7
Ewattingen 101 W 9
Ewersbach 62 N 8
Ewiges Meer 17 F 6
Exdorf 76 O 15
Exing 98 U 22
Exten 39 J 11
Exter 39 J 10
Externsteine 39 K 10
Extertal 39 J 11
Eyach (Fluß b. Balingen) 101 U 10
Eyach (Fluß z. Enz) 93 T 9
Eyba 65 O 18
Eybach 95 U 13
Eydelstedt 29 H 9
Eyendorf 30 G 14
Eyershausen (Kreis Rhön-Grabfeld) 76 P 15
Eysölden 96 S 17
Eystrup 29 H 11

F

Fabrikschleichach 76 Q 15
Fachsenfeld 95 T 14
Fährdorf 10 E 18
Fährinsel 13 C 23
Faha 80 R 3
Fahle Heide 40 I 15
Fahlenbach 97 U 18
Fahlenscheid 61 M 7
Fahnersche Höhe 65 M 16
Fahr 76 Q 14
Fahrbinde 22 F 18
Fahrdorf 5 C 12
Fahrenbach 85 R 11
Fahrenberg 89 Q 21
Fahrendorf (Kreis Rotenburg) 18 F 11
Fahrendorf (Kreis Westliche Altmark) 31 H 16
Fahrenhorst 29 H 10
Fahrenkrug 9 E 14
Fahrenwalde 25 F 26
Fahrenzhausen 105 U 18
Fahretoft 4 B 10
Fahrland 43 I 23
Fahrnau 108 X 7
Fahrstedt 7 E 11
Faistenoy 111 X 14
Falken 64 M 14
Falken-Gesäß 84 R 10
Falkenau 67 N 23
Falkenberg (Dorf) 27 H 7
Falkenberg (Kreis Elbe-Elster) 55 L 23
Falkenberg (Kreis Östliche Altmark) 32 H 19
Falkenberg (Kreis Rottal-Inn) 106 U 22
Falkenberg (Kreis Soltau-Fallingbostel) 30 H 13
Falkenberg (Kreis Tirschenreuth) 79 Q 20
Falkenberg (Kreis Torgau-Oschatz) 55 L 22
Falkenberg (Mark) 35 H 25
Falkenberg b. Beeskow 45 J 26
Falkenberg b. Fürstenwalde 45 I 26
Falkenburg 28 G 9
Falkendorf 87 R 16
Falkenfels 90 S 21
Falkenhagen (Kreis Göttingen) 52 L 14
Falkenhagen (Kreis Havelland) 34 I 23
Falkenhagen (Kreis Lippe) 39 K 11
Falkenhagen (Kreis Märkisch-Oderland) 45 I 26
Falkenhagen (Kreis Prignitz) 33 G 20
Falkenhagen (Kreis Uckermark) 25 F 25
Falkenhain (Kreis Altenburger Land) 66 M 20
Falkenhain (Kreis Dahme-Spreewald) 44 K 24
Falkenhain (Muldentalkreis) 55 L 22
Falkenhain (Weißeritzkreis) 68 N 25
Falkenrehde 43 I 22
Falkensee 34 I 23
Falkenstein (Donnersbergkreis) 83 R 7
Falkenstein (Hochtaunuskreis) 74 P 9
Falkenstein (Kreis Cham) 90 S 21
Falkenstein (Kreis Quedlinburg) 53 K 17
Falkenstein (Kreis Schweinfurt) 76 Q 15
Falkenstein (Vogtland) 79 O 21
Falkenthal 34 H 23
Falkenwalde 25 G 26
Fall 113 X 18
Fallersleben 41 I 16
Fallingbostel 30 H 13
Falsbrunn 76 Q 15
Falshöft 5 B 13
Fambach 64 N 15
Farchant 112 X 17
Fargau 9 D 15
Fargau-Pratjau 9 D 15
Farge 29 G 9
Farmbeck 39 J 11
Farnewinkel 7 D 11
Farnroda 64 N 15
Farnstädt 53 L 18
Farschweiler 80 Q 4
Farsleben 42 J 18
Farve 9 D 16
Farven 19 F 11
Farwick 27 I 7
Fasanerie (Schloß) 75 O 13
Faßberg 30 H 14
Fassensdorf 9 D 15
Faßmannsreuth 78 P 20
Fatschenbrunn 76 Q 15
Fauerbach b. Nidda 74 O 11
Fauerbach v. d. Höhe 74 O 9
Faulbach 85 Q 12
Faulenberg 86 S 14
Faulenfürst 100 W 8
Faulenrost 24 F 22
Faulück 5 C 13
Faulungen 64 M 14
Fautenbach 92 U 8
Favorite 93 T 8
Fechenbach 85 Q 12
Fechheim 77 P 17
Fechingen 82 S 5
Fedderingen 7 D 11
Fedderwarden 17 F 8
Fedderwardergroden 17 F 8
Fedderwardersiel 18 F 9
Federow 24 F 22
Federsee 102 V 12
Feengrotten (Saalfeld) 65 O 18
Fehl-Ritzhausen 61 O 8
Fehmarn-Belt 10 C 17
Fehmarnsund 10 C 17
Fehmarnsund-brücke 10 C 17
Fehndorf 26 H 5
Fehrbellin 33 H 22
Fehrenbach 77 O 16
Fehrenbötel 9 E 14
Fehrow 45 K 26
Feichten 106 V 21
Feilbingert 83 Q 7
Feilitzsch 78 O 19
Felbecke 62 M 8
Felchow 35 G 26
Felda 64 N 14
Feldafing 104 W 17
Feldatal 63 O 11
Feldberg (Kreis Breisgau-Hochschwarzwald) 100 W 8
Feldberg (Kreis Mecklenburg-Strelitz) 24 F 24
Feldberg (Stadt) 100 W 6
Feldberg (Schwarzwald) 100 W 8
Feldberger Seenlandschaft (Naturpark) 24 F 24
Felde (Kreis Ammerland) 17 G 7
Felde (Kreis Rendsburg-Eckernförde) 9 D 13
Felde (Kreis Verden) 29 H 10
Feldgeding 104 V 18
Feldhausen 47 L 4
Feldhausen 102 V 11
Feldkirch 100 W 6
Feldkirchen (Kreis München Land) 105 V 19
Feldkirchen (Kreis Straubing-Bogen) 98 T 21
Feldkirchen (Rhein) 71 O 6
Feldkirchen-Westerham 105 W 19
Feldkrücken 63 O 11
Feldmark 46 K 3
Feldmoching 105 V 18
Feldrennach 93 T 9
Feldsee 100 W 8
Feldstetten 94 U 12
Feldwies 106 W 21
Felgeleben 42 J 19
Felgentreu 43 J 23
Fell 80 Q 4
Fellbach 94 T 11
Fellen 75 P 12
Fellerdilln 61 N 8
Fellheim 103 V 14
Fellingshausen 62 O 9
Felm 9 C 14
Felsberg (Kreis Saarlouis) 80 S 4
Felsberg (Schwalm-Eder-Kreis) 63 M 12
Felsen 27 H 6
Felsengärten 94 S 11
Fensterbach 88 R 20
Ferch 43 J 22
Ferchesar 33 I 21
Ferchland 42 I 20
Ferdinandshof 25 F 25
Ferdinandshorst 25 F 24
Fergitz 34 G 25
Fermerswalde 55 L 23
Ferna 52 L 14
Ferndorf 61 N 8
Fernwald 62 O 10
Ferschweiler 80 Q 3
Fessenheim 95 T 15
Feucht 87 R 17
Feuchtwangen 86 S 14
Feudenheim 84 R 9
Feudingen 62 N 8
Feuerbach 86 Q 14
Feuerschützenbostel 30 H 14
Feusdorf 70 O 3
Fichtelberg 79 O 22
Fichtelberg (Stadt) 78 Q 19
Fichtelgebirge 78 P 19
Fichtelgebirge (Naturpark) 78 P 19
Fichtelgebirgestraße 78 P 19
Fichtelnaab 78 Q 20
Fichtelsee 78 P 19
Fichtenau 95 S 14
Fichtenberg 94 T 13
Fichtenberg-Altenau 55 L 23
Fichtenwalde 43 J 22
Fickmühlen 18 F 10
Fiebing 17 F 7
Fiefbergen 9 C 15
Fiegenstall 96 S 17
Fiel 7 D 11
Fiener Bruch 43 J 20
Fienstedt 54 L 19
Fiestel 38 I 9
Filderstadt 94 T 11
Filke 76 O 14
Fils 94 T 13
Filsum 17 G 6
Fincken 23 F 21
Findorf 18 F 10
Finkenbach 84 R 10
Finkenkrug 34 I 23
Finkenthal 14 E 22
Finkenwerder (Hamburg) 19 F 13
Finkhaus 4 C 11
Finne 65 M 18
Finnentrop 61 M 7
Finning 104 V 17
Finningen 95 U 15
Finow 34 H 25
Finow (Bach) 34 H 24
Finowfurt 34 H 25
Finsing 105 V 19
Finsterau 99 T 24
Finsterbergen 64 N 15
Finsterlohr 86 R 14
Finsterwalde 56 L 25
Fintel 30 G 13
Finthen 73 Q 8
Fischach 103 V 15
Fischbach (Bodenseekreis) 110 W 12
Fischbach (Kreis Biberach a. d. Riß) 102 V 13
Fischbach (Kreis Birkenfeld) 81 Q 6
Fischbach (Kreis Coburg) 77 O 17
Fischbach (Kreis Haßberge) 76 P 16
Fischbach (Kreis Kaiserslautern) 83 R 7
Fischbach (Kreis Kronach) 77 P 18
Fischbach (Kreis Meißen-Dresden) 68 M 26
Fischbach (Kreis Nürnberger Land) 87 R 17
Fischbach (Kreis Rosenheim) 113 W 20
Fischbach (Kreis Saarbrücken) 81 S 5
Fischbach (Kreis Schwandorf) 89 S 20
Fischbach (Main-Taunus-Kreis) 74 P 9
Fischbach (Rheingau-Taunus-Kreis) 73 P 8
Fischbach (Schwarzwald-Baar-Kreis) 101 V 9
Fischbach b. Dahn 92 S 7
Fischbachau 113 W 19
Fischbachtal 84 Q 10
Fischbeck (Kreis Hamburg) 19 F 13
Fischbeck (Kreis Hameln-Pyrmont) 39 J 11
Fischbeck (Kreis Stendal) 42 I 20
Fischbek (Kreis Stormarn) 20 E 14
Fischborn 75 O 11
Fischelbach 62 N 9
Fischeln 58 M 3
Fischen a. Ammersee 104 W 17
Fischen i. Allgäu 111 X 14
Fischerbach 100 V 8
Fischerhäuser 105 V 19
Fischerhude 29 G 11
Fischingen 101 U 10
Fischland 11 C 21
Fischwasser 56 L 24
Fissau 9 D 15
Fitzbek 8 E 13
Flachslanden 86 R 15
Flachsmeer 27 G 6
Flachstöckheim 40 J 15
Fladderlohausen 27 I 8
Fladungen 76 O 14
Flaesheim 47 K 5
Flamersheim 60 O 4
Flammersfeld 61 O 6
Flarchheim 64 M 15
Flatow 33 H 22
Flechtdorf 50 M 10
Flechtingen 41 J 17
Flechtinger Höhenzug 41 I 17
Flechtorf 41 I 16
Flechum 27 H 6
Fleck 113 X 18
Fleckeby 5 C 13
Flecken Zechlin 33 G 22
Fleckenberg 62 M 8
Fleckl 78 P 19
Fleesensee 23 F 21
Fleethof 25 F 25
Fleetmark 32 H 18
Flegessen 39 J 12
Flehde 7 D 11
Flehingen 93 S 10
Flein 94 S 11
Fleinheim 95 T 14
Fleisbach 62 O 8
Fleischwangen 102 W 12
Flemendorf 12 D 22
Flemsdorf 35 G 26
Flensburg 5 B 12
Flensburger Förde 5 B 13
Flensungen 62 O 11
Flerzheim 60 O 4
Flessau 32 H 19
Flessenow 22 E 18
Flettmar 40 I 14
Flieden 75 O 12
Fliegenberg 20 F 14
Flierich 49 L 7
Fließ 45 I 26
Fließem 70 P 3
Fliesteden 59 N 4
Flieth 34 G 25
Flinsbach 94 S 10
Flinsberg 52 M 14
Flintbek 9 D 14
Flinten 31 H 16
Flintsbach 113 W 20
Flögeln 18 F 10
Flögelner See 18 E 10
Flöha 67 N 23
Flörsbach 75 P 12
Flörsbachtal 75 P 12
Flörsheim am Main 74 P 9
Flörsheim-Dalsheim 83 R 8
Flößberg 67 M 21
Flötgraben 32 H 18
Flöthe 40 J 15
Flözlingen 101 V 9
Floh 64 N 15
Floisdorf 60 O 3
Flomborn 83 Q 8
Flonheim 83 Q 8
Florstadt 74 P 10
Floß 89 Q 20
Flossenbürg 89 Q 21
Flossing 106 V 21
Flottbek (Hamburg) 19 F 13
Flotzheim 96 T 16
Flüren 46 K 3
Fluorn-Winzeln 101 V 9
Fockbek 8 D 12
Fockendorf 66 M 21
Fockenstein 113 W 18
Föching 105 W 19
Föhr 4 B 9
Föhrden-Barl 8 E 13
Föhren 72 Q 4
Föhrste 40 K 13
Fölsen 51 L 11
Fölziehausen 40 K 12
Förbau 78 P 19
Förderstedt 42 K 18
Föritz 77 O 17
Förlingen 38 I 9
Förmitzspeicher 78 P 19
Förrenbach 87 R 18
Förste 52 K 14
Förstenreuth 78 P 19
Förstgen 57 M 28
Förtha 64 N 14
Förtschendorf 77 O 18
Fohrde 43 I 21
Fohren-Linden 81 R 5
Fohrenbühl 101 V 8
Folbern 56 M 24
Folmhusen 27 G 6
Forbach 93 T 9
Forchheim (Kreis Eichstätt) 97 T 19
Forchheim (Kreis Emmendingen) 100 V 7
Forchheim (Kreis Karlsruhe) 93 T 8
Forchheim (Mittlerer Erzgebirgskreis) 67 N 23
Forchheim (Oberfranken) 87 Q 17
Forchtenberg 85 S 12
Forggensee 112 X 16
Forheim 95 T 15
Forlitz-Blaukirchen 16 F 5
Fornsbach 94 T 12
Forsbach 59 N 5
Forst (Kreis Holzminden) 39 K 12
Forst (Kreis Karlsruhe) 84 S 9
Forst (Kreis Neumarkt i. d. Oberpfalz) 87 S 18
Forst (Kreis Schweinfurt) 76 P 14
Forst (Kreis Spree-Neiße) 57 K 27
Forstenrieder Park 104 V 18
Forstern 105 V 19
Forsthart 98 U 23
Forsting (Kreis Altötting) 106 V 21
Forsting (Kreis Rosenheim) 105 V 20
Forstinning 105 V 19
Forstlahm 77 P 18
Forstmühle 90 S 20
Fort Fun 50 M 9
Forth 87 R 17
Frabertsham 106 V 21
Fränkisch-Crumbach 84 Q 10
Fränkische Rezat 86 R 15
Fränkische Saale 76 O 14
Fränkische Schweiz 87 Q 17
Fränkische Schweiz Veldensteiner Forst (Naturpark) 87 Q 17
Framersheim 83 Q 8
Frammersbach 75 P 12
Franken (Kreis Ahrweiler) 60 O 5
Franken (Kreis Wunsiedel i. Fichtelgebirge) 78 P 19
Frankena 56 L 24
Frankenalb 96 T 17
Frankenau (Kreis Mittweida) 67 N 22
Frankenau (Kreis Waldeck-Frankenberg) 62 M 10
Frankenbach (Kreis Gießen) 62 N 9
Frankenbach (Kreis Heilbronn) 85 S 11
Frankenberg (Kreis Bayreuth Land) 88 Q 19
Frankenberg (Kreis Mittweida) 67 N 23
Frankenberg (Kreis Waldeck-Frankenberg) 62 M 10
Frankenburg 29 G 10
Frankendorf 37 G 22
Frankeneck 83 R 8
Frankenfeld 30 H 12
Frankenfelde (Kreis Märkisch-Oderland) 35 H 26
Frankenfelde (Kreis Teltow-Fläming) 44 J 23

Frankenförde 43 J 23
Frankenhain (Ilm-Kreis) 65 N 16
Frankenhain (Kreis Leipziger Land) 67 M 21
Frankenhardt 95 S 14
Frankenheim 54 L 20
Frankenheim (Rhön) 64 O 14
Frankenhöhe 86 S 14
Frankenhöhe (Naturpark) 86 R 15
Frankenhofen (Alb-Donau-Kreis) 102 V 12
Frankenhofen (Kreis Ansbach) 95 S 15
Frankenhofen (Kreis Ostallgäu) 104 W 16
Frankenholz 81 R 5
Frankenroda 64 M 14
Frankenstein (Kreis Darmstadt-Dieburg) 84 Q 10
Frankenstein (Kreis Freiberg) 67 N 23
Frankenstein (Kreis Kaiserslautern Land) 83 R 7
Frankenthal (Kreis Bautzen) 68 M 26
Frankenthal (Kreis Frankenthal Pfalz) 84 R 9
Frankenwald 77 O 18
Frankenwald (Naturpark) 77 O 18
Frankenwinheim 76 Q 14
Frankershausen 51 M 13
Frankfurt 86 Q 15
Frankfurt (Oder) 45 I 27
Frankfurt a. Main 74 P 10
Frankfurt-Rhein-Main (Flughafen) 74 P 9
Frankleben 54 M 19
Frankweiler 83 S 8
Franzburg 12 D 22
Franzenburg 18 E 10
Franzosenkopf 75 P 11
Frasdorf 106 W 20
Frasselt 46 K 2
Frauenau 91 T 23
Frauenaurach 87 R 16
Frauenberg (Kreis Euskirchen) 58 N 4
Frauenberg (Kreis Freyung-Grafenau) 99 T 25
Frauenbiburg 98 U 21
Frauendorf (Kreis Lichtenfels) 77 P 17
Frauendorf (Kreis Oberspreewald-Lausitz) 56 L 25
Frauenhagen 35 G 26
Frauenhain 56 L 24
Fraueninsel 106 W 21
Frauenmark 21 E 17
Frauenneuharting 105 V 20
Frauenprießnitz 66 M 19
Frauenroth 76 P 14
Frauensee 64 N 14
Frauenstein (Kreis Freiberg) 68 N 24
Frauenstein (Kreis Wiesbaden) 73 P 8
Frauenstein-Nassau 68 N 24
Frauenstetten 96 U 16
Frauental 86 R 14
Frauenwald 65 O 16
Frauenzell 90 S 21
Frauenzimmern 94 S 11
Fraunberg 105 U 19
Fraureuth 66 N 21
Fraurombach 63 N 12
Frauwüllesheim 58 N 3
Frebershausen 62 M 10
Frechen 59 N 4
Frechenrieden 103 W 15
Freckenfeld 92 S 8
Freckenhorst 37 K 7
Freckleben 53 K 18
Fredeburg 21 E 16
Fredelsloh 51 K 13
Freden 40 K 13
Fredenbeck 19 F 12
Fredersdorf (Kreis Märkisch-Oderland) 44 I 25
Fredersdorf (Kreis Potsdam-Mittelmark) 43 J 21
Fredersdorf (Kreis Uckermark) 35 G 26
Fredesdorf 20 E 14
Freest 13 D 25
Frehne 23 G 20
Frei Laubersheim 83 Q 7
Freiahorn 87 Q 18
Freiamt 100 V 7
Freiberg 68 N 24
Freiberg am Neckar 94 T 11
Freiberger Mulde 68 N 24
Freiburg 19 E 11
Freiburg i. Breisgau 100 V 7
Freidorf 44 J 25
Freienfels 74 O 8
Freienfels 77 Q 17
Freienhagen 50 M 11
Freienhagen (Kreis Eichsfeld) 52 L 14
Freienhagen (Kreis Oberhavel) 34 H 23
Freienhufen 56 L 25
Freienohl 49 L 8
Freienorla 65 N 18
Freienried 104 V 17
Freienseen 62 O 11
Freiensteinau 75 O 12
Freienthal 43 J 22
Freienwill 5 B 12
Freigericht 75 P 11
Freihalden 103 U 15
Freihaslach 86 Q 15
Freihausen 97 S 18
Freiheit 47 K 5
Freihof 100 V 7
Freihung 88 R 19
Freilassing 106 W 22
Freilingen (Kreis Euskirchen) 70 O 4
Freilingen (Westerwaldkreis) 61 O 7
Freimersheim 83 Q 8
Freinhausen 96 U 18
Freinsheim 83 R 8
Freiolsheim 93 T 9
Freirachdorf 61 O 7
Freiroda 54 L 20
Freisen 81 R 5
Freising 105 U 19
Freist 54 L 19
Freistatt 29 I 9
Freistett 92 T 7
Freital (Dresden) 68 N 24
Freitelsdorf-Cunnersdorf 68 M 25
Freiwalde 44 K 25
Frelenberg 58 N 2
Frellstedt 41 J 16
Frelsdorf 18 F 10
Fremdingen 95 T 15
Fremdiswalde 55 M 22
Fremersdorf 80 R 3
Frensdorf 87 Q 16
Freren 37 I 6
Freschluneberg 18 F 10
Fresdorf 43 J 23
Fresenburg 26 H 5
Frestedt 7 D 11
Fretter 49 M 8
Fretterode 52 M 14
Frettholt 36 J 5
Fretzdorf 33 G 21
Freudenbach 86 R 14
Freudenberg 34 H 25
Freudenberg (Kreis Amberg-Sulzbach) 88 R 19
Freudenberg (Kreis Siegen-Wittgenstein) 61 N 7
Freudenberg (Main-Tauber-Kreis) 85 Q 11
Freudenburg 80 R 3
Freudenstadt 93 U 9
Freudenstein 93 S 10
Freudental 94 S 11
Freundorf 98 U 23
Freusburg 61 N 7
Freutsmoos 106 V 21
Freyburg 54 M 19
Freyenstein 23 G 21
Freystadt 87 S 17
Freyung 99 T 24
Frickenhausen (Kreis Esslingen) 94 U 12
Frickenhausen (Kreis Unterallgäu) 103 V 14
Frickenhausen a. Main 86 Q 14
Frickenhofen 94 T 13
Frickhofen 61 O 8
Frickingen 102 W 11
Fridingen 101 V 10
Fridolfing 106 W 22
Frieda 64 M 14
Friedberg 74 O 10
Friedberg (Kreis Aichach-Friedberg) 104 U 16
Friedberg (Kreis Sigmaringen) 102 V 12
Friedberger Ach 96 U 16
Friedebach (Kreis Freiberg) 68 N 24
Friedebach (Saale-Orla-Kreis) 65 N 18
Friedeburg 54 L 19
Friedeburg 17 F 7
Friedelshausen 64 O 14
Friedelsheim 83 R 8
Friedenfelde 34 G 25
Friedenfels 78 Q 20
Friedensdorf 62 N 9
Friedenshorst 33 H 22
Friedenweiler 101 W 8
Friederikensiel 17 E 7
Friedersdorf (Kreis Bitterfeld) 54 L 21
Friedersdorf (Kreis Dahme-Spreewald) 44 J 25
Friedersdorf (Kreis Elbe-Elster) 56 L 24
Friedersdorf (Kreis Löbau-Zittau) 69 M 27
Friedersdorf (Niederschlesischer Oberlausitzkr.) 69 M 28
Friedersdorf (Weißeritzkreis) 68 N 24
Friedersdorf (Westlausitzkreis) 68 M 26
Friedersdorf b. Brenitz 56 K 24
Friedersreuth 88 Q 20
Friedewald (Kreis Altenkirchen) 61 N 7
Friedewald (Kreis Hersfeld-Rotenburg) 63 N 13
Friedewald (Kreis Meißen-Dresden) 68 M 24
Friedewalde 39 I 10
Friedingen (Kreis Biberach a. d. Riß) 102 V 12
Friedingen (Kreis Konstanz) 101 W 10
Friedländer Große Wiese 25 F 25
Friedland (Kreis Göttingen) 51 L 13
Friedland (Kreis Mecklenburg-Strelitz) 24 E 24
Friedland (Kreis Oder-Spree) 45 J 26
Friedlos 63 N 13
Friedmannsdorf 78 P 19
Friedrichroda 64 N 15
Friedrichsau 5 C 12
Friedrichsbrück 51 M 13
Friedrichsbrunn 53 K 17
Friedrichsdorf (Hochtaunuskreis) 74 P 9
Friedrichsdorf (Kreis Gütersloh) 38 K 9
Friedrichsfehn 27 G 8
Friedrichsfeld 5 C 12
Friedrichsfeld (Mannheim-) 84 R 9
Friedrichsfeld (Niederrhein) 46 L 3
Friedrichsgabe 19 E 13
Friedrichsgraben 8 D 12
Friedrichshafen 110 X 12
Friedrichshafen-Löwental (Flughafen) 110 X 12
Friedrichshagen 44 I 24
Friedrichshain 57 L 27
Friedrichshausen 62 M 10
Friedrichshöhe 53 L 16
Friedrichshofen 96 T 18
Friedrichsholm 8 D 12
Friedrichskoog 7 D 10
Friedrichsmoor 22 F 18
Friedrichsort 9 C 14
Friedrichsrode 52 L 15
Friedrichsruh (Aumühle) 20 F 15
Friedrichsruhe 22 F 19
Friedrichsruhe 85 S 12
Friedrichstadt 7 C 11
Friedrichstal 93 S 9
Friedrichsthal 81 S 5
Friedrichsthal (Kreis Nordhausen) 52 L 15
Friedrichsthal (Kreis Oberhavel) 34 H 23
Friedrichsthal (Kreis Uckermark) 35 G 27
Friedrichsthaler Wasserstraße 35 G 26
Friedrichswalde 39 J 11
Friedrichswalde 34 G 25
Friedrichswalde-Ottendorf 68 N 25
Friedrichswerth 64 N 15
Frielendorf 63 N 11
Frielingen (Kreis Hannover) 39 I 12
Frielingen (Kreis Hersfeld-Rotenburg) 63 N 12
Frielingen (Kreis Soltau-Fallingbostel) 30 H 13
Frielingsdorf 59 M 6
Friemar 65 N 16
Friemen 63 M 13
Friesack 33 H 21
Friesau 78 O 18
Friesdorf 53 L 17
Friesen 77 P 18
Friesenhagen 61 N 7
Friesenhausen (Kreis Fulda) 75 O 13
Friesenhausen (Kreis Haßberge) 76 P 15
Friesenheim 100 U 7
Friesenhofen 111 W 14
Friesenried 103 W 15
Friesheim 59 N 4
Friesoythe 27 G 7
Frießnitz 66 N 19
Frille 39 I 10
Frimmersdorf 58 M 3
Friolzheim 93 T 10
Frischborn 63 O 12
Fristingen 95 U 15
Frittlingen 101 V 10
Fritzdorf 60 O 5
Fritzlar 63 M 11
Fröbersgrün 66 O 20
Frömern 49 L 7
Frömmstedt 53 M 17
Fröndenberg 49 L 7
Frörup 5 B 12
Frössen 78 O 19
Frohburg 67 M 21
Frohnau 67 O 22
Frohnau (Berlin-) 34 I 23
Frohndorf 65 M 17
Frohngau 60 O 4
Frohnhausen (Kreis Höxter) 51 L 11
Frohnhausen (Kreis Waldeck-Frankenberg) 62 N 9
Frohnhausen (Lahn-Dill-Kreis) 62 N 8
Frohnlach 77 P 17
Frohnsdorf 67 N 21
Frohnstetten 102 V 11
Froitzheim 58 N 3
Frommenhausen 101 U 10
Frommern 101 V 10
Fronau 89 S 21
Fronberg 88 R 20
Fronhausen 62 N 10
Fronhofen 102 W 12
Fronreute 102 W 12
Fronrot 95 S 13
Frontenhausen 98 U 21
Froschgrundsee 77 O 17
Frose 53 K 18
Frosthövel 49 K 7
Frotheim 38 I 10
Frücht 73 P 7
Fuchshain 55 M 21
Fuchshofen 71 O 4
Fuchsmühl 78 Q 20
Fuchsstadt (Kreis Bad Kissingen) 75 P 13
Fuchsstadt (Kreis Schweinfurt) 76 P 15
Fuchsstadt (Kreis Würzburg) 86 Q 13
Fuchstal 104 W 16
Füchtenfeld 26 I 5
Füchtorf 37 J 8
Fühlingen (Köln) 59 M 4
Fünfbronn 93 U 9
Fünfeichen 45 J 27
Fünfhausen 20 F 14
Fünfstetten 96 T 16
Füramoos 103 W 13
Fürfeld (Kreis Heilbronn) 84 S 11
Fürfeld (Kreis Kreuznach) 83 Q 7
Fürholzen 105 V 20
Fürnheim 95 S 15
Fürnried 87 R 18
Fürstenau 37 I 7
Fürstenau 84 Q 11
Fürstenau (Dorf) 51 K 11
Fürstenberg 34 G 23
Fürstenberg 101 W 9
Fürstenberg (Kreis Paderborn) 50 L 10
Fürstenberg (Kreis Waldeck-Frankenberg) 62 M 10
Fürstenberg (Weser) 51 K 12
Fürsteneck 99 T 24
Fürstenfeldbruck 104 V 17
Fürstenhagen 24 F 24
Fürstenhagen (Kreis Northeim) 51 L 12
Fürstenhagen (Werra-Meißner-Kreis) 51 M 13
Fürstenlager 84 Q 9
Fürstensee 24 G 23
Fürstenstein 99 T 23
Fürstenwalde 68 N 25
Fürstenwalde (Spree) 45 I 26
Fürstenwerder 24 F 24
Fürstenzell 99 U 23
Fürth (Kreis Bergstraße) 84 R 10
Fürth (Kreis Neunkirchen) 81 R 5
Fürth (Nürnberg) 87 R 16
Fürth a. Berg 77 P 17
Fürweiler 80 R 3
Fürwigge-Stausee 61 M 7
Füsing 5 C 12
Füssen 112 X 16
Füssenich 58 N 3
Fützen 101 W 9
Fuhlen 39 J 11
Fuhlendorf 8 E 13
Fuhlendorf (Kreis Nordvorpommern) 11 C 21
Fuhlenhagen 21 F 15
Fuhne 54 L 20
Fuhrbach 52 L 15
Fuhrberg 30 I 13
Fuhrn 89 R 20
Fuhse 40 I 14
Fulda 63 O 13
Fuldabrück 51 M 12
Fuldatal 51 L 12
Fulde 30 H 12
Fulgenstadt 102 V 12
Fulkum 17 F 6
Fullen 26 H 5
Fullener Moor 26 H 5
Funkenhagen 24 G 24
Funnix 17 F 7
Furth (Kreis Landshut) 97 U 20
Furth (Kreis Straubing-Bogen) 91 T 22
Furth i. Wald 89 S 22
Furtle-Paß 95 T 13
Furtwangen 100 V 8
Fußgönheim 83 R 8

G

Gaarz 10 D 16
Gabelbach 103 U 15
Gaberndorf 65 N 17
Gablenz 57 L 28
Gablingen 104 U 16
Gabsheim 73 Q 8
Gachenbach 96 U 17
Gadebusch 21 E 17
Gadeland 9 D 14
Gadenstedt 40 J 14
Gadernheim 84 Q 10
Gaderoth 59 N 6
Gaditz 55 K 22
Gadow (Berlin) 33 G 21
Gadsdorf 44 J 23
Gächingen 102 U 12
Gädebehn (Kreis Demmin) 24 F 23
Gädebehn (Kreis Parchim) 22 F 18
Gägelow 22 E 18
Gänheim 76 Q 14
Gärtenroth 77 P 18
Gärtringen 93 U 10
Gaesdonk 46 L 2
Gäufelden 93 U 10
Gagel 32 H 18
Gager 13 D 25
Gaggenau 93 T 8
Gaggstadt 86 S 14
Gahlen 47 L 4
Gahlenz 67 N 23
Gahma 77 O 18
Gahro 56 K 25
Gahry 57 K 27
Gaibach 76 Q 14
Gaienhofen 109 W 10
Gailbach 75 Q 11
Gaildorf 94 S 13
Gailenkirchen 94 S 13
Gailingen 109 W 10
Gaimersheim 96 T 18
Gaimühle 84 R 11
Gaisbeuren 102 W 13
Gaißa 99 U 23
Gaißach 113 W 18
Gaistal 93 T 9
Gaisthal 89 R 21
Galenbecker See 25 F 25
Galgenberg 40 J 13
Gallin (Kreis Ludwigslust) 21 F 16
Gallin (Kreis Parchim) 23 F 20
Gallinchen 57 K 27
Gallmersgarten 86 R 14
Gallschütz 55 M 23
Gallun 44 J 24
Gambach (Kreis Main-Spessart) 75 P 13
Gambach (Wetteraukreis) 74 O 10
Gamburg 85 Q 12
Gammelby 5 C 13
Gammellund 5 C 12
Gammelsbach 84 R 10
Gammelsdorf 97 U 19
Gammelshausen 94 U 12
Gammendorf 10 C 17
Gammersfeld 96 T 17
Gammertingen 102 V 11
Gammesfeld 86 S 14
Gamsen 41 I 15
Gamshurst 92 T 8
Gamstädt 65 N 16
Ganacker 98 T 22
Gandenitz 34 G 24
Ganderkesee 29 G 9
Gandesbergen 29 H 11
Gangelt 58 N 1
Gangkofen 106 U 21
Gangloff 83 R 7
Gangloffsömmern 65 M 16
Ganschendorf 24 E 23
Ganschow 23 E 20
Gansheim 96 T 16
Ganspe 29 G 9
Gantikow 33 H 21
Ganzer 33 H 21
Ganzkow 24 F 24
Ganzlin 23 F 20
Ganzow 21 E 17
Garbeck 49 M 7
Garbek 9 D 15
Garbenteich 62 O 10
Garbsen 39 I 12
Garching a. d. Alz 106 V 21
Garching b. München 105 V 18
Gardelegen 42 I 18
Gardessen 41 J 16
Garding 7 D 10
Garenernieholt 27 H 7
Garham 99 T 23
Garitz (Kreis Anhalt-Zerbst) 43 K 20
Garitz (Kreis Bad Kissingen) 76 P 14
Garlin 32 G 19
Garlipp 32 I 18
Garlitz (Kreis Havelland) 33 I 21
Garlitz (Kreis Ludwigslust) 21 G 17
Garlstedt 18 G 10
Garlstorf (Kreis Harburg) 20 G 14
Garlstorf (Kreis Lüneburg) 21 F 16
Garmisch-Partenkirchen 112 X 17
Garmissen-Garbolzum 40 J 14
Garnholterdamm 17 G 8
Garnsdorf 67 N 22
Garrel 27 H 8
Gars am Inn 105 V 20
Gars-Bahnhof 106 V 20
Garsdorf 88 R 19
Garsebach 68 M 24
Garsena 54 L 19
Garßen 30 I 14
Garstadt 76 Q 14
Garstedt (Kreis Harburg) 20 G 14
Garstedt (Kreis Segeberg) 19 E 13
Gartenberg 104 W 18
Gartenstadt 9 D 13
Gartow (Kreis Lüchow-Dannenberg) 32 G 18
Gartow (Kreis Ostprignitz-Ruppin) 33 H 21
Gartower Forst 32 H 18
Gartrop-Bühl 47 L 4
Gartz 25 G 27
Garvensdorf 10 E 19
Garwitz 22 F 19
Garz (Kreis Ostprignitz-Ruppin) 33 H 21
Garz (Kreis Ostvorpommern) 15 E 26
Garz (Kreis Prignitz) 32 G 20
Garz (Rügen) 13 D 24

Garze 21 G 16
Garzin 35 I 25
Gatersleben 53 K 17
Gatow (Berlin) 44 I 23
Gatow (Kreis Uckermark) 35 G 27
Gattendorf 78 P 19
Gattenhofen 86 R 14
Gatterstädt 53 L 18
Gau-Algesheim 73 Q 8
Gau-Bickelheim 73 Q 8
Gau-Bischofsheim 73 Q 8
Gau-Odernheim 83 Q 8
Gauangelloch 84 R 10
Gauaschach 75 P 13
Gaudernbach 73 O 8
Gauernitz 68 M 24
Gauersheim 83 R 8
Gauerstadt 77 P 16
Gaugrehweiler 83 Q 7
Gaukönigshofen 86 R 13
Gaunitz 55 L 23
Gauselfingen 102 V 11
Gaushorn 7 D 11
Gaußig 69 M 26
Gauting 104 V 18
Gebelzig 69 M 28
Gebenbach 88 R 19
Gebersdorf 44 K 24
Gebersdorf 97 T 20
Gebertshofen 87 R 18
Gebesee 65 M 16
Gebhardshagen 40 J 15
Gebhardshain 61 N 7
Gebrazhofen 111 W 13
Gebrontshausen 97 U 19
Gebsattel 86 R 14
Gebstedt 65 M 18
Gechingen 93 T 10
Geckenheim 86 R 14
Geddelsbach 94 S 12
Gedelitz 32 G 17
Gedenkstätte 30 H 13
Gedeonseck 71 P 6
Gedern 75 O 11
Geesdorf 86 Q 15
Geesow 25 G 27
Geeste 26 I 5
Geestemünde 18 F 9
Geestenseth 18 F 10
Geestgottberg 32 H 19
Geesthacht 20 F 15
Geestmoor 28 I 9
Gefäll 76 P 13
Gefell (Kreis Sonneberg) 77 P 17
Gefell (Saale-Orla-Kreis) 78 O 19
Gefrees 78 P 19
Gegensee 25 F 26
Gehaus 64 N 14
Gehlberg 65 N 16
Gehlenberg 27 H 7
Gehlsdorf 11 D 20
Gehlweiler 73 Q 6
Gehofen 53 M 17
Gehrde 27 I 8
Gehrden (Kreis Hannover) 39 J 12
Gehrden (Kreis Höxter) 51 L 11
Gehrden (Kreis Stade) 19 E 11
Gehren (Ilm-Kreis) 65 O 17
Gehren (Kreis Dahme-Spreewald) 56 K 24
Gehren (Kreis Uecker-Randow) 25 F 25
Gehrenberg 110 W 12
Gehrendorf 41 I 17
Gehrenrode 40 K 14
Gehringswalde 67 O 23
Gehrweiler 83 R 7
Geibenstetten 97 T 19
Geichlingen 80 Q 2
Geiersberg 75 Q 12
Geiersthal 91 S 22
Geierswalde 56 L 26
Geigant 89 S 22
Geigelstein 114 W 21
Geilenkirchen 58 N 2
Geilshausen 62 O 10
Geilsheim 95 S 15
Geinsheim (Kreis Groß-Gerau) 74 Q 9
Geinsheim (Kreis Neustadt a. d. Weinstr.) 83 S 8
Geisa 64 N 13
Geisberg 77 Q 17
Geisecke 49 L 6
Geiselbach 75 P 11
Geiselberg 81 S 7
Geiselbullach 104 V 18
Geiselhöring 98 T 21
Geiselwind 86 Q 15
Geisenfeld 97 T 18
Geisenhain 66 N 19
Geisenhausen (Kreis Landshut) 105 U 20
Geisenhausen (Kreis Pfaffenhofen a. d. Ilm) 97 U 18
Geisenheim 73 Q 7
Geisfeld 77 Q 17
Geising 68 N 25
Geisingberg 68 N 25
Geisingen (Kreis Reutlingen) 102 V 12
Geisingen (Kreis Tuttlingen) 101 W 9
Geisleden 52 L 14
Geisling 90 T 20
Geislingen (Ostalbkreis) 95 T 15
Geislingen (Zollernalbkreis) 101 V 10
Geislingen a. d. Steige 94 U 13
Geislingen a. Kocher 85 S 13
Geismar (Göttingen) 52 L 13
Geismar (Kreis Eichsfeld) 52 M 14
Geismar (Kreis Waldeck-Frankenberg) 62 M 10
Geismar (Schwalm-Eder-Kreis) 63 M 11
Geismar (Wartburgkreis) 63 N 13
Geiß-Nidda 74 O 10
Geißhöhe 75 Q 11
Geißlingen 86 R 14
Geisweid (Siegen) 61 N 7
Geitau 113 W 19
Geitelde 40 J 15
Geithain 67 M 22
Gelbach 73 O 7
Gelbensande 11 D 20
Gelchsheim 86 R 14
Geldern 46 L 2
Geldersheim 76 P 14
Gelenau (Erzgebirge) 67 N 22
Gelenau (Lückersdorf-) 68 M 26
Gellen 13 C 23
Gellendorf 37 J 6
Gellershagen 38 J 9
Gellershausen 76 P 16
Gellershausen 62 M 11
Gellmersdorf 35 H 26
Gelmer 37 J 7
Gelnhaar 75 O 11
Gelnhausen 75 P 11
Gelsdorf 60 O 5
Gelsenkirchen 47 L 5
Geltendorf 104 V 17
Gelting 5 B 13
Gelting 104 W 18
Geltinger Bucht 5 B 13
Geltolfing 98 T 21
Geltorf 5 C 12
Geltow 43 I 22
Gembeck 50 L 10
Gemeinfeld 76 P 15
Gemen 36 K 4
Gemmerich 73 P 7
Gemmingen 84 S 10
Gemmrigheim 94 S 11
Gempfing 96 T 16
Gemünd 70 Q 2
Gemünd (Eifel) 70 O 3
Gemünden (Rhein-Hunsrück-Kreis) 73 Q 6
Gemünden (Westerwaldkreis) 61 O 8
Gemünden (Felda) 62 N 11
Gemünden (Wohra) 62 N 10
Gemünden a. Main 75 P 13
Genderkingen 96 T 16
Gendorf 106 V 22
Gengenbach 100 U 8
Genkel-Stausee 61 M 6
Genkingen 102 U 11
Gennach 104 V 16
Genschmar 35 I 27
Genshagen 44 J 23
Gensingen 73 Q 7
Gensungen 63 M 12
Gentha 55 K 22
Genthin 42 I 20
Gentingen 80 Q 2
Genzkow 24 F 24
Georgenberg 89 Q 21
Georgensgmünd 87 S 17
Georgenthal 64 N 15
Georgsdorf 26 I 5
Georgsfeld 17 F 6
Georgsheil 17 F 5
Georgsmarienhütte 37 J 8
Gera 66 N 20
Geraberg 65 N 16
Gerabronn 85 S 13
Gerach 77 P 16
Geratskirchen 106 U 21
Gerbach 83 Q 7
Gerbershausen 52 L 13
Gerbisbach 55 K 22
Gerbitz 54 K 19
Gerblingerode 52 L 14
Gerbrunn 86 Q 13
Gerbstedt 53 L 18
Gerchsheim 85 Q 13
Gerdau 31 H 15
Gerdehaus 30 H 14
Gerderath 58 M 2
Gerdshagen (Kreis Bad Doberan) 11 E 19
Gerdshagen (Kreis Güstrow) 23 E 20
Gerdshagen (Kreis Prignitz) 23 G 20
Gereonsweiler 58 N 2
Geretsried 105 W 18
Gereuth 77 P 16
Gergweis 98 U 22
Gerhardsbrunn 81 R 6
Gerhardshofen 86 R 16
Gerhardtsgereuth 76 O 16
Gerhausen 102 U 13
Gerichshain 55 L 21
Gerichtstetten 85 R 12
Gering 71 P 5
Geringswalde 67 M 22
Gerlachsheim 85 R 13
Gerlebogk 54 K 19
Gerlfangen 80 R 3
Gerlingen 61 N 7
Gerlingen 94 T 11
Germannsdorf 99 U 25
Germaringen 103 W 16
Germendorf 34 H 23
Germering 104 V 18
Germerode 63 M 13
Germersheim 84 S 9
Germete 51 L 11
Germeter 58 N 3
Gernach 76 Q 14
Gernlinden 104 V 17
Gernrode (Kreis Eichsfeld) 52 L 15
Gernrode (Kreis Quedlinburg) 53 K 17
Gernsbach 93 T 8
Gernsheim 84 Q 9
Geroda 75 P 13
Gerold 112 X 17
Geroldsau 93 T 8
Geroldsgrün 77 O 18
Geroldshausen 85 Q 13
Geroldshausen i.d. Hallertau 97 U 18
Geroldstein 73 P 7
Gerolfing 96 T 18
Gerolfingen 95 S 15
Gerolsbach 96 U 18
Gerolstein 70 P 4
Gerolzahn 85 R 11
Gerolzhofen 76 Q 15
Gersbach (Kreis Pirmasens) 83 S 6
Gersbach (Kreis Waldshut) 108 W 7
Gersberg 87 R 18
Gersdorf 87 R 18
Gersdorf (Kreis Bad Doberan) 10 D 19
Gersdorf (Kreis Chemnitzer Land) 67 N 22
Gersdorf (Niederschlesischer Oberlausitzkr.) 69 M 28
Gersdorf (Krugge-) 35 H 25
Gersdorf b. Leisnig 67 M 22
Gersdorf-Möhrsdorf 68 M 26
Gersfeld 75 O 13
Gersheim 82 S 5
Gersprenz 84 Q 10
Gerstedt 31 H 17
Gersten 27 I 6
Gerstenberg 66 M 21
Gerstengrund 64 N 14
Gerstetten 95 U 14
Gersthofen 104 U 16
Gerstruben 111 X 14
Gerstungen 64 N 14
Gerswalde 34 G 25
Gertenbach 51 L 13
Gerthausen 64 O 14
Gerthe 47 L 5
Gerwisch 42 J 19
Gerzen 40 K 13
Gerzen 98 U 21
Geschendorf 9 E 15
Gescher 36 K 5
Geschwand 87 Q 17
Geschwend 100 W 7
Geschwenda 65 N 16
Gesees 77 Q 18
Geseke 50 L 9
Geslau 86 R 14
Gesmold 37 J 8
Gessertshausen 104 V 16
Gestorf 40 J 13
Gestratz 111 X 13
Gestringen 38 I 9
Gestungshausen 77 P 17
Getelo 36 I 4
Getmold 38 I 9
Gettorf 9 C 13
Geusa 54 L 19
Geusfeld 76 Q 15
Geußnitz 66 M 20
Geutenreuth 77 P 17
Gevelinghausen 50 L 9
Gevelsberg 48 M 6
Gevelsdorf 58 M 3
Gevenich (Kreis Cochem-Zell) 71 P 5
Gevenich (Kreis Düren) 58 N 2
Gevensleben 41 J 16
Geversdorf 18 E 11
Gewissenruh 51 L 12
Gey 58 N 3
Geyen 59 N 4
Geyer 67 O 22
Geyersdorf 67 O 23
Gfäll 90 S 21
Gichenbach 75 O 13
Giebelstadt 85 R 13
Giebing 105 U 18
Gieboldehausen 52 L 14
Giebringhausen 50 L 10
Gieckau (Burgenlandkreis) 66 M 19
Giekau 9 D 15
Gielde 41 J 15
Gielow 24 E 22
Gielsdorf 35 I 25
Giengen a. d. Brenz 95 U 14
Gierath 58 M 3
Giershagen 50 L 10
Giersleben 53 K 18
Gierstädt 65 M 16
Giesel 75 O 12
Gieselwerder 51 L 12
Giesen 40 J 13
Giesenhorst 33 H 21
Giesenkirchen 58 M 3
Giesensdorf 45 J 26
Gieseritz 31 H 17
Gießelrade 9 D 15
Gießen 62 O 10
Gießen 111 W 13
Gießmannsdorf 44 K 25
Gießübel 65 O 16
Gievenbeck 37 K 6
Gifhorn 41 I 15
Giflitz 63 M 11
Giggenhausen 105 U 18
Gilching 104 V 17
Gildehaus 36 J 5
Gilfershausen 63 N 13
Gillenfeld 71 P 4
Gillersheim 52 L 14
Gillrath 58 N 2
Gilmerdingen 30 G 13
Gilsbach 61 N 8
Gilserberg 62 N 11
Gilten 30 H 12
Gimborn 59 M 6
Gimbsheim 84 Q 9
Gimbte 37 J 6
Gimmeldingen 83 R 8
Gimmlitz 68 N 24
Gimritz 54 L 19
Gimte 51 L 12
Ginderich 46 L 3
Gindorf 70 P 3
Gingen 94 U 13
Gingst 13 C 23
Ginsheim 74 Q 9
Ginsweiler 81 R 6
Girbigsdorf 69 M 28
Girkhausen 62 M 9
Girod 73 O 7
Gischow 23 F 20
Gisingen 80 S 3
Gisseltshausen 97 T 20
Gissigheim 85 R 12
Gistenbeck 31 H 16
Gittelde 52 K 14
Gitter 40 J 15
Gittersdorf 63 N 12
Gladau 42 J 20
Gladbach 58 N 3
Gladbeck 47 L 5
Gladdenstedt 31 I 16
Gladebeck 51 L 13
Gladenbach 62 N 9
Gladigau 32 H 18
Glaisin 22 G 18
Glambeck 34 G 25
Glambeck 34 H 23
Glan 83 Q 7
Glan-Münchweiler 81 R 6
Glanbrücken 81 R 6
Glandorf 37 J 8
Glane 37 J 8
Glasau 9 D 15
Glasewitz 23 E 20
Glashofen 85 R 12
Glashütte 39 K 11
Glashütte (Kreis Miesbach) 113 X 18
Glashütte (Kreis Segeberg) 20 E 14
Glashütte (Kreis Sigmaringen) 102 W 11
Glashütte (Kreis Uecker-Randow) 25 F 26
Glashütte (Weißeritzkreis) 68 N 25
Glashütten 77 Q 18
Glashütten (Hochtaunuskreis) 74 P 9
Glashütten (Wetteraukreis) 75 O 11
Glasin 22 E 19
Glasow (Kreis Demmin) 14 E 22
Glasow (Kreis Teltow-Fläming) 44 I 24
Glasow (Kreis Uecker-Randow) 25 F 26
Glaßdorf 27 H 7
Glasstraße 78 Q 19
Glasten 67 M 22
Glatt 101 U 9
Glattbach 75 P 11
Glatten 101 U 9
Glau 44 J 23
Glaubitz 56 M 24
Glauburg 74 P 11
Glaucha 55 L 21
Glauchau 67 N 21
Glebitzsch 54 L 20
Glees 71 O 5
Gleesen 36 I 6
Glehn (Kreis Euskirchen) 60 O 3
Glehn (Kreis Neuss) 48 M 3
Gleichamberg 76 O 15
Gleichen 52 L 14
Gleichen 63 M 11
Gleidingen 40 J 13
Gleidorf 62 M 8
Gleierbrück 61 M 8
Gleina (Burgenlandkreis) 54 M 19
Gleina (Kreis Altenburger Land) 66 N 21
Gleiritsch 89 R 20
Gleisberg 67 M 23
Gleismuthhausen 76 P 16
Gleißenberg (Kreis Cham) 89 S 22
Gleißenberg (Kreis Erlangen-Höchstadt) 86 Q 15
Glems 94 U 11
Glentorf 41 J 16
Glesch 58 N 3
Gleschendorf 9 D 15
Glesien 54 L 20
Glesse 39 K 12
Glessen 59 N 4
Gletschergarten 114 W 22
Gleuel 59 N 4
Gleusdorf 77 P 16
Gleußen 77 P 16
Glewitz 14 D 22
Glienecke 43 J 21
Glienick 44 J 24
Glienicke 45 J 26
Glienicke (Nordbahn) 34 I 23
Glienig 44 K 24
Glienke 24 F 24
Glind 18 E 10
Glinde 42 J 19
Glinde (Kreis Rotenburg) 18 F 11
Glinde (Kreis Stormarn) 20 F 14
Glindenberg 42 J 19
Glindow 43 I 22
Glinstedt 18 F 11
Glissen (b. Nienburg) 29 I 11
Glissen (b. Petershagen) 39 I 10
Globig-Bleddin 55 K 22
Glösingen 49 L 8
Glöthe 42 K 19
Glött 95 U 15
Glöwen 33 H 20
Glonn (Kreis Dachau) 104 U 18
Glonn (Kreis Ebersberg) 105 W 19
Glossen 55 M 22
Glottertal 100 V 7
Glowe 13 C 24
Glücksburg 5 B 12
Glückstadt 19 E 12
Glüsing 7 D 11
Gmünd (Kreis Neustadt a. d. Waldnaab) 88 Q 19
Gmünd (Kreis Regensburg) 90 T 21
Gmund 113 W 19
Gnadau 42 K 19
Gnadensee 110 W 11
Gnandstein 67 M 21
Gnarrenburg 18 F 11
Gnaschwitz-Doberschau 69 M 27
Gneisenaustadt Schildau 55 L 22
Gnemern 11 E 19
Gneven 22 F 18
Gnevezow 24 E 22
Gnevkow 24 E 23
Gnevsdorf 23 F 20
Gnewikow 33 H 22
Gnissau 9 D 15
Gnitz 15 D 25
Gnötzheim 86 R 14
Gnoien 14 E 22
Gnotzheim 96 S 16
Gnutz 8 D 13
Goch 46 K 2
Gochsheim (Kreis Karlsruhe) 93 S 10
Gochsheim (Kreis Schweinfurt) 76 P 14
Gockenholz 30 I 14
Godau 9 D 15
Goddelau 74 Q 9
Goddelsheim 50 M 10
Goddin (Kreis Demmin) 24 F 23
Goddin (Kreis Nordwestmecklenburg) 21 E 17
Goddula 54 M 20
Godelheim 51 K 12
Godenau 40 J 13
Godendorf 24 G 23
Godensholt 27 G 7
Godenstedt 19 G 11
Godern 22 F 18
Godlsham 106 U 22
Göbel 42 J 20
Göbrichen 93 T 10
Göda 69 M 26
Göddeckenrode 41 J 15
Gödenroth 71 P 6
Gödens 17 F 7
Gödenstorf 30 G 14
Gödestorf 29 H 10
Gödnitz 42 K 19
Göffingen 102 V 12
Göggelsbuch 87 S 17
Göggingen 95 T 12
Göggingen (Kreis Sigmaringen) 102 V 11
Göggingen (Stadtkreis Augsburg) 104 U 16
Gögglingen 103 U 13
Göhl 10 D 16
Göhlen 22 G 18
Göhlen (Kreis Oder-Spree) 45 J 27
Göhlis 55 M 24
Göhlsdorf 43 I 22
Göhrde 31 G 16
Göhrde (Forst) 31 G 16
Göhren 96 T 17
Göhren (Kreis Altenburger Land) 66 N 21
Göhren (Kreis Ludwigslust) 32 G 18
Göhren (Kreis Mecklenburg-Strelitz) 24 F 24
Göhren (Kreis Parchim) 22 F 18
Göhren (Kreis Rügen) 13 C 25
Göhren-Döhlen 66 N 20
Göhren-Lebbin 23 F 21
Göhrendorf 54 L 18

Göldenitz (Kreis Bad Doberan) 11 D 20
Göldenitz (Kreis Herzogtum Lauenburg) 21 E 15
Gölenkamp 26 I 4
Göllheim 83 R 8
Göllin 22 E 19
Göllingen 53 L 17
Göllnitz 56 L 25
Gölsdorf (Kreis Oder-Spree) 45 I 26
Gölsdorf (Kreis Teltow-Fläming) 43 K 22
Gömnigk 43 J 22
Gömnitz 9 D 16
Gönnebek 9 D 14
Gönnern 62 N 9
Gönningen 102 U 11
Göppingen 94 T 12
Görgeshausen 73 O 7
Görike 33 H 20
Görisried 111 W 15
Göritz (Kreis Anhalt-Zerbst) 43 K 21
Göritz (Kreis Uckermark) 25 F 25
Göritzhain 67 N 22
Görke 24 E 24
Görlitz 69 M 28
Görlsdorf (Kreis Märkisch-Oderland) 35 I 26
Görlsdorf (Kreis Uckermark) 35 G 25
Görmar 52 M 15
Görmin 14 E 23
Görne 33 H 21
Görsbach 53 L 16
Görschlitz 55 L 21
Görsdorf (b. Beeskow) 45 J 26
Görsdorf (b. Storkow) 44 J 25
Görsdorf (Kreis Teltow-Fläming) 44 K 24
Görsroth 73 P 8
Görwihl 108 X 8
Görzhain 63 N 12
Görzig (Kreis Köthen) 54 L 19
Görzig (Kreis Oder-Spree) 45 J 26
Görzig (Kreis Riesa-Großenhain) 56 L 24
Görzke 43 J 21
Göschberg 87 S 18
Göschitz 66 O 19
Göschweiler 101 W 8
Gösmes 78 P 18
Gösselborn 65 N 17
Gössenheim 75 P 13
Gössersdorf 77 P 18
Gössitz 65 O 18
Gößlow 21 F 17
Gößnitz 66 N 21
Gößweinstein 87 Q 18
Göthen 29 I 10
Götschendorf 34 G 25
Göttelfingen 93 U 9
Göttengrün 78 O 19
Göttersdorf 98 U 22
Göttin 43 I 21
Götting 105 W 19
Göttingen 52 L 13
Göttingen 103 U 14
Göttingen (Kreis Marburg-Biedenkopf) 62 N 10
Göttingen (Kreis Warendorf) 50 L 8
Göttlin 33 I 20
Göttlkofen 98 U 20
Götz 43 I 22
Götzdorf 19 F 12
Götzendorf 88 R 20
Götzenhain 74 Q 10
Götzerberge 43 I 22
Götzing 106 W 22
Götzingen 85 R 12
Göxe 39 I 12
Gohfeld 39 J 10
Gohlefanz 31 H 16
Gohlis (Kreis Riesa-Großenhain) 55 L 23
Gohlis (Leipzig) 54 L 21
Gohlitz 43 I 22
Gohr 59 M 4
Gohrau 54 K 21
Gohrisch 68 N 26
Gokels 8 D 12
Golchen 24 E 23
Goldach 105 V 19
Goldbach (Bodenseekreis) 110 W 11
Goldbach (Kreis Aschaffenburg) 75 Q 11
Goldbach (Kreis Bautzen) 68 M 26
Goldbach (Kreis Gotha) 64 N 15
Goldbach (Kreis Schwäbisch-Hall) 95 S 14
Goldbeck (Kreis Schaumburg) 39 J 11
Goldbeck (Kreis Stade) 19 F 12
Goldbeck (Kreis Stendal) 32 H 19
Goldberg (Kreis Nordwestmecklenburg) 11 E 19
Goldberg (Kreis Parchim) 23 F 20
Goldberger See 23 F 20
Goldebek 4 B 11
Goldelund 4 B 11
Goldenbaum 24 G 23
Goldenbek 9 E 15
Goldenbow 22 F 19
Goldene Aue 53 L 16
Goldensee 21 E 16
Goldenstädt 22 F 18
Goldenstedt 28 H 9
Goldisthal 77 O 17
Goldkronach 78 P 19
Goldlauter 64 O 16
Goldmühl 78 P 19
Goldscheuer 92 U 7
Golkrath 58 M 2
Gollach 86 R 14
Gollachostheim 86 R 14
Gollensdorf 32 H 18
Gollenshausen 106 W 21
Gollhofen 86 R 14
Gollin 34 G 24
Gollmitz (Kreis Oberspreewald-Lausitz) 56 K 25
Gollmitz (Kreis Uckermark) 25 G 25
Gollmuthhausen 76 O 15
Gollwitz (b. Brandenburg) 43 I 21
Gollwitz (b. Wusterwitz) 43 I 20
Gollwitz (Kreis Nordwestmecklenburg) 10 D 18
Golm (Kreis Mecklenburg-Strelitz) 24 F 24
Golm (Kreis Potsdam-Mittelmark) 43 I 22
Golmbach 39 K 12
Golmberg 44 J 24
Golmsdorf 66 N 19
Golßen 44 K 24
Goltoft 5 C 13
Goltzscha 68 M 24
Golzheim 58 N 3
Golzow (Kreis Barnim) 34 H 25
Golzow (Kreis Märkisch-Oderland) 35 I 27
Golzow (Kreis Potsdam-Mittelmark) 43 J 21
Golzwarden 18 F 9
Gomadingen 102 U 12
Gomaringen 102 U 11
Gommern 42 J 19
Gommersheim 83 S 8
Gommla 66 N 20
Gompertshausen 76 P 15
Gompitz 68 M 24
Gondelsheim 93 S 9
Gondershausen 71 P 6
Gondorf 71 P 6
Gonna 53 L 17
Gonnesweiler 81 R 5
Gontershausen 62 N 10
Gonterskirchen 74 O 11
Gonzerath 72 Q 5
Goosefeld 8 C 13
Gorden 56 L 24
Gorenzen 53 L 18
Gorgast 35 I 27
Gorkow 25 F 26
Gorleben 32 G 18
Gorlosen 32 G 18
Gornau 67 N 23
Gornewitz 55 M 22
Gornhausen 72 Q 5
Gornsdorf 67 N 22
Gorschendorf 24 E 22
Gorsdorf-Hemsendorf 55 K 22
Gorsleben 53 M 17
Gorspen 39 I 11
Gortz 43 I 21
Gorxheimertal 84 R 10
Gosbach 94 U 13
Gosberg 87 Q 17
Gosda 56 K 25
Gosda I 57 K 27
Goseck 66 M 19
Gosen 44 I 25
Gosheim (Kreis Donau-Ries) 96 T 16
Gosheim (Kreis Tuttlingen) 101 V 10
Goslar 40 K 15
Gospenroda 64 N 14
Gossa 54 K 21
Gossel 65 N 16
Gossenberg 77 P 16
Gossenzugen 102 V 12
Gossersdorf 91 S 22
Gosserweiler-Stein 83 S 7
Goßfelden 62 N 10
Goßmannsdorf 76 P 15
Goßmannsdorf (Ochsenfurt) 86 Q 14
Goßmar (Kreis Dahme-Spreewald) 56 K 25
Goßmar (Kreis Elbe-Elster) 56 K 25
Gotha (b. Erfurt) 64 N 16
Gotha (b. Leipzig) 55 L 21
Gothel 28 H 9
Gothensee 15 E 26
Goting 4 B 9
Gottberg 33 H 21
Gottenheim 100 V 7
Gottesgabe 21 F 17
Gotteszell 91 T 22
Gottfrieding 98 U 21
Gotthun 23 F 21
Gottmadingen 109 W 10
Gottmannshofen 96 U 16
Gottorf 5 C 12
Gottow 44 J 23
Gottsbüren 51 L 12
Gottsdorf 99 U 25
Gotzenalm 114 X 22
Goxel 36 K 5
Goyatz-Guhlen 45 J 26
Graach a. d. Mosel 72 Q 5
Graal-Müritz 11 D 20
Grab 94 S 12
Grabau (Kreis Lüchow-Dannenberg) 31 G 17
Grabau (Kreis Stormarn) 20 E 14
Grabe 52 M 15
Graben 104 V 16
Graben-Neudorf 84 S 9
Grabenstätt 106 W 21
Grabenstetten 94 U 12
Grabko 45 K 27
Grabo 55 K 22
Grabow (Bucht) 12 C 22
Grabow (Kreis Jerichower Land) 42 J 19
Grabow (Kreis Ludwigslust) 22 G 18
Grabow (Kreis Lüchow-Dannenberg) 31 G 17
Grabow (Kreis Rügen) 13 D 24
Grabow b. Blumenthal 33 G 21
Grabow-Below 23 G 21
Grabow-Buckow 23 G 20
Grabowhöfe 23 F 21
Grabstede 17 F 7
Graditz 55 L 23
Gräben 43 J 21
Gräbendorf 44 J 25
Gräfelfing 104 V 18
Gräfenberg 87 R 17
Gräfenbuch 86 R 15
Gräfendorf 75 P 13
Gräfendorf (Kreis Elbe-Elster) 55 L 23
Gräfendorf (Kreis Teltow-Fläming) 44 K 23
Gräfendorf (Kreis Torgau-Oschatz) 55 L 22
Gräfenhäusling 77 P 17
Gräfenhain (Kreis Gotha) 64 N 16
Gräfenhain (Westlausitzkreis) 68 M 25
Gräfenhainichen 54 K 21
Gräfenhausen (Enzkreis) 93 T 9
Gräfenhausen (Kreis Darmstadt-Dieburg) 74 Q 9
Gräfenneuses 86 Q 15
Gräfenroda 65 N 16
Gräfenstein 83 S 7
Gräfensteinberg 96 S 16
Gräfenthal 77 O 17
Gräfentonna 64 M 16
Gräfenwarth 66 O 19
Gräfinau-Angstedt 65 N 17
Gräfrath 48 M 5
Gräningen 33 I 21
Gräpel 19 F 11
Graes 36 J 4
Grävenwiesbach 74 O 9
Grafel 19 F 11
Grafeld 27 I 7
Grafenaschau 112 X 17
Grafenau (Kreis Böblingen) 93 T 10
Grafenau (Kreis Freyung-Grafenau) 99 T 24
Grafenberg 96 S 17
Grafengehaig 77 P 18
Grafenhausen 101 W 8
Grafenhausen (Kappel-) 100 V 7
Grafenkirchen 89 S 21
Grafenreuth 89 Q 20
Grafenrheinfeld 76 P 14
Grafentraubach 97 T 20
Grafenwald 47 L 4
Grafenwiesen 89 S 22
Grafenwöhr 88 Q 19
Grafhorst 41 I 16
Grafing 105 V 19
Grafling 98 T 22
Grafrath 104 V 17
Grafschaft (Hochsauerlandkreis) 62 M 8
Grafschaft (Kreis Ahrweiler) 60 O 5
Grafschaft (Kreis Friesland) 17 F 7
Grafwegen 46 K 1
Grainau 112 X 17
Grainbach 113 W 20
Grainet 99 T 24
Graitschen 66 N 19
Grambek 21 F 16
Grambin 25 E 26
Grambow (Kreis Nordwestmecklenburg) 21 F 17
Grambow (Kreis Parchim) 23 F 20
Grambow (Kreis Uecker-Randow) 25 F 27
Gramkow 10 E 17
Grammdorf 9 D 16
Grammendorf 14 D 22
Grammentin 24 E 22
Grammow 11 D 21
Gramschatz 76 Q 13
Gramschatzer Wald 85 Q 13
Gramtitz 13 C 23
Gramzow (Kreis Ostvorpommern) 24 E 24
Gramzow (Kreis Uckermark) 25 G 26
Grande 20 F 15
Grandenborn 64 M 14
Granestausee 40 K 15
Granheim 102 V 12
Granitz 13 C 24
Grano 45 K 27
Granschütz 66 M 20
Gransebieth 14 D 22
Gransee 34 G 23
Granstedt 19 F 11
Granterath 58 M 2
Granzin (Kreis Mecklenburg-Strelitz) 24 F 22
Granzin (Kreis Parchim) 23 F 19
Granzin b. Boizenburg 21 F 16
Granzow 33 H 20
Grapzow 24 E 23
Grasberg 29 G 10
Grasbrunn 105 V 19
Grasdorf (Kreis Grafschaft Bentheim) 36 I 4
Grasdorf (Kreis Hannover) 40 J 13
Grasdorf (Kreis Verden) 29 G 11
Grasellenbach 84 R 10
Grasleben 41 J 17
Grassau 114 W 21
Grassau (Kreis Elbe-Elster) 55 K 23
Grassau (Kreis Stendal) 32 H 19
Grassel 41 I 15
Graßlfing 97 T 20
Graste 40 K 13
Graswang 112 X 17
Grattersdorf 99 T 23
Grattstadt 77 O 16
Grauel 8 D 13
Grauen (Kreis Harburg) 19 F 13
Grauen (Kreis Soltau-Fallingbostel) 30 G 13
Grauenhagen 24 F 24
Grauhof (Goslar) 40 K 15
Graulingen 31 H 15
Graupa 68 M 25
Graustein 57 L 27
Grauwallkanal 18 F 9
Grave 39 K 12
Gravenhorst 41 I 15
Grebbin 23 F 19
Grebenau 63 N 12
Grebendorf 52 M 14
Grebenhagen 63 N 12
Grebenhain 75 O 12
Grebenstein 51 L 12
Grebin 9 D 15
Grebs (Kreis Ludwigslust) 21 G 17
Grebs (Kreis Potsdam-Mittelmark) 43 J 21
Grebshorn 31 I 15
Greding 96 S 18
Greene 52 K 13
Greetsiel 16 F 5
Greffen 37 K 8
Greffern 92 T 8
Grefrath (Kreis Neuss) 46 L 3
Grefrath (Kreis Viersen) 48 M 3
Greifenberg 104 V 17
Greifendorf 67 M 23
Greifenhagen 53 L 18
Greifenhain (Kreis Leipziger Land) 67 M 21
Greifenhain (Kreis Spree-Neiße) 56 L 26
Greifenstein 62 O 8
Greiffenberg 35 G 25
Greifswald 13 D 24
Greifswalder Bodden 13 D 24
Greifswalder Oie 15 D 25
Greiling 113 W 18
Greilsberg 97 T 20
Greimerath (Kreis Bernkastel-Wittlich) 71 P 4
Greimerath (Kreis Trier-Saarburg) 80 R 4
Grein 84 R 10
Greiselbach 95 S 15
Greising 98 T 23
Greiz 66 O 20
Gremersdorf (Kreis Nordvorpommern) 12 D 22
Gremersdorf (Kreis Ostholstein) 10 C 16
Gremheim 95 U 15
Gremmelsbach 101 V 8
Gremmendorf 37 K 7
Gremsdorf 87 Q 16
Gremsmühlen 9 D 15
Grenderich 71 P 5
Grenz 25 F 26
Grenzach-Wyhlen 108 X 7
Greppin 54 L 20
Gresaubach 81 R 4
Gresenhorst 11 D 21
Gresgen 108 W 7
Gresse 21 F 16
Gressenich 58 N 2
Gressow 21 E 17
Greßthal 76 P 14
Grethem 30 H 12
Grethen 55 M 21
Gretlsmühle 97 U 20
Grettstadt 76 Q 14
Greußen 53 M 16
Greußenheim 85 Q 13
Greuth 86 Q 15
Greven 37 J 6
Greven (Kreis Ludwiglust) 21 F 16
Greven (Kreis Parchim) 23 F 19
Grevenbroich 58 M 3
Grevenbrück 61 M 8
Grevenhagen 50 K 10
Grevenkrug 9 D 14
Grevenstein 49 M 8
Grevesmühlen 21 E 17
Gribbohm 8 D 12
Gribow 14 E 24
Grieben (Kreis Nordwestmecklenburg) 21 E 17
Grieben (Kreis Oberhavel) 34 H 23
Grieben (Kreis Rügen) 13 C 23
Grieben (Kreis Stendal) 42 I 19
Griebenow 14 D 23
Griebo 43 K 21
Griedelbach 74 O 9
Griefstedt 53 M 17
Griesbach 93 U 8
Griesbach (Kreis Dingolfing-Landau) 98 U 21
Griesbach (Kreis Tirschenreuth) 79 Q 21
Griesbeckerzell 104 U 17
Griese Gegend 21 G 17
Griesen 112 X 16
Griesheim (Frankfurt) 74 P 9
Griesheim (Kreis Darmstadt-Dieburg) 74 Q 9
Griesingen 102 V 13
Grießem 39 J 11
Grießen 45 K 27
Griesstätt 105 W 20
Grieth 46 K 2
Griethausen 46 K 2
Grietherort 46 K 2
Grillenberg 53 L 17
Grillenburg 68 N 24
Grimburg 81 R 4
Grimersum 16 F 5
Grimma 55 M 22
Grimme (Kreis Anhalt-Zerbst) 43 J 20
Grimme (Kreis Uckermark) 25 F 26
Grimmelfingen 103 U 13
Grimmelshausen 76 O 15
Grimmelshofen 101 W 9
Grimmen 13 D 23
Grimnitzsee 34 H 25
Grinau 21 E 15
Grindau 30 I 12
Grinderwald 29 I 12
Grippel 32 G 17
Grischow (b. Altentreptow) 24 E 24
Grischow (b. Stavenhagen) 24 E 23
Grißheim 100 W 6
Gristede 17 G 8
Gristow 13 D 23
Grobau 78 O 19
Grobleben 42 I 19
Grochewitz 43 K 21
Grockstädt 53 M 18
Groden 18 E 10
Groben (Kreis Teltow-Fläming) 44 J 23
Gröben (Kreis Weißenfels) 66 M 20
Gröbenzell 104 V 18
Gröbern (Kreis Bitterfeld) 54 K 21
Gröbern (Kreis Meißen-Dresden) 68 M 24
Gröbers 54 L 20
Gröbitz 56 L 25
Gröblingen 37 K 7
Gröbzig 54 K 19
Gröde-Appelland (Insel) 4 C 10
Gröden 56 L 24
Gröditsch 45 J 26
Gröditz (Kreis Bautzen) 69 M 27
Gröditz (Kreis Riesa-Großenhain) 56 L 24
Grömbach 93 U 9
Grömitz 10 D 16
Gröna 54 K 19
Grönebach 50 M 9
Grönheim 27 H 7
Gröningen 41 K 17
Gröningen 86 S 14
Grönloh 27 I 8
Grönwohld 20 F 15
Gröpelingen (Bremen) 29 G 10
Gröst 54 M 19
Grötsch 57 K 27
Grötschenreuth 78 Q 20
Grötzingen (Alb-Donau-Kreis) 102 U 12
Grötzingen (Kreis Esslingen) 94 U 11
Grötzingen (Kreis Karlsruhe) 93 S 9
Grohnde 39 J 12
Groitzsch 66 M 20
Grombach 84 S 10
Gronau (Kreis Bergstraße) 84 Q 10
Gronau (Kreis Ludwigsburg) 94 S 12
Gronau (Leine) 40 J 13
Gronau (Westfalen) 36 J 5
Grone 51 L 13
Groothusen 16 F 5
Groschlattengrün 78 Q 20
Groschwitz 65 N 17
Groß Ammensleben 42 J 18
Groß Aspe 19 F 12
Groß Bademeusel 57 K 28
Groß Bäbelin 23 F 21
Groß Barnitz 21 E 15
Groß Bawinkel 27 I 6
Groß Behnitz 33 I 22
Groß Bengerstorf 21 F 16
Groß Berkel 39 J 11
Groß Berßen 27 H 6
Groß Beuchow 56 K 25
Groß-Bieberau 84 Q 10
Groß Biewende 41 J 15
Groß Bisdorf 14 D 23
Groß Boden 20 E 15
Groß Börnecke 42 K 18
Groß Bramstedt 29 H 10
Groß Breese 32 H 17

Groß-Briesen *(Kreis Oder-Spree)* 45 J 27
Groß Briesen *(Kreis Potsdam-Mittelmark)* 43 J 21
Groß Brunsrode 41 I 16
Groß Buchholz 32 G 19
Groß Buchwald 9 D 14
Groß Bülten 40 J 14
Groß Comburg 94 S 13
Groß Döbbern 57 L 26
Groß Döhren 40 K 15
Groß Dölln 34 H 24
Groß Dratow 24 F 22
Groß Drewitz 45 J 27
Groß Düben 57 L 27
Groß Düngen 40 J 14
Groß-Eichen 62 O 11
Groß Eilstorf 30 H 12
Groß-Ellershausen *(Göttingen)* 51 L 13
Groß Ernsthof 15 D 25
Groß-Felda 63 O 11
Groß Flotow 24 F 22
Groß Förste 40 J 13
Groß-Fredenbeck 19 F 12
Groß Fredenwalde 34 G 25
Groß Fullen 26 H 5
Groß Garz 32 H 18
Groß Gastrose 45 K 27
Groß-Gerau 74 Q 9
Groß Germersleben 42 J 18
Groß Gievitz 24 F 22
Groß Gladebrügge 9 E 14
Groß Gleichberg 76 O 15
Groß Gleidingen 40 J 15
Groß Glienicke 44 I 23
Groß Godems 22 F 19
Groß Görnow 22 E 19
Groß Gottschow 32 G 19
Groß Grönau 21 E 16
Groß Haßlow 33 G 21
Groß Hehlen 30 I 14
Groß Heide 31 G 17
Groß Heins 30 H 12
Groß Hesebeck 31 G 15
Groß Hesepe 26 I 5
Groß Holum 17 E 7
Groß Hundstod 114 X 22
Groß Ilde 40 J 14
Groß Ilsede 40 J 14
Groß Ippener 29 H 9
Groß Ippensen 19 F 12
Groß Jamno 57 K 27
Groß Jehser 56 K 25
Groß Karben 74 P 10
Groß Kelle 23 F 21
Groß Kiesow 14 D 24
Groß Köhren 29 H 9
Groß Kölzig 57 L 27
Groß Köris 44 J 24
Groß Kordshagen 12 C 22
Groß Krams 21 F 17
Groß Krankow 21 E 18
Groß Krauscha 69 M 28
Groß Kreutz 43 I 22
Groß Kubitz 13 C 23
Groß Kummerfeld 9 D 14
Groß Laasch 22 F 18
Groß Labenz 22 E 19
Groß Lafferde 40 J 14
Groß Leine 45 K 26
Groß Lengden 52 L 14
Groß Leppin 32 H 20
Groß Lessen 29 I 10
Groß Leuthen 45 J 26
Groß Liedern 31 H 15
Groß Linde 32 G 19
Groß-Lindow 45 J 27
Groß Lobke 40 J 14
Groß Luckow 25 F 25
Groß Lüben 32 H 19
Groß Lüsewitz 11 D 21
Groß Luja 57 L 27
Groß Lukow 24 F 23
Groß Mackenstedt 29 G 10
Groß-Markow 23 E 22
Groß Marzehns 43 K 21
Groß Meckelsen 19 G 12
Groß Mehßow 56 K 25
Groß Methling 14 E 22
Groß Midlum 16 F 5
Groß Miltzow 24 F 24
Groß Mimmelage 27 I 7
Groß Mohrdorf 12 C 22
Groß Molzahn 21 E 16
Groß Muckrow 45 J 27
Groß Mühlingen 42 K 19
Groß Munzel 39 I 12
Groß-Naundorf 55 K 22
Groß Nemerow 24 F 23
Groß Neuendorf 35 H 27
Groß Nieköhr 11 E 21
Groß Niendorf *(Kreis Parchim)* 23 F 19
Groß Niendorf *(Kreis Segeberg)* 20 E 14
Groß Oesingen 31 I 15
Groß Offenseth-Aspern 19 E 13
Groß Oßnig 57 K 27
Groß Pankow *(Kreis Parchim)* 23 F 19
Groß Pankow *(Kreis Prignitz)* 32 G 20
Groß Petershagen 13 D 23
Groß Pinnow 35 G 26
Groß Plasten 24 F 22
Groß Polzin 15 E 24
Groß Potrems 11 E 20
Groß Quassow 24 G 23
Groß Quenstedt 41 K 17
Groß Raden 23 E 19
Groß-Radisch 57 M 28
Groß Reken 36 K 5
Groß Rheide 5 C 12
Groß Ridsenow 11 E 21
Groß Rietz 45 J 26
Groß Ringmar 29 H 10
Groß Rodensleben 42 J 18
Groß Rönnau 9 E 14
Groß Roge 23 E 21
Groß-Rohrheim 84 Q 9
Groß Rosenburg 42 K 19
Groß Rünz 21 E 16
Groß Särchen 57 L 26
Groß Salitz 21 E 17
Groß Santersleben 42 J 18
Groß Sarau 21 E 16
Groß Schacksdorf 57 K 27
Groß Schauen 44 J 25
Groß Schenkenberg 21 E 15
Groß Schierstedt 53 K 18
Groß Schmölen 32 G 17
Groß Schneen 52 L 13
Groß Schönebeck 34 H 24
Groß Schönfeld 24 F 23
Groß Schoritz 13 D 24
Groß Schulzendorf 44 J 24
Groß Schwansee 10 E 17
Groß Schwarzlosen 42 I 19
Groß Schwechten 32 H 19
Groß Schwiesow 23 E 20
Groß Siemz 21 E 16
Groß Sisbeck 41 I 16
Groß Stavern 27 H 6
Groß Steinum 41 J 16
Groß Sterneberg 19 F 12
Groß Stieten 22 E 18
Groß Strömkendorf 10 E 18
Groß Süstedt 31 H 15
Groß Teetzleben 24 F 23
Groß Tessin 23 E 20
Groß Thondorf 31 G 16
Groß Thurow 21 E 16
Groß Twülpstedt 41 I 16
Groß-Umstadt 74 Q 10
Groß Upahl 23 E 20
Groß Vahlberg 41 J 16
Groß Varchow 24 F 22
Groß Varlingen 29 I 11
Groß Viegeln 11 E 20
Groß Vielen 24 F 23
Groß Vollstedt 8 D 13
Groß Walmstorf 21 E 17
Groß Warnow 32 G 18
Groß Wasserburg 44 J 25
Groß Welle 32 G 20
Groß Welzin 21 F 17
Groß Werzin 32 G 20
Groß Wittensee 8 C 13
Groß Wittfeitzen 31 G 16
Groß Wokern 23 E 21
Groß Woltersdorf 33 G 20
Groß Wüstenfelde 23 E 21
Groß Zicker 13 D 25
Groß Ziescht 44 K 24
Groß Ziethen *(Kreis Barnim)* 35 H 25
Groß-Ziethen *(Kreis Oberhavel)* 34 H 23
Groß-Zimmern 74 Q 10
Großaitingen 104 V 16
Großalfalterbach 87 S 18
Großalmerode 51 M 13
Großalsleben 41 K 17
Großaltdorf 95 S 13
Großaspach 94 T 12
Großbadegast 54 K 20
Großbardau 55 M 22
Großbardorf 76 P 15
Großbartloff 52 M 14
Großbeeren 44 I 23
Großberndten 52 L 16
Großbettlingen 94 U 11
Großbeuthen 44 J 23
Großbirkach 86 Q 15
Großbissendorf 88 S 19
Großbockedra 66 N 19
Großbodungen 52 L 15
Großböhla 55 L 23
Großbothen 67 M 22
Großbottwar 94 T 11
Großbreitenbach 65 O 17
Großbrembach 65 M 17
Großbrüchter 52 M 15
Großbuch 55 M 21
Großbundenbach 82 S 6
Großburlo 36 K 4
Großburschla 64 M 14
Großdehsa 69 M 27
Großdeinbach 94 T 13
Großderschau 33 H 21
Großdingharting 105 W 18
Großdittmannsdorf 68 M 25
Großdobritz 68 M 24
Großdornberg 38 J 9
Großdrebnitz 68 M 26
Großdubrau 69 M 27
Große Aue 38 I 9
Große Blöße 51 K 12
Große Enz 93 T 9
Große Kirr 12 C 22
Große Laaber 97 T 20
Große Lauter 102 V 12
Große Ohe 99 T 23
Große Röder 56 M 25
Große Striegis 67 N 23
Große Vils 105 U 20
Großebersdorf 66 N 19
Großefehn 17 F 6
Großeibstadt 76 P 15
Großeicholzheim 85 R 11
Grosselfingen 101 V 10
Großen-Buseck 62 O 10
Großen-Linden 62 O 9
Großenaspe 9 E 13
Großenbach 63 N 13
Großenbaum 47 L 4
Großenbreden 51 K 11
Großenbrode 10 C 17
Großenbroderfähre 10 C 17
Großeneder 51 L 11
Großenehrich 53 M 16
Großenenglis 63 M 11
Großenging 27 H 7
Großengottern 64 M 15
Großengstingen 102 U 11
Großenhain 56 M 24
Großenhain 18 F 10
Großenhausen 75 P 11
Großenheidorn 39 I 12
Großenhül 77 Q 18
Großenkneten 28 H 8
Großenlüder 63 O 12
Großenlupnitz 64 N 15
Großenmarpe 39 K 11
Großenmeer 18 G 8
Großenmoor 63 N 12
Großenrade 7 D 11
Großenried 86 S 15
Großenritte 51 M 12
Großenrode 51 K 13
Großenschwand 89 R 20
Großensee 64 N 13
Großensee 20 F 15
Großensees 79 Q 20
Großenstein 66 N 20
Großensterz 79 Q 20
Großentaft 63 N 13
Großenwede 30 G 13
Großenwieden 39 J 11
Großenwiehe 5 B 11
Großenwörden 19 E 11
Großer Arber 91 S 23
Großer Auerberg 53 L 17
Großer Beerberg 64 O 16
Großer Binnensee 9 D 15
Großer Daumen 111 X 15
Großer Dreesch 22 F 18
Großer Eutiner See 9 D 15
Großer Eyberg 83 S 7
Großer Falkenstein 91 S 23
Großer Fallstein 41 J 16
Großer Farmdenkopf 77 O 17
Großer Feldberg 74 P 9
Großer Graben 41 J 16
Großer Hundskopf 101 U 8
Großer Inselsberg 64 N 15
Großer Jasmunder Bodden 13 C 24
Großer Kalmberg 65 N 17
Großer Knechtsand 18 E 9
Großer Knollen 52 K 15
Großer Kornberg 78 P 20
Großer Labussee 24 G 22
Großer Landgraben 24 E 24
Großer Müggelsee 44 I 24
Großer Osser 91 S 23
Großer Plöner See 9 D 15
Großer Rachel 91 T 24
Großer Rammelsberg 79 O 21
Großer Regen 91 S 23
Großer Riedelstein 91 S 22
Großer Sand 26 I 5
Großer See 24 F 24
Großer Segeberger See 9 E 14
Großer Selchower See 44 J 25
Großer Steinberg 51 K 13
Großer Sternberger See 23 E 19
Großer Treppelsee 45 J 27
Großer Waldstein 78 P 19
Großer Wariner See 22 E 19
Großer Werder 12 C 22
Großerkmannsdorf 68 M 25
Großerlach 94 S 12
Großes Bruch 41 J 16
Großes Meer 16 F 5
Großes Moor *(Kreis Diepholz)* 28 H 9
Großes Moor *(Kreis Gifhorn)* 41 I 15
Großes Moor *(Kreis Hannover Land)* 40 I 13
Großes Moor *(Kreis Nienburg Weser)* 39 I 10
Großes Moor *(Kreis Vechta)* 37 I 8
Großes Schulerloch 90 T 19
Großfahner 65 M 16
Großfischlingen 83 S 8
Großfurra 53 L 16
Großgarnstadt 77 P 17
Großgeschaidt 87 R 17
Großgeschwenda 65 O 18
Großglattbach 93 T 10
Großgörschen 54 M 20
Großgoltern 39 I 12
Großgrabe 56 L 26
Großgräfendorf 54 L 19
Großgrimma 66 M 20
Großgründlach 87 R 17
Großgundertshausen 97 U 19
Großhabersdorf 86 R 16
Großhansdorf 20 F 14
Großharbach 86 R 14
Großharrie 9 D 14
Großharthau 68 M 26
Großhartmannsdorf 67 N 23
Großhartpenning 105 W 19
Großheide 17 F 6
Großheirath 77 P 16
Großhelfendorf 105 W 19
Großhennersdorf 69 N 28
Großheringen 66 M 19
Großhesselohe 105 V 18
Großheubach 85 Q 11
Großhöbing 96 S 17
Großholzhausen 113 W 20
Großholzleute 111 W 14
Großinzemoos 104 V 18
Großjörl 5 C 11
Großkarolinenfeld 105 W 20
Großkayna 54 M 19
Großkitzighofen 104 V 16
Großklenau 79 Q 21
Großkmehlen 56 L 25
Großkochberg 65 N 18
Großköllnbach 98 T 21
Großkönigsförde 8 C 13
Großkötz 103 U 14
Großkonreuth 79 Q 21
Großkorbetha 54 M 20
Großkorga 55 K 23
Großkoschen 56 L 26
Großkrotzenburg 74 P 10
Großkuchen 95 T 14
Großkühnau 54 K 20
Großkugel 54 L 20
Großkundorf 66 N 20
Großlabenzer See 22 E 19
Großlangenfeld 70 P 2
Großlangheim 86 Q 14
Großlehna 54 M 20
Großleinungen 53 L 17
Großliebringen 65 N 17
Großlittgen 70 P 4
Großlöbichau 66 N 19
Großlohra 52 L 15
Großmachnow 44 J 24
Großmehring 97 T 18
Großmölsen 65 M 17
Großmonra 53 M 17
Großmoor 40 I 14
Großmutz 34 H 23
Großnaundorf 68 M 25
Großneuhausen 65 M 17
Großniedesheim 84 R 8
Großnöbach 105 U 18
Großnottersdorf 96 S 17
Großobringen 65 M 18
Großörner 53 L 18
Großolbersdorf 67 N 23
Großostheim 74 Q 11
Großpaschleben 54 K 19
Großpörthen 66 N 20
Großpösna 55 M 21
Großpostwitz 69 M 27
Großräschen 56 L 26
Großrettbach 65 N 16
Großrinderfeld 85 Q 13
Großringe 26 I 4
Großröhrsdorf 68 M 26
Großrössen 55 L 23
Großropperhausen 63 N 12
Großrosseln 82 S 4
Großrudestedt 65 M 17
Großrückerswalde 67 O 23
Großsachsen 84 R 10
Großsander 17 G 7
Großschafhausen 103 V 13
Großschirma 67 N 23
Großschlamin 10 D 16
Großschönau 69 N 27
Großschönbrunn 88 R 19
Großschwabhausen 65 N 18
Großschwarzenlohe 87 R 17
Großschweidnitz 69 M 27
Großsedlitz 68 N 25
Großseelheim 62 N 10
Großsolt 5 B 12
Großsorheim 95 T 15
Großstadelhofen 102 W 11
Großsteinberg 55 M 21
Großsteinhausen 82 S 6
Großstöbnitz 66 N 21
Großthannensteig 99 T 24
Großthiemig 56 L 25
Großtöpfer 52 M 14
Großtreben-Zwethau 55 L 22
Großvargula 65 M 16
Großvoigtsberg 67 N 23
Großwaabs 5 C 13
Großwalbur 77 P 16
Großwallstadt 75 Q 11
Großwaltersdorf 67 N 23
Großwechsungen 52 L 16
Großweil 112 W 17
Großweismannsdorf 87 R 16
Großweitzschen 67 M 23
Großwelsbach 64 M 15
Großwelzheim 74 P 11
Großwendern 78 P 20
Großwenkheim 76 P 14
Großwerther 52 L 16
Großwig 55 L 22
Großwitzeetze 32 H 17
Großwoltersdorf 34 G 23
Großwudicke 33 I 20
Großwulkow 42 I 20
Großzecher 21 F 16
Großzerlang 33 G 22
Großziethen *(Berlin)* 44 I 24
Großzöberitz 54 L 20
Großzöbern 78 O 20
Großzössen 66 M 21
Großzschepa 55 L 22
Grove 21 F 15
Grub *(Kreis Hildburghausen)* 64 O 15
Grub *(Kreis Neustadt a. d. Walnaab)* 88 Q 19
Grub a. Forst 77 P 17
Grube *(Kreis Ostholstein)* 10 D 17
Grube *(Kreis Prignitz)* 32 G 20
Grubo 43 J 21
Grubschütz 69 M 27
Gruel 11 D 21
Grümpen 77 O 17
Grün 91 S 22
Grüna *(Kreis Chemnitzer Land)* 67 N 22
Grüna *(Kreis Teltow-Fläming)* 43 J 23
Grünau *(Berlin)* 44 I 24
Grünau *(Stadtkreis Leipzig)* 54 M 20
Grünbach *(Göltzschtalkreis)* 79 O 21
Grünbach *(Kreis Erding)* 105 V 20
Grünbach *(Kreis Mühldorf a. Inn)* 106 V 21
Grünberg 62 O 10
Grünberg *(Kreis Altenburger Land)* 66 N 21
Grünberg *(Kreis Uckermark)* 25 F 26
Gründau 75 P 11
Gründeich 17 F 6
Gründelhardt 95 S 13
Grüneberg 34 H 23
Grüneck 105 V 19
Grünefeld 34 H 22
Grünen Berg 95 T 14
Grünenbach 111 X 14
Grünenbaindt 103 U 15
Grünendeich 19 F 12
Grünenplan 40 K 13
Grünewald 56 L 26
Grünewalde 56 L 25
Grüngräbchen 56 L 25
Grünhagen 31 G 15
Grünhain 67 O 22
Grünhainichen 67 N 23
Grünheide 44 I 25
Grünhof *(Kreis Herzogtum Lauenburg)* 20 F 15
Grünhof *(Kreis Uecker-Randow)* 25 F 26
Grünholz *(Kreis Rendsburg-Eckernförde)* 5 C 13
Grünholz *(Kreis Schleswig-Flensburg)* 5 B 13
Grüningen 101 W 9
Grünkraut 110 W 12
Grünmettstetten 101 U 9
Grünow *(b. Passow)* 35 G 26
Grünow *(b. Prenzlau)* 25 G 25
Grünow *(Kreis Mecklenburg-Strelitz)* 24 F 23
Grünsfeld 85 R 13
Grünsfeldhausen 85 R 13
Grünstadt 83 R 8
Grüntal 34 H 25
Grüntegernbach 105 V 20
Grünten 112 X 14
Grüntensee 111 X 15
Grünthal 106 V 21
Grünwald 105 V 18
Grünz 25 G 26
Grüsselbach 63 N 13
Grüssow 23 F 21
Grütz 33 I 20
Gruhno 56 L 24
Gruibingen 94 U 12
Gruiten 48 M 5
Grumbach 81 R 6
Grumbach *(Kreis Annaberg)* 67 O 23
Grumbach *(Saale-Orla-Kreis)* 77 O 18
Grumbach *(Weißeritzkreis)* 68 M 24
Gruna 55 L 21
Grunbach 93 T 10
Grund 99 U 23
Grundfeld 77 P 17
Grundhof 5 B 12
Grundoldendorf 19 F 12
Grundsteinheim 50 L 10
Grunewald 34 G 24
Grunewald 46 K 2
Grunow *(Kreis Märkisch-Oderland)* 35 I 26
Grunow *(Kreis Oder-Spree)* 45 J 27
Gruol 101 U 10
Grupenhagen 39 J 11
Grußendorf 41 I 16
Gschaid 106 U 23
Gschwend 94 T 13
Gstadt 106 W 21
Guben 45 K 28
Guckheim 61 O 7
Gudelacksee 33 H 22
Gudendorf 7 D 11
Gudenhagen 50 L 9
Gudensberg 63 M 12
Guderhandviertel 19 F 12
Gudersleben 52 L 16
Gudow 21 F 16
Güby 5 C 13
Güglingen 93 S 11

Deutschland 201

Gühlen 33 H 22
Gühlen-Glienicke 33 G 22
Gülden 31 G 16
Güldengossa 54 M 21
Gülitz 32 G 19
Gülpe 33 H 20
Gülper See 33 H 20
Güls 71 O 6
Gültlingen 93 U 10
Gültstein 93 U 10
Gültz 24 E 23
Gülze 21 F 16
Gülzow (Kreis Demmin) 24 E 22
Gülzow (Kreis Güstrow) 23 E 20
Gülzow (Kreis Herzogtum Lauenburg) 21 F 15
Gündelbach 93 T 10
Gündelwangen 101 W 8
Günding 104 V 18
Gündlingen 100 V 6
Gündlkofen 97 U 20
Gündringen 93 U 10
Günne 49 L 8
Günserode 53 M 17
Günstedt 53 M 17
Günsterode 63 M 12
Günterberg 35 G 25
Günterode 52 L 14
Güntersberge 53 L 16
Güntersen 51 L 13
Güntersleben 75 Q 13
Günterstal 100 W 7
Günthers 64 O 13
Günthersbühl 87 R 17
Günthersdorf 54 L 20
Günthersleben 64 N 16
Günz 12 C 22
Günzach 103 W 15
Günzburg 103 U 14
Günzenhausen 105 V 18
Günzerode 52 L 15
Günzgen 109 X 9
Günzkofen 97 U 20
Gürth 79 P 20
Gürzenich 58 N 3
Güsen 42 I 19
Güssefeld 32 H 18
Güsten 53 K 18
Güster 21 F 16
Güstow 25 G 25
Güstritz 31 H 17
Güstrow 23 E 20
Gütenbach 100 V 8
Güterbahnhof (Freiburg im Breisgau) 100 V 7
Güterberg 25 F 25
Güterfelde 44 I 23
Güterglück 42 K 19
Gütersloh 38 K 9
Güttersbach 84 R 10
Güttingen 109 W 10
Gützkow 14 E 24
Guhlsdorf 32 G 20
Guhrow 56 K 26
Guldental 73 Q 7
Gulow 32 G 19
Gummersbach 59 M 6
Gummlin 25 E 26
Gumpelstadt 64 N 14
Gumperda 65 N 18
Gumpersdorf 106 V 22
Gumtow 33 H 20
Gundelfingen (Kreis Breisgau-Hochschwarzwald) 100 V 7
Gundelfingen (Kreis Reutlingen) 102 V 12
Gundelfingen a.d. Donau 95 U 15
Gundelsby 5 B 13
Gundelsdorf 96 U 17
Gundelshausen 90 T 19
Gundelsheim (Kreis Bamberg) 77 Q 16
Gundelsheim (Kreis Heilbronn) 85 S 11
Gundelsheim (Kreis Weißenburg-Gunzenhausen) 96 T 16
Gunderath 71 P 4
Gundernhausen 74 Q 10
Gundersheim 83 Q 8
Gundersleben 52 M 16
Gundheim 83 Q 8
Gundhelm 75 O 12
Gundhöring 98 T 21
Gundlitz 78 P 18
Gundremmingen 95 U 15
Gungolding 96 T 18
Gunningen 101 V 10
Gunsleben 41 J 17
Guntersblum 84 Q 9
Gunzen 79 O 20
Gunzenau 75 O 12
Gunzendorf (Kreis Amberg-Sulzbach) 87 Q 18
Gunzendorf (Kreis Ansbach) 86 R 14
Gunzendorf (Kreis Bamberg) 87 Q 17
Gunzenhausen 96 S 16
Gunzenheim 96 T 16
Gunzesried 111 X 14
Gurtweil 108 X 8
Gusborn 32 G 17
Gusenburg 81 R 4
Gusow 35 I 27
Gussenstadt 95 U 13
Gussow 44 J 25
Gustavsburg 74 Q 8
Gustorf 58 M 3
Gustow 13 D 23
Gutach (Schwarzwaldbahn) 100 V 8
Gutach i. Breisgau 100 V 7
Guteborn 56 L 25
Gutenberg 94 U 12
Gutendorf 65 N 17
Guteneck 89 R 20
Gutenfürst 78 O 19
Gutengermendorf 34 H 23
Gutenstein 102 V 11
Gutenstetten 86 R 15
Gutenswegen 42 J 18
Gutenthal 81 Q 5
Gutenzell 103 V 13
Gutenzell-Hürbel 103 V 13
Guthmannshausen 65 M 18
Gutmadingen 101 W 9
Gutow 23 E 20
Guttau 57 M 27
Guttenberg (Burg) 85 S 11
Guttenberg (Kreis Kulmbach) 77 P 18
Guttenburg 106 V 21
Guttenthau 78 Q 19
Guxhagen 51 M 12
Gyhum 29 G 11
Gymnich 59 N 4

H

Haag (Kreis Bayreuth) 77 Q 18
Haag (Kreis Bernkastel-Wittlich) 72 Q 5
Haag (Kreis Kitzingen) 86 Q 15
Haag (Kreis Schwandorf) 89 R 21
Haag (Rhein-Neckar-Kreis) 84 R 10
Haag a. d. Amper 105 U 19
Haag i. Oberbayern 105 V 20
Haale 8 D 12
Haan 48 M 5
Haar 105 V 19
Haar (Kreis Emsland) 26 H 6
Haar (Kreis Lüneburg) 21 G 16
Haarbach 99 U 23
Haarbrück 51 L 12
Haarbrücken 77 P 17
Haard 76 P 14
Haard (Die) 47 K 5
Haardt 83 S 7
Haardtkopf 72 Q 5
Haaren 50 L 10
Haasow 57 K 27
Haaßel 19 F 11
Habach 112 W 17
Habbelrath 59 N 4
Habel (Insel) 4 C 10
Haberloh 29 G 11
Haberskirchen 98 U 21
Habichtsthal 75 P 12
Habichtswald 51 M 11
Habighorst 30 H 14
Habinghorst 47 L 5
Habischried 91 T 23
Habitzheim 74 Q 10
Habkirchen 82 S 5
Habsberg 100 W 8
Habscheid 70 P 2
Habsthal 102 W 11
Haby 8 C 13
Hachborn 62 N 10
Hache 29 H 10
Hachelbich 53 L 16
Hachen 49 L 7
Hachenburg 61 O 7
Hachmühlen 39 J 12
Hachtel 86 R 13
Hackenbroich 59 M 4
Hackenheim 73 Q 7
Hackenstedt 40 J 14
Hackpfüffel 53 L 17
Hadamar 73 O 8
Haddorf 36 J 5
Hadeln 18 E 10
Hadelner Kanal 18 E 10
Hademstorf 30 H 12
Hadenfeld 8 D 12
Hadersbach 98 T 21
Hadmersleben 41 K 17
Häder 103 U 15
Häfnerhaslach 93 S 10
Häg 108 W 7
Hägelberg 108 X 7
Häger (Kreis Bielefeld) 38 J 9
Häger (Kreis Münster West) 37 J 6
Hähnichen 57 L 28
Hähnlein 84 Q 9
Hämelerwald 40 I 14
Hämelhausen 29 H 11
Hämelschenburg 39 J 12
Hämelsee 29 H 11
Hämerten 32 I 19
Hämmern 77 O 17
Hänchen 57 K 26
Hänigsen 40 I 14
Hänner 108 X 8
Härdler 62 M 8
Härtsfeld 95 T 14
Häsen 34 H 23
Häusern 108 W 8
Häuslingen 29 H 12
Hafenlohr 75 Q 12
Hafenpreppach 76 P 16
Hafenreut 96 T 16
Haferungen 52 L 15
Haffen-Mehr 46 K 3
Haffkrug 9 D 16
Haftenkamp 26 I 4
Hagau 96 T 16
Hage 16 F 5
Hagebök 10 E 18
Hagelstadt 97 T 20
Hagen 47 L 6
Hagen (Hochsauerlandkreis) 49 M 7
Hagen (Kreis Gifhorn) 31 H 15
Hagen (Kreis Hameln-Pyrmont) 39 K 11
Hagen (Kreis Hannover) 29 I 12
Hagen (Kreis Paderborn) 50 K 9
Hagen (Kreis Segeberg) 8 E 13
Hagen (Kreis Stade) 19 F 12
Hagen (Kreis Verden) 29 H 11
Hagen a. Teutoburger Wald 37 J 7
Hagen i. Bremischen 18 F 9
Hagenah 19 F 11
Hagenau 86 S 14
Hagenauer Forst 96 U 17
Hagenbach 93 S 8
Hagenbüchach 86 R 16
Hagenburg 39 I 11
Hagendorf 89 R 21
Hagenheim 104 W 16
Hagenhill 97 T 19
Hagenort 37 J 6
Hagenow 21 F 17
Hagenow Heide 21 F 17
Hagenwerder 69 M 28
Hagermarsch 16 F 5
Hagnau 110 W 11
Hagstedt 27 H 8
Hahausen 40 K 14
Hahle 52 L 14
Hahlen 27 H 7
Hahlen 39 J 10
Hahn (Kreis Darmstadt-Dieburg) 84 Q 9
Hahn (Rhein-Hunsrück-Kreis) 72 Q 5
Hahn (Rheingau-Taunus-Kreis) 73 P 8
Hahn am See 61 O 7
Hahnbach 88 R 19
Hahndorf 40 K 15
Hahnenbach (Stadt) 72 Q 6
Hahnenhorn 40 I 15
Hahnenkamm 96 S 16
Hahnenkammsee 96 T 16
Hahnenklee 52 K 15
Hahnenmoor (Kreis Osnabrück) 27 H 7
Hahnerberg 48 M 5
Hahnheim 73 Q 8
Hahnstätten 73 P 8
Haibach (Kreis Aschaffenburg) 75 Q 11
Haibach (Kreis Straubing-Bogen) 91 S 22
Haibühl 91 S 23
Haida 56 L 24
Haidel 99 T 25
Haidemühl 56 L 26
Haidenaab 78 Q 19
Haidenburg 98 U 23
Haidenkofen 98 T 21
Haidgau 102 W 13
Haidlfing 98 T 22
Haidmühle 99 T 25
Haidt 78 O 19
Haig 77 P 17
Haiger 61 N 8
Haigerach 100 U 8
Haigerloch 101 U 10
Hailfingen 93 U 10
Hailing 98 T 21
Hailtingen 102 V 12
Haimar 40 J 14
Haimbach 63 O 12
Haimhausen 105 V 18
Haiming 106 V 22
Haimpertshofen 97 U 18
Hain 53 L 16
Hain-Gründau 75 P 11
Haina 76 O 15
Haina 62 M 10
Hainbach 114 W 20
Hainbach 83 S 8
Hainbach (Dorf) 63 N 11
Hainberg 40 J 14
Hainburg 74 P 10
Hainchen 66 M 19
Hainchen (Kreis Siegen-Wittgenstein) 61 N 8
Hainchen (Wetteraukreis) 74 P 10
Haindlfing 105 U 19
Hainewalde 69 N 28
Haingersdorf 98 U 22
Haingrund 84 Q 11
Hainhausen 74 P 10
Hainich 64 M 15
Hainichen (Kreis Leipziger Land) 67 N 23
Hainichen (Kreis Mittweida) 67 M 21
Hainleite 53 L 16
Hainmühlen 18 F 10
Hainrode 52 L 16
Hainrode (Hainleite) 53 L 17
Hainsacker 90 S 20
Hainsbach 98 T 21
Hainsfarth 95 T 15
Hainspitz 66 N 19
Hainstadt (Kreis Offenbach) 74 P 10
Hainstadt (Neckar-Odenwald-Kreis) 85 R 11
Hainstadt (Odenwaldkreis) 84 Q 11
Haintchen 74 O 8
Hainzell 63 O 12
Haisterkirch 102 W 13
Haiterbach 93 U 9
Hajen 39 J 12
Hakeborn 42 K 18
Hakel 53 K 17
Hakenberg 33 H 22
Hakenberg 50 L 10
Hakenstedt 41 J 17
Halbe 44 J 25
Halbemond 16 F 5
Halbendorf (Kreis Bautzen) 57 M 27
Halbendorf (Niederschlesischer Oberlausitzkr.) 57 L 27
Halberstadt 41 K 17
Halblech 112 X 16
Halchter 41 J 15
Haldem 38 I 9
Haldenhof 102 W 11
Haldensleben 42 J 18
Haldensleben II 42 J 18
Haldenwang 103 W 15
Haldern 46 K 3
Halen (Kreis Cloppenburg) 27 H 8
Halen (Kreis Osnabrück) 37 I 7
Halenbeck 23 G 20
Halfing 105 W 20
Halgehausen 62 M 10
Halingen 49 L 7
Hallbergmoos 105 V 19
Halle 54 L 19
Halle 38 J 9
Halle (Kreis Grafschaft-Bentheim) 36 I 4
Halle (Kreis Holzminden) 39 K 12
Halle-Neustadt 54 L 19
Hallenberg 62 M 9
Hallendorf 40 J 15
Hallerndorf 87 Q 16
Hallerstein 78 P 19
Hallertau 97 U 18
Hallgarten 83 Q 7
Halligen 4 C 9
Hallschlag 70 O 3
Hallstadt 77 Q 16
Hallwangen 93 U 9
Halsbach (Kreis Altötting) 106 V 22
Halsbach (Kreis Main-Spessart) 75 P 12
Halsbek 17 G 7
Halsbrücke 68 N 24
Halsdorf 62 N 10
Halsenbach 71 P 6
Halserspitz 113 X 19
Halstenbek 19 F 13
Haltern (Kreis Recklinghausen) 47 K 5
Haltern (Kreis Steinfurt) 36 J 5
Halterner Stausee 47 K 5
Haltingen 108 X 6
Halver 49 M 6
Halverde 37 I 7
Halvesbostel 19 F 12
Halvestorf 39 J 11
Halzhausen 95 U 13
Hamb 46 L 3
Hambach 58 N 3
Hambach 76 P 14
Hambacher Schloß 83 S 8
Hamberg 97 S 19
Hamberge 21 E 15
Hambergen 18 G 10
Hamborn 47 L 4
Hambrücken 84 S 9
Hambuch 71 P 5
Hambühren 30 I 13
Hamburg 19 F 14
Hamburg-Fuhlsbüttel (Flughafen) 19 F 13
Hamburger Hallig 4 C 10
Hamdorf (Kreis Rendsburg-Eckernförde) 8 D 12
Hamdorf (Kreis Segeberg) 9 E 14
Hameln 39 J 12
Hamelspringe 39 J 12
Hamelwörden 19 E 11
Hamelwördenermoor 19 E 11
Hamersen 19 G 12
Hamersleben 41 J 17
Hamfelde 20 F 15
Hamm (Kreis Alzey-Worms) 84 Q 9
Hamm (Kreis Recklinghausen) 47 K 5
Hamm (Sieg) 61 N 7
Hamm (Westfalen) 49 K 7
Hammah 19 F 12
Hamme 47 G 10
Hammel 27 H 7
Hammelbach 84 R 10
Hammelburg 75 P 13
Hammelspring 34 G 24
Hammenstedt 52 K 14
Hammer 70 O 2
Hammer 106 W 22
Hammer (Kreis Herzogtum Lauenburg) 21 F 15
Hammer (Kreis Oberhavel) 34 H 24
Hammer a. d. Ücker 25 F 25
Hammer-unterwiesenthal 79 O 23
Hammerau 106 W 22
Hammerbrücke 79 O 21
Hammereisenbach-Bregenbach 101 W 8
Hammerfließ 44 J 24
Hammersbach 74 P 10
Hammerschmiede See 95 T 13
Hammerstein 81 Q 5
Hammerstein 108 W 6
Hamminkeln 46 K 3
Hammoor 20 E 14
Hamstrup 27 H 7
Hamwarde 20 F 15
Hamweddel 8 D 12
Hamwiede 30 H 12
Hanau 74 P 10
Handeloh 19 G 13
Handewitt 5 B 11
Handorf 37 K 7
Handorf (Kreis Lüneburg) 20 F 15
Handorf (Kreis Peine) 40 J 14
Handrup 27 I 6
Handzell 96 U 17
Haneberg 27 I 6
Hanerau-Hademarschen 8 D 12
Hangelar (Bonn) 59 N 5
Hangelsberg 44 I 25
Hanhofen 84 S 9
Hankensbüttel (Isenhagen) 31 H 15
Hankofen 98 T 21
Hann. Münden 51 L 12
Hannberg 87 R 16
Hannebach 71 O 5
Hannersgrün 88 R 20
Hannober 110 W 13
Hannover 40 I 13
Hannover-Langenhagen (Flughafen) 40 I 13
Hansapark 9 D 16
Hansell 37 J 6
Hansen 31 H 15
Hanshagen (Kreis Nordwestmecklenburg) 21 E 17
Hanshagen (Kreis Ostvorpommern) 14 D 24
Hanstedt (Kreis Harburg) 19 G 14
Hanstedt (Kreis Rotenburg) 18 G 11
Hanstedt (Kreis Uelzen) 31 G 15
Hanstedt II 31 H 15
Hanstorf 11 D 19
Hansühn 9 D 16
Hanswarft 4 C 9
Hanum 31 H 16
Happenweiler 110 W 12
Happing 105 W 20
Happurg 87 R 18
Harb 74 O 10
Harbach 61 N 7
Harbarnsen 40 K 13
Harber 30 H 13
Harbergen 29 H 11
Harbke 41 J 17
Harburg (Hamburg) 19 F 13
Harburg (Schwaben) 96 T 16
Hardebek 8 E 13
Hardegsen 51 L 13
Hardehausen 50 L 10
Hardenbeck 24 G 24
Hardenburg 83 R 8
Harderode 39 J 12
Hardert 61 O 6
Hardesby 5 B 12
Hardheim 85 R 12
Hardisleben 65 M 18
Hardt 101 V 9
Hardt (Kreis Warendorf) 49 K 7
Hardt (Mönchengladbach-) 58 M 3
Hardtberg (Bonn) 59 N 5
Hardthausen 85 S 12
Hardtwald 93 S 9
Haren 26 H 5
Harenberg 40 I 12
Hargesheim 73 Q 7
Harheim 74 P 10
Harkebrügge 27 G 7
Harkemissen 39 J 10
Harkensee 10 E 16
Harkerode 53 K 18
Harksheide 19 E 14
Harle 63 M 12
Harleshausen 51 L 12
Harlesiel 17 E 7
Harlingen 80 R 3
Harlingerode 41 K 15
Harmating 105 W 18
Harmelingen 30 G 13
Harmenhausen 29 G 9
Harmsdorf (Kreis Herzogtum Lauenburg) 21 E 16
Harmsdorf (Kreis Ostholstein) 9 D 16
Harmstorf (Kreis Harburg) 19 F 13
Harmstorf (Kreis Lüneburg) 31 G 16
Harmuthsachsen 63 M 13
Harnekop 35 H 26
Harpe 32 H 18
Harperscheid 70 O 3
Harpfing 106 V 21
Harpstedt 29 H 9
Harra 78 O 19
Harras 77 O 16
Harrbach 75 P 13
Harrendorf 18 F 10
Harrenstätte 27 H 6
Harriehausen 52 K 14
Harrienstädt 39 I 10

Harrierwurp 18 G 9
Harrislee 5 B 12
Harrlach 87 S 17
Harscheid 59 N 6
Harsdorf 77 P 18
Harsefeld 19 F 12
Harsewinkel 37 K 8
Harsleben 53 K 17
Harste 51 L 13
Harsum 40 J 13
Harsweg 16 F 5
Hart 101 U 10
Hart a. d. Alz 106 V 21
Hartefeld 46 L 3
Hartegasse 59 M 6
Hartenholm 20 E 14
Hartenrod 62 N 9
Hartenstein 67 O 22
Hartenstein 87 R 18
Harter Kopf 83 R 7
Hartershausen 63 O 12
Harth 50 L 9
Hartha *(Kreis Döbeln)* 67 M 22
Hartha *(Weißeritzkreis)* 68 N 24
Harthausen *(Kreis Ludwigshafen)* 84 S 9
Harthausen *(Kreis München)* 105 V 19
Harthausen *(Kreis Rottweil)* 101 V 9
Harthausen *(Main-Tauber-Kreis)* 85 R 13
Harthausen a. d. Scheer 102 V 11
Harthausen b. Feildhausen 102 V 11
Hartheim *(Kreis Breisgau-Hochschwarzwald)* 100 W 6
Hartheim *(Zollernalbkreis)* 101 V 10
Harthofen 105 V 19
Hartkirchen 107 U 24
Hartmannsbach 68 N 25
Hartmannsdorf *(Kreis Dahme-Spreewald)* 44 K 25
Hartmannsdorf *(Kreis Mittweida)* 67 N 22
Hartmannsdorf *(Kreis Oder-Spree)* 44 I 25
Hartmannsdorf *(Kreis Zwickauer Land)* 67 O 21
Hartmannsdorf *(Saale-Holzland-Kreis)* 66 N 19
Hartmannsdorf-Reichenau 68 N 24
Hartmannsgrün 66 O 20
Hartmannshain 75 O 11
Hartmannshof 87 R 18
Hartum 39 J 10
Harxheim 73 Q 8
Harz 53 K 15
Harz-Hochstraße 52 K 15
Harzgerode 53 L 17
Hasberg 103 V 15
Hasbergen 37 J 7
Hasborn 71 P 4
Hasborn-Dautweiler 81 R 4
Hase 37 I 8
Hasede 40 J 13
Hasel 108 O 15
Haselaar 26 I 4
Haselau 19 F 12
Haselbach *(Kreis Neuburg-Schrobenhausen)* 96 U 17
Haselbach *(Kreis Passau)* 99 U 24
Haselbach *(Kreis Rhön-Grabfeld)* 76 O 14
Haselbach *(Kreis Schwandorf)* 88 R 20
Haselbach *(Kreis Sömmerda)* 66 M 21
Haselbach *(Kreis Sonneberg)* 77 O 17
Haselbach *(Kreis Straubing-Bogen)* 91 S 22
Haselberg 35 H 26
Haselbrunn 87 Q 18
Haseldorf 19 F 12
Haseloff-Grabow 43 J 22
Haselstein 63 N 13
Haselünne 27 H 6
Haselund 4 C 11
Hasenfeld 70 O 3
Hasenfelde 45 I 26
Hasenfleet 19 E 11
Hasenmoor 19 E 13
Hasenthal 77 O 17
Hasenweiler 102 W 12
Haslach *(b. Bad Waldsee)* 102 W 13
Haslach *(Kreis Ansbach)* 95 S 15
Haslach *(Kreis Biberach a. d. Riß)* 103 W 14
Haslach *(Kreis Freiburg im Breisgau)* 100 W 7
Haslach *(Kreis Traunstein)* 106 W 21
Haslach im Kinzigtal 100 V 8
Hasloch 85 Q 12
Hasloh 19 E 13
Haspe 49 L 6
Haßberge 76 P 15
Haßberge (Naturpark) 76 P 15
Haßbergen 29 H 11
Hassel *(Kreis Celle)* 30 H 13
Hassel *(Kreis Nienburg)* 29 H 11
Hassel *(Kreis Rotenburg)* 30 G 12
Hassel *(Kreis Stendal)* 32 I 19
Hassel *(Saarpfalz-Kreis)* 82 S 5
Hassel (Gelsenkirchen-) 47 L 5
Hasselbach *(Hochtaunuskreis)* 74 O 9
Hasselbach *(Rhein-Hunsrück-Kreis)* 71 P 6
Hasselberg 5 B 13
Hasselbrock 26 H 5
Hasselfelde 53 K 16
Hasselhorst 30 H 13
Hasselroth 75 P 11
Hasselt 46 K 2
Hassenbach 76 P 13
Hassenberg 77 P 17
Hassendorf *(Kreis Ostholstein)* 9 D 15
Hassendorf *(Kreis Rotenburg)* 29 G 11
Hasserode 52 K 16
Haßfurt 76 P 15
Haßlach 77 P 17
Haßlach b. Teuschnitz 77 O 18
Haßleben *(Kreis Sömmerda)* 65 M 16
Haßleben *(Kreis Uckermark)* 25 G 25
Haßlingen 38 I 9
Haßlinghausen 48 L 5
Haßloch 83 R 8
Haßmersheim 85 S 11
Haßmoor 8 D 13
Hassum 46 K 2
Haste 39 I 12
Hastedt 30 G 12
Hasten 48 M 5
Hastenbeck 39 J 12
Hastenrath 58 M 1
Hastenrath (-Scherpenseel) 58 N 2
Hatshausen 17 F 6
Hatten 28 G 9
Hattendorf *(Kreis Schaumburg)* 39 J 11
Hattendorf *(Vogelsbergkreis)* 63 N 11
Hattenheim 73 P 8
Hattenhof 75 O 13
Hattenhofen *(Kreis Fürstenfeldbruck)* 104 V 17
Hattenhofen *(Kreis Göppingen)* 94 T 12
Hattenrod 62 O 10
Hattenweiler 102 W 11
Hattersheim 74 P 9
Hattert 61 N 7
Hatterwüsting 28 G 8
Hattgenstein 81 Q 5
Hattingen *(Ennepe-Rhur-Kreis)* 47 L 5
Hattingen *(Kreis Tuttlingen)* 101 W 10
Hattorf 41 I 16
Hattorf a. Harz 52 L 14
Hattrop 49 L 8
Hattstedt 4 C 11
Hatzbach 62 N 11
Hatzenbühl 93 S 8
Hatzenreuth 79 P 21
Hatzfeld 62 N 9
Hatzte 19 G 12
Hatzum 16 G 6
Hau 46 K 2
Haubersbronn 94 T 12
Haueda 51 L 11
Hauenhorst 37 J 6
Hauenstein 83 S 7
Hauerz 103 W 13
Haufeld 65 N 17
Hauingen 108 X 7
Haundorf *(Kreis Erlangen-Höchstadt)* 87 R 16
Haundorf *(Kreis Weißenburg-Gunzenhausen)* 86 S 16
Haune 63 O 13
Hauneck 63 N 13
Haunersdorf 98 U 22
Haunetal 63 N 13
Haunsheim 95 U 15
Haunshofen 104 W 17
Haunstetten *(Kreis Augsburg Stadt)* 104 V 16
Haunstetten *(Kreis Eichstätt)* 96 S 18
Haunswies 104 U 17
Haunwang 105 U 20
Haupt 50 K 9
Hauptgraben 35 I 27
Hauptkanal 29 H 10
Hauptschwenda 63 N 12
Hauptstuhl 81 R 6
Hauröden 52 L 15
Haus i. Wald 99 T 24
Hausach 100 V 8
Hausbach 80 R 4
Hausberge 39 J 10
Hausbruch 19 F 13
Hausdorf 67 M 22
Hausdülmen 47 K 5
Hausen *(Kreis Amberg-Sulzbach)* 88 R 19
Hausen *(Kreis Bad Kissingen)* 76 P 14
Hausen *(Kreis Böblingen)* 93 T 10
Hausen *(Kreis Donau-Ries)* 95 T 15
Hausen *(Kreis Euskirchen)* 58 O 3
Hausen *(Kreis Forchheim)* 87 Q 17
Hausen *(Kreis Kelheim)* 97 T 20
Hausen *(Kreis Limburg-Weilburg)* 61 O 8
Hausen *(Kreis Miltenberg)* 75 Q 11
Hausen *(Kreis Reutlingen)* 102 V 11
Hausen *(Kreis Rhön-Grabfeld)* 76 O 14
Hausen *(Kreis Unterallgäu)* 103 V 15
Hausen *(Kreis Viersen)* 58 M 3
Hausen *(Schwalm-Eder-Kreis)* 63 N 12
Hausen *(Werra-Meißner-Kreis)* 51 M 13
Hausen (Wied) 61 O 6
Hausen a. Andelsbach 102 W 11
Hausen a. Bach 86 S 14
Hausen a. d. Möhlin 100 W 7
Hausen a. Tann 101 V 10
Hausen-Arnsbach 74 P 9
Hausen b. Würzburg 76 Q 14
Hausen i. Killertal 102 V 11
Hausen i. Tal 101 V 11
Hausen i. Wiesental 108 W 7
Hausen v. d. Höhe 73 P 8
Hausen vor Wald 101 W 9
Hausham 113 W 19
Hausknecht 95 T 13
Hausneindorf 53 K 17
Hausselberg 30 H 14
Haussömmern 65 M 16
Hausstette 27 H 8
Haustadt 80 R 4
Hauswurz 75 O 12
Hauteroda 53 M 17
Hauzenberg 99 U 24
Hauzendorf 90 S 20
Hauzenstein 90 S 20
Havekost *(Kreis Herzogtum Lauenburg)* 21 F 15
Havekost *(Kreis Oldenburg)* 29 H 9
Havel 34 G 24
Havelberg 32 H 20
Havelkanal 34 I 23
Havelländischer Großer Hauptkanal 33 I 21
Havelland 43 I 21
Havelsche Mark 42 I 19
Haverbeck 39 J 11
Haverbek 28 I 8
Haverlah 40 J 14
Havetoft 5 C 12
Havetoftloit 5 C 12
Havixbeck 36 K 6
Hawangen 103 W 14
Hayingen 102 V 12
Hayn 53 L 17
Haynrode 52 L 15
Haynsburg 66 M 20
Hebanz 78 P 20
Hebel 63 M 12
Hebelermeer 26 H 5
Hebenhausen 51 L 13
Heber *(Dorf)* 30 G 13
Hebertsfelden 106 U 22
Hebertshausen 104 V 18
Hebramsdorf 97 T 20
Hebrontshausen 97 U 19
Hechingen 101 U 10
Hechlingen 96 T 16
Hechthausen 19 F 11
Hechtsheim 74 Q 8
Heckelberg 34 H 25
Heckenbach 71 O 5
Heckenbeck 40 K 13
Heckentrup 49 K 8
Heckfeld 85 R 12
Heckhuscheid 70 P 2
Hecklingen 53 K 18
Heddesbach 84 R 10
Heddesheim 84 R 9
Heddinghausen 50 L 10
Hedemünden 51 L 13
Hedendorf 19 F 12
Hedeper 41 J 16
Hedersleben *(Kreis Mansfelder Land)* 54 L 18
Hedersleben *(Kreis Quedlinburg)* 53 K 17
Hedwigenkoog 7 D 10
Heede *(Kreis Diepholz)* 28 I 9
Heede *(Kreis Emsland)* 26 H 5
Heedfeld 49 M 6
Heek 36 J 5
Heemsen 29 H 11
Heepen 38 J 9
Heere 40 J 14
Heeren 42 I 19
Heeren-Werve 49 L 7
Heerstedt 18 F 10
Heersum 40 J 14
Heerte 40 J 15
Hees 46 L 2
Heeselicht 68 M 26
Heeslingen 19 G 12
Heessen 49 K 7
Hefersweiler 83 R 7
Hefigkofen 110 W 12
Heftrich 74 P 9
Hegaublick 101 W 10
Hegensdorf 50 L 9
Heggbach 103 V 13
Heggen 61 M 7
Hehlen 39 K 12
Hehlingen 41 I 16
Heidberg 50 L 9
Heide 59 N 4
Heide 7 D 11
Heide 59 N 5
Heide 95 S 15
Heide Park 30 G 13
Heideck 96 S 17
Heidelbach 63 N 11
Heidelbeck 39 J 11
Heidelberg 84 R 10
Heidelheim 78 P 20
Heidelsheim 93 S 9
Heidelstein 76 O 14
Heiden *(Kreis Borken)* 47 K 4
Heiden *(Kreis Lippe)* 39 K 10
Heidenau 68 N 25
Heidenau 19 G 12
Heidenburg 72 Q 4
Heidenend 46 M 2
Heidenfeld 76 Q 14
Heidenheim 96 S 16
Heidenheim a. d. Brenz 95 T 14
Heidenrod 73 P 7
Heidersdorf 68 N 24
Heidesheim a. Rhein 73 Q 8
Heidgraben 19 E 13
Heidhausen 39 I 11
Heidhof 32 G 17
Heidhusen 28 G 9
Heidingsfeld 85 Q 13
Heidkate 9 C 14
Heidmoor 19 E 13
Heidmühlen 9 E 14
Heidweiler 72 Q 4
Heigenbrücken 75 P 12
Heikendorf 9 C 14
Heilbronn 94 S 11
Heilgersdorf 77 P 16
Heiligenberg 102 W 11
Heiligendamm 11 D 19
Heiligendorf 41 I 16
Heiligenfelde 32 H 18
Heiligenfelde 29 H 10
Heiligengrabe 33 G 21
Heiligenhafen 10 C 16
Heiligenhagen 11 D 19
Heiligenhaus *(Kreis Mettmann)* 48 M 4
Heiligenhaus *(Rheinisch-Bergischer Kreis)* 59 N 5
Heiligenkirchen 39 K 10
Heiligenloh 29 H 9
Heiligenrode 29 H 10
Heiligenroth 73 O 7
Heiligenstadt 52 L 14
Heiligenstadt 77 Q 17
Heiligenstedten 8 E 12
Heiligenstein 84 S 9
Heiligenthal 53 L 18
Heiligenthal 31 G 15
Heiligenzimmern 101 V 10
Heiligkreuz *(Kreis Bad Kissingen)* 75 P 13
Heiligkreuz *(Kreis Traunstein)* 106 V 21
Heiligkreuzsteinach 84 R 10
Heiligkreuztal 102 V 12
Heilingen 65 N 18
Heilinghausen 89 S 20
Heilsau 21 E 15
Heilsbronn 86 R 16
Heilshoop 21 E 15
Heilshorn 18 G 10
Heimarshausen 63 M 11
Heimbach 100 V 7
Heimbach *(Kreis Birkenfeld)* 81 R 5
Heimbach *(Kreis Düren)* 70 O 3
Heimbach *(Schwalm-Eder-Kreis)* 62 N 11
Heimbach-Weis 71 O 6
Heimboldshausen 64 N 13
Heimborn 61 N 7
Heimbuchenthal 75 Q 11
Heimburg 53 K 16
Heimenkirch 111 X 13
Heimerdingen 93 T 10
Heimersheim 60 O 5
Heimertingen 103 V 14
Heimertshausen 63 N 11
Heimerzheim 59 N 4
Heimsen 39 I 11
Heimsheim 93 T 10
Heimweiler 81 Q 6
Heinade 51 K 12
Heinbockel 19 F 11
Heinde 40 J 14
Heinebach 63 M 13
Heinefelde 28 H 8
Heinersbrück 57 K 27
Heinersdorf *(Kreis Ansbach)* 95 S 15
Heinersdorf *(Kreis Oder-Spree)* 45 I 26
Heinersdorf *(Kreis Sonneberg)* 77 O 17
Heinersdorf *(Kreis Uckermark)* 35 G 26
Heinersdorf *(Saale-Orla-Kreis)* 77 O 18
Heinersgrün 78 O 19
Heinersreuth *(Kreis Bayreuth)* 77 Q 18
Heinersreuth *(Kreis Kulmbach)* 77 P 18
Heinersreuth *(Kreis Neustadt a. d. Waldnaab)* 88 Q 19
Heiningen 41 J 15
Heiningen 94 U 12
Heinkenborstel 8 D 13
Heinrichs 64 O 15
Heinrichsberg 42 J 19
Heinrichsdorf 33 G 21
Heinrichsdorf 50 M 9
Heinrichshagen 39 K 12
Heinrichsort 67 N 21
Heinrichsruh 25 F 25
Heinrichsthal 75 P 12
Heinrichswalde 25 F 25
Heinsberg 58 M 2
Heinsberg *(Kreis Olpe)* 61 M 8
Heinschenwalde 18 F 10
Heinsen *(Kreis Holzminden)* 39 K 12
Heinsen *(Kreis Lüneburg)* 31 G 15
Heinsheim 85 S 11
Heinstetten 101 V 10
Heintrop 49 L 8
Heinum 40 J 13
Heinzenbach 72 Q 6
Heinzenberg 74 O 9
Heisebeck 51 L 12
Heisede 40 J 13
Heisingen *(Essen)* 47 L 5
Heißenbüttel 18 G 10
Heist 19 F 12
Heisterbacherrott 59 N 5
Heisterende 19 E 12
Heitersheim 100 W 6
Heithöfen 38 I 9
Helbe 52 L 16
Helbigsdorf 68 M 24
Helbigsdorf *(Kreis Freiberg)* 68 N 24
Helbra 53 L 18
Heldburg 76 P 16
Helden 61 M 7
Heldenbergen 74 P 10
Heldenstein 106 V 21
Heldmannsberg 87 R 18
Heldra 64 M 14
Heldritt 77 O 16
Heldrungen 53 M 17
Helenenberg 80 Q 3
Helenesee 45 J 27
Helfant 80 R 3
Helferskirchen 61 O 7
Helfta 53 L 18
Helgoländer Bucht 6 E 7
Helgoland 6 D 7
Helgoland-Düne *(Flughafen)* 6 D 7
Hell Berge 32 I 17
Hellberg 70 O 3
Helle 32 G 20
Hellefeld 49 M 8
Hellendorf 68 N 25
Hellengerst 111 X 14
Hellenhahn-Schellenberg 61 O 8
Hellental 51 K 12
Hellenthal 70 O 3
Heller 36 N 8
Hellersdorf 44 I 24
Hellertshausen 72 Q 5
Hellingen 76 P 16
Hellingst 18 F 10
Hellstein 75 P 11
Hellwege 29 G 11
Helm 21 F 17
Helmarshausen 51 L 12
Helmbrechts *(Kreis Hof)* 78 P 19
Helmbrechts *(Kreis Tirschenreuth)* 78 Q 20
Helme 53 L 16
Helmerkamp 31 I 14
Helmern *(Kreis Höxter)* 51 L 11
Helmern *(Kreis Paderborn)* 50 L 10
Helmers 64 N 14
Helmershausen 64 O 14
Helmighausen 27 H 7
Helmighausen 50 L 10
Helminghausen 50 L 10
Helmlingen 92 T 7
Helmscherode 40 K 14
Helmsdorf 52 M 15
Helmsdorf b. Pirna 68 M 26
Helmsgrün 66 O 20
Helmsheim 93 S 9
Helmstadt 85 Q 13
Helmstadt-Bargen 84 S 10
Helmste 19 F 12
Helmstedt 41 J 17
Helmstorf 9 D 15
Helpershain 63 O 11
Helpsen 39 J 11
Helpt 24 F 24
Helpter Berge 24 F 24
Helpup 38 K 10
Helsa 51 M 13
Helse 7 E 11
Helsen 50 L 11
Helstorf 30 I 12
Helte 26 H 6
Heltersberg 83 S 7
Helvesiek 30 G 12
Hemau 90 S 19
Hembergen 37 J 6
Hembsen 51 K 11
Hemden 36 K 3
Hemdingen 19 E 13
Hemeln 51 L 12
Hemer 49 L 7
Hemeringen 39 J 11
Hemfurth 62 M 11
Hemhof 106 W 21
Hemhofen 87 Q 16
Hemleben 53 M 17
Hemme 7 D 11
Hemmelmark 5 C 13
Hemmelsdorf 9 E 16

Hemmelsdorfer See 9 E 16
Hemmelte 27 H 7
Hemmendorf 39 J 12
Hemmendorf 101 U 10
Hemmenhofen 109 W 10
Hemmerde 49 L 7
Hemmerden 58 M 3
Hemmern 50 L 9
Hemmersdorf 80 R 3
Hemmersheim 86 R 14
Hemmingen 40 J 13
Hemmingen 94 T 11
Hemmingstedt 7 D 11
Hemmoor 19 E 11
Hemsbach 84 R 9
Hemsbünde 30 G 12
Hemsen (Kreis Emsland) 26 H 5
Hemsen (Kreis Soltau-Fallingbostel) 30 G 13
Hemsendorf 55 K 22
Hemslingen 30 G 12
Hemstedt 32 I 18
Hendungen 76 O 15
Henfenfeld 87 R 18
Heng 87 S 18
Hengen 94 U 12
Hengersberg 98 T 23
Hengersberger Ohe 99 T 23
Henglarn 50 L 10
Hengsen 49 L 6
Hengsterholz 28 H 9
Hengstfeld 00 S 14
Hengstlage 27 H 8
Henneberg 76 O 15
Hennef 59 N 5
Hennen 49 L 6
Hennersdorf (Kreis Elbe-Elster) 56 L 24
Hennersdorf (Weißeritzkreis) 68 N 24
Hennesee 50 L 8
Hennethal 73 P 8
Hennickendorf (Kreis Märkisch-Oderland) 44 I 25
Hennickendorf (Kreis Teltow-Fläming) 43 J 23
Hennigsdorf 34 I 23
Henningen 31 H 16
Henningsleben 64 M 15
Hennstedt (Kreis Dithmarschen) 7 D 11
Hennstedt (Kreis Steinburg) 8 D 13
Hennweiler 72 Q 6
Henstedt (Kreis Diepholz) 29 H 10
Henstedt (Kreis Segeberg) 20 E 14
Hentern 80 R 4
Hentrup 50 K 8
Henzendorf 45 J 27
Hepberg 96 T 18
Heppendorf 58 N 3
Heppenheim (Bergstraße) 84 R 8
Heppenheim a. d. Weise 83 R 9
Hepstedt 18 G 11
Herbede 47 L 5
Herbelhausen 62 M 10
Herbergen 27 H 7
Herbern 49 K 6
Herbertingen 102 V 12
Herbertshofen 96 U 16
Herbolzheim (Kreis Emmendingen) 100 V 7
Herbolzheim (Kreis Neustadt a. d. A.-Bad W.) 86 R 15
Herborn 62 N 8
Herbram 50 K 10
Herbram Wald 50 K 10
Herbrechtingen 95 U 14
Herbrum 26 G 5
Herbrumerkämpe 26 G 6
Herbsen 50 L 11
Herbsleben 65 M 16
Herbstadt 76 P 15
Herbstein 63 O 12
Herbsthausen 85 R 13
Herchen 59 N 6
Herchenhain 75 O 11
Herchweiler 81 R 5
Hercules (Kassel) 63 M 12
Herda 64 N 14
Herdecke 47 L 6
Herdern 100 V 7
Herdorf 61 N 7
Herdringen 49 L 7
Herdwangen 102 W 11
Heretsried 104 U 16
Herfa 63 N 13
Herfatz 110 W 13
Herford 38 J 10
Herforst 72 Q 4
Hergarten 60 O 3
Hergatz 110 X 13
Hergershausen (Kreis Darmstadt-Dieburg) 74 Q 10
Hergershausen (Kreis Hersfeld-Rotenburg) 63 M 13
Herges 64 N 15
Hergisdorf 53 L 18
Hergolshausen 76 Q 14
Herhagen 50 M 8
Herhahn 70 O 3
Hering 84 Q 10
Heringen 53 L 16
Heringen 73 P 8
Heringen (Werra) 64 N 14
Heringhausen (Hochsauerlandkreis) 50 L 9
Heringhausen (Kreis Waldeck-Frankenberg) 50 L 10
Heringsdorf (Kreis Ostholstein) 10 D 17
Heringsdorf (Kreis Ostvorpommern) 15 E 26
Herkenrath 59 N 5
Herlasgrün 66 O 20
Herlazhofen 111 W 14
Herlefeld 63 M 13
Herleshausen 64 M 14
Herlheim 76 Q 14
Herlinghausen 51 L 11
Hermannsburg 30 H 14
Hermannsdenkmal (Detmold) 39 K 10
Hermannsdorf 67 O 22
Hermannsfeld 76 O 14
Hermannshof 11 D 21
Hermannskoppe 75 P 12
Hermannsreuth 89 Q 21
Hermaringen 95 U 14
Hermersberg 81 S 6
Hermersbergerhof 83 S 7
Hermersdorf 86 Q 16
Hermersdorf-Obersdorf 35 I 26
Hermershausen 62 N 10
Hermesdorf 70 Q 3
Hermeskeil 81 R 4
Hermsdorf (Kreis Dahme-Spreewald) 44 J 25
Hermsdorf (Kreis Meißen-Dresden) 68 M 25
Hermsdorf (Kreis Oberspreewald-Lausitz) 56 L 25
Hermsdorf (Ohrekreis) 42 J 18
Hermsdorf (Saale-Holzland-Kreis) 66 N 19
Hermsdorf (Erzgebirge) 68 N 24
Hermsdorf (Spree) 57 M 27
Hermuthausen 85 S 13
Herne 47 L 5
Heroldingen 95 T 15
Heroldsbach 87 Q 16
Heroldsberg 87 R 17
Heroldstatt 102 U 12
Herolz 75 O 12
Herongen 46 L 2
Herpf 64 O 14
Herreden 52 L 16
Herren Steinfeld 21 E 17
Herrenberg 93 U 10
Herrenchiemsee 106 W 21
Herrendeich 4 C 10
Herrengosserstedt 65 M 18
Herrenhäuser Gärten 40 I 13
Herrenhausen 40 I 13
Herreninsel 106 W 21
Herrentierbach 85 S 13
Herrenwies 93 U 8
Herrenzimmern 101 V 9
Herressen 65 M 18
Herrgottskirche 86 R 14
Herrieden 86 S 15
Herrig 58 N 4
Herringen 49 L 7
Herringhausen (Kreis Herford) 38 J 9
Herringhausen (Kreis Osnabrück Land) 37 I 8
Herrischried 108 W 8
Herrlingen 103 U 13
Herrnberchtheim 86 R 14
Herrnburg 21 E 16
Herrngiersdorf 97 T 20
Herrnhut 69 M 28
Herrnneuses 86 R 15
Herrnschwende 53 M 17
Herrnsdorf 87 Q 16
Herrnsheim 84 R 8
Herrnwahlthann 97 T 19
Herrsching 104 W 17
Herrstein 81 Q 6
Hersbruck (Kreis Nürnberger Land) 87 R 18
Hersbruck Süd (Kreis Nürnberger Land) 87 R 18
Hersbrucker Alb 87 R 18
Herschbach 71 O 5
Herschbach (Oberwesterwald) 61 O 7
Herschbach (Unterwesterwald) 61 O 7
Herschberg 83 S 6
Herschdorf (Ilm-Kreis) 65 O 17
Herschdorf (Saale-Orla-Kreis) 65 N 18
Herscheid 49 M 7
Herschfeld 76 P 14
Herschweiler-Pettersheim 81 R 6
Hersdorf 70 P 3
Hersel 59 N 5
Herßum 27 H 6
Herste 51 K 11
Herstelle 51 L 12
Hertefeld 33 I 22
Herten 47 L 5
Herten 108 X 7
Hertingen 108 W 6
Hertlingshausen 83 R 8
Hertmannsweiler 94 T 12
Hervest 47 K 5
Herwigsdorf 69 M 28
Herxheim a. Berg 83 R 8
Herxheim b. Landau 83 S 8
Herzberg 63 N 12
Herzberg (Kreis Elbe-Elster) 55 K 23
Herzberg (Kreis Oder-Spree) 45 J 26
Herzberg (Kreis Ostprignitz-Ruppin) 33 H 22
Herzberg (Kreis Parchim) 23 F 19
Herzberg a. Harz 52 L 15
Herzebrock-Clarholz 37 K 8
Herzfeld (Kreis Parchim) 22 G 19
Herzfeld (Kreis Soest) 49 L 8
Herzfelde (Kreis Märkisch-Oderland) 34 G 24
Herzfelde (Kreis Uckermark) 44 I 25
Herzhausen (Kreis Siegen-Wittgenstein) 61 N 8
Herzhausen (Kreis Waldeck-Frankenberg) 62 M 10
Herzhorn 19 E 12
Herzkamp 48 M 5
Herzlake 27 H 6
Herzogau 89 R 22
Herzogenaurach 87 R 16
Herzogenhorn 100 W 8
Herzogenrath 58 N 2
Herzogenreuth 77 Q 17
Herzogenweiler 101 V 9
Herzogsreut 99 T 24
Herzogstand 112 X 17
Herzogswalde 68 M 24
Herzogsweiler 93 U 9
Herzsprung (Kreis Ostprignitz-Ruppin) 33 G 21
Herzsprung (Kreis Uckermark) 35 H 25
Hesborn 62 M 9
Hesedorf b. Bremervörde 19 F 11
Hesedorf b. Gyhum 29 G 12
Hesel 17 G 6
Heselwangen 101 V 10
Hesepe (Kreis Osnabrück) 37 I 7
Heseper Moor 26 I 5
Heseper Torfwerk 26 I 5
Heskem 62 N 10
Hespert 61 N 7
Heßberg 76 O 16
Heßdorf 87 R 16
Hesselbach 76 P 14
Hesselbach (Kreis Siegen-Wittgenstein) 62 N 9
Hesselbach (Odenwaldkreis) 84 R 11
Hesselberg 95 S 15
Hesselhurst 92 U 7
Hesselte 36 I 6
Hesselteich 37 J 8
Hessen 41 J 16
Hessenpark 74 P 9
Hessenreuth 88 Q 19
Hessenreuther und Manteler Wald (Naturpark) 88 Q 19
Hessental 94 S 13
Hessenthal 75 Q 11
Hesserode 63 M 12
Heßheim 84 R 8
Hessigheim 94 T 11
Hessisch Lichtenau 63 M 13
Hessisch Oldendorf 39 J 11
Hessische Rhön (Naturpark) 75 O 13
Hessischer Spessart (Naturpark) 75 P 12
Heßlar (Kreis Main-Spessart) 75 Q 13
Heßlar (Schwalm-Eder-Kreis) 63 M 12
Heßler 47 L 5
Heßles 64 N 15
Heßlingen 39 J 11
Heßloch 83 Q 8
Hesterberg 29 I 10
Hestrup (Kreis Emsland) 27 I 6
Hestrup (Kreis Grafschaft-Bentheim) 36 I 5
Heteborn 41 K 17
Hetendorf 30 H 14
Hetlingen 19 F 12
Hettenhausen 75 O 13
Hettenleidelheim 83 R 8
Hettenrodt 81 Q 5
Hettensen 51 L 13
Hettingen (Kreis Sigmaringen) 102 V 11
Hettingen (Neckar-Odenwald-Kreis) 85 R 12
Hettingenbeuern 85 R 11
Hettstadt 85 Q 13
Hettstedt (Ilm-Kreis) 65 N 17
Hettstedt (Kreis Mansfelder Land) 53 L 18
Hetzbach 84 R 10
Hetzdorf (Kreis Freiberg) 68 N 24
Hetzdorf (Kreis Uckermark) 25 F 25
Hetzerath 72 Q 4
Hetzerode 63 M 13
Hetzles 87 R 17
Hetzwege 29 G 12
Heubach (Kreis Darmstadt-Dieburg) 74 Q 10
Heubach (Kreis Fulda) 75 O 13
Heubach (Kreis Hildburghausen) 77 O 16
Heubach (Ostalbkreis) 95 T 13
Heubisch 77 P 17
Heubült 17 F 8
Heuchelberg 93 S 10
Heuchelheim 62 O 9
Heuchelheim-Klingen 83 S 8
Heuchlingen (Kreis Heidenheim) 95 U 14
Heuchlingen (Ostalbkreis) 95 T 13
Heuckewalde 66 N 20
Heudeber 41 K 16
Heudorf 18 G 10
Heudorf a. Bussen 102 V 12
Heudorf b. Mengen 102 V 11
Heudorf b. Meßkirch 102 W 11
Heudorf i. Hegau 101 W 10
Heuerßen 39 J 11
Heufelden 102 V 13
Heugrumbach 76 Q 13
Heukewalde 66 N 20
Heusenstamm 74 P 10
Heustreu 76 O 14
Heusweiler 81 R 4
Heuthen 52 M 14
Hevensen 51 L 13
Heverstrom 4 C 9
Hewingsen 49 L 8
Hexenagger 97 T 19
Hexenloch 100 V 8
Heyda (Ilm-Kreis) 65 N 16
Heyda (Kreis Riesa-Großenhain) 55 M 24
Heyen 39 J 12
Heyerode 64 M 14
Heyersum 40 J 13
Heygendorf 53 L 18
Heynitz 68 M 24
Heyrothsberge 42 J 19
Hiddenhausen 38 J 9
Hiddensee (Insel) 13 C 23
Hiddesen 39 K 10
Hiddestorf 40 J 13
Hiddingen 30 G 12
Hiddingsel 47 K 6
Hiddingsen 49 L 8
Hienheim 97 T 19
Hienheimer Forst 97 T 19
Hiesfeld 47 L 4
Hilbeck 49 L 7
Hilberath 60 O 4
Hilbersdorf (Kreis Freiberg) 68 N 24
Hilbersdorf (Kreis Greiz) 66 N 20
Hilbringen 80 R 3
Hilchenbach 61 N 8
Hildburghausen 76 O 16
Hildebrandshagen 24 F 24
Hilden 48 M 4
Hilders 64 O 14
Hildesheim 40 J 13
Hildesheimer Wald 40 J 13
Hildfeld 50 M 9
Hildrizhausen 93 U 10
Hilfarth 58 M 2
Hilgen 59 M 5
Hilgenroth 61 N 6
Hilgermissen 29 H 11
Hilgershausen (Schwalm-Eder-Kreis) 63 M 12
Hilgershausen (Werra-Meißner-Kreis) 51 M 13
Hilgertshausen 104 U 18
Hilgesdorf 41 J 17
Hilkenbrook 27 H 7
Hilkerode 52 L 14
Hille 39 I 10
Hillegossen 38 K 9
Hillensberg 58 N 1
Hillentrup 39 J 10
Hillern 30 G 13
Hillerse (Kreis Gifhorn) 40 I 15
Hillerse (Kreis Northeim) 52 K 13
Hillershausen 50 M 10
Hillersleben 42 J 18
Hillesheim 70 P 4
Hilligenley 4 C 9
Hilligensehl 30 H 12
Hillmersdorf 56 K 24
Hillscheid 73 O 7
Hilmersdorf 67 N 23
Hilpoltstein 87 S 17
Hils 40 K 13
Hilsbach 84 S 10
Hiltenfingen 104 V 16
Hilter (Ems) 26 H 5
Hilter a. Teutoburger Wald 37 J 8
Hiltersklingen 84 R 10
Hiltersried 89 R 21
Hiltpoltstein 87 R 17
Hiltrop 47 L 5
Hiltrup 37 K 6
Hilzingen 109 W 10
Himbergen 31 G 16
Himmelgeist 48 M 4
Himmelkron 77 P 18
Himmelmert 49 M 7
Himmelpfort 34 G 23
Himmelpforten 19 F 11
Himmelsberg 52 L 16
Himmelstadt 75 Q 13
Himmelsthür 40 J 13
Himmerod 70 P 4
Himmighausen 50 K 11
Himstedt 40 J 14
Hindelang 111 X 15
Hindenburg (Kreis Nordwestmecklenburg) 21 E 17
Hindenburg (Kreis Oberspreewald-Lausitz) 56 K 25
Hindenburg (Kreis Ostprignitz-Ruppin) 34 G 23
Hindenburg (Kreis Stendal) 32 H 19
Hindenburg (Kreis Uckermark) 34 G 24
Hindenburg-Kanzel 91 S 23
Hindenburgdamm 4 B 9
Hinrichsfehn 17 F 7
Hinrichshagen (Kreis Mecklenburg-Strelitz) 24 F 24
Hinrichshagen (Kreis Ostvorpommern) 14 D 24
Hinrichshagen (Kreis Rostock) 11 D 20
Hinsbeck 46 L 2
Hinsdorf 54 K 20
Hinte 16 F 5
Hintereben 99 T 24
Hinterhermsdorf 69 N 27
Hinterheubronn 100 W 7
Hinternah 77 O 16
Hinterschmiding 99 T 24
Hintersee 25 F 26
Hintersee (Kreis Berchtesgadener Land) 114 X 22
Hinterskirchen 105 U 20
Hinterstein 111 X 15
Hintersteinau 75 O 12
Hintersteinenberg 94 T 13
Hinterweidenthal 83 S 7
Hinterzarten 100 W 8
Hinzdorf 32 H 19
Hinzerath 72 Q 5
Hinzert-Pölert 81 Q 4
Hinzweiler 81 R 6
Hipstedt 18 F 10
Hirnsberg 105 W 20
Hirrlingen 101 U 10
Hirsau 93 T 10
Hirschaid 87 Q 16
Hirschau (Kreis Amberg-Sulzbach) 88 R 19
Hirschau (Kreis Tübingen) 93 U 10
Hirschbach (Kreis Amberg-Sulzbach) 87 R 18
Hirschbach (Kreis Hildburghausen) 64 O 16
Hirschbach (Kreis Rottal-Inn) 106 U 23
Hirschbach (Weißeritzkreis) 68 N 25
Hirschberg (Kreis Eichstätt) 96 S 18
Hirschberg (Kreis Soest) 50 L 8
Hirschberg (Rhein-Lahn-Kreis) 73 O 7
Hirschberg (Saale-Orla-Kreis) 78 O 19
Hirschberg an der Bergstraße 84 R 9
Hirschenstein 91 T 22
Hirschfeld (Kreis Elbe-Elster) 56 L 24
Hirschfeld (Kreis Freiberg) 68 M 24
Hirschfeld (Kreis Greiz) 66 N 20
Hirschfeld (Kreis Schweinfurt Land) 76 Q 14
Hirschfeld (Kreis Zwickauer Land) 66 O 21
Hirschfelde (Kreis Barnim) 34 I 25
Hirschfelde (Kreis Löbau-Zittau) 69 N 28
Hirschgundtal 111 X 14
Hirschhausen 74 O 9
Hirschhorn 106 U 22
Hirschhorn (Neckar) 84 R 10
Hirschhorn (Pfalz) 81 R 7
Hirschneuses 86 R 16
Hirschsprung 100 W 8
Hirschstein 68 M 24
Hirschthal 92 S 7
Hirschwald (Dorf) 88 R 19
Hirten 71 P 5
Hirten 106 V 21
Hirtenstein 67 O 23
Hirzenach 71 P 6
Hirzenhain (Lahn-Dill-Kreis) 62 N 9
Hirzenhain (Wetteraukreis) 75 O 11
Historischer Dampzug Chanderli 108 W 6
Hitdorf 59 M 4
Hittbergen 21 F 15
Hittfeld 19 F 13
Hitzacker 31 G 17
Hitzelrode 52 M 14
Hitzerode 52 M 13
Hitzhusen 8 E 13
Hitzkirchen 75 O 11
Hitzkofen 102 V 11
Hobeck 42 J 20
Hobendeich 18 F 9
Hoberge Uerentrup 38 J 9
Hoch-Weisel 74 O 9
Hochalb 94 U 13
Hochaltingen 95 T 15
Hochberg 106 W 21
Hochberg (b. Saulgau) 102 W 12
Hochberg (b. Sigmaringen) 102 V 11
Hochberg (Kreis Ludwigsburg) 94 T 11
Hochborn 83 Q 8
Hochbruch 46 L 3
Hochburg 100 V 7
Hochdahl 48 M 4
Hochdonn 7 D 11

Hochdorf (Kreis Biberach a. d. Riß) 102 V 13
Hochdorf (Kreis Calw) 93 U 10
Hochdorf (Kreis Esslingen) 94 T 12
Hochdorf (Kreis Freudenstadt) 93 U 9
Hochdorf (Kreis Regen) 91 T 23
Hochelheim 74 O 9
Hochfeld 19 E 12
Hochfeld (Kreis Donau-Ries) 96 T 16
Hochfelln 114 W 21
Hochgrat 111 X 14
Hochharz 52 K 15
Hochhausen (Main-Tauber-Kreis) 85 R 12
Hochhausen (Neckar-Odenwald-Kreis) 84 S 11
Hochheide 46 L 4
Hochheim a. Main 74 P 9
Hochkalter 114 X 22
Hochkarspitze 112 X 18
Hochkirch 69 M 27
Hochkirchen 58 N 3
Hochkopf 100 W 7
Hochmössingen 101 V 9
Hochmoor 36 K 5
Hochneukirch 58 M 3
Hochplatte 112 X 16
Hochrhönstraße 76 O 14
Hochries 113 W 20
Hochsal 108 X 8
Hochscheid 72 Q 5
Hochspeicher Rabenleite 89 R 20
Hochspeyer 83 R 7
Hochstadt 77 P 17
Hochstadt 83 S 8
Hochstätt 105 W 20
Hochstätten 83 Q 7
Hochstahl 77 Q 17
Hochstein 95 T 25
Hochstetten 93 S 9
Hochstetten Dhaun 81 Q 6
Hochtaunus (Naturpark) 74 O 9
Hochtaunusstraße 74 P 9
Hochwald 69 N 28
Hochwang 103 U 14
Hochwanner 112 X 17
Hockenheim 84 S 9
Hockenheimring 84 S 9
Hockeroda 65 O 18
Hodenhagen 30 H 12
Höchberg 85 Q 13
Höchenschwand 108 W 8
Höchheim 76 O 15
Höchst 75 P 11
Höchst (Frankfurt a. Main-) 74 P 9
Höchst i. Odenwald 84 Q 10
Höchstadt a. d. Aisch 87 Q 16
Höchstädt 78 P 20
Höchstädt a. d. Donau 95 U 15
Höchstenbach 61 O 7
Höckel 37 I 7
Höckendorf (Weißeritzkreis) 68 M 25
Höckendorf (Westlausitzkreis) 68 N 24
Hödingen 41 J 17
Höfats 111 X 15
Höfen 70 O 2
Höfen 96 S 18
Höfen a. d. Enz 93 T 9
Höfendorf 101 U 10
Höfer 30 H 14
Höferänger 77 P 18
Höfgen 55 M 22
Höfingen 39 J 11
Höfingen 93 T 11
Högel 4 C 11
Högling 88 R 20
Höglwörth 106 W 22
Högsdorf 9 D 15
Höhbeck 32 G 18
Höheinöd 83 S 6
Höheischweiler 83 S 6
Höhenhaus (Köln) 59 N 5
Höhenkirchen 105 V 19
Höhenpark 94 T 11
Höhenrain (Kreis Rosenheim) 105 W 19
Höhenrain (Kreis Starnberg) 104 W 18
Höhn 61 O 7
Höhndorf 9 C 15
Höhnstedt 54 L 19
Höhr-Grenzhausen 73 O 7
Hölingen 28 H 9
Höll (Kreis Cham) 89 R 22
Hölle 78 O 19
Höllensteinsee 91 S 22
Höllental 100 W 8
Höllrich 75 P 13
Höllritzer Alp 111 X 14
Hölsbrunn 106 U 21
Höltinghausen 27 H 8
Hölzlebruck 100 W 8
Hönebach 64 N 13
Höngeda 64 M 15
Höngen 58 M 1
Hoengen 58 N 2
Höningen 83 R 8
Hoeningen 58 M 4
Hönne 49 M 7
Hönnepel 46 K 2
Hönningen 60 O 4
Hönow 34 I 24
Höntrop 47 L 5
Höpfingen 85 R 12
Höpingen 36 J 5
Hörbach 62 N 8
Hörbering 106 U 21
Hörde (Dortmund) 47 L 6
Hörden 52 K 14
Hördt 84 S 8
Hörenhausen 103 V 14
Hörgenau 63 O 11
Hörgertshausen 97 U 19
Höringen 83 R 7
Höringhausen 50 M 10
Hörlkofen 105 V 19
Hörmannsdorf 88 S 19
Hörne 18 E 11
Hörnerhaus 111 X 14
Hörnitz 69 N 28
Hörnle 112 X 17
Hörnum 4 B 8
Hörnumtief 4 B 9
Hörpel 30 G 14
Hörpolding 106 W 21
Hörre 74 O 9
Hörschhausen 71 P 4
Hörsel 64 N 15
Hörselgau 64 N 15
Hörsingen 41 J 17
Hörste (Kreis Gütersloh) 38 J 8
Hörste (Kreis Lippe) 39 K 10
Hörste (Kreis Soest) 50 K 9
Hörste (Kreis Warendorf) 37 J 7
Hörstein 74 P 11
Hörstel 37 J 6
Hörsten 8 D 12
Hörstgen 46 L 3
Hörstmar 39 J 10
Hörsum 40 K 13
Hörup 4 B 11
Hörzhausen 96 U 17
Hösbach 75 P 11
Hösel 48 M 4
Höslwang 106 W 20
Hösseringen 31 H 15
Hößlinsülz 94 S 12
Hoest 49 K 8
Hötensleben 41 J 17
Hoetmar 37 K 7
Höttingen 96 S 17
Hötzelsroda 64 M 15
Hötzingen 30 G 13
Hötzum 41 J 15
Hövel 49 L 7
Hövelhof 50 K 9
Hövelriege 50 K 9
Höver (Kreis Hannover) 40 I 13
Höver (Kreis Uelzen) 31 G 16
Höveringhausen 37 J 7
Höwisch 32 H 18
Höxberg 49 K 8
Höxter 51 K 12
Hof 78 P 19
Hof (Kreis Rastatt) 92 T 8
Hof (Kreis Riesa-Großenhain) 55 M 23
Hof (Westerwaldkreis) 61 N 8
Hof (Bernau-) 100 W 8
Hof-Pirk (Flughafen) 78 P 19
Hof Wahlstorf 9 D 14
Hofaschenbach 63 O 13
Hofbieber 63 O 13
Hofdorf 90 T 21
Hofen 95 T 14
Hoffeld 9 D 13
Hoffenheim 84 S 10
Hoffnungsthal 59 N 5
Hofgeismar 51 L 12
Hofheim 76 P 15
Hofheim (Kreis Bergstraße) 84 R 9
Hofheim a. Taunus 74 P 9
Hofkirchen (Kreis Passau) 99 T 23
Hofkirchen (Kreis Straubing-Bogen) 98 T 20
Hofolding 105 W 19
Hofoldinger Forst 105 W 19
Hofolpe 61 M 8
Hofsgrung 100 W 7
Hofstätten 83 S 7
Hofstetten (Kreis Eichstätt) 96 T 17
Hofstetten (Kreis Haßberge) 76 P 15
Hofstetten (Kreis Landsberg a. Lech) 104 V 16
Hofstetten (Kreis Miltenberg) 75 Q 11
Hofstetten (Ortenaukreis) 100 V 8
Hofweier 100 U 7
Hohberg 100 U 7
Hohburg 55 L 22
Hohe Acht 71 O 5
Hohe Bleick 112 X 16
Hohe Bracht 61 M 8
Hohe Eifel 71 P 4
Hohe Mark 47 K 5
Hohe Mark (Naturpark) 47 K 4
Hohe Möhr 108 W 7
Hohe Molmert 49 M 7
Hohe Schrecke 53 M 17
Hohe Ward 37 K 7
Hohe Warte 94 U 11
Hohebach 85 R 13
Hohegeiß 52 L 15
Hoheleye 62 M 9
Hohen Demzin 23 E 21
Hohen Luckow 11 E 19
Hohen Mistorf 23 E 22
Hohen Neuendorf 34 H 23
Hohen Pritz 23 F 19
Hohen Schönberg 10 E 17
Hohen Sprenz 11 E 20
Hohen Viecheln 22 E 18
Hohen Wangelin 23 F 21
Hohen Wieschendorf 10 E 18
Hohenahlsdorf 44 K 23
Hohenahr 62 N 9
Hohenaltheim 95 T 15
Hohenaschau 114 W 20
Hohenaspe 8 E 12
Hohenau 99 T 24
Hohenaverbergen 29 H 11
Hohenbellin 42 I 20
Hohenberg (Kreis Kulmbach) 78 P 18
Hohenberg (Ortenaukreis) 92 U 8
Hohenberg (Ostalbkreis) 95 S 14
Hohenberg a. d. Eger 79 P 20
Hohenberg-Krusemark 32 H 19
Hohenbocka 56 L 26
Hohenbollentin 24 E 23
Hohenbostel 39 J 12
Hohenbruch 34 H 23
Hohenbrück-Neu Schadow 44 J 25
Hohenbrünzow 24 E 23
Hohenbrunn 105 V 19
Hohenbucko 56 K 24
Hohenbünstorf 31 G 15
Hohenbüssow 24 E 23
Hohenburg 88 S 19
Hohendodeleben 42 J 18
Hohendorf 15 D 25
Hohenebra 53 M 16
Hohenecken 83 R 7
Hoheneggelsen 40 J 14
Hoheneiche (Kreis Saalfeld-Rudolstadt) 65 O 17
Hoheneiche (Werra-Meißner-Kreis) 64 M 13
Hohenerxleben 54 K 18
Hohenfeld 86 Q 14
Hohenfelde (Kreis Bad Doberan) 11 D 19
Hohenfelde (Kreis Plön) 9 C 15
Hohenfelde (Kreis Steinburg) 19 E 12
Hohenfelden 65 N 17
Hohenfels (Kreis Konstanz) 102 W 11
Hohenfels (Kreis Neumarkt i. d. Oberpfalz) 88 S 19
Hohenferchesar 43 I 21
Hohenfichte 67 N 23
Hohenfinow 35 H 25
Hohenfreiberg 111 X 15
Hohenfurch 104 W 16
Hohengandern 52 L 13
Hohengöhren 32 I 20
Hohengörsdorf 44 K 23
Hohengüßbach 77 Q 16
Hohengüstow 25 G 25
Hohenhäusling 77 Q 17
Hohenhameln 40 J 14
Hohenhaslach 94 S 11
Hohenhausen 39 J 10
Hohenheida 54 L 21
Hohenhenningen 31 I 17
Hohenhewen 101 W 10
Hohenhörn 7 D 11
Hohenholte 37 K 6
Hohenhorn 20 F 15
Hohenhorst 19 F 12
Hohenhorster-Bauerschaft 40 I 13
Hohenirlach 89 R 20
Hohenkammer 105 U 18
Hohenkemnath 88 R 19
Hohenkirchen 64 N 16
Hohenkirchen 17 F 7
Hohenlandin 35 G 26
Hohenlandsberg 86 R 14
Hohenleimbach 71 O 5
Hohenleipisch 56 L 24
Hohenlepte 42 K 20
Hohenleuben 66 N 20
Hohenlimburg 49 L 6
Hohenlinden 105 V 19
Hohenlobbese 43 J 20
Hohenlockstedt 8 E 12
Hohenloher Ebene 85 S 13
Hohenlychen 34 G 23
Hohenmemmingen 95 U 14
Hohenmirsberg 87 Q 18
Hohenmocker 24 E 23
Hohenmölsen 66 M 20
Hohenmoor (Kreis Diepholz) 29 H 10
Hohenmoor (Kreis Stade) 19 F 11
Hohennauen 33 H 21
Hohenöllen 81 R 6
Hohenölsen 66 N 20
Hohenpeißenberg 104 W 17
Hohenpölz 77 Q 17
Hohenpolding 105 U 20
Hohenprießnitz 55 L 21
Hohenrechberg 94 T 13
Hohenreichen 96 U 16
Hohenreinkendorf 25 G 27
Hohenroda (Kreis Delitzsch) 54 L 21
Hohenroda (Kreis Hersfeld-Rotenburg) 63 N 13
Hohenrode 39 J 11
Hohenroth 76 P 14
Hohensaaten 35 H 26
Hohenschambach 90 S 19
Hohenschönhausen (Berlin) 34 I 24
Hohenschwangau 112 X 16
Hohenseeden 42 J 20
Hohenseefeld 44 K 23
Hohenselchow 25 G 26
Hohensolms 62 O 9
Hohensprenzer See 11 E 20
Hohenstadt (Kreis Göppingen) 94 U 12
Hohenstadt (Kreis Nürnberger Land) 87 R 18
Hohenstadt (Main-Tauber-Kreis) 85 R 12
Hohenstadt (Ostalbkreis) 95 T 13
Hohenstaufen 94 T 13
Hohenstein 73 P 8
Hohenstein 35 I 25
Hohenstein 102 U 12
Hohenstein-Ernstthal 67 N 22
Hohentengen 102 V 12
Hohentengen a. Hochrhein 109 X 9
Hohenthan 89 Q 21
Hohenthann (Kreis Landshut) 97 U 20
Hohenthann (Kreis Rosenheim) 105 W 19
Hohenthurm 54 L 20
Hohentramm 31 H 17
Hohentwiel 109 W 10
Hohenwald 79 Q 20
Hohenwarsleben 42 J 18
Hohenwart 96 U 18
Hohenwarte Stausee 65 O 18
Hohenwarth 89 S 22
Hohenwarthe 42 J 19
Hohenwepel 51 L 11
Hohenwestedt 8 D 12
Hohenwulsch 32 H 18
Hohenwussen 55 M 23
Hohenwutzen 35 H 26
Hohenzell 75 P 12
Hohenzethen 31 G 16
Hohenziatz 42 J 20
Hohenzieritz 24 F 23
Hohenzollern 101 V 10
Hohenzollern Alb 102 V 11
Hoher Berg 31 H 15
Hoher Bogen 89 S 22
Hoher Fläming 43 J 21
Hoher Göll 114 X 23
Hoher Gras-Berg 112 X 18
Hoher Häderich 111 X 14
Hoher Hagen 51 L 13
Hoher Ifen 111 X 14
Hoher Kranz-Berg 112 X 17
Hoher Mechtin 31 G 16
Hoher Vogelsberg (Naturpark) 63 O 11
Hoher Westerwald 61 N 7
Hoherodskopf 75 O 11
Hohes Holz 41 J 17
Hohkeppel 59 N 5
Hohlbügel 96 T 17
Hohloh 93 T 9
Hohlstedt 53 L 17
Hohlstein 99 T 24
Hohn 8 D 12
Hohnbach 67 M 22
Hohndorf (Kreis Stollberg) 67 N 22
Hohndorf (Mittlerer Erzgebirgskreis) 67 N 23
Hohne 31 I 15
Hohne 37 J 7
Hohnebostel 40 I 14
Hohner See 8 D 12
Hohnhausen 76 P 15
Hohnhorst (Kreis Celle) 31 I 14
Hohnhorst (Kreis Schaumburg) 39 I 12
Hohnsen 39 J 12
Hohnstedt 52 K 13
Hohnstein 53 L 16
Hohnstein (Stadt) 68 N 26
Hohnstorf 31 G 15
Hohnstorf (Elbe) 21 F 15
Hohwacht 9 D 16
Hohwachter Bucht 9 C 16
Hohwald 69 M 26
Hoiersdorf 41 J 16
Hoinkhausen 50 L 9
Hoisbüttel 20 E 14
Hoisdorf 20 F 14
Hoisten 48 M 4
Hoitlingen 41 I 16
Holdenstedt 53 L 18
Holdenstedt 31 H 15
Holdorf (Kreis Nordwestmecklenburg) 21 E 17
Holdorf (Kreis Vechta) 27 I 8
Holenberg 39 K 12
Holenbrunn 78 P 20
Holheim 95 T 15
Holiday-Park 83 S 8
Hollage 37 I 7
Holle 40 J 14
Holleben 54 L 19
Hollen (Kreis Gütersloh) 38 K 9
Hollen (Kreis Leer) 17 G 7
Hollen b. Armstorf 18 F 11
Hollen b. Loxstedt 18 F 10
Hollenbach (Hohenlohekreis) 85 R 13
Hollenbach (Kreis Aichach-Friedberg) 96 U 17
Hollenbach (Kreis Neuburg-Schrobenhausen) 96 U 17
Hollenbeck 19 F 12
Hollenbek 21 F 16
Hollenermoor 27 G 7
Hollenstede 37 I 7
Hollenstedt (Kreis Harburg) 19 F 13
Hollenstedt (Kreis Northeim) 52 K 13
Holler 73 O 7
Hollerath 70 O 3
Hollern-Twielenfleth 19 F 12
Hollfeld 77 Q 17
Hollige 30 H 12
Holling 37 K 7
Hollingstedt 5 C 12
Hollnseth 18 F 11
Hollriede 17 G 7
Hollstadt 76 O 14
Hollwege 17 G 7
Hollywood Safari Park 38 K 10
Holm (Kreis Harburg) 19 G 13
Holm (Kreis Pinneberg) 19 F 13
Holm-Seppensen 19 G 13
Holnis 5 B 12
Holnstein (Kreis Amberg-Sulzbach) 88 R 18
Holnstein (Kreis Neumarkt i. d. Oberpfalz) 97 S 18
Holpe 61 N 7
Holsen (Kreis Herford) 38 J 9
Holsen (Kreis Paderborn) 50 K 9
Holßel 18 E 9
Holste 18 F 10
Holsteinische Schweiz 9 D 15
Holstendorf 9 D 15
Holstenniendorf 8 D 12
Holsterbrink 36 K 5
Holsterhausen 47 K 4
Holsthum 80 Q 3
Holt 46 L 2
Holte (Kreis Cuxhaven) 18 F 9
Holte (Kreis Emsland) 27 H 6
Holte (Kreis Leer) 27 G 6
Holte (Kreis Nienburg) 29 H 11
Holtebüttel 29 H 11
Holtemme 41 K 16
Holten 47 L 4
Holtenau 9 C 14
Holtensen (Kreis Hameln-Pyrmont) 39 J 12
Holtensen (Kreis Hannover) 40 J 12
Holtespangen 18 E 9
Holtgast 17 F 6
Holthausen (Hochsauerlandkreis) 50 M 9
Holthausen (Kreis Emsland) 26 I 5
Holthausen (Kreis Steinfurt) 36 J 6
Holthausen b. Breckerfeld 49 M 6
Holtheim 50 L 10
Holthusen 21 F 18
Holthusen 26 G 5
Holtkamp 38 K 9
Holtland 17 G 6
Holtorf (Kreis Lüchow-Dannenberg) 32 G 18
Holtorf (Kreis Nienburg) 29 H 11
Holtorf (Kreis Oldenburg) 28 H 9
Holtrop 17 F 6
Holtrup 28 H 8
Holtrup 39 J 10
Holtsee 8 C 13
Holttange 27 G 7
Holtum 29 H 11
Holtwick (Kreis Borken) 36 K 3
Holtwick (Kreis Coesfeld) 36 J 5
Holtwick (Kreis Recklinghausen) 47 K 5
Holungen 52 L 15
Holvede 19 F 12
Holxen 31 H 15
Holzappel 73 O 7
Holzbach (Stadt) 73 Q 6
Holzbronn 93 U 10
Holzbunge 8 C 13
Holzburg 63 N 11
Holzdorf 55 K 23
Holzdorf 5 C 13
Holzelfingen 102 U 11
Holzen 40 K 13
Holzen 108 W 6
Holzen (Hochsauerlandkreis) 49 L 7
Holzen (Kirche) 96 U 16
Holzen (Kreis Dortmund) 47 L 6
Holzendorf 24 F 24
Holzengel 53 M 16
Holzerath 80 Q 4
Holzerode 52 L 14
Holzfreyung 99 T 24
Holzgerlingen 93 U 11
Holzgünz 103 V 14
Holzham 105 W 19
Holzhammer 88 R 20
Holzharlanden 97 T 19
Holzhau 68 N 24
Holzhausen (b. Harpstedt) 29 H 9
Holzhausen (b. Wildeshausen) 28 H 9
Holzhausen (Ilm-Kreis) 65 N 16
Holzhausen (Kreis Diepholz) 29 I 10
Holzhausen (Kreis Hildburghausen) 76 P 16
Holzhausen (Kreis Höxter) 51 K 11
Holzhausen (Kreis Kassel) 51 L 12
Holzhausen (Kreis Landshut) 105 U 20
Holzhausen (Kreis Lippe) 39 J 10

Holzhausen (Kreis Minden-Lübbecke) 38 J 9
Holzhausen (Kreis Osnabrück) 37 J 8
Holzhausen (Kreis Ostprignitz-Ruppin) 33 H 21
Holzhausen (Kreis Schweinfurt) 76 P 14
Holzhausen (Kreis Siegen-Wittgenstein) 61 N 8
Holzhausen (Kreis Steinfurt) 37 J 7
Holzhausen (Kreis Stendal) 32 I 18
Holzhausen (Lahn-Dill-Kreis) 62 O 8
Holzhausen (Leipzig) 54 M 21
Holzhausen (Werra-Meißner-Kreis) 64 M 14
Holzhausen (-Externsteine) 39 K 10
Holzhausen (Eder) 62 N 9
Holzhausen a. d. Haide 73 P 7
Holzhausen a. Starnberger See 104 W 18
Holzhausen am Hünstein 62 N 9
Holzhausen b. Homberg 63 M 12
Holzhausen b. Teisendorf 106 W 22
Holzhausen II 39 I 10
Holzheim (Kreis Dillingen a. d. Donau) 95 U 15
Holzheim (Kreis Donau-Ries) 96 U 16
Holzheim (Kreis Euskirchen) 60 O 4
Holzheim (Kreis Gießen) 74 O 10
Holzheim (Kreis Hersfeld-Rotenburg) 63 N 13
Holzheim (Kreis Neu-Ulm) 103 U 14
Holzheim (Rhein-Lahn-Kreis) 73 O 8
Holzheim a. Forst 90 S 19
Holzingen 96 S 16
Holzkirch 95 U 13
Holzkirchen (Kreis Miesbach) 105 W 19
Holzkirchen (Kreis Neuburg-Schrobenhausen) 96 U 17
Holzkirchen (Kreis Würzburg) 85 Q 13
Holzkirchhausen 85 Q 13
Holzlar 59 N 5
Holzmaden 94 U 12
Holzminden 51 K 12
Holzmühl 75 O 12
Holzolling 105 W 19
Holzschlag 101 W 8
Holzschwang 103 U 14
Holzsußra 52 M 16
Holzthaleben 52 L 15
Holzwald 101 U 8
Holzweiler 58 M 3
Holzweißig 54 L 20
Holzwickede 49 L 6
Homberg 102 W 12
Homberg (Efze) 63 M 12
Homberg (Niederrhein) 46 L 4
Homberg (Ohm) 62 N 11
Homberg-Meiersberg 48 M 4
Hombressen 51 L 12
Hombruch 47 L 6
Homburg 59 N 6
Homburg 81 S 6
Homburg 75 P 13
Homburg a. Main 85 Q 12
Homert 49 M 6
Hommerich 59 M 5
Hommersum 46 K 2
Hommertshausen 62 N 9
Honau 92 U 7
Honerdingen 30 H 12
Honhardt 95 S 14
Honigsee 9 D 14
Honrath 59 N 5
Honsolgen 104 V 16
Honstetten 101 W 10
Hontheim 71 P 4
Honzrath 80 R 4
Hoof 81 R 5
Hooge 4 C 9
Hooge (Insel) 4 C 9
Hoogstede 26 I 4
Hoopte 20 F 14
Hoort 21 F 18
Hope 30 I 12
Hopfau 101 U 9
Hopfelde 63 M 13
Hopfen a. See 112 X 16
Hopfenstraße 105 U 19
Hopferau 111 X 15
Hopferbach 103 W 15
Hopferstadt 86 R 14
Hopfgarten (Kreis Leipziger Land) 67 M 21
Hopfgarten (Kreis Weimarer Land) 65 N 17
Hoppecke 50 L 9
Hoppegarten 45 I 26
Hoppegarten (Dahlwitz-) 44 I 24
Hoppenrade (Kreis Güstrow) 23 E 20
Hoppenrade (Kreis Havelland) 43 I 22
Hoppenrade (Kreis Prignitz) 32 G 20
Hoppensen 51 K 13
Hoppenstedt 41 K 15
Hoppenwalde 25 E 26
Hoppetenzell 101 W 11
Hoppstädten-Weiersbach 81 R 5
Hopsten 37 I 6
Horas 63 O 12
Horath 72 Q 4
Horb 101 U 10
Horbach (Kreis Aachen Land) 58 N 2
Horbach (Main-Kinzig-Kreis) 75 P 11
Horbach (Westerwaldkreis) 73 O 7
Horben 100 W 7
Horbruch 72 Q 5
Horchheim 84 R 8
Hordorf 41 K 17
Hordorf 41 J 15
Horgau 104 U 16
Horgen 101 V 9
Horgenzell 102 W 12
Horhausen 73 O 7
Horhausen (Westerwald) 61 O 6
Horheim 109 X 9
Horka (Niederschlesischer Oberlausitzkr.) 57 M 28
Horka (Westlausitzkreis) 69 M 26
Horkheim 94 S 11
Horla 53 L 17
Hormersdorf 67 N 22
Hormersdorf 87 R 18
Horn 39 K 10
Horn 109 W 10
Horn (Hamburg) 20 F 14
Horn (Kreis Coesfeld) 49 K 6
Horn (Kreis Cuxhaven) 18 F 11
Horn (Kreis Soest) 50 L 8
Horn (Rhein-Hunsrück-Kreis) 71 P 6
Horn-Lehe 29 G 10
Hornbach (Kreis Pirmasens) 82 S 6
Hornbach (Neckar-Odenwald-Kreis) 85 R 11
Hornbek 21 F 15
Hornberg (b. Neckarzimmern) 85 S 11
Hornberg (Kreis Calw) 93 U 9
Hornberg (Kreis Waldshut) 108 X 7
Hornberg (Schwarzwaldbahn) 100 V 8
Hornbostel 30 H 13
Hornburg (Kreis Mansfelder Land) 53 L 18
Hornburg (Kreis Wolfenbüttel) 41 J 15
Horndorf 31 G 15
Horneburg 19 F 12
Horneburg 47 L 5
Hornhausen 41 J 17
Hornisgrinde 92 U 8
Hornow 57 L 27
Hornstorf 22 E 18
Hornstorf 98 T 21
Horrem 58 N 4
Horrenberg 84 S 10
Horrheim 93 T 10
Horsbüll 4 B 9
Horschbach 81 R 6
Horsmar 52 M 15
Horst 47 L 5
Horst (Berg) 47 P 12
Horst (Kreis Dithmarschen) 7 D 11
Horst (Kreis Ludwigslust) 21 F 15
Horst (Kreis Nordvorpommern) 13 D 23
Horst (Kreis Steinburg) 19 E 12
Horst (Kreis Unna) 49 K 7
Horstdorf 54 K 21
Horstedt (Kreis Nordfriesland) 4 C 11
Horstedt (Kreis Rotenburg) 29 G 11
Horstedt (Kreis Verden) 29 G 10
Horsten 17 F 7
Horstmar 36 J 5
Horstwalde 44 J 24
Horumersiel 17 E 8
Hosena 56 L 26
Hosenfeld 75 O 12
Hoske 57 L 26
Hossingen 101 V 10
Hoßkirch 102 W 12
Hostrup 5 C 12
Hotteln 40 J 13
Hottelstedt 65 M 17
Hottenbach 72 Q 5
Hottingen 108 X 8
Hottorf 58 M 3
Houverath 60 O 4
Hovel 17 F 7
Hoven 58 N 3
Hovestadt 49 L 8
Howe 20 F 14
Howiek 27 G 7
Hoxfeld 36 K 4
Hoxtrup 4 C 11
Hoya 29 H 11
Hoyel 38 J 9
Hoyerhagen 29 H 11
Hoyershausen 40 J 13
Hoyerswerda 57 L 26
Hoym 53 K 17
Hoysinghausen 39 I 10
Hubertshofen 101 W 9
Huchenfeld 93 T 10
Huchting (Bremen) 29 G 10
Huckelheim 75 P 11
Hude 28 G 9
Hübender 59 N 6
Hüchelhoven 58 M 4
Hückelhoven 58 M 2
Hückeswagen 59 M 6
Hüddessum 40 J 14
Hüde 38 I 9
Hüffelsheim 73 Q 7
Hüffenhardt 84 S 11
Hüfingen 101 W 9
Hügelheim 100 W 6
Hügelsheim 92 T 8
Hüinghausen 49 M 7
Hüingsen 49 L 7
Hülben 94 U 12
Hülchrath 58 M 4
Hüllerup 5 B 12
Hüllhorst 38 J 10
Hülperode 40 J 15
Hüls (Kreis Krefeld) 46 L 3
Hüls (Kreis Recklinghausen) 47 L 5
Hülsa 63 N 12
Hülsberg 27 G 8
Hülsebeck 23 G 19
Hülseberg 18 G 10
Hülseburg 21 F 17
Hülsede 39 J 12
Hülsen 39 K 10
Hülsen (Kreis Emsland) 27 H 6
Hülsen (Kreis Verden) 29 H 12
Hülsenbusch 59 M 6
Hülserberg 46 L 3
Hülshoff (Roxel) 37 K 6
Hülsten 47 K 5
Hümme 51 L 12
Hümmel 60 O 4
Hümmling 27 H 6
Hünersedel 100 V 7
Hünfeld 63 N 13
Hünfelden 73 P 8
Hünger 59 M 5
Hünsborn 61 N 7
Hünstetten 73 P 8
Hüntel 26 H 5
Hünxe 47 L 4
Hünzingen 30 H 12
Hüpede 40 J 13
Hüpstedt 52 M 15
Hürbel 103 V 13
Hürben 95 U 14
Hürtgen 58 N 3
Hürtgenwald 58 N 3
Hürth (Köln) 59 N 4
Hürup 5 B 12
Hüsby 5 C 12
Hüsede 38 J 9
Hüssingen 96 T 16
Hüthum 46 K 2
Hütschenhausen 81 R 6
Hüttblek 20 E 14
Hütten (Alb-Donau-Kreis) 102 U 12
Hütten (Kreis Neustadt a. d. Waldnaab) 88 Q 19
Hütten (Kreis Schwäbisch-Hall) 94 S 12
Hüttenberg 74 O 9
Hüttenbusch 18 G 10
Hüttener Berge (Naturpark) 8 C 12
Hüttenfeld 84 R 9
Hüttengesäß 74 P 11
Hüttengrund 77 O 17
Hüttenheim 86 R 14
Hüttenkofen 98 T 21
Hüttenrode 53 K 16
Hüttensee 30 H 13
Hüttenthal 84 R 10
Hüttenwohld 9 D 14
Hüttersdorf 80 R 4
Hüttgeswasen 81 Q 5
Hütting 96 T 17
Hüttingen b. Lahr 80 Q 2
Hüttisheim 103 V 13
Hüttlingen 95 T 14
Hützel 30 G 14
Hüven 27 H 6
Huglfing 112 W 17
Hugoldsdorf 12 D 22
Hugstetten 100 V 7
Hugsweier 100 U 7
Huisheim 96 T 16
Huje 8 E 12
Huldsessen 106 U 22
Huldstetten 102 V 12
Hullern 47 K 5
Hultrop 49 L 8
Humbach 105 W 18
Humfeld 39 J 11
Hummelfeld 5 C 13
Hummelshain 65 N 18
Hummeltal 77 Q 18
Hummersen 39 K 11
Hummerzheim 60 O 4
Hummetroth 84 Q 10
Humprechtshausen 76 P 15
Humptrup 4 B 10
Hunau 50 M 9
Hundelshausen 51 M 13
Hundelshausen 76 Q 15
Hundeluft 43 K 21
Hunderdorf 91 T 22
Hundersingen (Kreis Reutlingen) 102 U 12
Hundersingen (Kreis Sigmaringen) 102 V 12
Hundeshagen 52 L 14
Hundham 113 W 19
Hundhausen 61 N 6
Hundheim 85 Q 12
Hunding 99 T 23
Hundisburg 42 J 18
Hundsangen 73 O 7
Hundsbach (Kreis Bad Kreuznach) 81 Q 6
Hundsbach (Kreis Main-Spessart) 75 P 13
Hundsbach (Kreis Rastatt) 93 U 8
Hundsbach (Kreis Tirschenreuth) 79 P 20
Hundsdorf 62 M 11
Hundseck 93 U 8
Hundshübel 67 O 21
Hundsmühlen 27 G 8
Hungen 74 O 10
Hungerstorf 24 F 22
Hunnebrock 38 J 9
Hunsheim 61 N 6
Hunsrück 71 Q 5
Hunswinkel 61 M 7
Hunte 38 I 8
Huntebrück 28 G 9
Hunteburg 37 I 8
Huntlosen 28 H 8
Huntorf 28 G 9
Hunzen 39 K 12
Hupperath 70 Q 4
Hurlach 104 V 16
Husbäke 27 G 7
Husby 5 B 12
Husen 50 L 10
Hustedt 30 H 14
Husten 61 N 7
Husum (Kreis Nienburg) 29 I 11
Husum (Kreis Nordfriesland) 4 C 11
Hutberg 45 J 27
Hutten 75 O 12
Huttenheim 84 S 9
Huttenwang 103 W 15
Hutthurm 99 T 24
Hutzdorf 63 N 12
Hutzfeld 9 D 15
Huxfeld 29 G 11
Huy 41 K 16
Huy-Neinstedt 41 K 16
Huzenbach 93 U 9
Hymendorf 18 F 10

I

Iba 63 N 13
Ibach (Kreis Waldshut) 108 W 8
Ibach (Ortenaukreis) 92 U 8
Ibbenbüren 37 J 7
Iber 88 R 19
Iber 51 K 13
Ibersheim 84 Q 9
Ibitzgraben 14 D 23
Ibra 63 N 12
Ichenhausen 103 U 14
Ichenheim 100 U 7
Ichstedt 53 L 17
Ichtershausen 65 N 16
Ickelheim 86 R 15
Icker 37 I 8
Ickern 47 L 6
Icking 104 W 18
Idar-Oberstein 81 Q 5
Idarkopf 72 Q 5
Idarwald 72 Q 5
Iden 32 H 19
Idenheim 80 Q 3
Idensen 39 I 12
Idesheim 80 Q 3
Idsingen 30 H 12
Idstedt 5 C 12
Idstein 74 P 8
Iffeldorf 112 W 17
Iffens 18 F 9
Iffezheim 92 T 8
Ifta 64 M 14
Igel 80 Q 3
Igelsbachsee 96 S 16
Igelsberg 93 U 9
Igelsloch 93 T 9
Igensdorf 87 R 17
Igersheim 85 R 13
Iggelbach 83 R 7
Iggelheim 84 R 8
Iggensbach 99 T 23
Iggingen 95 T 13
Igling 104 V 16
Ihausen 17 G 7
Ihlbeck 19 F 11
Ihleburg 42 J 19
Ihlenfeld 24 F 24
Ihlienworth 18 E 10
Ihlow 17 F 6
Ihlow 35 I 26
Ihlowerfehn 17 F 6
Ihlowerhorn 17 F 6
Ihme-Roloven 40 J 13
Ihmert 49 M 7
Ihn 80 S 3
Ihren 27 G 6
Ihrenbrück 70 P 2
Ihrhove 27 G 6
Ihringen 100 V 6
Ihringshausen 51 L 12
Ihrlerstein 90 T 19
Ikenhausen 51 L 11
Ilbenstadt 74 P 10
Ilberstedt 54 K 19
Ilbeshausen 75 O 11
Ilbesheim b. Kirchheimbolanden 83 Q 8
Ilbesheim b. Landau 83 S 8
Ildehausen 52 K 14
Ilfeld 53 L 16
Ilhorn 30 G 13
Ilka Höhe 104 W 17
Illenschwang 95 S 15
Iller 111 X 14
Illerberg 103 V 14
Illerbeuren 103 W 14
Illerich 71 P 5
Illerieden 103 V 14
Illerkirchberg 103 U 14
Illertissen 103 V 14
Illerwinkel 103 W 14
Illesheim 86 R 15
Illingen 93 T 10
Illingen 81 R 5
Illkofen 90 S 20
Illmensee 102 W 12
Illmersdorf 44 K 24
Illschwang 88 R 19
Ilm 97 U 18
Ilm (Fluß) 65 N 17
Ilme 51 K 13
Ilmenau 65 N 16
Ilmendorf 97 T 18
Ilmmünster 97 U 18
Ilmspan 85 Q 13
Ilse 39 I 11
Ilsede 40 J 14
Ilsenburg 52 K 16
Ilsfeld 94 S 11
Ilshofen 85 S 13
Ilster 30 G 14
Ilten 40 I 13
Ilvese 39 I 11
Ilvesheim 84 R 9
Ilz 99 T 24
Imbshausen 52 K 14
Imgenbroich 70 O 2
Immekath 31 I 17
Immekeppel 59 N 5
Immelborn 64 N 14
Immendingen 101 W 10
Immendorf 40 J 15
Immendorf 58 N 2
Immeneich 108 W 8
Immenhausen 51 L 12
Immenreuth 78 Q 19
Immenried 103 W 13
Immenrode (Kreis Goslar) 40 K 15
Immenrode (Kreis Nordhausen) 52 L 16
Immensen (Kreis Hannover) 40 I 14
Immensen (Kreis Northeim) 51 K 13
Immenstaad 110 W 12
Immenstadt 111 X 14
Immenstedt 4 C 11
Immer 28 G 9
Immerath 58 M 3
Immichenhain 63 N 12
Immighausen 50 M 10
Immingerode 52 L 14
Impflingen 83 S 8
Imsbach 83 R 7
Imsen 40 K 13
Imsum 18 F 9
Imsweiler 83 R 7
Inchenhofen 96 U 17
Inde 58 N 2
Indelhausen 102 V 12
Inden 58 N 3
Ingeleben 41 J 16
Ingelfingen 85 S 12
Ingelheim a. Rhein 73 Q 8
Ingeln 40 J 13
Ingenheim 83 S 8
Ingenried (Kreis Ostallgäu) 103 W 15
Ingenried (Kreis Weilheim-Schongau) 104 W 16
Ingerkingen 102 V 13
Ingersheim 94 T 11
Ingersleben 65 N 16
Ingoldingen 102 V 13
Ingolstadt 96 T 18
Ingstetten 102 U 12
Inheiden 74 O 10
Inkofen (Kreis Freising) 105 U 19
Inkofen (Kreis Landshut) 97 T 20
Inn 99 U 24
Inneringen 102 V 11
Innernzell 99 T 23
Innerste 52 K 14
Innerstestausee 40 K 14
Innien 8 D 13
Inning a. Ammersee 104 V 17
Inning a. Holz 105 U 20
Inningen 104 V 16
Insel (Kreis Soltau-Fallingbostel) 30 G 13
Insel (Kreis Stendal) 42 I 19
Insel Koos 13 D 24
Insel Riems 13 D 24
Inselsee 23 E 20
Insheim 83 S 8
Insingen 86 S 14
Insul 71 O 4
Intschede 29 H 11
Inzell 114 W 22
Inzigkofen 102 V 11
Inzlingen 108 X 7
Inzmühlen 19 G 13
Ipernstedt 4 C 11
Iphofen 86 Q 14
Ippendorf (Bonn) 59 N 5
Ippesheim 86 R 14
Ippingen 101 W 10
Ippinghausen 51 M 11

206 Deutschland

A B C D E F G H I J K L M N O P Q R S T U V W X Y Z

Ipsheim 86 R 15
Iptingen 93 T 10
Ipwegermoor 18 G 8
Irchenrieth 89 R 20
Irenensee 40 I 14
Irfersdorf 96 T 18
Irfersgrün 66 O 21
Irl 106 V 21
Irlach 89 R 21
Irlahüll 96 T 18
Irlbach 98 T 22
Irmelshausen 76 O 15
Irmenach 72 Q 5
Irmgarteichen 61 N 8
Irmtraut 61 O 8
Irndorf 101 V 10
Irnsing 97 T 19
Irrel 80 Q 3
Irrhausen 70 P 2
Irsch 80 R 3
Irschenberg 105 W 19
Irsching 97 T 18
Irsee 103 W 15
Irsen 70 P 2
Irslingen 101 V 9
Irxleben 42 J 18
Isar 112 X 17
Isarfall 112 X 17
Isarwinkel 113 W 18
Iselersheim 19 F 11
Iselshausen 93 U 10
Isen 105 V 20
Isenach 83 R 8
Isenbruch 58 M 1
Isenbüttel 41 I 15
Isenburg 71 O 6
Isenhagen (Hankensbüttel) 31 H 15
Isensee 19 E 11
Isenstedt 38 I 9
Iseringhausen 61 N 7
Iserlohn 49 L 7
Iserlohnerheide 49 L 7
Isernhagen 40 I 13
Ismaning 105 V 19
Isny 111 W 14
Ispringen 93 T 10
Issel 46 K 3
Isselbach 73 O 7
Isselburg 46 K 3
Isselhorst 38 K 9
Issendorf 19 F 12
Isserstedt 65 N 18
Issigau 78 O 19
Issing 104 W 16
Issum 46 L 3
Isterbies 42 J 20
Istha 51 M 11
Istrup (Kreis Höxter) 51 K 11
Istrup (Kreis Lippe) 39 K 11
Ith Hills 40 J 12
Ittel 80 Q 3
Ittenbach 59 N 5
Ittendorf 110 W 12
Ittenhausen 102 V 11
Itter 84 R 11
Itterbeck 26 I 4
Ittersbach 93 T 9
Ittersdorf 80 S 3
Ittling (Kreis Nürnberger Land) 87 R 18
Ittling (Kreis Straubing) 98 T 21
Ittlingen 84 S 10
Itz 77 P 16
Itzehoe 8 E 12
Itzenbüttel 19 G 13
Itzenhain 62 N 11
Itzgrund 77 P 16
Itzstedt 20 E 14
Itzum 40 J 13
Iven 24 E 24
Ivenack 24 E 22
Ivendorf 10 E 16
Ivenrode 41 J 17
Iversheim 60 O 4
Iznang 109 W 10

J

Jabel (Kreis Müritz) 23 F 21
Jabel (Kreis Ostprignitz-Ruppin) 33 G 21
Jachen 112 X 18
Jachenau 112 X 18
Jachenhausen 97 T 19
Jackerath 58 M 3
Jacobsdorf 45 I 27
Jacobsthal 55 L 23
Jade 18 F 8
Jadebusen 18 F 8
Jaderberg 17 G 8
Jaderkreuzmoor 17 G 8
Jaderlangstraße 18 G 8
Jaebetz 23 G 21
Jägerei 30 H 14
Jägerkrug 5 C 12
Jägerndorf 98 U 22
Jägersburg 81 R 5
Jägersruh 78 P 19
Jägerwirth 99 U 23
Jäglitz 33 H 21
Jämlitz 57 L 27
Jänickendorf (Kreis Oder-Spree) 45 I 26
Jänickendorf (Kreis Teltow-Fläming) 44 J 23
Jänkendorf 57 M 28
Jännersdorf 23 G 20
Jänschwalde 45 K 27
Jänschwalde Ost 45 K 27
Jävenitz 42 I 18
Jagdshof 77 O 17
Jagel 5 C 12
Jagetzow 24 E 24
Jagow 25 F 25
Jagst 85 S 12
Jagstberg 85 S 13
Jagsthausen 85 S 12
Jagstheim 95 S 14
Jagstzell 95 S 14
Jahmo 43 K 22
Jahna 55 M 23
Jahna-Löthain 68 M 24
Jahnberge 33 H 22
Jahnsdorf 67 N 22
Jahnsfelde 45 I 26
Jahrdorf 99 U 24
Jahrsdorf 8 D 12
Jahrsdorf 87 S 17
Jahrstedt 41 I 16
Jakobsdorf 12 D 22
Jakobshagen 34 G 24
Jakobsthal 75 P 11
Jakobwüllesheim 58 N 3
Jameln 31 G 17
Jamlitz 45 K 27
Jandelsbrunn 99 T 25
Janneby 5 C 11
Jannowitz 56 L 25
Japenzin 24 E 24
Japsand (Insel) 4 C 9
Jarchau 32 I 19
Jardelund 5 B 11
Jardinghausen 29 H 10
Jarlingen 30 H 12
Jarmen 14 E 24
Jarnsen 30 I 14
Jarplund-Weding 5 B 12
Jasmund 13 C 24
Jasnitz 22 F 18
Jastorf 31 G 15
Jatzke 24 F 24
Jatznick 25 F 25
Jebenhausen 94 T 12
Jeber-Bergfrieden 43 K 21
Jechtingen 100 V 6
Jeckenbach 81 Q 6
Jeddeloh I 27 G 8
Jeddeloh II 27 G 8
Jeddingen 30 H 12
Jederitz 33 H 20
Jedesheim 103 V 14
Jedinghagen 59 M 6
Jeeben 31 H 17
Jeetzbach 32 G 19
Jeetze 32 H 18
Jeetzel 31 G 17
Jeggau 41 I 17
Jehserig 57 L 26
Jeinsen 40 J 13
Jelmstorf 31 G 15
Jembke 41 I 16
Jemgum 17 G 6
Jemmeritz 32 I 17
Jena 65 N 18
Jengen 104 W 16
Jenkofen 97 U 20
Jenkwitz 69 M 27
Jennelt 16 F 5
Jenner 114 X 23
Jennewitz 11 D 19
Jerchel (Altmarkkreis Salzwedel) 41 I 17
Jerchel (Kreis Havelland) 43 I 21
Jerchel (Kreis Stendal) 42 I 19
Jerichow 42 I 20
Jerischke 57 L 28
Jerrishoe 5 C 12
Jersbek 20 E 14
Jersleben 42 J 18
Jerstedt 40 K 15
Jerxheim 41 J 16
Jerze 40 K 14
Jesberg 63 N 11
Jesendorf 22 E 18
Jesendorf 98 U 21
Jesenwang 104 V 17
Jeserig b. Belzig 43 J 21
Jeserig b. Brandenburg 43 I 22
Jeseritz 41 I 17
Jesewitz 55 L 21
Jessen 55 K 22
Jessenitz 21 G 17
Jessern 45 J 26
Jessin 14 D 23
Jeßnigk 55 K 23
Jeßnitz 54 K 20
Jestädt 52 M 14
Jesteburg 19 G 13
Jestetten 109 X 9
Jetsch 44 K 24
Jettebruch 30 H 13
Jettenbach 81 R 6
Jettenbach 106 V 21
Jettingen 93 U 10
Jettingen-Scheppach 103 U 15
Jettkofen 102 W 12
Jetzendorf 104 U 18
Jevenstedt 8 D 12
Jever 17 F 7
Jeversen 30 I 13
Jheringsfehn 17 G 6
Joachimsthal 34 H 25
Jobstgreuth 86 R 15
Jochberg 112 X 18
Jochenstein (Talsperre) 99 U 25
Jocketa 66 O 20
Jockgrim 93 S 8
Jocksdorf 57 L 27
Joditz 78 O 19
Jöhlingen 93 S 9
Jöhstadt 67 O 23
Jöllenbeck 38 J 9
Jördenstorf 23 E 21
Jößnitz 66 O 20
Johannesberg 75 P 11
Johannesberg b. Fulda 75 O 12
Johannesbrunn 98 U 21
Johanngeorgenstadt 79 O 22
Johannisberg 73 P 7
Johanniskirchen 98 U 22
Johanniskreuz 83 R 7
Joldelund 4 C 11
Jonsdorf 69 N 28
Jork 19 F 13
Jossa 75 P 12
Jossgrund 75 P 12
Jostal 100 W 8
Jucken 70 P 2
Judenbach 77 O 17
Jübar 31 H 16
Jübberde 17 G 7
Jübek 5 C 12
Jüchen 58 M 3
Jüchsen 76 O 15
Jüdenberg 54 K 21
Jüdendorf 54 M 19
Jügesheim 74 P 10
Jühnde 51 L 13
Jülchendorf 22 E 19
Jülich 58 N 3
Jümme 27 G 7
Jünkerath 70 O 3
Jürgenshagen 11 E 19
Jürgenstorf (Kreis Demmin) 24 F 22
Jürgenstorf (Kreis Lüneburg) 21 G 15
Jüterbog 43 K 23
Jütrichau 42 K 20
Jützenbach 52 L 15
Jugenheim (Seeheim-) 84 Q 9
Jugenheim i. Rheinhessen 73 Q 8
Juhöhe 84 R 10
Juist 16 E 4
Juist (Insel) 16 E 4
Julbach 106 V 22
Juliusburg 21 F 15
Juliusruh 13 C 24
Jungingen (Kreis Ulm) 103 U 13
Jungingen (Zollernalbkreis) 101 V 11
Jungnau 102 V 11
Junkersdorf 76 P 15
Junkersdorf a. d. Weisach 76 P 16
Junkershausen 76 O 15
Junkersrott 16 F 5
Justingen 102 U 12

K

Kaaks 8 E 12
Kaakstedt 34 G 25
Kaan-Marienborn 61 N 8
Kaarßen 31 G 17
Kaarst 48 M 3
Kaarz 22 E 19
Kabel 47 L 6
Kabelhorst 10 D 16
Kabelitz 42 I 20
Kablow 44 J 25
Kachtenhausen 38 K 10
Kade 43 I 20
Kadelburg 109 X 8
Kaden 61 O 7
Käbelicksee 24 F 22
Käbschütztal 68 M 24
Kälberbronn 93 U 9
Kämmerzell 63 O 12
Kämpfelbach 93 T 9
Kändler 67 N 22
Kärlingerhaus 114 X 22
Kästorf (Kreis Gifhorn) 41 I 15
Kästorf (Kreis Wolfsburg) 41 I 16
Käthen 32 I 18
Kagar 33 G 22
Kagel 44 I 25
Kagenow 14 E 24
Kahl a. Main 74 P 11
Kahla 56 L 24
Kahla 65 N 18
Kahleberg 68 N 25
Kahler Asten 62 M 9
Kahlersberg 114 X 23
Kahren 57 K 27
Kahren 80 R 3
Kahrstedt 32 H 18
Kaichen 74 P 10
Kaierde 40 K 13
Kaifenheim 71 P 5
Kaikenried 91 S 23
Kailbach 84 R 11
Kainsbach 87 R 18
Kaisa 55 L 23
Kaiser-Wilhelm-Koog 7 E 10
Kaiserau (Kreis Dortmund) 49 L 6
Kaiserau (Oberbergischer Kreis) 59 M 6
Kaiseringen 102 V 11
Kaisersbach 94 T 12
Kaisersesch 71 P 5
Kaisershagen 52 M 15
Kaiserslautern 83 R 7
Kaiserstuhl 100 V 6
Kaiserswerth 48 M 4
Kaiserwinkel 41 I 16
Kaisheim 96 T 16
Kaitersberg 89 S 22
Kajedeich 19 E 11
Kakau 54 K 21
Kakau 31 H 16
Kakenstorf 19 G 13
Kakerbeck 32 H 17
Kakerbeck 19 F 12
Kaköhl 9 D 16
Kalbach 75 O 12
Kalbe 32 I 18
Kalbe 19 G 12
Kalbensteinberg 87 S 16
Kalbsrieth 53 L 18
Kalchreuth 87 R 17
Kaldauen 59 N 5
Kaldenhausen 46 L 3
Kaldenkirchen 46 M 2
Kaldorf 96 T 17
Kalefeld 52 K 14
Kalenborn (Kreis Ahrweiler) 60 O 4
Kalenborn (Kreis Cochem-Zell) 71 P 5
Kalenborn (Kreis Neuwied) 60 O 5
Kalenborn-Scheuern 70 P 3
Kalifornien 9 C 15
Kalkar 46 K 2
Kalkhorst 10 E 17
Kalkofen 102 W 11
Kalkreuth 68 M 24
Kall 60 O 3
Kalldorf 39 J 10
Kallenbach 47 K 4
Kallenhardt 50 L 9
Kalletal 39 J 10
Kallinchen 44 J 24
Kallmerode 52 L 14
Kallmoor 19 G 12
Kallmünz 90 S 19
Kallmuth 60 O 3
Kallstadt 83 R 8
Kalme 41 J 15
Kalmit 83 S 8
Kalt 71 P 6
Kalteck 91 T 22
Kaltenborn 71 O 5
Kaltenbronn 93 T 9
Kaltenbrunn (Kreis Coburg) 77 P 16
Kaltenbrunn (Kreis Neustadt a. d. Waldnaab) 88 R 19
Kalteneber 52 M 14
Kalteneggolsfeld 87 Q 17
Kaltenengers 71 O 6
Kaltenhof 10 D 18
Kaltenkirchen 19 E 13
Kaltenlengsfeld 64 O 14
Kaltenmark 54 L 19
Kaltennordheim 64 O 14
Kaltensondheim 86 Q 14
Kaltensundheim 64 O 14
Kaltental 104 W 16
Kaltenweide 40 I 13
Kaltenwestheim 64 O 14
Kalterherberg 70 O 2
Kaltes Feld 95 T 13
Kalthausen 49 M 6
Kalthof 49 L 7
Kaltohmfeld 52 L 15
Kaltwasser 57 M 28
Kalübbe 24 F 23
Kalübbe 9 D 14
Kambs (Kreis Güstrow) 23 E 20
Kambs (Kreis Müritz) 23 G 21
Kamen 49 L 6
Kamenz 68 M 26
Kamern 33 H 20
Kamin 10 E 19
Kammbach 92 U 7
Kammeltal 103 U 15
Kammer 106 W 21
Kammerbach 51 M 13
Kammerberg 105 U 18
Kammerforst 64 M 15
Kammerforst 76 Q 15
Kammerstatt 95 S 13
Kammerstein 87 S 16
Kammin 14 E 24
Kamminke 25 E 26
Kamp 25 E 25
Kamp Bornhofen 71 P 6
Kamp-Lintfort 46 L 3
Kampe 27 G 7
Kampen 19 G 13
Kampen (Sylt) 4 B 9
Kampenwand 114 W 21
Kamperfehn 27 G 7
Kamsdorf 65 O 18
Kandel 93 S 8
Kandel (Berg) 100 V 8
Kandelin 14 D 23
Kandelwald 100 V 7
Kandern 108 W 7
Kandertal 100 W 7
Kannawurf 53 M 17
Kannemoor 7 E 11
Kanzach 102 V 12
Kanzelwand 111 X 14
Kanzem 80 Q 3
Kanzlersgrund 64 N 15
Kapellen (Kreis Kleve) 46 L 3
Kapellen (Kreis Wesel) 46 L 3
Kapellen (Erft) 58 M 3
Kapellendorf 65 N 18
Kapern 32 G 18
Kapfenburg 95 T 14
Kappe 34 H 24
Kappel 72 P 6
Kappel (Kreis Biberach a. d. Riß) 102 V 12
Kappel (Kreis Ravensburg) 110 W 12
Kappel b. Lenzkirch 100 W 8
Kappel b. Waldsassen 79 P 20
Kappel-Grafenhausen 100 V 7
Kappeln 5 C 13
Kappelrodeck 92 U 8
Karbach (Kreis Main-Spessart) 75 Q 12
Karbach (Rhein-Hunsrück-Kreis) 71 P 6
Karben 74 P 10
Karbow-Vietlübbe 23 F 20
Karby 5 C 13
Karcheez 23 E 20
Karden 71 P 5
Kardorf 103 W 14
Kareth 90 S 20
Karft 21 F 17
Kargow 24 F 22
Karin 11 D 19
Karith 42 J 19
Karken 58 M 2
Karlburg 75 Q 13
Karlsbach 99 T 24
Karlsbad 93 T 9
Karlsbrunn 82 S 4
Karlsburg 15 E 24
Karlsdorf 66 N 19
Karlsdorf-Neuthard 93 S 9
Karlsfeld 104 V 18
Karlshagen 13 D 25
Karlshausen 70 P 2
Karlshöfen 18 F 11
Karlshuld 96 T 17
Karlskron 96 T 18
Karlsminde 5 C 13
Karlsruhe 93 S 9
Karlstadt 75 Q 13
Karlstein 114 W 22
Karlstein a. Main 74 P 11
Karlum 4 B 10
Karm 96 S 17
Karmitz 31 G 17
Karnap 47 L 5
Karnin (Kreis Nordvorpommern) 12 D 22
Karnin (Kreis Ostvorpommern) 25 E 25
Karnitz 13 C 24
Karolinenkoog 7 D 10
Karow (Kreis Güstrow) 23 E 20
Karow (Kreis Jerichower Land) 43 I 20
Karow (Kreis Parchim) 23 F 20
Karow (Kreis Rügen) 13 C 24
Karpfham 107 U 23
Karrendorf 13 D 24
Karrenzin 22 F 19
Karsbach 75 P 13
Karsdorf 54 M 18
Karsee 110 W 13
Karstädt (Kreis Ludwigslust) 22 G 18
Karstädt (Kreis Prignitz) 32 G 19
Karthane 33 H 20
Karthaus 36 K 5
Kartlow (Kreis Demmin) 24 E 23
Kartlow (Kreis Nordwestmecklenburg) 10 E 18
Karwe 33 H 22
Karwitz 31 G 17
Karze 21 G 16
Kasbach-Ohlenberg 60 O 5
Kaschow 13 D 23
Kasel-Golzig 44 K 25
Kasendorf 77 P 18
Kasing 97 T 18
Kasnevitz 13 C 24
Kaspeltshub 89 S 20
Kassau 31 H 16
Kassebruch 18 F 9
Kasseburg 20 F 15
Kasseedorf 9 D 16
Kassel 51 M 12
Kassel (Main-Kinzig-Kreis) 75 P 11
Kasselburg 70 P 4
Kassieck 32 I 18
Kassow 23 E 20
Kastel 81 R 4
Kastel (Mainz-) 74 P 8
Kastel-Staadt 80 R 3
Kastellaun 71 P 6
Kaster 58 M 3
Kastl (Kreis Altötting) 106 V 22
Kastl (Kreis Amberg-Sulzbach) 88 R 19
Kastl (Kreis Tirschenreuth) 88 Q 19
Kastorf (Kreis Demmin) 24 F 23
Kastorf (Kreis Herzogtum Lauenburg) 21 E 15
Katelbogen 23 E 19
Katensen 40 I 14
Katerbow 33 H 21
Katernberg (Wuppertal-) 48 M 5
Katharinenheerd 7 C 10

Kathlow 57 K 27
Kathrinhagen 39 J 11
Kathus 63 N 13
Kating 7 D 10
Katlenburg-Lindau 52 K 14
Katrop 49 L 8
Katschenreuth 77 P 18
Katschow 15 E 26
Kattendorf 20 E 14
Kattenstroth 38 K 9
Kattenvenne 37 J 7
Kattrepel 7 E 11
Katzbach 89 S 22
Katzenbach (*Kreis Altenkirchen*) 61 N 7
Katzenbach (*Kreis Bad Kissingen*) 76 P 13
Katzenbuckel 84 R 11
Katzenelnbogen 73 P 7
Katzenfurt 62 O 9
Katzenloch 81 Q 5
Katzensteig 100 V 8
Katzenstein 95 T 15
Katzental 85 R 11
Katzhütte 65 O 17
Katzow 15 D 25
Katzwang 87 R 17
Katzweiler 83 R 7
Katzwinkel 61 N 7
Kaub 73 P 7
Kauern 66 N 20
Kauerndorf 77 P 18
Kaufbeuren 103 W 15
Kaufering 104 V 16
Kaufungen (*Kreis Chemnitzer Land*) 67 N 22
Kaufungen (*Kreis Kassel*) 51 M 12
Kaufunger Wald 51 L 13
Kaulhausen 90 S 20
Kaulitz 32 H 18
Kaulsdorf 65 O 18
Kaunitz 50 K 9
Kausche 56 L 26
Kauschwitz 78 O 20
Kausen 61 O 6
Kautenbach 72 Q 5
Kautendorf 78 P 19
Kavelsdorf 12 D 22
Kavelstorf 11 D 20
Kay 106 V 22
Kayh 93 U 10
Kayhausen 27 G 8
Kayhude 20 E 14
Kayna 66 N 20
Keeken 46 K 2
Keez 22 E 18
Kefenrod 75 O 11
Kefferhausen 52 M 14
Kehdingbruch 18 E 10
Kehdingen 19 E 11
Kehl 92 U 7
Kehlbach 77 O 17
Kehlen 110 W 12
Kehlstein 114 X 23
Kehmstedt 52 L 15
Kehnert 42 I 19
Kehrberg 33 G 20
Kehrenbach 63 M 12
Kehrig 71 P 5
Kehrigk 44 J 25
Kehrsen 21 F 16
Kehrum 46 K 3
Keidenzell 86 R 16
Keilberg 75 Q 11
Keitlinghausen 49 K 8
Keitum 4 B 9
Kelberg 71 P 4
Kelbra 53 L 17
Kelbra (Stausee) 53 L 16
Keldenich (*Erftkreis*) 59 N 4
Keldenich (*Kreis Euskirchen*) 60 O 3
Kelheim 97 T 19
Kelkheim 74 P 9
Kell (*Kreis Mayen-Koblenz*) 71 O 5
Kell (*Kreis Trier-Saarburg*) 80 R 4
Kella 52 M 14
Kellberg 99 U 24
Kellen 46 K 2
Kellenbach 73 Q 6
Kellenhusen 10 D 17
Keller 34 H 23
Kellerhöhe 27 H 8
Kellersee 9 D 15
Kellerwald 63 M 11
Kellinghusen 8 E 13
Kellmünz 103 V 14
Kelsterbach 74 P 9
Keltern 93 T 9
Kelz 58 N 3
Kelze 51 L 12
Kemberg 55 K 21
Kemel 73 P 8
Kemlitz 56 K 24
Kemmen 56 K 25
Kemmenau 73 O 7
Kemmern 77 Q 16
Kemnade (*Bodenwerder*) 39 K 12
Kemnader See 47 L 5
Kemnat 103 U 15
Kemnat (*Stuttgart*) 94 T 11
Kemnath (*Kreis Schwandorf*) 89 R 20
Kemnath (*Kreis Tirschenreuth*) 78 Q 19
Kemnath a. Buchberg 88 R 20
Kemnathen 97 S 18
Kemnitz (*Elstertalkreis*) 78 O 19
Kemnitz (*Kreis Löbau-Zittau*) 69 M 28
Kemnitz (*Kreis Ostvorpommern*) 14 D 24
Kemnitz (*Kreis Prignitz*) 33 G 20
Kemnitz (*Kreis Teltow-Fläming*) 43 J 22
Kempen (*Kreis Heinsberg*) 58 M 2
Kempen (*Kreis Viersen*) 46 L 3
Kempenich 71 O 5
Kempfeld 81 Q 5
Kempfenbrunn 75 P 12
Kempten 111 W 14
Kemptener Haus 111 X 14
Kemptner-Hütte 111 Y 14
Kemtau 67 N 22
Kennfus 71 P 5
Kenz 12 D 22
Kenzenhütte 112 X 16
Kenzingen 100 V 7
Keppeln 46 K 2
Keppenbach 100 V 7
Kerbfeld 76 P 15
Kerkau 32 H 18
Kerken 46 L 3
Kerkingen 95 T 15
Kerkow 35 G 25
Kerkuhn 32 H 18
Kerkwitz 45 K 27
Kermeter (Der) 70 O 3
Kernen i. Remstal 94 T 12
Kerpen 58 N 4
Kerpen (Eifel) 70 P 4
Kersbach 87 Q 17
Kerschenbach 70 O 3
Kerspe-Stausee 59 M 6
Kerspenhausen 63 N 12
Kerspleben 65 M 17
Kerstenhausen 63 M 11
Kerstlingerode 52 L 14
Kervenheim 46 L 2
Kerzell 75 O 13
Kerzendorf 44 J 23
Kerzenheim 83 R 8
Kesbern 49 L 7
Kesdorf 9 D 15
Kessel 46 K 2
Kesseling 60 O 5
Kesselsdorf 68 M 24
Kessin (*Kreis Bad Doberan*) 11 D 20
Kessin (*Kreis Demmin*) 24 E 23
Keßlar 65 N 18
Kesternich 70 O 2
Kestert 71 P 6
Ketelsbüttel 7 D 11
Ketelshagen 13 C 24
Ketelswarf 4 C 9
Ketsch 84 R 9
Ketteldorf 86 R 16
Ketten 63 O 13
Kettenacker 102 V 11
Kettenbach 73 P 8
Kettenburg 30 H 12
Kettenhausen 61 N 6
Kettenhöfstetten 86 R 15
Kettenkamp 27 I 7
Ketterschwang 104 W 16
Kettershausen 103 V 14
Kettig 71 O 6
Kettwig 47 L 4
Ketzerbachtal 67 M 23
Ketzin 43 I 22
Ketzür 43 I 21
Keula 52 M 15
Keulenberg 68 M 25
Kevelaer 46 L 2
Kevenhüll 97 S 18
Keyenberg 58 M 3
Kicklingen 95 U 15
Kiebitz 67 M 23
Kiebitzreihe 19 E 12
Kiedrich 73 P 8
Kiefersfelden 113 X 20
Kiehnwerder 35 I 26
Kiekebusch 57 K 27
Kiekindemark 22 F 19
Kiel 9 D 14
Kieler Bucht 9 B 14
Kieler Förde 9 C 14
Kiemertshofen 104 U 17
Kienbaum 44 I 25
Kienberg 33 I 22
Kienberg 106 V 21
Kienitz 35 H 27
Kierdorf 59 N 4
Kierspe 61 M 6
Kierspe Bahnhof 61 M 6
Kieselbach 64 N 14
Kieselbronn 93 T 10
Kieselwitz 45 J 27
Kieve 23 G 21
Kilchberg 93 U 11
Kilianshof 76 O 14
Killer 102 V 11
Killingen 95 T 14
Kimbach 84 Q 11
Kimratshofen 111 W 14
Kindelbrück 53 M 17
Kindelsberg 61 N 7
Kindenheim 83 R 8
Kinderbeuern 71 P 5
Kinderhaus 37 K 6
Kinding 96 S 18
Kindsbach 81 R 6
Kinheim 72 Q 5
Kinsau 104 W 16
Kinzig 75 P 11
Kinzig 101 U 9
Kinzigtalsperre 75 P 12
Kinzweiler 58 N 2
Kipfenberg 96 T 18
Kippenheim 100 V 7
Kippenheimweiler 100 V 7
Kipsdorf 68 N 25
Kirberg 73 P 8
Kirburg 61 N 7
Kirch Baggendorf 14 D 22
Kirch-Brombach 84 Q 10
Kirch-Göns 74 O 9
Kirch Grubenhagen 23 F 21
Kirch Jesar 21 F 17
Kirch Mulsow 10 E 19
Kirch Rosin 23 E 20
Kirch Stück 22 E 18
Kirchahorn 87 Q 18
Kirchaich 76 Q 16
Kirchaitnach 91 S 22
Kirchanschöring 106 W 22
Kirchardt 84 S 10
Kirchasch 105 V 20
Kirchbarkau 9 D 14
Kirchberg (*Kreis Erding*) 105 U 20
Kirchberg (*Kreis Goslar*) 52 K 14
Kirchberg (*Kreis Landshut*) 98 U 21
Kirchberg (*Kreis Passau*) 99 U 23
Kirchberg (*Kreis Zwickauer Land*) 67 O 21
Kirchberg (*Rhein-Hunsrück-Kreis*) 72 Q 6
Kirchberg (*Schwalm-Eder-Kreis*) 63 M 11
Kirchberg a. d. Iller 103 V 14
Kirchberg a. d. Jagst 86 S 13
Kirchberg a. d. Murr 94 T 12
Kirchberg b. Jülich 58 N 3
Kirchberg i. Wald 99 T 23
Kirchbichl 105 W 18
Kirchbierlingen 102 V 13
Kirchboitzen 30 H 12
Kirchboke 50 K 9
Kirchborchen 50 L 10
Kirchbracht 75 O 11
Kirchbrak 39 K 12
Kirchdorf (*Kreis Aurich*) 17 F 6
Kirchdorf (*Kreis Diepholz*) 29 I 10
Kirchdorf (*Kreis Keilheim*) 97 T 19
Kirchdorf (*Kreis Mühldorf a. Inn*) 105 V 20
Kirchdorf (*Kreis Nordvorpommern*) 13 D 23
Kirchdorf (*Kreis Nordwestmecklenburg*) 10 D 18
Kirchdorf (*Kreis Unterallgäu*) 103 V 15
Kirchdorf a. d. Amper 105 U 18
Kirchdorf a. d. Iller 103 V 14
Kirchdorf a. Haunpold 105 W 19
Kirchdorf a. Inn 106 V 23
Kirchdorf i. Wald 91 T 23
Kirchdornberg 38 J 9
Kirchehrenbach 87 Q 17
Kircheib 59 N 6
Kirchen 61 N 7
Kirchen 102 V 12
Kirchen-Hausen 101 W 10
Kirchenarnbach 81 R 6
Kirchenbirkig 87 Q 18
Kirchenbollenbach 81 Q 6
Kirchendemenreuth 88 Q 20
Kirchengel 53 M 16
Kirchenkirnberg 94 T 13
Kirchenlamitz 78 P 19
Kirchenpingarten 78 Q 19
Kirchenreinbach 87 R 18
Kirchensall 85 S 12
Kirchensittenbach 87 R 18
Kirchentellinsfurt 94 U 11
Kirchenthumbach 88 Q 19
Kirchenwinn 88 S 19
Kirchfarnbach 86 R 16
Kirchfembach 87 R 16
Kirchgellersen 30 G 14
Kirchhain 62 N 10
Kirchham 107 U 23
Kirchhammelwarden 18 G 9
Kirchhasel 65 N 18
Kirchhaslach 103 V 14
Kirchhatten 28 G 9
Kirchhausen 84 S 11
Kirchheide 39 J 10
Kirchheilingen 64 M 16
Kirchheim (*Ilm-Kreis*) 65 N 17
Kirchheim (*Kreis Euskirchen*) 60 O 4
Kirchheim (*Kreis Hersfeld-Rotenburg*) 63 N 12
Kirchheim (*Kreis Traunstein*) 106 V 22
Kirchheim (*Kreis Würzburg*) 85 R 13
Kirchheim a. d. Weinstraße 83 R 8
Kirchheim a. Neckar 94 S 11
Kirchheim a. Ries 95 T 15
Kirchheim b. München 105 V 19
Kirchheim i. Schwaben 103 V 15
Kirchheim u. Teck 94 U 12
Kirchheimbolanden 83 R 8
Kirchhellen 47 L 4
Kirchherten 58 M 3
Kirchhöfe 100 V 8
Kirchhof 63 M 12
Kirchhofen 100 W 7
Kirchhorst 40 I 13
Kirchhoven 58 M 2
Kirchhundem 61 M 8
Kirchkimmen 28 G 9
Kirchlauter 76 P 16
Kirchlein 77 P 17
Kirchlengern 38 J 9
Kirchleus 77 P 18
Kirchlinteln 29 H 11
Kirchmöser 43 I 21
Kirchmöser Dorf 43 I 21
Kirchnüchel 9 D 16
Kirchohmfeld 52 L 15
Kirchohsen 39 J 12
Kirchrarbach 50 M 8
Kirchrode 40 I 13
Kirchröttenbach 87 R 17
Kirchroth 90 T 21
Kirchschletten 77 P 16
Kirchseelte 29 H 10
Kirchseeon 105 V 19
Kirchtimke 19 G 11
Kirchtroisdorf 58 N 3
Kirchveischede 61 M 7
Kirchvers 62 N 9
Kirchwald 71 O 5
Kirchwalsede 29 G 12
Kirchweidach 106 V 21
Kirchweiler 70 P 4
Kirchwerder 20 F 14
Kirchweyhe (*Kreis Diepholz*) 29 H 10
Kirchweyhe (*Kreis Uelzen*) 31 G 15
Kirchwistedt 18 F 10
Kirchworbis 52 L 15
Kirchzarten 100 W 7
Kirchzell 85 R 11
Kirf 80 R 3
Kirkel 82 S 5
Kirn 81 Q 6
Kirn 106 U 23
Kirnbach 101 V 8
Kirnberg 86 R 14
Kirnitzschtal 67 N 26
Kirrlach 84 S 9
Kirrweiler 81 R 6
Kirrweiler (Pfalz) 83 S 8
Kirschau 69 M 27
Kirschfurt 85 Q 11
Kirschhausen 84 R 10
Kirschhofen 73 O 8
Kirschweiler 81 Q 5
Kirtorf 63 N 11
Kisdorf 20 E 14
Kisdorferwohld 20 E 14
Kisselbach 71 P 6
Kissenbrück 41 J 15
Kissendorf 103 U 14
Kissing 104 V 16
Kißlegg 111 W 13
Kist 85 Q 13
Kittendorf 24 F 22
Kittlitz 21 F 16
Kittlitz (*Kreis Löbau-Zittau*) 69 M 28
Kittlitz (*Kreis Oberspreewald-Lausitz*) 56 K 25
Kitzen 54 M 20
Kitzingen 86 Q 14
Kitzscher 67 M 21
Kius 5 C 13
Kiwittsheide 37 J 8
Klaber 23 E 21
Kladow (*Berlin*) 44 I 23
Kladrum 22 F 19
Kläden (*Altmarkkreis Salzwedel*) 32 H 18
Kläden (*Kreis Stendal*) 32 I 18
Kläham 97 T 20
Klaffenbach 67 N 22
Klafferstraß 99 T 25
Klais 112 X 17
Klamp 9 D 15
Klandorf 34 H 24
Klanxbüll 4 B 10
Klappholz 5 C 12
Klardorf 88 S 20
Klasdorf 44 J 24
Klattenhof 28 H 9
Klausdorf (*Kreis Nordvorpommern*) 13 C 23
Klausdorf (*Kreis Teltow-Fläming*) 44 J 24
Klausdorf (Schwentine) 9 D 14
Klausen 72 Q 4
Klaushagen 24 G 24
Klausheide 36 I 5
Klebitz 43 K 22
Klecken 19 F 13
Kleeberg 107 U 23
Kleefeld 27 G 8
Kleekamp 37 J 8
Kleenkamp 29 G 12
Kleestadt 74 Q 10
Klein Ammensleben 42 J 18
Klein Bademeusel 57 K 28
Klein Barkau 9 D 14
Klein Behnitz 33 I 22
Klein Belitz 11 E 19
Klein Bengerstorf 21 F 16
Klein Bennebek 8 C 12
Klein Berkel 39 J 12
Klein Berßen 27 H 6
Klein Biewende 41 J 15
Klein Bokern 27 I 7
Klein Breese 32 H 17
Klein Briesen 43 J 21
Klein Brockdorf 27 I 8
Klein Brunsrode 41 I 16
Klein Bümmerstede 27 G 8
Klein Bünzow 15 E 24
Klein Damerow 23 F 20
Klein Döbbern 57 K 27
Klein Dölln 34 H 24
Klein-Eichen 62 O 11
Klein Eilstorf 30 H 12
Klein Engersen 32 I 18
Klein-Fredenbeck 19 F 12
Klein Fullen 26 H 5
Klein Gartz 32 H 17
Klein-Gerau 74 Q 9
Klein Germersleben 42 J 18
Klein Gottschow 32 G 20
Klein Grabow 23 E 20
Klein Haßlow 33 G 21
Klein Henstedt 29 H 9
Klein Hesebeck 31 G 15
Klein Hesepe 26 I 5
Klein Ilsede 40 J 14
Klein Isums 17 F 7
Klein-Karben 74 P 10
Klein Kiesow 14 E 24
Klein Köris 44 J 25
Klein-Krauscha 57 M 28
Klein Kreutz 43 I 21
Klein-Krotzenburg 74 P 10
Klein Kummerfeld 9 D 14
Klein Labenz 22 E 19
Klein Lafferde 40 J 14
Klein Leine 45 K 26
Klein Lengden 52 L 14
Klein Leppin 33 H 20
Klein Linden 62 O 9
Klein Luckow 25 F 25
Klein Lüben 32 H 19
Klein-Markow 23 E 21
Klein Marzehns 43 J 21
Klein Meckelsen 19 G 12
Klein Muckrow 45 J 27
Klein Mühlingen 42 K 19
Klein Niendorf 23 F 19
Klein Nordende 19 E 12
Klein Offenseth 19 E 13
Klein Offenseth-Sparrieshoop 19 E 13
Klein Oschersleben 41 J 18
Klein Pampau 21 F 15
Klein Pankow 23 F 20
Klein Partwitz 56 L 26
Klein Plasten 24 F 22
Klein Priebus 57 L 28
Klein Radden 44 K 25
Klein Reken 47 K 5
Klein Rheide 5 C 12
Klein Rodensleben 42 J 18
Klein Rönnau 9 E 14
Klein Rogahn 21 F 18
Klein Sarau 21 E 16
Klein Scharrel 27 G 8
Klein Schierstedt 53 K 18
Klein Schmölen 32 G 17
Klein Schneen 51 L 13
Klein Schulzendorf 44 J 23
Klein Schwaß 11 D 20
Klein Schwechten 32 H 19
Klein Sien 22 E 19
Klein Sisbeck 41 I 16
Klein Stavern 27 H 6
Klein Süntel 39 J 12
Klein Süstedt 31 H 15
Klein Trebbow (*Kreis Mecklenburg-Strelitz*) 24 G 23
Klein Trebbow (*Kreis Nordwestmecklenburg*) 22 E 18
Klein-Umstadt 74 Q 10
Klein Upahl 23 E 20
Klein Vahlberg 41 J 16
Klein Vielen 24 F 23
Klein Wangelin 23 F 20
Klein Wanzleben 42 J 18
Klein Wesenberg 21 E 15
Klein-Winternheim 73 Q 8
Klein Wittensee 8 C 13
Klein Zicker 13 D 25
Klein Ziegenfelder Tal 77 P 17
Klein Ziethen 35 H 25
Klein Zimmern 74 Q 10
Kleinaitingen 104 V 16
Kleinalmerode 51 M 13
Kleinaspach 94 T 12
Kleinau 32 H 18
Kleinauheim 74 P 10
Kleinbardau 67 M 22
Kleinbardorf 76 P 15
Kleinbautzen 69 M 27
Kleinberghofen 104 U 17
Kleinberndten 52 L 15
Kleinblittersdorf 82 S 5
Kleinbodungen 52 L 15
Kleinborbritzsch 68 N 24
Kleinbrüchter 52 M 15
Kleinbüllesheim 59 N 4
Kleindembach 65 N 18
Kleine Aller 41 I 16
Kleine Elster 56 L 24
Kleine Enz 93 T 9
Kleine Laaber 98 T 21
Kleine Röder 56 L 24
Kleine Spree 57 L 27
Kleine Vils 105 U 20
Kleineibstadt 76 P 15
Kleinenberg (*Kreis Hameln-Pyrmont*) 39 K 11

Kleinenberg (Kreis Paderborn) 50 L 10
Kleinenborstel 29 H 11
Kleinenbremen 39 J 11
Kleinenbroich 48 M 3
Kleinenglis 63 M 11
Kleinengstingen 102 U 11
Kleinenkneten 28 H 9
Kleinenmarpe 39 K 10
Kleinensee 64 N 13
Kleinensiel 18 F 9
Kleiner Brombachsee 96 S 16
Kleiner Gleichberg 76 O 15
Kleiner Jasmunder Bodden 13 C 24
Kleiner Landgraben 24 F 23
Kleines Haff 25 E 26
Kleinfurra 52 L 16
Kleingartach 93 S 10
Kleingesee 87 Q 18
Kleinglattbach 93 T 10
Kleinhammer 49 M 7
Kleinhartmannsdorf 67 N 23
Kleinhaslach 86 R 16
Kleinhau 58 N 3
Kleinhelmsdorf 66 M 19
Kleinheubach 85 Q 11
Kleinich 72 Q 5
Kleinjena 66 M 19
Kleinjörl 5 C 11
Kleinkahl 75 P 11
Kleinkarlbach 83 R 8
Kleinkönigsförde 8 C 13
Kleinkötz 103 U 14
Kleinkrausnik 56 K 24
Kleinkühnau 54 K 20
Kleinlangenfeld 70 P 3
Kleinlangheim 86 Q 14
Kleinlüder 63 O 12
Kleinmachnow (Berlin) 44 I 23
Kleinmaischeid 61 O 6
Kleinmölsen 65 M 17
Kleinmutz 34 H 23
Kleinnaundorf-Würschnitz 68 M 25
Kleinoldendorf 17 G 7
Kleinosthein 74 P 11
Kleinottweiler 81 R 5
Kleinow 32 G 19
Kleinpaschleben 54 K 19
Kleinpösna 55 M 21
Kleinpritzer See 23 F 19
Kleinradmeritz 69 M 28
Kleinrinderfeld 85 Q 13
Kleinröhrsdorf 68 M 25
Kleinromstedt 65 N 18
Kleinsassen 63 O 13
Kleinsaubernitz 57 M 27
Kleinschmalkalden 64 N 15
Kleinschwabhausen 65 N 18
Kleinsendelbach 87 R 17
Kleinsteinbach 93 T 9
Kleinvollstedt 8 D 13
Kleinwaabs 5 C 13
Kleinwallstadt 75 Q 11
Kleinwaltersdorf 67 N 23
Kleinwechsungen 52 L 16
Kleinweiler 111 X 14
Kleinweisach 86 Q 15
Kleinwelka 69 M 27
Kleinwenkheim 76 P 14
Kleinwerther 52 L 16
Kleinwessek 9 D 16
Kleinwiehe 5 B 11
Kleinwörden 19 F 11
Kleinwulkow 42 I 20
Kleinwusterwitz 43 I 20
Kleinzerbst 54 K 20
Kleinzerlang 33 G 22
Kleinziegenfeld 77 P 17
Klempau 21 E 15
Klempenow 24 E 23
Klenau 104 U 17
Klengen 101 V 9
Klenkendorf 18 F 11
Klenzau 9 D 15
Kleptow 25 F 26
Klepzig 54 L 20
Kleßen 33 H 21
Klessener Zootzen 33 H 21
Kletkamp 9 D 15
Klettbach 65 N 17
Klettgau-Grießen 109 X 9
Klettstedt 64 M 16
Klettwitz 56 L 25
Kletzen-Zschölkau 54 L 21
Kletzin 14 E 23
Kletzke 32 H 20
Kleukheim 77 P 17
Kleutsch 54 K 20
Kleve 46 K 2
Kleve (Kreis Dithmarschen) 7 D 11
Kleve (Kreis Steinburg) 8 E 12
Klevenow 14 D 23
Kleverhof 24 E 22
Kliding 71 P 5
Klieken 43 K 21
Kliestow 44 J 23
Klietz 32 H 20
Klietznick 42 I 20
Klieve 50 L 8
Klinga 55 M 21
Klingbach 83 S 8
Klingberg 9 D 16
Klingen (Kreis Aichach-Friedberg) 104 U 17
Klingen (Kreis Würzburg) 86 R 14
Klingenberg 68 N 24
Klingenberg 85 Q 11
Klingenberg Stausee 68 N 24
Klingenbrunn 91 T 23
Klingendorf 11 E 20
Klingenmünster 83 S 8
Klingenthal 79 O 21
Klinglbach 91 S 22
Klingsmoos 96 U 17
Klink 23 F 21
Klinken 22 F 19
Klinkrade 21 E 15
Klinkum 58 M 2
Klint 19 F 11
Klintum 4 B 10
Klinze 41 I 17
Klitsche 42 I 20
Klitschmar 54 L 20
Klitten 57 L 27
Klitzschen 55 L 22
Klix 57 M 27
Klixbüll 4 B 10
Klobbicke 34 H 25
Klobenreuth 88 Q 20
Klobikau 54 L 19
Klockenhagen 11 D 21
Klockow 25 F 26
Klocksdorf 21 E 16
Klocksin 23 F 21
Kloddram 21 F 17
Klöden 55 K 22
Klötze 31 I 17
Klötzer Forst 31 I 17
Kloppenheim 74 P 10
Kloschwitz 54 L 19
Kloster 13 C 23
Kloster Neuendorf 42 I 18
Kloster Oesede 37 J 8
Kloster Veßra 76 O 15
Kloster Zinna 43 J 23
Klosterbach 29 H 10
Klosterbeuren 103 V 14
Klosterdorf 35 I 25
Klosterfelde 34 H 24
Klosterhäseler 65 M 18
Klosterheide 38 J 9
Klosterholte 27 I 6
Klosterkumbd 71 P 6
Klosterkuppel 75 Q 12
Klosterlangheim 77 P 17
Klosterlechfeld 104 V 16
Klostermansfeld 53 L 18
Klostermoor 27 G 6
Klosterreichenbach 93 U 9
Klosterseelte 29 H 10
Klosterwalde 34 G 24
Klotingen 49 L 7
Klotten 71 P 5
Klotzow 15 E 25
Klotzsche (Dresden) 68 M 25
Klüden 42 I 18
Klüppelberg 59 M 6
Klueß 23 E 20
Klüsserath 72 Q 4
Klütz 10 E 17
Kluftern 110 W 12
Kluse 26 H 6
Kmehlen-Gävernitz 68 M 24
Knappenrode 57 L 26
Knau 66 O 19
Knauthain 54 M 20
Knautnaundorf 54 M 20
Kneblinghausen 50 L 9
Knechtsteden (Kloster) 59 M 4
Kneese 21 F 16
Kneheim 27 H 7
Kneitlingen 41 J 16
Knesebeck 31 H 16
Knesing 106 W 21
Knetterheide 38 J 10
Knetzgau 76 Q 15
Knickberg 29 I 10
Kniebis 93 U 8
Knielingen 93 S 9
Knippelsdorf 55 K 24
Knittlingen 93 S 10
Knock 16 F 5
Knopfmacherfelsen 101 V 10
Knopp-Labach 81 R 6
Knorburg 4 B 11
Knorrendorf 24 F 23
Knorrhütte 112 X 17
Knottenried 111 X 14
Knüll 63 N 12
Knüllgebirge 63 N 12
Knüllwald 63 N 12
Knutbühren 51 L 13
Kobbeln 45 J 27
Koberg 21 F 15
Kobern-Gondorf 71 P 6
Kobershain 55 L 22
Koblentz 25 F 26
Koblenz 57 L 26
Koblenz 71 O 6
Kobrow 22 E 19
Kochel a. See 112 X 18
Kochelsee 112 X 18
Kochendorf 5 C 13
Kocher 95 T 13
Kochersteinsfeld 85 S 12
Kocherstetten 85 S 13
Kochertürn 85 S 11
Kochstedt 54 K 20
Kodersdorf 69 M 28
Köbbinghausen 29 H 9
Köchelstorf 21 E 17
Köckte (Altmarkkreis Salzwedel) 41 I 17
Köckte (Kreis Stendal) 42 I 19
Köditz (Kreis Hof) 78 P 19
Köditz (Kreis Saalfeld-Rudolstadt) 65 N 17
Ködnitz 77 P 18
Köfering (Kreis Amberg-Sulzbach) 88 R 19
Köfering (Kreis Regensburg) 90 T 20
Köhlen (Kreis Cuxhaven) 18 F 10
Köhlen (Kreis Lüchow-Dannenberg) 31 H 17
Köhn 9 C 15
Köhnholz 5 B 12
Köhra 55 M 21
Kölau 31 H 16
Kölburg 96 T 16
Kölkebeck 37 J 8
Kölleda 65 M 17
Köllerbach 81 S 4
Köllitsch 55 L 23
Kölln 24 E 24
Kölln-Reisiek 19 E 13
Köln 59 N 4
Köln-Bonn (Flughafen) 59 N 5
Kölpinsee 15 D 26
Kölsa (Kreis Delitzsch) 54 L 20
Kölsa (Kreis Elbe-Elster) 55 L 23
Kölschhausen 62 O 9
Kölzin (Kreis Ludwigslust) 21 F 16
Kölzin (Kreis Ostvorpommern) 14 E 24
Könau 31 H 16
Könderitz 66 M 20
Köndringen 100 V 7
Könen 80 Q 3
Köngen 94 T 12
Köngernheim 73 Q 8
Könghausen 103 V 15
Königerode 53 L 17
Königheim 85 R 12
Königreich 19 F 13
Königs Wusterhausen 44 J 24
Königsbach-Stein 93 T 9
Königsberg 33 G 21
Königsberg 81 R 6
Königsberg (Dorf) 62 O 9
Königsberg i. Bayern 76 P 15
Königsborn 42 J 19
Königsborn 49 L 7
Königsbronn 95 T 14
Königsbrück 68 M 25
Königsbrunn 104 V 16
Königschaffhausen 100 V 6
Königsdahlum 40 K 14
Königsdorf 59 N 4
Königsdorf 105 W 18
Königsee 65 O 17
Königseggwald 102 W 12
Königsfeld 60 O 5
Königsfeld 77 Q 17
Königsfeld i. Schwarzwald 101 V 9
Königshagen 63 M 11
Königshain 69 M 28
Königshain-Widerau 67 N 22
Königshainer Gebirge 69 M 28
Königsheim 101 V 10
Königshofen 66 M 19
Königshofen (Kreis Ansbach) 95 S 15
Königshofen (Main-Tauber-Kreis) 85 R 13
Königshoven 58 M 3
Königshügel 8 C 12
Königshütte 52 K 16
Königslutter 41 J 16
Königsmark 32 H 19
Königsmoor (Stadt) 20 G 12
Königsmoos 96 U 17
Königssee 114 X 22
Königstein 68 N 26
Königstein 74 P 9
Königstein 88 R 18
Königstuhl 84 R 10
Königswald 63 M 13
Königswalde (Kreis Annaberg) 67 O 23
Königswalde (Kreis Zwickauer Land) 66 N 21
Königswartha 57 M 26
Königswinter (Bonn) 59 N 5
Könitz 65 O 18
Könnern 54 K 19
Könnigde 32 I 18
Köpenick 44 I 24
Köpernitz (Kreis Ostprignitz-Ruppin) 33 G 22
Köpernitz (Kreis Potsdam-Mittelmark) 43 J 20
Köpfchen 58 N 2
Köppelsdorf 77 O 17
Köppern 74 P 9
Körbecke 51 L 11
Körbecke (Möhnesee) 49 L 8
Körbeldorf 87 Q 18
Körbelitz 42 J 19
Körchow 21 F 17
Kördorf 73 P 7
Köritz 33 H 21
Körle 63 M 12
Körlitz 55 L 22
Körner 52 M 15
Körperich 80 Q 2
Körprich 80 R 4
Körrenzig 58 M 2
Kösching 97 T 18
Köschinger Forst 97 T 18
Köselitz 43 K 21
Kösingen 95 T 15
Köslau 76 P 16
Kösseine 78 Q 19
Kössern 67 M 22
Kößlarn 107 U 23
Kößnach 90 T 21
Kösterswег 18 E 10
Köstorf 31 G 16
Köterberg (Dorf) 51 K 11
Köterende 28 G 9
Kötermoor 18 F 9
Köthel 21 F 15
Köthen 44 J 25
Köthen (Anhalt) 54 K 19
Köthensdorf-Reitzenhain 67 N 22
Kötschlitz 54 L 20
Kötten 55 L 23
Köttewitz-Krebs 68 N 25
Köttingen 59 N 4
Kötz 103 U 14
Kötzlin 33 H 20
Kötzschau 54 M 20
Kötzting 89 S 22
Kogel (Kreis Ludwigslust) 21 F 16
Kogel (Kreis Müritz) 23 F 21
Kohden 74 O 11
Kohlberg 61 N 6
Kohlberg (Kreis Esslingen) 94 U 12
Kohlberg (Kreis Neustadt a. d. Waldnaab) 88 R 20
Kohlenbissen 30 H 14
Kohlgarten 100 W 7
Kohlgrund 50 L 10
Kohlscheid 58 N 2
Kohlsdorf 45 J 26
Kohlstädt 50 K 10
Kohlstetten 102 U 11
Kohlwald 93 U 9
Kohren-Sahlis 67 M 21
Kolberg 44 J 25
Kolbermoor 105 W 20
Kolbingen 101 V 10
Kolbinger Höhle 101 V 10
Koldenbüttel 7 C 11
Koldenhof 24 G 24
Kolenfeld 39 I 12
Kolitzheim 76 Q 14
Kolkerheide 4 C 11
Kolkhagen 31 G 15
Kolkwitz (Kreis Saalfeld-Rudolstadt) 65 N 18
Kolkwitz (Kreis Spree-Neiße) 56 K 26
Kollbach 98 U 22
Kollbach (Kreis Dachau) 105 U 18
Kollbach (Kreis Rottal-Inn) 98 U 21
Kollerbeck 51 K 11
Kollm 57 M 28
Kollmar 19 E 12
Kollnau 100 V 7
Kollnburg 91 S 22
Kollow 20 F 15
Kollrunge 17 F 7
Kollweiler 81 R 6
Kolnvenn 26 I 4
Kolochau 55 K 23
Kolpin 44 J 25
Kolrep 33 G 20
Kolshorn 40 I 13
Kolzenburg 44 J 23
Kommern 60 O 3
Kommingen 101 W 9
Komptendorf 57 K 27
Konken 81 R 6
Konnersreuth 79 P 20
Konradshofen 103 V 15
Konradsreuth 78 P 19
Konstanz 110 X 11
Konz 80 Q 3
Konzell 91 S 22
Konzen 70 O 2
Kopp 70 P 3
Koppatz 57 K 27
Koppelow 23 E 20
Koppenbrück 33 H 21
Kopperby 5 C 13
Korb 94 T 12
Korb (Möckmühl) 85 R 12
Korb-Kleinheppach 94 T 12
Korbach 50 M 10
Korbetha 54 L 19
Korbußen 66 N 20
Kordel 72 Q 3
Kordigast 77 P 17
Kork 92 U 7
Kornbach 78 P 19
Kornbühl 102 U 11
Kornburg 87 R 17
Kornelimünster 58 N 2
Korntal-Münchingen 94 T 11
Kornwestheim 94 T 11
Korschenbroich 48 M 3
Korswandt 15 E 26
Kortenbeck 31 H 16
Korweiler 71 P 6
Kosel 57 L 28
Kosel 5 C 13
Koselau 10 D 16
Koselitz 56 L 24
Koselower See 13 C 23
Koserow 15 D 26
Kosilenzien 55 L 24
Koslar 58 N 3
Kospa-Pressen 55 L 21
Kossa 55 L 22
Koßdorf 55 L 23
Kossebade 23 F 19
Kossenblatt 45 J 26
Koßwig 56 K 26
Kostebrau 56 L 25
Kotelow 25 F 24
Kothen 75 O 13
Kotitz 69 M 27
Kotten 57 L 26
Kottenforst Ville (Naturpark) 59 N 4
Kottenheide 79 O 21
Kottenheim 71 O 5
Kottensdorf 87 R 16
Kottgeisering 104 V 17
Kottweiler-Schwanden 81 R 6
Kotzen 33 I 21
Kotzenbüll 7 C 10
Kowalz 11 D 21
Koxhausen 70 Q 2
Kraak 22 F 18
Kraatz 34 H 23
Kraatz-Buberow 34 H 23
Krackow 25 F 26
Krähberg 84 R 11
Krähenberge 33 G 22
Kränzlin 33 H 22
Kraftisried 111 W 15
Kraftsbuch 96 S 17
Kraftsdorf 66 N 19
Kraftshof 87 R 17
Kraftsolms 74 O 9
Kragen 30 H 14
Krahne 43 J 21
Kraiburg 106 V 21
Kraichbach 84 S 9
Kraichtal 93 S 10
Krailing 91 S 22
Krailling 104 V 18
Krainke 21 G 16
Kraisdorf 76 P 16
Krakow a. See 23 F 20
Krakower See 23 F 20
Kraksdorf 10 D 17
Krakvitz 13 D 24
Kramerhof 13 C 23
Krampfer 32 G 20
Krams 33 G 20
Kranenburg 19 F 11
Kranenburg 46 K 2
Kranepuhl 43 J 21
Krangen 33 H 22
Kranichfeld 65 N 17
Kranichstein 74 Q 10
Krankenhagen 39 J 11
Kranlucken 64 N 13
Kransburg 18 E 9
Kransmoor 18 F 10
Kranzberg 105 U 18
Kranzegg 111 X 14
Krassig 55 K 24
Krassolzheim 86 R 15
Krassow 22 E 18
Kratzeburg 24 F 22
Krauchenwies 102 V 11
Kraupa 56 L 24
Krauschwitz 57 L 28
Krausenbach 75 Q 12
Krausnick 44 J 25
Krausnicker Berge 44 J 25
Kraußnitz 56 L 25
Krauthausen 58 N 3
Krautheim (Hohenlohekreis) 85 R 12
Krautheim (Kreis Kitzingen) 76 Q 14
Krautostheim 86 R 15
Krautsand 19 E 12
Krautscheid (Kreis Bitburg-Prüm) 70 P 2
Krautscheid (Kreis Neuwied) 59 N 6
Kray 47 L 5
Kreba-Neudorf 57 L 28
Krebeck 52 L 14
Kreblitz 44 K 25
Krebsow 14 D 24
Krechting 36 K 4
Kreckow 25 F 24
Kredenbach 61 N 8
Kreepen 29 H 12
Kreershäuschen 73 Q 6
Krefeld 46 M 3
Kreidach 84 R 10
Kreien 23 F 20
Kreiensen 52 K 13
Kreimbach-Kaulbach 81 R 6
Kreinitz 55 L 23
Kreischa 68 N 25
Krekel 70 O 3
Krelingen 30 H 12
Krembz 21 F 17
Kremitz 55 K 23
Kremkau 32 I 18
Kremmeldorf 77 Q 17
Kremmen 34 H 23
Kremmin 22 G 18
Krempdorf 19 E 12
Krempe 19 E 12
Krempel 18 E 10
Krempendorf 23 G 20
Kremperheide 19 E 12
Krempin 10 D 19
Krems II 9 E 15
Krenkingen 109 W 8

Krensheim 85 R 13
Krensitz 54 L 21
Kreßberg 95 S 14
Kressbronn 110 X 12
Krettnach 80 Q 3
Kretzschau 66 M 20
Kreuth 88 S 19
Kreuth 113 X 19
Kreutzen 30 H 14
Kreuz-Spitze 112 X 16
Kreuzau 58 N 3
Kreuzberg 76 O 13
Kreuzberg 99 T 24
Kreuzberg (Oberbergischer Kreis) 59 M 6
Kreuzberg (Ahr) 60 O 4
Kreuzebra 52 L 14
Kreuzeck 112 X 17
Kreuzholzhausen 104 V 17
Kreuzkamp 9 E 16
Kreuzkrug 34 G 24
Kreuztal 61 N 7
Kreuzthal (Kreis Haßberge) 76 P 15
Kreuzthal (Kreis Oberallgäu) 111 W 14
Kreuzweg 40 I 14
Kreuzweiler 80 R 3
Kreuzweingarten 60 O 4
Kreuzwertheim 85 Q 12
Krevese 32 H 19
Krewelin 34 H 24
Kreypau 54 M 20
Kriebethal 67 M 23
Kriebitzsch 66 M 20
Kriebstein 67 M 23
Kriegsfeld 83 Q 7
Kriele 33 I 21
Krielow 43 I 22
Krien 24 E 24
Kriesow 24 E 23
Kriestorf 98 U 23
Kriftel 74 P 9
Krina 54 L 21
Kringelsdorf 57 L 27
Krinitz 32 G 18
Krinning 99 T 25
Kripp 60 O 5
Krippehna 55 L 21
Kritzkow 23 E 20
Kritzmow 11 D 20
Kritzow (b. Lübz) 23 F 20
Kritzow (b. Schwerin) 22 F 18
Kröbeln 56 L 24
Kröchlendorff 25 G 25
Krögelstein 77 Q 17
Krögis 68 M 24
Kröhstorf 98 U 22
Krölpa 65 N 18
Kröning 98 U 21
Kröpelin 11 D 19
Kröppelshagen 20 F 14
Kröppen 83 S 6
Kröslin 13 D 25
Kröv 72 Q 5
Krofdorf-Gleiberg 62 O 9
Krogaspe 9 D 13
Kroge (Kreis Soltau-Fallingbostel) 30 H 13
Kroge (Kreis Vechta) 27 I 8
Krohnhorst 34 G 25
Krombach (Kreis Aschaffenburg) 75 P 11
Krombach (Kreis Siegen-Wittgenstein) 61 N 7
Krombach-Stausee 61 O 8
Kromlau 57 L 27
Krommenthal 75 P 12
Kronach 77 P 17
Kronau 84 S 9
Kronberg 74 P 9
Kronburg 103 W 14
Kronenburg 70 O 3
Kronprinzenkoog 7 E 10
Kronsburg 9 D 14
Kronsforde 21 E 15
Kronsgaard 5 B 13
Kronshagen 9 C 14
Kronsmoor 8 E 12
Kronweiler 81 R 5
Kropp 8 C 12
Kroppach 61 N 7
Kroppen 56 L 25
Kroppenstedt 41 K 17
Kropstädt 43 K 22
Krossen 44 K 24
Krostitz 54 L 21
Krottelbach 81 R 5
Krottenkopf 112 X 17
Krottensee 87 R 18
Krottorf 41 K 17
Krottorf 61 N 7
Kruckow 14 E 23
Krückau 19 E 13
Krückeberg 39 J 11
Krüden 32 H 19
Krügersdorf 45 J 26
Krümmel 24 G 22
Krün 112 X 17
Krüssau 42 J 20
Kruft 71 O 6
Krugau 45 J 25
Kruge-Gersdorf 35 H 25
Krugsdorf 25 F 26
Krugzell 111 W 14
Krukow 21 F 15
Krum 76 P 15
Krumbach 84 R 10
Krumbach (Kreis Sigmaringen) 101 W 11
Krumbach (Schwaben) 103 V 15
Krumbeck 24 F 24
Krumhermersdorf 67 N 23
Krummasel 31 G 17
Krummbek 9 C 15
Krumme Fohre 77 P 18
Krummendeich 19 E 11
Krummendiek 8 E 12
Krummenerl 61 M 7
Krummenhagen 13 D 23
Krummenhennersdorf 68 N 24
Krummennaab 88 Q 20
Krummensee 34 I 25
Krummesse 21 E 15
Krummhörn 16 F 5
Krummin 15 D 25
Krumminer Wiek 15 D 25
Krummwisch 8 C 13
Krumpa 54 M 19
Krumstedt 7 D 11
Krusendorf (Kreis Luneburg) 21 G 16
Krusendorf (Kreis Rendsburg-Eckernförde) 5 C 14
Krusenhagen 10 E 18
Kubach 74 O 8
Kubitzer Bodden 13 C 23
Kublank 24 F 24
Kuchelmiß 23 E 21
Kuchen 94 U 13
Kuchenheim 60 O 4
Kuddewörde 20 F 15
Kuden 7 E 11
Kudensee (Stadt) 7 E 11
Küchen 63 M 13
Küchensee 21 E 16
Kückelheim (Hochsauerlandkreis) 49 M 8
Kückelheim (Märkischer Kreis) 49 M 7
Kückhoven 58 M 3
Kücknitz-Herrenwyk 21 E 16
Küdow-Lüchfeld 33 H 22
Kühbach 96 U 17
Kühlenthal 96 U 16
Kühlungsborn 10 D 19
Kühlungsborn Ost 11 D 19
Kühlungsborn West 10 D 19
Kühndorf 64 O 15
Kühnhaide 67 O 23
Kühnham 107 U 23
Kühnhausen 96 U 17
Kühnitzsch 55 L 22
Kühren 54 K 19
Kühren 9 D 14
Kühren-Burkartshain 55 L 22
Kührsdorf 9 D 14
Kührstedt 18 F 10
Kühsen 21 E 15
Kükels 20 E 14
Kükenmoor 29 H 12
Küllstedt 52 M 14
Külsheim 85 Q 12
Külte 51 L 11
Kümbdchen 73 Q 6
Kümmernitz 33 H 20
Kümmersbruck 88 R 19
Kümmritz 44 K 24
Künisches Gebirge 91 S 23
Künsche 32 H 17
Künsdorf 78 O 19
Künsebeck 38 J 9
Küntrop 49 M 7
Künzell 63 O 13
Künzelsau 85 S 13
Künzing 98 T 23
Küps 77 P 17
Kürbitz 78 O 20
Kürmreuth 88 R 19
Kürn 90 S 20
Kürnach 76 Q 14
Kürnbach 93 S 10
Kürten 59 M 5
Kürzell 100 U 7
Kues 72 Q 5
Küssaberg 109 X 9
Küsserow 23 E 22
Küstelberg 50 M 9
Küsten 31 H 17
Küstenkanal 27 H 6
Küsterdorf 31 H 16
Küstrin-Kietz 35 I 27
Küstrow 12 C 22
Kütten 54 L 20
Küttig 71 P 6
Kützberg 76 P 14
Kugelbake (Cuxhaven) 7 E 10
Kuhardt 84 S 8
Kuhbach 100 U 7
Kuhbier 33 G 20
Kuhfelde 31 H 17
Kuhlen 22 E 18
Kuhlhausen 33 H 20
Kuhlrade 11 D 21
Kuhs 23 E 20
Kuhsdorf 33 G 20
Kuhstedt 18 F 10
Kuhstorf 21 F 17
Kukuk 23 F 19
Kulkwitz 54 M 20
Kulkwitzer See 54 M 20
Kulmain 78 Q 19
Kulmbach 77 P 18
Kulz 89 R 21
Kumhausen 97 U 20
Kummer 22 G 18
Kummerfeld 19 E 13
Kummerow (Kreis Demmin) 24 E 22
Kummerow (Kreis Nordvorpommern) 12 D 22
Kummerow (Kreis Uckermark) 35 G 26
Kummerower See 24 E 22
Kummersdorf 44 J 25
Kummersdorf-Alexanderdorf 44 J 24
Kummersdorf Gut 44 J 24
Kummro 45 J 27
Kumreut 99 T 24
Kunersdorf (Kreis Märkisch-Oderland) 35 H 26
Kunersdorf (Kreis Spree-Neiße) 56 K 26
Kunigunde 40 K 15
Kunitz 66 N 18
Kunnersdorf 69 M 28
Kunow (Kreis Prignitz) 33 H 20
Kunow (Kreis Uckermark) 35 G 26
Kunrau 31 I 17
Kunreuth 87 Q 17
Kuntzow 14 E 24
Kupferberg 77 P 18
Kupferdreh 47 L 5
Kupferzell 85 S 13
Kuppendorf 29 I 10
Kuppenheim 93 T 8
Kuppentin 23 F 20
Kuppingen 93 U 10
Kupprichhausen 85 R 12
Kurl 49 L 6
Kurpfalz Park 83 R 8
Kursdorf 54 L 20
Kurtenberg 60 O 4
Kurtscheid 61 O 6
Kurtschlag 34 H 24
Kurzen Trechow 23 E 19
Kurzlipsdorf 43 K 22
Kuschkow 44 J 25
Kusel 81 R 6
Kusey 31 I 17
Kusterdingen 94 U 11
Kutenholz 19 F 11
Kutzleben 65 M 16
Kuventhal 51 K 13
Kyffhäuser 53 L 17
Kyffhäuser Gebirge 53 L 17
Kyhna 54 L 20
Kyll 80 P 3
Kyllburg 70 P 3
Kyritz 33 H 21
Kyritz Ruppiner Heide 33 G 21

L

Laaber (Kreis Neumarkt i. d. Oberpfalz) 87 S 18
Laaber (Kreis Regensburg) 90 S 19
Laaberberg 97 T 20
Laacher See 71 O 5
Laage 11 E 21
Laar 26 I 4
Laar (Kreis Kassel Land) 51 L 11
Laas 55 L 23
Laasche 32 G 18
Laase 22 E 19
Laaslich 32 G 19
Laasow 56 K 26
Laatzen 40 J 13
Laave 31 G 17
Labbeck 46 L 3
Labenz 21 E 15
Laber 97 X 17
Laberweinting 98 T 20
Laboe 9 C 14
Lachen 83 S 8
Lachendorf 30 I 14
Lachte 31 H 15
Lachtehausen 30 I 14
Lacken-Berg 91 S 23
Lackendorf 101 V 9
Lackenhäuser 99 T 25
Ladbergen 37 J 7
Ladeburg (Kreis Anhalt-Zerbst) 42 J 19
Ladeburg (Kreis Barnin) 34 H 24
Ladekop 19 F 13
Ladelund 4 B 11
Ladenburg 84 R 9
Laderholz 30 I 12
Lägerdorf 19 E 12
Lähden 27 H 6
Lämmerspiel 74 P 10
Ländchen Friesack 33 H 21
Ländchen Rhinow 33 H 21
Länge 101 W 9
Längenau 79 P 20
Laer 36 J 6
Lärz 24 G 22
Laeven 24 G 24
Laffeld 58 M 2
Lage (Kreis Grafschaft-Bentheim) 36 I 4
Lage (Kreis Lippe) 39 K 10
Lager Bathorn 26 I 5
Lager Bergen-Belsen 30 H 13
Lager Hammelburg 75 P 13
Lager Lechfeld 104 V 16
Lager Orbke 30 H 13
Lagershausen 52 K 14
Laggenbeck 37 J 7
Lahde 39 I 10
Lahm (Kreis Coburg) 77 P 16
Lahm (Kreis Kronach) 77 O 18
Lahm b. Lichtenfels 77 P 17
Lahn (Kreis Emsland) 27 H 6
Lahnau 62 O 9
Lahnberge 62 N 10
Lahneck (Lahnstein) 71 P 6
Lahnhof 62 N 8
Lahnstein 71 P 6
Lahntal 62 N 10
Lahr (Kreis Cochem-Zell) 71 P 6
Lahr (Kreis Limburg-Weilburg) 61 O 8
Lahr (Ortenaukreis) 100 U 7
Lahre 27 H 6
Lahstedt 40 J 14
Laibstadt 96 S 17
Laichingen 94 U 13
Laimering 104 U 17
Laimerstadt 97 T 19
Laimgrub 106 W 21
Laimnau 110 X 12
Laineck 77 Q 18
Laisa 62 N 9
Laiz 102 V 11
Lalendorf 23 E 21
Lalling 99 T 23
Lam 91 S 23
Lambertsberg 70 P 3
Lambrecht 83 R 8
Lambrechtshagen 11 D 20
Lambsheim 83 R 8
Lamerden 51 L 11
Lamerdingen 104 V 16
Lamme 40 J 15
Lammersdorf 70 O 2
Lammershagen 9 D 15
Lammertsfehn 17 G 7
Lampaden 80 R 4
Lampersdorf 55 M 23
Lampertheim 84 R 9
Lampertswalde (Kreis Riesa-Großenhain) 56 M 25
Lampertswalde (Kreis Torgau-Oschatz) 55 L 23
Lampoding 106 W 22
Lampoldshausen 85 S 12
Lamsfeld-Groß Liebitz 45 K 26
Lamspringe 40 K 14
Lamstedt 18 F 11
Lancken-Granitz 13 C 24
Landau (Kreis Waldeck-Frankenberg) 51 L 11
Landau a. d. Isar 98 T 22
Landau i. d. Pfalz 83 S 8
Landeck 83 S 8
Landefeld 63 M 13
Landegge 26 H 5
Landemert 49 M 7
Landenhausen 63 O 12
Landensberg 103 U 15
Landersdorf 105 V 20
Landershofen 96 T 17
Landersum 36 J 6
Landesbergen 29 I 11
Landesbrück 19 E 11
Landeskrone 69 M 28
Landgraben (Bach b. Aken) 54 K 19
Landgraben (Bach b. Friedland) 24 E 24
Landgrafroda 53 L 18
Landkern 71 P 5
Landkirchen 10 C 17
Landolfshausen 52 L 14
Landsatz 31 G 17
Landsberg 54 L 20
Landsberg a. Lech 104 V 16
Landschaftspolder 16 G 5
Landscheid 70 Q 4
Landscheide 7 E 11
Landsham 105 V 19
Landshausen 84 S 10
Landshut 97 U 20
Landstuhl 81 R 6
Landsweiler 81 R 4
Landwehr 40 K 13
Landwehrhagen 51 L 12
Langballig 5 B 12
Langballigholz 5 B 12
Langburkersdorf 69 M 26
Langd 74 O 10
Langdorf 91 S 23
Lange Berge 77 O 16
Lange Heide 18 G 10
Langebrück 68 M 25
Langefeld 17 F 6
Langel 59 N 5
Langeln 19 E 13
Langeln (Kreis Wernigerode) 41 K 16
Langeloh 30 G 13
Langelsheim 40 K 14
Langen (Kreis Cuxhaven) 18 F 9
Langen (Kreis Emsland) 27 I 6
Langen (Kreis Offenbach) 74 Q 10
Langen (Kreis Ostprignitz-Ruppin) 33 H 22
Langen-Bergheim 74 P 11
Langen Brütz 22 F 18
Langen Jarchow 22 E 18
Langen Trechow 23 E 19
Langenalb 93 T 9
Langenaltheim 96 T 16
Langenapel 31 H 16
Langenargen 110 X 12
Langenau (Alb-Donau-Kreis) 95 U 14
Langenau (Kreis Freiberg) 67 N 23
Langenau (Kreis Kronach) 77 O 17
Langenau (Kreis Lörrach) 108 X 7
Langenaubach 61 N 8
Langenbach 66 O 19
Langenbach (Kreis Freising) 105 U 19
Langenbach (Kreis Freudenstadt) 93 U 8
Langenbach (Kreis Hof) 77 O 18
Langenbach (Kreis Zwickauer Land) 67 O 21
Langenberg (Hochsauerlandkreis) 50 M 9
Langenberg (Kreis Chemnitzer Land) 67 N 22
Langenberg (Kreis Gütersloh) 50 K 8
Langenberg (Kreis Mettmann) 47 L 5
Langenberg (Kreis Vechta) 27 I 8
Langenberg (Stadtkreis Gera) 66 N 20
Langenbernsdorf 66 N 20
Langenbeutingen 85 S 12
Langenbieber 63 O 13
Langenbogen 54 L 19
Langenbrand (Kreis Calw) 93 T 9
Langenbrand (Kreis Rastatt) 93 T 9
Langenbrettach 85 S 12
Langenbruck 97 U 18
Langenbrügge 31 H 16
Langenbuch 66 O 19
Langenburg 85 S 13
Langendamm (Kreis Friesland) 17 F 8
Langendamm (Kreis Nienburg) 29 I 11
Langendamm (Kreis Nordvorpommern) 11 D 21
Langendammsmoor 18 F 9
Langendembach 65 N 18
Langendernbach 61 O 8
Langendorf (Burgenlandkreis) 66 M 20
Langendorf (Kreis Bad Kissingen) 76 P 13
Langendorf (Kreis Marburg-Biedenkopf) 62 N 10
Langendorf (Kreis Weißenfels) 66 M 19
Langendreer 47 L 5
Langeneck 106 U 22
Langeneichstädt 54 L 19
Langeneicke 50 L 9
Langenenslingen 102 V 12
Langenerling 97 T 20
Langenfeld (Kreis Hameln-Pyrmont) 39 J 11
Langenfeld (Kreis Mayen-Koblenz) 71 O 5
Langenfeld (Kreis Mettmann) 59 M 4
Langenfeld (Kreis Neustadt a. d. A.-Bad W.) 86 R 15
Langenfeld (Kreis Wartburgkreis) 64 N 14
Langengeisling 105 V 19
Langengrassau 56 K 24
Langenhagen (Kreis Hannover) 40 I 13
Langenhagen (Kreis Ostholstein) 9 D 16
Langenhagen (Kreis Parchim) 23 F 20
Langenhahn 61 O 7
Langenhain (Main-Taunus-Kreis) 74 P 9
Langenhain (Werra-Meißner-Kreis) 64 M 14
Langenhain (-Ziegenberg) 74 O 9
Langenhard 100 V 7
Langenhart 102 V 11
Langenhaslach 103 V 15
Langenhausen 18 F 11
Langenhennersdorf 68 N 26
Langenhessen 66 N 21
Langenholtensen 52 K 14
Langenholthausen 49 M 7
Langenholzhausen 39 J 10
Langenhorn (Hamburg) 19 F 13
Langenhorst (Kreis Steinfurt) 36 J 5
Langenisarhofen 98 T 22
Langenlehsten 21 F 16
Langenleiten 76 P 13
Langenleuba-Niederhain 67 N 21
Langenleuba-Oberhain 67 N 21
Langenlipsdorf 43 K 23
Langenlonsheim 73 Q 7
Langenmoor 18 F 11
Langenmosen 96 U 17
Langennaundorf 55 L 24
Langenneufnach 103 V 15
Langenordnach 100 W 8
Langenorla 65 N 18
Langenpettenbach 104 U 18
Langenpreising 105 U 19
Langenprozelten 75 P 12
Langenrain 110 W 11
Langenreichen 96 U 16
Langenreichenbach 55 L 22
Langenreinsdorf 66 N 21
Langensalzwedel 32 I 19

Langenschiltach 101 V 8
Langenschwarz 63 N 12
Langenseifen 73 P 8
Langenselbold 74 P 11
Langensendelbach 87 R 17
Langenstadt 77 P 18
Langenstein (Kreis Halberstadt) 53 K 16
Langenstein (Kreis Marburg-Biedenkopf) 62 N 10
Langensteinach 86 R 14
Langensteinbach (Kreis KarlsruheLand) 93 T 9
Langensteinbach (Kreis Mittweida) 67 N 21
Langenstraße 50 L 9
Langenstriegis 67 N 23
Langenteilen 28 I 8
Langenthal 51 L 12
Langenthonhausen 97 S 19
Langenweddingen 42 J 18
Langenweißbach 67 O 21
Langenwetzendorf 66 N 20
Langenwolmsdorf 68 M 26
Langenwolschendorf 66 O 19
Langenzenn 87 R 16
Langeoog 17 E 6
Langeoog (Insel) 17 E 6
Langer See 44 I 24
Langerringen 104 V 16
Langerwehe 58 N 3
Langerwisch 43 J 23
Langes Moor 18 F 10
Langewiese 62 M 9
Langewiesen 65 N 16
Langförden 27 H 8
Langfurth 95 S 15
Langgöns 74 O 9
Langhagen 23 E 21
Langhennersdorf 67 N 23
Langholt 27 G 6
Langholz 5 C 13
Langlingen 40 I 14
Langmühle 83 S 7
Langnau 110 X 12
Langniendorf 21 E 15
Langnow 33 G 20
Langquaid 97 T 20
Langreder 39 J 12
Langschede 49 L 7
Langscheid 49 L 7
Langsdorf (Kreis Gießen) 74 O 10
Langsdorf (Kreis Nordvorpommern) 14 D 22
Langsee 5 C 12
Langstadt 74 Q 10
Langstedt 5 C 12
Langsur 80 Q 3
Langula 64 M 15
Langwaden 84 Q 9
Langwarden 18 F 8
Langwasser 87 R 17
Langwedel (Kreis Gifhorn) 31 H 15
Langwedel (Kreis Rendsburg-Eckernförde) 9 D 13
Langwedel (Kreis Verden) 29 H 11
Langwege 27 I 8
Langweid a. Lech 96 U 16
Langweiler 81 R 6
Lanhausen 18 F 9
Lank-Latum 48 M 4
Lankau 21 E 16
Lanke 34 H 24
Lanker See 9 D 14
Lankow 22 F 18
Lanstrop 49 L 6
Lantenbach 61 M 6
Lanz 32 G 18
Lanze 32 H 17
Lanzenhain 63 O 11
Lanzingen 75 P 11
Lapitz 24 F 23
Lappenstuhl 37 I 8
Lappersdorf 90 S 20
Larrelt 16 F 5
Larrieden 95 S 14
Lasbek 20 E 15
Lascheid 70 P 3
Lasel 70 P 3
Lassahn 21 F 16
Lassan 15 E 25
Laßbach 85 S 13
Laßbruch 39 J 11
Lassentin 12 D 22
Laßrönne 20 F 14
Laßzinswiesen 45 K 27
Lastau 67 M 22
Lastrup (Kreis Cloppenburg) 27 H 7
Lastrup (Kreis Emsland) 27 H 6
Latdorf 54 K 19
Latendorf 9 E 14
Latferde 39 J 12
Lathen 26 H 5
Latrop 62 M 9
Laub (Kreis Donau-Ries) 95 T 15
Laub (Kreis Kitzingen) 86 Q 14
Laubach 95 T 13
Laubach (Hochtaunuskreis) 74 O 9
Laubach (Kreis Cochem-Zell) 71 P 5
Laubach (Kreis Gießen) 62 O 10
Laubach (Kreis Göttingen) 51 L 13
Laubach (Rhein-Hunsrück-Kreis) 71 P 6
Lauben (Kreis Oberallgäu) 111 W 14
Lauben (Kreis Unterallgäu) 103 V 14
Laubenheim 74 Q 8
Laubsdorf 57 K 27
Laubusch 56 L 26
Laubuseschbach 74 O 9
Laucha 64 N 15
Laucha a. d. Unstrut 54 M 19
Lauchdorf 103 W 15
Lauchert 102 V 11
Lauchhammer 56 L 25
Lauchheim 95 T 14
Lauchringen 109 X 8
Lauchröden 64 N 14
Lauda-Königshofen 85 R 13
Laudenbach (Kreis Main-Spessart) 75 Q 13
Laudenbach (Kreis Miltenberg) 85 Q 11
Laudenbach (Main-Tauber-Kreis) 85 R 13
Laudenbach (Rhein-Neckar-Kreis) 84 R 9
Laudenbach (Werra-Meißner-Kreis) 51 M 13
Laudenberg 85 R 11
Laudert 71 P 6
Laue 54 L 21
Lauenau (Hannover) 39 J 12
Lauenberg 51 K 13
Lauenbrück 30 G 12
Lauenburg 21 F 15
Lauenburgische Seen (Naturpark) 21 E 16
Lauenförde 51 L 12
Lauenhagen 39 I 11
Lauenhain (Kreis Kronach) 77 O 18
Lauenhain (Kreis Zwickauer Land) 66 N 21
Lauenhain-Tanneberg 67 M 22
Lauenstein (Kreis Hameln-Pyrmont) 39 J 12
Lauenstein (Kreis Kronach) 77 O 18
Lauenstein (Weißeritzkreis) 68 N 25
Lauer 76 P 14
Lauf 92 U 8
Lauf a. d. Pegnitz 87 R 17
Laufach 75 P 11
Laufdorf 62 O 9
Laufeld 71 P 4
Laufen 106 W 22
Laufen a. d. Eyach 101 V 10
Laufen a. Kocher 95 T 13
Laufenburg 108 X 8
Laufenselden 73 P 7
Laufersweiler 72 Q 5
Lauffen a. Neckar 94 S 11
Lauffen o. Rottweil 101 V 9
Laugna 96 U 16
Lauingen 41 J 16
Lauingen 95 U 15
Laumersheim (Mannheim) 83 R 8
Laumühlen 19 F 11
Laupertshausen 103 V 13
Laupheim 103 V 13
Laupin 21 G 17
Laurenburg 73 O 7
Laus 105 W 19
Lausa 55 L 23
Lauscha 77 O 17
Lausche 69 N 27
Lauschied 81 Q 6
Lausheim 101 W 9
Lausitz 55 L 24
Lausitzer Bergland 69 M 26
Laußig 55 L 21
Laußnitz 68 M 25
Lauta 56 L 26
Lauta-Dorf 56 L 26
Lauta-Nord 56 L 26
Lautenbach (Kreis Neunkirchen) 81 R 5
Lautenbach (Kreis Rastatt) 93 T 9
Lautenbach (Ortenaukreis) 92 U 8
Lautenthal 52 K 14
Lauter 67 O 22
Lauter (Dorf) 62 O 10
Lauterach 102 V 12
Lauterbach (Elstertalkreis) 78 O 20
Lauterbach (Kreis Dachau) 104 V 17
Lauterbach (Kreis Dillingen a. d. Donau) 96 U 16
Lauterbach (Kreis Freising) 105 U 18
Lauterbach (Kreis Rosenheim) 105 W 20
Lauterbach (Kreis Rottweil) 101 V 9
Lauterbach (Kreis Rügen) 13 C 24
Lauterbach (Kreis Saarbrücken) 82 S 4
Lauterbach (Kreis Sächsische Schweiz) 68 M 26
Lauterbach (Kreis Zwickauer Land) 66 N 21
Lauterbach (Mittlerer Erzgebirgskreis) 67 N 23
Lauterbach (Muldentalkreis) 67 M 21
Lauterbach (Vogelsbergkreis) 63 O 12
Lauterbach (Wartburgkreis) 64 M 15
Lauterbrunn 104 U 16
Lauterburg 95 T 13
Lauterecken 81 R 6
Lauterhofen 87 R 18
Lautern 95 T 13
Lautersee 112 X 17
Lauterstein 95 T 13
Lautertal 77 P 16
Lautertal (Odenwald) 84 Q 10
Lautertal (Vogelsberg) 63 O 11
Lautitz 69 M 28
Lautlingen 101 V 10
Lautrach 103 W 14
Lautzenbrücken 61 N 7
Lautzert 61 O 6
Lautzkirchen 82 S 5
Lavelsloh 39 I 10
Lavesum 47 K 5
Lawalde 69 M 27
Laxbach 84 R 10
Lay 71 P 6
Lebach 81 R 4
Lebatz 9 E 15
Lebehn 25 F 26
Lebendorf 54 K 19
Lebenstedt 40 J 14
Leberskirchen 98 U 21
Lebien 55 K 22
Leblich 47 K 4
Lebrade 9 D 15
Lebus 45 I 27
Lebusa 56 K 24
Lech 112 X 15
Lechbruck 112 W 16
Lechenich 59 N 4
Lechterke 27 I 7
Leck 4 B 10
Lecker Au 4 B 10
Leckerau 4 B 11
Leda 17 G 6
Ledde 37 J 7
Leeden 37 J 7
Leeder 104 W 16
Leegebruch 34 H 23
Leeheim 74 Q 9
Leer 17 G 6
Leer 36 J 5
Leerhafe 17 F 7
Leerßen 29 H 10
Leerstetten 87 S 17
Leese 39 I 11
Leeseringen 29 I 11
Leeskow 45 J 27
Leeste 29 H 10
Leesten 77 Q 17
Leetza 43 K 22
Leezdorf 16 F 5
Leezen (Kreis Parchim) 22 F 18
Leezen (Kreis Segeberg) 20 E 14
Legan 8 D 12
Legau 103 W 14
Legde 32 H 19
Legden 36 J 5
Legefeld 65 N 17
Legelshurst 92 U 7
Lehde 45 K 25
Lehe (Kreis Dithmarschen) 7 C 11
Lehe (Kreis Emsland) 26 G 5
Lehe (Bremerhaven-) 18 F 9
Lehen (Kreis Rosenheim) 105 V 20
Lehen (Stadtkreis Freiburg i. B.) 100 V 7
Lehenthal 77 P 18
Leherheide 18 F 9
Lehesten (Kreis Saalfeld-Rudolstadt) 77 O 18
Lehesten (Saale-Holzland-Kreis) 65 N 18
Lehmden 17 G 8
Lehmdermoor 17 G 8
Lehmen 71 P 6
Lehmke 31 H 15
Lehmkuhlen 9 D 15
Lehmrade 21 F 16
Lehmsiek 8 C 13
Lehndorf 66 N 21
Lehnin 43 J 22
Lehnitz 34 H 23
Lehnmühle Stausee 68 N 24
Lehnsdorf 43 J 21
Lehnstedt 65 N 18
Lehr 103 U 13
Lehrbach 62 N 11
Lehrberg 86 R 15
Lehrde 30 H 12
Lehre 41 J 16
Lehrensteinsfeld 94 S 11
Lehrte (Kreis Emsland) 27 H 6
Lehrte (Kreis Hannover) 40 I 13
Lehsen 21 F 17
Lehsten 24 F 22
Leibchel 45 J 26
Leibelbach 86 S 15
Leibenstadt 85 R 12
Leiberg 50 L 9
Leiberstung 92 T 8
Leibertingen 101 V 11
Leiblfing 98 T 21
Leibolz 63 N 13
Leibsch 44 J 25
Leichlingen 59 M 5
Leidenborn 70 P 2
Leidendorf 86 S 15
Leideneck 71 P 6
Leidersbach 75 Q 11
Leidringen 101 V 10
Leiferde 40 I 15
Leiha 54 M 19
Leihgestern 62 O 10
Leimbach 71 O 4
Leimbach (Kreis Mansfelder Land) 53 L 18
Leimbach (Kreis Nordhausen) 53 L 16
Leimbach (Wartburgkreis) 64 N 14
Leimen (Kreis Pirmasens) 83 S 7
Leimen (Rhein-Neckar-Kreis) 84 R 10
Leimersdorf 60 O 5
Leimersheim 93 S 9
Leimrieth 76 O 16
Leimsfeld 63 N 11
Leimstruth 62 N 8
Leina 64 N 15
Leinach 75 Q 13
Leinburg 87 R 17
Leine (Bach b. Aschersleben) 53 L 17
Leine (Bach b. Heiligenstadt) 51 L 14
Leine (Fluß z. Aller) 39 I 12
Leinefelde 52 L 14
Leinfelden-Echterdingen 94 T 11
Leingarten 94 S 11
Leinstetten 101 U 9
Leinsweiler 83 S 8
Leinzell 95 T 13
Leipa 55 K 22
Leipferdingen 101 W 10
Leipheim 103 U 14
Leipnitz 55 M 22
Leippe 56 L 26
Leipzig 54 L 21
Leipzig-Schkeuditz (Flughafen) 54 L 20
Leiselheim 84 R 8
Leisenwald 75 P 11
Leislau 66 M 19
Leisnig 67 M 22
Leißnitz 45 J 26
Leistadt 83 R 8
Leisten 23 F 20
Leistenförde 21 F 16
Leistenow 24 E 23
Leitershofen 104 U 16
Leitersweiler 81 R 5
Leitheim 96 T 16
Leitmar 50 L 10
Leitzkau 42 J 19
Leiwen 72 Q 4
Lelbach 50 M 10
Lelkendorf 24 E 22
Lellenfeld 95 S 15
Lelm 41 J 16
Lembach (Kreis Haßberge) 76 Q 16
Lembach (Kreis Waldshut) 101 W 9
Lembeck 47 K 4
Lemberg 83 S 6
Lembruch 38 I 9
Lemförde 38 I 9
Lemgo 39 J 10
Lemgow 32 H 18
Lemke 29 I 11
Lemkendorf 10 C 17
Lemkenhafen 10 C 17
Lemmersdorf 25 F 25
Lemsahl-Mellingstedt 20 E 14
Lemwerder 29 G 9
Lendern 8 D 12
Lenderscheid 63 N 12
Lendersdorf 58 N 3
Lendorf 63 M 12
Lendringsen 49 L 7
Lengde 41 K 15
Lengdorf 105 V 20
Lengede 40 J 14
Lengefeld (Kreis Sangerhausen) 53 L 17
Lengefeld (Kreis Weimarer Land) 65 N 18
Lengefeld (Mittlerer Erzgebirgskreis) 67 N 23
Lengefeld (Unstrut-Hainich-Kreis) 52 M 15
Lengelscheid 61 M 7
Lengenbostel 19 G 12
Lengenfeld (Göltzschtalkreis) 66 O 21
Lengenfeld (Kreis Neumarkt i. d. Oberpfalz) 88 S 18
Lengenfeld (Kreis Ostallgäu) 104 W 16
Lengenfeld b. Groschlattengrün 78 Q 20
Lengenfeld b. Tirschenreuth 89 Q 20
Lengenfeld u. Stein 52 M 14
Lengenwang 111 W 15
Lengerich 27 I 6
Lengerich 37 J 7
Lengers 64 N 14
Lengfeld (Kreis Hildburghausen) 76 O 15
Lengfeld (Kreis Kelheim) 97 T 20
Lengfeld (Kreis Schwandorf) 89 R 21
Lengfeld (Stadtkreis Würzburg) 86 Q 13
Lengfeld Fasanenhof 74 Q 10
Lengfurt 85 Q 12
Lenggries 113 W 18
Lengham 107 U 23
Lenglern 51 L 13
Lengmoos 105 V 20
Lengsham 106 U 23
Lengthal 98 T 21
Lenhausen 49 M 7
Lenkersheim 86 R 15
Lenne (Fluß b. Winterberg) 62 M 9
Lenne (Hochsauerlandkreis) 62 M 8
Lenne (Kreis Holzminden) 40 K 13
Lennegebirge 49 M 7
Lennep 48 M 5
Lennestadt 61 M 8
Lenningen 94 U 12
Lenningsen 49 L 7
Lensahn 10 D 16
Lensterstrand 10 D 16
Lenterode 52 L 14
Lentersheim 95 S 15
Lentföhrden 19 E 13
Lenthe 40 I 12
Lenting 96 T 18
Lentzke 33 H 22
Lenz (Kreis Müritz) 23 F 21
Lenz (Kreis Riesa-Großenhain) 68 M 24
Lenzen (Kreis Parchim) 23 E 20
Lenzen (Kreis Prignitz) 32 G 18
Lenzinghausen 38 J 9
Lenzkirch 100 W 8
Leobendorf 106 W 22
Leonberg (Kreis Schwandorf) 88 S 20
Leonberg (Kreis Tirschenreuth) 79 Q 20
Leonberg (Stuttgart) 93 T 11
Leopoldshafen 93 S 9
Leopoldshagen 25 E 25
Leopoldshöhe 38 J 10
Leopoldskanal 100 V 7
Leopoldstal 50 K 10
Leplow 12 D 22
Leppersdorf 68 M 25
Leppin (Altmarkkreis Salzwedel) 32 H 18
Leppin (Kreis Mecklenburg-Strelitz) 24 F 24
Leps 42 K 20
Lerbach 52 K 14
Lerchenberg 64 M 14
Lerchenberg 73 Q 8
Leschede 36 I 5
Lesse 40 J 14
Lessenich 60 O 4
Lessien 31 I 16
Leßlohe 89 Q 21
Lesum 29 G 10
Lethe 27 H 8
Letmathe 49 L 6
Letschin 35 I 27
Lette (Kreis Coesfeld) 36 K 5
Lette (Kreis Warendorf) 37 K 8
Letter 40 I 12
Lettewitz 54 L 19
Lettgenbrunn 75 P 12
Lettin 54 L 19
Lettmecke 49 M 7
Lettweiler 83 Q 7
Letzin 24 E 23
Letzlingen 42 I 18
Leubach 64 O 14
Leubas 111 W 15
Leuben 67 M 23
Leubetha 79 O 20
Leubingen 65 M 17
Leubnitz (Elstertalkreis) 78 O 20
Leubnitz (Kreis Zwickauer Land) 66 N 21
Leubsdorf 67 N 23
Leubsdorf 60 O 5
Leuchau 77 P 18
Leuchtenberg 89 R 20
Leuchtenburg 65 N 18
Leudersdorf 70 O 4
Leuenberg 35 H 25
Leukersdorf 67 N 22
Leun 62 O 9
Leuna 54 M 20
Leupoldsgrün 78 P 19
Leupoldstein 87 Q 18
Leupolz 110 W 13
Leuscheid 59 N 6
Leuschentin 24 E 22
Leussow (Kreis Ludwigslust) 21 G 17
Leussow (Kreis Mecklenburg-Strelitz) 24 G 22
Leustetten 102 W 11
Leutenbach 87 Q 17
Leutenberg 65 O 18
Leuterschach 111 W 15
Leutersdorf 69 N 27
Leutershausen (Kreis Ansbach) 86 S 15
Leutershausen (Kreis Rhön-Grabfeld) 76 P 14
Leutesdorf 71 O 6
Leutesheim 92 U 7
Leuth 46 L 2
Leuthen 57 K 26
Leutkirch 103 W 14
Leutstetten 104 V 18
Leuzendorf 86 R 14
Levenhagen 14 D 23
Leverkusen (Köln) 59 M 4
Levern 38 I 9
Leveste 39 J 12
Levitzow 23 E 21
Lexow 23 F 21
Leybucht 16 F 5
Leybuchtpolder 16 F 5

Libben 13 C 23
Libbenichen 45 I 27
Libbesdorf 54 K 20
Liblar 59 N 4
Libur 59 N 5
Lich 62 O 10
Lichenroth 75 O 11
Licherode 63 M 12
Lichte 77 O 17
Lichtenau 66 N 19
Lichtenau 50 L 10
Lichtenau (Kreis Ansbach) 86 S 16
Lichtenau (Kreis Neuburg-Schrobenhausen) 96 T 18
Lichtenau (Kreis Rastatt) 92 T 7
Lichtenberg 61 N 7
Lichtenberg (Berlin) 44 I 24
Lichtenberg (Kreis Hof) 78 O 19
Lichtenberg (Kreis Lüchow-Dannenberg) 32 H 17
Lichtenberg (Kreis Mecklenburg-Strelitz) 24 F 24
Lichtenberg (Kreis Westlausitz-Dresdener Land) 68 M 25
Lichtenberg (Stadtkreis Frankfurt Oder) 45 J 27
Lichtenberg (Stadtkreis Salzgitter) 40 J 14
Lichtenberg (Erzgebirge) 68 N 24
Lichtenborn 70 P 2
Lichtendorf 49 L 6
Lichtenfels 62 M 10
Lichtenfels 77 P 17
Lichtenhaag 98 U 21
Lichtenhagen 39 K 12
Lichtenhain (Kreis Sächsische Schweiz) 69 N 26
Lichtenhain (Stadtkreis Jena) 65 N 18
Lichtenhorst 29 H 12
Lichtenmoor (Stadt) 29 H 11
Lichtenow 44 I 25
Lichtensee 56 L 24
Lichtenstein 67 N 21
Lichtenstein 102 U 11
Lichtental 93 T 8
Lichtentanne (Kreis Saalfeld-Rudolstadt) 77 O 18
Lichtentanne (Kreis Zwickauer Land) 66 N 21
Lichtenwald (Kreis Esslingen) 94 T 12
Lichtenwald (Kreis Regensburg) 90 S 20
Lichtenwalde 67 N 23
Lichterfeld 56 L 25
Lichterfelde (Kreis Barnim) 34 H 25
Lichterfelde (Kreis Stendal) 32 H 19
Liebelsberg 93 T 10
Liebenau 68 N 25
Liebenau 29 I 11
Liebenau 51 L 11
Liebenau 110 W 12
Liebenberg 34 H 23
Liebenburg 40 J 15
Liebengrün 66 O 18
Liebenrode 52 L 15
Liebenscheid 61 N 8
Liebenstadt 96 S 17
Liebenstein 65 N 16
Liebenstein 89 Q 21
Liebenstein (Bornhofen) 71 P 6
Liebenthal 34 H 24
Liebenwalde 34 H 24
Lieberhausen 61 M 6
Lieberose 45 K 26
Liebersee 55 L 23
Liebertwolkwitz 54 M 21
Liebfrauenstraße 84 Q 8
Lieblingshof 11 D 20
Lieblos 75 P 11
Liebschütz 66 O 18
Liebschützberg 55 L 23
Liebshausen 71 P 6
Liebstadt 68 N 25
Liebstedt 65 M 18
Liechelkopf 111 Y 14
Liederbach 74 P 9
Liedern 46 K 3
Liederstädt 53 M 18
Liedolsheim 84 S 9
Lieg 71 P 6
Liegau-Augustusbad 68 M 25
Liel 108 W 6
Lieme 39 J 10
Liemehna 55 L 21
Liemke 38 K 9
Lienen 18 G 9
Lienen 37 J 7
Liener 27 H 7
Lienheim 109 X 9
Liensfeld 9 D 15
Lienzingen 93 T 10
Liepe (Kreis Barnim) 35 H 25
Liepe (Kreis Havelland) 33 I 21
Liepe (Kreis Uecker-Randow) 25 F 26
Liepen (Kreis Mecklenburg-Strelitz) 24 F 24
Liepen (Kreis Ostvorpommern) 24 E 24
Lieper Winkel 15 E 25
Liepgarten 25 E 26
Lieps 24 F 23
Liers 71 O 4
Liesborn 50 K 8
Lieschow 13 C 23
Liesen 62 M 9
Liesenich 71 P 5
Lieser 72 Q 5
Lieskau 56 L 25
Lieske (Kreis Bautzen) 57 M 27
Lieske (Kreis Oberspreewald-Lausitz) 56 L 26
Ließen 44 J 24
Liessow (Kreis Güstrow) 23 E 21
Liessow (Kreis Parchim) 22 E 18
Liesten 32 H 17
Lietzen 45 I 27
Lietzow (Kreis Havelland) 33 I 22
Lietzow (Kreis Rügen) 13 C 24
Liezheimer Forst 95 T 15
Liggeringen 109 W 11
Liggersdorf 102 W 11
Lilienstein 68 N 26
Lilienthal (Bremen) 29 G 10
Limbach (Göltzschtalkreis) 66 O 20
Limbach (Kreis Bamberg) 87 Q 16
Limbach (Kreis Günzburg) 103 U 15
Limbach (Kreis Haßberge) 76 Q 15
Limbach (Kreis Meißen-Dresden) 68 M 24
Limbach (Kreis Neuwied) 59 N 6
Limbach (Kreis Saarlouis) 81 R 4
Limbach (Kreis Sonneberg) 77 O 17
Limbach (Kreis Torgau-Oschatz) 55 M 23
Limbach (Neckar-Odenwald-Kreis) 85 R 11
Limbach (Saar-Pfalz-Kreis) 81 S 5
Limbach-Oberfrohna 67 N 22
Limberg 56 K 26
Limburg 83 R 8
Limburg a. d. Lahn 73 O 8
Limburgerhof 84 R 9
Limeshain 74 P 11
Limmersdorf 77 P 18
Limpurger Forst 86 R 15
Limsdorf 45 J 26
Linach 101 V 8
Linau 21 F 15
Lind 60 O 4
Lind 89 R 21
Linda (Kreis Wittenberg) 55 K 23
Linda (Saale-Orla-Kreis) 66 N 19
Lindach 106 V 21
Lindau 77 P 18
Lindau (Kreis Anhalt-Zerbst) 42 J 20
Lindau (Kreis Northeim) 52 L 14
Lindau (Kreis Rendsburg-Eckernförde) 8 C 13
Lindau (Kreis Schleswig-Flensburg) 5 C 13
Lindau i. Bodensee (Kreis LindauBodensee) 110 X 13
Lindaunis 5 C 13
Lindberg 91 S 23
Linde 34 H 23
Linde 59 M 5
Linden (Hannover) 40 I 13
Linden (Kreis Bad Tölz-Wolfratshausen) 105 W 18
Linden (Kreis Dithmarschen) 7 D 11
Linden (Kreis Hildburghausen) 76 O 15
Linden (Kreis Kaiserslautern) 81 R 6
Linden (Kreis Neustadt a. d. A.- Bad W.) 86 R 15
Linden (Kreis Uelzen) 31 H 15
Linden-Dahlhausen 47 L 5
Lindena 56 L 24
Lindenau (Kreis Aue-Schwarzenberg) 67 O 21
Lindenau (Kreis Hildburghausen) 76 P 16
Lindenau (Kreis Oberspreewald-Lausitz) 56 L 25
Lindenberg (Kreis Bad Dürkheim) 83 R 8
Lindenberg (Kreis Barnim) 34 I 24
Lindenberg (Kreis Demmin) 24 E 23
Lindenberg (Kreis Oder-Spree) 45 J 26
Lindenberg (Kreis Ostallgäu) 104 V 16
Lindenberg (Kreis Prignitz) 33 G 20
Lindenberg i. Allgäu 111 X 13
Lindenfels 84 Q 10
Lindenhagen 25 G 25
Lindenhardt 87 Q 18
Lindenhayn 54 L 21
Lindenhof 24 E 23
Lindenholzhausen 73 O 8
Lindenkreuz 66 N 19
Lindenthal (Leipzig) 54 L 21
Linderbach 65 N 17
Linderhof 112 X 16
Linderhofe 39 J 11
Lindern (Kreis Emsland) 27 H 7
Lindern (Kreis Hannover Land) 58 N 2
Lindewitt 5 B 11
Lindheim 74 P 10
Lindhöft 5 C 13
Lindholm 4 B 10
Lindhorst (Kreis Hannover Land) 39 I 11
Lindhorst (Kreis Uckermark) 25 F 25
Lindhorst (Ohrekreis) 42 J 18
Lindkirchen 97 T 19
Lindlar 59 M 6
Lindloh 26 H 5
Lindow (Kreis Nordwestmecklenburg) 21 E 16
Lindow (Kreis Ostprignitz-Ruppin) 34 H 22
Lindstedt 32 I 18
Lindthal 56 L 25
Lindwedel 30 I 13
Lingelbach 63 N 12
Lingen 26 I 5
Lingenfeld 84 S 9
Lingese-Stausee 59 M 6
Lingwedel 31 H 15
Linken 25 F 27
Linkenheim-Hochstetten 93 S 9
Linn 46 L 3
Linnau 4 B 11
Linnenfeld 49 K 7
Linnenkamp 51 K 13
Linnich 58 N 2
Linow 33 G 22
Linsburg 29 I 11
Linsengericht 75 P 11
Linstow 23 F 21
Linswege 17 G 7
Lintach 88 R 19
Lintel (Kreis Delmenhorst) 28 G 9
Lintel (Kreis Gütersloh) 50 K 9
Linthe 43 J 22
Lintig 18 F 10
Lintorf 48 L 4
Lintzel 30 H 14
Linum 33 H 22
Linumhorst 33 H 22
Linx (Rheinau) 92 U 7
Linz 56 L 25
Linz a. Rhein 60 O 5
Lippach 95 T 14
Lippborg 49 L 8
Lippe 61 N 8
Lippendorf 66 M 21
Lipperbruch 50 K 9
Lipperode 50 K 9
Lippersdorf 67 N 23
Lippersdorf-Erdmannsdorf 66 N 19
Lippertsgrün 78 P 18
Lippertshofen 87 S 18
Lippertsreute 102 W 11
Lippetal 49 K 8
Lippinghausen 38 J 9
Lippling 50 K 9
Lippoldsberg 51 L 12
Lipporn 73 P 7
Lippramsdorf 47 K 5
Lipprechterode 52 L 15
Lippstadt 50 K 9
Liptingen 101 W 10
Liptitz 55 M 22
Lirstal 71 P 5
Lisberg 76 Q 16
Lischeid 62 N 11
Lispenhausen 63 N 13
Lissa 54 L 20
Lißberg 74 O 11
Lissingen 70 P 3
List 4 A 9
Listerfehrda 55 K 22
Listrup 36 I 6
Litschen 57 L 27
Littel 27 G 8
Littenweiler 100 W 7
Litterzhofen 96 S 18
Littfeld 61 M 7
Litzelstetten 110 W 11
Litzendorf 77 Q 17
Litzlohe 87 R 18
Lixfeld 62 N 9
Lobbach 84 R 10
Lobberich 58 M 2
Lobbese 43 J 22
Lobeda 65 N 18
Lobenfeld 84 R 10
Lobenstein 78 O 18
Lobeofsund 33 H 22
Lobmachtersen 40 J 15
Lobstädt 66 M 21
Loburg 42 J 20
Loccum 39 I 11
Loch 60 O 4
Lochau 54 L 20
Lochen 105 W 18
Lochenstein 101 V 10
Locherhof 101 V 9
Lochtum 41 K 15
Lochum 61 O 7
Lockstädt 32 G 20
Lockstedt (Altmarkkreis Salzwedel) 32 I 17
Lockstedt (Kreis Steinburg) 8 E 13
Lockstedt (Ohrekreis) 41 I 17
Locktow 43 J 22
Lockweiler 81 R 4
Lockwisch 21 E 16
Lodbergen 27 H 7
Loddin 15 D 26
Lodenau 57 L 28
Lodersleben 53 L 18
Lodmannshagen 15 D 24
Löbau 69 M 28
Löbejün 54 L 19
Löben 55 K 23
Löberitz 54 L 20
Löbichau 66 N 20
Löbitz 66 M 19
Löbnitz (Kreis Delitzsch) 54 L 21
Löbnitz (Kreis Nordvorpommern) 12 D 22
Löbschütz 66 M 20
Löcherberg 100 U 8
Löchgau 94 S 11
Löcknitz (Kreis Uecker-Randow) 25 F 26
Lödderitz 42 K 19
Löderburg 53 K 18
Lödingsen 51 L 13
Lödla 66 N 21
Löf 71 P 6
Löffelscheid 71 P 5
Löffelstelzen 85 R 13
Löffelsterz 76 P 15
Löffingen 101 W 9
Lögow 33 H 21
Löhlbach 62 M 10
Löhma 66 O 19
Löhme 34 I 25
Löhnberg 62 O 8
Löhne 38 J 10
Löhnhorst 29 G 9
Löhrieth 76 P 14
Löhsten 55 L 23
Löllbach 81 Q 6
Löningen 27 H 7
Lönnewitz 55 L 23
Lönsgrab 30 H 12
Lönsstein 30 H 14
Löpsingen 95 T 15
Lörch 100 V 7
Lörrach 108 X 7
Lörzenbach 84 R 10
Löschenrod 75 O 13
Löschwitz 88 Q 19
Lössau 66 O 19
Lößnitz 67 O 22
Lövenich (Kreis Heinsberg) 58 M 2
Lövenich (Stadtkreis Köln) 59 N 4
Löwen 51 L 11
Löwenberg 34 H 23
Löwenbruch 44 J 23
Löwendorf 51 K 11
Löwenhagen 51 L 13
Löwensen 39 K 11
Löwenstedt 5 C 11
Löwenstein 94 S 12
Löwensteiner Berge 94 S 12
Löwitz (Kreis Nordwestmecklenburg) 21 E 17
Löwitz (Kreis Ostvorpommern) 25 E 25
Loffenau 93 T 9
Loga 69 M 26
Loga 17 G 6
Logabirum 17 G 6
Lohausen 48 M 4
Lohbarbek 8 E 12
Lohberg 91 S 23
Lohberge 19 G 13
Lohbrügge 20 F 14
Lohe (Kreis Cloppenburg) 27 G 7
Lohe (Kreis Cuxhaven) 18 F 10
Lohe (Kreis Emsland) 27 H 6
Lohe (Kreis Vechta) 27 H 8
Lohe-Föhrden 8 C 12
Lohe-Rickelshof 7 D 11
Loheide 4 B 10
Lohfelden 51 M 12
Lohhof 39 I 10
Lohkirchen 106 V 21
Lohm 33 H 20
Lohma (Altenburg) 67 N 21
Lohma (Pleystein) 89 R 21
Lohmar 59 N 5
Lohme 13 C 24
Lohmen (Kreis Güstrow) 23 E 20
Lohmen (Kreis Sächsische Schweiz) 68 N 26
Lohne 32 H 18
Lohne 36 I 5
Lohne (Kreis Soest) 49 L 8
Lohne (Schwalm-Eder-Kreis) 63 M 11
Lohne (Oldenburg) 27 I 8
Lohnsfeld 83 R 7
Lohr 86 S 14
Lohr a. Main 75 Q 12
Lohra 62 N 9
Lohrbach 85 R 11
Lohrhaupten 75 P 12
Lohsa 57 L 27
Loiching 98 U 21
Loikum 46 K 3
Loiperstätt 105 V 20
Loipl 114 X 22
Loisach 112 X 17
Loissin 13 D 24
Loit 5 C 13
Loiterau 5 C 12
Loitsche 42 J 19
Loitz 14 E 23
Loitzendorf 91 S 21
Lollar 62 O 10
Lomersheim 93 T 10
Lomitz 32 H 18
Lommatzsch 55 M 23
Lommersdorf 70 O 4
Lommersum 59 N 4
Lomnitz 68 M 25
Lomske 57 M 27
Lonau 52 K 15
Londorf 62 N 10
Lone 95 U 14
Lonetal 95 U 14
Longerich (Köln) 59 N 4
Longkamp 72 Q 5
Longuich 72 Q 4
Lonnerstadt 86 Q 16
Lonnewitz 55 M 23
Lonnig 71 P 6
Lonsee 95 U 13
Lonzig 66 N 20
Looft 8 D 12
Loop 9 D 13
Loope 59 N 6
Loose 5 C 13
Loosen 21 G 17
Loppenhausen 103 V 15
Loppersum 16 F 5
Loppin 23 F 21
Loquard 16 F 5
Loquitz 65 O 18
Lorch 73 P 7
Lorch 94 T 13
Loreley 73 P 7
Lorenzenzimmern 95 S 13
Lorenzreuth 78 P 20
Lorsbach 74 P 9
Lorsch 84 R 9
Lorscheid 81 Q 4
Lorup 27 H 6
Loschwitz (Dresden) 68 M 25
Losentitz 13 D 24
Loshausen 63 N 11
Losheim 80 R 4
Losheim (Eifel) 70 O 3
Lossa 53 M 18
Loßbruch 39 K 10
Loßburg 101 U 9
Losse 32 H 19
Lossow 45 J 27
Loßwig 55 L 23
Lostau 42 J 19
Lothe 39 K 11
Lotseninsel 5 B 14
Lotte 37 J 7
Lotten 27 I 6
Lottengrün 79 O 20
Lottstetten 109 X 9
Louisenberg 5 C 13
Louisendorf (Kreis Kleve) 46 K 2
Louisendorf (Kreis Waldeck-Frankenberg) 62 M 10
Lowick 46 K 3
Loxstedt 18 F 9
Loxten 27 I 7
Loxten 37 J 8
Loy 18 G 8
Lubmin 13 D 24
Lubolz 44 K 25
Lucherberg 58 N 3
Lucka 66 M 20
Luckau 56 K 25
Luckau 31 H 17
Luckenau 66 M 20
Luckenwalde 44 J 23
Lucklum 41 J 16
Luckow 25 G 26
Luckow 25 E 26
Luckow-Petershagen 25 G 26
Ludenhausen 104 W 16
Ludolfshausen 52 L 13
Ludorf 23 F 22
Ludwag 77 Q 17
Ludweiler-Warndt 82 S 4
Ludwigs-Donau-Main-Kanal 87 S 18
Ludwigsau 63 N 13
Ludwigsaue 34 H 23
Ludwigsburg 13 D 24
Ludwigsburg 5 C 13
Ludwigsburg 94 T 11
Ludwigschorgast 77 P 18
Ludwigsdorf 17 F 6
Ludwigsfelde 44 J 23
Ludwigshafen 84 R 9
Ludwigshafen a. Bodensee 101 W 11
Ludwigshöhe (Kreis Mainz-Bingen) 84 Q 9
Ludwigshöhe (Kreis Südliche Weinstraße) 83 S 8
Ludwigslust 22 G 18
Ludwigsluster Kanal 21 G 18
Ludwigsmoos 96 U 17
Ludwigsstadt 77 O 18
Ludwigsthal 91 S 23
Ludwigswinkel 92 S 7
Lübars 42 J 20
Lübbecke 38 J 9
Lübben 44 K 25
Lübbenau 45 K 25
Lübbenow 25 F 25
Lübbersdorf 24 F 24
Lübberstedt (Kreis Harburg) 30 G 14
Lübberstedt (Kreis Osterholz) 18 F 10
Lübberstorf 22 E 19
Lübbow 31 H 17
Lübeck 21 E 16
Lübecker Bucht 10 D 16
Lüben 31 H 16
Lübesse 22 F 18
Lüblow 22 F 18
Lübnitz 43 J 21
Lübow 22 E 18
Lübs (Kreis Anhalt-Zerbst) 42 J 19
Lübs (Kreis Ostvorpommern) 25 E 25

Lübstorf 22 E 18
Lübtheen 21 G 17
Lübz 23 F 20
Lübzin 23 E 19
Lüchow 31 H 17
Lüchtringen 51 K 12
Lückendorf 69 N 28
Lückenmühle 65 O 18
Lückersdorf-Gelenau 68 M 26
Lückstedt 32 H 18
Lüdelsen 31 H 16
Lüdenhausen 39 J 11
Lüdenscheid 49 M 6
Lüder 31 H 15
Lüderbach 64 M 14
Lüderitz 42 I 19
Lüdermünd 63 O 12
Lüdersburg 21 G 15
Lüdersdorf *(Kreis Barnim)* 35 H 26
Lüdersdorf *(Kreis Nordwestmecklenburg)* 21 E 16
Lüdersdorf *(Kreis Teltow-Fläming)* 44 J 23
Lüdersen 40 J 13
Lüdersfeld 39 I 11
Lüdershagen 11 D 21
Lüdingen 30 G 12
Lüdinghausen 47 K 6
Lüdingworth 18 E 10
Lüdingworth-Seehausen 18 E 10
Lüerdissen 40 K 12
Lüffingen 32 I 18
Lügde 39 K 11
Lüge 32 H 18
Lühburg 11 E 21
Lühe 42 J 19
Lühmannsdorf 15 D 24
Lühnde 40 J 13
Lüllau 19 G 13
Lüllingen 46 L 2
Lülsfeld 76 Q 14
Lünebach 70 P 3
Lüneburg 20 G 15
Lüneburger Heide 30 G 13
Lüneburger Heide (Naturschutzpark) 30 G 13
Lünen 47 L 6
Lünen-Süd 47 L 6
Lünern 49 L 7
Lünne 37 I 6
Lünow 43 I 21
Lünten 36 J 4
Lüntorf 39 K 12
Lünzen 30 G 13
Lüptitz 55 L 22
Lürschau 5 C 12
Lüsche 27 H 8
Lüskow 25 E 24
Lüßberg 31 H 15
Lüssow *(Kreis Güstrow)* 23 E 20
Lüssow *(Kreis Nordvorpommern)* 13 D 23
Lüssow *(Kreis Ostvorpommern)* 14 E 24
Lüstringen 37 J 8
Lütau 21 F 15
Lütersheim 51 L 11
Lütetsburg 16 F 5
Lütgendortmund 47 L 6
Lütgeneder 51 L 11
Lüthorst 51 K 13
Lütje Hörn *(Insel)* 16 F 4
Lütjenbrode 10 C 17
Lütjenburg 9 D 15
Lütjenholm 4 B 11
Lütjenhorn 4 B 11
Lütjensee 20 F 15
Lütjenwestedt 8 D 12
Lütkendorf 23 G 20
Lütkenwisch 32 G 18
Lütmarsen 51 K 12
Lütow 15 D 25
Lüttauer See 21 F 16
Lüttchendorf 53 L 18
Lütte 43 J 21
Lütten Klein 11 D 20
Lüttenhagen 24 F 24
Lüttenmark 21 F 16
Lütter 75 O 13
Lüttewitz-Dreißig 67 M 23
Lüttgenrode 41 K 16
Lüttgenzlatz 42 J 20
Lüttingen 46 K 3
Lüttow 21 F 16
Lüttringhausen 48 M 5
Lütz 71 P 6
Lützel 61 N 8
Lützelbach *(Kreis Darmstadt-Dieburg)* 84 Q 10
Lützelbach *(Odenwaldkreis)* 84 Q 11
Lützelburg 104 U 16
Lützelwig 63 M 12
Lützen 54 M 20
Lützenhardt 93 U 9
Lützenkirchen 59 M 5
Lützkampen 70 P 2
Lützlow 25 G 26
Lützow 21 F 17
Lützschena-Stahmeln 54 L 20
Lug 56 L 25
Lug 83 S 7
Lugau 56 L 24
Lugau (Erzgebirge) 67 N 22
Luhden 39 J 11
Luhdorf 20 G 14
Luhe 19 G 14
Luhe-Wildenau 88 R 20
Luhme 33 G 22
Luhmühlen 30 G 14
Luhnstedt 8 D 13
Luisenburg 78 P 19
Luisenhütte *(Balve)* 49 L 7
Luisenthal 64 N 16
Luizhausen 95 U 13
Luko 43 K 20
Lumpzig 66 N 20
Lunden 7 D 11
Lune 20 F 10
Lunestedt 18 F 10
Lunow 35 H 26
Lunsen 29 H 11
Lunzenau 67 N 22
Lupburg 97 S 19
Lupendorf 23 F 21
Lupfen 101 V 10
Luplow 24 F 22
Luppa *(Kreis Bautzen)* 57 M 27
Luppa *(Kreis Torgau-Oschatz)* 55 L 22
Luppe 54 L 20
Lusen 99 T 24
Luso 42 K 20
Lust 42 K 18
Lustadt 83 S 8
Lusthoop 19 F 12
Luthe 39 I 12
Luther-Denkmal 64 N 15
Lutheran 23 F 20
Lutten 28 H 9
Luttenwang 104 V 17
Lutter *(Kreis Eichsfeld)* 52 L 14
Lutter *(Kreis Hannover)* 30 I 12
Lutter a. Barenberge 40 K 14
Lutterberg 51 L 12
Lutterloh 30 H 14
Luttern 30 H 14
Luttingen 108 X 8
Luttum 29 H 11
Lutum 36 K 5
Lutzerath 71 P 5
Lutzhöft 5 B 12
Lutzhorn 19 E 13
Lutzingen 95 U 15
Lychen 34 G 23
Lynow 44 J 24

M

Maar 63 O 12
Maas-Schwalm-Nette (Naturpark) 58 M 2
Maasbüll 5 B 12
Maasbüll *(b. Niebüll)* 4 B 10
Maasdorf *(Kreis Elbe-Elster)* 56 L 24
Maasdorf *(Kreis Köthen)* 54 K 19
Maasen 29 H 10
Maasholm 5 B 13
Maberzell 63 O 12
Machern 55 L 21
Machtlfing 104 W 17
Machtlos *(b. Bebra)* 63 N 13
Machtlos *(b. Breitenbach)* 63 N 12
Machtolsheim 94 U 13
Macken 71 P 6
Mackenbach 81 R 6
Mackenrode *(Kreis Eichsfeld)* 52 M 14
Mackenrode *(Kreis Göttingen)* 52 L 14
Mackenrode *(Kreis Nordhausen)* 52 L 15
Mackensen 51 K 13
Mackenzell 63 O 13
Madel 42 J 19
Madenburg 83 S 8
Madenhausen 76 P 14
Madfeld 50 L 10
Mägdesprung 53 K 17
Mägerkingen 102 V 11
Mährenhausen 77 P 16
Mähring 79 Q 21
Mähringen *(Kreis Tübingen)* 94 U 11
Mähringen *(Stadtkreis Ulm)* 103 U 13
Mäkel 28 H 9
Märkisch Buchholz 44 J 25
Märkisch Wilmersdorf 44 J 23
Märkische Schweiz (Naturpark) 35 I 26
Märschendorf 27 H 8
Märtensmühle 44 J 23
Mäusdorf 85 S 13
Magdala 65 N 18
Magdeburg 42 J 18
Magdeburgerforth 42 J 20
Magdlos 75 O 12
Magelsen 29 H 11
Magnetsried 104 W 17
Magolsheim 102 U 12
Magstadt 93 T 10
Mahdel 55 K 23
Mahitzschen 55 L 23
Mahlberg 47 K 4
Mahlberg 100 V 7
Mahlbergskopf 81 Q 6
Mahlenzien 43 J 21
Mahlis 55 M 22
Mahlitz 33 H 20
Mahlow 44 I 24
Mahlsdorf 32 H 17
Mahlspüren 102 W 11
Mahlstetten 101 V 10
Mahlum 40 J 14
Mahlwinkel 42 I 19
Mahnburg 31 H 16
Mahndorf 53 K 16
Mahndorf 29 G 10
Maibach 74 O 9
Maibach 76 P 14
Maichingen 93 T 10
Maierhöfen 111 X 14
Maierhofen 90 T 19
Maihingen 95 T 15
Maikammer 83 S 8
Mailar 50 M 8
Mailheim 86 R 15
Mailing 97 T 18
Main 74 P 10
Main-Donau-Kanal 87 Q 16
Mainaschaff 74 Q 11
Mainau 110 W 11
Mainberg 76 P 14
Mainbernheim 86 Q 14
Mainbullau 85 Q 11
Mainburg 97 U 19
Maineck 77 P 17
Mainflingen 74 P 11
Mainhardt 94 S 12
Mainhausen 74 P 11
Mainleus 77 P 18
Mainroth 77 P 17
Mainschhorn 29 I 11
Mainsondheim 86 Q 14
Mainstockheim 86 Q 14
Maintal 74 P 10
Mainwangen 101 W 11
Mainz 73 Q 8
Mainzweiler 81 R 5
Maisach 104 V 17
Maitenbeth 105 V 20
Maitis 94 T 13
Malberg 70 P 3
Malborn 81 Q 4
Malchen 84 Q 9
Malchin 24 E 22
Malchiner See 23 E 21
Malching 107 V 23
Malchow 23 F 21
Malente 9 D 15
Malgarten 37 I 8
Malgersdorf 98 U 22
Malitschkendorf 55 K 23
Malkendorf 9 E 15
Malkomes 63 N 13
Mallenchen 56 K 25
Mallentin 21 E 17
Mallersdorf 97 T 20
Mallerstetten 97 S 18
Mallin 24 F 23
Malliß 32 G 17
Mallnow 45 I 27
Malloh 31 I 16
Malmsheim 93 T 10
Malsburg 108 W 7
Malsch *(Kreis Karlsruhe)* 93 T 9
Malsch *(Rhein-Neckar-Kreis)* 84 S 10
Malschwitz 69 M 27
Malse 18 F 10
Malsfeld 63 M 12
Malstedt 19 F 11
Malter-Paulsdorf 68 N 24
Malterdingen 100 V 7
Malterhausen 43 J 22
Malxe 57 K 27
Malzow 21 E 16
Mambach 108 W 7
Mamerow 23 E 21
Mammendorf 104 V 17
Mamming 98 U 21
Manau 76 P 15
Manching 97 T 18
Mandel 73 Q 7
Mandelbachtal 82 S 5
Mandeln 62 N 9
Mandelshagen 11 D 21
Mandelsloh 30 I 12
Mandern 80 R 4
Manderscheid *(Kreis Bernkastel-Wittlich)* 70 P 4
Manderscheid *(Kreis Bitburg-Prüm)* 70 P 3
Manebach 65 N 16
Mangelsdorf 42 I 20
Mangfall 105 W 19
Mangfallgebirge 113 X 19
Manhagen 10 D 16
Manheim 58 N 3
Manker 33 H 22
Mankmoos 22 E 19
Mankmuß 32 G 18
Mannebach *(Kreis Trier-Saarburg)* 80 R 3
Mannhagen Dorf 13 D 23
Mannhausen 41 I 17
Mannheim 84 R 9
Mannichswalde 66 N 20
Mannweiler Cölln 83 Q 7
Manrode 51 L 12
Mansbach 63 N 13
Manschnow 35 I 27
Mansfeld 53 L 18
Mansie 17 G 7
Manslagt 16 F 5
Mantel 88 R 20
Manteler Forst 89 Q 20
Mantinghausen 50 K 9
Mantlach 96 S 17
Manubach 73 P 7
Marbach 84 R 10
Marbach *(Dorf)* 63 O 13
Marbach *(Kreis Erfurt)* 65 N 16
Marbach *(Kreis Mittweida)* 67 M 23
Marbach *(Kreis Reutlingen)* 102 V 12
Marbach *(Kreis Sigmaringen)* 102 U 12
Marbach *(Schwarzwald-Baar-Kreis)* 101 V 9
Marbach a. Neckar 94 T 11
Marbeck 47 K 4
Marbostel b. Soltau 30 H 13
Marburg 62 N 10
Marcardsmoor 17 F 7
March *(Kreis Breisgau-Hochschwarzwald)* 100 V 7
March *(Kreis Regen)* 91 T 23
Marching 97 T 19
Mardorf *(Kreis Hannover)* 39 I 11
Mardorf *(Kreis Marburg-Biedenkopf)* 62 N 10
Margarethen 106 U 21
Margarethenthann 97 T 19
Margetshöchheim 85 Q 13
Margretenhaun 63 O 13
Margrethausen 101 V 10
Maria Birnbaum 104 U 17
Maria Brünnlein 96 T 15
Maria Eck 106 W 21
Maria Engelport 71 P 5
Maria Gern 114 W 23
Maria Laach 71 O 5
Maria Steinbach 103 W 14
Maria Veen 36 K 5
Mariadorf 58 N 2
Mariäkappel 95 S 14
Mariakirchen 98 U 22
Marialinden 59 N 5
Mariaposching 98 T 22
Mariaweiler 58 N 3
Mariazell 101 V 9
Marienbaum 46 K 3
Marienberg 67 O 23
Marienberg 58 N 2
Marienberg 105 W 20
Marienberghausen 59 N 6
Marienborn 41 J 17
Marienburg 40 J 13
Marienburg 71 P 5
Marienchor 16 G 5
Mariendorf 51 L 12
Marieney 79 O 20
Marienfeld *(Kreis Gütersloh)* 37 K 8
Marienfeld *(Rhein-Sieg-Kreis)* 59 N 6
Marienfels 73 P 7
Marienglashöhle *(Friedrichroda)* 64 N 15
Marienhafe 16 F 5
Marienhagen 40 J 13
Marienhausen 61 O 7
Marienheide 59 M 6
Marienkoog 4 B 10
Marienloh 50 K 10
Marienmünster 51 K 11
Marienrode 40 J 13
Marienroth 77 O 18
Mariensee 30 I 12
Marienstatt 61 N 7
Marienstedt 21 F 16
Marienstein 113 W 19
Mariental 41 J 16
Marienthal *(Kreis Oberhavel)* 34 G 23
Marienthal *(Kreis Wesel)* 47 K 4
Marienthal *(Rheingau-Taunus-Kreis)* 73 P 7
Marienthal (Pfalz) 83 R 7
Marienwerder 34 H 24
Marihn 24 F 22
Marine Ehrenmal *(Laboe)* 9 C 14
Maring-Noviand 72 Q 5
Marisfeld 64 O 15
Marjoß 75 P 12
Mark 27 G 6
Markdorf 110 W 12
Markee 33 I 22
Markelfingen 109 W 11
Markelsdorfer Huk 10 C 17
Markelsheim 85 R 13
Markendorf *(Kreis Teltow-Fläming)* 44 K 23
Markendorf *(Stadtkreis Frankfurt)* 45 J 27
Markersbach 67 O 22
Markersdorf *(Kreis Mittweida)* 67 N 22
Markersdorf *(Niederschlesischer Oberlausitzkr.)* 69 M 28
Markgrafenheide 11 D 20
Markgrafpieske 44 J 25
Markgröningen 94 T 11
Markhausen 27 H 7
Markkleeberg 54 M 21
Marklendorf 30 H 13
Marklkofen 98 U 21
Marklohe 29 H 11
Markneukirchen 79 P 20
Markoldendorf 51 K 13
Markranstädt 54 M 20
Markröhlitz 54 M 19
Marksburg 73 P 6
Marksuhl 64 N 14
Markt 96 U 16
Markt Berolzheim 96 S 16
Markt Bibart 86 R 15
Markt Einersheim 86 R 14
Markt Erlbach 86 R 15
Markt Indersdorf 104 U 18
Markt Nordheim 86 R 15
Markt Rettenbach 103 W 15
Markt Schwaben 105 V 19
Markt Taschendorf 86 Q 15
Markt Wald 103 V 15
Marktbergel 86 R 15
Marktbreit 86 Q 14
Marktgölitz 65 O 18
Marktheidenfeld 75 Q 12
Marktl 106 V 22
Marktleugast 78 P 18
Marktleuthen 78 P 20
Marktlustenau 95 S 14
Marktoberdorf 111 W 15
Marktoffingen 95 T 15
Marktredwitz 78 P 20
Marktrodach 77 P 18
Marktschellenberg 114 W 23
Marktschorgast 78 P 18
Marktsteft 86 Q 14
Marktsteinach 76 P 15
Marktzeuln 77 P 17
Marl 38 I 9
Marl 47 L 5
Marlach 85 R 12
Marlen 92 U 7
Marlesreuth 78 P 19
Marlishausen 65 N 17
Marloffstein 87 R 17
Marlow 11 D 21
Marmagen 60 O 3
Marnbach 104 W 17
Marne 7 E 11
Marnheim 83 R 8
Marnitz 23 G 19
Maroldsweisach 76 P 15
Marolterode 52 M 16
Marpingen 81 R 5
Marquardt 43 I 22
Marquartstein 114 W 21
Marren 27 H 7
Marsberg 50 L 10
Marschacht 20 F 15
Marschalkenzimmern 101 V 9
Marsdorf 68 M 25
Martensdorf 12 D 22
Martensrade 9 D 15
Martfeld 29 H 11
Martinfeld 52 M 14
Martinlamitz 78 P 19
Martinroda 65 N 16
Martinsbuch 98 T 21
Martinshaun 97 T 20
Martinsheim 86 R 14
Martinshöhe 81 R 6
Martinskirchen 55 L 23
Martinsmoos *(Neubulach)* 93 U 9
Martinstein 81 Q 6
Martinsthal 73 P 8
Martinszell 111 X 14
Marwede 31 H 15
Marwitz 34 H 23
Marx 17 F 7
Marxdorf 45 I 26
Marxen 19 G 14
Marxgrün 78 O 19
Marxheim 96 T 16
Marxloh 47 L 4
Marxzell 93 T 9
Marzahn *(Berlin)* 34 I 24
Marzahna 43 J 22
Marzahne 43 I 21
Marzell 100 W 7
Marzhausen 51 L 13
Marzling 105 U 19
Marzoll 114 W 22
Masbeck 36 K 6
Maschen 20 F 14
Mascherode 41 J 15
Masel 31 H 15
Maselheim 103 V 13
Maserer Paß 114 W 21
Maspe 39 K 11
Maßbach 76 P 14
Massen 56 L 25
Massen 49 L 6
Massenbach 84 S 11
Massenbachhausen 84 S 11
Massenhausen 105 U 18
Masserberg 77 O 16
Massing 106 U 21
Massow 23 G 21
Mastershausen 71 P 6
Masholte 50 K 9
Masthorn 70 P 2
Materborn 46 K 2
Matgendorf 23 E 21
Matorf 39 J 10
Matrum 27 H 7
Mattendorf 57 K 27
Mattierzoll 41 J 16
Mattsies 103 V 15
Matzdorf 25 F 25
Matzenbach 95 S 14
Matzersreuth 79 Q 21
Matzing 106 W 21
Matzlow-Garwitz 22 F 19
Mauchen 109 W 9
Mauenheim 101 W 10
Mauer 84 R 10

Mauerkirchen 106 W 20
Mauern 97 U 19
Mauersberg 67 O 23
Mauerstetten 104 W 16
Maukendorf 57 L 26
Maulbach 62 N 11
Maulbeerwalde 33 G 21
Maulbronn 93 S 10
Maulburg 108 X 7
Mauloff 74 P 9
Maumke 61 M 8
Mauren 96 T 16
Maurine 21 E 16
Mausbach 58 N 2
Maust 57 K 27
Mauth 99 T 24
Mauthaus-Stausee 77 O 18
Mautitz 55 M 23
Mauzenberg 93 T 9
Maxdorf 83 R 8
Maxen 68 N 25
Maxhütte-Haidhof 88 S 20
Maximiliansau 93 S 8
Maximiliansgrotte 87 R 18
Maxsain 61 O 7
Mayen 71 O 5
Mayschoß 60 O 5
Mechau 32 H 18
Mechelgrün 79 O 20
Mechelroda 65 N 18
Mechenhard 85 Q 11
Mechenried 76 P 15
Mechernich 60 O 3
Mechlenreuth 78 P 19
Mechow (Kreis Herzogtum Lauenburg) 21 E 16
Mechow (Kreis Mecklenburg-Strelitz) 24 G 24
Mechtersen 20 G 14
Mechtersheim 84 S 9
Mechterstädt 64 N 15
Mechtshausen 40 K 14
Meckbach 63 N 13
Meckel 80 Q 3
Meckelfeld 20 F 14
Meckelstedt 18 F 10
Meckenbeuren 110 W 12
Meckenhausen 87 S 17
Meckenheim (Kreis Bad Dürkheim) 83 R 8
Meckenheim (Rhein-Sieg-Kreis) 60 O 5
Meckesheim 84 S 10
Mecklar 63 N 13
Mecklenbeck 37 K 6
Mecklenburger Bucht 10 D 17
Mecklenburgische Schweiz 23 E 21
Mecklenburgische Seenplatte 23 F 20
Meddersheim 81 Q 6
Meddewade 20 E 15
Medebach 50 M 10
Medelby 4 B 11
Medelon 62 M 10
Medem 18 E 10
Medenbach 74 P 9
Medewitz 43 J 21
Medingen 68 M 25
Medingen (Bad Bevensen) 31 G 15
Medlingen 95 U 14
Medlitz 77 P 16
Medow 24 E 24
Medrow 14 E 22
Meeder 77 P 16
Meensen 51 L 13
Meerane 66 N 21
Meerbeck 39 I 11
Meerbusch (Düsseldorf) 48 M 4
Meerdorf 40 I 14
Meerhof 50 L 10
Meerholz 75 P 11
Meerhusener Moor 17 F 6
Meersburg 110 W 11
Meeschendorf 10 C 17
Meesiger 24 E 22
Meetschow 32 G 18
Meetzen 21 E 17
Meezen 8 D 13
Megesheim 95 T 15
Meggen 61 M 8
Meggerdorf 8 C 12
Mehderitzsch 55 L 23
Mehedorf 18 F 11
Mehla 66 N 20
Mehlbek 8 D 12
Mehle 40 J 13
Mehlem 60 O 5
Mehlen (Bonn) 63 M 11
Mehlingen 83 R 7
Mehliskopf 93 U 8
Mehlmeisel 78 Q 19
Mehltheuer (Elstertalkreis) 66 O 20
Mehltheuer (Kreis Riesa-Großenhain) 55 M 23
Mehmke 31 H 16
Mehr (b. Kleve) 46 K 2
Mehr (b. Rees) 46 K 3
Mehren (Kreis Altenkirchen) 59 N 6
Mehren (Kreis Daun) 71 P 4
Mehrhoog 46 K 3
Mehring 72 Q 4
Mehring 106 V 22
Mehringen 53 K 18
Mehringen 36 I 5
Mehrow 34 I 24
Mehrstedt 52 M 16
Mehrstetten 102 U 12
Mehrum 40 J 14
Mehrum 46 L 3
Meiches 63 O 11
Meichow 35 G 25
Meidelstetten 102 U 11
Meiderich 47 L 4
Meierhof 78 P 19
Meiersberg 25 E 25
Meiersberg 48 M 4
Meihern 97 T 18
Meilendorf 54 K 20
Meilenhofen 96 T 17
Meilschnitz 77 O 17
Meimbressen 51 L 12
Meimersdorf 9 D 14
Meimsheim 94 S 11
Meinbrexen 51 K 12
Meine 41 I 15
Meineringhausen 50 M 10
Meinern 30 H 13
Meinersdorf 67 N 22
Meinersen 40 I 15
Meinersfehn 17 G 7
Meinerzhagen 61 M 6
Meineweh 66 M 19
Meinhard 52 M 14
Meinheim 96 S 16
Meinholz 30 H 13
Meiningen 64 O 15
Meiningsen 49 L 8
Meinkenbracht 49 M 8
Meinkot 41 I 16
Meinsdorf (Kreis Anhalt-Zerbst) 43 K 20
Meinsdorf (Kreis Teltow-Fläming) 55 K 23
Meinsen 39 J 11
Meisberg 53 L 18
Meisburg 70 P 4
Meisdorf 53 K 17
Meisenheim 81 Q 7
Meiße 30 H 13
Meißen 68 M 24
Meißendorf 30 H 13
Meißenheim 100 U 7
Meißner 64 M 13
Meißner-Kaufunger Wald (Naturpark) 51 M 12
Meiste 50 L 9
Meitingen 96 U 16
Meitze 30 I 13
Meitzendorf 42 J 18
Melaune 69 M 28
Melbach 74 O 10
Melbeck 31 G 15
Melchingen 102 U 11
Melchiorshausen 29 H 10
Melchow 34 H 25
Meldorf 7 D 11
Meldorfer Bucht 7 D 10
Meldorfer Hafen 7 D 10
Melgershausen 63 M 12
Melkendorf 77 P 18
Melkof 21 F 17
Melkow 42 I 20
Melle 38 J 9
Melleck 114 W 22
Mellen 32 G 18
Mellen 49 M 7
Mellenbach-Glasbach 65 O 17
Mellendorf 40 I 13
Mellensee 44 J 24
Mellenthin 15 E 26
Mellin 31 I 16
Mellingen 65 N 18
Mellinghausen 29 H 10
Mellnau 62 N 10
Mellrich 50 L 8
Mellrichstadt 76 O 14
Mellum (Insel) 17 E 8
Melpers 64 O 14
Melsbach 61 O 6
Melsdorf 9 D 14
Melstrup 26 H 6
Melsungen 63 M 12
Meltewitz 55 L 22
Melverode (Braunschweig) 41 J 15
Melz 23 G 21
Melzingen 31 G 15
Melzow 35 G 25
Memleben 53 M 18
Memmelsdorf 77 Q 16
Memmelsdorf i. Unterfranken 77 P 16
Memmenhausen 103 V 15
Memmert (Insel) 16 F 4
Memmingen 103 W 14
Memprechtshofen 92 T 7
Menden (Rheinland) 59 N 5
Menden (Sauerland) 49 L 7
Mendhausen 76 O 15
Mendig 71 O 5
Mendorf 97 T 18
Mendorferbuch 88 S 19
Mengede 47 L 6
Mengelrode 52 L 14
Mengen (Kreis Breisgau-Hochschwarzwald) 100 W 7
Mengen (Kreis Sigmaringen) 102 V 12
Mengeringhausen 50 L 10
Mengerschied 73 Q 6
Mengersgereuth-Hämmern 77 O 17
Mengershausen 51 L 13
Mengerskirchen 61 O 8
Mengkofen 98 T 21
Mengsberg 63 N 11
Mengshausen 63 N 12
Menkhausen 49 M 8
Menne 51 L 11
Mennewitz 54 K 19
Mennighüffen 38 J 10
Menning 97 T 18
Menningen 102 V 11
Mennisweiler 102 W 13
Mensfelden 73 O 8
Menslage 27 H 7
Menteroda 52 M 15
Menz (Kreis Jerichower Land) 42 J 19
Menz (Kreis Oberhavel) 34 G 23
Menzel 50 L 9
Menzelen 46 L 3
Menzendorf 21 E 17
Menzenschwand 100 W 8
Menzing 104 V 18
Menzingen 93 S 10
Meppen 26 H 5
Merbeck 58 M 2
Merching 104 V 16
Merchingen 85 R 12
Merchingen 80 R 4
Merchweiler 81 R 5
Merdingen 100 V 7
Merenberg 61 O 8
Merfeld 36 K 5
Merfelder Bruch 36 K 5
Mergelstetten 95 U 14
Mering 104 V 16
Merken 58 N 3
Merkendorf 66 N 19
Merkendorf (Kreis Ansbach) 86 S 16
Merkendorf (Kreis Bamberg) 77 Q 16
Merkenfritz 75 O 11
Merkers 64 N 14
Merkershausen 76 P 15
Merklingen (Alb-Donau-Kreis) 94 U 13
Merklingen (Kreis Böblingen) 93 T 10
Merkstein 58 N 2
Merkur 93 T 8
Merkwitz (Kreis Torgau-Oschatz) 55 M 23
Merkwitz (Leipzig) 54 L 21
Merl (Kreis Cochem-Zell) 71 P 5
Merl (Rhein-Sieg-Kreis) 60 O 5
Merlau 62 O 11
Merlsheim 50 K 11
Mernes 75 P 12
Mersch (Kreis Düren) 58 N 3
Mersch (Kreis Warendorf) 49 K 7
Merscheid 72 Q 5
Merschwitz 68 M 24
Merseburg 54 L 19
Merten (b. Brühl) 59 N 4
Merten (b. Eitorf) 59 N 6
Mertendorf 66 M 19
Mertesdorf 80 Q 4
Mertingen 96 U 16
Mertloch 71 P 5
Merxhausen (Kreis Holzminden) 51 K 12
Merxhausen (Kreis Kassel) 51 M 11
Merxheim 81 Q 6
Merxleben 64 M 16
Merz 45 J 27
Merzalben 83 S 7
Merzdorf (Kreis Elbe-Elster) 56 L 24
Merzdorf (Kreis Teltow-Fläming) 44 J 24
Merzen 37 I 7
Merzenhausen 58 N 2
Merzenich 58 N 3
Merzhausen 100 W 7
Merzhausen (Hochtaunuskreis) 74 P 9
Merzhausen (Schwalm-Eder-Kreis) 63 N 11
Merzien 54 K 20
Merzig 80 R 3
Merzkirchen 80 R 3
Meschede 50 L 8
Meschenich 59 N 4
Mescherin 25 G 27
Meseberg (Kreis Oberhavel) 34 H 23
Meseberg (Kreis Stendal) 32 H 19
Meseberg (Ohrekreis) 42 J 18
Mesekenhagen 13 D 23
Mesendorf 33 G 20
Mespelbrunn 75 Q 11
Meßdorf 32 H 18
Messegelände (Hannover) 40 J 13
Messel 74 Q 10
Messelhausen 85 R 13
Messenkamp 39 J 12
Messerich 80 Q 3
Messingen 37 I 6
Messinghausen 50 L 10
Meßkirch 102 W 11
Meßnerschlag 99 U 25
Meßstetten 101 V 10
Mestlin 23 F 19
Mesum 37 J 6
Metebach 64 N 15
Metel 39 I 12
Metelen 36 J 5
Metelsdorf 22 E 18
Metschow 24 E 22
Metten 98 T 22
Mettenbach 97 U 20
Mettendorf 80 Q 2
Mettenhausen 98 U 22
Mettenheim 106 V 21
Mettenheim 84 Q 8
Metterich 70 Q 3
Metternich 59 N 4
Metting 98 T 21
Mettingen 37 J 7
Mettinghausen 50 K 9
Mettlach 80 R 3
Mettmann 48 M 4
Metzdorf 80 Q 3
Metze 51 M 11
Metzels 64 O 15
Metzelthin 34 G 24
Metzingen 94 U 11
Metzingen (Kreis Celle) 31 H 15
Metzingen (Kreis Lüchow-Dannenberg) 31 G 16
Metzlos-Gehaag 75 O 12
Meudt 61 O 7
Meura 65 O 17
Meurich 80 R 3
Meuro (Kreis Oberspreewald-Lausitz) 56 L 25
Meuro (Kreis Wittenberg) 55 K 22
Meuro-Sackwitz 55 K 22
Meuselbach-Schwarzmühle 65 O 17
Meuselwitz 66 M 20
Mewegen 25 F 26
Meyenburg 23 G 20
Meyenburg 18 G 9
Meyenfeld 39 I 12
Meyhen 66 M 19
Meyn 5 B 11
Meynau 5 B 11
Meynbach 32 G 18
Michaelsbuch 98 T 22
Michaelsdorf 11 C 21
Michelau 77 P 17
Michelau i. Steigerwald 76 Q 15
Michelbach (Kreis Aschaffenburg) 74 P 11
Michelbach (Kreis Marburg-Biedenkopf) 62 N 10
Michelbach (Kreis Rastatt) 93 T 9
Michelbach (Kreis Saarlouis) 80 R 4
Michelbach (Rhein-Hunsrück-Kreis) 71 P 6
Michelbach (Nassau) 73 P 8
Michelbach a. d. Bilz 94 S 13
Michelbach a. d. Lücke 86 S 14
Michelbach a. Wald 85 S 12
Michelfeld (Kreis Amberg-Sulzbach) 87 Q 18
Michelfeld (Kreis Kitzingen) 86 Q 14
Michelfeld (Kreis Schwäbisch-Hall) 94 S 13
Michelfeld (Rhein-Neckar-Kreis) 84 S 10
Micheln 54 K 19
Michelrieth 85 Q 12
Michelsberg (Dorf) 63 N 11
Michelsdorf 43 J 22
Michelsneukirchen 90 S 21
Michelstadt 84 Q 11
Michelwinnaden 102 W 13
Michelwitz 66 M 20
Michendorf 43 J 23
Michldorf 89 R 20
Mickhausen 103 V 15
Middelhagen 13 D 25
Middels-Westerloog 17 F 6
Midlich 36 J 5
Midlum (Föhr) 4 B 9
Midlum (Kreis Cuxhaven) 18 E 9
Midlum (Kreis Leer) 17 G 6
Miehlen 73 P 7
Miel 59 N 4
Mierendorf 23 E 20
Miesau 81 R 6
Miesbach 113 W 19
Miesenbach 81 R 6
Miesenheim 71 O 6
Mieste 41 I 17
Miesterhorst 41 I 17
Mietenkam 106 W 21
Mietingen 103 V 13
Mietraching (Kreis Deggendorf) 98 T 23
Mietraching (Kreis Rosenheim) 105 W 19
Mihla 64 M 15
Milchenbach 61 M 8
Milda 65 N 18
Milde 42 I 18
Mildenau 67 O 23
Mildenberg 34 G 23
Mildenitz 25 F 24
Mildensee 54 K 20
Mildstedt 4 C 11
Milkau 67 M 22
Milkel 57 M 27
Milkersdorf 56 K 26
Millienhagen 12 D 22
Millingen (Kreis Kleve) 46 K 3
Millingen (Kreis Wesel) 46 L 3
Milmersdorf 34 G 24
Milow (Kreis Havelland) 43 I 20
Milow (Kreis Ludwigslust) 32 G 18
Milow (Kreis Uckermark) 25 F 25
Milse 38 J 9
Milseburg 63 O 13
Milser Heide 38 K 10
Milspe 48 M 6
Milstrich 56 M 26
Miltach 89 S 22
Milte 37 K 7
Miltenberg 85 Q 11
Miltern 42 I 19
Miltzow 13 D 23
Milz 76 O 15
Milzau 54 L 19
Mimmenhausen 110 W 11
Mindel 103 V 15
Mindelaltheim 103 U 15
Mindelheim 103 V 15
Mindelheimer-Hütte 111 Y 14
Mindelsee 109 W 11
Mindelstetten 97 T 18
Mindelzell 103 V 15
Minden (Kreis Bitburg-Prüm) 80 Q 3
Minden (Kreis Minden-Lübbecke) 39 J 10
Minderheide 39 J 10
Minderlittgen 71 P 4
Mindersdorf 102 W 11
Minfeld 92 S 8
Mingerode 52 L 14
Minheim 72 Q 4
Minseln 108 X 7
Minsen 17 E 7
Minsener Oog (Insel) 17 E 8
Minsleben 53 K 16
Minstedt 19 F 11
Mintraching 90 T 20
Minzow 23 F 21
Mirow (Kreis Mecklenburg-Strelitz) 24 G 22
Mirow (Kreis Parchim) 22 F 18
Mirskofen 97 U 20
Misburg 40 I 13
Mischelbach 96 S 17
Misselwarden 18 E 9
Missen 111 X 14
Missen 56 K 26
Missen-Wilhams 111 X 14
Mißlareuth 78 O 19
Missunde 5 C 13
Mistelbach 77 Q 18
Mistelfeld 77 P 17
Mistelgau 77 Q 18
Mistorf 23 E 20
Mittbach 105 V 20
Mittegroßefehn 17 F 6
Mittel-Berge 49 M 8
Mittel-Gründau 75 P 11
Mittelbach (Kreis Chemnitzer Land) 67 N 22
Mittelbach (Kreis Zweibrücken) 82 S 6
Mittelberg 111 X 15
Mittelbiberach 102 V 13
Mittelbronn 94 T 13
Mittelbrunn 81 R 6
Mittelbuch 103 V 13
Mittelbuchen 74 P 10
Mittelehrenbach 87 Q 17
Mitteleschenbach 87 S 16
Mittelfischach 95 S 13
Mittelhausen (Kreis Erfurt) 65 M 17
Mittelhausen (Kreis Sangerhausen) 53 L 18
Mittelherwigsdorf 69 N 28
Mittelhof 61 N 7
Mittelkalbach 75 O 12
Mittellandkanal 37 I 8
Mittelmarsch 16 F 5
Mittelneufnach 103 V 15
Mittelnkirchen 19 F 12
Mittelpöllnitz 66 N 19
Mittelradde 27 H 6
Mittelreidenbach 81 Q 6
Mittelsaida 67 N 23
Mittelschmalkalden 64 N 15
Mittelsinn 75 P 12
Mittelsömmern 65 M 16
Mittelsteinach 86 R 15
Mittelsten Thülle 27 H 7
Mittelstenahe 18 F 11
Mittelstetten (Kreis Augsburg) 104 V 16
Mittelstetten (Kreis Fürstenfeldbruck) 104 V 17
Mittelstrimmig 71 P 5
Mitteltal 93 U 8
Mittelteil (b. Ihlienworth) 18 E 10
Mittelteil (b. Lüdingworth) 18 E 10
Mittelzell 109 W 11
Mittenaar 62 N 9
Mittenwald 112 X 17
Mittenwalde (Kreis Dahme-Spreewald) 44 J 24
Mittenwalde (Kreis Uckermark) 34 G 24
Mitteralm 113 W 20
Mitterdarching 105 W 19
Mitterfecking 97 T 19
Mitterfels 91 T 22
Mitterfirmiansreut 99 T 24
Mittergars 106 V 20
Mitterskirchen 106 U 22
Mitterteich 79 Q 20
Mittich 107 U 24
Mittlerer Isarkanal 105 U 19

Mittweida 67 N 22
Mittweide 45 J 26
Mitwitz 77 P 17
Mixdorf 45 J 27
Mochau *(Kreis Döbeln)* 67 M 23
Mochau *(Kreis Wittenberg)* 43 K 22
Mochenwangen 102 W 12
Mochow 45 K 26
Mockern 66 N 21
Mockrehna 55 L 22
Mockritz 67 M 23
Modau 84 Q 10
Modautal 84 Q 10
Modschiedel 77 P 17
Möbiskruge 45 J 27
Möckenlohe 96 T 17
Möckern 42 J 19
Möckmühl 85 S 12
Mödingen 95 U 15
Mögelin 43 I 20
Mögglingen 95 T 13
Möglenz 55 L 24
Möglin 35 I 26
Möglingen 94 T 11
Möhlau 54 K 21
Möhler 37 K 8
Möhne 50 L 9
Möhnesee 49 L 8
Möhnsen 21 F 15
Möhra 64 N 14
Möhren 96 T 16
Möhrenbach 65 O 16
Möhrendorf 87 R 16
Möhringen 101 W 10
Möhringen *(Stuttgart)* 94 T 11
Mölbis 67 M 21
Mölkau *(Leipzig)* 54 M 21
Möllbergen 39 J 10
Möllen 47 L 4
Möllenbeck 39 J 11
Möllenbeck *(Kreis Ludwigslust)* 22 G 19
Möllenbeck *(Kreis Mecklenburg-Strelitz)* 24 F 24
Möllenbeck *(Kreis Stendal)* 32 H 18
Möllendorf 53 L 18
Möllenhagen 24 F 22
Möllensdorf 43 K 21
Mölln *(Kreis Demmin)* 24 F 23
Mölln *(Kreis Herzogtum Lauenburg)* 21 F 16
Mölschbach 83 R 7
Mölschow 15 D 25
Mölsheim 83 R 8
Mömbris 75 P 11
Mömling 84 Q 11
Mömlingen 74 Q 11
Mönau 57 L 27
Mönchberg 85 Q 11
Mönchengladbach 58 M 3
Mönchenholzhausen 65 N 17
Mönchgut 13 D 25
Mönchhagen 11 D 20
Mönchhosbach 63 M 13
Mönchkröttendorf 77 P 17
Mönchröden 77 P 17
Mönchsambach 86 Q 16
Mönchsdeggingen 95 T 15
Mönchsroth 95 S 15
Mönchweiler 101 V 9
Mönkeberg 9 C 14
Mönkebude 25 E 25
Mönkehöfen 38 J 8
Mönkloh 19 E 13
Mönninghausen 50 K 9
Mönsheim 93 T 10
Mörel 8 D 13
Mörfelden 74 Q 9
Mörfelden-Walldorf 74 Q 9
Mörgen 103 V 15
Möringen 32 I 19
Mörlach 87 S 17
Mörlbach 86 R 14
Mörlenbach 84 R 10
Mörnsheim 96 T 17
Moers 46 L 3
Mörsbach *(Kreis Zweibrücken)* 82 S 6
Mörsbach *(Westerwaldkreis)* 61 N 7
Mörsch 93 T 8
Mörschied 81 Q 5
Mörsdorf 71 P 6
Mörsdorf 87 S 17
Mörse 41 I 16
Mörsfeld 83 Q 7
Mörshausen 63 M 12
Mörsingen 102 V 12
Mörslingen 95 U 15
Mörtitz 55 L 21
Mörzheim 83 S 8
Mösbach 92 U 8
Möschlitz 66 O 19
Moese 50 K 9
Möser 42 J 19
Mössingen 102 U 11
Mößling 106 V 21
Möthlow 33 I 21
Möttingen 95 T 15
Möttlingen 93 T 10
Mötzing 98 T 21
Mötzingen 93 U 10
Mözen 20 E 14
Mogendorf 61 O 7
Moggast 87 Q 17
Mohlsdorf 66 N 20
Moholz 57 M 28
Mohorn 68 M 24
Mohrkirch 5 B 13
Mohsdorf 67 N 22
Moide 30 H 13
Moisall 23 E 19
Moisburg 19 F 13
Moisched 62 N 11
Moischt 62 N 10
Moisling 21 E 15
Molau 66 M 19
Molbath 31 H 16
Molbergen 27 H 7
Molchow 33 H 22
Moldenit 5 C 12
Molfsee 9 D 14
Molkenberg 33 H 20
Mollenfelde 51 L 13
Mollseifen 62 M 9
Molmerswende 53 L 17
Molschleben 65 M 16
Molsdorf 65 N 16
Moltow 22 E 18
Moltzow 23 F 21
Molzen 31 G 15
Momberg 63 N 11
Mommenheim 73 Q 8
Monakam 93 T 10
Mondfeld 85 Q 12
Mondorf *(Kreis Merzig-Wadern)* 80 R 3
Mondorf *(Rhein-Sieg-Kreis)* 59 N 5
Monheim 59 M 4
Monheim 96 T 16
Monreal 71 P 5
Monrepos 94 T 11
Monschau 70 O 2
Monschau (Forst) 70 O 2
Monsheim 83 R 8
Montabaur 73 O 7
Monzel 72 Q 4
Monzelfeld 72 Q 5
Monzingen 81 Q 6
Moor 21 E 17
Moor-Siedlung 27 G 6
Moorausmoor 18 F 10
Moorbek 28 H 8
Moordorf *(Kreis Aurich)* 17 F 6
Moordorf *(Kreis Wesermarsch)* 28 G 9
Moorenweis 104 V 17
Moorhusen *(b. Glückstadt)* 19 E 12
Moorhusen *(b. Itzehoe)* 7 E 12
Moorhusen *(Kreis Aurich)* 17 F 6
Moormerland 17 F 6
Moorrege 19 E 13
Moorriem 18 G 8
Moorsee 9 D 14
Moorweg 17 F 6
Moorwerder *(Hamburg)* 20 F 14
Moorwinkelsdamm 17 G 7
Moos *(Kreis Deggendorf)* 98 T 22
Moos *(Kreis Konstanz)* 109 W 10
Moos *(Kreis Rastatt)* 92 T 8
Moosbach *(Kreis Ansbach)* 87 S 14
Moosbach *(Kreis Neustadt a. d. Waldnaab)* 89 R 21
Moosbach *(Kreis Nürnberger Land)* 87 R 17
Moosbach *(Kreis Oberallgäu)* 111 X 15
Moosbeuren 102 V 13
Moosbronn 93 T 9
Moosburg 102 V 12
Moosburg a. d. Isar 105 U 19
Moosen 105 U 20
Moosfürth 98 T 22
Moosham *(Kreis Mühldorf a. Inn)* 105 V 20
Moosham *(Kreis Regensburg)* 90 T 20
Mooshausen 103 W 14
Moosheim 102 V 12
Moosinning 105 V 19
Moosthann 97 T 20
Moosthenning 98 T 21
Mooswald 100 U 8
Moraas 21 F 17
Morbach 72 Q 5
Morenhoven 59 N 4
Morgenitz 15 E 25
Morgenröthe 79 O 21
Morgenröthe-Rautenkranz 79 O 21
Morgenrot 53 K 17
Moringen 51 K 13
Moritz 42 K 20
Moritzburg 68 M 25
Morl 54 L 19
Morlautern 83 R 7
Morles 63 O 13
Morlesau 75 P 13
Mornshausen 62 N 9
Morsbach 61 N 7
Morscheid Riedenburg 81 Q 5
Morschen 63 M 12
Morschenich 58 N 3
Morschreuth 87 Q 17
Morshausen 71 P 6
Morsleben 41 J 17
Morsum *(Kreis Verden)* 29 H 11
Morsum *(Sylt)* 4 B 9
Morsum-Kliff 4 B 9
Morungen 53 L 17
Morxdorf 43 K 22
Mosbach 64 N 15
Mosbach 85 R 11
Mosborn 75 P 12
Mosbruch 71 P 4
Mosebeck 39 K 10
Mosel 66 N 21
Mosel 72 Q 4
Moselberge 72 Q 4
Moselkern 71 P 6
Moseltal 72 Q 4
Mosenberg *(b. Homberg)* 63 M 12
Mosenberg *(b. Manderscheid)* 70 P 4
Mosheim 63 M 12
Mosigkau 54 K 20
Mossau 84 Q 10
Mossautal 84 R 10
Moßbach 66 N 19
Motel 21 F 17
Motten 75 O 13
Mottgers 75 P 12
Mottschieß 102 W 11
Motzen 44 J 24
Motzenhofen 96 U 17
Motzfeld 63 N 13
Motzlar 64 N 13
Moxa 66 O 18
Moyland 46 K 2
Much 59 N 6
Mucheln 9 D 15
Muchow 22 G 19
Muckental *(Ostalbkreis)* 85 T 14
Muckwar 56 K 26
Mud 85 R 11
Mudau 85 R 11
Muddenhagen 51 L 11
Mudersbach 61 N 7
Mücheln 54 M 19
Mücka 57 M 28
Mücke 62 O 11
Mückendorf 44 J 24
Mückenloch 84 R 10
Müden *(Kreis Celle)* 30 H 14
Müden *(Kreis Gifhorn)* 40 I 15
Müdesheim 75 Q 13
Mügeln *(Kreis Torgau-Oschatz)* 55 M 23
Mügeln *(Kreis Wittenberg)* 55 K 23
Müggelheim 44 I 24
Müggendorf 18 E 10
Müggenkrug 17 F 7
Müglitz 68 N 25
Müglitztal 68 N 25
Mühlacker 93 T 10
Mühlanger 55 K 22
Mühlau 67 N 22
Mühlbach *(Fluß)* 73 P 7
Mühlbach *(Kreis Heilbronn)* 93 S 10
Mühlbach *(Kreis Hersfeld-Rotenburg)* 63 N 12
Mühlbach *(Kreis Main-Spessart)* 75 Q 13
Mühlbach *(Kreis Mittweida)* 67 N 23
Mühlbach *(Kreis Neumarkt i. d. Oberpfalz)* 97 S 18
Mühlbach *(Kreis Rhön-Grabfeld)* 76 P 14
Mühlbach *(Kreis Sächsische Schweiz)* 68 N 25
Mühlbach (Rieschweiler-) 83 S 6
Mühlbeck 54 L 21
Mühlberg *(Kreis Elbe-Elster)* 55 L 23
Mühlberg *(Kreis Gotha)* 65 N 16
Mühlburg 93 S 9
Mühldorf 106 V 21
Mühleip 59 N 6
Mühlen 27 I 8
Mühlen 101 U 10
Mühlen Eichsen 21 E 17
Mühlenbach 100 V 8
Mühlenbarbek 8 E 12
Mühlenbeck 34 I 24
Mühlenberg *(Kreis Emsland)* 27 H 6
Mühlenberg *(Kreis Holzminden)* 51 K 12
Mühlenhof 23 F 19
Mühlenrade 21 F 15
Mühlenrahmede 49 M 7
Mühlental 79 O 20
Mühlfeld 76 O 15
Mühlhausen 52 M 15
Mühlhausen *(Kreis Aichach-Friedberg)* 104 U 16
Mühlhausen *(Kreis Biberach a. d. Riß)* 102 W 13
Mühlhausen *(Kreis Dingolfing-Landau)* 98 T 21
Mühlhausen *(Kreis Erlangen-Höchstadt)* 86 Q 16
Mühlhausen *(Kreis Kelheim)* 97 T 19
Mühlhausen *(Kreis Neumarkt i. d. Oberpfalz)* 87 S 18
Mühlhausen *(Kreis Waldeck-Frankenberg)* 50 L 10
Mühlhausen *(Kreis Würzburg)* 76 Q 14
Mühlhausen *(Rhein-Neckar-Kreis)* 84 S 10
Mühlhausen *(Schwalm-Eder-Kreis)* 63 M 12
Mühlhausen *(Stuttgart)* 94 T 11
Mühlhausen-Ehingen 101 W 10
Mühlheim 74 P 10
Mühlheim 96 T 16
Mühlheim a. Bach 101 U 10
Mühlheim a. d. Donau 101 V 10
Mühlhofen 110 W 11
Mühlingen 101 W 11
Mühlleithen 79 O 21
Mühlried 96 U 17
Mühlrose 57 L 27
Mühlsbach 100 V 8
Mühlsdorf 42 K 20
Mühlstedt 43 K 20
Mühlstetten 96 S 17
Mühltal 84 Q 10
Mühltroff 66 O 19
Mühro 43 J 20
Mülhausen 46 L 3
Mülheim *(Köln)* 59 N 4
Mülheim *(Kreis Euskirchen)* 70 O 4
Mülheim (Mosel) 72 Q 5
Mülheim a. d. Ruhr 47 L 4
Mülheim-Kärlich 71 O 6
Müllenbach *(Kreis Ahrweiler)* 71 P 4
Müllenbach *(Kreis Cochem-Zell)* 71 P 5
Müllenbach *(Oberbergischer Kreis)* 61 M 6
Müllheim 100 W 6
Müllingen 40 J 13
Müllrose 45 J 27
Mülsen St. Jacob 67 N 21
Mülsen St. Micheln 67 N 21
Mülsen St. Niclas 67 N 21
Mülverstedt 64 M 15
Mümling-Grumbach 84 Q 10
Münchaurach 87 R 16
Münchberg 78 P 19
Müncheberg 45 I 26
Münchehagen 39 I 11
Münchehof 52 K 14
Münchehofe *(Kreis Dahme-Spreewald)* 44 J 25
Münchehofe *(Kreis Märkisch-Oderland)* 35 I 26
München 105 V 18
München-F.J. Strauss *(Flughafen)* 105 U 19
Münchenbernsdorf 66 N 19
Münchenreuth *(Kreis Hof)* 78 O 19
Münchenreuth *(Kreis Tirschenreuth)* 79 P 20
Müncherlbach 87 R 16
Münchham 107 V 23
Münchhausen 56 K 24
Münchhausen 62 N 10
Münchingen 101 W 9
Münchingen *(Stuttgart)* 94 T 11
Münchsdorf *(Kreis Landshut)* 105 U 20
Münchsdorf *(Kreis Rottal-Inn)* 98 U 22
Münchsmünster 97 T 19
Münchsteinach 86 R 15
Münchwald 73 Q 7
Münchweier 100 V 7
Münchweiler a. d. Alsenz 83 R 7
Münchweiler a. d. Rodalb 83 S 7
Mündelheim 46 L 4
Münden 62 M 10
Mündersbach 61 O 7
Mündling 96 T 16
Münk 71 P 5
Münkeboe 17 F 6
Münklingen 93 T 10
Münnerstadt 76 P 14
Münsing 104 W 18
Münsingen 102 U 12
Münstedt 40 J 14
Münster *(Kreis Augsburg)* 103 V 15
Münster *(Kreis Darmstadt-Dieburg)* 74 Q 10
Münster *(Kreis Donau-Ries)* 96 U 16
Münster *(Kreis Limburg-Weilburg)* 74 O 8
Münster *(Kreis Straubing-Bogen)* 90 T 21
Münster *(Main-Tauber-Kreis)* 86 R 14
Münster *(Wetteraukreis)* 74 O 9
Münster (Westfalen) 37 K 6
Münster-Osnabrück *(Flughafen)* 37 J 7
Münster-Sarmsheim 73 Q 7
Münsterappel 83 Q 7
Münsterbrock 51 K 11
Münsterdorf 19 E 12
Münsterhausen 103 V 15
Münstermaifeld 71 P 6
Münstertal 100 W 7
Müntz 58 N 3
Münzenberg 74 O 10
Münzesheim 93 S 10
Müritz-Elde-Wasserstraße 23 F 20
Müritz-Havel-Kanal 24 G 22
Müritz National-park 24 F 22
Müritz See 23 F 21
Müritzarm 23 G 22
Mürlenbach 70 P 3
Mürow 35 G 26
Mürsbach 77 P 16
Mürwik 5 B 12
Müs 63 O 12
Müsch 71 O 4
Müschede 49 L 8
Müschen 56 K 26
Müschenbach 61 N 7
Müsen 61 N 8
Müsleringen 39 I 11
Muess 22 F 18
Müssen 21 F 15
Müssingen 31 H 16
Müssingen 37 K 7
Mützdorf 43 J 21
Mützel 42 I 20
Mützenich 70 O 2
Mützingen 31 G 16
Mützlitz 33 I 21
Muggenbrunn 100 W 7
Muggendorf 87 Q 17
Muggensturm 93 T 8
Muhr 96 S 16
Muhringen 101 U 10
Mulartshütte 58 N 2
Mulda 68 N 24
Mulde 55 M 22
Muldenberg 79 O 21
Muldenberger Stausee 79 O 21
Muldenstein 54 K 21
Muldestausee 54 L 21
Mulfingen 85 R 13
Mulknitz 57 K 27
Mulkwitz 57 L 27
Mulmshorn 29 G 11
Mulsum *(Kreis Cuxhaven)* 18 E 9
Mulsum *(Kreis Stade)* 19 F 11
Mummelsee 92 U 8
Mumsdorf 66 M 20
Mundelfingen 101 W 9
Mundelsheim 94 S 11
Munderkingen 102 V 12
Mundersum 37 I 6
Mundingen *(Alb-Donau-Kreis)* 102 V 12
Mundingen *(Kreis Emmendingen)* 100 V 7
Munkbrarup 5 B 12
Munkmarsch 4 B 9
Munningen 95 T 15
Munster 30 H 14
Munzingen 100 W 7
Muppberg 77 P 17
Muppberg 77 P 17
Murchin 15 E 25
Murg 108 X 8
Murgtal 93 T 9
Murnau 112 W 17
Murnauer Moos 112 X 17
Murr 94 T 11
Murrhardt 94 T 12
Mursberg 94 T 11
Musbach 102 W 12
Muschenheim 74 O 10
Muschwitz 66 M 20
Muskauer Heide 57 L 27
Mußbach 83 R 8
Mussenhausen 103 W 15
Mussum 46 K 3
Mustin *(Kreis Herzogtum Lauenburg)* 21 E 16
Mustin *(Kreis Parchim)* 23 E 19
Mutlangen 94 T 13
Muttensweiler 102 V 13
Mutterstadt 84 R 9
Mutzschen 55 M 22
Myhl 58 M 2
Mylau 66 O 20

N

Naab 88 R 20
Naabeck 88 S 20
Nabburg 89 R 20
Nachrodt-Wiblingwerde 49 L 6
Nachterstedt 53 K 18
Nachtsheim 71 P 5
Nackel 33 H 21
Nackenheim 74 Q 9
Nadrensee 25 G 27
Nägelstedt 64 M 16
Naensen 51 K 13
Nagel 78 Q 19
Nagold 93 U 10
Nagoldstaubecken 93 U 9
Nahbollenbach 81 Q 6
Nahe 20 E 14
Nahe 81 Q 6
Nahe-Weinstraße 73 Q 7
Nahmitz 43 I 22
Nahrendorf 31 G 16
Nahrstedt 32 I 19
Nahwinden 65 N 17
Naila 78 P 19
Naitschau 66 O 20
Nalbach 80 R 4
Namborn 81 R 5
Nandlstadt 97 U 19
Nankendorf 77 Q 18
Nannhausen 73 Q 6
Nanzdietschweiler 81 R 6
Nanzenbach 62 N 9
Narsdorf 67 M 22
Narthauen 29 G 11
Nartum 29 G 11
Nassau 68 N 24
Nassau 73 P 7
Nassenbeuren 103 V 15
Nassenerfurth 63 M 11
Nassenfels 96 T 17
Nassenheide 34 H 23
Nassig 85 Q 12
Naßweiler 82 S 4
Nastätten 73 P 7
Natarp 37 K 7
Nateln 49 L 8
Natendorf 31 G 15
Natenstedt 28 H 9
Natho 42 K 20

Natingen 51 L 11
Natrup Hagen (Nationalpark) 37 J 7
Nattenhausen (Nationalpark) 103 V 14
Nattenheim (Nationalpark) 70 P 3
Natterholz (Nationalpark) 96 T 16
Natternberg (Nationalpark) 98 T 22
Nattheim (Nationalpark) 95 T 14
Natzungen 51 L 11
Nauborn 62 O 9
Nauen (Kreis Goslar) 40 K 14
Nauen (Kreis Havelland) 33 I 22
Nauendorf 54 L 19
Naugarten 25 G 25
Nauheim (Kreis Groß-Gerau) 74 Q 9
Nauheim (Kreis Limburg-Weilburg) 73 O 8
Naumburg 66 M 19
Naumburg 51 M 11
Naundorf (Kreis Altenburger Land) 66 N 20
Naundorf (Kreis Delitzsch) 55 L 21
Naundorf (Kreis Elbe-Elster) 56 K 24
Naundorf (Kreis Freiberg) 68 N 24
Naundorf (Kreis Oberspreewald-Lausitz) 56 K 26
Naundorf (Kreis Torgau-Oschatz) 55 M 23
Naundorf (Kreis Wittenberg) 43 K 22
Naundorf (Saalkreis) 54 L 20
Naunheim (Kreis Mayen-Koblenz) 71 P 5
Naunhof (Kreis Riesa-Großenhain) 68 M 24
Naunhof (Kreis Torgau-Oschatz) 67 M 22
Naunhof (Muldentalkreis) 55 M 21
Nauort 71 O 6
Naurath (Eifel) 72 Q 4
Naurod 74 P 8
Nausis 63 N 12
Nautschütz 66 M 19
Nauwalde 56 L 24
Nazza 64 M 15
Neandertal 48 M 4
Nebel 4 C 9
Nebelhöhle 102 U 11
Nebelhorn 111 X 15
Nebelin 32 G 19
Nebelschütz 68 M 26
Nebenstedt 31 G 17
Nebra 53 M 18
Nebringen 93 U 10
Neckar 84 R 10
Neckarbischofsheim 84 S 10
Neckarelz 84 R 11
Neckargemünd 84 R 10
Neckargerach 84 R 11
Neckarhausen 84 R 10
Neckarhausen (Edingen-) 84 R 9
Neckarsteinach 84 R 10
Neckarsulm 85 S 11
Neckartailfingen 94 U 11
Neckartal 84 R 10
Neckartal-Odenwald (Naturpark) 85 R 11
Neckartenzlingen 94 U 11
Neckarwestheim 94 S 11
Neckarzimmern 84 S 11
Neckeroda 65 N 18
Neddemin 24 F 23
Neddenaverbergen 29 H 12
Neddesitz 13 C 24
Neditz (Kreis Anhalt-Zerbst) 42 J 20
Neditz (Kreis Jerichower Land) 42 J 19
Neef 71 P 5
Neehausen 54 L 19
Neenstetten 95 U 14
Neerdar 50 M 10
Neermoor 17 G 6
Neersen 58 M 3
Neerstedt 28 H 9
Neetze 21 G 15
Neetzka 24 F 24
Neetzow 24 E 24
Negenborn (Kreis Hannover) 40 I 12
Negenborn (Kreis Holzminden) 39 K 12
Negenharrie 9 D 14
Negernbötel 9 E 14
Nehden 50 L 9
Neheim-Hüsten 49 L 7
Nehlitz 54 L 19
Nehms 9 D 15
Nehmten 9 D 15
Nehren 71 P 5
Nehren 102 U 11
Nehringen 14 E 22
Neibsheim 93 S 10
Neichen 55 M 22
Neiden 55 L 22
Neidenbach 70 P 3
Neidenberga 65 O 18
Neidenfels 83 R 8
Neidenstein 84 S 10
Neidhardswinden 86 R 16
Neidlingen 94 U 12
Neindorf (Bördekreis) 41 J 17
Neindorf (Kreisstadt Wolfsburg) 41 I 16
Neinstedt 53 K 17
Neipperg 94 S 11
Neitersen 61 N 6
Nelben 54 L 19
Nellingen 94 U 13
Nellingen a. d. Fildern 94 T 11
Nellinghof 28 I 8
Nemden 37 J 8
Nemmenich 58 N 4
Nemmersdorf 78 Q 19
Nempitz 54 M 20
Nemsdorf 54 L 18
Nemsdorf-Göhrendorf 54 L 18
Nenderoth 61 O 8
Nendingen 101 V 10
Nendorf 39 I 10
Nendorp 16 G 5
Nenndorf (Kreis Harburg) 19 F 13
Nenndorf (Kreis Wittmund) 17 F 6
Nennhausen 33 I 21
Nennig 80 R 3
Nennslingen 96 S 17
Nentershausen (Kreis Hersfeld-Rotenburg) 64 M 13
Nentershausen (Westerwaldkreis) 73 O 7
Nentschau 78 P 20
Nenzenheim 86 R 14
Nenzingen 101 W 10
Neppermin 15 E 26
Neppermin-Balm 15 E 26
Nerchau 55 M 22
Nerdin 24 E 24
Nerdlen 71 P 4
Nerenstetten 95 U 14
Neresheim 95 T 14
Neritz 20 E 14
Nerkewitz 65 N 18
Neroberg 73 P 8
Neroth 70 P 4
Nersingen 103 U 14
Neschen 59 M 5
Neschholz 43 J 22
Neschwitz 57 M 26
Nesenitz 31 I 17
Nessa 66 M 20
Nesse (Kreis Aurich) 17 F 6
Nesselbach 85 S 13
Nesselröden (Kreis Göttingen) 52 L 14
Nesselröden (Werra-Meißner-Kreis) 64 M 14
Nesselwang 111 X 15
Nesselwangen 102 W 11
Nessendorf 9 D 16
Neßlbach 99 T 23
Neßmersiel (Kreis Aurich) 17 E 6
Nethe 51 L 11
Nethen 17 G 8
Netphen 61 N 8
Netra 64 M 14
Nette 40 J 14
Nette (Fluß b. Kempen) 47 L 2
Nette (Fluß b. Mayen) 71 P 5
Nettelburg 17 G 6
Nettelkamp 31 H 15
Nettelrede 39 J 12
Nettelsee 9 D 14
Nettelstädt 50 L 9
Nettelstedt 38 J 10
Nettersheim 60 O 3
Nettesheim-Butzheim 58 M 4
Nettetal 58 M 2
Nettgau 31 I 16
Nettlingen 40 J 14
Netze 51 M 11
Netzeband 33 H 21
Netzen 43 I 22
Netzow 34 G 24
Netzschkau 66 O 20
Neu-Anspach 74 P 9
Neu Bartelshagen 12 C 22
Neu Boltenhagen 15 D 24
Neu Darchau 31 G 16
Neu Duvenstedt 8 C 13
Neu Ebersdorf 18 F 10
Neu-Eichenberg 51 L 13
Neu-Esting 104 V 17
Neu Fahrland 43 I 23
Neu Falkenhagen 23 F 22
Neu Gaarz 23 F 21
Neu Golm 45 J 26
Neu Gülze 21 F 16
Neu Heinde 23 E 21
Neu-Isenburg (Frankfurt) 74 P 10
Neu Käbelich 24 F 24
Neu Kaliß 32 G 17
Neu Kentzlin 24 E 22
Neu Königsaue 53 K 18
Neu Kosenow 25 E 25
Neu-Listernohl 61 M 7
Neu Ludwigsdorf 62 M 9
Neu Lübbenau 44 J 25
Neu Mukran 13 C 24
Neu Poserin 23 F 20
Neu Reddewitz 13 C 24
Neu St. Jurgen 18 G 10
Neu Ulm 103 U 14
Neu Versen 26 H 5
Neu Wendischthun 21 G 16
Neu Wulmstorf 19 F 13
Neu Zachun 21 F 17
Neu Zauche 45 K 26
Neu Zittau 44 I 25
Neuärgerniß 66 O 20
Neualbenreuth 79 Q 21
Neuastenberg 62 M 9
Neubachenbruch 18 F 10
Neubarnim 35 H 26
Neubau (Börderkreis) 41 J 17
Neubau (Kreis Bayreuth) 78 P 19
Neubau (Kreis Cham) 89 S 21
Neubeckum 49 K 8
Neubensdorf 43 I 21
Neuberend 5 C 12
Neuberg 74 P 10
Neubeuern 113 W 20
Neubiberg 105 V 18
Neubörger 27 H 6
Neubokel 40 I 15
Neubrandenburg 24 F 23
Neubronn 86 R 13
Neubruchhausen 29 H 10
Neubruck 86 R 16
Neubrück (Kreis Oder-Spree) 45 J 26
Neubrück (Kreis Peine) 40 I 15
Neubrunn 76 O 15
Neubrunn 85 Q 13
Neubukow 10 D 19
Neubulach 93 U 10
Neuburg a. d. Donau 96 T 17
Neuburg a. d. Kammel 103 V 15
Neuburg a. Inn 99 U 24
Neuburg a. Rhein 93 T 8
Neuburg-Steinhausen 10 E 18
Neuburgweier 93 T 8
Neuburlage 27 G 6
Neuburxdorf 55 L 23
Neuching 105 V 19
Neudenau 85 S 11
Neudersum 26 H 5
Neudietendorf 65 N 16
Neudingen 101 W 9
Neudörpen 27 H 6
Neudorf (Kreis Annaberg) 79 O 22
Neudorf (Kreis Ansbach) 86 R 16
Neudorf (Kreis Bautzen) 57 M 27
Neudorf (Kreis Bayreuth) 87 Q 18
Neudorf (Kreis Freyung-Grafenau) 99 T 24
Neudorf (Kreis Leer) 17 F 7
Neudorf (Kreis Lichtenfels) 77 P 17
Neudorf (Kreis Neustadt a. d. Waldnaab) 88 R 20
Neudorf (Kreis Nienburg) 30 H 12
Neudorf (Kreis Ostholstein) 9 D 15
Neudorf (Kreis Plön) 9 D 15
Neudorf (Kreis Quedlinburg) 53 L 17
Neudorf (Kreis Waldeck-Frankenberg) 50 L 10
Neudorf (Kreis Weißenburg-Gunzenhausen) 96 T 17
Neudorf (Graben-) 84 S 9
Neudorf-Bornstein 9 C 13
Neudorf-Platendorf 41 I 15
Neudrossenfeld 77 P 18
Neue Dosse 33 H 20
Neue Jäglitz 33 H 20
Neue Welt 16 F 5
Neuehütten 43 J 21
Neueibau 69 N 27
Neuekrug 31 H 16
Neuenbau 77 O 17
Neuenbaum 59 M 4
Neuenbeken 50 K 10
Neuenbeuthen 65 O 18
Neuenbrook 19 E 12
Neuenbuch 85 Q 12
Neuenbürg (Enzkreis) 93 T 9
Neuenbürg (Kreis Karlsruhe) 84 S 10
Neuenbunnen 27 H 7
Neuenburg 17 F 7
Neuenburg 100 W 6
Neuendeich 19 E 12
Neuendettelsau 86 S 16
Neuendorf 75 P 12
Neuendorf (Altmarkkreis Salzwedel) 32 H 17
Neuendorf (Kreis Barnim) 35 H 26
Neuendorf (Kreis Dahme-Spreewald) 44 K 25
Neuendorf (Kreis Güstrow) 23 E 19
Neuendorf (Kreis Oberhavel) 34 H 23
Neuendorf (Kreis Ostprignitz-Ruppin) 33 H 21
Neuendorf (Kreis Ostvorpommern) 15 D 25
Neuendorf (Kreis Potsdam-Mittelmark) 43 J 22
Neuendorf (Kreis Spree-Neiße) 57 K 27
Neuendorf A 25 E 25
Neuendorf a. Damm 32 I 18
Neuendorf a. See 44 J 25
Neuendorf a. See (Kreis Dahme-Spreewald) 13 C 23
Neuendorf B 24 E 24
Neuendorf b. Elmshorn 19 E 12
Neuendorf b. Grimmen 13 D 23
Neuendorf b. Neuenkirchen 13 C 23
Neuendorf b. Saal 11 C 21
Neuendorf b. Wilster 7 E 11
Neuendorf i. Sande 45 I 26
Neuendorfer See 44 J 25
Neuenfelde 18 G 9
Neuenfelde (Hamburg-) 19 F 13
Neuengamme 20 F 14
Neuengeseke 50 L 8
Neuengönna 66 N 18
Neuengörs 20 E 15
Neuengronau 75 P 12
Neuengrün 77 P 18
Neuenhagen (b. Bad Freienwalde) 35 H 26
Neuenhagen (b. Berlin) 44 I 25
Neuenhagen (Kreis Nordvorpommern) 10 E 17
Neuenhain 63 N 11
Neuenhammer 89 Q 21
Neuenhaßlau 74 P 11
Neuenhaus 36 I 4
Neuenhaus 94 U 11
Neuenheerse 50 K 10
Neuenhof 64 N 14
Neuenhofe 42 J 18
Neuenhuntorf 28 G 9
Neuenkirchen (b. Bramsche) 37 I 7
Neuenkirchen (b. Melle) 38 J 9
Neuenkirchen (Kreis Cuxhaven) 18 E 10
Neuenkirchen (Kreis Diepholz) 29 H 10
Neuenkirchen (Kreis Dithmarschen) 7 D 10
Neuenkirchen (Kreis Goslar) 40 J 15
Neuenkirchen (Kreis Gütersloh) 50 K 9
Neuenkirchen (Kreis Ludwigslust) 21 F 16
Neuenkirchen (Kreis Mecklenburg-Strelitz) 24 F 24
Neuenkirchen (Kreis Osterholz) 18 G 9
Neuenkirchen (Kreis Rügen) 13 C 24
Neuenkirchen (Kreis Soltau-Fallingbostel) 30 G 13
Neuenkirchen (Kreis Stade) 19 F 12
Neuenkirchen (Kreis Steinburg) 19 E 12
Neuenkirchen (Kreis Steinfurt) 36 J 6
Neuenkirchen (Oldenburg) 37 I 8
Neuenkirchen b. Anklam 24 E 24
Neuenkirchen b. Greifswald 13 D 24
Neuenkleusheim 61 M 7
Neuenklitsche 42 I 20
Neuenknick 39 I 11
Neuenkoop 28 G 9
Neuenkruge 27 G 8
Neuenlande 18 F 9
Neuenmarhorst 29 H 9
Neuenmarkt 77 P 18
Neuenrade 49 M 7
Neuensalz 79 O 20
Neuenschleuse 19 E 11
Neuensorg (Kreis Kulmbach) 77 P 18
Neuensorg (Kreis Lichtenfels) 77 P 17
Neuensorga 66 N 19
Neuenstadt 85 S 11
Neuenstein (Hohenlohekreis) 85 S 12
Neuenstein (Kreis Hersfeld-Rotenburg) 63 N 12
Neuensund 25 F 25
Neuental 63 N 11
Neuenwalde 18 E 10
Neuenweg 100 W 7
Neuenwege 17 F 8
Neuer Kanal 22 F 18
Neuerburg (Kreis Bernkastel-Wittlich) 71 P 4
Neuerburg (Kreis Bitburg-Prüm) 70 P 2
Neuerkirch 71 P 6
Neuermark-Lübars 32 I 20
Neuerstadt 55 K 23
Neufahrn (Kreis Freising) 105 V 18
Neufahrn (Kreis Landshut) 97 T 20
Neufang (Kreis Kronach) 77 P 18
Neufang (Kreis Kulmbach) 77 P 18
Neufarn 105 V 19
Neufeld 7 E 11
Neufelderkoog 7 E 10
Neufels 85 S 12
Neuferchau 31 I 17
Neuffen 94 U 12
Neufinsing 105 V 19
Neufirrel 17 F 7
Neufnach 103 V 15
Neufra (Kreis Biberach a. d. Riß) 102 V 12
Neufra (Kreis Rottweil) 101 V 10
Neufra (Kreis Sigmaringen) 102 V 11
Neufrach 110 W 11
Neufraunhofen 105 U 20
Neufunnixsiel 17 E 7
Neugablonz 103 W 15
Neugalmsbüll 4 B 10
Neugarmssiel 17 E 7
Neugattersleben 54 K 19
Neugersdorf 69 N 27
Neuglienicke 33 G 22
Neuglobsow 34 G 23
Neugnadenfeld 26 I 4
Neugraben 19 F 13
Neugrimnitz 34 H 25
Neuhaaren 58 M 2
Neuhäusel 73 O 7
Neuhardenberg 35 I 26
Neuharlingersiel 17 E 7
Neuhaus (Allgäu) 110 X 13
Neuhaus (Kreis Bayreuth) 77 Q 17
Neuhaus (Kreis Celle) 40 I 14
Neuhaus (Kreis Cham) 90 S 21
Neuhaus (Kreis Erlangen-Höchstadt) 87 Q 16
Neuhaus (Kreis Hof) 78 O 19
Neuhaus (Kreis Lüneburg) 21 G 16
Neuhaus (Kreis Miesbach) 113 W 19
Neuhaus (Kreis Nordvorpommern) 11 D 20
Neuhaus (Schwarzwald-Baar-Kreis) 101 W 9
Neuhaus (Oste) 18 E 11
Neuhaus a. d. Eger 79 P 20
Neuhaus a. d. Pegnitz 87 R 18
Neuhaus a. Inn 99 U 24
Neuhaus a. Rennweg 77 O 17
Neuhaus i. Solling 51 K 12
Neuhaus-Schierschnitz 77 P 17
Neuhausen (Enzkreis) 93 T 10
Neuhausen (Kreis Freiberg) 68 N 24
Neuhausen (Kreis Hof) 78 P 20
Neuhausen (Kreis Konstanz) 101 W 10
Neuhausen (Kreis Landshut) 97 U 19
Neuhausen (Kreis Spree-Neiße) 57 K 27
Neuhausen a. d. Erms 94 U 11
Neuhausen a. d. Fildern 94 T 11
Neuhausen o. Eck 101 W 10
Neuheede 26 G 5
Neuheide 53 L 16
Neuheilenbach 70 P 3
Neuheim 43 J 23
Neuhemsbach 83 R 7
Neuherberg (Kreis Neustadt a. d. A.-Bad W.) 86 R 14
Neuherberg (Stadtkreis München) 105 V 18
Neuhof (Kreis Fulda) 75 O 12
Neuhof (Kreis Hildesheim) 40 K 14
Neuhof (Kreis Ludwigslust) 21 F 16
Neuhof (Kreis Oberhavel) 34 G 24
Neuhof (Kreis Osterode a. Harz) 52 L 15
Neuhof (Rheingau-Taunus-Kreis) 73 P 8
Neuhof (Forst) 75 O 12
Neuhof a. d. Zenn 86 R 15
Neuhof b. Bad Kleinen 22 E 18
Neuhof b. Neukloster 22 E 19
Neuhof b. Neustadt-Glewe 22 F 18
Neuhof b. Parchim 23 F 19
Neuhofen 84 R 9
Neuhofen (Kreis Rottal-Inn) 106 U 22
Neuhofen (Kreis Straubing-Bogen) 98 T 21
Neuholland 34 H 23
Neuhonrath 59 N 5
Neuhütten (Kreis Heilbronn) 94 S 12
Neuhütten (Kreis Main-Spessart) 75 P 12
Neuhütten (Kreis Trier-Saarburg) 81 R 5
Neukalen 24 E 22
Neukamp 13 D 24
Neukamperfehn 17 F 6
Neukieritzsch 66 M 21
Neukirch (Bodenseekreis) 110 X 13
Neukirch (Kreis Bautzen) 69 M 26
Neukirch (Kreis Rottweil) 101 V 10
Neukirch (Schwarzwald-Baar-Kreis) 100 V 8
Neukirch (Westlausitzkreis) 56 M 25
Neukirchen (b. Malente) 9 D 15
Neukirchen (b. Oldenburg i. Holstein) 10 D 17
Neukirchen (Kreis Coburg) 77 O 16
Neukirchen (Kreis Freiberg) 68 M 24
Neukirchen (Kreis Hersfeld-Rotenburg) 63 N 13
Neukirchen (Kreis Leipziger Land) 67 M 21
Neukirchen (Kreis Neuss) 58 M 4
Neukirchen (Kreis Nordfriesland) 4 B 10
Neukirchen (Kreis Regensburg) 88 S 20
Neukirchen (Kreis Rottal-Inn) 106 U 22
Neukirchen (Kreis Schleswig-Flensburg) 5 B 13
Neukirchen (Kreis Schwandorf) 97 S 19
Neukirchen (Kreis Stendal) 32 H 19
Neukirchen (Kreis Straubing-Bogen) 91 T 22
Neukirchen (Kreis Waldeck-Frankenberg) 62 M 10
Neukirchen (Lahn-Dill-Kreis) 74 O 9
Neukirchen (Rhein-Sieg-Kreis) 60 O 4
Neukirchen (Schwalm-Eder-Kreis) 63 N 12
Neukirchen (Wartburgkreis) 64 M 15
Neukirchen (Erzgebirge) 67 N 22

Neukirchen (Pleiße) 66 N 21
Neukirchen a. d. Alz 106 V 21
Neukirchen a. Inn 99 U 24
Neukirchen a. Teisenberg 106 W 22
Neukirchen b. Hl. Blut 89 S 22
Neukirchen b. Sulzbach-Rosenberg 88 R 18
Neukirchen-Balbini 89 S 21
Neukirchen v. Wald 99 T 24
Neukirchen-Vluyn 46 L 3
Neukissing 104 V 16
Neukloster (Kreis Nordwestmecklenburg) 22 E 19
Neukloster (Kreis Stade) 19 F 12
Neuklostersee 22 E 19
Neukünkendorf 35 H 26
Neuküstrinchen 35 H 26
Neukyhna 54 L 20
Neuland (b. Himmelpforten) 19 F 11
Neuland (b. Wischhafen) 19 E 11
Neulautern 94 S 12
Neuleben 21 E 16
Neulehe 27 G 6
Neuleiningen 83 R 8
Neuler 95 T 14
Neulewin 35 H 26
Neuliebel 57 L 28
Neulietzegöricke 35 H 26
Neulingen 93 T 10
Neulögow 34 G 23
Neulöwenberg 34 H 23
Neulohn 58 N 2
Neulorup 27 H 7
Neulußheim 84 S 9
Neumagen-Dhron 72 Q 4
Neumark (Göltzschtalkreis) 66 O 21
Neumark (Kreis Weimarer Land) 65 M 17
Neumarkhausen 27 H 7
Neumarkt i. d. Oberpfalz 87 S 18
Neumarkt-St. Veit 106 U 21
Neumorschen 63 M 12
Neumühle (Kreis Greiz) 66 N 20
Neumühle (Kreis Uelzen) 31 G 16
Neumühle (Schwerin) 22 F 18
Neumühler See 21 F 17
Neumünster 9 D 13
Neunaigen 88 R 20
Neunburg v. Wald 89 R 21
Neundorf (b. Lobenstein) 77 O 18
Neundorf (b. Schleiz) 66 O 19
Neundorf (Elstertalkreis) 78 O 20
Neundorf (Kreis Annaberg) 67 O 23
Neundorf (Kreis Aschersleben-Staßfurt) 53 K 18
Neunheilingen 64 M 16
Neunhof 87 R 17
Neunhofen 66 N 19
Neunkhausen 61 N 7
Neunkirchen (Kreis Daun) 70 P 4
Neunkirchen (Kreis Miltenberg) 85 Q 12
Neunkirchen (Kreis Schwäbisch-Hall) 94 S 12
Neunkirchen (Kreis Siegen-Wittgenstein) 61 N 8
Neunkirchen (Main-Tauber-Kreis) 85 R 13
Neunkirchen (Neckar-Odenwald-Kreis) 84 R 11
Neunkirchen (Stadtkreis Weiden) 88 Q 20
Neunkirchen (Westerwaldkreis) 61 O 8
Neunkirchen (Saar) 81 R 5
Neunkirchen a. Brand 87 R 17
Neunkirchen a. Main 78 Q 18
Neunkirchen a. Sand 87 R 17
Neunkirchen-Seelscheid 59 N 6
Neunstadt 95 T 14
Neunstetten (Hohenlohekreis) 85 R 12
Neunstetten (Kreis Ansbach) 86 S 15
Neuotzenrath 58 M 3
Neuötting 106 V 22
Neupetershain 56 L 26
Neupetershain Nord 56 L 26
Neupotz 93 S 8
Neurath 58 M 3
Neuravensburg 110 X 13
Neureetz 35 H 26
Neureichenau 99 T 25
Neureut 93 S 9
Neurhede 26 G 5
Neuried 92 U 7
Neuried (München) 104 V 18
Neuringe 26 I 5
Neurochlitz 25 G 27
Neuroda 65 N 16
Neurüdnitz 35 H 26
Neuruppin 33 H 22
Neusäß 104 U 16
Neusalza-Spremberg 69 M 27
Neusatz (Kreis Calw) 93 T 9
Neusatz (Kreis Rastatt) 92 U 8
Neuscharrel 27 G 7
Neuschloß 84 R 9
Neuschönau 99 T 24
Neuschoo 17 F 6
Neuschwanstein 112 X 16
Neuseddin 43 J 22
Neuses 75 P 11
Neuses (Kreis Coburg) 77 P 16
Neuses (Main-Tauber-Kreis) 85 R 13
Neuses a. Berg 86 Q 14
Neuses a. Raueneck 76 P 16
Neuses a. Sand 86 Q 15
Neusetz 86 Q 14
Neusiß 65 N 16
Neusitz 65 N 18
Neusitz 86 R 14
Neusorg 78 Q 19
Neusorge 57 L 28
Neuss 48 M 4
Neußen 55 L 23
Neustadt (Kreis Eichsfeld) 52 L 15
Neustadt (Kreis Ostprignitz-Ruppin) 33 H 21
Neustadt (Kreis Wesermarsch) 18 F 9
Neustadt (Odenwaldkreis) 84 Q 11
Neustadt (Saale-Orla-Kreis) 66 N 19
Neustadt (Titisee-) 100 W 8
Neustadt (Westlausitzkreis) 57 L 27
Neustadt (-Bremen) 29 G 10
Neustadt (Harz) 53 L 16
Neustadt (Hessen) 63 N 11
Neustadt (Vogtland) 79 O 20
Neustadt (Wied) 61 O 6
Neustadt a. d. Aisch 86 R 15
Neustadt a. d. Donau 97 T 19
Neustadt a. d. Waldnaab 89 Q 20
Neustadt a. d. Weinstraße 83 R 8
Neustadt a. Kulm 88 Q 19
Neustadt a. Main 75 Q 12
Neustadt a. Rennsteig 65 O 16
Neustadt a. Rübenberge 39 I 12
Neustadt b. Coburg 77 P 17
Neustadt-Glewe 22 F 18
Neustadt i. Holstein 9 D 16
Neustadt i. Sachsen 69 M 26
Neustadtgödens 17 F 7
Neustädt 64 N 14
Neustädter Bucht 9 D 16
Neustädter Moor 29 I 9
Neustädtlein 95 S 14
Neustädtlein a. Forst 77 Q 18
Neustädtles 76 O 14
Neustetten (Kreis Ansbach) 86 R 15
Neustetten (Kreis Tübingen) 93 U 10
Neustraßburg 70 P 3
Neustrelitz 24 F 23
Neusustrum 26 H 5
Neutechau 9 E 16
Neuteschendorf 10 C 16
Neuthard 93 S 9
Neutraubling 90 T 20
Neutrauchburg 111 W 14
Neutrebbin 35 I 26
Neutz 54 L 19
Neutz-Lettewitz 54 L 19
Neuvrees 27 H 7
Neuwallmoden 40 J 14
Neuwarmbüchen 40 I 13
Neuwarper See 25 E 26
Neuwegersleben 41 J 17
Neuweiler 93 U 9
Neuweilnau 74 P 9
Neuwerder 33 H 21
Neuwerk 58 M 3
Neuwernsdorf 68 N 24
Neuwesteel 16 F 5
Neuwied 71 O 6
Neuwiese 56 L 26
Neuwildflecken 75 O 13
Neuwirthshaus 75 P 13
Neuwittenbek 9 C 14
Neuwürschnitz 67 N 22
Neuzelle 45 J 27
Neverin 24 F 24
Nevern 22 E 18
Neversdorf 20 E 14
Neviges 48 M 5
Newel 80 Q 3
Nexdorf 55 L 24
Neye-Stausee 59 M 6
Nichel 43 J 22
Nickenich 71 O 5
Nicklashausen 85 Q 12
Nickritz 55 M 23
Nidda 74 O 11
Niddasee 75 O 11
Niddatal 74 P 10
Nidder 75 O 11
Nidderau 74 P 10
Nideggen 58 N 3
Niebel 43 J 22
Niebendorf-Heinsdorf 44 K 24
Nieblum 4 B 9
Niebüll 4 B 10
Nieby 5 B 13
Niedaltdorf 80 R 3
Nieden 25 F 25
Niedenstein 51 M 11
Nieder-Beerbach 84 Q 10
Nieder-Bobritzsch 68 N 24
Nieder Erlenbach 74 P 10
Nieder Fläming 44 K 22
Nieder-Frauendorf 68 N 25
Nieder-Gemünden 62 N 11
Nieder-Kainsbach 84 Q 10
Nieder-Kinzig 84 Q 10
Nieder-Klingen 84 Q 10
Nieder-Lichtenau 67 N 23
Nieder-Liebersbach 84 R 10
Nieder-Mockstadt 74 P 10
Nieder-Mörlen 74 O 10
Nieder-Moos 75 O 12
Nieder-Neundorf 57 M 28
Nieder Ochtenhausen 19 F 11
Nieder-Ohmen 62 O 11
Nieder-Olm 73 Q 8
Nieder Ramstadt 84 Q 10
Nieder Roden 74 Q 10
Nieder-Rosbach 74 P 10
Nieder-Seemen 75 O 11
Nieder-Seifersdorf 69 M 28
Nieder-Waroldern 50 M 11
Nieder-Weisel 74 O 10
Nieder-Werbe (Kreis Waldeck-Frankenberg) 50 M 10
Nieder-Wiesen 83 Q 7
Nieder-Wöllstadt 74 P 10
Niederahr 61 O 7
Niederaichbach 98 U 20
Niederalben 81 R 6
Niederalbertsdorf 66 N 20
Niederalteich 98 T 23
Niederarnbach 96 U 17
Niederasphe 62 N 9
Niederau 68 M 24
Niederau 58 N 3
Niederaudorf 113 X 20
Niederaula 63 N 12
Niederaußem 58 N 4
Niederbachem 60 O 5
Niederbeisheim 63 M 12
Niederberg 59 N 4
Niederbergheim 50 L 8
Niederbergkirchen 106 V 21
Niederbergstraße 49 L 7
Niederberndorf 50 M 8
Niederbieber 63 O 13
Niederbieber-Segendorf 71 O 6
Niederbösa 53 M 17
Niederbrechen 73 O 8
Niederbreitbach 61 O 6
Niederbrombach 81 Q 5
Niederburg 73 P 7
Niedercunnersdorf 69 M 27
Niederdielfen 61 N 8
Niederdorf 67 N 22
Niederdorf 46 L 2
Niederdorfelden 74 P 10
Niederdorla 64 M 15
Niederdreisbach 61 N 7
Niederdresselndorf 61 N 8
Niederdünzebach 64 M 14
Niederdürenbach 71 O 5
Niedereimer 49 L 8
Niedereisenhausen 62 N 9
Niederelbert 73 O 7
Niederellenbach 63 M 12
Niederelsungen 51 L 11
Niederembt 58 N 3
Niederemmel 72 Q 4
Niederense 49 L 7
Niedererbach 73 O 7
Niedereschach 101 V 9
Niedereulenbach 97 T 20
Niederfell 71 P 6
Niederfinow 35 H 25
Niederfischbach 61 N 7
Niederfrohna 67 N 22
Niederfüllbach 77 P 16
Niedergandern 52 L 13
Niedergebra 52 L 15
Niedergladbach 73 P 7
Niedergörsdorf 43 K 22
Niedergoseln 55 M 23
Niedergründau 75 P 11
Niedergude 63 M 13
Niedergurig 69 M 27
Niederhausen 100 V 7
Niederhaverbeck 30 G 13
Niederheimbach 73 P 7
Niederhöcking 98 U 22
Niederhofen 103 W 14
Niederholsten 38 J 8
Niederhone 64 M 14
Niederhorbach 92 S 8
Niederhornbach 97 T 19
Niederieierndorf 97 T 20
Niederirsen 61 N 6
Niederjesar 45 I 27
Niederjosbach 74 P 9
Niederjossa 63 N 12
Niederkail 72 Q 4
Niederkaina 69 M 27
Niederkalbach 75 O 12
Niederkassel 48 M 4
Niederkassel 59 N 5
Niederkaufungen 51 M 12
Niederkirchen 83 R 7
Niederkirchen b. Deidesheim 83 R 8
Niederkirchen i. Ostertal 81 R 5
Niederkleen 74 O 9
Niederklein 62 N 10
Niederkrüchten 58 M 2
Niederlamitz 78 P 19
Niederlandin 35 G 26
Niederlangen 26 H 5
Niederlauch 70 P 3
Niederlauer 76 P 14
Niederlauken 74 O 9
Niederlausitz 56 K 24
Niederlauterbach 97 U 18
Niederlauterstein 67 N 23
Niederlehme 44 J 24
Niederlern 105 U 19
Niederlibbach 73 P 8
Niederlinxweiler 81 R 5
Niederlistingen 51 L 11
Niederlommatzsch 68 M 24
Niederlosheim 80 R 4
Niederlungwitz 67 N 21
Niedermarsberg 50 L 10
Niedermehnen 38 I 9
Niedermeien 39 J 10
Niedermeilingen 73 P 7
Niedermeiser 51 L 11
Niedermöllern 66 M 19
Niedermöllrich 63 M 12
Niedermörmter 46 K 3
Niedermohr 81 R 6
Niedermotzing 90 T 21
Niedermurach 89 R 21
Niedernberg 75 Q 11
Niederndodeleben 42 J 18
Niederndorf 66 N 19
Niederndorf 61 N 7
Niederndorf 87 R 16
Niederneisen 73 O 8
Niederneuching 105 V 19
Niedernhall 85 S 12
Niedernhausen (Kreis Darmstadt-Dieburg) 84 Q 10
Niedernhausen (Rheingau-Taunus-Kreis) 74 P 8
Niedernjesa 51 L 13
Niedernstöcken 30 I 12
Niederntudorf 50 L 10
Niedernwöhren 39 I 11
Niederoderwitz 69 N 28
Niederöfflingen 71 P 4
Niederorke 62 M 10
Niederorschel 52 L 15
Niederpöllnitz 66 N 19
Niederpöring 98 T 22
Niederrad 74 P 9
Niederraunau 103 V 15
Niederreifenberg 74 P 9
Niederreißen 65 M 18
Niederrieden 103 V 14
Niederrodenbach 74 P 11
Niederröblingen 53 L 18
Niederroßbach 61 O 8
Niederroßla 65 M 18
Niederroth 104 V 18
Niedersachsenwerfen 52 L 16
Niedersächsisches Wattenmeer 16 F 4
Niederscheld 62 N 8
Niederschlettenbach 92 S 7
Niederschmon 53 L 18
Niederschöna 68 N 24
Niederschönenfeld 96 T 16
Niederschopfheim 100 U 7
Niederseelbach 74 P 8
Niederselters 73 O 8
Niederseßmar 59 M 6
Niedersfeld 50 M 9
Niedersgegen 80 Q 2
Niedershausen 62 O 8
Niedersimten 83 S 6
Niedersonthofen 111 X 14
Niederspier 53 M 16
Niederstaufen 110 X 13
Niedersteinbach 67 N 21
Niedersteinbach 75 P 11
Niederstetten 85 R 13
Niederstotzingen 95 U 14
Niederstraubing 105 U 20
Niederstrich 19 E 11
Niederstriegis 67 M 23
Niedersunzing 98 T 21
Niedertaufkirchen 106 V 21
Niederthalhausen 63 N 12
Niedertiefenbach 73 P 7
Niedertopfstedt 53 M 16
Niedertrebra 65 M 18
Niedertrennbach 98 U 21
Niederurff 63 M 11
Niedervellmar 51 L 12
Niederviehbach 98 U 21
Niedervorschütz 63 M 12
Niederwalgern 62 N 10
Niederwallmenach 73 P 7
Niederwangen 110 W 13
Niederwasser 100 V 8
Niederweidbach 62 N 9
Niederweiler 100 W 6
Niederweis 80 Q 3
Niederwerbig 43 J 22
Niederwerrn 76 P 14
Niederwiesa 67 N 23
Niederwihl 108 X 8
Niederwillingen 65 N 17
Niederwinden 100 V 8
Niederwinkling 98 T 22
Niederwörresbach 81 Q 6
Niederwürschnitz 67 N 22
Niederwürzbach 82 S 5
Niederzell 75 P 12
Niederzeuzheim 73 O 8
Niederzier 58 N 3
Niederzimmern 65 M 17
Niederzissen 71 O 5
Niedringhausen 38 J 9
Niefern-Öschelbronn 93 T 10
Niegripp 42 J 19
Nieheim 51 K 11
Niehorst 38 K 9
Niehuus 5 B 12
Niekrenz 11 D 21
Niel 46 K 2
Nielebock 42 I 20
Niemberg 54 L 20
Niemegk 43 J 22
Niemetal 51 L 13
Nienberge 37 K 6
Nienbergen 31 H 16
Nienborg 36 J 5
Nienborstel 8 D 12
Nienbüttel 8 D 12
Nienburg 54 K 19
Nienburg 29 I 11
Niendorf (Kreis Ludwigslust) 32 G 17
Niendorf (Kreis Nordwestmecklenburg) 21 E 16
Niendorf (Ohre-Kreis) 41 I 17
Niendorf (Hamburg-) 19 F 13
Niendorf (Lübeck-) 21 E 15
Niendorf I (Kreis Uelzen) 31 G 15
Nienhagen (b. Lage) 39 K 10
Nienhagen (b. Leopoldshöhe) 38 J 10
Nienhagen (Kreis Bad Doberan) 11 D 19
Nienhagen (Kreis Celle) 40 I 14
Nienhagen (Kreis Halberstadt) 41 K 17
Nienhagen (Kreis Northeim) 51 K 13
Nienhagen (Kreis Soltau-Fallingbostel) 30 H 12
Nienhagen (Stadtkreis Rostock) 11 D 20
Nienhagen b. Güstrow 23 E 20
Nienhagen b. Teterow 23 E 21
Nienhof 40 I 14
Nienkattbek 8 D 13
Nienstädt 39 J 11
Nienstedt (Kreis Hameln-Pyrmont) 39 J 12
Nienstedt (Kreis Osterode a. Harz) 52 K 14
Nienstedt (Kreis Sangerhausen) 53 L 18
Nienwalde 32 G 18
Nienwohld 20 E 14
Nienwohlde 31 H 15
Niep 46 L 3
Niepars 12 D 22
Nieplitz 43 J 22
Niers 58 M 3
Niersbach 72 Q 4
Niersenbruch 46 L 3
Nierst 48 M 4
Nierstein 74 Q 9
Nierswalde 46 K 2
Niese 51 K 11
Niesen 51 L 11
Niesgrau 5 B 13
Nieska 55 L 24
Niesky 57 M 28
Nieste 51 M 13
Niestetal 51 M 12
Nieukerk 46 L 3
Nievenheim 59 M 4
Nievern 73 O 7
Niewisch 45 J 26
Niewitz 44 K 25
Nikolausberg 52 L 13
Nikolausdorf 27 H 8
Nimburg 100 V 7
Nims 70 P 3
Nimshuscheid 70 P 3
Nimsreuland 70 P 3
Nincop 19 F 13
Nindorf (Kreis Celle) 30 H 13
Nindorf (Kreis Cuxhaven) 18 F 11
Nindorf (Kreis Dithmarschen) 7 D 11
Nindorf (Kreis Harburg) 30 G 14
Nindorf (Kreis Rendsburg-Eckernförde) 8 D 13
Nindorf (Kreis Rotenburg) 30 H 12
Nindorf (Kreis Stade) 19 F 12
Nipmerow 13 C 24
Nischwitz 55 L 22
Nisdorf 12 C 22
Nister 61 N 7
Nister-Möhrendorf 61 O 8
Nistertal 61 O 7
Nitschareuth 66 N 20
Nittel 80 R 3
Nittenau 89 S 20
Nittendorf 90 S 19
Nitzahn 43 I 21
Nitzow 32 H 20
Nobitz 66 N 21
Nochten 57 L 27
Nöbdenitz 66 N 20
Nöbeln 67 N 22
Nöggenschwiel 108 W 8
Nöham 98 U 22
Nöpke 29 I 12
Noer 5 C 14
Nördlicher Binnensee 10 C 17
Nördlicher Teutoburger Waldwiehengebirge (Naturpark) 37 I 8
Nördlingen 95 T 15
Nörten-Hardenberg 52 L 13
Nörting 105 U 18
Nörvenich 58 N 3
Nöschenrode 53 K 16
Nössige 68 M 24
Nöthen 60 O 4
Nötting 97 T 18
Növenthien 31 H 16
Nohen 81 R 5
Nohfelden 81 R 5
Nohn (Kreis Daun) 70 P 4
Nohn (Kreis Merzig-Wadern) 80 R 3
Nohra (Kreis Nordhausen) 52 L 16
Nohra (Kreis Weimar-Land) 65 N 17
Nolde-Museum Seebüll 4 B 10
Nonnberg 106 U 21

Deutschland 217

Nonnenbach 70 O 3
Nonnendorf (Kreis Ostvorpommern) 13 D 25
Nonnendorf (Kreis Teltow-Fläming) 44 K 23
Nonnenhorn 110 X 12
Nonnenmiß 93 T 9
Nonnenroth 62 O 10
Nonnenweier 100 U 7
Nonnewitz 66 M 20
Nonnweiler 81 R 4
Nonnweiler (Stausee) 81 R 4
Norby (b. Büdelsdorf) 8 C 12
Norby (b. Eckernförde) 5 C 13
Nord Edewecht 27 G 7
Nord-georgsfehnkanal 17 F 7
Nord-Ostsee-Kanal 8 D 12
Nordahn 18 F 11
Nordborchen 50 K 10
Nordburg 30 I 14
Norddeich (Kreis Aurich) 16 F 5
Norddeich (Kreis Dithmarschen) 7 D 10
Norddinker 49 L 7
Norddorf 4 B 9
Norddrebber 30 H 12
Nordel 39 I 10
Norden 16 F 5
Nordenau 62 M 9
Nordenbeck 50 M 10
Nordenberg 86 R 14
Nordendorf 96 U 16
Nordenham 18 F 9
Nordenholz 28 G 9
Nordenstadt 74 P 9
Norderaue 4 C 9
Norderbrarup 5 C 13
Norderfriedrichskoog 7 C 10
Norderhafen 4 C 10
Norderhever 4 C 9
Norderheverkoog 7 C 10
Nordermeldorf 7 D 11
Norderney 16 E 5
Norderney am Leuchtturm 16 E 5
Norderoog (Insel) 4 C 9
Norderoogsand (Insel) 4 C 9
Norderschweiburg 18 F 8
Norderstapel 7 C 11
Norderstedt 19 E 14
Norderwöhrden 7 D 11
Nordfeld 7 C 11
Nordfriesische Inseln 4 B 8
Nordfriesland 4 B 10
Nordgeorgsfehn 17 G 7
Nordgermersleben 41 J 18
Nordhackstedt 4 B 11
Nordhalben 77 O 18
Nordhastedt 7 D 11
Nordhausen 53 L 16
Nordheim 84 Q 9
Nordheim (Kreis Donau-Ries) 96 T 16
Nordheim (Kreis Heilbronn) 94 S 11
Nordheim (Kreis Schmalkalden-Meiningen) 76 O 15
Nordheim a. Main 76 Q 14
Nordheim v. d. Rhön 76 O 14
Nordhelle 61 M 7
Nordhemmern 39 I 10
Nordholte 27 I 6
Nordholz 18 E 9
Nordhorn 36 I 5
Nordkampen 30 H 12
Nordkirchen 47 K 6
Nordleda 18 E 10
Nordloh 27 G 7
Nordlohne 26 I 5
Nordmarsch-Langeneß 4 C 9
Nordmentzhausen 18 F 8
Nordperd 13 C 25
Nordpfälzer Bergland 83 R 6
Nordrach 100 U 8
Nordradde 26 H 6
Nordschwaben 108 X 7
Nordsehl 39 I 11
Nordstemmen 40 J 13
Nordstetten 101 U 10
Nordstrand (Gemeinde) 4 C 10
Nordstrandischmoor 4 C 10
Nordstraße 5 B 13
Nordumfluter 45 K 26
Nordvelen 36 K 4
Nordwalde 37 J 6
Nordwohlde 29 H 10
Norf 48 M 4
Norgaardholz 5 B 13
Norheim 73 Q 7
Norstedt 4 C 11
Northeim 52 K 13
Nortmoor 17 G 6
Nortorf (Kreis Rendsburg-Eckernförde) 8 D 13
Nortorf (Kreis Steinburg) 7 E 11
Nortrup 27 I 7
Nossen 67 M 23
Nossendorf 14 E 22
Nossentiner Hütte 23 F 21
Nossentiner-Schwinzer Heide (Naturpark) 23 F 20
Nostorf 21 F 15
Noswendel 81 R 4
Nothfelden 51 L 11
Nothweiler 92 S 7
Notschrei 100 W 7
Nottekanal 44 J 24
Nottensdorf 19 F 12
Notter 52 M 15
Nottfeld 5 C 13
Nottuln 36 K 6
Notzing 105 V 19
Notzingen 94 T 12
Nudersdorf 43 K 21
Nudow 44 J 23
Nübbel 8 D 12
Nübel 5 C 12
Nüchel 9 D 15
Nüdlingen 76 P 14
Nümbrecht 59 N 6
Nünchritz 56 M 24
Nürburg 71 O 4
Nürburgring 71 O 4
Nürnberg 87 R 17
Nürnberg (Flughafen) 87 R 17
Nürtingen 94 U 12
Nüßleshof 64 N 15
Nüst 63 O 13
Nüsttal 63 O 13
Nütterden 46 K 2
Nüttermoor 17 G 6
Nützen 19 E 13
Nufringen 93 U 10
Nunkirchen 80 R 4
Nunsdorf 44 J 23
Nurn 77 P 18
Nusbaum 80 Q 3
Nusplingen 101 V 10
Nußbach (Kreis Kusel) 83 R 7
Nußbach (Ortenaukreis) 92 U 8
Nußbach (Schwarzwald-Baar-Kreis) 101 V 8
Nußbaum 93 T 10
Nußdorf (Bodenseekreis) 110 W 11
Nußdorf (Kreis Ludwigsburg) 93 T 10
Nußdorf (Kreis Traunstein) 106 W 21
Nußdorf a. Inn 113 W 20
Nusse 21 F 15
Nußloch 84 S 10
Nustrow 11 D 21
Nutha 42 K 20
Nuthe 44 J 23
Nuthe (Bach) 42 K 20
Nuthegraben 44 J 23
Nutscheid (Der) 59 N 6
Nuttel 17 G 8
Nutteln 8 E 12
Nuttlar 50 L 9
Nymphenburg (München) 105 V 18

O

Ob 112 W 16
Obbach 76 P 14
Obenhausen 103 V 14
Obenstrohe 17 F 8
Ober-Abtsteinach 84 R 10
Ober Beerbach 84 Q 10
Ober-Bessingen 62 O 10
Ober-Bobritzsch 68 N 24
Ober-Breidenbach 63 N 11
Ober-Erlenbach 74 P 10
Ober-Flörsheim 83 Q 8
Ober-Frauendorf 68 N 25
Ober Gleen 63 N 11
Ober-Hainbrunn 84 R 10
Ober-Heinsdorf 66 O 21
Ober-Hilbersheim 73 Q 8
Ober-Kainsbach 84 Q 10
Ober-Kinzig 84 Q 10
Ober-Klingen 84 Q 10
Ober Kostenz 72 Q 6
Ober-Lais 75 O 11
Ober-Lichtenau 68 M 25
Ober-Mörlen 74 O 10
Ober-Moos 75 O 12
Ober Ochtenhausen 19 F 11
Ober-Ohmen 63 O 11
Ober-Olm 73 Q 8
Ober Rammingen 103 V 15
Ober-Ramstadt 84 Q 10
Ober-Roden 74 Q 10
Ober-Rosbach 74 P 10
Ober Schönmattenwag 84 R 10
Ober-Seemen 75 O 11
Ober-Seibertenrod 63 O 11
Ober-Sensbach 84 R 11
Ober-Waroldern 50 M 10
Ober-Wegfurth 63 N 12
Ober-Werbe 50 M 10
Ober-Wiesen 83 Q 7
Ober Wöllstadt 74 P 10
Oberacker 93 S 10
Oberaden 49 L 6
Oberahr 61 O 7
Oberaichbach 98 U 20
Oberailsfeld 87 Q 18
Oberalba 64 N 14
Oberaltertheim 85 Q 13
Oberammergau 112 X 17
Oberampfrach 86 S 14
Oberappersdorf 97 U 19
Oberasbach 87 R 16
Oberau (Kreis Berchtesgadener Land) 114 X 23
Oberau (Kreis Garmisch-Partenkirchen) 112 X 17
Oberaudorf 113 X 20
Oberauerbach 82 S 6
Oberauerkiel 91 S 23
Oberaula 63 N 12
Oberaurach 76 Q 15
Oberaußem 58 N 4
Oberbach 75 O 13
Oberbalbach 85 R 13
Oberbalzheim 103 V 14
Oberbauer 49 M 6
Oberbauerschaft 38 J 9
Oberbechingen 95 U 15
Oberbeisheim 63 M 12
Oberbergen 100 V 6
Oberbergkirchen 106 V 21
Oberberken 94 T 12
Oberbernbach 104 U 17
Oberbessenbach 75 Q 11
Oberbettingen 70 P 3
Oberbiberg 105 W 18
Oberbibrach 88 Q 19
Oberbieber 71 O 6
Oberbiel 62 O 9
Oberbillig 80 Q 3
Oberbodnitz 66 N 19
Oberböhmsdorf 66 O 19
Oberbösa 53 M 17
Oberboihingen 94 U 12
Oberbränd 101 W 8
Oberbrechen 73 O 8
Oberbrombach 81 Q 5
Oberbruch-Dremmen 58 M 2
Oberbrüden 94 T 12
Oberbrügge 49 M 6
Oberbrumberg 77 P 18
Oberbrunn 77 P 16
Obercarsdorf 68 N 24
Obercrinitz 67 O 21
Obercunnersdorf 69 M 28
Oberdachstetten 86 R 15
Oberderdingen 93 S 10
Oberdielbach 84 R 11
Oberdiendorf 99 U 24
Oberdieten 62 N 9
Oberdigisheim 101 V 10
Oberding 105 V 19
Oberdischingen 102 V 13
Oberdolling 97 T 18
Oberdorf 67 N 22
Oberdorf a. Ipf 95 T 15
Oberdorf b. Immenstadt 111 X 14
Oberdorf b. Langenargen 110 X 12
Oberdorla 64 M 15
Oberdrees 60 O 4
Oberdünzebach 64 M 14
Obere Bauerschaft 30 I 12
Obere Donau (Naturpark) 101 V 10
Oberegg 103 W 15
Obereggenen 100 W 6
Obereichenbach 86 S 15
Obereichstätt 96 T 17
Obereisenheim 76 Q 14
Obereisesheim 85 S 11
Oberelchingen 103 U 14
Oberellen 64 N 14
Oberellenbach 97 T 20
Oberelsbach 76 O 14
Oberelsungen 51 L 11
Oberembt 58 N 3
Oberempfenbach 97 U 19
Oberems 74 P 9
Oberensingen 94 U 11
Oberer Bayerischer Wald (Naturpark) 89 S 21
Oberer Mundatwald 92 S 7
Oberergoldsbach 97 T 20
Obererlbach 87 S 16
Obererthal 75 P 13
Oberesch 80 R 3
Obereschach (Kreis Ravensburg) 110 W 12
Obereschach (Schwarzwald-Baar-Kreis) 101 V 9
Obereschenbach 75 P 13
Oberessendorf 102 W 13
Obereßfeld 76 P 15
Oberfeldbrecht 86 R 15
Oberfeldkirchen 106 V 21
Oberfell 71 P 6
Oberferrieden 87 S 17
Oberfischach 95 S 13
Oberfischbach 61 N 7
Oberflacht 101 V 10
Oberflossing 106 V 21
Obergartzem 60 O 4
Obergebra 52 L 15
Obergeis 63 N 12
Obergermaringen 104 W 16
Obergessenbach 98 U 22
Obergessertshausen 103 V 15
Obergimpern 84 S 11
Oberginsbach 85 R 13
Oberglottertal 100 V 7
Obergräfenhain 67 N 22
Obergrenzebach 63 N 11
Obergriesbach 104 U 17
Obergriesheim 85 S 11
Obergröningen 95 T 13
Obergrombach 93 S 9
Obergünzburg 103 W 15
Obergurig 69 M 27
Oberhaching 105 V 18
Oberhäslich 68 N 25
Oberhaid 77 Q 16
Oberhain 65 O 17
Oberham 106 U 23
Oberhambach 81 Q 5
Oberhammelwarden 18 G 9
Oberharmersbach 100 U 8
Oberhartheim 97 T 18
Oberhaselbach 97 T 20
Oberhausen (Kreis Emmendingen) 100 V 7
Oberhausen (Kreis Neuburg-Schrobenhausen) 96 T 17
Oberhausen (Kreis Oberhausen) 47 L 4
Oberhausen (Kreis Weilheim-Schongau) 112 W 17
Oberhausen a. d. Appel 83 Q 7
Oberhausen a. d. Nahe 83 Q 7
Oberhausen b. Oldenburg 27 G 8
Oberhausen-Rheinhausen 84 S 9
Oberhaverbeck 30 G 13
Oberheimbach 73 P 7
Oberheldrungen 53 M 17
Oberhembach 87 S 17
Oberhenneborn 50 M 8
Oberhermsgrün 79 O 20
Oberhinkofen 90 T 20
Oberhirschberg 91 T 22
Oberhochstatt 96 S 17
Oberhöchstadt 74 P 9
Oberhöcking 98 U 21
Oberhörne 18 G 9
Oberhof (Kreis Nordwestmecklenburg) 10 E 17
Oberhof (Kreis Schmalkalden-Meiningen) 64 N 16
Oberhohenried 76 P 15
Oberholzhausen 62 M 10
Oberholzheim 103 V 13
Oberholzklau 61 N 7
Oberhummel 105 U 19
Oberhundem 61 M 8
Oberickelsheim 86 R 14
Oberiflingen 101 U 9
Oberirsen 59 N 6
Oberjettenberg 114 W 22
Oberjettingen 93 U 10
Oberjoch 111 X 15
Oberjosbach 74 P 9
Oberkail 70 P 4
Oberkalbach 75 O 13
Oberkammlach 103 V 15
Oberkatz 64 O 14
Oberkaufungen 51 M 12
Oberkessach 85 R 12
Oberkirch 92 U 8
Oberkirchen (Hochsauerlandkreis) 62 M 9
Oberkirchen (Kreis St. Wendel) 81 R 5
Oberkirn 72 Q 6
Oberkirnach 101 V 8
Oberkleen 74 O 9
Oberkochen 95 T 14
Oberköst 86 Q 16
Oberkollbach 93 T 10
Oberkollwangen 93 T 9
Oberkotzau 78 P 19
Oberküps 77 P 17
Oberkürnach 111 W 14
Oberlahr 61 O 6
Oberlangau 89 R 21
Oberlangen 26 H 5
Oberlangenstadt 77 P 17
Oberlangheim 77 P 17
Oberlascheid 70 P 2
Oberlauchringen 109 X 8
Oberlauringen 76 P 15
Oberlausitz 68 M 26
Oberlauterbach (Kreis Landshut) 97 T 19
Oberlauterbach (Kreis Pfaffenhofen a. d. Ilm) 97 U 18
Oberleichtersbach 75 P 13
Oberleinach 75 Q 13
Oberlemp 62 O 9
Oberlenningen 94 U 12
Oberlethe 27 G 8
Oberleuken 80 R 3
Oberlichtenau 67 N 22
Oberlind (Kreis Neustadt a. d. Waldnaab) 89 R 20
Oberlind (Kreis Sonneberg) 77 O 17
Oberlindhart 97 T 20
Oberlinxweiler 81 R 5
Oberlistingen 51 L 11
Oberloquitz 65 O 18
Oberlübbe 39 J 10
Oberlungwitz 67 N 22
Obermässing 96 S 17
Obermaiselstein 111 X 14
Obermarchtal 102 V 12
Obermarsberg 50 L 10
Obermaßfeld-Grimmenthal 76 O 15
Obermaubach 58 N 3
Obermehler 52 M 15
Obermeiser 51 L 11
Obermeitingen 104 V 16
Obermelsungen 63 M 12
Obermögersheim 96 S 15
Obermoschel 83 Q 7
Obermühlhausen 104 W 17
Obermünchen 97 U 19
Obermünstertal 100 W 7
Obermurach 89 R 21
Obernau (Kreis Aschaffenburg) 101 U 10
Obernau (Kreis Tübingen) 75 Q 11
Obernau-Stausee 61 N 8
Obernbreit 86 R 14
Obernburg 75 Q 11
Oberndorf (Kreis Cuxhaven) 19 E 11
Oberndorf (Kreis Nürnberger Land) 87 R 17
Oberndorf (Lahn-Dill-Kreis) 62 O 9
Oberndorf (Main-Kinzig-Kreis) 75 P 12
Oberndorf a. Lech 96 T 16
Oberndorf a. Neckar 101 V 9
Oberneisen 73 P 8
Oberneuching 105 V 19
Oberneudorf 85 R 11
Oberneufnach 103 V 15
Oberneukirchen 106 V 21
Oberneuland 29 G 10
Obernfeld 52 L 14
Obernhain 74 P 9
Obernhausen 76 O 13
Obernheim 101 V 10
Obernheim-Kirchenarnbach 81 R 6
Obernhof 73 P 7
Obernholz 31 H 15
Obernitz 65 O 18
Obernjesa 51 L 13
Obernkirchen 39 J 11
Obernsees 77 Q 18
Oberntief 86 R 15
Oberntudorf 50 L 9
Obernüst 64 O 13
Obernwöhren 39 J 11
Obernwohlde 9 E 15
Obernzell 99 U 24
Obernzenn 86 R 15
Oberoderwitz 69 N 28
Oberölsbach 87 R 18
Oberöwisheim 84 S 10
Oberohe 30 H 14
Oberoppurg 66 N 19
Oberornau 105 V 20
Oberostendorf 104 W 16
Oberotterbach 92 S 7
Oberottmarshausen 104 V 16
Oberpfälzer Wald 89 Q 20
Oberpfälzer Wald (Naturpark) 89 R 21
Oberpfaffenhofen 104 V 17
Oberpferdt 78 P 19
Oberpframmern 105 V 19
Oberpfraundorf 90 S 19
Oberpiebing 98 T 21
Oberpleichfeld 76 Q 14
Oberpleis 59 N 5
Oberpöring 98 T 22
Oberprechtal 100 V 8
Oberquembach 74 O 9
Oberreichenbach (Kreis Calw) 93 T 9
Oberreichenbach (Kreis Erlangen-Höchstadt) 86 R 16
Oberreichenbach (Kreis Fürth) 86 R 16
Oberreichenbach (Main-Kinzig-Kreis) 75 O 11
Oberreidenbach 81 Q 6
Oberreifenberg 74 P 9
Oberreißen 65 M 18
Oberreute 111 X 13
Oberried (Kreis Breisgau-Hochschwarzwald) 100 W 7
Oberried (Kreis Regen) 91 S 23
Oberrieden (Kreis Saalfeld-Rudolstadt) 51 M 13
Oberrieden (Kreis Unterallgäu) 103 V 15
Oberriexingen 94 T 11
Oberriffingen 95 T 14
Oberrimbach (Kreis Neustadt a. d. A.-Bad W.) 86 Q 15
Oberrimbach (Main-Tauber-Kreis) 86 R 14
Oberrimsingen 100 W 7
Oberrodenbach 74 P 11
Oberröblingen 53 L 17
Oberroning 97 T 20
Oberrosphe 62 N 10
Oberroßbach 62 N 8
Oberrot 94 S 12
Oberroth (Kreis Dachau) 104 V 17
Oberroth (Kreis Neu-Ulm) 103 V 14
Oberrotweil 100 V 6
Obersalwey 49 M 8
Obersalzberg 114 X 23
Oberschambach 97 T 19
Oberschefflenz 85 R 11
Oberscheidweiler 71 P 4
Oberscheinfeld 86 Q 15
Oberscheld 62 N 9
Oberschledorn 50 M 10
Oberschleißheim 105 V 18
Oberschmeien 102 V 11
Oberschneiding 98 T 21
Oberschönbach 70 O 3
Oberschöna 67 N 23
Oberschönau 64 N 15
Oberschöneberg 103 V 15
Oberschönegg 103 V 14
Oberschönenfeld 104 V 16
Oberschopfheim 100 U 7
Oberschwandorf 93 U 9
Oberschwappach 76 Q 15
Oberschwarzach 76 Q 15
Oberschweinbach 104 V 17
Obersdorf (Kreis Mansfelder Land) 53 L 17
Obersdorf (Kreis Siegen-Wittgenstein) 61 N 8
Obersdorf (Hermersdorf-) 35 I 26
Obersee 33 H 21

A B C D E F G H I J K L M N O P Q R S T U V W X Y Z

Obersee 114 X 22
Oberseifersdorf 69 N 28
Obersgegen 80 Q 2
Obershagen 40 I 14
Obershausen 61 O 8
Obersimten 83 S 6
Obersinn 75 P 12
Obersöchering 112 W 17
Obersontheim 95 S 13
Oberspechtrain 98 U 21
Oberspeltach 95 S 13
Oberspier 53 M 16
Oberspiesheim 76 Q 14
Oberspitzenbach 100 V 7
Oberstadion 102 V 13
Oberstadt 64 O 15
Oberstadtfeld 70 P 4
Oberstaufen 111 X 14
Oberstaufenbach 81 R 6
Oberstdorf 111 X 14
Oberste Henn 61 N 8
Obersteeg 59 N 5
Obersteinach 85 S 13
Obersteinbach 94 S 12
Obersteinbach a. d. Haide 87 S 16
Obersteinhagen 38 K 9
Obersteinfeld 94 S 11
Oberstetten 102 V 11
Oberstimm 96 T 18
Oberstreu 76 O 14
Obersülzen 83 R 8
Obersüßbach 97 U 19
Obersuhl 64 N 14
Obersulmetingen 102 V 13
Obersulzbach 86 R 15
Obersunzing 98 T 21
Obertal 93 U 8
Obertalheim 93 U 9
Obertaufkirchen 105 V 20
Oberteisendorf 106 W 22
Oberteuringen 110 W 12
Oberthal 81 R 5
Obertheres 76 P 15
Oberthingau 111 W 15
Oberthulba 76 P 13
Obertiefenbach 73 O 8
Obertraubling 90 T 20
Obertrennbach 98 U 21
Obertrubach 87 Q 18
Obertshausen 74 P 10
Obertsrot 93 T 9
Oberückersee 34 G 25
Oberufhausen 63 N 13
Oberuhldingen 110 W 11
Oberurff 63 M 11
Oberursel 74 P 9
Oberveischede 61 M 7
Obervellmar 51 L 12
Oberviechtach 89 R 21
Oberviehbach 98 U 21
Obervieland 29 G 10
Oberwachingen 102 V 12
Oberwald 75 O 11
Oberwaldbach 103 U 15
Oberwaldbehrungen 76 O 14
Oberwalluf 73 P 8
Oberwarngau 105 W 19
Oberweid 64 O 14
Oberweidbach 62 N 9
Oberweier
(*Kreis Karlsruhe*) 93 T 9
Oberweier
(*Ortenaukreis*) 100 U 7
Oberweiler 70 P 3
Oberweiler-Tiefenbach 81 R 6
Oberweis 70 Q 3
Oberweißbach 65 O 17
Oberweißenbrunn 76 O 13
Oberwesel 73 P 7
Oberweser 51 L 12
Oberwetz 74 O 9
Oberwiehl 61 N 6
Oberwiera 67 N 21
Oberwiesenacker 88 S 18
Oberwiesenthal 79 O 22
Oberwihl 108 X 8
Oberwildenau 88 R 20
Oberwinden 100 V 8
Oberwinter 60 O 5
Oberwittighausen 85 R 13
Oberwittstadt 85 R 12
Oberwössen 114 W 21
Oberwolfach 100 V 8
Oberzeitlbach 104 U 17
Oberzell (*Kreis Konstanz*) 110 W 11
Oberzell
(*Kreis Ravensburg*) 110 W 12
Oberzell
(*Main-Kinzig-Kreis*) 75 P 13
Oberzella 64 N 14
Oberzeuzheim 73 O 8
Oberzier 58 N 3
Oberzissen 71 O 5
Obhausen 54 L 18
Obing 106 V 21
Obrigheim 84 R 11
Obrigheim (Pfalz) 83 R 8
Obrighoven 46 L 3
Ocholt 27 G 7
Ochsenbach 93 S 10
Ochsenberg 95 T 14
Ochsendorf 41 J 16
Ochsenfeld 96 T 17
Ochsenfurt 86 R 14
Ochsenhausen 103 V 13
Ochsenkopf
(*Kreis Bayreuth Land*) 78 P 19
Ochsenkopf
(*Kreis Wittenberg*) 55 K 21
Ochsensaal 55 L 22
Ochsenwang 94 U 12
Ochsenwerder (*Hamburg*) 20 F 14
Ochtelbur 17 F 6
Ochtendung 71 O 6
Ochtersum
(*Kreis Hildesheim*) 40 J 13
Ochtersum
(*Kreis Wittmund*) 17 F 6
Ochtmannien 29 H 10
Ochtmannsbruch 19 F 13
Ochtmersleben 42 J 18
Ochtmissen 20 G 15
Ochtrup 36 J 5
Ochtum 29 G 10
Ockenheim 73 Q 7
Ockfen 80 R 3
Ockholm 4 B 10
Ockrilla 68 M 24
Ockstadt 74 P 10
Odderade 7 D 11
Odelzhausen 104 V 17
Odenbach 81 Q 6
Odendorf 60 O 4
Odenhausen 62 O 10
Odenheim 84 S 10
Odenkirchen 58 M 3
Odenspiel 61 N 7
Odenthal 59 M 5
Odenwald 84 R 10
Oder (*Fluß b. Wulften*) 52 L 14
Oder-Havel-Kanal 34 H 24
Oder-Spree-Kanal 44 I 25
Oderberg 35 H 26
Oderbruch 35 H 26
Oderbrück 52 K 15
Oderding 104 W 17
Oderin 44 J 25
Odernheim a. Glan 83 Q 7
Odersbach 73 O 8
Odersberg 61 O 8
Odershausen 63 M 11
Oderstausee 52 L 15
Oderteich 52 K 15
Oderwald 41 J 15
Odisheim 18 E 10
Oebelitz 12 D 22
Oebisfelde 41 I 16
Oechsen 64 N 14
Oechtringen 31 G 15
Oedelsheim 51 L 12
Oedelum 40 J 14
Ödenwald 101 U 9
Ödenwaldstetten 102 U 12
Oederan 67 N 23
Oederquart 19 E 11
Oedesse 40 I 14
Oedheim 85 S 11
Oeding 36 K 4
Oedingen 61 M 8
Ödsbach 92 U 8
Oedt 46 M 3
Öfingen 101 W 9
Öflingen 108 X 7
Öhe 13 C 23
Oehna 43 K 23
Öhningen 109 X 10
Öhringen 85 S 12
Oekoven 58 M 3
Oelber 40 J 14
Ölbronn-Dürrn 93 T 10
Oelde 49 K 8
Oelixdorf 8 E 12
Öllingen 95 U 14
Oellingen 86 R 14
Oelsa 68 N 25
Oelsen 68 N 25
Oelshausen 51 M 11
Oelsig 55 K 24
Oelsnitz 78 O 20
Oelsnitz (Erzgebirge) 67 N 22
Oelsnitz-Niegeroda 56 L 24
Oelze 65 O 17
Oelzschau 55 M 21
Önsbach 92 U 8
Oepfershausen 64 O 14
Öpfingen 102 V 13
Oer-Erkenschwick 47 L 5
Oerel 18 F 11
Oering 20 E 14
Oerlenbach 76 P 14
Oerlinghausen 38 K 9
Oermten 46 L 3
Oerrel (*Kreis Gifhorn*) 31 H 15
Oerrel (*Kreis Soltau-
Fallingbostel*) 30 H 14
Oerreler Moor 31 H 15
Oersdorf (*Kreis
Rendsburg-Eckernförde*) 8 D 12
Oersdorf (*Kreis Stade*) 19 F 12
Örtze 30 H 14
Oerzen 31 G 14
Oeschebüttel 8 E 13
Öschelbronn
(*Kreis Böblingen*) 93 U 10
Öschelbronn (Niefern-)
(*Enzkreis*) 93 T 10
Öschingen 102 U 11
Oesdorf 50 L 10
Oesdorf 87 Q 16
Oese 18 F 11
Oesede 37 J 8
Oesfeld 85 R 13
Oeslau 77 P 17
Oester 37 K 8
Oester-Stausee 61 M 7
Oesterbehringen 64 M 15
Oesterdeichstrich 7 D 10
Oestereiden 50 L 9
Österfeld 61 M 7
Oesterholz 50 K 10
Oesterweg 37 J 8
Österwiehe 50 K 9
Oesterwurth 7 D 10
Oestheim 86 S 14
Oestinghausen 49 L 8
Östliche Karwendelspitze 112 X 18
Oestrich-Winkel 73 P 8
Östringen 84 S 10
Östrum 40 J 14
Ötigheim 93 T 8
Ötisheim 93 T 10
Oetjendorf 20 E 15
Oettern 65 N 18
Oettersdorf 66 O 19
Oettingen 95 T 15
Oetzen 31 G 16
Oetzendorf 31 G 15
Ötzingen 61 O 7
Oeventrop 49 L 8
Oeverich 60 O 5
Oeversee 5 B 12
Oeynhausen 51 K 11
Offdilln 61 N 8
Offen 30 H 13
Offenau 85 S 11
Offenbach (*Frankfurt*) 74 P 10
Offenbach
(*Lahn-Dill-Kreis*) 62 N 9
Offenbach a. d. Queich 83 S 8
Offenbach Hundheim 81 R 6
Offenbau 96 S 17
Offenberg 98 T 22
Offenbüttel 8 D 12
Offenburg 92 U 7
Offenhausen (*Kreis
Nürnberger Land*) 87 R 18
Offenheim 83 Q 8
Offensen (*Kreis Celle*) 30 I 14
Offensen (*Kreis Northeim*) 51 L 13
Offenstetten 97 T 19
Offenthal 74 Q 10
Offenwang 106 W 22
Offingen (*Kreis
Biberach a. d. Riß*) 102 V 12
Offingen (*Kreis Günzburg*) 103 U 15
Offleben 41 J 17
Offstein 83 R 8
Ofterdingen 101 U 11
Ofterschwang 111 X 14
Oftersheim 84 R 9
Ogenbargen 17 F 6
Oggelsbeuren 102 V 13
Oggelshausen 102 V 12
Oggenhausen 95 T 14
Oggersheim 84 R 9
Ogrosen 56 K 26
Oha 8 D 12
Ohe (*Fluß*) 27 H 6
Ohe (*Fluß*) 99 T 23
Ohe (*Kreis Celle*) 30 H 14
Ohe (*Kreis
Rendsburg-Eckernförde*) 8 D 13
Ohl 59 M 6
Ohle 49 M 7
Ohlenberg 60 O 5
Ohlendorf 20 F 14
Ohlendorf (Salzgitter-) 40 J 15
Ohlenrode 40 K 13
Ohlenstedt 18 G 10
Ohlerath 60 O 4
Ohlsbach 100 U 7
Ohlstadt 112 X 17
Ohm 62 O 11
Ohmenhausen 94 U 11
Ohmenheim 95 T 15
Ohmgebirge 52 L 15
Ohnastetten 102 U 11
Ohndorf 39 I 12
Ohne 36 J 5
Ohof 40 I 14
Ohorn 68 M 26
Ohr 39 J 12
Ohratalsperre 64 N 16
Ohrdorf 31 H 16
Ohrdruf 64 N 16
Ohre 41 I 17
Ohrel 19 F 11
Ohrenbach (*Stadt*) 86 R 14
Ohrensen 19 F 12
Ohrn 94 S 12
Öhrnberg 85 S 12
Ohrsleben 41 J 16
Ohrt 18 G 9
Ohrte 27 I 7
Ohrtermersch 27 I 7
Öhrum 41 J 15
Ohu 97 U 20
Oie 12 C 22
Oiste 29 H 11
Okarben 74 P 10
Okel 29 H 10
Oker 40 K 15
Okerstausee 52 K 15
Okertal 52 K 15
Okriftel 74 P 9
Oland 4 B 10
Olbernhau 68 O 24
Olberode 63 N 12
Olbersdorf 69 N 28
Olbersleben 65 M 18
Olching 104 V 17
Oldau 30 I 13
Oldeborg 17 F 5
Oldenbrok 18 G 9
Oldenbüttel
(*Kreis Osterholz*) 18 G 10
Oldenbüttel (*Kreis
Rendsburg-Eckernförde*) 8 D 12
Oldenburg
(*Stadtkreis Oldenburg*) 27 G 8
Oldenburg i. Holstein 10 D 16
Oldenburger Graben 10 D 16
Oldendorf (*Kreis Celle*) 30 H 14
Oldendorf (*Kreis
Hameln-Pyrmont*) 40 J 12
Oldendorf
(*Kreis Osnabrück*) 38 J 8
Oldendorf (*Kreis Osterholz*) 18 F 10
Oldendorf (*Kreis Rotenburg*) 19 G 11
Oldendorf (*Kreis Stade*) 19 F 11
Oldendorf (*Kreis Steinburg*) 8 E 12
Oldendorf (Luhe) 30 G 14
Oldendorf a. d. Göhrde 31 G 16
Oldendorp 16 G 5
Oldenhütten 8 D 13
Oldenkott 36 J 4
Oldenstadt 31 H 15
Oldenswort 7 C 10
Oldentrup 38 J 9
Oldersbek 4 C 11
Oldershausen 20 F 15
Oldersum 17 G 6
Olderup 4 C 11
Oldisleben 53 M 17
Oldorf 17 F 7
Oldsum 4 B 9
Olef 70 O 3
Olef-Stausee 70 O 3
Olewig 80 Q 3
Olfen (*Kreis Coesfeld*) 47 K 6
Olfen (*Odenwaldkreis*) 84 R 10
Olk 80 Q 3
Ollarzried 103 W 15
Ollendorf 65 M 17
Ollheim 59 N 4
Ollsen 30 G 14
Olpe 61 M 7
Olpe (*Hochsauerlandkreis*) 49 L 8
Olpe (*Rheinisch-
Bergischer Kreis*) 59 M 5
Olpenitzdorf 5 C 14
Olsberg 50 L 9
Olsbrücken 81 R 6
Oltmannsfehn 17 F 7
Olvenstedt 42 J 18
Olzheim 70 P 3
Ommersheim 82 S 5
Onolzheim 95 S 14
Onstmettingen 101 V 10
Oos 70 P 3
Opelzoo 74 P 9
Opfenbach 110 X 13
Opferbaum 76 Q 14
Opferdingen 101 W 9
Opfingen 100 V 7
Opladen 59 M 5
Oppach 69 M 27
Oppau 84 R 9
Oppelhain 56 L 24
Oppeln 18 E 10
Oppelsbohm 94 T 12
Oppenau 92 U 8
Oppendorf 38 I 9
Oppenheim 74 Q 9
Oppenwehe 38 I 9
Oppenweiler 94 T 12
Opperhausen
(*Kreis Northeim*) 52 K 13
Oppershausen (*Kreis Celle*) 30 I 14
Oppershausen
(*Unstrut-Hainich-Kreis*) 64 M 15
Oppershofen 74 O 10
Oppertshofen 96 T 16
Oppin 54 L 20
Oppingen 94 U 13
Oppitz 57 M 27
Oppum 48 M 3
Oppurg 66 N 18
Oranienbaum 54 K 21
Oranienburg 34 H 23
Orbis 83 Q 7
Orbke 30 H 13
Ording 7 C 9
Orenhofen 72 Q 3
Orke 62 M 10
Orla 65 N 18
Orlamünde 65 N 18
Orleshausen 74 P 11
Orlishausen 65 M 17
Ormesheim 82 S 5
Ormont 70 P 3
Ornbau 86 S 15
Orscholz 80 R 3
Orsenhausen 103 V 13
Orsfeld 70 P 3
Orsingen 101 W 10
Orsingen-Nenzingen 101 W 10
Orsoy 46 L 4
Ortenberg (*Ortenaukreis*) 92 U 7
Ortenberg (*Wetteraukreis*) 74 O 11
Ortenburg 99 U 23
Orth 10 C 17
Ortmannsdorf 67 N 21
Ortrand 56 L 25
Ortshausen 40 K 14
Ortwig 35 H 27
Osann-Monzel 72 Q 4
Osberghausen 59 N 6
Osburger Hochwald 80 R 4
Oschätzchen 56 L 24
Oschatz 55 M 23
Oschersleben 41 J 17
Oschitz 66 O 19
Osdorf 9 C 14
Osdorf (Hamburg-) 19 F 13
Osloß 41 I 16
Osnabrück 37 J 8
Ossa 67 M 21
Osseck 78 P 19
Ossenbeck 28 I 9
Ossenberg 46 L 3
Ossendorf (*Kreis Höxter*) 51 L 11
Ossendorf
(*Kreis Oder-Spree*) 45 J 27
Ossenheim 74 P 10
Oßling 56 L 26
Oßmannstedt 65 M 18
Ost-Langenhorn 4 B 10
Ostbense 17 E 6
Ostbevern 37 J 7
Ostbüren 49 L 7
Ostdorf 101 V 10
Oste 19 G 12
Oste-Hamme Kanal 18 F 10
Ostedt 31 H 16
Osteel 16 F 5
Ostelsheim 93 T 10
Osten 19 E 11
Ostenau 5 C 11
Ostendorf
(*Kreis Cloppenburg*) 27 H 7
Ostendorf (*Kreis Osterholz*) 29 G 10
Ostendorf (*Kreis Stade*) 19 F 11
Ostendorf (*Kreis Steinfurt*) 37 J 6
Ostenfeld (Husum) 5 C 11
Ostenfeld (Rendsburg) 8 D 13
Ostenfelde
(*Kreis Osnabrück*) 37 J 8
Ostenfelde
(*Kreis Warendorf*) 37 K 8
Ostenholz 30 H 13
Ostenholzer Moor 30 H 13
Ostenwalde (*Kreis Emsland*) 27 H 6
Ostenwalde (*Kreis Steinfurt*) 37 I 6
Oster-Ohrstedt 5 C 11
Osterath 48 M 3
Osterbach 99 T 24
Osterberg (*Kreis Neu-Ulm*) 103 V 14
Osterberg (*Kreis Steinfurt*) 37 J 7
Osterbrock 26 I 5
Osterbruch 18 E 10
Osterbuch 96 U 16
Osterburg 32 H 19
Osterburken 85 R 12
Osterby (*Kreis
Rendsburg-Eckernförde*) 5 C 13
Osterby (*Kreis
Schleswig-Flensburg*) 5 B 11
Ostercappeln 37 I 8
Ostereistedt 19 G 11
Osterems 16 F 4
Osterfeine 28 I 8
Osterfeld 66 M 19
Osterhagen 52 L 15
Osterhausen
(*Kreis Cloppenburg*) 27 H 8
Osterhausen (*Kreis
Mansfelder Land*) 53 L 18
Osterhever 7 C 10
Osterhofen
(*Kreis Deggendorf*) 98 T 23
Osterhofen
(*Kreis Ravensburg*) 102 W 13
Osterholz (*Kreis Diepholz*) 29 H 10
Osterholz (*Bremen-*) 29 G 10
Osterholz-Scharmbeck 18 G 10
Osterhorn 19 E 13
Osterlinde 40 J 14
Osterlindern 27 H 7
Ostermarsch (*Kreis Aurich*) 16 F 5
Ostermarsch
(*Kreis Nordfriesland*) 4 C 11
Ostermoor 27 G 7
Ostermünchen 105 W 20
Ostermunzel 39 I 12
Osterndorf 18 F 10
Osternienburg 54 K 20
Osternohe 87 R 18
Osteroda (*Kreis Elbe-Elster*) 55 K 23
Osterode
(*Kreis Halberstadt*) 41 J 16
Osterode a. Harz 52 K 14
Osteroden 37 I 7
Osterrade 8 D 12
Osterrönfeld 8 D 13
Ostersander 17 F 6
Ostersee 112 W 17
Ostersode 18 G 10
Osterspai 71 P 6
Osterstedt 8 D 12
Ostertimke 19 G 11
Ostervesede 30 G 12
Osterwaal 97 U 19
Osterwald (*Kreis
Grafschaft-Bentheim*) 26 I 5
Osterwald (*Kreis
Hameln-Pyrmont*) 40 J 12
Osterwald (*Kreis
Hannover Land*) 39 J 12
Osterwald
(*Kreis Pirmasens*) 50 M 9
Osterwald Oberende 39 I 12

Deutschland 219

Osterwanna 18 E 10
Osterwarngau 105 W 19
Osterweddingen 42 J 18
Osterwick 36 J 5
Osterwieck 41 K 16
Osterwohld 7 D 11
Osterwohle 31 H 17
Osterzell 104 W 16
Osterzhausen 96 U 16
Ostfildern 94 T 11
Ostfriesische Inseln 16 E 4
Ostfriesland 17 F 5
Ostgroßefehn 17 F 6
Osthausen-Wülfershausen 65 N 17
Ostheim *(Kreis Haßberge)* 76 P 15
Ostheim *(Kreis Weißenburg-Gunzenhausen)* 96 S 16
Ostheim *(Main-Kinzig-Kreis)* 74 P 10
Ostheim *(Schwalm-Eder-Kreis)* 63 M 12
Ostheim *(Wetteraukreis)* 74 O 10
Ostheim v. d. Rhön 76 O 14
Osthelden 61 N 7
Osthofen 84 Q 8
Ostingersleben 41 J 17
Ostinghausen 50 L 8
Ostland 16 F 4
Ostönnen 49 L 8
Ostpeene 24 F 22
Ostrach 102 W 12
Ostramondra 65 M 17
Ostrau *(Kreis Döbeln)* 55 M 23
Ostrau *(Saalkreis)* 54 L 20
Ostrauer Scheibe 69 N 26
Ostrhauderfehn 27 G 6
Ostritz 69 M 28
Ostro 68 M 26
Ostrohe 7 D 11
Ostsee-Bäderstraße 9 E 16
Oststeinbek 20 F 14
Osttünnen 49 L 7
Otersen 29 H 12
Othfresen 40 J 15
Otrang (Römische Villa) 70 P 3
Ottacker 111 X 15
Ottbergen 40 J 14
Ottbergen 51 K 11
Ottelmannshausen 76 O 15
Ottenau 93 T 9
Ottenbach 94 T 13
Ottenbüttel 8 E 12
Ottendorf *(Kreis Mittweida)* 67 N 22
Ottendorf *(Kreis Rendsburg-Eckernförde)* 9 C 14
Ottendorf *(Kreis Sächsische Schweiz)* 69 N 26
Ottendorf *(Kreis Schwäbisch Hall)* 94 S 13
Ottendorf *(Kreis Stade)* 19 F 12
Ottendorf *(Saale-Holzland-Kreis)* 66 N 19
Ottendorf-Okrilla 68 M 25
Ottengrün 79 Q 21
Ottenhausen *(Kreis Höxter)* 50 K 11
Ottenhausen *(Kreis Sömmerda)* 53 M 17
Ottenheim 100 U 7
Ottenhöfen 92 U 8
Ottenhof 87 Q 18
Ottenhofen 105 V 19
Ottensoos 87 R 18
Ottenstein *(Kreis Borken)* 36 J 4
Ottenstein *(Kreis Holzminden)* 39 K 12
Otter 19 G 13
Otterbach *(Stadt)* 83 R 7
Otterberg *(Kaiserslautern)* 83 R 7
Otterfing 105 W 19
Ottering 98 T 21
Otterloh 105 W 18
Otterndorf 18 E 10
Otternhagen 39 I 12
Ottersberg 29 G 11
Ottersdorf *(Kreis Rastatt)* 92 T 8
Ottersdorf *(Kreis Roth)* 87 S 17
Ottersheim 83 S 8
Otterskirchen 99 U 23
Ottersleben 42 J 18
Otterstadt 84 R 9
Otterstedt 29 G 11
Otterswang *(Kreis Ravensburg)* 102 W 12
Otterswang *(Kreis Sigmaringen)* 102 W 11
Ottersweier 92 T 8
Otterwisch 55 M 21
Ottfingen 61 N 7
Otting 106 W 22
Otting-Weilheim 96 T 16
Ottingen 30 H 12
Ottlar 50 M 10
Ottmannsdorf 66 N 19
Ottmaring *(Kreis Aichach-Friedberg)* 104 V 17
Ottmaring *(Kreis Deggendorf)* 98 T 22
Ottmarsbocholt 47 K 6
Ottobeuren 103 W 14
Ottobrunn 105 V 18
Ottorfszell 85 R 11
Ottoschwanden 100 V 7
Ottowind 77 O 16
Ottrau 63 N 12
Ottweiler 81 R 5
Otzberg 84 Q 10
Otze 40 I 14
Otzenhausen 81 R 4
Otzing 98 T 22
Our 70 Q 2
Ovelgönne *(Kreis Celle)* 30 I 13
Ovelgönne *(Kreis Stade)* 19 F 13
Ovelgönne *(Kreis Wesermarsch)* 18 F 9
Ovelgünne 41 J 17
Ovendorf 9 D 14
Ovenhausen 51 K 11
Ovenstädt 39 I 10
Over 20 F 14
Overath 59 N 5
Overwarfe 18 F 9
Owen 94 U 12
Owingen *(Bodenseekreis)* 102 W 11
Owingen *(Zollernalbkreis)* 101 U 10
Owschlag 8 C 12
Oxstedt 18 E 9
Oy 111 X 15
Oybin 69 N 28
Oyle 29 I 11
Oytal 111 X 14
Oyten 29 G 11
Oythe 28 H 8

P

Paar 96 U 17
Paaren 43 I 22
Paaren i. Glien 34 I 22
Paarsch 23 F 19
Pabsdorf 42 J 19
Pabstorf 41 J 16
Packebusch 32 H 18
Padberg 50 L 10
Padenstedt 8 D 13
Paderborn 50 K 10
Paderborn-Lippstadt *(Flughafen)* 50 L 9
Padingbüttel 18 E 9
Padingbütteler Aldenteich 18 E 9
Pähl 104 W 17
Päpinghausen 39 J 10
Päse 40 I 14
Pätow-Steegen 21 F 17
Pätz 44 J 24
Päwesin 43 I 22
Paffendorf 58 N 3
Paffrath 59 N 5
Pahlen 7 D 11
Pahren 66 O 19
Paimar 85 R 13
Painten 90 T 19
Paintener Forst 88 S 19
Paitzkofen 98 T 22
Palenberg 58 N 2
Palingen 21 E 16
Palitzsee 33 G 22
Palling 106 V 21
Palzem 80 R 3
Palzing 105 U 19
Pampin 23 G 19
Pampow *(Kreis Ludwigslust)* 21 F 18
Pampow *(Kreis Uecker-Randow)* 25 F 26
Pamsendorf 89 R 20
Pang 105 W 20
Panker 9 D 15
Pankofen 98 T 22
Pankow *(Berlin)* 34 I 24
Pannecke 32 G 17
Panorama-Park Sauerland 61 M 8
Panrod 73 P 8
Panschwitz-Kuckau 68 M 26
Pansdorf 9 E 16
Pansfelde 53 L 17
Pantelitz 12 D 22
Panten 21 F 15
Papenburg 27 G 6
Papenburg Obenende 27 G 6
Papendorf *(Kreis Bad Doberan)* 11 D 20
Papendorf *(Kreis Uecker-Randow)* 25 F 25
Papenhagen 12 D 22
Papenhorst 40 I 14
Papenhusen 21 E 17
Papiermühle 72 Q 4
Paplitz *(Kreis Jerichower Land)* 42 J 20
Paplitz *(Kreis Teltow-Fläming)* 44 J 24
Pappelau 102 U 13
Pappendorf 67 N 23
Pappenheim 96 T 16
Papproth 57 L 26
Papstdorf 68 N 26
Paradies 111 X 13
Parchau 42 J 19
Parchen 42 I 20
Parchim 23 F 19
Parchtitz 13 C 24
Parensen 51 L 13
Paretz 43 I 22
Parey *(Kreis Havelland)* 33 H 20
Parey *(Kreis Jerichower Land)* 42 I 19
Paring 97 T 20
Parkow 23 E 19
Parkstein 88 Q 20
Parkstetten 90 T 21
Parlow 34 G 25
Parlow-Glambeck 34 G 25
Parmen-Weggun 24 F 24
Parow 13 C 23
Parsau 41 I 16
Parsberg *(Kreis Miesbach)* 113 W 19
Parsberg *(Kreis Neumarkt i. d. Oberpfalz)* 97 S 19
Parsdorf 105 V 19
Parstein 35 H 26
Parsteiner See 35 H 25
Partenstein 75 P 12
Parthe 55 M 21
Parthenstein 55 M 21
Partnachklamm 112 X 17
Parum 21 F 17
Parumer See 23 E 20
Paschwitz 55 L 22
Pasenow 24 F 24
Pasewalk 25 F 25
Pasing 104 V 18
Paska 65 O 18
Passade 9 C 14
Passader See 9 C 14
Passau 99 U 24
Passee 11 E 19
Passow *(Kreis Parchim)* 23 F 20
Passow *(Kreis Uckermark)* 35 G 26
Pastetten 105 V 19
Pastin 23 E 19
Patersdorf 91 S 22
Pattendorf 97 T 20
Pattensen *(Kreis Hannover)* 40 J 13
Pattensen *(Kreis Harburg)* 20 G 14
Patzetz 54 K 19
Patzig 13 C 24
Paulinenaue 33 H 22
Paulinzella 65 N 17
Paulsdorf 88 R 19
Paulushofen 97 S 18
Pauluszell 106 U 20
Paunzhausen 105 U 18
Pausa 66 O 20
Pausin 34 I 23
Paußnitz 55 L 23
Pavenstädt 38 K 9
Pech 60 O 5
Pechau 42 J 19
Pechbrunn 79 Q 20
Pechern 57 L 28
Peckatel 24 F 23
Peckeloh 37 J 8
Peckelsheim 51 L 11
Peckensen 31 H 16
Peckfitz 41 I 17
Peddenberg 47 K 4
Peene 24 E 23
Peene-Südkanal 24 E 24
Peenemünde 13 D 25
Peenestrom 15 D 25
Peetsch 24 G 22
Peetzsee 44 I 25
Peffingen 80 Q 3
Pegau 66 M 20
Pegestorf 39 K 12
Pegnitz 87 Q 18
Peheim 27 H 7
Pehritzsch 55 L 21
Peickwitz 56 L 25
Peine 40 J 14
Peissen 8 D 12
Peißen *(Kreis Bernburg)* 54 K 19
Peißen *(Saalkreis)* 54 L 20
Peißenberg 104 W 17
Peiting 112 W 16
Peitz 45 K 27
Pelchenhofen 87 S 18
Pelham 106 W 21
Pelkum 49 L 7
Pellingen 80 Q 4
Pellworm 4 C 9
Pellworm *(Insel)* 4 C 9
Pelm 70 P 4
Pelsin 25 E 25
Pelzerhaken 10 D 16
Pemfling 89 S 21
Penig 67 N 22
Penkefitz 31 G 17
Penkow 23 F 21
Penkun 25 G 26
Pennewitt 22 E 19
Pennewitz 65 O 17
Pennigbüttel 18 G 10
Pennigsehl 29 I 11
Penting 89 S 21
Pentling 90 T 20
Penzberg 112 W 18
Penzin 11 E 19
Penzing 104 V 16
Penzlin *(Kreis Müritz)* 24 F 23
Penzlin *(Kreis Parchim)* 23 F 20
Peppenhoven 60 O 4
Peppenkum 82 S 5
Perach 106 V 22
Perasdorf 91 T 22
Percha 104 W 18
Perchting 104 V 17
Perdöhl 21 F 17
Perdöl 9 D 14
Peritz 56 L 24
Perkam 98 T 21
Perl 80 R 3
Perlach 105 V 18
Perleberg 32 G 19
Perlesreut 99 T 24
Perlin 21 F 17
Perouse 93 T 10
Perscheid 73 P 7
Perschen 89 R 20
Pertolzhofen 89 R 21
Perwenitz 34 I 23
Pesch 60 O 4
Pessin 33 I 21
Pestenacker 104 V 16
Pesterwitz *(Dresden)* 68 M 24
Pestrup 28 H 9
Petern 113 X 18
Petersau 84 R 9
Petersaurach 86 S 16
Petersberg *(Kreis Fulda)* 63 O 13
Petersberg *(Kreis Hersfeld-Rotenburg)* 63 N 13
Petersberg *(Kreis Neustadt a. d. A.-Bad W.)* 86 R 15
Petersberg *(Saalkreis)* 54 L 19
Petersbuch 96 T 17
Petersdorf *(Kreis Aichach-Friedberg)* 96 U 17
Petersdorf *(Kreis Cloppenburg)* 27 G 8
Petersdorf *(Kreis Mecklenburg-Strelitz)* 24 F 24
Petersdorf *(Kreis Nordhausen)* 53 L 16
Petersdorf *(Kreis Rostock)* 11 D 20
Petersdorf a. Fehmarn 10 C 17
Petersdorf b. Frankfurt (Oder) 45 I 27
Petersdorf b. Fürstenwalde 45 J 26
Petersfehn 27 G 8
Petersfeld *(Kreis Ammerland)* 17 G 8
Petersfeld *(Kreis Cloppenburg)* 27 H 7
Petershagen 25 G 26
Petershagen 39 I 10
Petershagen *(b. Frankfurt)* 45 I 27
Petershagen *(b. Strausberg)* 44 I 25
Petershain 57 M 28
Petershausen 104 U 18
Peterskirchen 106 V 21
Peterskopf 83 R 8
Petersroda 54 L 20
Petersthal 111 X 15
Peterswald-Löffelscheid 71 P 5
Petersworth 95 U 15
Peterzell *(Kreis Freudenstadt)* 101 V 9
Peterzell *(Schwarzwald-Baar-Kreis)* 101 V 9
Petkum 16 F 5
Petkus 44 K 24
Pettendorf 90 S 20
Pettenhofen 87 R 18
Petterweil 74 P 10
Petting 106 W 22
Pettstadt 87 Q 16
Pettstädt 54 M 19
Peukendorf 52 M 15
Peulingen 32 I 19
Peutenhausen 96 U 17
Pevestorf 32 G 18
Pewsum 16 F 5
Pfaben 78 Q 20
Pfäfflingen 95 T 15
Pfälzer Wald 83 S 7
Pfälzer Wald (Naturpark) 83 S 7
Pfändhausen 76 P 14
Pfaffenberg 75 Q 11
Pfaffenberg *(Dorf)* 97 T 20
Pfaffendorf 97 U 19
Pfaffendorf *(Kreis Köthen)* 54 K 19
Pfaffendorf *(Kreis Oder-Spree)* 45 J 26
Pfaffenhausen 103 V 15
Pfaffenhausen *(Main-Kinzig-Kreis)* 75 P 12
Pfaffenhausen *(Schwalm-Eder-Kreis)* 63 M 11
Pfaffenheck 71 P 6
Pfaffenhofen *(Kreis Amberg-Sulzbach)* 88 R 18
Pfaffenhofen *(Kreis Heilbronn)* 93 S 10
Pfaffenhofen *(Kreis Neustadt a. d. A.-Bad W.)* 86 R 14
Pfaffenhofen *(Kreis Roth)* 87 S 17
Pfaffenhofen a. d. Glonn 104 V 17
Pfaffenhofen a. d. Ilm 97 U 18
Pfaffenhofen a. d. Roth 103 U 14
Pfaffenhofen a. d. Zusam 96 U 16
Pfaffenreuth 79 Q 20
Pfaffenrot 93 T 9
Pfaffenweiler *(Kreis Breisgau-Hochschwarzwald)* 100 W 7
Pfaffenweiler *(Schwarzwald-Baar-Kreis)* 101 V 9
Pfaffenwiesbach 74 P 9
Pfaffing 105 V 20
Pfaffroda 67 N 24
Pfahlbronn 94 T 13
Pfahldorf 96 T 18
Pfahlhausen 28 G 9
Pfahlheim 95 T 14
Pfakofen 97 T 20
Pfalz 73 P 7
Pfalzdorf 17 F 6
Pfalzdorf *(Kreis Kleve)* 46 K 2
Pfalzfeld 71 P 6
Pfalzgrafenweiler 93 U 9
Pfalzheim 33 G 22
Pfarrkirchen 106 U 22
Pfarrweisach 76 P 16
Pfatter 90 T 21
Pfaumheim 74 Q 11
Pfeddersheim 83 R 8
Pfedelbach 85 S 12
Pfeffelbach 81 R 5
Pfeffenhausen 97 U 19
Pfeffingen 101 V 10
Pfelling 98 T 22
Pferdingsleben 65 N 16
Pferdsdorf 64 N 13
Pferdsdorf-Spichra 64 M 14
Pferdsfeld 73 Q 6
Pferdskopf 74 P 9
Pfieffe 63 M 13
Pfiffelbach 65 M 18
Pfingstweid 110 W 12
Pfinz 84 S 9
Pfinztal 93 T 9
Pfitzingen 85 R 13
Pflochsbach 75 Q 12
Pflückuff 55 L 23
Pflummern 102 V 12
Pförring 97 T 19
Pfofeld 96 S 16
Pfohren 101 W 9
Pfordt 63 O 12
Pforzen 103 W 15
Pforzheim 93 T 10
Pfraundorf 96 S 18
Pfreimd 89 R 20
Pfrentsch 89 R 21
Pfrimm 83 R 8
Pfrondorf 94 U 11
Pfronstetten 102 V 12
Pfronten 111 X 15
Pfrungen 102 W 12
Pfünz 96 T 17
Pfuhl 103 U 14
Pfullendorf 102 W 11
Pfullingen 102 U 11
Pfungstadt 84 Q 9
Phantasialand *(Brühl)* 59 N 4
Philadelphia 44 J 25
Philippsburg 84 S 9
Philippsreut 99 T 25
Philippsthal 64 N 14
Philippsweiler 70 P 3
Phöben 43 I 22
Picher 21 F 18
Piding 114 W 22
Piegendorf 97 T 20
Pielenhofen 90 S 19
Pier 58 N 3
Piesau 77 O 17
Pieskow 45 J 26
Piesport 72 Q 4
Piesteritz 55 K 21
Pietenfeld 96 T 17
Piethen 54 K 19
Pietling 106 V 22
Pietzing 105 W 20
Pietzpuhl 42 J 19
Pilgerzell 75 O 13
Pilgramsberg 91 S 21
Pilgramsreuth 78 P 20
Pillgram 45 J 27
Pillig 71 P 5
Pillmersried 89 R 21
Pillnitz *(Dresden)* 68 M 25
Pilmersreuth a. d. Straße 89 Q 20
Pilmersreuth a. Wald 79 Q 21
Pilsach 87 S 18
Pilsensee 104 V 17
Pilsting 98 T 21
Pilsum 16 F 5
Pingelshagen 21 E 18
Pingsheim 58 N 4
Pinnau 19 E 13
Pinneberg 19 F 13
Pinnow *(b. Haßleben)* 25 G 25
Pinnow *(b. Malchin)* 24 E 22
Pinnow *(b. Neu-Brandenburg)* 24 F 23
Pinnow *(Kreis Ostvorpommern)* 15 E 25
Pinnow *(Kreis Parchim)* 22 F 18
Pinnow *(Kreis Spree-Neiße)* 45 K 27
Pinnow b. Angermünde 35 G 26
Pinnower See 22 F 18
Pipinsried 104 U 17
Pirach 106 V 22
Pirk 89 R 20
Pirkach 87 R 16
Pirken 106 U 20
Pirkensee 88 S 20
Pirmasens 83 S 6
Pirna 68 N 25
Pirow 32 G 19
Piskowitz 56 M 26
Pitschen-Pickel 44 K 24
Pittenhart 106 W 21
Pittersberg 88 R 20
Pitzling *(Kreis Cham)* 89 S 21
Pitzling *(Kreis Dingolfing-Landau)* 98 U 22
Pivitsheide 39 K 10
Pixel 37 K 8
Plaaz 23 E 21
Plänitz-Leddin 33 H 21
Plaggenburg 17 F 6
Plaidt 71 O 6
Plane 43 J 21
Planegg 104 V 18
Planitz-Deila 67 M 24
Plankenfels 77 Q 18
Plankstadt 84 R 9
Plantlünne 37 I 6
Plate 22 F 18
Platendorf 41 I 15

A B C D E F G H I J K L M N O P Q R S T U V W X Y Z

Plath 24 F 24
Platkow 35 I 26
Platte 78 Q 20
Platte Heide 49 L 7
Platten 72 Q 4
Plattenhardt 94 U 11
Plattling 98 T 22
Platz 75 P 13
Platzer Kuppe 75 P 13
Plau a. See 23 F 20
Plaue *(Ilm-Kreis)* 65 N 16
Plaue *(Kreis Brandenburg)* 43 I 21
Plauen 78 O 20
Plauer See 43 I 21
Plauerhagen 23 F 20
Plaußig *(Leipzig)* 54 L 21
Plech 87 R 18
Pleidelsheim 94 T 11
Plein 71 P 4
Pleinfeld 96 S 16
Pleinting 99 U 23
Pleiskirchen 106 V 21
Pleißa 67 N 22
Pleiße 66 M 21
Pleizenhausen 71 P 6
Plennin 11 D 21
Pleß *(Kreis Unterallgäu)* 103 V 14
Plessa 56 L 24
Plessenburg 52 L 13
Plessow 43 I 22
Plettenberg 49 M 7
Pleystein 89 R 21
Pliening 105 V 19
Plieningen 94 T 11
Pliezhausen 94 U 11
Plittersdorf 92 T 8
Plochingen 94 T 12
Plön 9 D 15
Plönjeshausen 19 F 11
Plößberg 89 Q 20
Plötz *(Kreis Demmin)* 24 E 23
Plötz *(Saalkreis)* 54 L 19
Plötzin 43 I 22
Plötzkau 54 K 19
Plötzky 42 J 19
Plöwen 25 F 26
Plohn 66 O 21
Plossig 55 K 22
Plothen 66 O 19
Plüderhausen 94 T 12
Plüschow 21 E 17
Plütscheid 70 P 3
Pluwig 80 Q 4
Pobenhausen 96 U 18
Pobershau 67 O 23
Pobzig 54 K 19
Pockau 67 N 23
Pocking 107 U 23
Podelwitz *(Kreis Altenburger Land)* 66 N 21
Podelwitz *(Kreis Leipziger Land)* 54 L 21
Podelzig 45 I 27
Podrosche 57 L 28
Pöcking 104 W 17
Pödeldorf 77 Q 16
Pödinghausen 38 J 9
Pöhl 66 O 20
Pöhl (Stausee) 66 O 20
Pöhla 79 O 22
Pöhlde 52 L 14
Pöhls 21 E 15
Poel *(Insel)* 10 D 18
Pölchow 11 D 20
Pölich 72 Q 4
Pölitz *(Kreis Güstrow)* 23 E 21
Pölitz *(Kreis Stormarn)* 20 E 15
Pölling 87 S 18
Pöllwitz 66 O 20
Pölsfeld 53 L 18
Poelvennsee 46 L 2
Pölzig 66 N 20
Pömbsen 51 K 11
Pömmelte 42 K 19
Pönitz 9 D 16
Pönning 98 T 21
Pöring 105 V 19
Pörnbach 96 U 18
Pösing 89 S 21
Pößneck 65 N 18
Pötenitz 10 E 16
Pötenitzer Wiek 10 E 16
Pötrau 21 F 15
Pöttmes 96 U 17
Pötzschau 54 M 21
Pogeez 21 E 16
Poggelow 11 E 21
Poggendorf 14 D 23
Poggenhagen 39 I 12
Poggenort 37 I 6
Poggensee 21 F 15
Pogum 16 G 5
Pohl-Göns 74 O 9
Pohle 39 J 12
Pohlheim 74 O 10
Pohlitz 45 J 27
Pohnsdorf *(Kreis Ostholstein)* 9 E 15
Pohnsdorf *(Kreis Plön)* 9 D 14
Poign 90 T 20
Poing 105 V 19
Poitzen 30 H 14
Pokrent 21 F 17
Polau 31 G 16
Polch 71 P 5
Polchow *(Kreis Güstrow)* 11 E 21
Polchow *(Kreis Rügen)* 13 C 24
Polenz *(Kreis Sächsische Schweiz)* 68 M 26
Polenz *(Muldentalkreis)* 55 M 21
Polenz (Bach) 68 M 26
Poley 54 K 19
Polkenberg 67 M 22
Poll *(Köln)* 58 N 4
Pollanten 96 S 18
Polle 39 K 12
Polleben 53 L 18
Pollenfeld 96 T 17
Pollhagen 39 I 11
Pollhöfen 31 I 15
Polling *(Kreis Mühldorf a. Inn)* 106 V 21
Polling *(Kreis Weilheim-Schongau)* 104 W 17
Pollitz 32 H 18
Polsingen 96 T 16
Polßen 35 G 25
Polsum 47 L 5
Polte 42 I 19
Polz 32 G 18
Polzen 55 K 23
Polzow 25 F 26
Pomellen 25 F 27
Pommelsbrunn 87 R 18
Pommerby 5 B 13
Pommern 71 P 5
Pommersche Bucht 15 D 26
Pommersfelden 87 Q 16
Pommertsweiler 95 T 13
Pommoissel 31 G 16
Pomßen 55 M 21
Pondorf *(Kreis Eichstätt)* 97 T 18
Pondorf *(Kreis Straubing-Bogen)* 90 T 21
Ponickau 56 L 25
Ponitz 66 N 21
Pont 46 L 2
Poppberg 87 R 18
Poppeltal 93 U 9
Poppenbüll 7 C 10
Poppenbüttel 20 E 14
Poppendorf 11 D 20
Poppenhausen *(Kreis Hildburghausen)* 76 P 16
Poppenhausen *(Kreis Schweinfurt)* 76 P 14
Poppenhausen (Wasserkuppe) 75 O 13
Poppenlauer 76 P 14
Poppenreuth 78 Q 20
Poppenreuth b. Tirschenreuth 79 Q 21
Poppenricht 88 R 19
Poppitz 55 M 23
Poratz 34 G 25
Porep 23 G 20
Poritz 32 I 18
Porschdorf 68 N 26
Porschendorf 68 M 26
Porst 54 K 20
Porstendorf 66 N 18
Porta Westfalica 39 J 10
Portsloge 27 G 8
Porz *(Köln)* 59 N 5
Porzellanstraße 78 P 20
Poseritz 13 D 23
Poserna 54 M 20
Posseck *(Elstertalkreis)* 78 O 20
Posseck *(Kreis Kronach)* 77 P 18
Possendorf 68 N 25
Postau 98 U 20
Postbauer-Heng 87 S 18
Posterstein 66 N 20
Postfeld 9 D 14
Posthausen 29 G 11
Postmünster 106 U 22
Postsee 9 D 14
Potsdam 43 I 23
Potshausen 27 G 6
Pottenhausen 38 J 10
Pottenstein 87 Q 18
Pottenstetten 88 S 20
Potts Park 39 J 10
Pottum 61 O 8
Potzberg 81 R 6
Potzehne 41 I 18
Potzlow 25 G 25
Pouch 54 L 21
Poxdorf *(Kreis Bamberg)* 77 Q 17
Poxdorf *(Kreis Forchheim)* 87 R 17
Poyenberg 8 D 13
Pracht 61 N 6
Prackenbach 91 S 22
Prächting 77 P 16
Präg 100 W 7
Praest 46 K 3
Prag 99 T 24
Pragsdorf 24 F 24
Prappach 76 P 15
Prasdorf 9 C 14
Pratau 55 K 21
Pratjau 9 D 15
Prausitz 55 M 23
Prebberede 11 E 21
Prebitz 88 Q 19
Preddöhl 33 G 20
Predigtstuhl 114 W 22
Preetz *(Kreis Nordvorpommern)* 12 C 22
Preetz *(Kreis Plön)* 9 D 14
Prehnsfelde 8 D 13
Preilack 45 K 27
Preischeid 70 P 2
Preißach 88 Q 19
Preith 96 T 17
Prem 112 W 16
Premich 76 P 14
Premnitz 43 I 20
Premslin 32 G 19
Prenden 34 H 24
Prenzlau 25 G 25
Prerow 11 C 21
Presberg 73 P 7
Preschen 57 L 27
Pressath 88 Q 19
Presseck 77 P 18
Pressel 55 L 22
Pressen 55 L 21
Pressig 77 O 17
Preßnitz 67 O 23
Preten 21 G 16
Pretschen 45 J 25
Prettin 55 L 22
Pretzfeld 87 Q 17
Pretzien 42 J 19
Pretzier 32 H 17
Pretzsch 66 M 19
Pretzsch (Elbe) 55 K 22
Pretzschendorf 68 N 24
Preunschen 85 R 11
Preußisch Oldendorf 38 J 9
Preußisch Ströhen 38 I 9
Preußlitz 54 K 19
Prevorst 94 S 12
Prex 78 P 20
Prezelle 32 H 18
Priborn 23 G 21
Prichsenstadt 86 Q 15
Priegendorf 77 P 16
Prien 106 W 21
Prienbach 106 V 23
Priener Hütte 114 W 20
Priepert 34 G 23
Prieros 44 J 25
Prieschka 56 L 24
Priesendorf 76 Q 16
Priesitz 55 K 22
Prießen 56 L 24
Prießnitz *(Burgenlandkreis)* 66 M 19
Prießnitz *(Kreis Leipziger Land)* 67 M 21
Priestewitz 68 M 24
Prietitz 68 M 26
Prietzen 33 H 20
Prignitz 32 G 19
Prillwitz 24 F 23
Prims 81 R 4
Primstal 81 R 4
Prinz-Luitpold-Haus 111 X 15
Prinzbach *(Biberach i. Kinzigtal)* 100 V 8
Prinzenmoor 8 D 12
Prinzhöfte 29 H 9
Priorei 49 M 6
Priort 43 I 22
Pripsleben 24 E 23
Prisannewitz 11 E 20
Prischwitz 69 M 26
Prisdorf 19 E 13
Prislich 22 G 18
Prisser 31 G 17
Prittitz 66 M 19
Prittriching 104 V 16
Pritzen 56 L 26
Pritzenow 24 E 24
Pritzerbe 43 I 21
Pritzier 21 F 17
Pritzwalk 33 G 20
Priwall 10 E 16
Probbach 61 O 8
Probst Jesar 21 G 17
Probstei 9 C 14
Probsteierhagen 9 C 14
Probstried 103 W 14
Probstzella 77 O 18
Prödel 42 J 19
Pröller 91 S 22
Prölsdorf 76 Q 15
Prönsdorf 88 S 18
Prösen 56 L 24
Pröttlin 32 G 18
Prötzel 35 I 25
Prövenholz 50 L 9
Profen 66 M 20
Prohn 13 C 23
Prohner Wiek 13 C 23
Proitze 31 H 16
Promnitztal 68 M 25
Promoisel 13 C 24
Pronsfeld 70 P 3
Pronstorf 9 E 15
Prora 13 C 24
Prorer Wiek 13 C 24
Proschim 56 L 26
Proseken 22 E 18
Prosigk 54 K 20
Prosselsheim 76 Q 14
Proßmarke 56 K 24
Protzen 33 H 22
Provinzialmoor 26 H 5
Pruchten 12 C 22
Prüfening 90 S 20
Prühl 86 Q 15
Prüm 70 P 3
Prützen 24 E 23
Prützke 43 I 21
Prüzen 23 E 20
Prunn 97 T 19
Prutting 105 W 20
Puchheim 104 V 18
Puchhof 90 T 21
Pudagla 15 E 26
Puderbach *(Kreis Neuwied)* 61 O 6
Puderbach *(Kreis Siegen-Wittgenstein)* 62 N 9
Püchau 55 L 21
Püchersreuth 89 Q 20
Pülfringen 85 R 12
Pülsen 9 D 15
Pülzig 43 K 21
Pünderich 71 P 5
Pürgen 104 V 16
Pürten 106 V 21
Püsselbüren 37 J 6
Püttelkow 21 F 17
Püttlingen 82 S 4
Pulheim 59 M 4
Pullach 105 V 18
Pullenreuth 78 Q 19
Pullenried 89 R 21
Pulling 105 U 19
Pulow 15 E 25
Puls 8 D 12
Pulsen 56 L 24
Pulsnitz 68 M 26
Pulspforde 42 K 20
Pulvermaar 71 P 4
Purnitz 31 H 17
Purschwitz 69 M 27
Purtscheller Haus 114 X 23
Purzien 55 K 23
Puschendorf 87 R 16
Puschwitz 69 M 26
Pustow 14 D 23
Putbus 13 C 24
Putensen 30 G 14
Putgarten 13 B 24
Putlitz 23 G 20
Puttgarden 10 C 17
Putzar 25 E 24
Putzbrunn 105 V 19
Putzkau 69 M 26
Pye 37 J 8
Pyras 96 S 17
Pyrbaum 87 S 17

Q

Quadenschönfeld 24 F 24
Quadrath Ichendorf 58 N 4
Quakenbrück 27 H 7
Qualburg 46 K 2
Qualitz 22 E 19
Quappendorf 35 I 26
Quarmbeck 53 K 17
Quarnbek 9 D 13
Quarnebeck 31 I 17
Quarnstedt 8 E 13
Quarrendorf 20 G 14
Quassel 21 F 17
Quatitz 69 M 27
Queck 63 N 12
Queckborn 62 O 10
Quedlinburg 53 K 17
Queich 83 S 8
Queidersbach 81 R 6
Queienfeld 76 O 15
Queis 54 L 20
Quelkhorn 29 G 11
Quelle 38 K 9
Quellendorf 54 K 20
Quenhorn 37 K 8
Quenstedt 53 K 18
Querenbach 79 Q 21
Querenhorst 41 I 16
Querfurt 53 L 18
Quern 5 B 13
Quernheim 38 J 9
Quernheim 38 I 9
Quersa-Brockwitz 56 M 24
Querstedt 32 I 18
Querum 41 J 15
Quesitz 54 M 20
Questenberg 53 L 17
Quetzdölsdorf 54 L 20
Quickborn *(Kreis Dithmarschen)* 7 D 11
Quickborn *(Kreis Lüchow-Dannenberg)* 32 G 17
Quickborn *(Kreis Pinneberg)* 19 E 13
Quierschied 81 S 5
Quillow 25 F 25
Quint 72 Q 4
Quirla 66 N 19
Quitzdorf (Talsperre) 57 M 28
Quitzdorf am See 57 M 28
Quitzerow 14 E 23
Quitzöbel 32 H 19
Quitzow 32 G 19
Quotshausen 62 N 9

R

Rabber 38 J 9
Rabel 5 B 13
Raben 43 J 21
Raben-Steinfeld 22 F 18
Rabenau 68 N 24
Rabenau 62 N 10
Rabenden 106 V 21
Rabenholz 5 B 13
Rabenkirchen-Faulück 5 C 13
Rabenscheid 61 N 8
Rabenstein 67 N 22
Rabenstein 91 S 23
Raboldshausen 63 N 12
Rachlau 69 M 27
Rackith 55 K 22
Rackwitz 54 L 21
Radbruch 20 G 14
Raddestorf 39 I 10
Raddusch 56 K 26
Rade 55 K 22
Rade *(Kreis Gifhorn)* 31 H 16
Rade *(Kreis Harburg)* 19 F 13
Rade *(Kreis Osterholz)* 18 G 9
Rade *(Kreis Steinburg)* 8 D 13
Rade b. Rendsburg 8 D 13
Radeberg 68 M 25
Radebeul *(Dresden)* 68 M 24
Radeburg 68 M 25
Radefeld 54 L 20
Radegast *(Fluß)* 21 E 17
Radegast *(Kreis Bad Doberan)* 11 E 19
Radegast *(Kreis Köthen)* 54 L 20
Radegast *(Kreis Lüneburg)* 21 F 16
Radekow 25 G 27
Radeland 44 J 24
Rademin 32 H 18
Radenbeck *(Kreis Gifhorn)* 31 I 16
Radenbeck *(Kreis Lüneburg)* 31 G 15
Radensdorf 45 K 25
Radensleben 33 H 22
Raderhorst 39 I 11
Radevormwald 49 M 6
Radewege 43 I 21
Radheim 74 Q 11
Radibor 69 M 27
Radis 55 K 21
Radisleben 53 K 17
Radldorf 98 T 21
Radling 89 S 21
Radlinghausen 50 L 10
Radmühl 75 O 12
Radolfzell 109 W 10
Raduhn 22 F 19
Räbel 32 H 20
Räber 31 H 15
Räbke 41 J 16
Räckelwitz 69 M 26
Rädel 43 J 22
Räderloh 31 H 15
Rädigke 43 J 21
Rägelin 33 G 21
Ränkam 89 S 22
Räpitz 54 M 20
Raesfeld 47 K 4
Raestrup 37 K 7
Rätzlingen *(Kreis Uelzen)* 31 H 16
Rätzlingen *(Ohrekreis)* 41 I 17
Rätzsee 24 G 22
Ragewitz 55 M 22
Ragösen *(Kreis Anhalt-Zerbst)* 43 K 20
Ragösen *(Kreis Potsdam-Mittelmark)* 43 J 21
Ragow *(Kreis Dahme-Spreewald)* 44 J 24
Ragow *(Kreis Oberspreewald-Lausitz)* 44 K 25
Ragow *(Kreis Oder-Spree)* 45 J 26
Raguhn 54 K 20
Rahden 38 I 9
Rahlstedt 20 F 14
Rahm 46 L 3
Rahm (Duisburg-) 47 L 4
Rahnisdorf 55 K 23
Rahnsdorf 43 K 22
Rahrbach 61 M 7
Rahrdum 17 F 7
Rai-Breitenbach 84 Q 11
Raibach 74 Q 10
Raichberg 101 V 10
Raigering 88 R 19
Rain 98 T 21
Rain a. Lech 96 T 16
Rainau 95 T 14
Rainding 99 U 23
Rainrod 74 O 11
Raisdorf 9 D 14
Raisting 104 W 17
Raiten 114 W 21
Raitenbuch *(Kreis Neumarkt i. d. Oberpfalz)* 88 S 19
Raitenbuch *(Kreis Weißenburg-Gunzenhausen)* 96 S 17
Raitenhaslach 106 V 22
Raithaslach 101 W 10
Rajen 27 G 6
Rakow *(Kreis Bad Doberan)* 10 D 18
Rakow *(Kreis Nordvorpommern)* 14 D 23
Ralbitz-Rosenthal 57 M 26
Ralingen 80 Q 3
Ralswiek 13 C 24
Rambach 64 M 14
Ramberg 83 S 8
Rambin 13 C 23
Ramelow 24 E 24
Ramelsloh 20 F 14
Ramerberg 105 V 20
Ramersbach 60 O 5
Ramhorst 40 I 14
Ramhusen 7 E 11
Ramin 25 F 26
Ramitz 13 C 24
Ramme 30 G 12
Rammelburg 53 L 17
Rammelsbach 81 R 6
Rammenau 68 M 26

Deutschland 221

Rammersweier 92 U 7
Rammert 101 U 10
Rammingen *(Alb-Donau-Kreis)* 95 U 14
Rammingen *(Kreis Unterallgäu)* 103 V 15
Rampe 22 E 18
Ramsach 104 V 16
Ramsau 105 V 20
Ramsau b. Berchtesgaden 114 X 22
Ramsbeck 50 M 9
Ramsberg 96 S 16
Ramsdorf 66 M 21
Ramsdorf 36 K 4
Ramsel 36 I 6
Ramsen 83 R 8
Ramsenthal 77 P 18
Ramsla 65 M 17
Ramsloh 27 G 7
Ramspau 90 S 20
Ramsried 89 S 22
Ramstedt 7 C 11
Ramstein-Miesenbach 81 R 6
Ramsthal 76 P 14
Randau 42 J 19
Randegg 109 W 10
Randenweiler 95 S 14
Randerath 58 M 2
Randersacker 86 Q 13
Randow 25 F 26
Randowbruch 25 G 26
Ranfels 99 T 23
Rangendingen 101 U 10
Rangsdorf 44 J 24
Ranies 42 J 19
Ranis 65 O 18
Rankendorf 10 E 17
Rankwitz 15 E 25
Ranna 87 R 18
Rannenberg 39 J 11
Rannstedt 65 M 18
Rannungen 76 P 14
Ranoldsberg 106 V 21
Ransbach 63 N 13
Ransbach-Baumbach 73 O 7
Ranschgraben 84 R 9
Ransel 73 P 7
Ranspach 66 O 19
Ranstadt 74 O 10
Ransweiler 83 R 7
Rantrum 4 C 11
Rantum 4 B 8
Rantumbecken 4 B 8
Ranzel 59 N 5
Ranzig 45 J 26
Ranzin 14 E 24
Rappbodestausee 53 K 16
Rappelsdorf 76 O 16
Rappenseehütte 111 Y 14
Rapperath 60 O 4
Rappershausen 76 O 15
Rapperszell 96 T 17
Rappin 13 C 24
Rappoltengrün 77 O 18
Rappweiler 80 R 4
Rapshagen 33 G 20
Rasch 87 R 18
Raschau 67 O 22
Rascheid 81 Q 4
Rasdorf 63 N 13
Raßberg 99 T 24
Raßnitz 54 L 20
Rassower Strom 13 C 23
Rast 102 W 11
Rastatt 93 T 8
Rastdorf 27 H 7
Rastede 17 G 8
Rastenberg 65 M 18
Rastorferpassau 9 D 15
Rastow 22 F 18
Ratekau 9 E 16
Rath 58 M 3
Rath (Köln-) 59 N 5
Rath-Anhoven 58 M 3
Rathebur 25 E 25
Ratheim 58 M 2
Rathen 68 N 26
Rathendorf 67 M 22
Rathenow 33 I 21
Rathewalde 68 N 26
Rathjensdorf 9 D 15
Rathlosen 29 H 10
Rathmannsdorf *(Kreis Aschersleben-Staßfurt)* 53 K 18
Rathmannsdorf *(Kreis Sächsische Schweiz)* 68 N 26
Rathmecke 49 M 6
Rathsmannsdorf 99 U 23
Rathstock 35 I 27
Ratingen 48 M 4
Ratscher 76 O 16
Ratshausen 101 V 10
Rattelsdorf 77 P 16
Rattenberg 91 S 22
Rattenkirchen 106 V 20
Rattey 24 F 24
Rattiszell 91 S 21
Ratzbek 21 E 15
Ratzdorf 45 J 28
Ratzeburg 21 E 16
Ratzeburger See 21 E 16
Ratzel 26 I 4
Ratzenhofen 97 T 19
Ratzenried 111 W 13
Raubach *(Kreis Neuwied)* 61 O 6
Raubach *(Odenwaldkreis)* 84 R 10
Raubling 113 W 20
Rauchenberg 113 X 18
Rauda 66 N 19
Rauen 45 J 26
Rauenberg *(Main-Tauber-Kreis)* 85 Q 12
Rauenberg *(Rhein-Neckar-Kreis)* 84 S 10
Rauenstein 77 O 17
Rauenthal 75 P 11
Rauenzell 86 S 15
Rauhe Ebrach 86 Q 16
Rauher Kulm 88 Q 19
Rauhkasten 100 U 7
Rauischholzhausen 62 N 10
Raum 67 O 22
Raumland 62 M 9
Raumünzach 93 U 9
Raunheim 74 P 9
Rauschberg 114 W 22
Rauschenberg 62 N 10
Rauschwitz *(Saale-Holzland-Kreis)* 66 N 19
Rauschwitz *(Westlausitzkreis)* 68 M 26
Rausdorf 20 F 14
Raußlitz 67 M 23
Rautberg-Kopf 112 X 18
Rautheim 41 J 15
Raven 30 G 14
Ravengiersburg 73 Q 6
Ravenhorst 12 D 22
Ravensberg 10 E 19
Ravensberg 52 L 15
Ravensbrück 34 G 23
Ravensburg 110 W 12
Ravenstein 85 R 12
Raversbeuren 72 Q 5
Ravolzhausen 74 P 10
Rayen 46 L 3
Rebberlah 30 H 14
Rebelow 24 E 24
Rebenstorf 32 H 17
Rebesgrün 66 O 21
Reblin 61 M 7
Rech 60 O 5
Rechberg 94 T 13
Rechberghausen 94 T 12
Rechelkopf 113 W 18
Rechenberg 95 S 14
Rechenberg-Bienenmühle 68 N 24
Rechertsried 91 S 22
Rechlin 24 F 22
Rechtenbach *(Kreis Main-Spessart)* 75 Q 12
Rechtenbach *(Lahn-Dill-Kreis)* 62 O 9
Rechtenfleth 18 F 9
Rechtenstein 102 V 12
Rechterfeld 28 H 9
Rechtmehring 105 V 20
Rechtsupweg 17 F 5
Recke 37 I 7
Reckendorf 77 P 16
Reckenfeld 37 J 6
Reckenneusig 77 P 16
Reckenroth 73 P 8
Reckenzin 32 G 19
Reckerode 63 N 12
Recklinghausen 47 L 5
Recknitz 23 E 20
Reckum 28 H 9
Reddeber 53 K 16
Reddelich 11 D 19
Reddern 56 K 26
Reddighausen 62 M 9
Reddingen 30 H 14
Redefin 21 F 17
Redekin 42 I 20
Redemoißel 31 G 16
Rederank 11 D 19
Rederstall 7 D 11
Reding 107 U 24
Redlin 23 F 20
Rednitz 87 R 17
Rednitzhembach 87 S 17
Redwitz 77 P 17
Reede Borkum 16 F 4
Reelkirchen 39 K 11
Reelsen 50 K 11
Reepsholt 17 F 7
Rees 46 K 3
Reesdorf *(Kreis Jerichower Land)* 42 J 20
Reesdorf *(Kreis Potsdam-Mittelmark)* 43 J 22
Reesen 42 J 19
Reeßum 29 G 11
Reetz 70 O 4
Reetz *(Kreis Potsdam-Mittelmark)* 43 J 21
Reetz *(Kreis Prignitz)* 32 G 19
Referinghausen 50 M 10
Refrath 59 N 5
Regelsbach 87 R 16
Regen 91 T 23
Regenhütte 91 S 23
Regensburg 90 S 20
Regenstauf 90 S 20
Regenstein 53 K 16
Regesbostel 19 F 12
Regglisweiler 103 V 14
Regis-Breitingen 66 M 21
Regnitz 87 R 16
Regnitzlosau 78 P 20
Rehagen 44 J 24
Rehau 78 P 20
Rehbach 54 M 20
Rehbach 84 Q 10
Rehbeck 31 G 17
Rehberg 33 H 20
Rehberger Berge 33 H 20
Rehborn 83 Q 7
Rehbrücke 43 I 23
Rehburg-Loccum 39 I 11
Rehburger Berge 39 I 11
Rehden 28 I 9
Rehe 61 O 8
Rehefeld-Zaunhaus 68 N 25
Reher *(Kreis Hameln-Pyrmont)* 39 J 11
Reher *(Kreis Steinburg)* 8 D 12
Rehfeld 55 L 23
Rehfeld-Berlitt 33 H 20
Rehfelde 44 I 25
Rehfelsen 100 W 7
Rehhorst 21 E 15
Rehling 96 U 16
Rehlingen 30 G 14
Rehlingen 80 R 4
Rehm-Flehde-Bargen 7 D 11
Rehme 39 J 10
Rehmsdorf 66 M 20
Rehna 21 E 17
Rehren 39 J 11
Rehrhof 30 G 14
Rehsen 54 K 21
Rehungen 52 L 15
Reibitz 54 L 21
Reichardtswerben 54 M 19
Reichartshausen *(Rhein-Neckar-Kreis)* 84 R 10
Reiche Ebrach 87 Q 16
Reichelsdorf 87 R 17
Reichelsheim (Odenwald) 84 Q 10
Reichelsheim (Wetterau) 74 O 10
Reichelshofen 86 R 14
Reichenau 68 M 25
Reichenau 68 N 24
Reichenau 109 W 11
Reichenbach 68 M 25
Reichenbach *(b. Gengenbach)* 100 U 8
Reichenbach *(b. Lahr)* 100 V 7
Reichenbach *(Kreis Ansbach)* 86 S 14
Reichenbach *(Kreis Bad Kissingen)* 76 P 14
Reichenbach *(Kreis Bergstraße)* 84 Q 10
Reichenbach *(Kreis Birkenfeld)* 81 R 5
Reichenbach *(Kreis Cham)* 89 S 21
Reichenbach *(Kreis Chemnitzer Land)* 67 N 21
Reichenbach *(Kreis Freiberg)* 67 N 23
Reichenbach *(Kreis Karlsruhe)* 93 T 9
Reichenbach *(Kreis Kronach)* 77 O 18
Reichenbach *(Kreis Kulmbach)* 77 P 18
Reichenbach *(Kreis Mittweida)* 67 M 23
Reichenbach *(Kreis Saalfeld-Rudolstadt)* 65 N 18
Reichenbach *(Saale-Holzland-Kreis)* 66 N 19
Reichenbach *(Wartburgkreis)* 64 M 15
Reichenbach *(Werra-Meißner-Kreis)* 63 M 13
Reichenbach (Oberlausitz) 69 M 28
Reichenbach (Vogtland) 66 O 20
Reichenbach a. d. Fils 94 T 12
Reichenbach a. Heuberg 101 V 10
Reichenbach b. Schussenried 102 V 12
Reichenbach i. Täle 94 U 13
Reichenbach-Reichenau 68 M 25
Reichenbach-Steegen 81 R 6
Reichenbach u. Rechberg 94 T 13
Reichenberg *(Kreis Märkisch-Oderland)* 35 I 26
Reichenberg *(Kreis Meißen-Dresden)* 68 M 25
Reichenberg *(Kreis Rottal-Inn)* 106 U 22
Reichenberg *(Kreis Würzburg)* 85 Q 13
Reichenbuch 84 R 11
Reicheneibach 106 U 21
Reichenhain 56 L 24
Reichenhausen 64 O 14
Reichenhofen 103 W 13
Reichenkirchen 105 U 19
Reichenow 35 I 26
Reichensachsen 64 M 13
Reichenschwand 87 R 18
Reichental 93 T 9
Reichenwalde 45 J 25
Reichersbeuern 113 W 18
Reicherskreuz 45 J 27
Reicherstein 96 U 17
Reichertshausen *(Kreis Freising)* 97 U 19
Reichertshausen *(Kreis Pfaffenhofen a. d. Ilm)* 105 U 18
Reichertsheim 105 V 20
Reichertshofen *(Kreis Neumarkt i. d. Oberpfalz)* 87 S 18
Reichertshofen *(Kreis Pfaffenhofen a. d. Ilm)* 96 U 18
Reichling 104 W 16
Reichmannsdorf 86 Q 16
Reichmannsdorf *(Kreis Saalfeld-Rudolstadt)* 65 O 17
Reichmannshausen 76 P 15
Reicholzheim 85 Q 12
Reichshof 61 N 7
Reichstädt *(Kreis Greiz)* 66 N 20
Reichstädt *(Weißeritzkreis)* 68 N 24
Reichstorf 98 U 22
Reichswald 46 K 2
Reichwalde *(Kreis Dahme-Spreewald)* 44 K 25
Reichwalde *(Niederschlesischer Oberlausitzkr.)* 57 L 27
Reichweiler 81 R 5
Reick (Dresden) 68 M 25
Reideburg 54 L 20
Reifenberg 83 S 6
Reifenstein 52 L 15
Reiffenhausen 52 L 13
Reifferscheid *(Kreis Ahrweiler)* 71 O 4
Reifferscheid *(Kreis Euskirchen)* 70 O 3
Reifland 67 N 23
Reihen 84 S 10
Reil 71 P 5
Reilingen 84 S 9
Reimersbude 7 C 11
Reimershagen 23 E 20
Reimlingen 95 T 15
Reimsbach 80 R 4
Reinbek 20 F 14
Reinberg *(Kreis Demmin)* 24 E 23
Reinberg *(Kreis Nordvorpommern)* 13 D 23
Reine 39 J 11
Reinerbeck 39 J 11
Reinersdorf 68 M 24
Reinerzau 101 U 9
Reinfeld 21 E 15
Reinhardshagen 51 L 12
Reinhardshausen 63 M 11
Reinhardswald 51 L 12
Reinhardtsdorf 68 N 26
Reinhardtsdorf-Schöna 69 N 26
Reinhardtsgrimma 68 N 25
Reinhartshausen 104 V 16
Reinharz 55 K 22
Reinhausen 52 L 13
Reinheim *(Kreis Darmstadt-Dieburg)* 84 Q 10
Reinheim *(Saar-Pfalz-Kreis)* 82 S 5
Reinholdshain 67 N 21
Reinickendorf *(Berlin)* 34 I 24
Reiningen 30 H 14
Reinkenhagen 13 D 23
Reinsbüttel 7 D 10
Reinsdorf *(Burgenlandkreis)* 53 M 18
Reinsdorf *(Kreis Döbeln)* 67 M 22
Reinsdorf *(Kreis Helmstedt)* 41 J 17
Reinsdorf *(Kreis Schaumburg)* 39 J 11
Reinsdorf *(Kreis Teltow-Fläming)* 44 K 23
Reinsdorf *(Kreis Wittenberg)* 43 K 21
Reinsdorf *(Kreis Zwickauer Land)* 67 N 21
Reinsdorf *(Kyffhäuserkreis)* 53 L 17
Reinsdorf Nord 43 K 21
Reinsfeld 65 N 16
Reinsfeld 81 Q 4
Reinshagen *(Kreis Bad Doberan)* 11 D 19
Reinshagen *(Kreis Güstrow)* 23 E 20
Reinstädt 65 N 18
Reinstedt 53 K 18
Reinstetten 103 V 13
Reinstorf *(Kreis Lüneburg)* 31 G 15
Reinstorf *(Kreis Nordwestmecklenburg)* 22 E 18
Reinstorf *(Kreis Uelzen)* 31 H 15
Reintal 112 X 17
Reipoltskirchen 81 R 6
Reisbach 81 R 4
Reisbach 98 U 21
Reischach 106 V 22
Reischenhart 113 W 20
Reisdorf 92 S 7
Reiselfingen 101 W 9
Reisenbach 84 R 11
Reiskirchen 62 O 10
Reislingen 41 I 16
Reißing *(Kreis Freising)* 97 T 19
Reißing *(Kreis Straubing-Bogen)* 98 T 21
Reiste 50 M 8
Reistenhausen 85 Q 11
Reistingen 95 T 15
Reit i. Winkl 114 W 21
Reiter Alpe 114 X 22
Reiterswiesen 76 P 14
Reith 19 F 12
Reith 75 P 13
Reitham 105 W 19
Reitnau 110 X 13
Reitscheid 81 R 5
Reitwein 45 I 27
Reitzengeschwenda 65 O 18
Reitzenhain 67 O 23
Rekum 18 G 9
Relliehausen 51 K 13
Rellingen 19 F 13
Relsberg 81 R 7
Remagen 60 O 5
Remblinghausen 50 M 8
Remchingen 93 T 9
Remda 65 N 17
Remels 17 G 7
Remkersleben 41 J 18
Remlin 14 E 21
Remlingen 41 J 16
Remlingen 85 Q 13
Remmels 8 D 12
Remplin 23 E 22
Remptendorf 66 O 18
Rems 95 T 13
Remscheid 48 M 5
Remse 67 N 21
Remseck am Neckar 94 T 11
Remsfeld 63 M 12
Remshalden 94 T 12
Rench 92 U 8
Renchen 92 U 8
Renda 64 M 14
Rendel 74 P 10
Rendsburg 8 D 12
Renfrizhausen 101 U 10
Rengersbrunn 75 P 12
Rengershausen 62 M 10
Rengershausen 85 R 13
Rengsdorf 61 O 6
Rengshausen 63 M 12
Renhardsweiler 102 V 12
Renkenberge 27 H 6
Rennau 41 J 16
Rennerod 61 O 8
Rennersdorf 69 M 28
Rennersdorf-Neudörfel 68 M 26
Rennertshofen *(Kreis Neu-Ulm)* 103 V 14
Rennertshofen *(Kreis Neuburg-Schrobenhausen)* 96 T 17
Renningen 93 T 10
Rennsteig 64 N 15
Rennsteiggarten 64 N 16
Renquishausen 101 V 10
Renshausen 52 L 14
Renslage 27 I 7
Renthendorf 66 N 19
Rentrup 27 I 6
Rentweinsdorf 77 P 16
Rentwertshausen 76 O 15
Renzel 19 E 13
Renzendorf 63 N 11
Renzow 21 F 17
Repelen 46 L 3
Repke 31 H 15
Reppelin 11 D 21
Reppenstedt 20 G 15
Reppichau 54 K 20
Reppinichen 43 J 20
Rerik 10 D 18
Rescheid 70 O 3
Resse 40 I 12
Resse (Gelsenkirchen-) 47 L 5
Ressen-Zaue 45 J 26
Resthausen 27 H 7
Restrup 27 I 7
Retgendorf 22 E 18
Rethem 29 H 12
Rethen 40 I 17
Rethen (Leine) 40 J 13
Rethmar 40 J 14
Rethwisch *(Kreis Plön)* 9 D 14
Rethwisch *(Kreis Stormarn)* 20 E 15
Rethwisch (Börgerende-) 11 D 19
Retscheroth 59 N 6
Retschow 11 D 19
Rettenbach *(b. St. Englmar)* 90 T 22
Rettenbach *(Kreis Cham)* 91 S 21
Rettenbach *(Kreis Günzburg)* 103 U 15
Rettenbach a. Auerberg 112 W 16
Rettenberg 111 X 14
Retterode 63 M 13
Rettert 73 P 7
Rettin 10 D 16
Rettmer 31 G 15
Retzau 54 K 20
Retzbach 75 Q 13
Retzen 39 J 10
Retzin *(Kreis Prignitz)* 32 G 19
Retzin *(Kreis Uecker-Randow)* 25 F 26
Retzow *(Kreis Havelland)* 33 I 22
Retzow *(Kreis Müritz)* 24 G 22
Retzow *(Kreis Parchim)* 23 F 20
Retzow *(Kreis Uckermark)* 24 G 23
Retzstadt 75 Q 13
Reuden *(Burgenlandkreis)* 66 M 20
Reuden *(Kreis Anhalt-Zerbst)* 43 J 20
Reudnitz 66 N 20
Reumtengrün 79 O 21
Reupelsdorf 86 Q 14
Reupzig 54 K 20
Reurieth 76 O 15
Reusch 86 R 14
Reusrath 59 M 4
Reußen 54 L 20
Reußenköge 4 C 10
Reußenstein 94 U 12
Reusten 93 U 10
Reut 106 V 22

Reute (Kreis Biberach a. d. Riß) 102 V 13
Reute (Kreis Emmendingen) 100 V 7
Reute (Kreis Ravensburg) 102 W 13
Reutern 99 U 23
Reuth 70 P 3
Reuth (Elstertalkreis) 78 O 19
Reuth (Göltzschtalkreis) 66 N 20
Reuth (Kreis Ansbach) 87 S 16
Reuth (Kreis Forchheim) 87 Q 17
Reuth a. Wald 96 S 17
Reuth b. Erbendorf 88 Q 20
Reuthen 57 L 27
Reutlingen 94 U 11
Reutlingendorf 102 V 12
Reutlinger Alb 102 U 11
Reutti (Alb-Donau-Kreis) 95 U 13
Reutti (Kreis Neu-Ulm) 103 U 14
Revenahe 19 F 12
Revensdorf 9 C 13
Rexingen 101 U 9
Reyershausen 52 L 13
Rezelsdorf 86 R 16
Rhade 18 G 11
Rhade 47 K 4
Rhadereistedt 19 G 11
Rhauderfehn 27 G 6
Rhaudermoor 27 G 6
Rhaunen 72 Q 6
Rheda 38 K 8
Rhede 26 G 5
Rhede 36 K 4
Rhedebrügge 36 K 4
Rheden 40 J 13
Rheder 51 K 11
Rhederfeld 26 G 5
Rheidt 59 N 5
Rhein 84 R 9
Rhein-Taunus (Naturpark) 73 P 8
Rhein-Weser-Turm 61 M 8
Rhein-Westerwald (Naturpark) 61 O 6
Rheinau (Ortenaukreis) 92 U 7
Rheinau (Stadtkreis Mannheim) 84 R 9
Rheinbach 60 O 4
Rheinberg 46 L 3
Rheinbischofsheim 92 U 7
Rheinböllen 73 P 7
Rheinbreitbach 60 O 5
Rheinbrohl 60 O 6
Rheindahlen 58 M 3
Rheindorf 59 M 4
Rheindürkheim 84 Q 9
Rheine 37 J 6
Rheineck 60 O 5
Rheinfelden 108 X 7
Rheinfels 73 P 7
Rheingaugebirge 73 P 7
Rheingönheim 84 R 9
Rheingoldstraße 71 P 6
Rheinhausen 100 V 7
Rheinhausen (Duisburg-) 47 L 4
Rheinhausen (Oberhausen-) 84 S 9
Rheinheim 109 X 8
Rheinisches Freilichtmuseum 60 O 3
Rheinmünster 92 T 8
Rheinsberg 33 G 22
Rheinsberger See 33 G 22
Rheinsheim 84 S 9
Rheinstein 73 Q 7
Rheinstetten 93 T 8
Rheintal 73 P 7
Rheinweiler 108 W 6
Rheinzabern 93 S 8
Rhen 19 E 13
Rhena 50 M 10
Rhens 71 P 6
Rheurdt 46 L 3
Rheydt 58 M 3
Rheydt (Dorf) 58 M 3
Rhin 33 G 22
Rhina 63 N 13
Rhinkanal 33 H 21
Rhinluch 33 H 22
Rhinow 33 H 21
Rhode 41 J 16
Rhode 61 M 7
Rhoden 41 J 15
Rhoden 50 L 11
Rhodt 83 S 8
Rhön 75 O 13
Rhöndorf 60 O 5
Rhüden 40 K 14
Rhünda 63 M 12
Rhume 52 L 14
Rhumspringe 52 L 14
Rhynern 49 L 7
Ribbeck (Kreis Havelland) 33 I 22
Ribbeck (Kreis Oberhavel) 34 G 23
Ribbenstedt 41 J 17
Ribbesbüttel 41 I 15
Ribnitz-Damgarten 11 D 21
Richelbach 85 Q 12
Richelsdorf 64 N 14
Richen (Kreis Darmstadt-Dieburg) 74 Q 10
Richen (Kreis Heilbronn) 84 S 10
Richrath 59 M 4
Richstein 62 N 9
Richtenberg 12 D 22
Richterich 58 N 2
Rickelrath 58 M 2
Rickenbach 108 X 7
Rickensdorf 41 I 16
Rickling 9 D 14
Riddagshausen 41 J 15
Ridders 8 D 12
Riebau 32 H 17
Riebelsdorf 63 N 11
Rieben 43 J 23
Rieblingen 96 U 16
Riebrau 31 G 16
Ried (Kreis Aichach-Friedberg) 104 V 17
Ried (Kreis Bad Tölz-Wolfratshausen) 112 W 18
Ried (Kreis Günzburg) 103 U 15
Ried (Kreis Weilheim-Schongau) 104 W 16
Rieda 54 L 20
Rieda 29 H 11
Riedbach (Kreis Haßberge) 76 P 15
Riedbach (Kreis Schwäbisch-Hall) 85 R 13
Riedberghorn 111 X 14
Riedbergpaß 111 X 14
Riedböhringen 101 W 9
Riede 29 H 10
Riede 51 M 11
Riedelberg 82 S 6
Rieden 71 O 5
Rieden (Kreis Amberg-Sulzbach) 88 S 19
Rieden (Kreis Ostallgäu) 103 W 15
Rieden (Kreis Würzburg) 76 Q 14
Rieden a. Ammersee 104 W 17
Rieden a. d. Kötz 103 U 14
Rieden a. Forggensee 112 X 16
Riedenberg 75 P 13
Riedenburg 97 T 19
Riedenheim 86 R 13
Riedensheim 96 T 17
Rieder 53 K 17
Riederau 104 W 17
Riederich 94 U 11
Riedering 105 W 20
Riedern 85 Q 12
Riedern a. Wald 109 W 8
Riedhausen 102 W 12
Riedhausen b. Günzburg 95 U 14
Riedheim (Kreis Günzburg) 103 U 14
Riedheim (Kreis Konstanz) 109 W 10
Riedlingen (Kreis Biberach a. d. Riß) 102 V 12
Riedlingen (Kreis Donau-Ries) 96 T 16
Riedlingen (Kreis Lörrach) 108 W 6
Riedöschingen 101 W 9
Riedstadt 74 Q 9
Riefensbeek 52 K 15
Riegel 100 V 7
Riegelsberg 81 S 4
Riegelstein 87 R 18
Riegsee 112 W 17
Riekenbostel 30 G 12
Riekofen 98 T 21
Rielasingen (Singen) 109 W 10
Rielasingen-Worblingen 109 W 10
Riem 105 V 19
Riemsdorf 68 M 24
Riemsloh 38 J 9
Rieneck 75 P 12
Riepach 95 T 14
Riepe (Kreis Aurich) 17 F 6
Riepe (Kreis Rotenburg) 30 G 12
Riepe (Kreis Soltau-Fallingbostel) 30 H 13
Rieplos 44 J 25
Rieps 21 E 16
Riepsdorf 10 D 16
Ries 95 T 15
Riesa 55 M 23
Riesbriek 4 B 11
Riesbürg 95 T 15
Rieschweiler-Mühlbach 83 S 6
Riesdorf 54 K 20
Rieseberg 41 J 16
Rieseby 5 C 13
Riesel 51 K 11
Riesenbeck 37 J 6
Riesigk 54 K 21
Rießen 45 J 27
Rieste (Kreis Osnabrück) 37 I 8
Rieste (Kreis Uelzen) 31 G 15
Riestedt 53 L 18
Riestedt 31 H 15
Riesweiler 73 Q 6
Rietberg 50 K 9
Rietenau 94 T 12
Rieth 76 P 15
Rieth (Kreis Uecker-Randow) 25 E 26
Rietheim 101 V 9
Rietheim-Weilheim 101 V 10
Riethnordhausen (Kreis Sangerhausen) 53 L 17
Riethnordhausen (Kreis Sömmerda) 65 M 17
Rietschen 57 L 28
Rietz 43 I 21
Rietz Neuendorf 45 J 26
Rietze 40 I 15
Rietzel 42 J 20
Rietzmeck 54 K 20
Rietzneuendorf-Friedrichshof 44 J 24
Riewend 43 I 22
Riggerding 99 T 23
Riglasreuth 78 Q 19
Rilchingen-Hanweiler 82 S 5
Rimbach 84 R 10
Rimbach (Kreis Cham) 89 S 22
Rimbach (Kreis Kitzingen) 76 Q 14
Rimbach (Kreis Rottal-Inn) 106 U 21
Rimbeck 50 L 11
Rimberg 50 N 12
Rimhorn 84 Q 11
Rimpar 76 Q 13
Rimschweiler 82 S 6
Rimsting 106 W 21
Rinchnach 91 T 23
Rinchnachmündt 91 T 23
Rindelbach 95 T 14
Rindenmoos 102 V 13
Rinderfeld 86 R 13
Rindern 46 K 2
Ringe 26 I 4
Ringelai 99 T 24
Ringelbach 92 U 8
Ringelheim 40 J 14
Ringen 60 O 5
Ringenberg 46 K 3
Ringenhain 69 M 27
Ringenwalde 34 G 25
Ringfurth 42 I 19
Ringgau 64 M 14
Ringgenbach 102 W 11
Ringingen (Alb-Donau-Kreis) 102 U 13
Ringingen (Zollernalbkreis) 102 V 11
Ringleben 53 L 17
Ringsberg 5 B 12
Ringschnait 103 V 13
Ringsheim 100 V 7
Ringstedt 18 F 10
Ringwall 83 R 8
Rinkerode 37 K 7
Rinnenthal 104 U 17
Rinnthal 83 S 7
Rinschheim 85 R 12
Rinteln 39 J 11
Rinthe 62 M 9
Rippach 54 M 20
Rippberg 85 R 11
Rippenweier 84 R 10
Rippershausen 64 O 15
Rippien 68 N 25
Rippolingen 108 X 7
Ripsdorf 70 O 3
Rischenau 39 K 11
Rispel 17 F 7
Riß 102 V 13
Rißegg 102 V 13
Rissen 19 F 13
Rissenthal 80 R 4
Risserkogel 113 X 19
Rißtissen 102 V 13
Ristedt (Kreis Diepholz) 29 H 10
Ristedt (Kreis Westliche Altmark) 31 I 17
Risum-Lindholm 4 B 10
Ritschenhausen 76 O 15
Ritschermoor 19 E 12
Ritterhude 29 G 10
Rittersbach (Kreis Roth) 87 S 17
Rittersbach (Neckar-Odenwald-Kreis) 85 R 11
Rittersdorf 65 N 17
Rittersdorf 70 Q 3
Rittersgrün 79 O 22
Rittershausen 62 N 8
Rittierode 52 K 13
Rittmannshausen 64 M 14
Rittsteig 91 S 23
Ritzerow 24 F 22
Ritzleben 32 H 18
Riveris-Stausee 80 Q 4
Rixen 50 L 9
Rixfeld 63 O 12
Roben 66 N 20
Robern 85 R 11
Robringhausen 50 L 8
Rochau 32 H 19
Rochlitz 67 M 22
Rochsburg 67 N 22
Rockenberg 74 O 10
Rockenhausen 83 R 7
Rockensüß 63 M 13
Rockeskyll 70 P 4
Rocksdorf 87 S 18
Rockstedt 19 G 11
Rod a. d. Weil 74 O 9
Roda 62 N 10
Roda (Bach) 66 N 19
Roda (Kreis Leipziger Land) 67 M 21
Roda (Muldentalkreis) 55 M 22
Rodacherbrunn 77 O 18
Rodalben 83 S 6
Rodau 4 B 11
Rodau 78 O 19
Rodau (Kreis Bergstraße) 84 Q 9
Rodau (Kreis Darmstadt-Dieburg) 84 Q 10
Roddahn 33 H 20
Roddan 32 H 20
Roden 75 Q 12
Rodenäs 4 B 10
Rodenbach (Kreis Kaiserslautern) 81 R 6
Rodenbach (Kreis Main-Spessart) 75 Q 12
Rodenbach (Lahn-Dill-Kreis) 61 N 8
Rodenbek 9 D 14
Rodenberg 39 J 12
Rodenhausen 62 N 9
Rodenkirchen 18 F 9
Rodenkirchen (Köln) 59 N 4
Rodenkirchenwurp 18 F 9
Rodenwalde 21 F 16
Rodenzenreuth 78 Q 20
Roderath 60 O 4
Rodersdorf (Elstertalkreis) 78 O 20
Rodersdorf (Kreis Halberstadt) 53 K 17
Rodershausen 70 Q 2
Rodewald 30 I 12
Rodewisch 66 O 21
Rodgau 74 P 10
Rodheim 74 O 10
Rodheim-Bieber 62 O 9
Rodheim v. d. Höhe 74 P 10
Roding 89 S 21
Rodleben 42 K 20
Rodt 101 U 9
Rodt (Oberbergischer Kreis) 59 M 6
Rodt (Schleidweiler-) 72 Q 4
Roduchelstorf 21 E 16
Röbel (Kreis Müritz) 23 F 21
Röbel (Kreis Ostholstein) 9 D 16
Röbersdorf 87 Q 16
Röblingen a. See 54 L 19
Röcke 39 J 11
Röckenhofen 96 S 18
Röckersbühl 87 S 18
Röckingen 95 S 15
Röcknitz 55 L 22
Röckwitz 24 E 23
Röddelin 34 G 24
Röddenau 62 M 10
Rödelhausen 72 Q 5
Rödelmaier 76 P 14
Rödelsee 86 Q 14
Röden 77 P 17
Rödental 77 P 17
Röderau 55 M 23
Röderaue 56 L 24
Röderhof 41 K 17
Rödermark 74 Q 10
Rödern 68 M 25
Rödersheim-Gronau 83 R 8
Rödgen 62 O 10
Rödingen 58 N 3
Rödinghausen 38 J 9
Rödlin-Thurow 24 F 23
Rödlitz 67 N 21
Röfingen 103 U 15
Röggeliner See 21 E 16
Rögling 96 T 16
Rögnitz 21 F 17
Röhe 58 N 2
Röhl 80 Q 3
Röhlingen 95 T 14
Röhrda 64 M 14
Röhre 49 M 8
Röhrenfurth 63 M 12
Röhringsberg 52 L 14
Röhrmoos 104 V 18
Röhrnbach 99 T 24
Röhrsdorf (Kreis Chemnitzer Land) 67 N 22
Röhrsdorf (Kreis Meißen-Dresden) 68 M 24
Röhrsdorf (Kreis Sächsische Schweiz) 68 N 25
Röhrsen 31 H 15
Röllbach 85 Q 11
Röllfeld 85 Q 11
Röllshausen 63 N 11
Rölsdorf 58 N 3
Römerberg 84 S 9
Römerkessel 104 W 16
Römershagen 61 N 7
Römerstein (Gemeinde) 94 U 12
Römhild 76 O 15
Römstedt 31 G 15
Rönkhausen 49 M 7
Rönne 9 D 14
Rönnebeck 34 G 23
Rönnelmoor 18 F 8
Rönsahl 59 M 6
Röpersdorf 25 G 25
Roes 71 P 5
Rösa 54 L 21
Rösebeck 51 L 11
Rösenbeck 50 L 10
Röslau 78 P 19
Röspe 62 M 8
Rösrath 59 N 5
Rössing 40 J 13
Röst 7 D 11
Röt 93 U 9
Rötenbach (Kreis Breisgau-Hochschwarzwald) 101 W 8
Rötenbach (Kreis Freudenstadt) 101 V 9
Rötenberg 101 V 9
Roetgen 58 O 2
Rötgesbüttel 41 I 15
Rötha 54 M 21
Röthen 31 G 16
Röthenbach 68 N 24
Röthenbach 78 P 20
Röthenbach (Allgäu) 111 X 13
Röthenbach a. d. Pegnitz 87 R 17
Röthenbach b. St. Wolfgang 87 R 17
Röthges 62 O 10
Röthlein 76 Q 14
Röttbach 85 Q 12
Rötteln 108 X 6
Röttenbach (Kreis Erlangen-Höchstadt) 87 Q 16
Röttenbach (Kreis Roth) 96 S 17
Röttgen (Bonn) 59 N 5
Röttingen (Kreis Würzburg) 86 R 13
Röttingen (Ostalbkreis) 95 T 14
Rötz 89 R 21
Rövershagen 11 D 20
Röwitz 41 I 17
Roffhausen 17 F 8
Roga 24 F 24
Rogäsen 43 J 21
Rogätz 42 J 19
Rogeez 23 F 21
Roggden 95 U 15
Roggenburg 103 V 14
Roggendorf 21 E 17
Roggendorf (Kreis Euskirchen) 60 O 3
Roggendorf (Köln-) 59 M 4
Roggenhagen 24 F 24
Roggenstede 17 F 6
Roggenstein 89 R 20
Roggenstorf 10 E 17
Roggentin (Kreis Bad Doberan) 11 D 20
Roggentin (Kreis Mecklenburg-Strelitz) 24 F 22
Rogglfing 106 U 22
Roggosen 57 K 27
Roggow (Kreis Bad Doberan) 10 D 18
Roggow (Kreis Güstrow) 23 E 21
Rohdenhaus 48 M 5
Rohlsdorf 33 G 20
Rohlstorf 9 E 15
Rohne 57 L 27
Rohnstedt 53 M 16
Rohr 49 L 7
Rohr 70 O 4
Rohr (Kreis Roth) 87 R 16
Rohr (Kreis Schmalkalden-Meiningen) 64 O 15
Rohr (Stuttgart) 94 T 11
Rohr i. Niederbayern 97 T 19
Rohrbach (Elstertalkreis) 79 P 20
Rohrbach (Kreis Coburg) 77 P 17
Rohrbach (Kreis Heilbronn) 93 S 10
Rohrbach (Kreis Hersfeld-Rotenburg) 63 N 13
Rohrbach (Kreis Mühldorf a. Inn) 106 V 21
Rohrbach (Kreis Pfaffenhofen a. d. Ilm) 97 U 18
Rohrbach (Kreis Ravensburg) 102 W 13
Rohrbach (Kreis Regensburg) 88 S 19
Rohrbach (Kreis Südliche Weinstraße) 83 S 8
Rohrbach (Saar-Pfalz-Kreis) 82 S 5
Rohrbach i. Schwarzwald 101 V 8
Rohrbeck 43 K 23
Rohrberg 31 H 17
Rohrbrunn 75 Q 12
Rohrdorf (Kreis Calw) 93 U 10
Rohrdorf (Kreis Ravensburg) 111 W 14
Rohrdorf (Kreis Rosenheim) 105 W 20
Rohrdorf (Kreis Sigmaringen) 102 V 11
Rohren 70 O 2
Rohrenfels 96 T 17
Rohrhards-Berg 100 V 8
Rohrlack 33 H 21
Rohrmoos 111 X 14
Rohrsee 102 W 13
Rohrsen 29 H 11
Rohrsheim 41 J 16
Roidin 24 E 23
Roigheim 85 R 12
Roisdorf 59 N 5
Roitham 106 W 21
Roitzsch (Kreis Bitterfeld) 54 L 20
Roitzsch (Kreis Torgau-Oschatz) 55 L 22
Roitzschjora 54 L 21
Roklum 41 J 16
Roland 49 K 8
Rolandsbogen 60 O 5
Rolfsbüttel 40 I 15
Rolfshagen 39 J 11
Rolfzen 51 K 11
Rollesbroich 70 O 2
Rollshausen 52 L 14
Rollshausen 62 N 9
Rollwitz 25 F 25
Rolofshagen 21 E 17
Rom 23 F 19
Romansthal 77 P 17
Romkerhalle 52 K 15
Rommelhausen 74 P 10
Rommelsbach 94 U 11
Rommelshausen 94 T 11
Rommelsried 104 U 16
Rommerode 51 M 13
Rommers 75 O 13
Rommersheim 70 P 3
Rommerskirchen 58 M 4
Rommerz 75 O 12
Romrod 63 N 11

Romsthal 75 P 12
Rondeshagen 21 E 15
Ronhausen 62 N 10
Ronhof 87 R 17
Ronneburg 74 P 11
Ronneburg 66 N 20
Ronnenberg 40 J 12
Ronsberg 103 W 15
Ronsdorf 48 M 5
Ronshausen 63 N 13
Ronsolden 88 S 19
Rorup 36 K 5
Rosa 64 N 14
Rosall 79 Q 21
Rosbach 61 N 6
Rosbach v. d. Höhe 74 P 10
Rosche 31 H 16
Roschwitz 54 K 19
Rosdorf 51 L 13
Rosdorf (Holstein) 8 E 13
Rosebruch 30 G 12
Roseburg 21 F 15
Rosenbach 69 M 28
Rosenberg *(Neckar-Odenwald-Kreis)* 85 R 12
Rosenberg *(Ostalbkreis)* 95 S 14
Rosendahl 36 J 5
Rosenfeld 55 L 23
Rosenfeld 101 V 10
Rosenfelde 10 D 17
Rosengarten 94 S 13
Rosengarten *(Kreis Harburg)* 19 F 13
Rosengarten *(Kreis Rügen)* 13 D 24
Rosengarten *(Stadtkreis Frankfurt)* 45 I 27
Rosenhagen 39 I 11
Rosenhagen *(Kreis Nordwestmecklenburg)* 21 F 17
Rosenhagen *(Kreis Ostvorpommern)* 25 E 25
Rosenhain 69 M 28
Rosenheim 61 N 7
Rosenheim 105 W 20
Rosenkopf 81 R 6
Rosenkranz 4 B 10
Rosenow *(Kreis Demmin)* 24 F 23
Rosenow *(Kreis Uckermark)* 24 G 24
Rosenthal 62 N 10
Rosenthal *(Kreis Lüneburg)* 21 G 15
Rosenthal *(Kreis Peine)* 40 J 14
Rosenthal *(Kreis Teltow-Fläming)* 44 K 24
Rosenthal *(Westlausitzkreis)* 57 M 26
Rosenthal-Bielatal 68 N 26
Rosenwinkel 33 G 21
Rosian 42 J 20
Rosien 21 G 16
Rositz 66 M 21
Roskow 43 I 22
Rosow 25 G 27
Rossau *(Kreis Mittweida)* 67 M 23
Rossau *(Kreis Stendal)* 32 H 18
Roßbach *(Kreis Bad Kissingen)* 75 P 13
Roßbach *(Kreis Fulda)* 63 N 13
Roßbach *(Kreis Merseburg-Querfurt)* 54 M 19
Roßbach *(Kreis Miltenberg)* 75 Q 11
Roßbach *(Kreis Mühldorf a. Inn)* 106 U 21
Roßbach *(Kreis Neuwied)* 61 O 6
Roßbach *(Kreis Rottal-Inn)* 98 U 22
Roßbach *(Werra-Meißner-Kreis)* 51 M 13
Roßbach *(Westerwaldkreis)* 61 O 7
Roßbach-Wald 90 S 21
Roßberg 102 U 11
Roßberg *(Stadt)* 102 W 13
Roßdorf *(Kreis Darmstadt-Dieburg)* 74 Q 10
Roßdorf *(Kreis Jerichower Land)* 42 I 20
Roßdorf *(Kreis Marburg-Biedenkopf)* 62 N 10
Roßdorf *(Kreis Schmalkalden-Meiningen)* 64 N 14
Roßdorf-Dunkelforth 42 I 20
Roßdort 74 P 10
Roßfeld *(Kreis Coburg)* 76 O 16
Roßfeld *(Kreis Schwäbisch-Hall)* 95 S 14
Roßfeld-Ringstraße 114 X 23
Roßhaupten 112 X 16
Roßholzen 113 W 20
Rossin 25 E 25
Roßla 53 L 17
Roßlau 43 K 20
Roßleben 53 M 18
Rossow *(Kreis Mecklenburg-Strelitz)* 24 F 24
Rossow *(Kreis Ostprignitz-Ruppin)* 33 G 21
Rossow *(Kreis Uecker-Randow)* 25 F 26
Roßstein 113 X 19
Roßtal 87 R 16
Roßtrappe 53 K 17
Roßwälden 94 T 12
Roßwag 93 T 10
Roßwein 67 M 23
Rostock 11 D 20
Rostocker Heide 11 D 20
Rostrup 27 G 7
Rot *(Donau)* 103 W 13
Rot *(Kocher)* 94 T 13
Rot *(Main-Tauber-Kreis)* 85 R 13
Rot (St. Leon-) 84 S 9
Rot a. d. Rot 103 V 14
Rot a. See 86 S 14
Rot b. Laupheim 103 V 13
Rotbach 59 N 4
Rotberg 44 I 24
Rote Lache 93 T 8
Rotenberg 94 L 14
Rotenburg 29 G 12
Rotenburg 63 N 13
Rotenhain 61 O 7
Rotenhar 94 T 13
Rotenhuse 10 D 16
Rotenkirchen 51 K 13
Roter Main 77 P 18
Rotes Kliff *(Sylt)* 4 B 8
Rotfelden 93 U 10
Roth 87 S 17
Roth *(Kreis Altenkirchen)* 61 N 7
Roth *(Kreis Hildburghausen)* 76 O 15
Roth *(Kreis Lichtenfels)* 77 P 17
Roth *(Kreis Neu-Ulm)* 103 U 14
Roth *(Kreis Rhön-Grabfeld)* 76 O 14
Roth *(Lahn-Dill-Kreis)* 61 O 8
Roth a. d. Our 80 Q 2
Roth b. Prüm 70 P 3
Rotha 53 L 17
Rothaargebirge 62 N 8
Rothaargebirge (Naturpark) 62 M 8
Rothau 99 T 24
Rothaus 100 W 8
Rothemann 75 O 13
Rothemühl 25 F 25
Rothemühle 61 N 7
Rothenbach *(Kreis Heinsberg)* 58 M 2
Rothenbach *(Westerwaldkreis)* 61 O 7
Rothenberg 77 P 16
Rothenberg 84 R 10
Rothenbergen 75 P 11
Rothenbuch 75 Q 12
Rothenburg 54 L 19
Rothenburg (Oberlausitz) 57 L 28
Rothenburg o. d. Tauber 86 R 14
Rothenfels 75 Q 12
Rothenkirchen *(Göltzschtalkreis)* 67 O 21
Rothenkirchen *(Kreis Fulda)* 63 N 13
Rothenkirchen *(Kreis Kronach)* 77 O 17
Rothenklempenow 25 F 26
Rothenschirmbach 53 L 18
Rothensee 42 J 19
Rothenstadt 88 R 20
Rothenstein 65 N 18
Rothenstein 96 T 17
Rothenthal 68 O 24
Rothenuffeln 39 J 10
Rother Kuppe 76 O 14
Rothesütte 52 L 16
Rothhausen 76 P 14
Rothhelmshausen 63 M 11
Rothmannsthal 77 P 17
Rothsee 87 S 17
Rothselberg 81 R 6
Rothwesten 51 L 12
Rott 5 C 11
Rott 58 N 2
Rott 104 W 16
Rott *(Fluß)* 106 U 21
Rott a. Inn 105 W 20
Rotta 55 K 21
Rottach 111 X 14
Rottach-Egern 113 W 19
Rottau 106 W 21
Rottenacker 102 V 13
Rottenbach *(Kreis Coburg)* 77 O 16
Rottenbach *(Kreis Saalfeld-Rudolstadt)* 65 N 17
Rottenberg 75 P 11
Rottenbuch 112 W 16
Rottenburg a. d. Laaber 97 T 20
Rottenburg a. Neckar 93 U 10
Rottendorf *(Kreis Schwandorf)* 88 R 20
Rottendorf *(Kreis Würzburg)* 86 Q 14
Rottenegg 97 U 19
Rotterode 64 N 15
Rottershausen 76 P 14
Rotterterode 63 N 12
Rotthalmünster 107 U 23
Rottinghausen 37 I 8
Rottleben 53 L 17
Rottleberode 53 L 16
Rottmersleben 42 J 18
Rottorf 20 F 14
Rottorf a. Klei 41 J 16
Rottstock *(b. Brück)* 43 J 22
Rottstock *(b. Görzke)* 43 J 21
Rottum 103 V 13
Rottweil 101 V 9
Rotwand 113 X 19
Roxel 37 K 6
Roxförde 42 I 18
Roxheim 73 Q 7
Roxheim (Pfalz) 84 R 9
Rubbelrath 48 M 3
Rubenow 13 D 25
Rubkow 15 E 25
Rubow 22 E 18
Ruchow 23 E 19
Ruckersfeld 61 N 8
Rudelstetten 95 T 15
Rudelzhausen 97 U 19
Ruden 13 D 25
Rudendorf 76 P 16
Ruderatshofen 103 W 15
Rudersberg 94 T 12
Rudersdorf 61 N 8
Ruderting 99 U 24
Rudingshain 63 O 11
Rudisleben 65 N 16
Rudlos 63 O 12
Rudolphshan 63 O 13
Rudolphstein 78 O 19
Rudolstadt 65 N 18
Rudower See 32 G 18
Rübehorst 33 H 20
Rübeland 53 K 16
Rübenach 71 O 6
Rübenau 67 O 23
Rüber 71 P 6
Rübke 19 F 13
Rück 85 Q 11
Rückers 75 O 12
Rückersdorf 87 R 17
Rückersdorf *(Kreis Elbe-Elster)* 56 L 24
Rückersdorf *(Kreis Greiz)* 66 N 20
Rückersdorf *(Kreis Sächsische Schweiz)* 68 M 26
Rückershausen 73 P 8
Rückholz 111 X 15
Rückingen 74 P 10
Rückmarsdorf 54 L 20
Rüddingshausen 62 N 10
Rüde 5 B 12
Rüdenau 85 Q 11
Rüdenhausen 86 Q 15
Rüdersdorf *(Kreis Greiz)* 66 N 19
Rüdersdorf *(Kreis Märkisch-Oderland)* 44 I 25
Rüdershausen *(Kreis Göttingen)* 52 L 14
Rüdershausen *(Kreis Wesermarsch)* 18 G 8
Rüdesheim 73 Q 7
Rüdesheim a. Rhein 73 Q 7
Rüdigershagen 52 L 15
Rüdigheim 74 P 10
Rüdinghausen 47 L 6
Rüdisbronn 86 R 15
Rüdnitz 34 H 24
Rügen *(Insel)* 13 C 23
Rügge 5 B 13
Rüggeberg 49 M 6
Rügheim 76 P 15
Rügischer Bodden 13 D 24
Rügland 86 R 15
Rühen 41 I 16
Rühle *(Kreis Emsland)* 26 H 5
Rühle *(Kreis Holzminden)* 39 K 12
Rühlerfeld 26 H 5
Rühlermoor 26 I 5
Rühlertwist 26 I 5
Rühlingstetten 95 T 15
Rühlow 24 F 24
Rühn 23 E 19
Rühstädt 32 H 19
Rülzheim 83 S 8
Rümmingen 108 X 6
Rümpel 20 E 15
Ründeroth 59 N 6
Rünthe 49 L 6
Rüper 40 I 17
Rüppershausen 62 N 8
Rüscheid 61 O 6
Rüschendorf *(Kreis Steinfurt)* 37 I 6
Rüschendorf *(Kreis Vechta)* 37 I 8
Rüschhaus 37 K 6
Rüsfort 27 I 8
Rüspel 19 G 12
Rüssel 27 I 7
Rüsselhausen 85 R 13
Rüsselsheim 74 Q 9
Rüssen 28 H 9
Rüssenbach 87 Q 17
Rüssingen 83 R 8
Rüstungen 52 M 14
Rütenbrock 26 H 5
Rütenmoor 26 H 5
Rüterberg 31 G 17
Rüthen 50 L 9
Rüthnick 34 H 22
Rüting 21 E 17
Rütschdorf 85 R 12
Rugendorf 77 P 18
Rugenort 7 D 10
Rugensee 22 E 18
Ruhestein 93 U 8
Ruhla 64 N 15
Ruhland 56 L 25
Ruhlkirchen 63 N 11
Ruhlsdorf *(Kreis Barnim)* 34 H 24
Ruhlsdorf *(Kreis Potsdam-Mittelmark)* 44 I 23
Ruhlsdorf *(Kreis Teltow-Fläming)* 44 J 23
Ruhlsdorf *(Kreis Wittenberg)* 55 K 22
Ruhmannsfelden 91 T 22
Ruhner Berge 23 G 19
Ruhpolding 114 W 21
Ruhr 50 M 9
Ruhrgebiet 47 L 4
Ruhstorf 98 U 22
Ruhstorf a. d. Rott 107 U 24
Ruhwarden 18 F 8
Ruhwinkel 9 D 14
Ruit *(Kreis Karlsruhe)* 93 S 10
Ruit *(Stuttgart)* 94 T 11
Rulfingen 102 V 11
Rulle 37 I 8
Rullstorf 21 G 15
Rumbach 92 S 7
Rumbeck *(Hochsauerlandkreis)* 49 L 8
Rumbeck *(Kreis Hameln-Pyrmont)* 39 J 11
Rumeln 46 L 3
Rummelloch 4 C 9
Rummenohl 49 M 6
Rumohr 9 D 14
Rumpshagen 24 F 22
Runding 89 S 22
Runkel 73 O 8
Runow 23 F 19
Runzhausen 62 N 9
Rupboden 75 P 13
Ruppach-Goldhausen 73 O 7
Ruppendorf 68 N 24
Ruppersdorf 77 O 18
Ruppersdorf (Oberlausitz) 69 N 28
Ruppertenrod 62 O 11
Ruppertsburg 62 O 10
Ruppertsgrün *(Elstertalkreis)* 66 O 20
Ruppertsgrün *(Kreis Zwickauer Land)* 66 N 21
Ruppertshain 74 P 9
Ruppertshofen *(Kreis Schwäbisch-Hall)* 85 S 13
Ruppertshofen *(Ostalbkreis)* 94 T 13
Ruppertshütten 75 P 12
Ruppertsweiler 83 S 7
Ruppertszell 104 U 17
Ruppichteroth 59 N 6
Ruppiner Kanal 34 H 23
Ruppiner Schweiz 33 G 22
Ruppiner See 33 H 22
Rupprechtstegen 87 R 18
Rupsroth 63 O 13
Rur 70 O 2
Rur-Stausee 58 O 3
Rurberg 70 O 3
Rurdorf 58 N 2
Rurtalsperre 70 O 3
Rusch 111 X 14
Ruschberg 81 R 5
Ruschwedel 19 F 12
Rusel 98 T 23
Rushend 39 J 11
Russee 9 D 14
Rußheim 84 S 9
Rust 100 V 7
Rustenfelde 52 L 14
Rustow 14 E 23
Rutenberg 24 G 23
Rutesheim 93 T 10
Ruthe 40 J 13
Ruthenbeck 22 F 19
Ruwer 72 Q 4
Ryck 13 D 23
Ryckgraben 13 D 23
Rysum 16 F 5

S

Saal 11 D 21
Saal 76 P 15
Saal a. d. Donau 97 T 19
Saalach 114 W 22
Saalbach 84 S 9
Saalburg 78 O 19
Saalburg 74 P 9
Saaldorf *(Kreis Berchtesgadener Land)* 106 W 22
Saaldorf *(Saale-Orla-Kreis)* 78 O 19
Saale 65 O 18
Saale 78 P 19
Saaler Bodden 11 C 21
Saalfeld *(Schwarzakreis)* 65 O 18
Saalfeld *(Unstrut-Hainich-Kreis)* 52 M 15
Saalhaupt 97 T 20
Saalhausen 56 L 25
Saalhausen 61 M 8
Saalow 44 J 24
Saalsdorf 41 I 17
Saalstadt 81 S 6
Saar 82 S 4
Saar-Hunsrück 80 R 4
Saara 66 N 19
Saarbach 92 S 7
Saarbrücken 82 S 5
Saarbrücken-Ensheim *(Flughafen)* 82 S 5
Saarburg 80 R 3
Saarhölzbach 80 R 3
Saarlouis 80 S 4
Saarmund 44 J 23
Saarwellingen 80 R 4
Saasen 62 O 10
Saathain 56 L 24
Sababurg 51 L 12
Sabbenhausen 39 K 11
Sabel 11 E 20
Sabershausen 71 P 6
Sabrodt 57 L 26
Sachau 41 I 17
Sachenshausen 63 N 11
Sachrang 113 W 20
Sachsbach 86 S 15
Sachsdorf 68 M 24
Sachsen 86 S 15
Sachsenberg 79 O 21
Sachsenberg 62 M 10
Sachsenbrunn 77 O 16
Sachsenburg *(Kreis Mittweida)* 67 N 23
Sachsenburg *(Kyffhäuserkreis)* 53 M 17
Sachsendorf *(Kreis Märkisch-Oderland)* 45 I 27
Sachsendorf *(Muldentalkreis)* 55 M 22
Sachsengrund 79 O 21
Sachsenhagen 39 I 11
Sachsenhausen *(Frankfurt)* 74 P 10
Sachsenhausen *(Kreis Heidenheim)* 95 U 14
Sachsenhausen *(Kreis Oberhavel)* 34 H 23
Sachsenhausen *(Kreis Waldeck-Frankenberg)* 50 M 11
Sachsenhausen *(Kreis Weimarer Land)* 65 M 18
Sachsenhausen *(Main-Tauber-Kreis)* 85 Q 12
Sachsenheim 94 T 11
Sachsenkam 105 W 18
Sachsenried 104 W 16
Sachsenwald 20 F 15
Sachsgrün 78 O 20
Sack 40 J 13
Sacka 56 M 25
Sackpfeife 62 N 9
Sacro 57 K 27
Sacrow 43 I 23
Sacrow-Waldow 45 K 26
Sadelkow 24 F 24
Sadenbeck 33 G 20
Sadersdorf 19 F 11
Sadisdorf 68 N 24
Sächsische Schweiz 69 N 26
Sächsische Weinstraße 68 M 24
Saeffelen 58 M 1
Saerbeck 37 J 6
Sättelstädt 64 N 15
Säuling 112 X 16
Saffig 71 O 6
Sagar 57 L 28
Sagard 13 C 24
Sagast 23 G 19
Sagau 9 D 16
Sage 27 H 8
Sagehorn 29 G 11
Sahlenburg 18 E 9
Sahms 21 F 15
Sahrendorf 30 G 14
Saidenbach Stausee 67 N 23
Saig 100 W 8
Sailauf 75 P 11
Sailershausen 76 P 15
Salach 94 T 13
Salbke 42 J 19
Salchendorf *(b. Netphen)* 61 N 8
Salchendorf *(b. Neunkirchen)* 61 N 8
Salching 98 T 21
Saldenburg 99 T 24
Salder 40 J 15
Salem 21 F 16
Salem 110 W 11
Salgen 103 V 15
Sallach 98 T 21
Sallahn 31 G 16
Sallgast 56 L 25
Sallneck 108 W 7
Salm 70 P 4
Salmanskirchen 106 V 21
Salmendingen 102 U 11
Salmsdorf 76 P 16
Salmtal 72 Q 4
Salmünster 75 P 12
Salow 24 E 24
Saltendorf 88 R 20
Salz 76 P 14
Salz *(Fluß)* 75 O 12
Salz *(Vogelsbergkreis)* 75 O 12
Salz *(Westerwaldkreis)* 61 O 7
Salzach 106 V 22
Salzau 9 D 15
Salzberg 63 N 12
Salzbergen 36 J 6
Salzbergwerk 85 S 11
Salzbrunn 43 J 22
Salzburg 61 N 8
Salzdahlum 41 J 15
Salzderhelden 51 K 13
Salzenforst-Bolbritz 69 M 27
Salzfurtkapelle 54 K 20
Salzgitter 40 J 15
Salzgitter-Bad 40 J 15
Salzhaff 10 D 18
Salzhausen 30 G 14
Salzhemmendorf 39 J 12
Salzkotten 50 K 9
Salzmünde 54 L 19
Salzstetten 93 U 9
Salzwedel 31 H 17
Salzweg 99 U 24
Salzwoog 83 S 7
Sambach 87 Q 16
Sambachshof 76 P 15
Sambleben 41 J 16
Sameister 112 W 16
Samerberg 113 W 20
Samern 36 J 5
Sammarei 99 U 23

Samswegen 42 J 18
Samtens 13 C 23
Sand *(Kreis Kassel)* 51 M 11
Sand *(Kreis Rastatt)* 93 U 8
Sand *(Ortenaukreis)* 92 U 7
Sand *(Rhein-Sieg-Kreis)* 59 N 5
Sand a. Main 76 Q 15
Sandau 32 H 20
Sandauerholz 32 H 20
Sandbach 84 Q 11
Sandbach 99 U 23
Sandbeiendorf 42 I 19
Sandbek 5 B 13
Sandberg *(Kreis Fulda)* 76 O 13
Sandberg *(Kreis Rhön-Grabfeld)* 76 O 14
Sandbostel 19 F 11
Sande 17 F 8
Sande 50 K 9
Sande (Enge-) 4 B 10
Sandebeck 50 K 10
Sandel 17 F 7
Sandelzhausen 97 U 19
Sandersdorf 54 L 20
Sandersdorf 97 T 18
Sandershausen 51 M 12
Sandersleben 53 K 18
Sandesneben 21 E 15
Sandforth 38 J 9
Sandfurth 42 I 19
Sandhagen *(Kreis Bad Doberan)* 10 D 19
Sandhagen *(Kreis Mecklenburg-Strelitz)* 25 E 24
Sandharlanden 97 T 19
Sandhatten 28 G 8
Sandhausen 18 G 10
Sandhausen 84 R 9
Sandhof 95 S 14
Sandhorst 17 F 6
Sanding 97 T 20
Sandizell 96 U 17
Sandkaten 9 D 15
Sandkrug 35 H 25
Sandkrug 28 G 8
Sandlofs 63 N 12
Sandsbach 97 T 20
Sandstedt 18 F 9
Sandtorf 84 R 9
Sangerhausen 53 L 17
Sanitz 11 D 21
Sankelmark 5 B 12
St. Andreasberg 52 K 15
St. Annen 7 C 11
St. Arnold 36 J 6
St. Augustin 59 N 5
St. Bartholomä 114 X 22
St. Bernhard 76 O 15
St. Blasien 108 W 8
St. Candidus 93 T 10
St. Dionys 20 F 15
St. Egidien 67 N 21
St. Englmar 91 S 22
St. Gangloff 66 N 19
St. Georgen 101 V 9
St. Georgsberg 21 E 16
St. Germanshof 92 S 7
St. Gertrud 21 E 16
St. Goar 73 P 7
St. Goarshausen 73 P 7
St. Heinrich 104 W 18
St. Hubert 46 L 3
St. Hubertus 21 E 16
St. Hülfe 28 I 9
St. Ilgen 84 R 10
St. Ingbert 82 S 5
St. Jakob 106 W 21
St. Johann *(b. Hohe Warte)* 94 U 11
St. Johann *(Gemeinde)* 102 U 12
St. Johann *(Kreis Kelheim)* 97 T 19
St. Johannis 77 Q 18
St. Joost 17 F 7
St. Jürgen 21 E 16
St. Jürgensland 29 G 10
St. Julian 81 R 6
St. Katharinen 60 O 6
St. Leon-Rot 84 S 9
St. Leonhard 106 V 21
St. Leonhard a. Wonneberg 106 W 22
St. Leonhard i. Forst 104 W 17
St. Lorenz 21 E 15
St. Märgen 100 V 8
St. Margarethen 19 E 11
St. Martin 83 S 8
St. Michaelis 67 N 23
St. Michaelisdonn 7 E 11
St. Oswald-Riedlhütte 91 T 24
St. Pauli *(Hamburg)* 19 F 13
St. Peter 100 V 8
St. Peter-Ording 7 D 9
St. Quirin 113 W 19
St. Roman 101 V 8
St. Salvator 99 U 23
St. Servatius 114 W 21
St. Thomas 70 P 3
St. Tönis 48 M 3
St. Trudpert 100 W 7
St. Ulrich 100 W 7
St. Vit 50 K 8
St. Wendel 81 R 5
St. Wilhelm 100 W 7
St. Wolfgang 105 V 20
Sanne *(Altmarkkreis Salzwedel)* 32 H 18
Sanne *(Kreis Stendal)* 32 I 19
Sannerz 75 P 12
Sanspareil 77 Q 17
Sanssouci *(Potsdam)* 43 I 23
Sanzkow 24 E 23
Sapelloh 39 I 10
Sarching 90 S 20
Sargenroth 73 Q 6
Sargstedt 41 K 16
Sarkwitz 9 E 16
Sarlhusen 8 D 13
Sarmstorf 23 E 20
Sarnow 24 E 24
Sarnstall 83 S 7
Sarow 24 E 23
Sarre 42 J 18
Sarrod 75 O 12
Sarstedt 40 J 13
Sarzbüttel 7 D 11
Sasbach *(Kreis Emmendingen)* 100 V 6
Sasbach *(Ortenaukreis)* 92 U 8
Sasbachwalden 92 U 8
Sasel 20 F 14
Sassanfahrt 87 Q 16
Sassen 14 D 23
Sassenberg 37 K 8
Sassenburg 41 I 15
Sassendorf 77 Q 16
Sassenhausen 62 N 9
Sassenholz 19 F 11
Saßleben 56 K 25
Saßmannshausen 62 N 9
Saßnitz 13 C 24
Satemin 31 H 17
Saterland 27 G 7
Satjendorf 9 C 15
Satow *(Kreis Bad Doberan)* 11 E 19
Satow *(Kreis Müritz)* 23 F 21
Satrup 5 B 12
Sattelbogen 91 S 21
Satteldorf 86 S 14
Sattelpeilnstein 91 S 22
Sattenhausen 52 L 14
Satuelle 42 I 18
Satzkorn 43 I 22
Satzung 67 O 23
Satzvey 60 O 4
Saubach 53 M 18
Sauen 45 J 26
Sauensiek 19 F 12
Sauer 80 Q 2
Sauerlach 105 W 18
Sauerland 49 M 6
Sauerthal 73 P 7
Sauggart 102 V 12
Saulburg 90 T 21
Sauldorf 102 W 11
Saulgrub 112 W 17
Saulheim 73 Q 8
Saupersdorf 67 O 21
Saupsdorf 69 N 26
Sausedlitz 54 L 21
Saustrup 5 B 13
Sauzin 15 D 25
Saxdorf 55 L 23
Sayda 68 N 24
Sayn 71 O 6
Saynbach 71 O 6
Schaafheim 74 Q 11
Schaag 58 M 2
Schaalby 5 C 12
Schaale 21 F 16
Schaalsee 21 F 16
Schaalsee (Naturpark) 21 E 16
Schachdorf-Ströbeck 41 K 16
Schachen 110 X 12
Schacht-Audorf 8 D 13
Schachten 51 L 12
Schachten 89 S 22
Schachtrup 49 K 8
Schackendorf 9 E 14
Schackensleben 42 J 18
Schackenthal 53 K 18
Schacksdorf 56 L 25
Schackstedt 53 K 18
Schadehorn 20 E 15
Schadeleben 53 K 18
Schadewitz 56 L 24
Schäftersheim 85 R 13
Schäftlarn 104 W 18
Schaephuysen 46 L 3
Schäplitz 32 I 18
Schafberg 37 J 7
Schafberg 89 R 22
Schaffhausen 82 S 4
Schaffhausen 95 T 15
Schafflund 5 B 11
Schafreuter 113 X 18
Schafshill 97 T 18
Schafstädt 54 L 19
Schafstedt 7 D 11
Schaftlach 113 W 19
Schafwedel 31 H 16
Schafwinkel 30 H 12
Schaibing 99 U 24
Schaidt 92 S 8
Schaippach 75 P 12
Schale 37 I 6
Schalkau 77 O 17
Schalkenbach 60 O 5
Schalkenmehren 71 P 4
Schalkham 98 U 21
Schalkhausen 86 S 15
Schalkholz 7 D 11
Schalksmühle 49 M 6
Schalkstetten 95 U 13
Schallbach 108 X 6
Schallfeld 76 Q 15
Schallodenbach 83 R 7
Schallstadt 100 W 7
Schambach *(Kreis Straubing-Bogen)* 98 T 22
Schambach *(Kreis Weißenburg-Gunzenhausen)* 96 T 16
Schameder 62 M 8
Schamhaupten 97 T 18
Schanbach 94 T 12
Schandelah 41 J 16
Schanze 62 M 9
Schanzendorf 29 G 11
Schapbach 101 U 8
Schapdetten 36 K 6
Schapen 37 I 6
Schapow 25 F 25
Schaprode 13 C 23
Schaproder Bodden 13 C 23
Scharbeutz 9 D 16
Scharbow 21 F 17
Scharenstetten 95 U 13
Scharfenberg 68 M 24
Scharfenberg 50 L 9
Scharfenbrück 44 J 23
Scharfenstein 67 N 23
Scharfoldendorf 40 K 12
Scharhörn *(Insel)* 6 E 9
Scharlibbe 32 H 20
Scharling 113 X 19
Scharmbeck 20 F 14
Scharmbeckstotel 29 G 10
Scharmede 50 K 9
Scharmützelsee 45 J 26
Scharnebeck 21 G 15
Scharnhorst *(Kreis Celle)* 30 H 14
Scharnhorst *(Kreis Verden)* 29 H 11
Scharrel *(Kreis Cloppenburg)* 27 G 7
Scharrel *(Kreis Diepholz)* 29 H 9
Scharrel *(Kreis Hannover)* 39 I 12
Scharrinhausen 29 I 10
Scharrl 30 G 13
Schartau 42 J 19
Scharzfeld 52 L 15
Schashagen 10 D 16
Schatensen 30 G 14
Schatthausen 84 S 10
Schattin 21 E 16
Schauberg 77 O 17
Schauen 41 K 16
Schauenburg 51 M 12
Schauenburg 92 U 8
Schauenstein 78 P 19
Schauernheim 84 R 8
Schaufling 98 T 23
Schauinsland 100 W 7
Schaumberg 81 R 5
Schaumburg 39 J 11
Schaumburg 73 O 7
Schaumburger Wald 39 I 11
Schechen 105 W 20
Schechingen 95 T 13
Scheddebrock 37 J 6
Scheden 51 L 13
Scheer 102 V 11
Scheerenberg 52 K 14
Scheersberg 5 B 13
Scheeßel 30 G 12
Scheffau 110 X 13
Schefflenz 85 R 11
Scheibe-Alsbach 77 O 17
Scheibenberg 67 O 22
Scheibenhardt 92 T 8
Scheid 62 M 11
Scheidegg 110 X 13
Scheiden 54 M 20
Scheidental 85 R 11
Scheidewang Alp 111 X 14
Scheidingen 49 L 7
Scheinfeld 86 Q 15
Schelenburg 37 J 8
Schelklingen 102 U 13
Schellbach 66 N 20
Schellbronn 93 T 10
Schelldorf 42 I 19
Schelldorf 96 T 18
Schellenbach 103 V 15
Schellerhau 68 N 25
Schellert 86 R 15
Schellerten 40 J 14
Schellhorn 9 D 14
Schellweiler 81 R 6
Schemmerberg 102 V 13
Schemmerhofen 102 V 13
Schemmern 63 M 13
Schenefeld *(Kreis Pinneberg)* 19 F 13
Schenefeld *(Kreis Steinburg)* 8 D 12
Schenkelberg 61 O 7
Schenkenberg *(Kreis Delitzsch)* 54 L 20
Schenkenberg *(Kreis Uckermark)* 25 F 25
Schenkendöbern 45 K 27
Schenkendorf 44 K 24
Schenkenhorst *(Altmarkkreis Salzwedel)* 32 I 18
Schenkenhorst *(Kreis Potsdam-Mittelmark)* 44 I 23
Schenkenzell 101 V 9
Schenklengsfeld 63 N 13
Scheppach 103 U 15
Scheppau 41 J 16
Schepsdorf 36 I 5
Scherbda 64 M 14
Scherenbostel 40 I 13
Scherfede 50 L 11
Scherlebeck 47 L 5
Schermbeck 47 K 4
Schermcke 41 J 17
Schermen 42 J 19
Schernberg 52 M 16
Schernebeck 42 I 19
Scherneck 77 P 16
Schernfeld 96 T 17
Schernikau 32 I 19
Schernsdorf 45 J 27
Scherpenseel 58 N 2
Scherstetten 103 V 15
Scherzheim 92 T 8
Schessinghausen 29 I 11
Scheßlitz 77 Q 17
Scheuder 54 K 20
Scheuen 30 H 14
Scheuerfeld 61 N 7
Scheuerfeld 77 P 16
Scheuerheck 60 O 4
Scheuren 60 O 4
Scheuring 104 V 16
Scheven 60 O 3
Schevenhütte 58 N 2
Scheyern 96 U 18
Schiebsdorf 44 K 25
Schiedel 56 M 26
Schieder 39 K 11
Schiedungen 52 L 15
Schiefbahn 48 M 3
Schielberg 93 T 9
Schielo 53 L 17
Schienen 109 W 10
Schiener Berg 109 W 10
Schierau 54 K 20
Schierbrok 29 G 9
Schieren 9 E 15
Schierensee 9 D 13
Schierhorn 19 G 13
Schierke 52 K 15
Schierling 97 T 20
Schiersfeld 83 Q 7
Schierstein 73 P 8
Schießen 103 V 14
Schießhaus 51 K 12
Schiffdorf 18 F 9
Schiffelbach 62 N 10
Schiffenberg 62 O 10
Schifferstadt 84 R 9
Schiffmühle 35 H 26
Schiffweiler 81 R 5
Schilbach *(Elstertalkreis)* 79 O 20
Schilbach *(Saale-Orla-Kreis)* 78 O 19
Schilda 56 L 24
Schilde 21 F 16
Schildesche 38 J 9
Schildgen 59 M 5
Schildow 34 I 24
Schildthurn 106 V 22
Schilksee 9 C 14
Schillersdorf 24 F 22
Schillerslage 40 I 13
Schillertswiesen 90 S 21
Schillig 17 E 8
Schillingen 80 R 4
Schillingsfürst 86 S 14
Schillingstadt 85 R 12
Schillingstedt 53 M 17
Schillsdorf 9 D 14
Schiltach 101 V 9
Schiltberg 104 U 17
Schimborn 75 P 11
Schimm 22 E 18
Schimmendorf 77 P 18
Schinder 113 X 19
Schinkel 9 C 13
Schinna 39 I 11
Schinne 32 I 19
Schiphorst 20 E 15
Schipkau 56 L 25
Schippach 85 Q 11
Schipphorst 9 D 14
Schirgiswalde 69 M 27
Schirmenitz 55 L 23
Schirmitz 89 R 20
Schirnau 8 C 13
Schirnding 79 P 20
Schirnrod 77 O 16
Schirradorf 77 P 17
Schirum 17 F 6
Schkeuditz 54 L 20
Schkölen 66 M 19
Schköna 55 K 21
Schkopau 54 L 19
Schkortitz 55 M 22
Schkortleben 54 M 20
Schlabendorf 56 K 25
Schladebach 54 M 20
Schladen 41 J 15
Schladern 61 N 6
Schladt 71 P 4
Schlächtenhaus 108 W 7
Schlag 91 T 23
Schlagbrügge 21 E 16
Schlagenthin *(Kreis Jerichower Land)* 43 I 20
Schlagenthin *(Kreis Märkisch-Oderland)* 45 I 26
Schlagsdorf *(Kreis Nordwestmecklenburg)* 21 E 16
Schlagsdorf *(Kreis Ostholstein)* 10 C 17
Schlaitdorf 94 U 11
Schlaitz 54 L 21
Schlakendorf 24 E 22
Schlalach 43 J 22
Schlamau 43 J 21
Schlamersdorf 9 D 15
Schlammersdorf *(Kreis Forchheim)* 87 Q 17
Schlammersdorf *(Kreis Neustadt a. d. Waldnaab)* 88 Q 19
Schlangen 50 K 10
Schlangenbad 73 P 8
Schlanstedt 41 J 17
Schlarpe 51 L 13
Schlat 94 U 13
Schlatt *(Kreis Breisgau-Hochschwarzwald)* 100 W 7
Schlatt *(Zollernalbkreis)* 101 U 11
Schlatt a. Randen 109 W 10
Schlaube 45 J 27
Schlaubetal 45 J 27
Schlauersbach 86 S 16
Schlausenbach 70 P 3
Schlebusch 59 M 5
Schleching 114 W 21
Schledehausen 37 J 8
Schleesen 54 K 21
Schleeßel 29 G 11
Schlegel *(Kreis Löbau-Zittau)* 69 N 28
Schlegel *(Saale-Orla-Kreis)* 77 O 18
Schlehdorf 112 X 17
Schlei 5 C 13
Schleibnitz 42 J 18
Schleid 64 N 13
Schleiden 70 O 3
Schleiden (Forst) 70 O 3
Schleidweiler-Rodt 72 Q 3
Schleife 57 L 27
Schleinitz 67 M 23
Schleiz 66 O 19
Schlema 67 O 21
Schlemmin *(Kreis Güstrow)* 23 E 19
Schlemmin *(Kreis Nordvorpommern)* 12 D 22
Schlemmin *(Kreis Parchim)* 23 F 20
Schlenzer 44 K 23
Schlepkow 25 F 25
Schlepzig 44 J 25
Schlesen 9 D 15
Schleswig 5 C 12
Schleswig-Holsteinisches Freilichtmuseum *(Kiel)* 9 D 14
Schleswig-Holsteinisches Wattenmeer 4 B 9
Schlettau *(Kreis Annaberg)* 67 O 22
Schlettau *(Saalkreis)* 54 L 19
Schleuse 76 O 15
Schleusegrund 77 O 16
Schleusingen 76 O 16
Schleusingerneundorf 65 O 16
Schlewecke 40 J 14
Schlich 58 N 3
Schlicht 24 F 24
Schlicht 88 R 19
Schlichten 94 T 12
Schlichting 7 D 11
Schlickelde 37 I 7
Schlieben 56 K 24
Schlieffenberg 23 E 21
Schliengen 100 W 6
Schlier 110 W 13
Schlierbach 94 T 12
Schlierbach *(Kreis Bergstraße)* 84 Q 10
Schlierbach *(Main-Kinzig-Kreis)* 75 P 11
Schlierbach *(Schwalm-Eder-Kreis)* 63 N 11
Schlierbachswald 64 M 14
Schliersee 113 W 19
Schliersee *(Dorf)* 113 W 19
Schlierstadt 85 R 12
Schliffkopf 93 U 8
Schlingen 103 W 15
Schliprüthen 49 M 8
Schlitz 63 N 12
Schlitzerländer Tierfreiheit 63 N 12
Schlöben 66 N 19
Schloen 24 F 22
Schloß Holte-Stukenbrock 38 K 9
Schloß Landsberg 64 O 15
Schloß Neuhaus 50 K 10
Schloß Ricklingen 39 I 12
Schlossau 85 R 11
Schloßberghöhlen 81 S 6
Schloßböckelheim 83 Q 7
Schloßborn 74 P 9
Schloßkulm 65 N 18
Schloßvippach 65 M 17
Schlotheim 52 M 15
Schlottwitz 68 N 25
Schlotzau 63 N 12
Schluchsee *(Gemeinde)* 100 W 8
Schlücht 109 W 8
Schlüchtern 75 O 12
Schlüsselburg 39 I 11
Schlüsselfeld 86 Q 15
Schlüttsiel 4 B 10
Schluft 34 H 24
Schlunkendorf 43 J 23
Schlutup 21 E 16
Schmachtendorf 47 L 4

Schmachtenhagen 34 H 23
Schmadebeck 11 D 19
Schmalegg 102 W 12
Schmalenbeck (Kreis Osterholz) 29 G 11
Schmalenbeck (Kreis Stormarn) 20 F 14
Schmalenberg 83 R 7
Schmalensee 9 D 14
Schmalfeld 19 E 13
Schmalfelden 86 S 14
Schmalkalden 64 N 15
Schmallenberg 62 M 8
Schmalnau 75 O 13
Schmalstede 9 D 14
Schmalwasser 76 O 14
Schmalwasser (Talsperre) 64 N 15
Schmannewitz 55 L 22
Schmarbeck 30 H 14
Schmargendorf 35 H 25
Schmarren 18 E 9
Schmarsau 32 H 18
Schmarsow 24 E 23
Schmatzfeld 41 K 16
Schmatzhausen 97 U 20
Schmatzin 15 E 24
Schmechten 51 K 11
Schmedehausen 37 J 7
Schmedenstedt 40 J 14
Schmeie 102 V 11
Schmellwitz 57 K 26
Schmelz 80 R 4
Schmergow 43 I 22
Schmerkendorf 55 L 23
Schmerlecke 50 L 8
Schmerlitz 56 M 26
Schmerwitz 43 J 21
Schmerzke 43 I 21
Schmetzdorf 42 I 20
Schmiden 94 T 11
Schmidgaden 88 R 20
Schmidham 99 U 23
Schmidmühlen 88 S 19
Schmidsfelden 111 W 14
Schmidt 58 O 3
Schmidtheim 70 O 3
Schmiechen (Alb-Donau-Kreis) 102 U 13
Schmiechen (Kreis Aichach-Friedberg) 104 V 16
Schmiedeberg (Kreis Uckermark) 35 G 25
Schmiedeberg (Weißeritzkreis) 68 N 25
Schmiedefeld 65 O 17
Schmiedefeld a. Rennsteig 65 O 16
Schmiedehausen 66 M 19
Schmieheim 100 V 7
Schmilau 21 F 16
Schmilka 69 N 26
Schmilkendorf 43 K 21
Schmillinghausen 50 L 11
Schmira 65 N 16
Schmirma 54 M 19
Schmitten 74 P 9
Schmittlotheim 62 M 10
Schmitzhöhe 59 N 5
Schmöckwitz 44 I 24
Schmölau (Kreis Dannenberg) 31 G 16
Schmölau (Kreis Westliche Altmark) 31 H 16
Schmölln (Kreis Altenburger Land) 66 N 21
Schmölln (Kreis Uckermark) 25 G 26
Schmölln-Putzkau 69 M 26
Schmölz 77 P 17
Schmogrow 45 K 26
Schmolde 23 G 20
Schmoldow 14 E 24
Schmollensee 15 E 26
Schmorda 65 O 18
Schmorkau 56 M 25
Schmücke (Dorf) 64 O 16
Schmutter 96 U 16
Schnabelwaid 87 Q 18
Schnackenburg 32 G 18
Schnackenwerth 76 P 14
Schnaditz 55 L 21
Schnaid 87 Q 16
Schnait 94 T 12
Schnaitheim 95 T 14
Schnaitsee 106 V 21
Schnaittach 87 R 18
Schnaittenbach 88 R 20
Schnakenbek 21 F 15
Schnarchenreuth 78 O 19
Schnarrtanne 79 O 21
Schnarup-Thumby 5 C 12
Schnathorst 38 J 10
Schnaupping 105 V 20
Schneckenhausen 83 R 7
Schneckenlohe 77 P 17
Schneeberg 78 P 19
Schneeberg (Kreis Aue-Schwarzenberg) 67 O 21
Schneeberg (Kreis Miltenberg) 85 R 11
Schneeberg (Kreis Oder-Spree) 45 J 26
Schneeberg (Kreis Schwandorf) 89 R 21
Schneeren 39 I 12
Schneerener Moor 39 I 11
Schneflingen 31 I 16
Schnega 31 H 16
Schneidenbach 66 O 20
Schneiderkrug 27 H 8
Schneidlingen 42 K 18
Schneifel 70 P 3
Schneifel (Forsthaus) 70 P 3
Schneizlreuth 114 W 22
Schnellbach 64 N 15
Schnelldorf 86 S 14
Schnellin 55 K 22
Schnellmannshausen 64 M 14
Schnellroda 54 M 19
Schnellrode 63 M 13
Schnepke 29 H 10
Schnett 77 O 16
Schnetzenhausen 110 W 12
Schneverdingen 30 G 13
Schney 77 P 17
Schnürpflingen 103 V 13
Schnuttenbach 103 U 15
Schobüll (Kreis Nordfriesland) 4 C 11
Schobüll (Kreis Schleswig-Flensburg) 5 B 11
Schochwitz 54 L 19
Schöbendorf 44 J 24
Schöffau 112 W 17
Schöffelding 104 V 16
Schöffengrund 74 O 9
Schöfweg 99 T 23
Schöllang 111 X 14
Schöllbronn 93 T 9
Schöllenbach 84 R 11
Schöllkrippen 75 P 11
Schöllnach 99 T 23
Schömbach Stausee 67 N 21
Schömberg (Kreis Calw) 93 T 9
Schömberg (Kreis Freudenstadt) 101 U 9
Schömberg (Zollernalbkreis) 101 V 10
Schöna 69 N 26
Schöna (b. Eilenburg) 55 L 22
Schöna (b. Sörnewitz) 55 L 23
Schöna-Kolpien 56 K 24
Schönach 98 T 21
Schönach (Kreis Sigmaringen) 102 W 11
Schönaich (Kreis Böblingen) 94 U 11
Schönaich (Kreis Schweinfurt) 86 Q 15
Schönanger 99 T 24
Schönau 64 O 15
Schönau (Kreis Cham) 89 R 21
Schönau (Kreis Ebersberg) 105 W 19
Schönau (Kreis Euskirchen) 60 O 4
Schönau (Kreis Lörrach) 100 W 7
Schönau (Kreis Main-Spessart) 75 P 13
Schönau (Kreis Olpe) 61 N 7
Schönau (Kreis Passau) 99 U 25
Schönau (Kreis Regen) 91 S 22
Schönau (Kreis Rottal-Inn) 98 U 22
Schönau (Rhein-Neckar-Kreis) 84 R 10
Schönau (Pfalz) 92 S 7
Schönau a. d. Brend 76 O 14
Schönau a. Königssee 114 X 22
Schönau-Berzdorf 69 M 28
Schönau v. d. Walde 64 N 15
Schönbach 61 N 8
Schönbach (Göltzschtalkreis) 66 O 20
Schönbach (Kreis Löbau-Zittau) 69 M 27
Schönbach (Sermuth-) 67 M 22
Schönbeck 24 F 24
Schönbek 9 D 13
Schönberg (b. Bad Brambach) 79 P 20
Schönberg (b. Lindow) 33 H 22
Schönberg (b. Rodau) 66 O 19
Schönberg (b. Tamnitz) 33 H 21
Schönberg (Kreis Freyung-Grafenau) 99 T 24
Schönberg (Kreis Herzogtum Lauenburg) 20 E 15
Schönberg (Kreis Mühldorf a. Inn) 106 U 21
Schönberg (Kreis Nordwestmecklenburg) 21 E 16
Schönberg (Kreis Nürnberger Land) 87 R 17
Schönberg (Kreis Plön) 9 C 15
Schönberg (Kreis Stendal) 32 H 19
Schönberg (Kreis Weilheim-Schongau) 112 W 16
Schönbergerstrand 9 C 15
Schönborn (Donnersbergkreis) 83 R 7
Schönborn (Kreis Elbe-Elster) 56 L 24
Schönborn (Kreis Riesa-Großenhain) 56 M 25
Schönborn (Rhein-Lahn-Kreis) 73 P 7
Schönborn-Dreiwerden 67 N 23
Schönbronn 86 S 14
Schönbrunn (Kreis Dachau) 104 V 18
Schönbrunn (Kreis Hildburghausen) 77 O 16
Schönbrunn (Kreis Landshut) 97 U 20
Schönbrunn (Kreis Wunsiedel i. F.) 78 P 19
Schönbrunn (Rhein-Neckar-Kreis) 84 R 10
Schönbrunn (Saale-Orla-Kreis) 78 O 18
Schönbrunn (Lausitz) 68 M 26
Schönbrunn a. Lusen 99 T 24
Schönbrunn i. Steigerwald 76 Q 16
Schönbuch 93 U 10
Schönbuch (Naturpark) 94 U 11
Schönburg 66 M 19
Schönburg 107 U 23
Schönburg (Oberwesel) 73 P 7
Schönbusch 74 Q 11
Schönderling 75 P 13
Schöndorf 80 Q 4
Schönebeck 42 J 19
Schönebeck (Kreis Prignitz) 33 G 20
Schöneberg 35 G 26
Schöneberg 103 V 15
Schöneberg (Kreis Altenkirchen) 61 O 6
Schöneberg (Kreis Bad Kreuznach) 73 Q 7
Schönebürg 103 V 13
Schöneck 74 P 10
Schöneck 79 O 21
Schönecken 70 P 3
Schönefeld (b. Luckenwalde) 44 J 23
Schönefeld (b. Marzahna) 43 K 22
Schönegründ 93 U 9
Schöneiche (Kreis Oder-Spree) 44 I 25
Schöneiche (Kreis Teltow-Fläming) 44 J 24
Schönemark 39 K 10
Schönemoor 29 G 9
Schönenbach (Kreis Breisgau-Hochschwarzwald) 100 W 8
Schönenbach (Schwarzwald-Baar-Kreis) 100 V 8
Schönenberg 59 N 6
Schönenberg 95 T 14
Schönenberg-Kübelberg 81 R 6
Schönerlinde 34 I 24
Schönermark (b. Grünow) 35 G 26
Schönermark (b. Prenzlau) 25 G 25
Schönermark (Kreis Oberhavel) 34 G 23
Schönermark (Kreis Ostprignitz-Ruppin) 33 H 20
Schönerstadt 67 N 23
Schöneseiffen 70 O 3
Schönewalde (b. Finsterwalde) 56 K 24
Schönewalde (b. Weißen) 55 K 23
Schönewerda 53 M 18
Schönewörde 31 I 15
Schönfeld 70 P 3
Schönfeld (b. Gartz) 25 G 26
Schönfeld (b. Prenzlau) 25 F 25
Schönfeld (Kreis Annaberg) 67 O 22
Schönfeld (Kreis Barnim) 34 H 25
Schönfeld (Kreis Bayreuth) 77 Q 18
Schönfeld (Kreis Demmin) 24 E 22
Schönfeld (Kreis Eichstätt) 96 T 17
Schönfeld (Kreis Potsdam-Mittelmark) 43 J 23
Schönfeld (Kreis Riesa-Großenhain) 56 M 25
Schönfeld (Kreis Stendal) 32 H 20
Schönfeld (Main-Tauber-Kreis) 85 Q 13
Schönfeld-Weißig 68 M 25
Schönfelde 45 I 26
Schönfels 66 N 21
Schönficht 89 Q 20
Schönfließ 34 I 24
Schöngeising 104 V 17
Schöngleina 66 N 19
Schönhagen (b. Gumtow) 33 H 20
Schönhagen (b. Pritzwalk) 33 G 20
Schönhagen (Kreis Northeim) 51 K 12
Schönhagen (Kreis Rendsburg-Eckernförde) 5 C 14
Schönhagen (Kreis Teltow-Fläming) 44 J 23
Schönhaid 79 Q 20
Schönhausen (Kreis Mecklenburg-Strelitz) 25 F 25
Schönhausen (Kreis Stendal) 32 I 20
Schönhauser Damm 33 I 20
Schönheide 79 O 21
Schönhof 21 E 17
Schönhofen 90 S 19
Schönholthausen 49 M 8
Schönholz-Neuwerder 33 H 21
Schöning 50 K 9
Schöningen 41 J 16
Schöninger Aue 41 J 16
Schöninghausdorf 26 H 5
Schönkirchen 9 C 14
Schönlind 79 P 20
Schönlind (Kreis Amberg-Sulsbach) 88 R 19
Schönmünz 93 U 8
Schönmünzach 93 U 9
Schönningstedt 20 F 14
Schönow (Kreis Barnim) 34 H 24
Schönow (Kreis Uckermark) 35 G 26
Schönrain 112 W 18
Schönram 106 W 22
Schönreuth 78 Q 19
Schönstadt 62 N 10
Schönstedt 64 M 15
Schöntal 85 S 12
Schönteichen 56 M 26
Schönthal 89 R 21
Schönwald (Kreis Wunsiedel i. F.) 78 P 20
Schönwald (Ortenaukreis) 100 U 8
Schönwald i. Schwarzwald 100 V 8
Schönwalde (Kreis Barnim) 34 H 24
Schönwalde (Kreis Dahme-Spreewald) 44 K 25
Schönwalde (Kreis Havelland) 34 I 23
Schönwalde (Kreis Uecker-Randow) 25 F 25
Schönwalde (Altmark) 42 I 19
Schönwalde am Bungsberg 9 D 16
Schönwerder 25 F 25
Schönwohld 9 D 14
Schönwolkau 54 L 21
Schöppenstedt 41 J 16
Schöppingen 36 J 5
Schöpstal 69 M 28
Schörzingen 101 V 10
Schötmar 39 J 10
Scholderup 5 C 13
Scholen 29 H 10
Schollach 100 W 8
Schollbrunn (Kreis Main-Spessart) 85 Q 12
Schollbrunn (Neckar-Odenwald-Kreis) 84 R 11
Schollene 33 H 20
Scholven 47 L 5
Schomberg 49 M 8
Schomburg 110 W 13
Schonach 100 V 8
Schonau 62 N 11
Schonderfeld 75 P 13
Schondorf 104 V 17
Schondra 75 P 13
Schongau 104 W 16
Schoningen 51 L 12
Schonstett 105 W 20
Schonungen 76 P 14
Schopfheim 108 X 7
Schopfloch (Kreis Ansbach) 95 S 14
Schopfloch (Kreis Esslingen) 94 U 12
Schopfloch (Kreis Freudenstadt) 101 U 9
Schopp 81 R 7
Schora 42 J 20
Schorba 65 N 18
Schorborn 51 K 12
Schorbus 57 K 26
Schorfheide 34 H 24
Schorndorf (Kreis Cham) 89 S 21
Schorndorf (Rems-Murr-Kreis) 94 T 12
Schornsheim 73 Q 8
Schornweisach 86 Q 15
Schorrentin 24 E 22
Schorssow 23 E 21
Schorstedt 32 H 18
Schortens 17 F 7
Schortewitz 54 L 20
Schossin 21 F 17
Schott 16 F 5
Schotten 7 E 11
Schotten 75 O 11
Schottenstein 77 P 16
Schraden 56 L 25
Schramberg (Stadt) 101 V 9
Schrampe 32 H 18
Schraplau 54 L 19
Schraudenbach 76 Q 14
Schrebitz 55 M 23
Schrecksbach 63 N 11
Schreiersgrün 66 O 20
Schrenz 54 L 20
Schretstaken 21 F 15
Schreufa 62 M 10
Schriesheim 84 R 9
Schrobenhausen 96 U 17
Schröck 62 N 10
Schröding 105 U 20
Schröttinghausen 38 J 9
Schrozberg 86 R 13
Schuby (Kreis Rendsburg-Eckernförde) 5 C 13
Schuby (Kreis Schleswig-Flensburg) 5 C 12
Schuckenbaum 38 J 10
Schülern 30 G 13
Schüller 70 O 3
Schülp 7 D 10
Schülp b. Nortorf 8 D 13
Schülp b. Rendsburg 8 D 12
Schuenhagen 12 D 22
Schünow 44 J 24
Schürdt 61 O 6
Schüren 50 M 8
Schüttdamm 19 E 11
Schüttorf 36 J 5
Schützingen 93 T 10
Schuhlen-Wiese 45 J 26
Schuld 71 O 4
Schulenberg 11 D 21
Schulenberg 29 H 9
Schulenberg i. Oberharz 52 K 15
Schulenburg 40 J 13
Schulendorf 21 F 15
Schulzendorf (Kreis Dahme-Spreewald) 44 I 24
Schulzendorf (Kreis Märkisch-Oderland) 35 H 26
Schulzendorf (Kreis Oberhavel) 34 G 23
Schunter 41 J 16
Schupf 87 R 18
Schura 101 V 9
Schurwald 94 T 12
Schussen 102 W 12
Schuttern 100 U 7
Schuttertal 100 V 7
Schutterwald 92 U 7
Schutterzell 100 U 7
Schutzbach 61 N 7
Schwaan 11 E 20
Schwabach 87 R 17
Schwabbach 85 S 12
Schwabe 8 D 13
Schwabegg 104 V 16
Schwaben 97 T 19
Schwaben Park 94 T 12
Schwabenheim a. d. Selz 73 Q 8
Schwabenrod 63 N 11
Schwaberwegen 105 V 19
Schwabhausen 64 N 16
Schwabhausen (Kreis Dachau) 104 V 18
Schwabhausen (Kreis Landsberg a. Lech) 104 V 16
Schwabhausen (Main-Tauber-Kreis) 85 R 12
Schwabing 105 V 18
Schwabmühlhausen 104 V 16
Schwabmünchen 104 V 16
Schwabsberg 95 T 14
Schwabsburg 74 Q 8
Schwabsoien 104 W 16
Schwabstedt 7 C 11
Schwabthal 77 P 17
Schwackenreute 101 W 11
Schwäbisch-Fränkischer Wald (Naturpark) 94 S 12
Schwäbisch-Gmünd 94 T 13
Schwäbisch-Hall 94 S 13
Schwäbische Alb 101 V 10
Schwäbische Rezat 96 S 17
Schwafheim 46 L 3
Schwaförden 29 H 10
Schwagstorf (b. Bad Essen) 37 I 8
Schwagstorf (b. Fürstenau) 37 I 7
Schwaig (Kreis Bad Tölz-Wolfratshausen) 112 W 18
Schwaig (Kreis Erding) 105 U 19
Schwaig (Nürnberg) 87 R 17
Schwaiganger 112 X 17
Schwaigen 112 X 17
Schwaigern 94 S 11
Schwaikheim 94 T 12
Schwaim 107 U 23
Schwalbach (Saar) 80 S 4
Schwalbach a. Taunus 74 P 9
Schwalefeld 50 M 9
Schwalenberg 39 K 11
Schwalingen 30 G 13
Schwallungen 64 N 15
Schwalm (Fluß b. Brüggen) 58 M 2
Schwalm (Fluß b. Schwalmstadt) 63 N 11
Schwalmstadt 63 N 11
Schwalmstadt-Treysa 63 N 11
Schwalmstadt-Ziegenhain 63 N 11
Schwalmtal (Kreis Viersen) 58 M 2
Schwalmtal (Vogelsbergkreis) 63 N 11
Schwanau 100 U 7
Schwanbeck (Kreis Mecklenburg-Strelitz) 24 E 24
Schwanbeck (Kreis Nordwestmecklenburg) 21 E 16
Schwanberg 86 Q 14
Schwand (Elstertalkreis) 78 O 20
Schwand (Kreis Neustadt a. d. Waldnaab) 88 Q 20
Schwand (Kreis Roth) 87 S 17
Schwandorf 88 S 20
Schwandorf (Kreis Tuttlingen) 101 W 10
Schwandt 24 F 23
Schwanebeck (Kreis Barnim) 34 I 24
Schwanebeck (Kreis Halberstadt) 41 K 17
Schwanebeck (Kreis Havelland) 33 I 22
Schwanebeck (Kreis Potsdam-Mittelmark) 43 J 21
Schwaneberg (Bördekreis) 42 K 18
Schwaneberg (Kreis Uckermark) 25 G 26
Schwaneburgermoor 27 G 7
Schwanefeld 41 J 17
Schwanenberg 58 M 2
Schwanenkirchen 98 T 23
Schwanewede 18 G 9
Schwaney 50 K 10
Schwanfeld 76 Q 14
Schwangau 112 X 16
Schwanheide 21 F 16

Schwanheim (Kreis Bergstraße) 84 Q9
Schwanheim (Rhein-Neckar-Kreis) 84 R10
Schwaningen 101 W9
Schwann 93 T9
Schwansen 5 C13
Schwansener See 5 C14
Schwanstetten 87 S17
Schwante 34 H23
Schwarme 29 H11
Schwarmstedt 30 H12
Schwartbuck 9 C15
Schwartenberg 68 O24
Schwarz 63 N12
Schwarz (Kreis Müritz) 33 G22
Schwarz (Kreis Schönebeck) 42 K19
Schwarza 108 W8
Schwarza (Bach) 65 O17
Schwarza (Kreis Schmalkalden-Meiningen) 64 O15
Schwarza (Schwarzakreis) 65 N17
Schwarzach (b. Schönsee) 89 R21
Schwarzach (Fluß) 89 R20
Schwarzach (Kreis Rastatt) 92 T8
Schwarzach (Kreis Straubing-Bogen) 91 T22
Schwarzach (Neckar-Odenwald-Kreis) 84 R10
Schwarzach a. Main 86 Q14
Schwarzach b. Kulmbach 77 P18
Schwarzach b. Nabburg 89 R20
Schwarzbach (Kreis Fulda) 63 O13
Schwarzbach (Kreis Mittweida) 67 M22
Schwarzbach (Kreis Oberspreewald-Lausitz) 56 L25
Schwarzbach (Kreis Schmalkalden-Meiningen) 64 O14
Schwarzbachwachtsattel 114 X22
Schwarzburg 65 O17
Schwarze Berge 19 F13
Schwarze Elster 55 K23
Schwarze Laaber 90 S19
Schwarze Pumpe 57 L27
Schwarzeck 114 X22
Schwarzenacker 82 S5
Schwarzenau 62 M9
Schwarzenbach (Kreis Neustadt a. d. Waldnaab) 88 Q19
Schwarzenbach (Kreis Tirschenreuth) 89 Q21
Schwarzenbach (Saarpfalz-Kreis) 82 S5
Schwarzenbach a. d. Saale 78 P19
Schwarzenbach a. Wald 77 P18
Schwarzenbach Stausee 93 U8
Schwarzenbek 21 F15
Schwarzenberg 68 M26
Schwarzenberg (Kreis Cham) 89 S22
Schwarzenberg (Kreis Freudenstadt) 93 U9
Schwarzenberg (Erzgebirge) 67 O22
Schwarzenborn 63 N12
Schwarzenbruck 87 R17
Schwarzenburg 56 K24
Schwarzenfeld 88 R20
Schwarzenhammer 78 P20
Schwarzenholz 80 R4
Schwarzenraben 50 L9
Schwarzenstein 77 P18
Schwarzenthonhausen 90 S19
Schwarzer Graben 55 L22
Schwarzer Grat 111 W14
Schwarzer Mann 70 P3
Schwarzer Regen 91 S23
Schwarzhausen 64 N15
Schwarzheide 56 L25
Schwarzhofen 89 R21
Schwarzkollm 56 L26
Schwarzriegel 89 S22
Schwarzwälder Hochwald 80 R4
Schwarzwald 100 W8
Schwarzwald-Hochstraße 92 U8
Schwarzwasser 31 I15
Schwasdorf 23 E21
Schwebda 64 M14
Schweben 75 O12
Schwebenried 76 P14
Schwebheim (Kreis Ansbach) 86 R15
Schwebheim (Kreis Schweinfurt) 76 Q14
Schweckhausen 51 L11
Schwedelbach 81 R6
Schwedeneck 5 C14
Schwedt 35 G26
Schweewarden 18 F9
Schwefe 49 L8
Schwege 37 J7
Schwegenheim 84 S8
Schwegermoor 37 I8
Schwei 18 F9
Schweiburg 18 F8
Schweich 72 Q4
Schweicheln 38 J9
Schweicheln-Bermbeck 38 J9
Schweigen-Rechtenbach 92 S7
Schweigern 85 R12
Schweighausen 73 P7
Schweighausen 100 V7
Schweighof 100 W7
Schweighofen 92 S7
Schweikershain 67 M22
Schweikershausen 76 P15
Schweimke 31 H15
Schweina 64 N15
Schweinbach 65 O18
Schweinberg 85 R12
Schweindorf 95 T15
Schweinfurt 76 P14
Schweinhausen 102 V13
Schweinhütt 91 T23
Schweinitz (Kreis Anhalt-Zerbst) 42 J20
Schweinitz (Kreis Wittenberg) 55 K23
Schweinitzer Fließ 55 K23
Schweinrich 33 G21
Schweinsberg 62 N10
Schweinsbühl 50 M10
Schweinschied 81 Q6
Schweinsdorf 86 R14
Schweinshaupten 76 P15
Schweisdorf 77 P17
Schweitenkirchen 97 U18
Schweix 83 S6
Schwelm 48 M5
Schwemlingen 80 R3
Schwemsal 55 L21
Schwend 88 R18
Schwenda 53 L17
Schwendi 103 V13
Schwenke 49 M6
Schwennenbach 95 U15
Schwenningen (Kreis Dillingen a. d. Donau) 95 U15
Schwenningen (Kreis Sigmaringen) 101 V10
Schwenningen (Villingen-) 101 V9
Schwentine 9 D14
Schwepnitz 56 L25
Schweppenhausen 73 Q7
Schwerborn 65 M17
Schwerfen 60 O3
Schwerin 22 F18
Schwerin (Kreis Dahme-Spreewald) 44 J24
Schwerin (Kreis Oder-Spree) 44 J25
Schweriner See 22 E18
Schweringen 29 H11
Schweringhausen 29 H10
Schwerinsburg 25 E25
Schwerinsdorf 17 G6
Schwerstedt (Kreis Sömmerda) 65 M16
Schwerstedt (Kreis Weimarer Land) 65 M17
Schwerte 49 L6
Schwerz 54 L20
Schwesing 4 C11
Schweskau 32 H17
Schwetzingen 84 R9
Schwicheldt 40 J14
Schwichteler 27 H8
Schwichtenberg 25 E25
Schwickershausen 74 P8
Schwieberdingen 94 T11
Schwiegershausen 52 K14
Schwielochsee 45 J26
Schwielowsee 43 I22
Schwienau 31 H15
Schwienhusen 7 D11
Schwienskopp 7 D10
Schwiesau 32 I17
Schwiessel 23 E21
Schwifting 104 V16
Schwimmbach 98 T21
Schwindebeck 30 G14
Schwindegg 105 V20
Schwindkirchen 105 V20
Schwinge 19 F12
Schwinkendorf 23 F22
Schwinzer Heide 23 F20
Schwirzheim 70 P3
Schwitten 49 L7
Schwittersdorf 54 L19
Schwörstadt 108 X7
Schwollen 81 Q5
Schwüblingsen 40 I14
Schwülper 40 I15
Schwürbitz 77 P17
Sebalder Reichswald 87 R17
Sebbeterode 63 N11
Sebexen 52 K14
Sebnitz 69 N26
Secantsgraben 32 I18
Sechselberg 94 T12
Sechshelden 62 N8
Sechtem 59 N4
Seck 61 O8
Seckach 85 R12
Seckenhausen 29 H10
Secklendorf 31 G15
Seckmauern 85 Q11
Seddin 43 J23
Seddinsee 44 I25
Sedelsberg 27 G7
Sedlitz 56 L26
See 97 S19
Seebach (Kreis Deggendorf) 98 T23
Seebach (Ortenaukreis) 92 U8
Seebach (Unstrut-Hainich-Kreis) 64 M15
Seebach (Wartburgkreis) 64 N15
Seebarn 89 S21
Seebeck-Strubensee 34 H23
Seebenau 31 H17
Seebergen 65 N16
Seebergen 29 G10
Seebronn 93 U10
Seebruck 106 W21
Seebrugg 100 W8
Seeburg 102 U12
Seeburg (Kreis Göttingen) 52 L14
Seeburg (Kreis Mansfelder Land) 54 L19
Seeburg (Kreis Potsdam-Mittelmark) 43 I23
Seeburger See 52 L14
Seedorf 101 V9
Seedorf (Kreis Demmin) 14 E23
Seedorf (Kreis Herzogtum Lauenburg) 21 F16
Seedorf (Kreis Rotenburg) 19 F11
Seedorf (Kreis Segeberg) 9 D15
Seedorf (Kreis Uelzen) 31 G15
Seedorfer See 9 D15
Seefeld 34 I25
Seefeld 104 V17
Seefeld (Kreis Rendsburg-Eckernförde) 8 D12
Seefeld (Kreis Wesermarsch) 18 F9
Seefelderaußendeich 18 F9
Seeg 111 X15
Seega 53 M17
Seegatterl 114 X21
Seege 32 G18
Seegrehna 55 K21
Seehausen 29 G10
Seehausen 112 W17
Seehausen (Bördekreis) 41 J17
Seehausen (Kreis Teltow-Fläming) 43 K22
Seehausen (Kreis Uckermark) 35 G25
Seehausen (Kyffhäuserkreis) 53 M17
Seehausen (Leipzig) 54 L21
Seehausen (Altmark) 32 H19
Seehausen (Bremen-) 29 G10
Seeheim-Jugenheim 84 Q9
Seehof 77 Q16
Seekamp 9 D15
Seekirch 102 V12
Seeklause 79 P20
Seelbach 100 V7
Seelbach (Kreis Limburg-Weilburg) 73 O8
Seelbach (Kreis Siegen-Wittgenstein) 61 N7
Seelbach (Lahn-Dill-Kreis) 62 N9
Seelenfeld 39 I11
Seelensdorf 43 I21
Seeligstadt 68 M26
Seelingstädt 66 N20
Seelinstädt 55 M22
Seelitz 67 M22
Seelow 35 I27
Seelscheid 59 N5
Seelübbe 25 G25
Seelze 39 I12
Seeon-Seebruck 106 W21
Seerhausen 55 M23
Seershausen 40 I14
Seesen 40 K14
Seeshaupt 104 W17
Seeste 37 I7
Seester 19 E12
Seestermühe 19 E12
Seeth 7 C11
Seethen 32 I18
Seeve 19 G13
Seevetal 19 F14
Seewald 93 U9
Seffern 70 P3
Segeberg (Forst) 9 E14
Segeletz 33 H21
Segendorf 71 O6
Segeten 108 X8
Seggerde 41 I17
Seghorn 17 F8
Segringen 95 S14
Sehestedt (Kreis Rendsburg-Eckernförde) 8 C13
Sehestedt (Kreis Wesermarsch) 18 F8
Sehlde (Kreis Hildesheim) 40 J13
Sehlde (Kreis Wolfenbüttel) 40 J14
Sehlem (Kreis Bernkastel-Wittlich) 72 Q4
Sehlem (Kreis Hildesheim) 40 J13
Sehlen 13 C24
Sehlen 62 M10
Sehlendorf 9 D16
Sehlingen 29 H12
Sehma 67 O22
Sehnde 40 J13
Sehnsen 39 I11
Seibelsdorf 77 P18
Seibersbach 73 Q7
Seibersdorf 106 V22
Seiboldsried 98 T23
Seibranz 103 W13
Seidenbuch 84 Q10
Seidenroth 75 P12
Seidewinkel 57 L26
Seidingstadt 76 O16
Seidmannsdorf 77 P17
Seidwitz 78 Q19
Seifersbach 67 N23
Seifersdorf (Kreis Torgau-Oschatz) 67 M22
Seifersdorf (Weißeritzkreis) 68 N24
Seifersdorf b. Radeberg 68 M25
Seiferts 76 O14
Seifertshausen 63 M13
Seiffen 68 O24
Seifhennersdorf 69 N27
Seifriedsburg 75 P13
Seigendorf 87 Q17
Seigertshausen 63 N12
Seilershof 34 G23
Seinsheim 86 R14
Seinstedt 41 J15
Seißen 102 U13
Seitenroda 65 N18
Seitingen-Oberflacht 101 V10
Selb 78 P20
Selb-Plößberg 78 P20
Selbach 81 R5
Selbeck (Kreis Lippe) 39 K11
Selbeck (Stadtkreis Mülheim a. d. Ruhr) 47 L4
Selbecke 49 M6
Selben 54 L21
Selbitz (Fluß) 78 O19
Selbitz (Kreis Hof) 78 P19
Selbitz (Kreis Wittenberg) 55 K21
Selchow (Kreis Dahme-Spreewald) 44 I24
Selchow (Kreis Oder-Spree) 44 J25
Selent 9 D15
Selenter See 9 D15
Selfkant 58 M1
Selgersdorf 58 N3
Selgetsweiler 102 W11
Seligenporten 87 S17
Seligenstadt 74 P10
Seligenthal 64 N15
Selk 5 C12
Selke 53 K17
Sellendorf 44 K24
Sellerich 70 P3
Sellessen 57 L27
Sellin 13 C25
Sellnrod 63 O11
Sellstedt 18 F10
Selm 47 K6
Selmsdorf 21 E16
Selow 23 E19
Selpin 11 E21
Selsingen 19 F11
Selter 40 K13
Selters 74 O11
Selters (Taunus) 74 O8
Selters (Westerwald) 61 O7
Seltz 24 E23
Selz 83 Q8
Selzen 73 Q8
Sembach 83 R7
Sembten 45 J27
Sembzin 23 F21
Semd 74 Q10
Semlin 33 I21
Semlow 12 D21
Semmenstedt 41 J16
Sende 38 K9
Senden 37 K6
Senden 103 V14
Sendenhorst 49 K7
Senftenberg 56 L25
Senftenberg West 56 L25
Senftenberger See 56 L26
Senftenhütte 34 H25
Sengenthal 87 S18
Sengwarden 17 F8
Senheim 71 P5
Senne (Dorf) 38 K9
Sennelager 50 K10
Sennestadt 38 K9
Sennewitz 54 L19
Sennfeld 76 P14
Sennigshöhe 77 O16
Sensbachtal 84 R11
Senst 43 K21
Sensweiler 81 Q5
Sentenhart 102 W11
Senzig 44 J25
Senzke 33 I21
Seppenrade 47 K6
Seppensen 19 G13
Sereetz 9 E16
Serengeti-Park 30 H12
Sergen 57 K27
Serkenrode 49 M8
Sermuth-Schönbach 67 M22
Serno 43 J21
Sernow 44 K23
Serrahn 23 F21
Serrfeld 76 P15
Serrig 80 R3
Sersheim 94 T11
Serwest 35 H25
Sessenhausen 61 O7
Seßlach 77 P16
Seth 20 E14
Setlage 37 I6
Setterich 58 N2
Settinchen 56 K25
Settmarshausen 51 L13
Setzelbach 63 N13
Setzin 21 F17
Seubersdorf 97 S18
Seubersdorf i. d. Oberpfalz 86 R16
Seugast 88 R19
Seukendorf 87 R16
Seulbitz 78 P19
Seulingen 52 L14
Seulingswald 63 N13
Seußen 78 P20
Seußlitz 68 M24
Seuversholz 96 T17
Sevelen 46 L3
Sevelten 27 H8
Severin 22 F19
Sewekow 23 G21
Sexau 100 V7
Seybothenreuth 78 Q19
Seyda 43 K22
Sibbesse 40 J13
Siblin 9 D15
Sibratshofen 111 X14
Sichau 41 I17
Sichtigvor 50 L8
Sick 29 G11
Sickendorf 63 O12
Sickte 41 J15
Siddessen 51 L11
Siddinghausen 50 L9
Siebeldingen 83 S8
Sieben Berge 40 J13
Siebenbäumen 21 E15
Siebeneichen 21 F15
Siebengebirge 59 N5
Siebenlehn 67 M23
Siebenstern 50 K11
Sieber 52 K15
Siebigerode 53 L18
Siebleben 64 N16
Siebnach 103 V15
Siede 29 H10
Siedelsbrunn 84 R10
Sieden 29 H10
Siedenbollentin 24 E24
Siedenbrünzow 24 E23
Siedenburg 29 H10
Siedenlangenbeck 31 H17
Siedlinghausen 50 M9
Siedlung 26 H5
Siedlung Hipstedt 18 F10
Siedlung Niederlangen 26 H5
Siedlung Sinningen 37 J6
Sief 58 N2
Sieg 61 N8
Siegbach 62 N9
Siegburg 59 N5
Siegelau 100 V7
Siegelbach 65 N16
Siegelbach 83 R7
Siegelsbach 84 S11
Siegen 61 N8
Siegenburg 97 T19
Siegenhofen 87 S18
Siegerland 61 N8
Siegersleben 41 J17
Siegertsbrunn 105 V19
Sieglar 59 N5
Siegsdorf 106 W21
Siek 20 F14
Siekholz 39 K11
Sielbeck 9 D15
Sielen 51 L12
Sielenbach 104 U17
Sielhorst 38 I9
Sielow 57 K26
Siemen 32 G17
Siemerode 52 L14
Siemersdorf 14 D22
Siemitz 23 E20
Sien 81 Q6
Sieperting 49 M8
Sierhagen 9 D16
Sierksdorf 9 D16
Siersburg 80 R3
Siersdorf 58 N2
Siershahm 73 O7
Siersleben 53 L18
Sierße 40 J15
Sieseby 5 C13
Sießen 102 V12
Siethen 44 J23
Siethwende 19 E12
Sietow 23 F21
Sietzing 35 I26
Sietzsch 54 L20
Sieverdingen 30 H12
Sievern 18 F9
Sievernich 58 N3
Sieversdorf (Kreis Oder-Spree) 45 I27
Sieversdorf (Kreis Ostholstein) 9 D15
Sieversdorf (Kreis Ostprignitz-Ruppin) 33 H21
Sieversen 19 F13
Sievershagen (Kreis Bad Doberan) 11 D20
Sievershagen (Kreis Nordwestmecklenburg) 21 E17
Sievershausen (Kreis Hannover) 40 I14
Sievershausen (Kreis Northeim) 51 K12
Sievershütten 20 E14
Sieverstedt 5 C12
Sievertshagen 12 D22
Siewisch 56 K26
Siggelkow 23 F19
Siggen 10 D17
Siggen 111 W13
Siglingen 85 S11
Sigmaringen 102 V11

Sigmaringendorf 102 V 11
Sigmarszell 110 X 13
Sigmertshausen 104 V 18
Sigras 88 R 19
Silbach 50 M 9
Silberbach 79 P 20
Silberberg 45 J 26
Silberbergwer Samson 52 K 15
Silberborn 51 K 12
Silberg 61 M 8
Silberhausen 52 M 15
Silberhütte 53 L 17
Silbersee 57 L 27
Silberstedt 5 C 12
Silberstraße 67 O 21
Silixen 39 J 11
Sillenbuch 94 T 11
Sillens 18 F 9
Sillenstede 17 F 7
Sillertshausen 97 U 19
Sillerup 5 B 11
Sillium 40 J 14
Silmenitz 13 D 24
Silmersdorf 23 G 20
Silstedt 53 K 16
Silz 23 F 21
Silz 83 S 7
Silzen 8 D 12
Simander 32 H 17
Simbach 98 U 22
Simbach a. Inn 106 V 23
Simmelsdorf 87 R 18
Simmerath 70 O 2
Simmerbach 73 Q 6
Simmerberg 111 X 13
Simmern 73 O 7
Simmern (Hunsrück) 73 Q 6
Simmersbach 62 N 9
Simmersfeld 93 U 9
Simmershausen *(Kreis Fulda)* 64 O 14
Simmershausen *(Kreis Hildburghausen)* 76 O 15
Simmershausen *(Kreis Kassel)* 51 L 12
Simmershofen 86 R 14
Simmertal 73 Q 6
Simmozheim 93 T 10
Simonsberg 4 C 10
Simonshofen 87 R 17
Simonskall 58 N 3
Simonswald 100 V 8
Simonswolde 17 F 6
Simssee 105 W 20
Simtshausen 62 N 10
Sinbronn 95 S 15
Sindelfingen 93 T 11
Sindelsdorf 112 W 18
Sindfeld 50 L 10
Sindolsheim 85 R 12
Sindorf 58 N 4
Sindringen 85 S 12
Singen 93 T 9
Singen (Hohentwiel) 109 W 10
Singerberg 65 N 17
Singhofen 73 P 7
Singlis 63 M 11
Singold 104 V 16
Sinkershausen 62 N 9
Sinn 62 O 8
Sinnersdorf 59 M 4
Sinning 96 T 17
Sinntal 75 P 12
Sinsen 47 K 5
Sinsheim 84 S 10
Sinspelt 70 Q 2
Sinspert 61 N 7
Sinz 80 R 3
Sinzenich 58 O 3
Sinzheim 92 T 8
Sinzig 60 O 5
Sinzing 90 T 20
Sippersfeld 83 R 7
Sipplingen 102 W 11
Siptenfelde 53 L 17
Sirchingen 102 U 12
Sirksfelde 21 E 15
Sistig 70 O 3
Sittenbach 104 V 17
Sittendorf 53 L 17
Sittensen 19 G 12
Sitzendorf 65 O 17
Sitzenkirch 108 W 7
Sitzenroda 55 L 22
Skäßchen 56 L 24
Skaska-Döbra 56 L 26
Skassa 56 M 24
Skerbersdorf 57 L 28
Slate 23 F 19
Soden 75 Q 11
Soderstorf 30 G 14
Sodingen 47 L 5
Söby 5 C 13
Söchtenau 105 W 20
Söcking 104 V 17
Södel 74 O 10
Söflingen 103 U 13
Sögel 27 H 6
Sögeln 37 I 8
Söhlde 40 J 14
Söhlingen 30 G 12
Söhnstetten 95 T 13
Söhre 40 J 13
Söhren 9 D 15
Söhrewald 51 M 12
Sölde 49 L 6
Sölden 100 W 7
Söldenau 99 U 23
Söllenthin 33 H 20
Söllhuben 105 W 20
Söllichau 55 L 21
Söllingen 41 J 16
Söllingen *(Kreis Karlsruhe)* 93 T 9
Söllingen *(Kreis Rastatt)* 92 T 8
Söllitz 89 R 20
Söllmnitz 66 N 20
Sölten 47 K 4
Sömmerda 65 M 17
Sönnern 49 L 7
Sörgenloch 73 Q 8
Sörnewitz 55 L 23
Sörup 5 B 13
Sösestausee 52 K 14
Söst 80 R 3
Soest 49 L 8
Soeste 27 H 7
Sötenich 60 O 3
Sötern 81 R 5
Söven 59 N 5
Sohl 102 W 11
Sohland a. d. Spree 69 M 27
Sohland a. Rotstein 69 M 28
Sohlingen 51 K 12
Soholm 4 B 11
Soholmer Au 4 B 10
Sohren 72 Q 5
Soiernspitze 112 X 18
Soisdorf 63 N 13
Solingen 48 M 5
Solitude 94 T 11
Solla 99 T 23
Sollbrück 5 C 12
Soller 58 N 3
Sollerup 5 C 11
Solling 51 K 12
Solling-Vogler (Naturpark) 51 K 12
Solln 105 V 18
Sollnitz 54 K 20
Sollschwitz 56 L 26
Sollstedt *(Kreis Nordhausen)* 52 L 15
Sollstedt *(Unstrut-Hainich-Kreis)* 52 M 15
Sollwitt 5 C 11
Solms *(Kreis Hersfeld-Rotenburg)* 63 N 12
Solms *(Lahn-Dill-Kreis)* 62 O 9
Solnhofen 96 T 16
Solpke 41 I 17
Solschen 40 J 14
Solsdorf 65 N 17
Soltau 30 H 13
Soltendieck 31 H 16
Solz 63 M 13
Somborn 75 P 11
Sommerach 86 Q 14
Sommerau 91 S 23
Sommerberg 47 T 9
Sommerfeld 34 H 23
Sommerfelde 35 H 25
Sommerhausen 59 N 6
Sommerhausen 86 Q 14
Sommerkahl 75 P 11
Sommerland 19 E 12
Sommersdorf *(Böderkreis)* 41 J 17
Sommersdorf *(Kreis Demmin)* 24 E 22
Sommersdorf *(Kreis Uecker-Randow)* 25 G 26
Sommersell 51 K 11
Sommerstorf 23 F 21
Somplar 62 M 10
Sondelfingen 94 U 11
Sonderbuch *(Alb-Donau-Kreis)* 102 U 13
Sonderbuch *(Kreis Reutlingen)* 102 V 12
Sonderhofen 86 R 13
Sondermoning 106 W 21
Sondermühlen 38 J 9
Sondern 61 M 7
Sondernau 76 O 14
Sondernheim 84 S 9
Sonderriet 85 Q 12
Sondershausen 53 L 16
Sondheim 76 O 15
Sondheim v. d. Rhön 76 O 14
Sonneberg 77 O 17
Sonneborn 64 N 15
Sonneborn 39 J 11
Sonnefeld 77 P 17
Sonnen 99 T 25
Sonnenberg 52 K 15
Sonnenberg 73 P 8
Sonnenberg *(Kreis Oberhavel)* 34 G 23
Sonnenberg *(Kreis Uecker-Randow)* 25 F 26
Sonnenberg-Winnenberg 81 Q 5
Sonnenborstel 29 H 11
Sonnenbühl 102 U 11
Sonnewalde 56 K 24
Sonntagshorn 114 W 22
Sonsbeck 46 L 3
Sontheim *(Alb-Donau-Kreis)* 102 U 13
Sontheim *(Kreis Unterallgäu)* 103 V 15
Sontheim *(Stadtkreis Heilbronn)* 94 S 11
Sontheim a. d. Brenz 95 U 14
Sonthofen 111 X 14
Sontra 64 M 13
Soonwald 73 Q 6
Sophienhöhle 87 Q 18
Sophienhof *(Kreis Demmin)* 14 E 23
Sophienhof *(Kreis Plön)* 9 D 15
Sophienstädt 34 H 24
Sophienthal *(Kreis Herzogtum Lauenburg)* 21 F 16
Sophienthal *(Kreis Märkisch-Oderland)* 35 I 27
Sora 68 M 24
Sorga 63 N 13
Sorge 52 K 16
Sorghof 88 R 19
Sorno 56 L 25
Sornzig-Ablaß 55 M 23
Sorpesee 49 L 7
Sorsum *(b. Elze)* 40 J 13
Sorsum *(b. Hildesheim)* 40 J 13
Sosa 79 O 21
Sosa Stausee 79 O 21
Soßmar 40 J 14
Sothel 30 G 12
Sottorf 19 F 13
Sottrum *(Kreis Hildesheim)* 40 J 14
Sottrum *(Kreis Rotenburg)* 29 G 11
Sotzweiler 81 R 5
Soven 31 G 17
Soyen 105 V 20
Spaatz 33 H 20
Spabrücken 73 Q 7
Spachbrücken 74 Q 10
Spaden 18 F 9
Späningen 32 H 18
Spahl 64 O 13
Spahnharrenstätte 27 H 6
Spaichingen 101 V 10
Spalt 87 S 16
Spandau *(Berlin)* 44 I 23
Spandowerhagen 13 D 25
Spangdahlem 70 Q 4
Spangenberg 63 M 12
Spansberg 56 L 24
Spantekow 24 E 24
Sparneck 78 P 19
Sparrieshoop 19 E 13
Spatzenhausen 112 W 17
Spay 71 P 6
Spechthausen 34 H 25
Spechtsbrunn 77 O 17
Spechtshorn 31 I 15
Speck 24 F 22
Specker See 24 F 22
Speckswinkel 62 N 11
Speele 51 L 12
Speicher 72 Q 3
Speichersdorf 78 Q 19
Speichersee 105 V 19
Speicherz 75 O 13
Speichrow 45 J 26
Speinshart 88 Q 19
Spekendorf 17 F 6
Speldorf 47 L 4
Spellen 46 L 3
Spenge 38 J 9
Sperberslohe 87 S 17
Sperenberg 44 J 24
Spergau 54 M 20
Spessart 75 Q 11
Spessart-Höhenstraße 75 P 12
Spetzerfehn 17 F 6
Speyer 84 S 9
Speyerbach *(Fluß b. Edesheim)* 83 S 8
Speyerbach *(Fluß b. Elmstein)* 83 R 7
Speyerdorf 83 R 8
Spich 59 N 5
Spichra 64 M 14
Spiegelau 91 T 24
Spiegelberg 33 H 21
Spiegelberg 94 S 12
Spiegelhagen 32 G 19
Spiegelhütte 91 S 23
Spieka 18 E 9
Spieka-Neufeld 18 E 9
Spiekeroog 17 E 7
Spiekeroog *(Insel)* 17 E 7
Spiel 58 N 3
Spielbach 86 R 14
Spielberg 93 T 9
Spielberg 75 P 11
Spielberg *(Kreis Cham)* 89 R 21
Spielberg *(Kreis Wunsiedel i. F.)* 78 P 20
Spielmannsau 111 X 14
Spiesen-Elversberg 81 S 5
Spiesheim 83 Q 8
Spithal 31 H 16
Spitzing-Sattel 113 W 19
Spitzingsee 113 X 19
Spitzkunnersdorf 69 N 28
Spitzstein 113 W 20
Splietsdorf 12 D 22
Spöck 93 S 9
Spören 54 L 20
Spohla 57 L 26
Spohle 17 G 8
Spoldershagen 11 D 21
Sponheim 73 Q 7
Spora 66 M 20
Spork 46 K 3
Spork-Eichholz 39 K 10
Spornitz 22 F 19
Spraitbach 94 T 13
Sprakebüll 4 B 11
Sprakel 27 H 6
Sprakel 37 J 6
Spraken 29 H 11
Sprakensehl 31 H 15
Spreckens 18 F 11
Spreda 27 H 8
Spree 57 J 26
Spreeau 44 I 25
Spreenhagen 44 I 25
Spreewald 45 K 25
Spreewitz 57 L 27
Spremberg 57 L 27
Spremberg (Talsperre) 57 L 27
Sprendlingen *(Kreis Mainz-Bingen)* 73 Q 7
Sprendlingen *(Kreis Offenbach)* 74 P 10
Sprenge 9 C 14
Sprengel 30 G 13
Sprey 57 L 27
Springbiel 36 J 5
Springe 39 J 12
Springen 64 N 14
Springen 73 P 7
Springstille 64 N 15
Sprockhövel 47 L 5
Sprötau 65 M 17
Sprötze 19 G 13
Sproitz 57 M 28
Sprollenhaus 93 T 9
Sprotta 55 L 22
Sputendorf 44 I 23
Staaken 44 I 23
Staakow 44 J 25
Staats 42 I 18
Staatsbad Brückenau 75 P 13
Staberdorf 10 C 17
Staberhuk 10 C 17
Stacha 69 M 26
Stachenhausen 85 S 13
Stackelitz 43 J 21
Stade 19 F 12
Stadecken Elsheim 73 Q 8
Stadelhofen *(Kreis Bamberg)* 77 P 17
Stadelhofen *(Kreis Main-Spessart)* 75 Q 13
Stadelhorn 114 X 22
Stadeln 87 R 16
Staden 74 P 10
Stadensen 31 H 15
Stadersand 19 F 12
Stadl 104 W 16
Stadland 18 F 9
Stadlern 89 R 21
Stadorf 31 H 15
Stadt Blankenberg 59 N 6
Stadt Wehlen 68 N 26
Stadtallendorf 62 N 11
Stadtbek 9 D 15
Stadtbergen 104 U 16
Stadthagen 39 J 11
Stadthosbach 63 M 13
Stadtilm 65 N 17
Stadtkyll 70 O 3
Stadtlauringen 76 P 15
Stadtlengsfeld 64 N 14
Stadtlohn 36 K 4
Stadtoldendorf 40 K 12
Stadtprozelten 85 Q 12
Stadtroda 66 N 19
Stadtsteinach 77 P 18
Stadum 4 B 11
Stäbelow 11 D 20
Stätzling 104 U 16
Staffelbach 76 Q 16
Staffelberg 77 P 17
Staffelde *(Kreis Oberhavel)* 34 H 22
Staffelde *(Kreis Stendal)* 32 I 19
Staffelsee 112 W 17
Staffelstein 70 P 3
Staffelstein 77 P 17
Staffhorst 29 H 10
Stafflangen 102 V 13
Staffort 93 S 9
Stafstedt 8 D 12
Stahlbrode 13 D 23
Stahle 51 K 12
Stahleck (Bacharach) 73 P 7
Stahlhofen 61 O 7
Stahnsdorf 44 I 23
Stahringen 101 W 10
Staig 103 V 14
Staitz 66 N 19
Stakendorf 9 C 15
Stalförden 27 H 7
Stalldorf 85 R 13
Stallwang 91 S 21
Stammbach 78 P 19
Stammham *(Kreis Altötting)* 106 V 22
Stammham *(Kreis Eichstätt)* 96 T 18
Stammheim *(Kreis Calw)* 93 T 10
Stammheim *(Kreis Schweinfurt)* 76 Q 14
Stammheim *(Wetteraukreis)* 74 P 10
Stamsried 89 S 21
Standorf 86 R 13
Stangengrün 66 O 21
Stangenhagen 43 J 23
Stangenrod 62 O 10
Stangenroth 76 P 13
Stangerode 53 L 18
Stangheck 5 B 13
Stannewisch 57 L 28
Stapel *(Kreis Leer)* 17 G 7
Stapel *(Kreis Lüneburg)* 21 G 16
Stapel *(Kreis Rotenburg)* 29 G 11
Stapelburg 41 K 16
Stapelfeld *(Kreis Cloppenburg)* 27 H 7
Stapelfeld *(Kreis Stormarn)* 20 F 14
Stapelholm 7 C 11
Stapelmoor 26 G 5
Staritz 55 L 23
Starkenberg 66 N 20
Starkenburg 72 Q 5
Starkshorn 30 H 14
Starnberg 104 V 18
Starnberger See 104 W 17
Starsiedel 54 M 20
Starzach 101 U 10
Staßfurt 53 K 18
Staubecken 101 W 9
Staucha 55 M 23
Stauchitz 55 M 23
Staudach 106 U 21
Staudach-Egerndach 114 W 21
Staudernheim 83 Q 7
Staufen 108 W 8
Staufen i. Breisgau 100 W 7
Staufenberg *(Kreis Gießen)* 62 O 10
Staufenberg *(Kreis Göttingen)* 51 M 12
Staumühle 50 K 10
Staupitz *(Kreis Elbe-Elster)* 56 L 25
Staupitz *(Kreis Torgau-Oschatz)* 55 L 22
Staven 24 F 24
Stavenhagen Reuterstadt 24 E 22
Stavern 27 H 6
Stebbach 93 S 10
Stechau 56 K 24
Stechow 33 I 21
Steckby 42 K 20
Steckelsdorf 33 I 20
Steckenborn 70 O 3
Stecklenberg 53 K 17
Stedden 30 I 13
Steddorf 19 F 12
Stedebergen 29 H 11
Steden 18 F 10
Stederdorf *(Kreis Peine)* 40 I 14
Stederdorf *(Kreis Uelzen)* 31 H 15
Stedesand 4 B 10
Stedesdorf 17 F 6
Stedten 54 L 19
Stedtfeld 64 N 14
Stedtlingen 76 O 14
Steeg 61 N 7
Steegen 81 R 6
Steele 47 L 5
Steenfeld 8 D 12
Steenfelde 27 G 6
Steenkrütz 9 D 15
Steenodde 4 C 9
Steesow 32 G 18
Stefansfeld 110 W 11
Steffeln 70 P 3
Steffenberg 62 N 9
Steffenshagen 11 D 19
Stefling 89 S 20
Stegaurach 77 Q 16
Stegelitz *(Kreis Jerichower Land)* 42 J 19
Stegelitz *(Kreis Stendal)* 42 I 19
Stegelitz *(Kreis Uckermark)* 34 G 25
Stegen 100 W 7
Steglitz *(Berlin)* 44 I 23
Stehla 55 L 23
Steibis 111 X 14
Steide 36 J 5
Steigerthal 53 L 16
Steigerwald 86 Q 15
Steigerwald (Naturpark) 86 Q 15
Steigra 54 M 19
Steimbke 29 I 12
Steimel 61 O 6
Steimke *(Kreis Diepholz)* 29 H 10
Steimke *(Kreis Gifhorn)* 31 H 15
Steimke *(Kreis Westliche Altmark)* 31 I 16
Stein 9 C 14
Stein *(Enzkreis)* 93 T 9
Stein *(Kreis Schwandorf)* 89 R 20
Stein *(Nürnberg)* 87 R 16
Stein *(Zollernalbkreis)* 101 U 10
Stein a. d. Traun 106 W 21
Stein a. Kocher 85 S 11
Stein i. Allgäu 111 X 14
Stein-Neukirch 61 N 8
Steina *(Kreis Osterode a. Harz)* 52 L 15
Steina *(Westlausitzkreis)* 68 M 26
Steinach *(Fluß)* 78 Q 19
Steinach *(Kreis Ostallgäu)* 111 X 15
Steinach *(Kreis Sonneberg)* 77 O 17
Steinach *(Kreis Straubing-Bogen)* 91 T 21
Steinach *(Ortenaukreis)* 100 V 8
Steinach *(Rems-Murr-Kreis)* 94 T 12
Steinach a. d. Saale 76 P 14
Steinalben 83 S 6
Steinau 18 E 10
Steinau 63 O 13
Steinau a. d. Straße 75 P 12
Steinbach 84 Q 10
Steinbach *(Kreis Annaberg)* 79 O 23

Steinbach *(Kreis Eichsfeld)* 52 L 14
Steinbach *(Kreis Fürstenfeldbrück)* 104 V 17
Steinbach *(Kreis Fürth)* 87 R 16
Steinbach *(Kreis Fulda)* 63 N 13
Steinbach *(Kreis Gießen)* 62 O 10
Steinbach *(Kreis Haßberge)* 76 Q 15
Steinbach *(Kreis Hildburghausen)* 77 O 16
Steinbach *(Kreis Limburg-Weilburg)* 73 O 8
Steinbach *(Kreis Main-Spessart)* 75 P 12
Steinbach *(Kreis Meißen-Dresden)* 68 M 24
Steinbach *(Kreis Rastatt)* 92 T 8
Steinbach *(Kreis Saarlouis)* 81 R 4
Steinbach *(Muldentalkreis)* 67 M 21
Steinbach *(Neckar-Odenwald-Kreis)* 85 R 11
Steinbach *(Niederschlesischer Oberlausitzkr.)* 57 L 28
Steinbach *(Rems-Murr-Kreis)* 94 T 12
Steinbach (Taunus) 74 P 9
Steinbach a. d. Haide 77 O 18
Steinbach a. Donnersberg 83 R 7
Steinbach a. Glan 81 R 6
Steinbach a. Wald 77 O 18
Steinbach b. Geroldsgrün 77 O 18
Steinbach b. Ottweiler 81 R 5
Steinbach-Hallenberg 64 N 15
Steinbach-Stausee 60 O 4
Steinbeck *(Kreis Harburg)* 19 F 13
Steinbeck *(Kreis Märkisch-Oderland)* 35 H 25
Steinbeck *(Kreis Steinfurt)* 37 I 7
Steinbeck (Luhe) 30 G 14
Steinberg 5 B 13
Steinberg 74 P 10
Steinberg *(Göltzschtalkreis)* 67 O 21
Steinberg *(Kreis Dingolfing-Landau)* 98 U 21
Steinberg *(Kreis Kronach)* 77 P 18
Steinberg *(Kreis Potsdam-Mittelmark)* 43 J 21
Steinberg *(Kreis Schwandorf)* 89 S 20
Steinberg (Staig-) 103 V 14
Steinbergen 39 J 11
Steinberghaff 5 B 13
Steinbergkirche 5 B 13
Steinbild 26 H 5
Steinborn 70 P 3
Steinbrink 39 I 10
Steinbrück 40 J 14
Steinburg 91 T 22
Steinburg *(Kreis Steinburg)* 19 E 12
Steinburg *(Kreis Stormarn)* 20 E 15
Steindorf 104 V 17
Steinebach *(Kreis Altenkirchen)* 61 N 7
Steinebach a. d. Wied 61 O 7
Steinegg 93 T 10
Steinekirch 103 U 15
Steinen 61 O 7
Steinen 108 X 7
Steinenberg 94 T 12
Steinenbronn 94 U 11
Steinenstadt 100 W 6
Steineroth 61 N 7
Steinfeld *(Kreis Bad Doberan)* 11 D 20
Steinfeld *(Kreis Bamberg)* 77 Q 17
Steinfeld *(Kreis Euskirchen)* 60 O 3
Steinfeld *(Kreis Hildburghausen)* 76 O 16
Steinfeld *(Kreis Main-Spessart)* 75 Q 13
Steinfeld *(Kreis Rotenburg)* 29 G 11
Steinfeld *(Kreis Schleswig-Flensburg)* 5 C 13
Steinfeld *(Kreis Stendal)* 32 I 19
Steinfeld *(Kreis Stormarn)* 20 E 15
Steinfeld *(Kreis Südliche Weinstraße)* 92 S 8
Steinfeld (Oldenburg) 27 I 8
Steinfischbach 74 P 9
Steinförde 34 G 23
Steinfurt 36 J 6
Steinfurt 85 R 12
Steinfurth 15 E 24
Steinfurth 74 O 10
Steingaden 112 W 16
Steingau 105 W 18
Steinhagen 12 D 22
Steinhagen 38 J 9
Steinhagen *(Kreis Güstrow)* 23 E 19
Steinhausen 50 L 9
Steinhausen 102 V 13
Steinhausen *(Kreis Friesland)* 17 F 8
Steinhausen *(Kreis Nordwestmecklenburg)* 10 E 18
Steinhausen a. d. Rottum 103 V 13
Steinheid 77 O 17
Steinheim *(Kreis Dillingen a. d. Donau)* 95 U 15
Steinheim *(Kreis Gießen)* 74 O 10
Steinheim *(Kreis Höxter)* 51 K 11
Steinheim *(Kreis Neu-Ulm)* 103 U 14
Steinheim *(Kreis Unterallgäu)* 103 V 14
Steinheim a. d. Murr 94 T 11
Steinheim am Albuch 95 T 14
Steinhilben 102 V 11
Steinhöfel 45 I 26
Steinhöring 105 V 20
Steinhötel 35 G 25
Steinhorst 50 K 9
Steinhorst *(Kreis Gifhorn)* 31 H 15
Steinhorst *(Kreis Herzogtum Lauenburg)* 21 E 15
Steinhude 39 I 12
Steinhuder Meer 39 I 11
Steinhuder Meer (Naturpark) 39 I 11
Steinigtwolmsdorf 69 M 27
Steiningen 71 P 4
Steiningloh 88 R 19
Steinitz 57 L 27
Steinkimmen 28 G 9
Steinkirchen 19 F 12
Steinkirchen *(Kreis Erding)* 105 U 20
Steinkirchen *(Kreis Pfaffenhofen a. d. Ilm)* 104 U 18
Steinloge 28 H 8
Steinlohe 89 R 21
Steinmauern 93 T 8
Steinmocker 24 E 24
Steinölsa 57 M 28
Steinpleis 66 N 21
Steinrode 52 L 15
Steinsberg 84 S 10
Steinsdorf 76 Q 16
Steinsdorf *(Elstertalkreis)* 66 O 20
Steinsdorf *(Kreis Greiz)* 66 N 20
Steinsdorf *(Kreis Oder-Spree)* 45 J 28
Steinsdorf-Dixförda 55 K 23
Steinsfeld *(Kreis Ansbach)* 86 R 14
Steinsfeld *(Kreis Haßberge)* 76 P 15
Steinsfeld-Hartershofen 86 R 14
Steinsfurt 84 S 10
Steinthaleben 53 L 17
Steintoch 35 I 27
Steinwald 78 Q 20
Steinwald (Naturpark) 78 Q 20
Steinwand 75 O 13
Steinwedel 40 I 13
Steinweiler *(Kreis Germersheim)* 92 S 8
Steinweiler *(Kreis Heidenheim)* 95 T 14
Steinwenden 81 R 6
Steinwiesen 77 P 18
Steißlingen 101 W 10
Stellau 20 F 14
Stelle 7 D 11
Stelle 20 F 14
Stelle-Wittenwurth 7 D 11
Stellenfelde 29 G 11
Stellichte 30 H 12
Stelzenberg 83 R 7
Stemel 49 L 7
Stemmen *(Kreis Hannover)* 39 I 12
Stemmen *(Kreis Lippe)* 39 J 11
Stemmen *(Kreis Rotenburg)* 30 G 12
Stemmer 39 I 10
Stemmer Moor 38 I 9
Stempeda 53 L 16
Stemshorn 38 I 9
Stemwarde 20 F 14
Stemwede 38 I 9
Stendal 32 I 19
Stendell 35 G 26
Stenden 46 L 3
Stenderup 5 B 13
Stendorf 9 D 16
Stenern 36 K 3
Stengelheim 96 T 17
Stenn 66 N 21
Stennweiler 81 R 5
Stenum 29 G 9
Stepenitz *(Stadt)* 23 G 20
Stepfershausen 64 O 14
Stephanopel 49 L 7
Stephanshausen 73 P 7
Stephanskirchen *(b. Rosenheim)* 105 W 20
Stephanskirchen *(b. Wasserburg)* 106 V 20
Stephansposching 98 T 22
Steppach *(Kreis Augsburg)* 104 U 16
Steppach *(Kreis Bamberg)* 87 Q 16
Stepperg 96 T 17
Sterbfritz 75 P 12
Sterdebüll 4 C 10
Sterkelshausen 63 M 12
Sterkrade 47 L 4
Sterley 21 F 16
Sternberg 22 E 19
Sternberg 76 P 15
Sternebeck-Harnekop 35 H 25
Sternenfels 93 S 10
Sternhagen 25 G 25
Sterpersdorf 86 Q 16
Sterup 5 B 13
Sterzhausen 62 N 10
Stettbach 76 P 14
Stetten *(b. Echingen)* 101 U 10
Stetten *(b. Egerloch)* 101 U 10
Stetten *(Bodenseekreis)* 110 W 11
Stetten *(Donnersbergkreis)* 83 Q 8
Stetten *(Kreis Biberach a. d. Riß)* 103 V 13
Stetten *(Kreis Dachau)* 104 V 18
Stetten *(Kreis Konstanz)* 101 W 10
Stetten *(Kreis Main-Spessart)* 75 Q 13
Stetten *(Kreis Rhön-Grabfeld)* 76 O 14
Stetten *(Kreis Unterallgäu)* 103 V 15
Stetten *(Kreis Waldshut)* 109 X 9
Stetten *(Leinfelden-Echterdingen)* 94 T 11
Stetten *(Ostalbkreis)* 95 T 14
Stetten a. Heuchelberg 94 S 11
Stetten a. Kalten Markt 102 V 11
Stetten i. Remstal *(Kernen)* 94 T 12
Stetten o. Lontal 95 U 14
Stetten u. Holstein 102 V 11
Stettenhofen 104 U 16
Stetternich 58 N 3
Stettfeld *(Kreis Haßberge)* 76 Q 16
Stettfeld *(Kreis Karlsruhe)* 84 S 9
Stettiner Haff 25 E 26
Steuden 54 L 19
Steudnitz 66 M 19
Steutz 54 K 20
Stevede 36 K 5
Stevern 36 K 6
Steyerberg 29 I 11
Stickhausen 17 G 6
Stiefenhofen 111 X 14
Stiege 53 L 16
Stieglund 5 C 11
Stieldorf *(Königswinter)* 59 N 5
Stiepel 47 L 5
Stierhöfstetten 86 Q 15
Stimpfach 95 S 14
Stinstedt *(b. Bederkesa)* 18 F 10
Stinstedt *(b. Loxstedt)* 18 F 10
Stinteck 7 D 10
Stipshausen 72 Q 5
Stirn 96 S 16
Stirpe 50 L 8
Stobber 45 I 26
Stock 106 W 21
Stockach 101 W 11
Stockelsdorf 21 E 15
Stockem 80 Q 3
Stockhausen *(Kreis Minden-Lübbecke)* 38 J 9
Stockhausen *(Vogelsbergkreis)* 63 O 12
Stockheim *(Kreis Düren)* 58 N 3
Stockheim *(Kreis Kronach)* 77 P 17
Stockheim *(Kreis Rhön-Grabfeld)* 76 O 14
Stockheim *(Kreis Unterallgäu)* 103 V 15
Stockheim *(Wetteraukreis)* 74 P 11
Stocksdorf 29 H 10
Stocksee 9 D 15
Stockstadt a. Main 74 Q 11
Stockstadt a. Rhein 84 Q 9
Stockum *(Hochsauerlandkreis)* 49 M 7
Stockum *(Kreis Unna)* 49 K 7
Stockum (Möhnesee) 49 L 8
Stockum (Witten-) 47 L 6
Stöben 66 M 19
Stöbritz 56 K 25
Stöckach 76 P 15
Stöcken 66 N 20
Stöcken *(Kreis Gifhorn)* 31 H 16
Stöcken *(Kreis Uelzen)* 31 G 16
Stöcken (Hannover-) 40 I 13
Stöckenhof 94 T 12
Stöckey 52 L 15
Stöckheim *(Altmarkkreis Salzwedel)* 31 H 16
Stöckheim *(Stadtkreis Northeim)* 52 K 13
Stöckheim (b. Braunschweig) 41 J 15
Stöckigt 79 O 20
Stöckse 29 I 12
Stödtlen 95 S 14
Stöffin 33 H 22
Stöfs 9 D 15
Stölln 33 H 21
Stöllnitz 21 F 17
Stölpchen 56 M 25
Stör 8 D 13
Störkathen 8 E 13
Störmede 50 L 9
Störmthal 54 M 21
Störnstein 89 Q 20
Störtewerkerkoog 4 B 10
Störwasserstraße 22 F 18
Stößen 66 M 19
Stötten 95 U 13
Stötten a. Auerberg 112 W 16
Stoetze 31 G 16
Stoffen 104 V 16
Stoffenried 103 V 14
Stohl 9 C 14
Stolberg 53 L 16
Stolberg 58 N 2
Stolk 5 C 12
Stolkerfeld 5 C 12
Stollberg 4 C 10
Stollberg 67 N 22
Stollhamm 18 F 9
Stollhofen 92 T 8
Stolpe *(b. Anklam)* 25 E 24
Stolpe *(b. Usedom)* 24 E 25
Stolpe *(Kreis Plön)* 9 D 14
Stolpe (Oder) 35 H 26
Stolpen 68 M 26
Stolper See 9 D 14
Stoltebüll 5 B 13
Stoltenberg 9 C 15
Stoltenhagen 13 D 23
Stolzenau 39 I 11
Stolzenburg 25 F 25
Stolzenfels 71 P 6
Stolzenhagen *(b. Angermünde)* 35 H 26
Stolzenhagen *(b. Wandlitz)* 34 H 24
Stolzenhain 55 K 23
Stolzenhain a. d. Röder 56 L 24
Stommeln 59 M 4
Stopfenheim 96 S 16
Storbeck 33 H 22
Storkau 32 I 20
Storkow *(Kreis Uckermark)* 34 G 24
Storkow *(Kreis Uecker-Randow)* 25 G 26
Storkow (Mark) 44 J 25
Storndorf 63 O 11
Stornfels 74 O 11
Stotel 18 F 9
Stotternheim 65 M 17
Stotzheim 60 O 4
Stove 21 E 16
Straach 43 K 21
Straberg 59 M 4
Strackholt 17 F 6
Stradow 56 K 26
Straelen 46 L 2
Strahlfeld 89 S 21
Strahlungen 76 P 14
Strahwalde 69 M 28
Stralendorf *(Kreis Ludwigslust)* 21 F 17
Stralendorf *(Kreis Parchim)* 23 F 19
Stralsund 13 D 23
Strande 9 C 14
Strasburg 25 F 25
Strasen-Priepert 34 G 22
Straß *(Kreis Berchtesgadener Land)* 106 W 22
Straß *(Kreis Neu-Ulm)* 103 U 14
Straß *(Kreis Neuburg-Schrobenhausen)* 96 T 17
Straßberg *(Elstertalkreis)* 78 O 20
Straßberg *(Kreis Augsburg)* 104 V 16
Straßberg *(Kreis Quedlinburg)* 53 L 17
Straßberg *(Zollernalbkreis)* 102 V 11
Straßbessenbach 75 Q 11
Straßdorf 94 T 13
Straße der Residenzen 74 Q 11
Straße der Staufer 94 T 12
Straßenhaus 61 O 6
Straßfeld 59 N 4
Straßgiech 77 Q 17
Straßgräbchen 56 L 26
Straßkirchen *(Kreis Passau)* 99 U 24
Straßkirchen *(Kreis Straubing-Bogen)* 98 T 22
Straßlach 105 V 18
Straubenhardt 93 T 9
Straubing 98 T 21
Strauch 56 L 24
Strauch 70 O 3
Straupitz 45 K 26
Strausberg 35 I 25
Straußberg 52 L 16
Straußdorf 105 V 19
Straußfurt 65 M 16
Strebendorf 63 N 11
Streek 17 F 7
Streetz 42 K 20
Streetz 31 G 17
Streganz 44 J 25
Stregda 64 M 14
Strehla 55 L 23
Streitau 78 P 19
Streitberg 75 P 11
Streitberg 87 Q 17
Strelasund 13 C 23
Strelitz Alt 24 F 23
Strelln 55 L 22
Strelow 14 D 22
Stremme 43 I 20
Stremmen 45 J 26
Strenglin 9 E 15
Strenz 23 E 20
Strenzfeld 54 K 19
Strenznaundorf 54 K 19
Stresdorf 21 E 17
Stresow 42 J 20
Stressenhausen 76 O 16
Streu 76 O 14
Streufdorf 76 O 16
Streumen 56 L 24
Striegistal 67 M 23
Striegnitz 55 M 23
Striepe 36 I 4
Striesdorf 11 E 20
Strießen 68 M 24
Strinz Margarethä 73 P 8
Strittmatt 108 W 8
Strobenried 96 U 18
Strodehne 33 H 20
Ströbeck 41 K 16
Ströhen 38 I 10
Strohkirchen 21 F 17
Strohn 71 P 4
Stroit 40 K 13
Stromberg 93 S 10
Stromberg *(Kreis Bad Kreuznach)* 73 Q 7
Stromberg *(Kreis Neuwied)* 71 O 6
Stromberg *(Kreis Warendorf)* 50 K 8
Stromberg-Heuchelberg (Naturpark) 93 S 10
Strothe 31 G 16
Strothe 50 M 10
Strotzbüsch 71 P 4
Strubensee 34 H 23
Struck 13 D 25
Struckum 4 C 10
Strudden 17 F 7
Strübbel 7 D 10
Strücklingen 27 G 7
Strümp 48 M 3
Strümpfelbrunn 84 R 11
Strüth 85 R 13
Strukdorf 9 E 15
Strullendorf 87 Q 16
Struppen 68 N 26
Struth 52 M 14
Struth-Helmershof 64 N 15
Struvenhütten 20 E 14
Struxdorf 5 C 12
Stryck 50 M 9
Stubben *(Kreis Cuxhaven)* 18 F 10
Stubben *(Kreis Herzogtum Lauenburg)* 20 E 15
Stubben *(Kreis Segeberg)* 20 E 15
Stubbendorf *(Kreis Bad Doberan)* 11 D 21
Stubbendorf *(Kreis Demmin)* 14 E 22
Stubbenkammer 13 C 24
Stubenberg 106 V 23
Stubersheim 95 U 13
Stublang 77 P 17
Stuckenborstel 29 G 11
Stübig 77 P 17
Stücken 43 J 23
Stüde 41 I 16
Stüdenitz 33 H 20
Stühlingen 109 W 9
Stühren 29 H 10
Stülpe 44 J 23
Stuer 23 F 21
Stürza 68 M 26
Stürzelberg 48 M 4
Stürzenhardt 85 R 11
Stützengrün 67 O 21
Stützerbach 65 O 16
Stützkow 35 H 26
Stuhr 29 G 10
Stukenbrock *(Schloß Holte-)* 38 K 9
Stukenbrock-Senne 38 K 10
Stulln 88 R 20
Stumpf 59 M 5
Stumsdorf 54 L 20
Stupferich 93 T 9
Stuppach 85 R 13
Stutensee 93 S 9
Stuttgart 94 T 11
Stuttgart-Echterdingen *(Flughafen)* 94 T 11
Stuvenborn 20 E 14
Suchsdorf 9 C 14
Suckow *(Kreis Güstrow)* 23 E 20
Suckow *(Kreis Ostvorpommern)* 15 E 25
Suckow *(Kreis Parchim)* 32 G 19
Suckwitz 23 F 20
Suddendorf 36 J 5
Sude 21 F 16
Sudelfeld 113 W 20
Suderbruch 30 H 12
Suderburg 31 H 15
Sudershausen 52 L 14
Suderwich 47 L 5
Suderwick 46 K 3
Suderwittingen 31 H 16
Sudheide 38 J 10
Sudheim 52 K 13
Sudwalde 29 H 10
Sudweyhe 29 H 10
Süchteln 58 M 3
Sückau 21 G 16
Süd Edewecht 27 G 7
Südaue 39 I 12
Südbrookmerland 17 F 6
Süddinker 49 L 7
Süddorf 27 G 7
Süden 4 C 10
Südende 17 G 8
Südensee 5 B 12
Süderau 19 E 12
Süderaue 4 C 9
Süderbrarup 5 C 13
Süderdeich *(Kreis Dithmarschen)* 7 D 10
Süderdeich *(Kreis Stade)* 19 E 11
Süderdorf 8 D 12
Süderende *(Kreis Cuxhaven)* 18 F 10
Süderende *(Kreis Nordfriesland)* 4 B 9
Süderfahrenstedt 5 C 12
Südergellersen 30 G 14
Süderhackstedt 5 C 11
Süderhafen 4 C 10
Süderhastedt 7 D 11
Süderheistedt 7 D 11
Süderhöft 7 C 11
Süderholm 7 D 11
Süderleda 18 E 10
Süderlügum 4 B 10
Südermarsch 4 C 11

Deutschland 229

Süderoog (Insel) 4 C 9
Süderoogsand (Insel) 4 C 9
Süderschmedeby 5 C 12
Süderstapel 7 C 11
Süderwalsede 29 G 12
Südfall (Insel) 4 C 10
Südheide (Naturpark) 30 H 14
Südhemmern 39 J 10
Südkampen 30 H 12
Südkirchen 49 K 6
Südlohn 36 K 4
Südlohne 36 I 5
Südperd 13 D 25
Südwinsen 30 H 13
Süggerath 58 N 2
Sühlen 20 E 14
Sükow 23 G 19
Sülbeck 21 G 15
Sülfeld (Kreis Segeberg) 20 E 14
Sülfeld (Stadtkreis Wolfsburg) 41 I 16
Sülldorf 42 J 18
Sülldorf 19 F 13
Süllwarden 18 F 8
Sülstorf 22 F 18
Sülz 59 M 6
Sülze 30 H 14
Sülzfeld 76 O 15
Sülzhayn 52 L 16
Sümmern 49 L 7
Sünching 98 T 21
Sünna 64 N 14
Sünninghausen 49 K 8
Sünzhausen (Kreis Freising) 97 U 18
Sünzhausen (Kreis Pfaffenhofen a. d. Ilm) 105 U 18
Süplingen 41 J 17
Süpplingen 41 J 16
Süpplingenburg 41 J 16
Süptitz 55 L 22
Sürth 59 N 5
Sürzerhof 71 P 6
Süsel 9 D 16
Süß 64 N 13
Süssau 10 D 17
Süßen 94 T 13
Süssenbach 90 S 21
Süßer See 54 L 18
Süßkofen 98 T 21
Süstedt 29 H 10
Süsterseel 58 N 1
Sütel 10 C 17
Süttorf 21 G 15
Suffersheim 96 T 17
Sugenheim 86 R 15
Suhl 64 O 16
Suhle 27 H 7
Suhlendorf 31 H 16
Sukow 22 F 18
Sukow Marienhof 23 E 21
Sulgen 101 V 9
Sulingen 29 H 10
Sulsdorf 10 C 17
Sulz (Kreis Donau-Ries) 96 U 16
Sulz (Ortenaukreis) 100 V 7
Sulz a. Eck 93 U 10
Sulz a. Neckar 101 U 9
Sulzach 95 S 15
Sulzbach 98 U 22
Sulzbach (Neckar-Odenwald-Kreis) 85 R 11
Sulzbach (Rhein-Neckar-Kreis) 84 R 9
Sulzbach (Saar) 82 S 5
Sulzbach (Taunus) 74 P 9
Sulzbach a. d. Donau 90 S 20
Sulzbach a. d. Murr 94 S 12
Sulzbach a. Inn 99 U 24
Sulzbach a. Main 75 Q 11
Sulzbach-Laufen 95 T 13
Sulzbach-Rosenberg 88 R 19
Sulzberg 111 X 15
Sulzburg 100 W 7
Sulzdorf (Kreis Donau-Ries) 96 T 16
Sulzdorf (Kreis Schwäbisch-Hall) 95 S 13
Sulzdorf (Kreis Schweinfurt) 76 P 15
Sulzdorf a. d. Lederhecke 76 P 15
Sulzemoos 104 V 17
Sulzfeld (Kreis Karlsruhe) 93 S 10
Sulzfeld (Kreis Schweinfurt) 76 P 15
Sulzfeld a. Main 86 Q 14
Sulzheim 76 Q 15
Sulzkirchen 87 S 18
Sulzschneid 111 W 15
Sulzthal 76 P 14
Summt 34 H 24
Sumpfsee 23 E 20
Sumte 21 G 16
Sundern (Kreis Minden-Lübbecke) 38 I 9
Sundern (Gütersloh-) 38 K 9
Sundern (Sauerland) 49 M 8
Sundhausen (Kreis Gotha) 64 N 16
Sundhausen (Kreis Nordhausen) 53 L 16
Sundhausen (Unstrut-Hainich-Kreis) 64 M 16
Sunthausen 101 V 9
Sunzendorf 88 R 18
Suppingen 102 U 13
Surberg 106 W 22
Surendorf 5 C 14
Surheim 106 W 22
Suroide 30 H 13
Surwold 27 H 6
Sustrum 26 H 5
Sustrumermoor 26 H 5
Suterode 52 K 14
Sutthausen 37 J 8
Suttorf (Kreis Hannover) 39 I 12
Suttorf (Kreis Steinfurt) 37 J 6
Suttrop 50 L 9
Swisttal 59 N 4
Syburg 47 L 6
Sydow 42 I 20
Syhra 67 M 21
Syke 29 H 10
Sylda 53 K 18
Sylt (Insel) 4 B 8
Sylvenstein-Stausee 113 X 18
Syrau 66 O 20
Syrgenstein 95 U 14
Sythen 47 K 5

T

Taaken 29 G 11
Taarstedt 5 C 13
Tabarz 64 N 15
Taben-Rodt 80 R 3
Tabertshausen 98 T 22
Tacherting 106 V 21
Taching 106 W 22
Tachinger See 106 W 22
Tacken 32 G 20
Täferrot 95 T 13
Täfertingen 104 U 16
Tännesberg 89 R 20
Tätendorf 31 G 15
Tätzschwitz 56 L 26
Tafertshofen 103 V 14
Tafertsweiler 102 W 12
Tagmersheim 96 T 16
Tailfingen 101 V 11
Taimering 98 T 20
Tairnbach 84 S 10
Taiting 104 U 17
Taldorf 110 W 12
Talge 27 I 7
Talheim (Kreis Heilbronn) 94 S 11
Talheim (Kreis Tübingen) 102 U 11
Talheim (Kreis Tuttlingen) 101 V 9
Talkau 21 F 15
Talle 39 J 10
Tallensen 39 J 11
Talling 81 Q 4
Taltitz 78 O 20
Tambach 77 P 16
Tambach-Dietharz 64 N 15
Tamm 94 T 11
Tammensiel 4 C 10
Tandern 104 U 17
Tangeln 31 H 17
Tangendorf (Kreis Harburg) 20 G 14
Tangendorf (Kreis Prignitz) 32 G 19
Tanger 42 I 19
Tangerhütte 42 I 19
Tangermünde 42 I 19
Tangersdorf 34 G 23
Tangrim 14 D 22
Tangstedt (Kreis Pinneberg) 19 E 13
Tangstedt (Kreis Stormarn) 20 E 14
Tankenrade 9 E 15
Tankumsee 41 I 15
Tann 64 O 14
Tann 106 V 22
Tanna 78 O 19
Tannau 110 X 12
Tanndorf 67 M 22
Tanne 52 K 16
Tanneberg (Kreis Meißen-Dresden) 68 M 24
Tanneberg (Kreis Mittweida) 67 M 22
Tannenbergsthal 79 O 21
Tannenhausen 17 F 6
Tannenkirch 108 W 6
Tannern 113 X 18
Tannhausen (Kreis Ravensburg) 102 W 12
Tannhausen (Ostalbkreis) 95 T 15
Tannheim (Kreis Biberach a. d. Riß) 103 V 14
Tannheim (Schwarzwald-Baar-Kreis) 101 V 9
Tannroda 65 N 17
Tantow 25 G 27
Tapfheim 96 T 16
Tappenbeck 41 I 16
Tappendorf 8 D 13
Tarbarg 17 F 7
Tarbek 9 D 14
Tarmow 33 H 22
Tarmstedt 29 G 11
Tarnewitz 10 E 17
Tarnow 23 E 20
Tarp 5 C 12
Tarthun 42 K 18
Tasdorf 9 D 14
Tassdorf 44 I 25
Tastrup 5 B 12
Tating 7 D 10
Tatzelwurm 113 W 20
Taube 54 K 20
Taubenbach 106 V 22
Taubenberg 105 W 19
Taubenheim 68 M 24
Taubenheim (Spree) 69 M 27
Taubensuhl 83 S 7
Tauber 86 S 14
Tauberbischofsheim 85 R 12
Tauberfeld 96 T 17
Tauberrettersheim 85 R 13
Tauberzell 86 R 14
Taucha (Leipzig) 54 L 21
Tauche 45 J 26
Tauer 45 K 27
Taufkirchen (Kreis Erding) 105 U 20
Taufkirchen (Kreis Mühldorf a. Inn) 106 V 21
Taufkirchen (Kreis München) 105 V 18
Taufkirchen (Kreis Rottal-Inn) 106 U 22
Taufstein 75 O 11
Taugwitz 66 M 18
Taunus 74 P 9
Taunusstein-Neuhof 73 P 8
Tauperlitz 78 P 19
Taura 55 L 23
Taura b. Burgstädt 67 N 22
Tauscha (Kreis Mittweida) 67 N 22
Tauscha (Kreis Riesa-Großenhain) 68 M 25
Tauschenberg 62 N 10
Tautenburg 66 N 19
Tautenhain (Kreis Leipziger Land) 67 M 22
Tautenhain (Saale-Holzland-Kreis) 66 N 19
Tawern 80 Q 3
Taxöldern 89 S 20
Taxölderner Forst 89 S 20
Techelsdorf 9 D 14
Techentin 23 F 19
Teck 94 U 12
Tecklenburg 37 J 7
Teetz 33 G 21
Tegau 66 O 19
Tegeler See 44 I 23
Tegelrieden 27 H 8
Tegernau 108 W 7
Tegernbach (Kreis Freising) 97 U 19
Tegernbach (Kreis Pfaffenhofen a. d. Ilm) 96 U 18
Tegernheim 90 S 20
Tegernsee (Stadt) 113 W 19
Teglingen 26 I 6
Teicha 54 L 19
Teichel 65 N 17
Teichröda 65 N 17
Teichweiden 65 N 18
Teichwolframsdorf 66 N 20
Teisbach 98 U 21
Teisenberg 106 W 22
Teisendorf 106 W 22
Teising 106 V 21
Teisnach 91 S 22
Teistungen 52 L 14
Telbrake 28 H 8
Teldau 21 G 16
Telgte 37 K 7
Tellerhäuser 79 O 22
Tellig 71 P 5
Tellingstedt 7 D 11
Tellmer 30 G 14
Telschow-Weitgendorf 23 G 20
Teltow (Berlin) 44 I 23
Telz 44 J 24
Temmels 80 Q 3
Temmen 34 G 25
Temmenhausen 95 U 13
Tempelberg 45 I 26
Tempelfelde 34 H 25
Templin 34 G 24
Tengen 101 W 9
Tengern 38 J 10
Tengling 106 W 22
Teningen 100 V 7
Tennenbronn 101 V 9
Tennenlohe 87 R 17
Tensbüttel 7 D 11
Tensbüttel-Röst 7 D 11
Tensfeld 9 D 14
Tenstedt 27 H 8
Teplitz 10 E 19
Terborg 17 G 6
Tergast 17 F 6
Terpt 44 K 25
Tertius (Insel) 7 D 10
Teschendorf (Kreis Mecklenburg-Strelitz) 24 F 24
Teschendorf (Kreis Oberhavel) 34 H 23
Teschow (Kreis Bad Doberan) 10 E 18
Teschow (Kreis Güstrow) 23 E 21
Tespe 20 F 15
Tessenow 23 F 19
Tessin 11 D 21
Tessin b. Boizenburg 21 F 16
Tessin b. Wittenburg 21 F 17
Testorf (Kreis Ludwigslust) 21 F 16
Testorf (Kreis Nordwestmecklenburg) 21 E 17
Testorf (Kreis Ostholstein) 9 D 16
Testorf (Kreis Uelzen) 31 G 16
Tetenbüll 7 C 10
Tetenbüllspieker 7 C 10
Tetenhusen 8 C 12
Teterow 23 E 21
Teterower See 23 E 21
Tetschendorf 23 G 21
Tettau (Kreis Kronach) 77 O 17
Tettau (Kreis Oberspreewald-Lausitz) 56 L 25
Tettenborn 52 L 15
Tettenhausen 106 W 22
Tettens (Kreis Friesland) 17 F 7
Tettens (Kreis Wesermarsch) 18 F 9
Tettenwang 97 T 19
Tettenweis 107 U 23
Tettnang 110 W 12
Tetz 58 N 3
Tetzitzer See 13 C 24
Teublitz 88 S 20
Teuchatz 77 Q 17
Teuchern 66 M 20
Teufelshöhle 87 Q 18
Teufelskopf 80 R 4
Teufelsmoor (Dorf) 18 G 10
Teugn 97 T 20
Teunz 89 R 21
Teupitz 44 J 24
Teuschnitz 77 O 18
Teutleben 64 N 15
Teutoburger Wald 37 J 7
Teutschenthal 54 L 19
Teveren 58 N 2
Tewel 30 G 13
Tewswoos 32 G 17
Thaden 8 D 12
Thailen 80 R 4
Thaining 104 W 16
Thal 64 N 15
Thalau 75 O 13
Thalberg 56 L 24
Thalberg 99 U 25
Thaldorf 97 T 19
Thale 53 K 17
Thaleischweiler-Fröschen 83 S 6
Thalexweiler 81 R 4
Thalfang 81 Q 4
Thalfingen 103 U 14
Thalham 105 W 19
Thalhausen (Kreis Dachau) 104 U 17
Thalhausen (Kreis Freising) 105 U 19
Thalheim (Kreis Bitterfeld) 54 L 20
Thalheim (Kreis Erding) 105 U 20
Thalheim (Kreis Nürnberger Land) 87 R 18
Thalheim (Kreis Sigmaringen) 101 V 11
Thalheim (Kreis Torgau-Oschatz) 55 M 23
Thalheim (Erzgebirge) 67 N 22
Thalhofen 104 W 16
Thalitter 50 M 10
Thalkirchdorf 111 X 14
Thallichtenberg 81 R 6
Thallwitz 55 L 22
Thalmässing 96 S 17
Thalmannsfeld 96 S 17
Thalmassing 97 T 20
Thambach 106 U 21
Thammenhain 55 L 22
Thamsbrück 64 M 15
Thandorf 21 E 16
Thangelstedt 65 N 17
Thanhausen (Kreis Regensburg) 90 S 20
Thanhausen (Kreis Weißenburg-Gunzenhausen) 96 S 16
Thanheim (Kreis Amberg-Sulzbach) 88 R 19
Thanheim (Zollernalbkreis) 101 V 10
Thann (Kreis Ansbach) 86 S 15
Thann (Kreis Kelheim) 97 T 18
Thann (Kreis Landshut) 105 U 20
Thanndorf 98 U 22
Thannhausen 103 V 15
Thanning 105 W 18
Thanstein 89 R 21
Tharandt 68 N 24
Thebing 47 K 4
Thedinghausen 29 H 11
Theenhausen 38 J 9
Theesen 38 J 9
Theeßen 42 J 20
Theilenhofen 96 S 16
Theilheim (Kreis Schweinfurt) 76 Q 14
Theilheim (Kreis Würzburg) 86 Q 14
Theisa 56 L 24
Theisbergstegen 81 R 6
Theisseil 89 Q 20
Theißen 66 M 20
Theißing 97 T 18
Thekla (Leipzig) 54 L 21
Theley 81 R 5
Thelkow 11 D 21
Themar 76 O 15
Thenried 89 S 22
Theobaldshof 64 N 14
Theres 76 P 15
Theuern 77 O 17
Theuern (Kreis Amberg-Sulzbach) 88 R 19
Theuma 79 O 20
Thiede 40 J 15
Thielbeer 32 H 18
Thielitz 31 H 16
Thiendorf 56 M 25
Thier 59 M 6
Thierbach (Elstertalkreis) 66 O 19
Thierbach (Kreis Leipziger Land) 67 M 21
Thiergarten 73 Q 6
Thiergarten 102 V 11
Thierhaupten 96 U 16
Thieringhausen 61 M 7
Thiersheim 78 P 20
Thierstein 78 P 20
Thieshope 20 G 14
Thießen 43 K 20
Thiessow 13 D 25
Thimmendorf 65 O 18
Thölau 78 P 20
Thölstedt 28 H 9
Thönse 40 I 13
Thören 30 H 13
Thörnich 72 Q 4
Tholey 81 R 5
Thomasburg 31 G 15
Thomm 80 Q 4
Thomsdorf 24 G 24
Thonhausen 66 N 20
Thonhopsberg 30 H 14
Thonlohe 97 S 19
Thorr 58 N 3
Thoßfell 66 O 20
Thräna 66 M 21
Threna 55 M 21
Thüle 27 H 7
Thüle 50 K 9
Thülen 50 L 9
Thülsfelde 27 H 7
Thülsfelder Stausee 27 H 7
Thümmlitzwalde 67 M 22
Thüngen 75 Q 13
Thüngersheim 75 Q 13
Thür 71 O 5
Thürheim 96 U 16
Thüringer Wald 64 N 14
Thürkow 23 E 21
Thürnhofen 86 S 15
Thürnthenning 98 T 21
Thüste 40 J 12
Thuine 37 I 6
Thulba 75 P 13
Thum 67 N 22
Thum 58 N 3
Thumby 5 C 13
Thumhausen 90 S 19
Thumsee 114 W 22
Thumsenreuth 78 Q 20
Thundorf 76 P 14
Thundorf i. Unterfranken 98 T 23
Thunum 17 F 6
Thurland 54 K 20
Thurm 67 N 21
Thurmansbang 99 T 23
Thurn 87 Q 17
Thurnau 77 P 18
Thurndorf 88 Q 18
Thurow 24 F 23
Thyrnau 99 U 24
Thyrow 44 J 23
Tiddische 41 I 16
Tiebensee 7 D 11
Tiefenbach (Kreis Cham) 89 R 21
Tiefenbach (Kreis Heilbronn) 85 S 11
Tiefenbach (Kreis Landshut) 97 U 20
Tiefenbach (Kreis Neu-Ulm) 103 V 14
Tiefenbach (Kreis Passau) 99 U 24
Tiefenbach (Rhein-Hunsrück-Kreis) 73 Q 6
Tiefenbach b. Oberstdorf 111 X 14
Tiefenberg 111 X 14
Tiefenbroich 48 M 4
Tiefenbronn 93 T 10
Tiefenbrunn 78 P 20
Tiefenellern 77 Q 17
Tiefenhäusern 108 W 8
Tiefenhöchstadt 77 Q 17
Tiefenhöhle 94 U 13
Tiefenhülen 102 U 12
Tiefenort 64 N 14
Tiefenpölz 77 Q 17
Tiefenried 103 V 15
Tiefensee 34 H 25
Tiefenstein 81 Q 5
Tiefenstein 108 X 8
Tiefthal 65 M 16
Tiefurt (Weimar) 65 N 18
Tielen 8 D 12
Tielenhemme 8 D 12
Tielge 38 I 9
Tiengen 100 W 7
Tiengen (Waldshut-) 109 X 8
Tieringen 101 V 10
Tießau 31 G 16
Tietelsen 51 L 11
Tietlingen 30 H 13
Tietzow 33 H 22
Tigerfeld 102 V 12
Tilbeck 37 K 6
Till 46 K 2
Tilleda 53 L 17
Tilzow 13 C 24
Timmaspe 8 D 13
Timmdorf 9 D 15
Timmel 17 F 6
Timmendorf 10 E 18
Timmendorfer Strand 9 E 16
Timmenrode 53 K 17
Timmerhorn 20 E 14
Tinnen 26 H 5
Tinningstedt 4 B 10
Tinnum 4 B 8
Tiroler Ache 114 W 21
Tirpersdorf 79 O 20

A B C D E F G H I J K L M N O P Q R S T U V W X Y Z

230 Deutschland

A B C D E F G H I J K L M N O P Q R S T U V W X Y Z

Tirschendorf 79 O 20
Tirschenreuth 79 Q 21
Tiste 19 G 12
Titisee 100 W 8
Titmaringhausen 50 M 9
Titschendorf 77 O 18
Titting 96 T 17
Tittling 99 T 24
Tittmoning 106 V 22
Titz 58 M 3
Toba 52 M 16
Tobertitz 78 O 20
Toddin 21 F 17
Todenbüttel 8 D 12
Todendorf *(Kreis Plön)* 20 E 15
Todendorf *(Kreis Stormarn)* 9 C 15
Todenfeld 60 O 4
Todesfelde 20 E 14
Todtenhausen 39 I 10
Todtenweis 96 U 16
Todtglüsingen 19 G 13
Todtmoos 108 W 7
Todtmoos-Au 108 W 7
Todtnau 100 W 7
Todtnauberg 100 W 7
Todtshorn 30 G 13
Tödtenried 104 U 17
Töging 106 V 21
Tökendorf 9 D 14
Tönisberg 46 L 3
Tönisheide 48 M 5
Tönisvorst 58 M 3
Tönnhausen 20 F 14
Tönning 7 D 10
Tönningstedt 20 E 14
Tönnishäuschen 49 K 7
Töpchin 44 J 24
Töpen 78 O 19
Töpingen 30 G 13
Töplitz 43 I 22
Törpin 24 E 23
Törwang 113 W 20
Tötensen 19 F 13
Töttelstädt 65 M 16
Toitz 14 E 22
Tolk 5 C 12
Tolkewitz 68 M 25
Tollense 24 E 23
Tollensesee 24 F 23
Tolzin 23 E 21
Tomerdingen 95 U 13
Tonau 101 V 10
Tondorf 60 O 4
Tonndorf 65 N 17
Tonnenheide 38 I 9
Topfseifersdorf 67 N 22
Toppenstedt 20 G 14
Torfhaus 52 K 15
Torgau 55 L 23
Torgelow *(Kreis Müritz)* 24 F 22
Torgelow *(Kreis Uecker-Randow)* 25 F 26
Torgelow-Holländerei 25 E 26
Torgelower See 24 F 22
Tornau *(Kreis Anhalt-Zerbst)* 42 K 20
Tornau *(Kreis Wittenberg)* 55 L 21
Tornau v. d. Heide 54 K 20
Tornesch 19 E 13
Tornitz 42 K 19
Tornow *(Kreis Barnim)* 35 H 25
Tornow *(Kreis Dahme-Spreewald)* 44 J 24
Tornow *(Kreis Uckermark)* 25 F 25
Torsholt 17 G 7
Tossens 18 F 8
Tostedt 19 G 13
Tosterglope 31 G 16
Totenmaar 71 P 4
Toter Mann 100 W 7
Traar *(Krefeld)* 46 L 3
Trabelsdorf 76 Q 16
Traben-Trarbach 72 Q 5
Trabitz 42 K 19
Trabitz 88 Q 19
Traidersdorf 89 S 22
Trailfingen 102 U 12
Train 97 T 19
Trainsjoch 113 X 20
Trais-Münzenberg 74 O 10
Traisa 74 Q 10
Traisbach 63 O 13
Traitsching 91 S 21
Tralau 20 E 14
Tramm *(Kreis Herzogtum Lauenburg)* 21 F 15
Tramm *(Kreis Parchim)* 22 F 18
Tramnitz 33 H 21
Trampe 34 H 25
Transvaal 31 I 16
Trantow 14 E 23
Trappenkamp 9 D 14
Trappstadt 76 P 15
Trasching 90 S 21
Traßdorf 65 N 17
Trassem 80 R 3
Trassenheide 13 D 25
Trattendorf 57 L 27
Traubing 104 W 17
Trauchgau 112 X 16
Trauen 30 H 14
Traun 106 W 21
Traunfeld 87 R 18
Traunreut 106 W 21
Traunstein 106 W 21
Traunsteinerhaus 114 X 22
Traunwalchen 106 W 21
Trausnitz 89 R 20
Trautenstein 53 K 16
Trautmannshofen 87 R 18
Trautskirchen 86 R 15
Trave 9 D 15
Travemünde 10 E 16
Travenbrück 20 E 14
Trebatsch 45 J 26
Trebbin 44 J 23
Trebbus 56 K 24
Trebel *(Kreis Luchow-Dannenberg)* 32 H 17
Treben 66 M 21
Trebendorf 57 L 27
Trebenow 25 F 25
Trebgast 77 P 18
Trebitz *(Kreis Dahme-Spreewald)* 45 J 26
Trebitz *(Kreis Wittenberg)* 55 K 22
Trebnitz *(Kreis Bernburg)* 54 K 19
Trebnitz *(Kreis Märkisch-Oderland)* 35 I 26
Trebnitz *(Kreis Weißenfels)* 66 M 20
Trebra *(Kreis Nordhausen)* 52 L 15
Trebra *(Kyffhäuserkreis)* 53 M 16
Trebs 21 G 17
Trebsen 55 M 22
Trebur 74 Q 9
Trebus *(Kreis Oder-Spree)* 45 I 26
Trebus *(Niederschlesischer Oberlausitzkr.)* 57 L 28
Trechtingshausen 73 P 7
Trechwitz 43 I 22
Treene 5 C 12
Treenemarsch 7 C 11
Treffelhausen 95 T 13
Treffelstein 89 R 21
Treffensbuch 94 U 13
Treffurt 64 M 14
Treherz 103 W 14
Treia 5 C 11
Treis 62 O 10
Treis-Karden 71 P 5
Treisbach 62 N 9
Trelde 19 G 13
Tremmen 43 I 22
Tremmersdorf 88 Q 19
Tremsbüttel 20 E 14
Tremsdorf 44 J 23
Trendelburg 51 L 12
Trennewurth 7 E 11
Trennfeld 85 Q 12
Trennfurt 85 Q 11
Trent 13 C 23
Treplin 45 I 27
Treppeln 45 J 27
Treppendorf 44 K 25
Treppendorf 86 Q 16
Treptow *(Berlin)* 44 I 24
Treseburg 53 K 16
Tressau 78 Q 19
Treuchtlingen 96 T 16
Treuen 66 O 20
Treuenbrietzen 43 J 22
Treugeböhla 56 L 24
Treunitz 77 Q 17
Trevesen 78 Q 19
Treysa 63 N 11
Triangel 41 I 15
Triberg 100 V 8
Tribsees 14 D 22
Trichenricht 89 R 20
Trichtingen 101 V 9
Trieb *(Göltzschtalkreis)* 79 O 20
Trieb *(Kreis Lichtenfels)* 77 P 17
Triebel 78 O 20
Triebendorf 79 Q 20
Triebes 66 N 20
Triebischtal 68 M 24
Trieching 98 T 21
Triefenstein 85 Q 12
Triensbach 86 S 13
Triepkendorf 24 G 24
Trieplatz 33 H 21
Trier 80 Q 3
Trierweiler 80 Q 3
Triesbach 68 M 24
Trifels 83 S 7
Triftern 106 U 23
Triglitz 33 G 20
Trillfingen 101 U 10
Trimberg 76 P 13
Trimbs 71 P 5
Tringenstein 62 N 9
Trinkwasserspeicher Frauenau 91 S 24
Trinum 54 K 19
Trinwillershagen 11 D 21
Tripkau 31 G 17
Trippigleben 41 I 17
Trippstadt 83 R 7
Tripsdrill 94 S 11
Tripsrath 58 N 2
Triptis 66 N 19
Trischen *(Insel)* 7 D 10
Trisching 88 R 20
Trischlberg 90 S 20
Trittau 20 F 15
Trittenheim 72 Q 4
Trochtelfingen *(Kreis Reutlingen)* 102 V 11
Trochtelfingen *(Ostalbkreis)* 95 T 15
Trockau 87 Q 18
Trockenborn-Wolfersdorf 66 N 19
Trockenerfurth 63 M 11
Tröbes 89 R 21
Tröbitz 56 L 24
Tröbnitz 66 N 19
Tröbsdorf 53 M 18
Trögen 51 K 13
Tröglitz 66 M 20
Tröstau 78 P 19
Trogen 78 O 19
Troisdorf 59 N 5
Troistedt 65 N 17
Trollenhagen 24 F 23
Tromlitz 65 N 18
Tromm 84 R 10
Trommetsheim 96 S 16
Tromper Wiek 13 C 24
Tromsdorf 65 M 18
Tropfsteinhöhle 85 R 12
Troschenreuth 87 Q 18
Trossenfurt 76 Q 15
Trossin 55 L 22
Trossingen 101 V 9
Trostberg 106 V 21
Trubenhausen 51 M 13
Truchtelfingen 101 V 11
Truchtlaching 106 W 21
Trügleben 64 N 15
Trünzig 66 N 20
Trüstedt 42 I 18
Trugenhofen 96 T 17
Trulben 83 S 6
Trunstadt 76 Q 16
Trupermoor 29 G 10
Truppach 77 Q 18
Trusetal 64 N 15
Tryppehna 42 J 19
Tschernitz 57 L 27
Tschirn 77 O 18
Tucheim 42 J 20
Tuchen-Klobbicke 34 H 25
Tuchenbach 87 R 16
Tübingen 94 U 11
Tüchen 33 G 20
Tüchersfeld 87 Q 18
Tückelhausen 86 R 14
Tüddern 58 M 1
Tülau 31 I 16
Tümlauer Bucht 7 C 9
Tümlauer Koog 7 C 10
Tündern 39 J 12
Tüngeda 64 M 15
Tüngental 94 S 13
Tünsdorf 80 R 3
Tüntenhausen 105 U 19
Türkenfeld *(Kreis Fürstenfeldbruck)* 104 V 17
Türkenfeld *(Kreis Landshut)* 97 T 20
Türkheim *(Kreis Göppingen)* 94 U 13
Türkheim *(Kreis Unterallgäu)* 103 V 15
Türkismühle 81 R 5
Türnich 59 N 4
Tüschenbroich 58 M 2
Tüschendorf 29 G 11
Tüßling 106 V 21
Tütschengereuth 76 Q 16
Tüttendorf 9 C 13
Tüttleben 65 N 16
Tützpatz 24 E 23
Tunau 100 W 7
Tunding 98 T 21
Tungeln 27 G 8
Tungendorf 9 D 13
Tungerloh-Capellen 36 K 5
Tungerloh-Pröbsting 36 K 5
Tuniberg 100 V 7
Tuningen 101 V 9
Tunsel 100 W 6
Tuntenhausen 105 W 20
Tunxdorf 26 G 5
Turnow 45 K 27
Tussenhausen 103 V 15
Tutow 14 E 23
Tutting 107 U 23
Tuttlingen 101 W 10
Tutzing 104 W 17
Tutzinger-Hütte 112 X 18
Twedt 5 C 13
Tweel 27 H 8
Twenhusen 37 I 7
Twieflingen 41 J 16
Twiehausen 38 I 9
Twielenfleth 19 F 12
Twist 26 I 5
Twiste 50 L 10
Twisteden 46 L 2
Twistestausee 51 L 11
Twistetal 50 M 10
Twistringen 29 H 9
Tyrlaching 106 V 22
Tyrolsberg 87 S 18

U

Ubach 58 N 2
Ubstadt-Weiher 84 S 9
Uchenhofen 76 P 15
Uchtdorf 42 I 19
Uchte 39 I 10
Uchtspringe 42 I 18
Uckendorf 59 N 5
Uckerath 59 N 6
Uckermark 34 G 24
Uckersdorf 62 N 8
Uckro 56 K 24
Udenborn 63 M 11
Udenbreth 70 O 3
Udenhain 75 P 12
Udenhausen *(Kreis Kassel)* 51 L 12
Udenhausen *(Vogelsbergkreis)* 63 N 12
Uder 52 L 14
Udersleben 53 L 17
Udestedt 65 M 17
Udorf 50 L 10
Übach-Palenberg 58 N 2
Überacker 104 V 17
Überauchen 101 V 9
Übereisenbach 70 P 2
Überherrn 82 S 4
Überlingen 110 W 11
Überlingen a. Ried 109 W 10
Überlinger See 110 W 11
Überruhr 47 L 5
Übersberg 102 U 11
Übersee 106 W 21
Uebigau *(Kreis Elbe-Elster)* 55 L 23
Uebigau *(Kreis Riesa-Großenhain)* 56 L 24
Üchtelhausen 76 P 14
Ückendorf 47 L 5
Ücker 25 F 25
Ückeritz 15 D 26
Ueckermünde 25 E 26
Ückermünder Heide 25 E 25
Uedelhoven 70 O 4
Uedem 46 K 2
Uedemerbruch 46 L 2
Üdersdorf 70 P 4
Uedesheim 48 M 4
Ueffeln 37 I 7
Üfingen 40 J 15
Uehlfeld 86 Q 16
Ühlingen-Birkendorf 109 W 8
Uehrde 41 J 16
Uelde 50 L 8
Uelitz 22 F 18
Uelleben 64 N 16
Uellendahl 48 M 5
Üllnitz 42 K 19
Ülpenich 58 N 4
Ülsby 5 C 12
Uelsen 36 I 4
Uelvesbüll 7 C 10
Uelzen 31 H 15
Uenglingen 32 I 19
Uentrop 49 K 7
Uenzen 29 H 10
Üplingen 41 J 17
Uepsen 29 H 10
Uerdingen 46 L 3
Uersfeld 71 P 5
Ürzell 75 O 12
Ürzig 72 Q 5
Üselitz 13 D 23
Ueßbach 71 P 4
Ueterlande 18 F 9
Uetersen 19 E 13
Uetterath 58 M 2
Uetteroda 64 M 14
Üttfeld 70 P 2
Uettingen 85 Q 13
Uetz-Paaren 43 I 22
Uetze 40 I 14
Uetzing 77 P 17
Üxheim 70 O 4
Uffeln 39 J 10
Uffenheim 86 R 14
Uffing 112 W 17
Uftrungen 53 L 16
Uhingen 94 T 12
Uhlberg 96 T 16
Uhldingen 110 W 11
Uhlstädt 65 N 18
Uhrsleben 41 J 17
Uhsmannsdorf 57 M 28
Uhyst 57 L 27
Uhyst a. Taucher 69 M 26
Uichteritz 54 M 19
Uiffingen 85 R 12
Uissigheim 85 Q 12
Ulbering 106 U 23
Ulbersdorf 69 N 26
Ulfa 74 O 11
Ulfen 64 M 14
Ullersdorf 45 J 27
Ullstadt 86 R 15
Ulm *(Kreis Rastatt)* 92 T 8
Ulm *(Ortenaukreis)* 92 U 8
Ulm (Donau) 103 U 13
Ulmbach 75 O 12
Ulmen 71 P 4
Ulmet 81 R 6
Ulrichstein 63 O 11
Ulsenheim 86 R 14
Ulsnis 5 C 13
Ulzburg 19 E 13
Umflutkanal 42 J 19
Umkirch 100 V 7
Ummanz *(Insel)* 13 C 23
Ummeln 38 K 9
Ummendorf 41 J 17
Ummendorf 102 V 13
Ummern 31 I 15
Ummerstadt 77 P 16
Umpferstedt 65 N 18
Unadingen 101 W 9
Undeloh 30 G 13
Undenheim 73 Q 8
Undingen 102 U 11
Unering 104 V 17
Ungedanken 63 M 11
Ungerhausen 103 V 14
Ungstein 83 R 8
Unkel 60 O 5
Unlingen 102 V 12
Unna 49 L 7
Unnau 61 O 7
Unnersdorf 77 P 16
Unseburg 42 K 18
Unsen 39 J 12
Unsleben 76 O 14
Unstrut 64 M 15
Unter Abtsteinach 84 R 10
Unter Biberalpe 111 Y 14
Unter-Flockenbach 84 R 10
Unter-Heinsdorf 66 O 21
Unter-Ostern 84 Q 10
Unter Rammingen 103 V 15
Unter-Schönmattenwag 84 R 10
Unter schwärzenbach 107 U 23
Unter Sensbach 84 R 11
Unteraha 100 W 8
Unteraich 89 R 20
Unteralpfen 108 X 8
Unteraltenbernheim 86 R 15
Unteraltertheim 85 Q 13
Unterammergau 112 X 17
Unterankenreute 102 W 13
Unterasbach 96 S 16
Unteraspach 95 S 13
Unterauerbach 89 R 20
Unterbaar 96 U 16
Unterbalbach 85 R 13
Unterbalzheim 103 V 14
Unterbergen 104 V 16
Unterbernbach 96 U 17
Unterbleichen 103 V 14
Unterböhringen 94 U 13
Unterbränd 101 W 9
Unterbreizbach 64 N 13
Unterbruch *(Heinsberg)* 58 M 2
Unterbrüden 94 T 12
Unterbrunn 104 V 17
Unterbuchen 113 W 18
Unterdarching 105 W 19
Unterdeufstetten 95 S 14
Unterdießen 104 W 16
Unterdietfurt 106 U 21
Unterdigisheim 101 V 10
Unterebersbach 76 P 14
Unteregg 103 W 15
Unterelchingen 103 U 14
Unterellen 64 N 14
Unterelsbach 76 O 14
Unterensingen 94 U 12
Unterentersbach 100 V 8
Untererthal 75 P 13
Untereschbach 59 N 5
Untereschenbach 75 P 13
Unteressendorf 102 V 13
Untereßfeld 76 P 15
Unterfahlheim 103 U 14
Unterfelden 86 R 15
Unterflossing 106 V 21
Unterföhring 105 V 18
Unterfrohnstetten 98 T 23
Untergermaringen 104 W 16
Unterglaim 97 U 20
Unterglottertal 100 V 7
Untergriesbach 99 U 25
Untergriesheim 85 S 11
Untergröningen 95 T 13
Untergrombach 93 S 9
Untergrüne 49 L 7
Untergruppenbach 94 S 11
Unterhaching 105 V 18
Unterhaun 63 N 13
Unterhausen 102 U 11
Unterheimbach 94 S 12
Unterheinriet 94 S 11
Unterhöft 98 U 22
Unterhütte 89 R 22
Unterjeckenbach 81 R 6
Unterjesingen 93 U 10
Unterjettenberg 114 W 22
Unterjettingen 93 U 10
Unterjoch 111 X 15
Unterkatz 64 O 14
Unterkessach 85 R 12
Unterkirchberg 103 U 13
Unterkirnach 101 V 9
Unterknöringen 103 U 15
Unterkochen 95 T 14
Unterköblitz 88 R 20
Unterkoskau 78 O 19
Unterkotzau 78 O 19
Unterlaimbach 86 R 15
Unterlauchringen 109 X 8
Unterlauter 77 P 16
Unterleichtersbach 75 P 13
Unterleinach 75 Q 13
Unterleinleiter 87 Q 17
Unterleiterbach 77 P 16
Unterlenningen 94 U 12
Unterliezheim 95 T 15
Unterloquitz 65 O 18
Unterlosa 78 O 20
Unterlüß 30 H 14
Untermässing 96 S 17
Untermagerbein 95 T 15
Untermarchtal 102 V 12
Untermarxgrün 79 O 20
Untermaßfeld 64 O 15
Untermaubach 58 N 3
Untermeitingen 104 V 16
Untermerzbach 77 P 16
Untermettingen 109 W 9
Untermitterdorf 99 T 23
Untermünkheim 94 S 13

Untermünstertal 100 W 7
Untermusbach 93 U 9
Unternesselbach 86 R 15
Unterneukirchen 106 V 21
Unterneuses 86 Q 16
Unteröwisheim 93 S 10
Unterpfaffenhofen 104 V 18
Unterpindhart 97 T 19
Unterpleichfeld 76 Q 14
Unterpörlitz 65 N 16
Unterprechtal 100 V 8
Unterpreppach 76 P 16
Unterregenbach 85 S 13
Unterreichenbach 75 O 11
Unterreichenbach 93 T 10
Unterreit 106 V 21
Unterreithen 112 X 16
Unterrieden 51 L 13
Unterrieden 87 R 18
Unterriffingen 95 T 14
Unterrißdorf 53 L 18
Unterrödel 96 S 17
Unterrohrbach 98 U 22
Unterrot 94 T 13
Unterroth 103 V 14
Untersberg 114 W 22
Unterschefflenz 85 R 11
Unterschleichach 76 Q 15
Unterschleißheim 105 V 18
Unterschneidheim 95 T 15
Unterschönau 64 N 15
Unterschöneberg 103 U 15
Unterschüpf 85 R 13
Unterschwaningen 95 S 15
Unterschwarzach 103 W 13
Unterschweinbach 104 V 17
Untersee 33 H 21
Untersee 109 X 10
Untersiemau 77 P 16
Untersiggingen 110 W 12
Untersimonswald 100 V 8
Untersontheim 95 S 13
Untersotzbach 75 O 11
Unterspiesheim 76 Q 14
Unterstadion 102 V 13
Unterstall 96 T 17
Unterstedt 29 G 12
Untersteinach 86 Q 15
Untersteinach (*Kreis Bayreuth*) 78 Q 19
Untersteinach (*Kreis Kulmbach*) 77 P 18
Untersteinbach (*Hohenlohekreis*) 94 S 12
Untersteinbach (*Kreis Haßberge*) 76 Q 15
Untersteinbach (Rauhenebrach-) 76 Q 15
Untersteinbach a. d. Haide 87 S 17
Untersuhl 64 N 14
Untersulmetingen 102 V 13
Untertal 101 U 8
Untertal (Biederbach-) 100 V 8
Untertheres 76 P 15
Unterthingau 111 W 15
Untertraubenbach 89 S 21
Untertürken 106 V 22
Unterückersee 25 G 25
Unteruhldingen 110 W 11
Unterwaldbehrungen 76 O 14
Unterweid 64 O 14
Unterweikertshofen 104 V 17
Unterweilenbach 96 U 17
Unterweiler 103 V 13
Unterweisenborn 63 N 13
Unterweißbach 65 O 17
Unterwellenborn 65 O 18
Unterwiesenbach 103 V 14
Unterwittelsbach 104 U 17
Unterwittighausen 85 R 13
Unterwössen 114 W 21
Unterwürschnitz 79 O 20
Unterwurmbach 96 S 16
Unterzeil 103 W 13
Unterzeitlarn 98 U 22
Unterzell 90 S 21
Untrasried 103 W 15
Untreusee 78 P 19
Unzhurst 92 T 8
Upahl 21 E 17
Upen 40 J 15
Upfkofen 97 T 20
Upgant-Schott 16 F 5
Uphusen (*Kreis Verden*) 29 G 10
Uphusen (*Stadtkreis Emden*) 16 F 5
Uphusum 4 B 10
Uplengen 17 G 7
Upleward 16 F 5
Upost 24 E 22
Uppenberg 37 K 6
Upschört 17 F 7
Upsprunge 50 L 9
Urach 101 V 8
Uracher Wasserfall 94 U 12
Urbach 94 T 12
Urbach (*Kreis Neuwied*) 61 O 6
Urbach (*Kreis Nordhausen*) 53 L 16
Urbach (*Unstrut-Hainich-Kreis*) 52 M 15
Urbach (Köln-) 59 N 5
Urbar 71 O 6
Urberach 74 Q 10
Urdenbach 48 M 4
Urexweiler 81 R 5
Urfeld 112 X 18
Urft 60 O 3
Urft-Stausee 70 O 3
Urlau 111 W 14
Urleben 64 M 16
Urloffen 92 U 7
Urmersbach 71 P 5
Urmitz 71 O 6
Urnau 110 W 12
Urnshausen 64 N 14
Urphar 85 Q 12
Ursberg 103 V 15
Ursensollen 88 R 19
Ursheim 96 T 16
Urspring (*Alb-Donau-Kreis*) 95 U 13
Urspring (*Kreis Weilheim-Schongau*) 112 W 16
Urspringen 75 Q 13
Ursprungtal 113 X 20
Ursulapoppenricht 88 R 19
Usadel 24 F 23
Uschlag 51 M 12
Usedom 25 E 25
Usedom-Oderhaff (Naturpark) 15 E 25
Usenborn 75 O 11
Userin 24 F 22
Useriner See 24 F 22
Usingen 74 O 9
Uslar 51 L 12
Usseln 50 M 10
Ustersbach 103 V 15
Utarp 17 F 6
Utecht 21 E 16
Utenbach 65 M 18
Utendorf 64 O 15
Utersum 4 B 9
Utgast 17 F 6
Uthleben 53 L 16
Uthlede 18 G 9
Uthmöden 41 I 18
Uthörn (*Insel*) 4 A 9
Uthwerdum 17 F 6
Uttenhofen 103 V 15
Uttenhofen (Rosengarten-) 94 S 13
Uttenreuth 87 R 17
Uttenweiler 102 V 12
Uttershausen 63 M 12
Utting 104 V 17
Uttlau 99 U 23
Uttrichshausen 75 O 13
Uttum 16 F 5
Utzedel 24 E 23
Utzenfeld 100 W 7
Utzenhofen 88 R 19
Utzmemmingen 95 T 15

V

Vaake 51 L 12
Vaale 8 D 12
Vaalermoor 7 E 11
Vach 87 R 16
Vacha 64 N 14
Vachdorf 76 O 15
Vachendorf 106 W 21
Vadenrod 63 O 11
Vadrup 37 J 7
Vaerloh 19 G 12
Vagen 105 W 19
Vahlbruch 39 K 12
Vahlde 30 G 12
Vahldorf 42 J 18
Vahren 27 H 7
Vahrendorf 19 F 13
Vaihingen 94 T 11
Vaihingen a. d. Enz 93 T 10
Valbert 61 M 7
Valdorf 39 J 10
Valepp 113 X 19
Valfitz 31 H 17
Vallendar 71 O 6
Valley 105 W 19
Vallstedt 40 J 15
Valluhn 21 F 16
Valwig 71 P 5
Vanselow 24 E 23
Varbitz 31 H 16
Varchentin 24 F 22
Vardeilsen 51 K 13
Vardingholt 36 K 4
Varel 17 F 8
Varendorf 31 G 15
Varenesch 28 H 9
Varenholz 39 J 10
Varenrode 37 I 6
Varensell 50 K 9
Varl 38 I 9
Varloh 26 I 5
Varlosen 51 L 13
Varnhorn 28 H 8
Varnkevitz 13 B 24
Varrel (*Kreis Cuxhaven*) 18 E 11
Varrel (*Kreis Diepholz*) 29 I 10
Varrelbusch 27 H 8
Vasbeck 50 L 10
Vasbühl 76 P 14
Vastorf 31 G 15
Vaterstetten 105 V 19
Vatterode 53 L 18
Vechelde 40 J 15
Vechta 28 H 8
Vechte 26 I 4
Vechte 36 J 5
Vechtel 27 I 6
Veckenstedt 41 K 16
Veckerhagen 51 L 12
Veelböken 21 E 17
Veen 46 L 3
Veenhusen 17 G 6
Veerse 30 G 12
Veert 46 L 2
Vegesack 29 G 9
Vehlefanz 34 H 23
Vehlen 43 I 20
Vehlen 39 J 11
Vehlgast-Kümmernitz 33 H 20
Vehlinge 46 K 3
Vehlitz 42 J 19
Vehlow 33 G 20
Vehne 27 G 8
Vehnemoor 27 G 7
Vehrte 37 I 8
Veilbronn 87 Q 17
Veilsdorf 77 O 16
Veitlahm 77 P 18
Veitsaurach 87 S 16
Veitsbronn 87 R 16
Veitshöchheim 85 Q 13
Veitsrodt 81 Q 5
Veitsteinbach 75 O 12
Velbert 48 L 5
Velburg 88 S 19
Velden (*Kreis Landshut*) 105 U 20
Velden (*Kreis Nürnberger Land*) 87 R 18
Veldensteiner Forst 87 Q 18
Veldenz 72 Q 5
Veldhausen 26 I 4
Veldrom 50 K 10
Velen 36 K 4
Velgast 12 D 22
Velgen 31 G 15
Vellage 26 G 6
Vellahn 21 F 16
Vellberg 95 S 13
Vellern 49 K 8
Vellinghausen 49 L 7
Vellmar 51 L 12
Velmede 50 L 9
Velmeden 51 M 13
Velpe 37 J 7
Velpke 41 I 16
Velsdorf 41 I 17
Velstove 41 I 16
Velten 34 H 23
Veltheim 41 J 16
Veltheim 39 J 10
Veltheim (Ohe) 41 J 16
Vendersheim 73 Q 8
Venhaus 37 I 6
Venne 37 I 8
Vennermoor 37 I 8
Venrath 58 M 3
Ventschau 31 G 16
Ventschow 22 E 18
Venusberg 67 N 23
Venwegen 58 N 2
Venzkow 22 F 19
Venzvitz 13 D 23
Verchen 24 E 22
Verden 29 H 11
Veringendorf 102 V 11
Veringenstadt 102 V 11
Verl 38 K 9
Verlar 50 K 9
Verliehausen 51 L 13
Verlüßmoor 18 G 10
Verna 63 N 11
Vernawahlshausen 51 L 12
Verne 50 K 9
Vernich 59 N 4
Versbach 86 Q 13
Verse-Stausee 49 M 7
Versen 26 H 5
Versmold 37 J 8
Vesbeck 30 I 12
Vesser 65 O 16
Vestenbergsgreuth 86 Q 15
Vestrup 27 H 8
Vethem 30 H 12
Vetschau 56 K 26
Vettelhoven 60 O 5
Vettelschoß 60 O 6
Vettin 33 G 20
Vettweiß 58 N 3
Vicht 58 N 2
Victorbur 17 F 6
Viecheln 14 D 21
Viecht 97 U 20
Viechtach 91 S 22
Viehhausen 90 T 19
Viehle 21 G 16
Vielank 31 G 17
Vielbrunn 84 Q 11
Vielist 23 F 21
Vielitz 34 H 23
Vielstedt 28 G 9
Vienau 32 H 18
Vienenburg 41 K 15
Vierbach 64 M 13
Vierden 19 G 12
Viereck 25 F 26
Vieregge 13 C 23
Viereichen 57 L 28
Viereth 76 Q 16
Vierhöfen 20 G 14
Vieritz 43 I 20
Vierkirchen 69 M 28
Vierkirchen 104 U 18
Vierlande 20 F 14
Viermünden 62 M 10
Viernau 64 N 15
Viernheim 84 R 9
Vierraden 35 G 26
Viersen 58 M 3
Vierzehnheiligen 77 P 17
Viesebeck 51 L 11
Vieselbach 65 N 17
Vietgest 23 E 21
Vieth 96 U 18
Vietlübbe 23 F 20
Vietmannsdorf 34 G 24
Vietschow 23 E 21
Vietze 32 G 18
Vietznitz 33 H 21
Viez 21 F 17
Vilchband 85 R 13
Vilgertshofen 104 W 16
Vilkerath 59 N 5
Villenbach 95 U 15
Villigst 49 L 6
Villingen 101 V 9
Villingen 74 O 10
Villingendorf 101 V 9
Villip 60 O 5
Villmar 73 O 8
Vilm 13 D 24
Vilmnitz 13 C 24
Vils (*Donau*) 98 U 22
Vilsbiburg 106 U 21
Vilseck 88 R 19
Vilsen 29 H 10
Vilsheim 105 U 20
Vilshofen (*Kreis Amberg-Sulzbach*) 88 S 19
Vilshofen (*Kreis Passau*) 99 U 23
Vilsingen 102 V 11
Vilslern 105 U 20
Vilzing 89 S 22
Vinnbrück 46 L 3
Vinnen 27 H 7
Vinningen 83 S 6
Vinnum 47 K 6
Vinsebeck 50 K 11
Vinstedt 31 G 15
Vinte 37 I 7
Vinzelberg 42 I 18
Vinzier 20 E 14
Viöl 5 C 11
Violau 103 U 15
Vippachedelhausen 65 M 17
Vipperow 23 G 22
Virneburg 71 O 5
Virnsberg 86 R 15
Visbek 28 H 8
Visbeker Steindenkmäler 28 H 8
Vischering (*Lüdinghausen*) 47 K 6
Visquard 16 F 5
Visselhövede 30 H 12
Vissum 32 H 18
Vitense 21 E 17
Vitte 13 C 23
Vitzdorf 10 C 17
Vitzenburg 53 M 18
Vitzeroda 64 N 14
Vlatten 58 O 3
Vlotho 39 J 10
Vluyn 46 L 3
Vochem 59 N 4
Vockerode (*Kreis Anhalt-Zerbst*) 54 K 21
Vockerode (*Werra-Meißner-Kreis*) 51 M 13
Vockfey 31 G 16
Vögelsen 20 G 15
Vöhl 50 M 10
Vöhrenbach 101 V 8
Vöhringen (*Kreis Neu-Ulm*) 103 V 14
Vöhringen (*Kreis Rottweil*) 101 U 9
Vöhrum 40 I 14
Völkenroth 71 P 6
Völkersbach 93 T 9
Völkersen 29 G 11
Völkershausen (*Wartburgkreis*) 64 N 14
Völkershausen (*Werra-Meißner-Kreis*) 64 M 14
Völkersweiler 83 S 7
Völklingen 82 S 4
Völksen 40 J 12
Völlen 27 G 6
Völlenerfehn 27 G 6
Völlinghausen 49 L 8
Völpke 41 J 17
Völschow 24 E 24
Voerde (Ennepetal-) 49 M 6
Voerde (Niederrhein) 47 L 4
Vörden 37 I 8
Vörden 51 K 11
Vörstetten 100 V 7
Voesch 46 L 3
Vötting 105 U 19
Vogelbeck 52 K 13
Vogelsang (*Kreis Oder-Spree*) 45 J 28
Vogelsang (*Kreis Uecker-Randow*) 25 E 26
Vogelsberg 65 O 11
Vogelsdorf (*Kreis Halberstadt*) 41 J 16
Vogelsdorf (*Kreis Märkisch-Oderland*) 44 I 25
Vogler 39 K 12
Vogling 106 W 22
Vogt 110 W 13
Vogtareuth 105 W 20
Vogtendorf 77 P 18
Vogtland 79 O 20
Vogtsbauernhof 100 V 8
Vogtsburg 100 V 6
Vohburg 97 T 18
Vohenstrauß 89 R 21
Vohren 37 K 8
Vohwinkel 48 M 5
Voigtsdorf 68 N 24
Voigtstedt 53 L 17
Voitenthan 78 Q 20
Voitsumra 78 P 19
Voitze 31 I 16
Volgfelde 42 I 18
Volkach (*Stadt*) 76 Q 14
Volkenroda 52 M 15
Volkenschwand 97 U 19
Volkenshagen 11 D 20
Volkerode (*Kreis Eichsfeld*) 52 M 14
Volkerode (*Kreis Göttingen*) 51 L 13
Volkers 75 P 13
Volkersbrunn 75 Q 11
Volkersdorf 68 M 25
Volkershausen 76 P 14
Volkersheim 40 J 14
Volkertshausen 101 W 10
Volkholz 62 N 8
Volkmannsdorf 66 O 19
Volkmannsgrün 78 P 19
Volkmarsberg 95 T 14
Volkmarsdorf 41 I 16
Volkmarsen 51 L 11
Volkmarshausen 51 L 12
Volkmarst 18 F 10
Volkratshofen 103 W 14
Volkringhausen 49 L 7
Volksdorf (*Hamburg*) 20 F 14
Volksdorf (*Kreis Demmin*) 14 E 22
Volkstedt 53 L 18
Volkwardingen 30 G 14
Vollenschier 42 I 18
Vollersode 18 G 10
Vollerwiek 7 D 10
Vollmaringen 93 U 10
Vollmarshausen 51 M 12
Vollmerhausen 59 N 6
Vollmershain 66 N 20
Vollmerz 75 O 12
Vollrathsruhe 23 F 21
Volmarstein 47 L 6
Volme 49 M 6
Volmerdingsen 39 J 10
Volperhausen 61 N 7
Volpertshausen 74 O 9
Volpriehausen 51 L 13
Volsbach 77 Q 18
Volsemenhusen 7 E 11
Voltlage 37 I 7
Volzendorf 32 H 17
Vonhausen 74 P 11
Vorbach 88 Q 19
Vorbachzimmern 85 R 13
Vorbein 14 E 23
Vorderburg 111 X 15
Vorderfreundorf 99 T 25
Vorderkleebach 87 Q 18
Vorderreute 110 W 12
Vorderriß 112 X 18
Vorderweidenthal 83 S 7
Vorderwestermurr 94 T 12
Vordesten Thüle 27 H 7
Vordorf 41 I 15
Vordorf 78 P 19
Voremberg 39 J 12
Vorhalle 47 L 6
Vorhelm 49 K 7
Vorhop 31 I 15
Vormwald (*Kreis Aschaffenburg*) 75 P 11
Vormwald (*Kreis Siegen-Wittgenstein*) 61 N 8
Vornbach 99 U 24
Vornholz (*Ostenfelde*) 37 K 8
Vorpommersche Boddenlandschaft 12 C 22
Vorra 87 Q 16
Vorra (Pegnitz) 87 R 18
Vorsfelde 41 I 16
Vorst (*Kreis Kleve*) 46 L 3
Vorst (*Kreis Viersen*) 58 M 3
Vortal 101 V 9
Vorwerck 31 G 15
Vorwerk (*Kreis Celle*) 30 I 14
Vorwerk (*Kreis Rotenburg*) 29 G 11
Vorwohle 40 K 13
Voslapp 17 F 8
Voßbarg 17 F 7
Voßberg 19 E 13
Vossenack 58 N 3
Voßheide 39 J 10
Voßhöhlen 20 E 14
Vosskanal 34 H 24
Vossum 46 L 2
Voßwinkel 49 L 7
Vrasselt 46 K 2
Vreden 36 J 4
Vrees 27 H 7
Vülzburg 96 S 17
Vynen 46 K 3

W

Waabs 5 C 13
Waake 52 L 14
Waakirchen 113 W 19
Waal 104 W 16
Waalhaupten 104 W 16
Waase 13 C 23
Wabern 63 M 12

Wachau 54 M 21
Wachau b. Radeberg 68 M 25
Wachbach 85 R 13
Wachenbrunn 76 O 15
Wachenburg 84 R 10
Wachendorf 29 H 10
Wachendorf 60 O 4
Wachendorf 101 U 10
Wachenheim 83 R 8
Wachenhofen 96 S 16
Wachenroth 86 Q 16
Wachenzell 96 T 17
Wachow 43 I 22
Wachsenburg 65 N 16
Wachstedt 52 M 14
Wachtberg 60 O 5
Wachtendonk 46 L 3
Wachtküppel 75 O 13
Wachtnitz 68 M 24
Wachtum 27 H 7
Wacken 8 D 12
Wackernheim 73 Q 8
Wackersberg 113 W 18
Wackersdorf 89 S 20
Wackersleben 41 J 17
Waddekath 31 H 16
Waddenhausen 39 J 10
Waddens 18 F 9
Waddewarden 17 F 7
Waddeweitz 31 H 16
Wadelsdorf 57 L 27
Wadern 81 R 4
Wadersloh 50 K 8
Wadgassen 82 S 4
Wadrill 81 R 4
Wächtersbach 75 P 11
Wälde 101 U 9
Wäschenbeuren 94 T 13
Wässerndorf 86 R 14
Waffenbrunn 89 S 21
Waffenrod 77 O 16
Waffensen 29 G 11
Wagenfeld 29 I 9
Wagenhofen 96 T 17
Wagenhoff 41 I 15
Wagenitz 33 H 21
Wagenschwend 85 R 11
Wagenstadt 100 V 7
Wagensteig 100 W 8
Wagersrott 5 C 13
Waggum 41 J 15
Waghäusel 84 S 9
Waging a. See 106 W 22
Waginger See 106 W 22
Wagrien 9 D 15
Wagshurst 92 U 7
Wagun 24 E 22
Wahlbach (Kreis Siegen-Wittgenstein) 61 N 8
Wahlbach (Rhein-Hunsrück-Kreis) 73 P 6
Wahlen (Kreis Bergstraße) 84 R 10
Wahlen (Kreis Euskirchen) 60 O 3
Wahlen (Kreis Merzig-Wadern) 80 R 4
Wahlen (Vogelsbergkreis) 63 N 11
Wahlendow 15 E 25
Wahlerscheid 70 O 2
Wahlhausen 52 M 13
Wahlitz 42 J 19
Wahlrod 61 O 7
Wahlsburg 51 L 12
Wahlscheid 59 N 5
Wahlsdorf 44 K 23
Wahlstedt 9 E 14
Wahlwies 101 W 10
Wahmbeck 51 L 12
Wahmbeckerheide 39 K 10
Wahn 26 H 6
Wahn 59 N 5
Wahnbach-Stausee 59 N 5
Wahnbek 28 G 8
Wahnebergen 29 H 11
Wahns 64 O 14
Wahrenberg 32 H 19
Wahrenbrück 55 L 24
Wahrendorf 9 D 16
Wahrenholz 31 I 15
Wahrstedt 41 I 16
Waibling 98 T 21
Waiblingen 94 T 11
Waibstadt 84 S 10
Waich 114 W 21
Waidhaus 89 R 21
Waidhofen 96 U 18
Waigolshausen 76 Q 14
Wain 103 V 14
Wainsdorf 56 L 24
Waischenfeld 87 Q 18
Waizenbach 75 P 13
Waizenhofen 96 S 17
Wakendorf I 20 E 15
Wakendorf II 20 E 14
Walbeck 46 L 2
Walbeck (Kreis Mansfelder Land) 53 L 18
Walbeck (Ohrekreis) 41 J 17
Walberberg 59 N 4
Walbertsweiler 102 W 11
Walburg 63 M 13
Walburgskirchen 106 U 22
Walchensee (Dorf) 112 X 17
Walchsing 98 U 23
Walchum 26 H 5
Wald 48 M 5
Wald (Kreis Cham) 90 S 21
Wald (Kreis Ostallgäu) 111 W 15
Wald (Kreis Sigmaringen) 102 W 11
Wald (Kreis Weißenburg-Gunzenhausen) 96 S 16
Wald-Amorbach 74 Q 11
Wald an der Alz 106 V 21
Wald-Erlenbach 84 R 10
Wald-Michelbach 84 R 10
Walda 96 U 17
Walda-Kleinthiemig 56 M 24
Waldachtal 93 U 9
Waldacker 74 P 10
Waldalgesheim 73 Q 7
Waldangelloch 84 S 10
Waldaschaff 75 Q 11
Waldau 77 O 16
Waldau 100 W 8
Waldberg (Kreis Augsburg) 104 V 16
Waldberg (Kreis Rhön-Grabfeld) 76 O 14
Waldböckelheim 73 Q 7
Waldbreitbach 61 O 6
Waldbröl 61 N 6
Waldbronn 93 T 9
Waldbrunn (Kreis Würzburg) 85 Q 13
Waldbrunn (Neckar-Odenwald-Kreis) 84 R 11
Waldbrunn (Westerwald) 61 O 8
Waldbüttelbrunn 85 Q 13
Waldburg 110 W 13
Walddorf 69 N 27
Walddorf 93 U 9
Walddorfhäslach 94 U 11
Walddrehna 56 K 24
Waldeck 78 Q 19
Waldeck (Stadt) 50 M 11
Waldems 74 P 9
Waldenau-Datum 19 F 13
Waldenbuch 94 U 11
Waldenburg 67 N 21
Waldenburg 85 S 12
Waldenrath 58 M 2
Walderbach 89 S 21
Waldersee 54 K 20
Waldershof 78 Q 20
Waldesch 71 P 6
Waldeshöhe 25 F 25
Waldfeucht 58 M 1
Waldfisch 64 N 14
Waldfischbach-Burgalben 83 S 6
Waldfrieden 42 J 19
Waldgirmes 62 O 9
Waldgrehweiler 83 Q 7
Waldhäuser 99 T 24
Waldhausen (b. Aalen) 95 T 14
Waldhausen (b. Lorch) 94 T 12
Waldhausen (Kreis Göppingen) 95 U 13
Waldhausen (Kreis Traunstein) 106 V 21
Waldhausen (Neckar-Odenwald-Kreis) 85 R 11
Waldhausen (Warstein-) 50 L 8
Waldheim 67 M 23
Waldhölzbach 80 R 4
Waldhof (Kreis Rottal-Inn) 98 U 22
Waldhof (Stadtkreis Mannheim) 84 R 9
Waldhufen 69 M 28
Waldkappel 63 M 13
Waldkatzenbach 84 R 11
Waldkirch (Kreis Emmendingen) 100 V 7
Waldkirch (Kreis Günzburg) 103 U 15
Waldkirch (Kreis Neustadt a. d. Waldnaab) 89 Q 21
Waldkirch (Kreis Waldshut) 108 X 8
Waldkirchen (Göltzschtalkreis) 66 O 21
Waldkirchen (Kreis Freyung-Grafenau) 99 T 24
Waldkirchen (Erzgebirge) 67 N 23
Waldkraiburg 106 V 21
Waldleiningen 83 R 7
Waldmannshofen 86 R 14
Waldmössingen 101 V 9
Waldmohr 81 R 6
Waldmühlbach 85 R 11
Waldmühlen 61 O 8
Waldmünchen 89 R 22
Waldnaab 89 Q 20
Waldniel 58 M 2
Waldorf (Kreis Ahrweiler) 60 O 5
Waldorf (Rhein-Sieg-Kreis) 59 N 4
Waldow 44 K 25
Waldprechtsweier 93 T 9
Waldrach 80 Q 4
Waldram 104 W 18
Waldrems 94 T 12
Waldrohrbach 83 S 7
Waldsassen 79 P 20
Waldsee 74 P 9
Waldsee (Stadt) 84 R 9
Waldshut 108 X 8
Waldsiedlung 47 K 5
Waldsieversdorf 35 I 26
Waldsolms 74 O 9
Waldstadt 93 S 9
Waldstetten (Kreis Günzburg) 103 U 14
Waldstetten (Neckar-Odenwald-Kreis) 85 R 12
Waldstetten (Ostalbkreis) 94 T 13
Waldtann 95 S 14
Waldthurn 89 Q 20
Waldtrudering 105 V 19
Waldulm 92 U 8
Waldweiler 80 R 4
Waldwimmersbach 84 R 10
Waldzell 75 Q 12
Walhalla 90 S 20
Walheim 58 N 2
Walheim 94 S 11
Walke 100 U 8
Walkendorf 11 E 21
Walkenried 52 L 15
Walkersbach (Kreis Pfaffenhofen a. d. Ilm) 97 U 18
Walkersbach (Rems-Murr-Kreis) 94 T 12
Walkersbrunn 87 R 17
Walkertshofen (Kreis Augsburg) 103 V 15
Walkertshofen (Kreis Kelheim) 97 T 19
Wall (Kreis Miesbach) 113 W 19
Wall (Kreis Rosenheim) 113 X 20
Wallach 46 L 3
Wallau 74 P 9
Wallau (Lahn) 62 N 9
Wallbach 108 X 7
Wallberg 113 W 19
Walldorf 64 O 15
Walldorf (Rhein-Neckar-Kreis) 84 S 9
Walldorf (Mörfelden-) 74 P 9
Walldürn 85 R 12
Walle (Kreis Celle) 30 H 13
Walle (Kreis Gifhorn) 40 I 15
Walle (Kreis Verden) 29 H 11
Wallenborn 70 P 4
Wallenbrück 38 J 9
Wallendorf 54 L 20
Wallendorf 80 Q 2
Wallenfels 77 P 18
Wallenhausen 103 U 14
Wallenhorst 37 I 8
Wallenrod 63 O 11
Wallensen 40 J 12
Wallerdorf (Kreis Deggendorf) 98 U 23
Wallerdorf (Kreis Donau-Ries) 96 U 17
Wallerfangen 80 S 4
Wallerfing 98 T 22
Wallerhausen 61 N 7
Wallernhausen 74 O 11
Wallersdorf 98 T 22
Wallersheim 70 P 3
Wallerstädten 74 Q 9
Wallerstein 95 T 15
Wallertheim 73 Q 8
Wallesau 87 S 17
Walleshausen 104 V 16
Wallgau 112 X 17
Wallhalben 81 S 6
Wallhausen 53 L 17
Wallhausen 73 Q 7
Wallhausen 86 S 14
Wallhöfen 18 G 10
Wallinghausen 17 F 6
Wallitz 33 G 22
Wallmenroth 61 N 7
Wallmerod 73 O 7
Wallmow 25 F 26
Wallnsdorf 96 S 18
Wallrabenstein 73 P 8
Wallroth 75 O 12
Wallsbüll 5 B 11
Wallstadt 84 R 9
Wallstawe 31 H 17
Walluf 73 P 8
Wallwitz (Kreis Jerichower Land) 42 J 19
Wallwitz (Saalkreis) 54 L 19
Walmsburg 31 G 16
Walow 23 F 21
Walpernhain 66 M 19
Walpersdorf 61 N 8
Walpertskirchen 105 V 19
Walschleben 65 M 16
Walsdorf 74 P 8
Walsdorf 76 Q 16
Walsheim 82 S 5
Walsleben (Kreis Ostprignitz-Ruppin) 33 H 21
Walsleben (Kreis Stendal) 32 H 19
Walsmühlen 21 F 17
Walsrode 30 H 12
Walstedde 49 K 7
Walsum 47 L 4
Walsumer Mark 47 L 4
Waltenhausen 103 V 15
Waltenhofen (Kreis Oberallgäu) 111 W 14
Waltenhofen (Kreis Ostallgäu) 112 X 16
Waltenweiler 110 W 12
Walternienburg 42 K 19
Waltersberg 87 S 18
Waltersbrück 63 N 11
Waltersdorf (b. Berlin) 44 I 24
Waltersdorf (b. Lückau) 56 K 24
Waltersdorf (Kreis Löbau-Zittau) 69 N 27
Waltersdorf (Sächsische Schweiz) 68 N 26
Waltersdorf b. Berga 66 N 20
Waltershausen (Kreis Gotha) 64 N 15
Waltershausen (Kreis Rhön-Grabfeld) 76 O 15
Waltershofen (Kreis Ravensburg) 111 W 13
Waltershofen (Stadtkreis Freiburg i. B.) 100 V 7
Waltersleben 65 N 17
Walting (Kreis Cham) 89 S 22
Walting (Kreis Eichstätt) 96 T 17
Walting (Kreis Weißenburg-Gunzenhausen) 96 S 17
Waltringen 49 L 7
Waltringhausen 39 I 12
Waltrop 47 L 6
Walxheim 95 T 14
Walzbachtal 93 S 9
Walzlings 111 W 14
Wambach 73 P 8
Wambeln 49 L 7
Wamckow 23 F 19
Wamel 49 L 8
Wampen 13 D 24
Wandersleben 65 N 16
Wanderup 5 B 12
Wandlitz 34 H 24
Wandsbek (Hamburg) 20 F 14
Wanfried 64 M 14
Wang 97 U 19
Wangelau 21 F 15
Wangelnstedt 51 K 13
Wangels 9 D 16
Wangen (Kreis Göppingen) 94 T 12
Wangen (Kreis Konstanz) 109 X 10
Wangen (Kreis Starnberg) 104 V 18
Wangen i. Allgäu 110 W 13
Wangenheim 64 M 15
Wangerland 17 F 7
Wangerland-Hooksiel 17 F 8
Wangerooge 17 E 7
Wangerooge (Insel) 17 E 7
Wangersen 19 F 12
Wanheimerort 47 L 4
Wanhöden 18 E 10
Wank 111 X 17
Wankendorf 9 D 14
Wankum 46 L 2
Wanna 18 E 10
Wannbach 87 Q 17
Wanne-Eickel 47 L 5
Wannsee (Berlin-) 44 I 23
Wannweil 94 U 11
Wansdorf 34 I 23
Wansleben a. See 54 L 19
Wanzleben 42 J 18
Wanzlitz 22 G 18
Wapeldorf 17 G 8
Wapelfeld 8 D 12
Warbel 11 E 21
Warbende 24 F 23
Warberg 41 J 16
Warbeyen 46 K 2
Warburg 51 L 11
Warchau 43 I 21
Warching 96 T 16
Wardböhmen 30 H 13
Wardenburg 27 G 8
Warder (Kreis Rendsburg-Eckernförde) 8 D 13
Warder (Kreis Segeberg) 9 E 15
Wardersee 9 E 15
Wardow 11 E 21
Wardt 46 K 3
Waren 23 F 22
Warendorf 37 K 7
Warin 22 E 19
Warle 41 J 16
Warlitz 21 F 17
Warlow 22 F 18
Warmbronn 93 T 10
Warme 51 L 11
Warme Bode 52 K 16
Warmensteinach 78 Q 19
Warmisried 103 W 15
Warmsen 39 I 10
Warnau (Kreis Plön) 9 D 14
Warnau (Kreis Stendal) 33 H 20
Warnemünde 11 D 20
Warnitz (Kreis Uckermark) 35 G 25
Warnitz (Stadtkreis Schwerin) 21 F 18
Warnkenhagen (Kreis Güstrow) 23 E 21
Warnkenhagen (Kreis Nordwestmecklenburg) 10 D 17
Warnow (Fluß) 23 F 19
Warnow (Kreis Güstrow) 23 E 19
Warnow (Kreis Nordwestmecklenburg) 21 E 17
Warnstedt 53 K 17
Warnstedt 27 H 8
Warpe 29 H 11
Warpke 31 H 16
Warringholz 8 D 12
Warsingsfehn 17 G 6
Warsleben 41 J 17
Warsow (Kreis Demmin) 24 E 22
Warsow (Kreis Ludwigslust) 21 F 17
Warstade 19 E 11
Warstein 50 L 9
Warsteinkopf 114 X 22
Wart 93 U 9
Wartburg 64 N 14
Wartenberg 105 U 19
Wartenberg 63 O 12
Wartenberg-Rohrbach 83 R 7
Wartenburg 55 K 22
Wartenfels 77 P 18
Wartha (Wartburgkreis) 64 M 14
Wartha (Westlausitzkreis) 57 L 26
Warthausen 102 V 13
Warthe (Kreis Ostvorpommern) 15 E 25
Warthe (Kreis Uckermark) 34 G 24
Wartin 25 G 26
Wartmannsroth 75 P 13
Warwerort 7 D 10
Warza 64 N 16
Warzenbach 62 N 9
Warzenried 89 S 22
Wasbek 8 D 13
Wasbüttel 41 I 15
Wascheid 70 P 3
Waschleithe 67 O 22
Waschow 21 F 17
Wasdow 14 E 22
Wasenbach 73 P 7
Wasenberg 63 N 11
Wasenweiler 100 V 7
Wasgau 83 S 7
Wasmuthhausen 76 P 16
Wassel 40 J 13
Wassenach 71 O 5
Wassenberg 58 M 2
Wassensdorf 41 I 17
Wasseralfingen 95 T 14
Wasserberg 62 N 10
Wasserburg 110 X 12
Wasserburg a. Inn 105 V 20
Wasserkuppe 75 O 13
Wasserleben 41 K 16
Wasserlos 74 P 11
Wasserlosen 76 P 14
Wassermungenau 87 S 16
Wassersleben 5 B 12
Wasserstraße 39 I 11
Wassersuppe 33 H 21
Wasserthaleben 53 M 16
Wassertrüdingen 95 S 15
Wasserzell 96 T 17
Waßmannsdorf 44 I 24
Wasungen 64 O 15
Watenbüttel 40 J 15
Watenstedt 41 J 16
Watenstedt (Salzgitter-) 40 J 15
Waterfall 36 I 4
Wathlingen 40 I 14
Wattenbach 51 M 12
Wattenbach 86 S 16
Wattenbek 9 D 14
Wattendorf 77 P 17
Wattenheim 83 R 8
Wattenscheid 47 L 5
Wattenweiler 103 V 15
Watterbach 85 R 11
Watterdingen 101 W 10
Wattmannshagen 23 E 21
Wattweiler 82 S 5
Watzenborn-Steinberg 62 O 10
Watzmann 114 X 22
Watzum 41 J 16
Waxenstein 112 X 17
Waxweiler 70 P 3
Waygaard 4 B 10
Webau 66 M 20
Weberin 22 F 18
Webershausen 17 F 6
Weberstedt 64 M 15
Wechingen 95 T 15
Wechmar 64 N 16
Wechold 29 H 11
Wechselburg 67 M 22
Weckbach 85 Q 11
Weckersdorf 66 O 19
Weckesheim 74 O 10
Wedau 47 L 4
Weddel 41 J 15
Weddelbrook 19 E 13
Wedderien 31 G 16
Weddersleben 53 K 17
Wedderstedt 53 K 17
Weddewarden 18 F 9
Weddingen 40 K 15
Weddingstedt 7 D 11
Wedehorn 29 H 10
Wedel 19 F 12
Wedel (Holstein) 19 F 13
Wedemark 30 I 13
Wedendorf 21 E 17
Wedesbüttel 41 I 15
Weding 5 B 12
Wedlitz 54 K 19
Wedringen 42 J 18
Weede 9 E 15
Weende 52 L 13
Weener 27 G 6
Weenzen 40 J 13
Weertzen 19 G 12
Wees 5 B 12
Weesby 4 B 11
Weese 37 I 7
Weesen 30 H 14
Weesenstein 68 N 25
Weesow 34 I 25
Weetzen 40 J 12
Weeze 46 L 2
Wefensleben 41 J 17
Weferlingen 41 J 17

Weg 108 W 7
Wega 63 M 11
Wegberg 58 M 2
Wegeleben 53 K 17
Wegendorf 34 I 25
Wegenstedt 41 I 17
Wegeringhausen 61 M 7
Wegfurt 76 O 14
Weggun 24 G 24
Wegholm 39 I 10
Wegscheid (Kreis Bad Tölz-Wolfratshausen) 113 X 18
Wegscheid (Kreis Passau) 99 U 25
Wehbach 61 N 7
Wehdel (Kreis Cuxhaven) 18 F 10
Wehdel (Kreis Osnabrück) 27 I 8
Wehdem 38 I 9
Wehden 18 F 10
Wehe 38 I 9
Wehebach-Stausee 58 N 3
Wehen 73 P 8
Wehingen 101 V 10
Wehlen 30 G 13
Wehlen 72 Q 5
Wehm 27 H 6
Wehnde 52 L 14
Wehningen 31 G 17
Wehnsdorf 56 K 24
Wehnsen 40 I 14
Wehr 108 X 7
Wehr (Kreis Ahrweiler) 71 O 5
Wehr (Kreis Heinsberg) 58 N 1
Wehr (Kreis Trier-Saarburg) 80 R 3
Wehra 108 W 7
Wehratal 108 W 7
Wehrbleck 29 I 10
Wehrda (Kreis Hersfeld-Rotenburg) 63 N 13
Wehrda (Kreis Marburg-Biedenkopf) 62 N 10
Wehrden 51 K 12
Wehre 41 J 15
Wehren 39 K 10
Wehrenberg 29 I 10
Wehrendorf (Kreis Herford) 39 J 10
Wehrendorf (Kreis Osnabrück) 38 J 8
Wehretal 64 M 14
Wehrhain 56 K 24
Wehrheim 74 P 9
Wehringen 104 V 16
Wehrland 15 E 25
Wehrsdorf 69 M 27
Wehrshausen 63 N 13
Wehrstedt 40 J 14
Weiberg 50 L 9
Weibern 71 O 5
Weibersbrunn 75 Q 12
Weichenried 96 U 18
Weichensdorf 45 J 27
Weichering 96 T 17
Weichs 104 U 18
Weichshofen 98 T 21
Weicht 104 W 16
Weichtungen 76 P 14
Weickersgrüben 75 P 13
Weida 66 N 20
Weidach 77 P 16
Weide 9 E 14
Weidelbach 62 N 8
Weidelbach 95 S 14
Weiden 43 K 21
Weiden 101 V 9
Weiden i. d. Oberpfalz 89 Q 20
Weidenau 75 O 12
Weidenau (Siegen-) 61 N 8
Weidenbach 70 P 4
Weidenbach (Kreis Ansbach) 86 S 15
Weidenbach (Kreis Mühldorf a. Inn) 106 V 21
Weidenberg 78 Q 19
Weidenhahn 61 O 7
Weidenhain 55 L 22
Weidenhausen (Kreis Marburg-Biedenkopf) 62 N 9
Weidenhausen (Kreis Siegen-Wittgenstein) 62 N 9
Weidenhausen (Werra-Meißner-Kreis) 52 M 13
Weidensdorf 67 N 21
Weidensees 87 Q 18
Weidenstetten 95 U 13
Weidenthal 83 R 7
Weidhausen 77 R 17
Weiding (Kreis Cham) 89 S 22
Weiding (Kreis Mühldorf a. Inn) 106 V 21
Weiding (Kreis Schwandorf) 89 R 21
Weidingen 70 P 3
Weiersbach 81 R 5
Weigendorf (Kreis Amberg-Sulzbach) 87 R 18
Weigendorf (Kreis Dingolfing-Landau) 98 U 21
Weigenheim 86 R 14
Weigersdorf 69 M 27
Weigheim 101 V 9
Weigmannsdorf-Müdisdorf 68 N 24
Weigsdorf-Köblitz 69 M 27
Weihenstephan 97 U 20
Weihenzell 86 R 15
Weiher 88 R 19
Weiher (Kreis Bergstraße) 84 R 10
Weiher (Ubstadt-) 84 S 9
Weiherhammer 88 R 20
Weihern 90 S 21
Weihmichl 97 U 20
Weihmörting 107 U 23
Weihungszell 103 V 14
Weikersheim 85 R 13
Weil 104 V 16
Weil a. Rhein 108 X 6
Weil der Stadt 93 T 10
Weil i. Schönbuch 94 U 11
Weilach 96 U 17
Weilar 64 N 14
Weilbach (Kreis Miltenberg) 85 Q 11
Weilbach (Main-Taunus-Kreis) 74 P 9
Weilburg 74 O 8
Weildorf (Bodenseekreis) 102 W 11
Weildorf (Kreis Berchtesgadener Land) 106 W 22
Weildorf (Zollernalbkreis) 101 U 10
Weilen 101 V 10
Weiler 58 N 4
Weiler (Enzkreis) 93 T 9
Weiler (Kreis Ravensburg) 102 W 12
Weiler (Rhein-Neckar-Kreis) 84 S 10
Weiler (Schwarzwald-Baar-Kreis) 101 V 9
Weiler i. d. Bergen 95 T 13
Weiler o. Helfenstein 95 U 13
Weiler-Simmerberg 111 X 13
Weiler z. Stein 94 T 12
Weilerbach 81 R 6
Weilersbach (Kreis Forchheim) 87 Q 17
Weilersbach (Schwarzwald-Baar-Kreis) 101 V 9
Weilerswist 59 N 4
Weilheim (Kreis Waldshut) 108 X 8
Weilheim (Zollernalbkreis) 101 U 10
Weilheim (Otting-) 96 T 16
Weilheim (Rietheim-) 101 V 10
Weilheim a. d. Teck 94 U 12
Weilheim i. Oberbayern 104 W 17
Weilimdorf 94 T 11
Weilmünster 74 O 9
Weilrod 74 P 9
Weilrode 52 L 15
Weilstetten 101 V 10
Weiltingen 95 S 15
Weimar 65 N 18
Weimar (Kreis Kassel) 51 L 12
Weimar (Kreis Marburg-Biedenkopf) 62 N 10
Weimarschmieden 64 O 14
Weimersheim 96 S 16
Weinähr 73 P 7
Weinbach 74 O 8
Weinberg 86 S 15
Weinbiet 83 R 8
Weinböhla 68 M 24
Weine 50 L 9
Weingarten 64 N 15
Weingarten (Kreis Karlsruhe) 93 S 9
Weingarten (Kreis Ravensburg) 102 W 12
Weingarten (Pfalz) 83 S 8
Weinheim 84 R 10
Weinolsheim 83 Q 8
Weinried 103 V 14
Weinsberg 94 S 11
Weinsfeld 70 P 3
Weinsheim (Kreis Bad Kreuznach) 73 Q 7
Weinsheim (Kreis Bitburg-Prüm) 70 P 3
Weinsheim (Worms-) 84 R 8
Weinstadt 94 T 12
Weinzierlein 87 R 16
Weiperath 72 Q 5
Weiperfelden 74 O 9
Weipertshofen 95 S 14
Weira 66 N 19
Weisbach (Kreis Rhön-Grabfeld) 76 O 14
Weisbach (Saale-Orla-Kreis) 65 O 18
Weisbach (Waldbrunn-) 84 R 11
Weischlitz 78 O 20
Weisdin 24 F 23
Weisel 73 P 7
Weisen 32 G 19
Weisenau 74 Q 8
Weisenbach 93 T 9
Weisendorf 87 R 16
Weisenheim a. Berg 83 R 8
Weisenheim a. Sand 83 R 8
Weisin 23 F 20
Weiskirchen (Kreis Merzig-Wadern) 80 R 4
Weiskirchen (Kreis Offenbach) 74 P 10
Weismain 77 P 17
Weiß (Köln) 59 N 5
Weissach 93 T 10
Weißach 111 X 14
Weissach i. Tal 94 T 12
Weißack 56 K 25
Weißandt-Gölzau 54 K 20
Weißbach (Hohenlohekreis) 85 S 12
Weißbach (Kreis Altenburger Land) 66 N 20
Weißbach (Kreis Ostallgäu) 111 X 15
Weißbach (Kreis Zwickauer Land) 67 O 21
Weißbach (Mittlerer Erzgebirgkreis) 67 N 23
Weißbach a. d. Alpenstraße 114 W 22
Weißdorf 78 P 19
Weiße Elster 66 O 20
Weißen 55 K 23
Weißenau 110 W 12
Weißenbach (Kreis Bad Kissingen) 75 P 13
Weißenbach (Werra-Meißner-Kreis) 51 M 13
Weißenbachsattel 100 W 7
Weißenberg 69 M 27
Weißenberg 88 R 19
Weißenberg 83 S 7
Weißenberge 31 I 15
Weißenborn (Kreis Göttingen) 52 L 14
Weißenborn (Saale-Holzland-Kreis) 66 N 19
Weißenborn (Schwalm-Eder-Kreis) 63 N 12
Weißenborn (Werra-Meißner-Kreis) 64 M 14
Weißenborn (Erzgebirge) 68 N 24
Weißenborn-Lüderode 52 L 15
Weißenbronn 87 S 16
Weißenbrunn (Kreis Haßberge) 76 P 16
Weißenbrunn (Kreis Kronach) 77 P 18
Weißenbrunn (Kreis Nürnberger Land) 87 R 18
Weißenbrunn v. Wald 77 O 17
Weißenburg 96 S 16
Weißenburger Wald 96 T 16
Weißenfels 66 M 19
Weißenhäuser Strand 9 D 16
Weißenhasel 64 M 13
Weißenhaus 9 D 16
Weißenhorn 103 V 14
Weißenohe 87 R 17
Weißensand 66 O 20
Weißensberg 110 X 13
Weißensee 111 X 15
Weißensee (Berlin) 34 I 24
Weißensee (Kreis Sömmerda) 65 M 17
Weißenstadt 78 P 19
Weißenstein 95 T 13
Weißenthurm 71 O 6
Weißer Main 77 P 18
Weißer Regen 89 S 22
Weißer Schöps 57 L 28
Weißer Stein 70 O 3
Weißewarte 42 I 19
Weißig (Kreis Sächsische Schweiz) 68 M 25
Weißig (Westlausitzkreis) 56 L 26
Weißig a. Raschütz 56 L 24
Weißkeißel 57 L 28
Weißkollm 57 L 27
Weißlenreuth 78 P 19
Weißtannenhöhe 100 W 8
Weißwasser 57 L 27
Weistropp 68 M 24
Weisweil (Kreis Emmendingen) 100 V 7
Weisweil (Kreis Waldshut) 109 X 9
Weisweiler 58 N 3
Weitefeld 61 N 7
Weiten 80 R 3
Weiten-Gesäß 84 Q 11
Weitenau 108 W 7
Weitendorf 23 E 20
Weitendorf b. Brüel 22 E 19
Weitenhagen (Kreis Nordvorpommern) 12 D 22
Weitenhagen (Kreis Ostvorpommern) 14 D 24
Weitenung 92 T 8
Weiterode 63 N 13
Weitersborn 73 Q 6
Weitershain 62 O 10
Weitershausen 62 N 9
Weiterstadt 74 Q 9
Weitin 24 F 23
Weitingen 101 U 10
Weitmar 47 L 5
Weitnau 111 X 14
Weitramsdorf 77 P 16
Weitsche 31 G 17
Weitsee 114 W 21
Weitzgrund 43 J 21
Weitzmühlen 29 H 11
Weixdorf 68 M 25
Weizen 101 W 9
Welbergen 36 J 5
Welbhausen 86 R 14
Welbsleben 53 K 18
Welchenberg 98 T 22
Welcherath 71 P 4
Welchweiler 81 R 6
Welda 51 L 11
Welden 103 U 15
Welferode 63 M 12
Welfesholz 53 L 18
Wellaune 55 L 21
Welldorf 58 N 3
Welle (Kreis Harburg) 19 G 13
Welle (Kreis Stendal) 42 I 19
Wellen 42 J 18
Wellen 18 F 10
Wellen (Kreis Trier-Saarburg) 80 Q 3
Wellen (Kreis Waldeck-Frankenberg) 63 M 11
Wellendingen (Kreis Rottweil) 101 V 10
Wellendingen (Kreis Waldshut) 101 W 9
Wellendorf (Kreis Osnabrück) 37 J 8
Wellendorf (Kreis Uelzen) 31 H 16
Wellenkamp 8 E 12
Wellerode 51 M 12
Wellerswalde 55 L 23
Wellheim 96 T 17
Wellie 29 I 11
Wellingen 80 R 3
Wellingholzhausen 37 J 8
Wellmich 73 P 7
Wellmitz 45 J 28
Wellsdorf 66 O 20
Welmbüttel 7 D 11
Welmlingen 108 W 6
Welschbillig 80 Q 3
Welschen-Ennest 61 M 8
Welschenbach 71 O 5
Welschensteinach 100 V 8
Welschingen 101 W 10
Welschneudorf 73 O 7
Welse 35 G 26
Welsede 39 J 11
Welsenbruch 35 G 26
Welsickendorf 44 K 23
Welsleben 42 J 18
Welsow 35 G 26
Welt 7 D 10
Welte 36 K 5
Weltenburg 97 T 19
Welterod 73 P 7
Weltzin 24 E 23
Welver 49 L 7
Welze 30 I 12
Welzheim 94 T 12
Welzin (Kreis Nordwestmecklenburg) 10 E 17
Welzin (Kreis Ostvorpommern) 25 E 25
Welzow 56 L 26
Wemb 46 L 2
Wembach 100 W 7
Wemding 96 T 16
Wemlighausen 62 M 9
Wemmetsweiler 81 R 5
Wendeburg 40 J 15
Wendefurth 53 K 16
Wendehausen 64 M 14
Wendelsheim 83 Q 7
Wendelsheim 93 U 10
Wendelskirchen 98 U 21
Wendelstein 53 M 18
Wendelstein 113 W 20
Wendelstein (Stadt) 87 R 17
Wendemark 32 H 19
Wenden (Kreis Gifhorn) 41 J 15
Wenden (Kreis Nienburg) 29 I 12
Wenden (Kreis Olpe) 61 N 7
Wendenborstel 30 I 12
Wendershausen 51 M 13
Wendessen 41 J 15
Wendewisch 21 F 15
Wendhausen (Kreis Helmstedt) 41 J 15
Wendhausen (Kreis Hildesheim) 40 J 14
Wendhausen (Kreis Lüneburg) 21 G 15
Wendisch Baggendorf 14 D 22
Wendisch Evern 31 G 15
Wendisch Priborn 23 F 20
Wendisch-Rietz 45 J 26
Wendisch Waren 23 F 20
Wendischbrome 31 I 16
Wendishain 67 M 22
Wendland 31 G 17
Wendling 105 V 20
Wendlingen 94 T 12
Wendlinghausen 39 J 11
Wendorf (Kreis Müritz) 24 F 22
Wendorf (Kreis Nordvorpommern) 13 D 23
Wendorf (Kreis Parchim) 22 E 18
Wendorf (Stadtkreis Wismar) 22 E 18
Wendthagen 39 J 11
Wendtorf 9 C 14
Weng (Kreis Dingolfing-Landau) 98 U 21
Weng (Kreis Passau) 107 U 23
Wengen (Kreis Oberallgäu) 111 W 14
Wengen (Kreis Weißenburg-Gunzenhausen) 96 S 17
Wengern 47 L 6
Wengerohr 72 Q 4
Wenholthausen 49 M 8
Wenigenlupnitz 64 N 15
Wenigumstadt 74 Q 11
Wenings 75 O 11
Wenkheim 85 Q 13
Wennbüttel 7 D 11
Wenne 49 M 8
Wennemen 49 L 8
Wennigloh 49 L 8
Wennigsen 39 J 12
Wenningstedt 4 B 8
Wenschdorf 85 Q 11
Wense (Kreis Peine) 40 I 15
Wense (Kreis Rotenburg) 19 F 12
Wensickendorf 34 H 24
Wensin 9 E 15
Wentorf (Amt Sandesneben) 21 E 15
Wentorf b. Hamburg 20 F 14
Wenze 41 I 17
Wenzen 51 K 13
Wenzenbach 90 S 20
Wenzendorf 19 F 13
Wenzigerode 63 M 11
Wenzlow 43 J 21
Werbach 85 Q 12
Werbellinsee 34 H 25
Werbelow 25 F 25
Werben (Kreis Leipziger land) 66 M 20
Werben (Kreis Spree-Neiße) 56 K 26
Werben (Elbe) 32 H 19
Werbig (Kreis Märkisch-Oderland) 35 I 27
Werbig (Kreis Potsdam-Mittelmark) 43 J 21
Werbig (Kreis Teltow-Fläming) 44 K 23
Werchau 55 K 23
Werchow 56 K 25
Werda 79 O 20
Werdau 66 N 21
Werden (Essen) 47 L 5
Werder (Kreis Demmin) 24 E 24
Werder (Kreis Märkisch-Oderland) 44 I 25
Werder (Kreis Oder-Spree) 45 J 26
Werder (Kreis Ostprignitz-Ruppin) 33 H 22
Werder (Kreis Parchim) 23 F 20
Werder (Der) 24 F 24
Werder (Havel) 43 I 22
Werdohl 49 M 7
Werdorf 62 O 9
Werdum 17 F 7
Werenzhain 56 L 24
Wergzahna 43 K 22
Werkel 63 M 11
Werkleitz 42 K 19
Werl 49 L 7
Werlaburgdorf 41 J 15
Werleshausen 51 M 13
Werlte 27 H 7
Wermelskirchen 59 M 5
Wermsdorf 55 M 22
Wermutshausen 85 R 13
Wern 75 Q 13
Werna 52 L 16
Wernarz 75 P 13
Wernau 94 T 12
Wernberg-Köblitz 89 R 20
Wernborn 74 O 9
Wernburg 65 N 18
Werne 49 K 6
Werne (Bochum-) 47 L 5
Werneck 76 Q 14
Wernersreuth 79 Q 21
Wernesgrün 66 O 21
Werneuchen 34 I 25
Wernfeld 75 P 13
Wernfels 87 S 16
Wernges 63 N 12
Wernigerode 53 K 16
Wernikow 33 G 21
Werningshausen 65 M 17
Werningsleben 65 N 17
Wernitz 33 I 22
Wernitzgrün 79 P 21
Wernsbach 87 S 17
Wernsbach b. Ansbach 86 R 15
Wernsdorf 77 Q 17
Wernsdorf (Kreis Chemnitzer Land) 67 N 21
Wernsdorf (Kreis Dahme-Spreewald) 44 I 25
Wernsdorf (Mittlerer Erzgebirgskreis) 67 N 23
Wernsdorf (Saale-Orla-Kreis) 78 O 19
Wernshausen 64 N 15
Wernstedt 32 I 18
Wernswig 63 N 12
Weroth 73 O 7
Werpeloh 27 H 6
Werra (Fluß) 77 O 16
Wersabe 18 G 9
Wersau 84 Q 10
Werschau 73 O 8
Werschen 66 M 20
Werschweiler 81 R 5
Werse 49 K 7
Wersen 37 J 7
Wershofen 71 O 4
Werste 39 J 10
Wertach (Stadt) 111 X 15
Wertacher Hörnle 111 X 15
Werth 46 K 3
Wertheim 85 Q 12
Werther 52 L 16
Werther 38 J 9
Wertherbruch 46 K 3
Werthhoven 60 O 5
Wertingen 96 U 16
Werxhausen 52 L 14
Weschnitz 84 R 10

Weseke 36 K 4
Wesel 30 G 13
Wesel 46 L 3
Wesel-Datteln-Kanal 47 K 5
Weselberg 81 R 6
Weseloh 29 H 10
Weselsdorf 22 F 18
Wesenberg 24 G 22
Wesendahl 34 I 25
Wesendorf *(Kreis Gifhorn)* 31 I 15
Wesendorf *(Kreis Oberhavel)* 34 H 24
Weser 51 L 12
Weseram 43 I 22
Weserbergland Schaumburg-Hameln (Naturpark) 39 J 11
Wesergebirge 39 J 10
Wesertal 51 L 12
Weslarn 49 L 8
Wespen 42 K 19
Wessel 49 K 7
Wesselburen 7 D 10
Wesselburener-Deichhausen 7 D 10
Wesselburenerkoog 7 D 10
Wesseling 59 N 4
Wesseln *(Kreis Dithmarschen)* 7 D 11
Wesseln *(Kreis Hildesheim)* 40 J 14
Wesseloh 30 G 13
Wessenstedt 31 G 15
Wessin 22 F 19
Weßling 104 V 17
Weßnig 55 L 23
Wessobrunn 104 W 17
Wessum 36 J 4
West-Langenhorn 4 B 10
Westaue 39 I 12
Westbevern 37 J 7
Westdorf 53 K 18
Westdorf 17 F 5
Weste 31 G 16
Westen 29 H 11
Westenbrügge 10 D 19
Westendorf *(Kreis Augsburg)* 96 U 16
Westendorf *(Kreis Ostallgäu)* 104 W 16
Westenfeld 76 O 15
Westenfeld 49 M 8
Westenholz 30 H 13
Westenholz 50 K 9
Westensee *(Gemeinde)* 8 D 13
Wester-Ohrstedt 4 C 11
Wester Wanna 18 E 10
Westerau 21 E 15
Westerbauer 49 L 6
Westerbeck 41 I 15
Westerbeck 37 J 7
Westerberg 18 E 11
Westerbeverstedt 18 F 10
Westerbur 17 F 6
Westerburg 27 G 8
Westerburg 61 O 7
Westerdeichstrich 7 D 10
Westeregeln 42 K 18
Westerems 16 F 3
Westerende 17 F 6
Westerende Kirchloog 17 F 6
Westerengel 53 M 16
Westeresch 30 G 12
Westerfeld 74 P 9
Westergellersen 30 G 14
Westerhausen 53 K 17
Westerhausen 59 N 5
Westerhausen *(Kreis Osnabrück-Land)* 37 J 8
Westerheide 4 A 9
Westerheim *(Alb-Donau-Kreis)* 94 U 12
Westerheim *(Kreis Unterallgäu)* 103 V 14
Westerhever 7 C 10
Westerhof 52 K 14
Westerholt 17 F 6
Westerholt 47 L 5
Westerholz *(Kreis Rotenburg)* 29 G 12
Westerholz *(Kreis Schleswig-Flensburg)* 5 B 13
Westerhorn 19 E 13
Westerhüsen 42 J 19
Westerkappeln 37 J 7
Westerland 4 B 8
Westerland *(Flughafen)* 4 B 9
Westerloh 27 H 6
Westerloh 50 K 9
Westerlohmühlen 27 H 6
Westerloy 17 G 7
Westermarkelsdorf 10 C 17
Westermoor *(Gemeinde)* 8 E 12
Westermühle 4 C 9
Westermühlen 8 D 12
Westernach 103 V 15
Westernbödefeld 50 M 9
Westerngrund 75 P 11
Westernhausen 85 R 12
Westerode *(Kreis Göttingen)* 52 L 14
Westerode *(Kreis Goslar)* 41 K 15
Westerrade 9 E 15
Westerrönfeld 8 D 12
Westersander 17 F 6
Westerscheps 27 G 7
Westerschütting 4 C 9
Westersode 19 E 11
Westerstede 17 G 7
Westerstetten 95 U 13
Westertilli 4 C 9
Westertimke 19 G 11
Westervesede 30 G 12
Westerwald 61 O 6
Westerwalsede 29 G 12
Westerweyhe 31 G 15
Westerwiehe 50 K 9
Westerwinkel *(Herbern)* 49 K 6
Westewitz 67 M 23
Westfälisches Freilichtmuseum *(Detmold)* 50 K 10
Westfeld *(Hochsauerlandkreis)* 62 M 9
Westfeld *(Kreis Hildesheim)* 40 J 13
Westgartshausen 95 S 14
Westgroßefehn 17 F 6
Westhausen *(Kreis Gotha)* 64 M 16
Westhausen *(Kreis Hildburghausen)* 76 P 15
Westhausen *(Ostalbkreis)* 95 T 14
Westheim *(Hochsauerlandkreis)* 50 L 10
Westheim *(Kreis Germersheim)* 84 S 8
Westheim *(Kreis Kitzingen)* 86 Q 14
Westheim *(Kreis Neustadt a. d. A.-Bad W.)* 86 R 15
Westheim *(Kreis Weißenburg-Gunzenhausen)* 96 S 15
Westheim (Rosengarten-) 94 S 13
Westheim b. Haßfurt 76 Q 15
Westhofen 83 Q 8
Westkilver 38 J 9
Westkirchen 37 K 8
Westladbergen 37 J 7
Westliche Karwendelspitze 112 X 17
Westönnen 49 L 7
Westoverledingen 27 G 6
Westre 4 B 10
Westrhauderfehn 27 G 6
Westrich 82 S 6
Westrittrum 28 H 8
Westrum *(Kreis Emsland)* 27 H 6
Westrum *(Kreis Friesland)* 17 F 7
Westrup 38 I 9
Westuffeln 51 L 11
Wesuwe 26 H 5
Wesuwermoor 26 H 5
Weteritz 41 I 18
Wethau 66 M 19
Wethen 51 L 11
Wetschen 28 I 9
Wettelrode 53 L 17
Wettelsheim 96 T 16
Wetten 46 L 2
Wettenberg 62 O 9
Wettenbostel 30 G 14
Wettenhausen 103 U 15
Wetter (Hessen) 62 N 10
Wetter (Ruhr) 47 L 6
Wetterau 74 O 10
Wetterburg 50 L 11
Wetterfeld 62 O 10
Wetterfeld 89 S 21
Wettersteingebirge 112 X 17
Wettersteinkopf 112 X 17
Wetterzeube 66 M 20
Wettesingen 51 L 11
Wettin 54 L 19
Wettmar 40 I 13
Wettmershagen 41 I 15
Wettringen 36 J 5
Wettringen *(Kreis Ansbach)* 86 S 14
Wettringen *(Kreis Schweinfurt)* 76 P 15
Wettrup 27 I 6
Wettstetten 96 T 18
Wettzell 91 S 22
Wetzdorf 66 M 19
Wetzen 30 G 14
Wetzenow 25 F 26
Wetzerdorf 54 M 18
Wetzhausen 76 P 15
Wetzlar 62 O 9
Weuspert 49 M 8
Wevelinghoven 58 M 3
Wewelsburg 50 L 9
Wewelsfleth 19 E 12
Wewer 50 K 10
Wey 48 M 3
Weyarn 105 W 19
Weyer *(Kreis Euskirchen)* 60 O 3
Weyer *(Kreis Limburg-Weilburg)* 73 O 8
Weyer *(Rhein-Lahn-Kreis)* 73 P 7
Weyerbusch 59 N 6
Weyhausen *(Kreis Celle)* 31 H 15
Weyhausen *(Kreis Gifhorn)* 41 I 16
Weyhe 29 H 10
Weyhers 75 O 13
Wibbecke 51 L 13
Wiblingen 103 U 13
Wiblingwerde 49 M 6
Wichdorf 51 M 11
Wichmannsdorf 25 G 24
Wichmannshausen 64 M 13
Wichsenstein 87 Q 17
Wichte 63 M 12
Wichtenbeck 31 H 14
Wichterich 58 N 4
Wickede (Dortmund-) 49 L 6
Wickede (Ruhr) 49 L 7
Wickendorf 22 E 18
Wickendorf 77 O 18
Wickenrode 51 M 13
Wicker 74 P 9
Wickerode 53 L 17
Wickersrode 63 M 13
Wickerstedt 65 M 18
Wicklesgreuth 86 S 16
Wickrath 58 M 3
Widdern 85 S 12
Widdersdorf 59 N 4
Widdershausen 64 N 14
Widdig 59 N 5
Wiebeler 50 K 9
Wiebelsbach 84 Q 10
Wiebelsheim 71 P 6
Wiebelskirchen 81 R 5
Wieblingen 84 R 9
Wieblitz-Eversdorf 31 H 17
Wiechendorf 40 I 13
Wiechs 101 W 9
Wieck 13 D 24
Wieck a. Darß 11 C 21
Wieckenberg 30 I 13
Wied 61 N 7
Wieda 52 L 15
Wiedau 30 G 12
Wiedelah 41 K 15
Wiedemar 54 L 20
Wieden 100 W 7
Wiedenbrück 50 K 8
Wiedenbrügge 39 I 11
Wiedener Eck 100 W 7
Wiedenest 61 M 7
Wiedenrode 40 I 14
Wiedensahl 39 I 11
Wiedenzhausen 104 V 17
Wiederau *(Kreis Elbe-Elster)* 55 L 23
Wiederau *(Kreis Leipziger Land)* 66 M 20
Wiederau *(Kreis Mittweida)* 67 N 22
Wiedergeltingen 104 V 16
Wiederitzsch *(Leipzig)* 54 L 21
Wiedersbach 86 S 15
Wiedersbach *(Kreis Hildburghausen)* 77 O 16
Wiederstedt 53 K 18
Wiednitz 56 L 26
Wiefels 17 F 7
Wiefelstede 17 G 8
Wiegersen 19 F 12
Wiegleben 64 M 15
Wieglitz 41 I 17
Wiehe 53 M 18
Wiehekrug 5 B 11
Wiehengebirge 37 J 8
Wiehl 59 N 6
Wiehltal-Stausee 61 N 7
Wiehre 100 W 7
Wiek 13 C 23
Wieker Bodden 13 C 23
Wielen *(Kreis Grafschaft-Bentheim)* 26 I 4
Wielen *(Kreis Plön)* 9 D 15
Wielenbach 104 W 17
Wiemeringhausen 50 M 9
Wiemersdorf 8 E 13
Wiemerstedt 7 D 11
Wienbergen 29 H 11
Wiendorf 11 E 20
Wienhausen 30 I 14
Wienrode 53 K 16
Wiensen 51 L 12
Wiepenkathen 19 F 12
Wiepersdorf *(Kreis Elbe-Elster)* 55 K 23
Wiepersdorf *(Kreis Teltow-Fläming)* 44 K 23
Wiepke 32 I 17
Wiepkenhagen 11 D 21
Wiera 63 N 11
Wieren 31 H 15
Wiernsheim 93 T 10
Wiersdorf 19 G 11
Wiersen 39 J 11
Wiershausen *(Kreis Göttingen)* 51 L 13
Wiershausen *(Kreis Northeim)* 52 K 14
Wiershop 20 F 15
Wierstorf 31 H 15
Wies 112 W 16
Wies *(Stadt)* 108 W 7
Wiesa *(Kreis Annaberg)* 67 O 23
Wiesa *(Niederschlesischer Oberlausitzkr)* 69 M 28
Wiesau 79 Q 20
Wiesbach 106 U 21
Wiesbach *(Kreis Neunkirchen)* 81 R 4
Wiesbach *(Kreis Pirmasens)* 81 R 6
Wiesbaden 73 P 8
Wiesbaum 70 O 4
Wiescherhöfen 49 L 7
Wiese 100 W 7
Wiesede 17 F 7
Wiesederfehn 17 F 7
Wiesedermeer 17 F 7
Wiesemscheid 71 O 4
Wiesen *(Kreis Aschaffenburg)* 75 P 12
Wiesen *(Kreis Lichtenfels)* 77 P 16
Wiesenau 45 J 27
Wiesenbach *(Kreis Aichach-Friedberg)* 96 U 17
Wiesenbach *(Kreis Schwäbisch-Hall)* 86 S 14
Wiesenbach *(Rhein-Neckar-Kreis)* 84 R 10
Wiesenbad 67 O 23
Wiesenbronn 86 Q 14
Wiesenburg *(Kreis Potsdam-Mittelmark)* 43 J 21
Wiesenburg *(Kreis Zwickauer Land)* 67 O 21
Wiesenena 54 L 20
Wiesenfeld *(Kreis Frankenberg)* 62 M 10
Wiesenfeld *(Kreis Main-Spessart)* 75 Q 13
Wiesenfeld b. Coburg 77 P 16
Wiesenfelden 90 S 21
Wiesenhagen 44 J 23
Wiesens 17 F 6
Wiesensee 61 O 8
Wiesensteig 94 U 12
Wiesenstetten 101 U 10
Wiesent 90 S 21
Wiesental 84 S 9
Wiesenthal 64 N 14
Wiesenthau 87 Q 17
Wiesentheid 86 Q 15
Wiesenttal *(Gemeinde)* 87 Q 17
Wieserode 53 K 18
Wieseth 95 S 15
Wiesing 91 S 22
Wieskau 54 L 19
Wieslautern 92 S 7
Wieslet 108 W 7
Wiesloch 84 S 10
Wiesmoor *(Stadt)* 17 F 7
Wiesmühl 106 V 21
Wiesmühl b. Tittmoning 106 V 22
Wieste 27 H 6
Wiesthal 75 P 12
Wietersheim 39 I 10
Wietingsmoor 29 H 9
Wietmarschen 26 I 5
Wietmarscher Twist 26 I 5
Wietstock *(Kreis Ostvorpommern)* 25 E 25
Wietstock *(Kreis Teltow-Fläming)* 44 J 23
Wietze 30 I 13
Wietzen 29 H 11
Wietzenbruch *(Dorf)* 30 I 14
Wietzendorf 30 H 13
Wietzetze 31 G 16
Wiggensbach 111 W 14
Wilberhofen 59 N 6
Wilbrenning 37 K 6
Wilburgstetten 95 S 15
Wildau 44 J 24
Wildau-Wentdorf 44 K 24
Wildbad i. Schwarzwald 93 T 9
Wildbad-Kreuth 113 X 19
Wildberg 93 U 10
Wildberg *(Kreis Demmin)* 24 F 23
Wildberg *(Kreis Ostprignitz-Ruppin)* 33 H 21
Wildbergerhütte 61 N 7
Wilde Weißeritz 68 N 24
Wildeck 64 N 13
Wildemann 52 K 14
Wilden 61 N 8
Wildenau *(Göltzschtalkreis)* 66 O 21
Wildenau *(Kreis Elbe-Elster)* 55 K 23
Wildenau *(Kreis Tirschenreuth)* 89 Q 20
Wildenberg 97 T 19
Wildenbörten 66 N 20
Wildenbruch 43 J 23
Wildenfels 67 N 21
Wildenfels 87 R 18
Wildenhain *(Kreis Riesa-Großenhain)* 56 M 24
Wildenhain *(Kreis Torgau-Oschatz)* 55 L 22
Wildenheid 77 O 17
Wildenranna 99 U 25
Wildenrath 58 M 2
Wildenreuth 88 Q 20
Wildensee 85 Q 12
Wildensorg 77 Q 16
Wildenstein 95 S 14
Wildenstein *(Burg)* 101 V 10
Wildenthal 79 O 21
Wildentierbach 86 R 13
Wildenwart 106 W 20
Wildeshausen 28 H 9
Wildeshauser Geeste (Naturpark) 29 H 9
Wildetaube 66 N 20
Wildewiese 49 M 7
Wildflecken 75 O 13
Wildgehege Hundshaupten 87 Q 17
Wildgrube 56 L 24
Wildpark Schloß Tambach 77 P 16
Wildpoldsried 111 W 15
Wildschütz 55 L 22
Wildsee 93 T 9
Wildsteig 112 W 16
Wildstein 89 R 21
Wildthurn 98 U 22
Wilferdingen 93 T 9
Wilflingen *(Kreis Biberach a. d. Riß)* 102 V 12
Wilflingen *(Kreis Rottweil)* 101 V 10
Wilgartswiesen 83 S 7
Wilgersdorf 61 N 8
Wilhams 111 X 14
Wilhelmsburg 25 F 25
Wilhelmsdorf 74 O 9
Wilhelmsdorf *(Kreis Fürth)* 86 R 16
Wilhelmsdorf *(Kreis Ravensburg)* 102 W 12
Wilhelmsfehn II 17 F 7
Wilhelmsfeld 84 R 10
Wilhelmshagen 44 I 25
Wilhelmshausen 51 L 12
Wilhelmshaven 17 F 8
Wilhelmshöhe *(Kassel)* 51 M 12
Wilhelmshof 25 E 25
Wilhelmshorst 43 J 23
Wilhelmstein *(Steinhude)* 39 I 11
Wilhelmsthal 77 P 18
Wilhelmsthal *(Calden)* 51 L 12
Wilhemsburg *(Hamburg)* 19 F 13
Wilhermsdorf 86 R 16
Wilkau-Haßlau 67 N 21
Willanzheim 86 Q 14
Willebadessen 50 L 11
Willen 17 F 7
Willenhofen 97 S 19
Willenscharen 8 D 13
Willersdorf 62 M 10
Willersdorf 87 Q 16
Willersdorf *(Saale-Orla-Kreis)* 78 O 19
Willershausen *(Kreis Northeim)* 52 K 14
Willershausen *(Werra-Meißner-Kreis)* 64 M 14
Willershusen 13 D 23
Willerstedt 65 M 18
Willhof 89 R 20
Willich 48 M 3
Willing 105 W 19
Willingen 50 M 9
Willingrade 9 D 14
Willingshausen 63 N 11
Willmars 76 O 14
Willmering 89 S 22
Willmersdorf *(Kreis Barnim)* 45 I 25
Willmersdorf *(Stadtkreis Cottbus)* 57 K 27
Willmersdorf-Ströbitz 57 K 26
Willmsfeld 17 F 6
Willofs 63 N 12
Willofs 103 W 15
Willroth 61 O 6
Willsbach 94 S 12
Willstätt 92 U 7
Willwerath 70 P 3
Wilmersdorf *(b. Bad Saarow-Pieskow)* 45 J 26
Wilmersdorf *(b. Frankfurt)* 34 I 26
Wilmersdorf *(Kreis Prignitz)* 33 G 20
Wilmersdorf *(Kreis Uckermark)* 35 G 25
Wilnsdorf 61 N 8
Wils *(Naab)* 88 R 19
Wilschdorf 68 M 26
Wilsche 40 I 15
Wilsdruff 68 M 24
Wilsede 30 G 13
Wilseder Berg 30 G 13
Wilsen 23 F 20
Wilsickow 25 F 25
Wilsingen 102 V 11
Wilsleben 53 K 18
Wilstedt *(Kreis Rotenburg)* 29 G 11
Wilstedt *(Kreis Stormarn)* 20 E 14
Wilster 7 E 12
Wilsum 26 I 4
Wilthen 69 M 27
Wilting 89 S 21
Wiltingen 80 R 3
Wimmelburg 53 L 18
Wimmer 38 J 9
Wimmersbüll 4 B 10
Wimsheim 93 T 10
Wincheringen 80 R 3
Windach 104 V 17
Windach-Speicher 104 V 17
Windberge 42 I 19
Windbergen 7 D 11
Windeberg 52 M 15
Windeck 59 N 6
Windecken 74 P 10
Windehausen 53 L 16
Windelsbach 86 R 14
Winden *(Hochtaunuskreis)* 74 O 9
Winden *(Kreis Ansbach)* 86 S 15
Winden *(Kreis Düren)* 58 N 3
Winden *(Kreis Eichstätt)* 97 T 18
Winden *(Kreis Germersheim)* 92 S 8
Winden *(Rhein-Lahn-Kreis)* 73 O 7
Winden i. Elztal 100 V 8
Windesheim 73 Q 7
Windflöte 38 K 9
Windhagen *(Kreis Neuwied)* 60 O 6
Windhagen *(Oberbergischer Kreis)* 59 M 6
Windhausen 52 K 14
Windhausen *(Kreis Olpe)* 61 M 7
Windhausen *(Vogelsbergkreis)* 63 O 11
Windheim 39 I 11
Windheim 77 O 18
Windischbergerdorf 89 S 22
Windischbuch 85 R 12
Windischbuchen 85 R 12
Windischenlaibach 78 Q 19
Windischeschenbach 88 Q 20

Deutschland 235

Windischhausen 96 T 16
Windischholzhausen 65 N 17
Windischletten 77 Q 16
Windischleuba 66 M 21
Windorf 99 U 23
Windsbach 87 S 16
Windschläg 92 U 7
Windshausen *(Kreis Rhön-Grabfeld)* 76 O 14
Windshausen *(Kreis Rosenheim)* 113 W 20
Windten 105 U 20
Wingerode 52 L 14
Wingeshausen 62 M 8
Wingst 18 E 11
Winhöring 106 V 21
Winkel 113 X 18
Winkel 84 Q 10
Winkel *(Kreis Gifhorn)* 41 I 15
Winkel *(Kreis Sangerhausen)* 53 L 18
Winkeldorf 29 G 11
Winkelhaid 87 R 17
Winkels 76 P 14
Winkelsett 28 H 9
Winkelsetten 37 J 8
Winkelshütten 38 J 8
Winkelstedt 32 H 17
Winkhausen 62 M 9
Winkl 114 W 22
Winklarn 89 R 21
Winklmoos 114 X 21
Winklsaß 97 T 20
Winkum 27 H 7
Winnefeld 51 K 12
Winnekendonk 46 L 2
Winnemark 5 C 13
Winnenden 94 T 12
Winnert 5 C 11
Winnigstedt 41 J 16
Winningen 53 K 18
Winningen 71 P 6
Winnweiler 83 R 7
Winseldorf 8 E 12
Winsen 20 F 14
Winsen (Aller) 30 H 13
Winsener Marsch 20 F 14
Winterbach 81 R 5
Winterbach *(Kreis Günzburg)* 103 U 15
Winterbach *(Rems-Murr-Kreis)* 94 T 12
Winterberg 50 M 9
Winterborn *(Donnersbergkreis)* 83 Q 7
Winterborn *(Oberbergischer Kreis)* 61 N 6
Winterburg 73 Q 6
Winterfeld 32 H 17
Winterhausen 86 Q 14
Winterkasten 84 Q 10
Winterlingen 102 V 11
Wintermoor 30 G 13
Winternam 46 L 3
Winterrieden 103 V 14
Wintersbach 75 Q 11
Winterscheid *(Kreis Bitburg-Prüm)* 70 P 2
Winterscheid *(Rhein-Sieg-Kreis)* 59 N 6
Wintersdorf 66 M 21
Wintersdorf 80 Q 3
Wintersdorf 92 T 8
Winterspelt 70 P 2
Winterspüren 101 W 11
Winterstein 64 N 15
Winterstettendorf 102 W 13
Wintrich 72 Q 4
Wintzingerode 52 L 14
Winzeln 83 S 6
Winzeln 101 U 9
Winzenburg 40 K 13
Winzenheim 73 Q 7
Winzer 98 T 23
Winzerhausen 94 S 11
Winzingen 94 T 13
Winzlar 39 I 11
Wipfeld 76 Q 14
Wipfra 65 N 17
Wipfratal 65 N 17
Wippenhausen 105 U 19
Wipper 59 M 6
Wipper *(Bach z. Saale)* 53 L 17
Wipper *(Bach z. Unstrut)* 52 L 16
Wipperdorf 52 L 15
Wipperfeld 59 M 5
Wipperfürth 59 M 6
Wippershain 63 N 13
Wippingen 27 H 6
Wippingen 103 U 13
Wippra 53 L 17
Wipshausen 40 I 17
Wirbelau 73 O 8
Wirbenz 78 Q 19
Wirdum 16 F 5
Wirft 71 O 4
Wirfus 71 P 5
Wirges 73 O 7
Wirl 32 H 18
Wirme 61 M 8
Wirmighausen 50 L 10
Wirmsthal 76 P 14
Wirsberg 77 P 18
Wirtheim 75 P 11
Wirzenborn 73 O 7
Wisch 9 C 15
Wischhafen 19 E 11
Wisenta 78 O 19
Wismar 22 E 18
Wismarbucht 10 E 18
Wisper 73 P 7
Wissel 46 K 2
Wisselsdorf 98 T 22
Wisselsheim 74 O 10
Wisselsing 98 T 22
Wissen 61 N 7
Wissenbach 62 N 8
Wissersheim 58 N 4
Wissingen 37 J 8
Wißmar 62 O 10
Wistedt *(Kreis Harburg)* 19 G 13
Wistedt *(Kreis Rotenburg)* 19 G 11
Wiswedel 31 I 16
Witsum 4 B 9
Wittbek 5 C 11
Wittbrietzen 43 J 22
Wittdün 4 C 9
Wittelshofen 95 S 15
Witten 47 L 6
Wittenbeck 11 D 19
Wittenberg 55 K 21
Wittenberg 37 I 8
Wittenberge 32 G 19
Wittenberge 27 G 7
Wittenbergen 8 E 13
Wittenbergerpassau 9 D 15
Wittenborn *(Kreis Bad Segeberg)* 9 E 14
Wittenborn *(Kreis Mecklenburg-Strelitz)* 25 F 24
Wittenburg 21 F 17
Wittendorf 101 U 9
Wittenförden 21 F 17
Wittenhagen 13 D 23
Wittenhofen 110 W 12
Wittenmoor 42 I 19
Wittenschwand 108 W 8
Wittensee 8 C 13
Wittenweier 100 V 7
Wittenwurth 7 D 11
Witterda 65 M 16
Witterschlick (Bonn) 59 N 5
Wittershausen *(Kreis Bad Kissingen)* 76 P 13
Wittershausen *(Kreis Rottweil)* 101 V 9
Wittesheim 96 T 16
Wittgenborn 75 P 11
Wittgendorf *(Kreis Löbau-Zittau)* 69 N 28
Wittgendorf *(Kreis Saalfeld-Rudolstadt)* 65 O 17
Wittgensdorf 67 N 22
Wittgensteiner Land 62 N 9
Wittibreut 106 V 22
Wittichenau 57 L 26
Wittighausen 85 R 13
Wittingen 31 H 16
Wittislingen 95 U 15
Wittlaer 48 M 4
Wittlich 72 Q 4
Wittlingen *(Kreis Lörrach)* 108 X 6
Wittlingen *(Kreis Reutlingen)* 102 U 12
Wittloge 39 I 10
Wittlohe 29 H 12
Wittmannsdorf-Bückchen 45 J 26
Wittmar 41 J 15
Wittmund 17 F 7
Wittnau 100 W 7
Wittorf *(Kreis Lüneburg)* 20 F 15
Wittorf *(Kreis Rotenburg)* 30 G 12
Wittorf (Neumünster-) 9 D 13
Wittow 13 C 23
Wittstedt 18 F 10
Wittstock 33 G 21
Wittstocker Heide 23 G 21
Witzeeze 21 F 15
Witzenhausen 51 L 13
Witzhave 20 F 15
Witzhelden 59 M 5
Witzighausen 103 V 14
Witzin 23 E 19
Witzke 33 H 21
Witzlarner Forst 88 S 20
Witzleben 65 N 17
Witzmannsberg *(Kreis Coburg)* 77 P 16
Witzmannsberg *(Kreis Passau)* 99 T 24
Witznau 108 W 8
Witzwort 7 C 10
Wixhausen 74 Q 9
Wobbenbüll 4 C 10
Woblitzsee 24 G 23
Wochern 80 R 3
Woddow 25 F 26
Wodenhof 21 F 17
Wöbbel 39 K 11
Wöbbelin 22 F 18
Wöbs 9 D 15
Wöhle 40 J 14
Wöhlsdorf 66 N 19
Wöhrden 7 D 11
Wölbattendorf 78 P 19
Wölferode 62 N 10
Wölfershausen 64 N 13
Wölfersheim 74 O 10
Wölfis 65 N 16
Wölkau 54 L 21
Wölkendorf 77 P 17
Wölkisch 68 M 24
Wöllmarshausen 52 L 14
Wöllnau 55 L 22
Wöllstadt 74 P 10
Wöllstein 73 Q 7
Wölpinghausen 39 I 11
Wölsickendorf-Wollenberg 35 H 25
Wöltingerode 41 K 15
Wörblitz 55 L 22
Wörbzig 54 K 19
Wörderfeld 39 K 11
Wörleschwang 103 U 15
Wörlitz 54 K 21
Wörmlitz 42 J 19
Wörnitz 86 S 14
Wörnitzstein 96 T 16
Wörnsmühl 113 W 19
Wörpe 29 G 11
Wörpen 43 K 21
Wörrstadt 73 Q 8
Wörsdorf 73 P 8
Wört 95 S 14
Wörth *(Kreis Erding)* 105 V 19
Wörth *(Kreis Weilheim-Schongau)* 112 W 17
Wörth a. d. Donau 90 S 21
Wörth a. Main 85 Q 11
Wörth a. Rhein 93 S 8
Wörth an der Isar 98 U 21
Wörthsee *(Gemeinde)* 104 V 17
Wöschbach 93 S 9
Wössingen 93 S 9
Wöstendöllen 28 H 9
Wötzelsdorf 77 P 18
Woez 21 F 17
Woffelsbach 70 O 3
Woffleben 52 L 16
Woggersin 24 F 23
Wohlau 55 L 23
Wohld 27 I 8
Wohlde 7 C 11
Wohldorf-Ohlstedt 20 E 14
Wohlenbeck 19 F 11
Wohlenberg *(Kreis Nordwest Mecklenburg)* 10 E 17
Wohlenberg *(Kreis Stendal)* 32 H 18
Wohlenberger Wiek 10 E 17
Wohlenrode 31 I 15
Wohlerst 19 F 12
Wohlfahrt 59 N 6
Wohlmirstedt 53 M 18
Wohlmuthausen 85 S 12
Wohlstreck 29 H 9
Wohltorf 20 F 14
Wohnbach 74 O 10
Wohnfeld 63 O 11
Wohnsgehaig 77 Q 18
Wohnste 19 F 12
Wohra 62 N 10
Wohratal 62 N 10
Wokuhl 24 G 23
Wolbeck 37 K 7
Wolde 24 E 23
Woldegk 24 F 24
Wolfach 100 V 8
Wolfartsweier 93 T 9
Wolfegg 102 W 13
Wolfen 54 L 20
Wolfenbüttel 41 J 15
Wolfenhausen 74 O 8
Wolfenhausen 93 U 10
Wolferborn 75 P 11
Wolferding 106 U 21
Wolferode 53 L 18
Wolfersdorf *(Kreis Cham)* 91 S 22
Wolfersdorf *(Kreis Freising)* 105 U 19
Wolfersdorf *(Kreis Greiz)* 66 N 20
Wolfersdorf *(Kreis Regensburg)* 90 S 20
Wolfersdorf *(Saale-Holzland-Kreis)* 66 N 19
Wolfersgrün *(Kreis Kronach)* 77 P 18
Wolfersgrün *(Kreis Zwickauer Land)* 67 O 21
Wolferstadt 96 T 16
Wolferstedt 53 L 18
Wolfersweiler 81 R 5
Wolfertschwenden 103 W 14
Wolfgang 74 P 10
Wolfhagen 51 M 11
Wolfmannshausen 76 O 15
Wolframs-Eschenbach 86 S 16
Wolfratshausen 104 W 18
Wolfring 88 R 20
Wolfsbach *(Kreis Amberg-Sulzbach)* 88 R 19
Wolfsbach *(Kreis Landshut)* 97 U 20
Wolfsbach *(Stadtkreis Bayreuth)* 77 Q 18
Wolfsbehringen 64 M 15
Wolfsberg 87 Q 17
Wolfsberg *(Ilm-Kreis)* 65 N 17
Wolfsberg *(Kreis Sangerhausen)* 53 L 17
Wolfsbuch 97 T 18
Wolfsburg 41 I 16
Wolfsburg-Unkeroda 64 N 14
Wolfschlugen 94 U 11
Wolfsegg 90 S 19
Wolfsfeld 88 R 19
Wolfshagen 40 K 14
Wolfshagen *(Kreis Nordvorpommern)* 12 D 22
Wolfshagen *(Kreis Prignitz)* 32 G 20
Wolfshagen *(Kreis Uckermark)* 25 F 24
Wolfshausen 62 N 10
Wolfsheim 73 Q 8
Wolfskehlen 74 Q 9
Wolfskrug 5 C 12
Wolfsruh 34 G 23
Wolfstein 81 R 6
Wolfsteiner Ohe 99 T 24
Wolfterode 64 M 14
Wolgast 15 D 25
Wolkenburg-Kaufungen 67 N 22
Wolkenstein 67 O 23
Wolkersdorf 87 R 17
Wolketsweiler 110 W 12
Wolkow 24 F 23
Wolkramshausen 52 L 16
Wollbach 76 O 14
Wollbrandshausen 52 L 14
Wollenberg 35 H 26
Wollenhagen 32 I 18
Wollershausen 52 L 14
Wollersheim 58 N 3
Wolletz 35 G 25
Wollin *(Kreis Potsdam-Mittelmark)* 43 J 21
Wollin *(Kreis Uckermark)* 25 G 26
Wollin b. Penkum 25 G 26
Wollingst 18 F 10
Wollmar 62 N 10
Wollmatingen 110 W 11
Wollmerath 71 P 4
Wollomoos 104 U 17
Wollrode 51 M 12
Wollschow 25 F 26
Wolmersdorf 7 D 11
Wolmirsleben 42 K 18
Wolmirstedt 42 J 18
Wolnzach 97 U 18
Wolpadingen 108 W 8
Wolpertshausen 85 S 13
Wolpertswende 102 W 12
Wolsdorf 41 J 16
Wolsfeld 80 Q 3
Wolsier 33 H 20
Wolterdingen 30 G 13
Wolterdingen 101 W 9
Wolteritz 54 L 20
Woltersdorf *(Kreis Herzogtum Lauenburg)* 21 F 15
Woltersdorf *(Kreis Jerichower Land)* 42 J 19
Woltersdorf *(Kreis Lüchow-Dannenberg)* 32 H 17
Woltersdorf *(Kreis Oder-Spree)* 44 I 25
Woltersdorf *(Kreis Teltow-Fläming)* 44 J 23
Woltersdorf *(Kreis Uckermark)* 35 G 26
Woltershausen 40 K 13
Wolterslage 32 H 19
Wolthausen 30 H 13
Woltorf 40 J 14
Woltow 11 E 21
Woltringhausen 29 I 10
Woltrup 27 I 7
Woltwiesche 40 J 14
Woltzeten 16 F 5
Wolzig 44 J 25
Wolziger See 44 J 25
Wondreb 79 Q 21
Wonfurt 76 P 15
Wonneberg 106 W 22
Wonsees 77 Q 17
Wonsheim 83 Q 7
Woosmer 31 G 17
Wootz 32 G 18
Woppenroth 72 Q 6
Woppmannsdorf 90 S 21
Worbis 52 L 15
Worblingen 109 W 10
Worfelden 74 Q 9
Worin 45 I 26
Woringen 103 W 14
Workerszell 96 T 17
Wormbach 62 M 8
Wormeln 51 L 11
Wormersdorf 60 O 4
Wormlage 56 L 25
Worms 84 R 9
Wormsdorf 41 J 17
Wormstedt 65 M 18
Worndorf 101 W 10
Worphausen 29 G 10
Worpswede 29 G 10
Worringen 59 M 4
Worth 20 F 15
Woserin 23 E 20
Woseriner See 23 F 20
Wotenick 14 E 22
Wotenitz 21 E 17
Woterfitzsee 24 F 22
Wrangelsburg 15 D 24
Wredenhagen 23 G 21
Wremen 18 F 9
Wrestedt 31 H 15
Wrexen 50 L 10
Wriedel 30 G 14
Wriezen 35 H 26
Wrisbergholzen 40 J 13
Wrisser Hammrich 17 F 6
Wrist 8 E 13
Wrixum 4 B 9
Wrohe 9 D 13
Wrohm 8 D 12
Wuchzenhofen 103 W 14
Wülfershausen 76 P 13
Wülfershausen *(Ilm-Kreis)* 65 N 17
Wülfershausen a. d. Saale 76 P 15
Wülfingen 40 J 13
Wülfinghausen 40 J 12
Wülfrath 48 M 5
Wülfte 50 L 9
Wülknitz *(Kreis Köthen)* 54 K 19
Wülknitz *(Kreis Riesa-Großenhain)* 56 L 24
Wüllen 36 J 4
Wüllersleben 65 N 17
Wülperode 41 K 15
Wümbach 65 N 16
Wümme 19 G 13
Wünnenberg 50 L 10
Wünsch 54 L 19
Wünschendorf 68 M 25
Wünschendorf (Elster) 66 N 20
Wünschensuhl 64 N 14
Wünsdorf 44 J 24
Würchwitz 66 M 20
Würding 107 U 24
Würdinghausen 61 M 8
Würgassen 51 L 12
Würgau 77 Q 17
Würgendorf 61 N 8
Würges 74 P 8
Würm *(Stadt)* 93 T 10
Würrich 72 Q 5
Würselen 58 N 2
Würtingen 102 U 12
Würzbach 93 T 9
Würzberg 84 R 11
Würzburg 85 Q 13
Wüschheim 71 P 6
Wüst Eldena 13 D 23
Wüstegarten 63 M 11
Wüsten 39 J 10
Wüstenbrand 67 N 22
Wüsteney 14 D 23
Wüstenfelde 14 E 23
Wüstenjerichow 42 J 20
Wüstenrot 94 S 12
Wüstensachsen 76 O 14
Wüstenselbitz 78 P 19
Wüstenstein 77 Q 17
Wüstenzell 85 Q 12
Wüstermarke 56 K 24
Wüstfeld 63 N 13
Wüstheuterode 52 M 14
Wüsting 28 G 9
Wüstmark 22 F 18
Wuhnitz 55 M 23
Wulfelade 30 I 12
Wulfen 54 K 19
Wulfen 47 K 5
Wulferdingsen 39 J 10
Wulfersdorf 23 G 21
Wulferstedt 41 J 17
Wulfhorst 50 K 9
Wulfsdorf 9 D 15
Wulfsdorf (Lübeck-) 21 E 16
Wulfsen 20 G 14
Wulfskuhl 21 F 17
Wulfsmoor 8 E 13
Wulfsode 30 G 14
Wulfstorf 31 G 15
Wulften 52 L 14
Wulften 37 J 8
Wulkau 32 H 20
Wulkenzin 24 F 23
Wulkow *(b. Frankfurt)* 45 I 27
Wulkow *(b. Kyritz)* 33 H 21
Wulkow *(b. Neuruppin)* 33 H 22
Wulkow *(b. Seelow)* 35 I 26
Wulmeringhausen 50 M 9
Wulmstorf 29 H 11
Wulsbüttel 18 G 10
Wulsdorf 18 F 9
Wunderbüttel 31 H 16
Wundersleben 65 M 17
Wunderthausen 62 M 9
Wunsiedel 78 P 20
Wunstorf 39 I 12
Wupper-Stausee 48 M 5
Wuppertal 48 M 5
Wurgwitz 68 M 24
Wurlitz 78 P 19
Wurmannsquick 106 U 22
Wurmberg 52 K 15
Wurmberg 93 T 10
Wurmlingen *(Kreis Tübingen)* 93 U 10
Wurmlingen *(Kreis Tuttlingen)* 101 V 10
Wurmsham 106 U 21
Wurz 89 Q 20
Wurzacher Ried 103 W 13
Wurzbach 77 O 18
Wurzeldeich 16 F 5
Wurzen 55 L 22
Wusse 13 C 23
Wussentin 24 E 24
Wust 42 I 20
Wusterhausen 33 H 21
Wusterhusen 13 D 24
Wustermark 43 I 22
Wusterwitz 43 I 21
Wustrau-Altfriesack 33 H 22
Wustrow 24 G 18
Wustrow *(Kreis Bad Doberan)* 10 D 18
Wustrow *(Kreis Lüchow-Dannenberg)* 31 H 17
Wustrow *(Kreis Mecklenburg-Strelitz)* 24 G 22

Deutschland

W

Name	Page	Grid
Wustrow (Kreis Nordvorpommern)	11	C 21
Wustweiler	81	R 5
Wutach	101	W 9
Wutha-Farnroda	64	N 15
Wuthenow	33	H 22
Wutike	33	G 21
Wutöschingen	109	X 9
Wybelsum	16	F 5
Wyhl	100	V 6
Wyk a. Föhr	4	B 9
Wyler	46	K 2
Wymeer	26	G 5

X-Y

Name	Page	Grid
Xanten	46	L 3
Yach	100	V 8
Yburg	92	T 8

Z

Name	Page	Grid
Zaasch	54	L 20
Zaatzke	33	G 21
Zabakuck	42	I 20
Zabelsdorf	34	G 23
Zabeltitz	56	L 24
Zabenstedt	54	L 19
Zaberfeld	93	S 10
Zabitz	54	K 19
Zachenberg	91	T 23
Zachow	43	I 22
Zadelsdorf	66	N 19
Zadrau	31	G 17
Zähringen	100	V 7
Zahmen	75	O 12
Zahna	43	K 22
Zahren	23	F 20
Zahrenholz	31	I 15
Zahrensdorf (Kreis Ludwigslust)	21	F 16
Zahrensdorf (Kreis Parchim)	22	E 19
Zahrensen	30	G 13
Zainingen	94	U 12
Zaisenhausen (Hohenlohekreis)	85	R 13
Zaisenhausen (Kreis Karlsruhe)	93	S 10
Zaisersweiher	93	S 10
Zaisertshofen	103	V 15
Zaitzkofen	97	T 20
Zallmsdorf	43	K 22
Zandt (Kreis Cham)	89	S 22
Zandt (Kreis Eichstätt)	97	T 18
Zang	95	T 14
Zangberg	106	V 21
Zangenstein	89	R 20
Zankenhausen	104	V 17
Zapel (Kreis Ludwigslust)	21	F 17
Zapel (Kreis Parchim)	22	F 19
Zapfendorf	77	P 16
Zappendorf	54	L 19
Zarchlin	23	F 20
Zarenthien	31	G 16
Zarnekau	9	D 16
Zarnekow	14	E 22
Zarnewanz	11	D 21
Zarow	25	E 25
Zarpen	21	E 15
Zarrendorf	13	D 23
Zarrentin	21	F 16
Zaschwitz	54	L 19
Zasenbeck	31	H 16
Zastler	100	W 7
Zauche	43	J 22
Zauchwitz	43	J 23
Zaue	45	J 26
Zavelstein	93	T 10
Zebelin	31	H 17
Zecherin	25	E 25
Zechin	35	I 27
Zechlinerhütte	33	G 22
Zeckendorf	77	Q 17
Zeckerin	56	K 24
Zedlitz	66	N 20
Zedtlitz	67	M 21
Zedtwitz	78	O 19
Zeesen	44	J 24
Zeestow	34	I 22
Zeetze	31	G 16
Zehbitz	54	K 20
Zehdenick	34	H 24
Zehlendorf (Berlin)	44	I 23
Zehlendorf (Kreis Oberhavel)	34	H 24
Zehma	66	N 21
Zehna	23	E 20
Zeholfing	98	T 22
Zehren	68	M 24
Zehrengraben	32	H 18
Zeil am Main	76	P 15
Zeilarn	106	V 22
Zeilfeld	76	O 15
Zeilitzheim	76	Q 14
Zeilsheim	74	P 9
Zeiskam	83	S 8
Zeißholz	56	L 26
Zeißig	57	L 26
Zeithain	55	M 24
Zeitlarn	90	S 20
Zeitlofs	75	P 13
Zeitz	66	M 20
Zell (Kreis Bergstraße)	84	Q 9
Zell (Kreis Biberach a. d. Riß)	102	V 12
Zell (Kreis Hof)	78	P 19
Zell (Kreis Neuburg-Schrobenhausen)	96	T 17
Zell (Kreis Neumarkt i. d. Oberpfalz)	97	T 18
Zell (Kreis Pfaffenhofen a. d. Ilm)	97	T 18
Zell (Kreis Regen)	99	T 23
Zell (Kreis Rottal-Inn)	98	U 22
Zell (Kreis Schweinfurt)	76	P 14
Zell (Kreis Unterallgäu)	103	W 14
Zell (Odenwaldkreis)	84	Q 10
Zell (Vogelsbergkreis)	63	N 11
Zell (Mosel)	71	P 5
Zell a. Ebersberg	76	Q 15
Zell a. Harmersbach	100	U 8
Zell am Main	85	Q 13
Zell i. Wiesental	108	W 7
Zell-Weierbach	92	U 7
Zella	64	N 14
Zella-Mehlis	64	O 16
Zellendorf	43	K 23
Zellerfeld	52	K 15
Zellersee	109	W 10
Zellertal	83	R 8
Zellhausen	74	P 10
Zellingen	75	Q 13
Zeltingen-Rachtig	72	Q 5
Zelz	57	L 28
Zembschen	66	M 20
Zemitz	15	E 25
Zemmer	72	Q 4
Zemnick	55	K 22
Zempin	15	D 25
Zempow	33	G 22
Zenching	89	S 22
Zendscheid	70	P 3
Zenn	86	R 15
Zennern	63	M 11
Zentbechhofen	87	Q 16
Zenting	99	T 23
Zepelin	23	E 20
Zepernick	34	I 24
Zepfenhan	101	V 10
Zepkow	23	G 21
Zeppelinheim (Frankfurt)	74	P 9
Zeppenfeld	61	N 8
Zeppernick	42	J 20
Zerben	42	I 19
Zerbst	42	K 20
Zerf	80	R 4
Zerenberg	51	L 11
Zerike	24	F 23
Zermützel	33	G 22
Zernien	31	G 16
Zernikow	34	G 23
Zernin	23	E 19
Zernitz (Kreis Anhalt-Zerbst)	42	J 20
Zernitz (Kreis Ostprignitz-Ruppin)	33	H 21
Zernsdorf	44	J 25
Zerpenschleuse	34	H 24
Zerrenthin	25	F 26
Zesch	44	J 24
Zetel	17	F 7
Zethau	68	N 24
Zethlingen	32	H 17
Zettemin	24	F 22
Zetteritz	67	M 22
Zettlitz (b. Gefrees)	78	P 19
Zettlitz (b. Rugendorf)	77	P 18
Zettlitz (Kreis Mittweida)	67	M 22
Zetzscha	66	M 21
Zeuchfeld	54	M 19
Zeuden	43	J 22
Zeulenroda	66	O 19
Zeutern	84	S 10
Zeuthen	44	I 24
Zeutsch	65	N 19
Zeuzleben	76	Q 14
Zeven	19	G 11
Zewen	80	Q 3
Zeyern	77	P 18
Zicherie	31	I 16
Zichow	35	G 26
Zichtau	32	I 17
Zichtauer Forst	41	I 17
Zicker	13	D 24
Zickeritz	54	L 19
Zickhusen	22	E 18
Zidderich	23	F 20
Zieckau	44	K 24
Ziegelbach	102	W 13
Ziegelhausen	84	R 10
Ziegelheim	67	N 21
Ziegelroda	53	M 18
Ziegendorf	22	G 19
Ziegenhagen	51	L 13
Ziegenhagen (Kreis Stendal)	32	H 19
Ziegenhain	67	M 23
Ziegenhardt	59	N 6
Ziegenhelle	62	M 9
Ziegenrück	66	O 18
Ziegra-Knobelsdorf	67	M 23
Zieko	43	K 21
Zielitz	42	J 19
Zielow	23	F 22
Ziemendorf	32	H 18
Ziemetshausen	103	V 15
Zienitz	31	G 16
Zienken	100	W 6
Ziepel (Altmarkkreis Salzwedel)	41	I 18
Ziepel (Kreis Jerichower Land)	42	J 19
Zierau	32	H 17
Zierenberg	51	L 11
Zierke	24	F 23
Zierker See	24	F 23
Zierolshofen	92	U 7
Zierow	10	E 18
Ziertheim	95	U 15
Zierzow	22	G 19
Ziesar	43	J 20
Ziese	15	D 24
Ziesendorf	11	E 20
Zieslübbe	22	F 19
Ziethe	54	K 19
Ziethen (Kreis Herzogtum Lauenburg)	21	E 16
Ziethen (Kreis Ostvorpommern)	15	E 25
Zillbach	64	N 14
Zillhausen	101	V 10
Zilly	41	K 16
Zilsdorf	70	P 4
Ziltendorf	45	J 27
Zimmerau	76	P 15
Zimmern (Kreis Rottal-Inn)	106	U 22
Zimmern (Kreis Tuttlingen)	101	W 10
Zimmern (Main-Tauber-Kreis)	85	R 13
Zimmern (Neckar-Odenwald-Kreis)	85	R 12
Zimmern (Saale-Holzland-Kreis)	65	M 18
Zimmern (Unstrut-Hainich-Kreis)	64	M 15
Zimmern ob Rottweil	101	V 9
Zimmern u. d. Burg	101	V 10
Zimmernsupra	65	N 16
Zimmersrode	63	M 11
Zingsheim	60	O 4
Zingst (Gemeinde)	12	C 22
Zinna	55	L 22
Zinndorf	44	I 25
Zinnitz	56	K 25
Zinnkopf	114	W 22
Zinnowitz	15	D 25
Zinnwald-Georgenfeld	68	N 25
Zinst	78	Q 19
Zinzenzell	90	S 21
Zinzow	24	E 24
Zipplingen	95	T 15
Zips	87	Q 18
Zirchow	15	E 26
Zirgesheim	96	T 16
Zirkow	13	C 24
Zirndorf	87	R 16
Zirtow	24	G 22
Zirzow	24	F 23
Zislow	23	F 20
Zittau	69	N 28
Zittauer Gebirge	69	N 27
Zitz	43	J 20
Zixdorf	43	J 22
Zizenhausen	101	W 11
Zobbenitz	42	I 18
Zobersdorf	56	L 24
Zodel	69	M 29
Zöbingen	95	T 15
Zöblitz	67	O 23
Zölkow	22	F 19
Zörbig	54	L 20
Zörnigall	55	K 22
Zöschen	54	L 20
Zöschingen	95	T 14
Zöschlingsweiler	95	U 15
Zogenweiler	102	W 12
Zoghaus	66	O 20
Zolkendorf	24	E 23
Zollchow (Kreis Havelland)	42	I 20
Zollchow (Kreis Uckermark)	25	G 25
Zollgrün	78	O 19
Zollhaus	73	P 8
Zollhaus	101	W 9
Zolling	105	U 19
Zons	59	M 4
Zootzen (Kreis Havelland)	33	H 21
Zootzen (Kreis Ostprignitz-Ruppin)	33	G 21
Zorbau	66	M 20
Zorge	52	L 15
Zorn	73	P 7
Zorneding	105	V 19
Zornheim	73	Q 8
Zossen	44	J 24
Zotzenbach	84	R 10
Zoznegg	101	W 11
Zschadraß	67	M 22
Zschaitz-Ottewig	67	M 23
Zschepplin	55	L 21
Zscherben	54	L 19
Zschernitz	54	L 20
Zschertnitz (Dresden)	68	M 25
Zschochau	55	M 23
Zschocken	67	N 22
Zschopau	67	N 23
Zschoppach	55	M 22
Zschorlau	67	O 21
Zschornau-Schiedel	56	M 26
Zschornewitz	54	K 21
Zschortau	54	L 21
Zuchau	54	K 19
Zuchering	96	T 18
Zudar	13	D 24
Zühlen	33	G 22
Zühlsdorf	34	H 24
Zülichendorf	43	J 23
Züllsdorf	55	L 23
Zülpich	58	N 3
Zündorf (Köln)	59	N 5
Züntersbach	75	P 13
Züschen (Hochsauerlandkreis)	62	M 9
Züschen (Schwalm-Eder-Kreis)	63	M 11
Züsedom	25	F 26
Züsow	10	E 19
Züssow	14	E 24
Züttlingen	85	S 11
Zützen (Kreis Dahme-Spreewald)	44	K 24
Zützen (Kreis Uckermark)	35	G 26
Zuffenhausen	94	T 11
Zug	68	N 24
Zugspitze	112	X 16
Zumhof	90	S 21
Zunsweier	100	U 7
Zurow	22	E 18
Zurstraße	49	M 6
Zusam	103	V 15
Zusamaltheim	95	U 15
Zusamzell	95	U 15
Zusmarshausen	103	U 15
Zußdorf	102	W 12
Zuzenhausen	84	S 10
Zwackau	66	N 19
Zweckel	47	L 4
Zweedorf (Kreis Bad Doberan)	10	D 19
Zweedorf (Kreis Ludwigslust)	21	F 15
Zwehren	51	M 12
Zweibrücken	82	S 6
Zweifall	58	N 2
Zweiflingen	85	S 12
Zweigkanal Hildesheim	40	J 13
Zweimen	54	L 20
Zwenkau	54	M 20
Zwerenberg	93	U 9
Zwergen	51	L 11
Zwesten	63	M 11
Zwethau	55	L 23
Zwickau	67	N 21
Zwickauer Mulde	67	O 21
Zwickgabel	93	U 8
Zwiedorf	24	E 23
Zwiefalten	102	V 12
Zwiefaltendorf	102	V 12
Zwiesel	91	S 23
Zwieselberg (Dorf)	101	U 9
Zwieserwaldhaus	91	S 24
Zwillbrock	36	J 4
Zwinge	52	L 15
Zwingenberg (Kreis Bergstraße)	84	Q 9
Zwingenberg (Neckar-Odenwald-Kreis)	84	R 11
Zwischenahner Meer	27	G 7
Zwochau	54	L 20
Zwönitz	67	O 22
Zwota	79	O 21
Zyfflich	46	K 2

A

Aaigem 131 F 9
Aalbeke 130 D 9
Aalst (*=Alost*) 127 G 9
Aalter 126 E 8
Aarschot 128 I 9
Aarsele 126 E 9
Aartrijke 126 D 8
Aartselaar 127 H 8
Abeek 110 K 8
Abeele (L') 130 C 9
Achel 128 K 8
Achêne 135 J 11
Achterbos 128 J 8
Achterbroek 127 H 7
Acoz 131 H 10
Adegem 127 E 8
Adinkerke 126 B 8
Affligem 131 G 9
Agimont 135 I 11
Aische 132 I 10
Aisne 133 K 11
Aisne 133 K 10
Albert Kanaal / Canal Albert 127 I 8
Albertstrand 126 D 7
Alden-Biesen 132 K 9
Alken 132 J 9
Alle 135 I 12
Alsemberg 131 H 9
Alveringem 126 C 8
Amay 132 J 10
Ambly 135 J 11
Amel (*=Amblève*) 133 M 10
Amonines 137 K 11
Amougies 131 E 9
Ampsin 132 J 10
Andenne 132 J 10
Anderlecht 131 G 9
Anderlues 131 G 10
Andler 133 M 11
Andrimont 133 L 10
Angre 131 F 10
Anhée 135 I 11
Anlier 137 K 12
Anlier (Forêt d') 137 L 12
Anloy 135 J 12
Annevoie-Rouillon 132 I 10
Ans 132 K 10
Anseremme 135 I 11
Anserœul 131 E 9
Anthée 135 I 11
Anthisnes 132 K 10
Antoing 130 E 10
Antwerpen (*=Anvers*) 127 H 8
Antwerpen *Provincie* 110 I 8
Antwerpen-Deurne *Aéroport* 127 H 8
Antwerpen naar Turnhout (Kanaal van) 127 H 8
Anvaing 131 E 9
Anzegem 131 E 9
Arbre 132 I 10
Arbrefontaine 137 L 11
Arc 131 E 9
Archennes (*=Eerken*) 132 I 9
Ardenne 113 I 11
Ardooie 126 D 9
Arendonk 128 J 8
Argenteau 133 L 9
Arlon (*=Aarlen*) 137 L 12
Arquennes 131 G 10
Arville 135 J 11
As 128 K 8
Aspelare 131 F 9
Asper 131 E 9
Asquillies 131 F 10
Asse 131 G 9
Assebroek 126 D 8
Assenede 127 F 8
Assenois 136 K 12
Assent 128 J 9
Assesse 132 J 10
Astenet 133 M 9
Ath (*=Aat*) 131 F 10
Athus 137 L 13
Attert 137 L 12
Attre 131 F 10
Aubange 137 L 13
Aubechies 131 F 10
Aubel 133 L 9
Aublain 135 H 11
Auby-sur-Semois 135 J 12
Audregnies 131 F 10
Aulne (Abbaye d') 131 G 10
Autelbas 137 L 13
Autre-Église 132 I 10
Auvelais 132 H 10
Ave-et-Auffe 135 J 11
Avelgem 130 E 9
Averbode 128 I 8
Avins (Les) 132 J 10
Awans 132 K 10
Awenne 135 J 11
Awirs 132 K 10
Aye 135 J 11
Ayeneux 133 L 10
Aywaille 133 L 10

B

Baaigem 131 F 9
Baal 128 I 8
Baardegem 127 G 9
Baarle-Hertog 128 I 7
Baarle-Nassau 128 I 7
Baasrode 127 G 8
Bachte-Maria-Leerne 127 E 8
Baelen 133 L 10
Baileux 135 H 11
Baillonville 135 K 11
Baisieux 131 F 10
Baisy-Thy 131 H 10
Balegem 131 F 9
Balen 128 J 8
Bambois 132 I 10
Ban d'Alle 135 I 12
Bande 136 K 11
Banneux-Notre-Dame 114 L 10
Baranzy 137 L 13
Baraque de Fraiture 137 L 11
Baraque Michel 133 M 10
Barbençon 134 G 11
Barchon 133 L 9
Barrière de Champlon 136 K 11
Barry 131 E 10
Barvaux-Condroz 132 J 11
Bas-Oha 132 J 10
Basècles 131 E 10
Basse-Bodeux 133 L 10
Bassenge 133 K 9
Bassevelde 127 F 8
Bassilly 131 F 9
Bastogne (*=Bastenaken*) 137 L 11
Battice 133 L 10
Baudour 131 F 10
Bauffe 131 F 10
Baugnies 131 E 10
Baulers 131 H 10
Bavegem 127 F 9
Bayard (Rocher) 135 I 11
Bazel 127 G 8
Beaufays 133 K 10
Beaumont *Hainaut* 134 G 11
Beaumont *Liège* 133 L 10
Beauraing 135 I 11
Beausaint 137 K 11
Beauvechain (*=Bevekom*) 132 I 9
Beauwelz 134 G 11
Beclers 131 E 10
Beernem 126 E 8
Beerse 128 I 8
Beersel 131 G 9
Beerst 126 C 8
Beervelde 127 F 8
Beerzel 128 I 8
Beffe 136 K 11
Begijnendijk 128 I 8
Beho 137 L 11
Bekkevoort 128 I 9
Belgrade 132 I 10
Belle Maison 132 J 10
Bellefontaine 136 K 13
Bellegem 130 D 9
Bellem 127 E 8
Bellevaux 133 M 10
Bellevaux (*Luxembourg*) 135 J 12
Bellewaerde Park 130 C 9
Belœil 131 F 10
Belsele 127 G 8
Belvaux 135 J 11
Ben 132 J 10
Berchem 127 H 8
Bercheux 137 K 12
Berendrecht 127 G 7
Beringen 128 J 8
Berinsenne 114 L 10
Berlaar 128 H 8
Berlare 127 G 8
Berloz 132 J 9
Berneau 133 L 9
Bernissart 131 E 10
Bersillies-l'Abbaye 134 G 11
Bertem 132 H 9
Berterath 133 N 10
Bertogne 137 L 11
Bertrix 135 J 12
Berzée 135 H 11
Beselare 130 D 9
Betâne 133 L 10
Betekom 128 I 9
Beuzet 132 I 10
Bevel 128 I 8
Bever (*=Biévène*) 131 F 9
Bévercé 133 M 10
Beveren *Oost-Vlaanderen* 127 G 8
Beveren *West-Vlaanderen* 126 D 9
Beveren-Leie 130 D 9
Beverlo 128 J 8
Beverst 132 K 9
Beyne-Heusay 133 K 10
Bierbeek 132 I 9
Biercée 134 G 11
Bierset 132 K 10
Bierwart 132 J 10
Biesme 135 H 10
Biesmerée 135 I 11
Bièvre 135 J 12
Bihain 137 L 11
Bilstain 133 L 10
Bilzen 132 K 9
Binche 131 G 10
Binkom 132 I 9
Bioul 135 I 11
Bizet (Le) 130 C 9
Blaasveld 127 H 8
Blandain 130 D 10
Blankaart 126 C 9
Blankenberge 126 D 8
Blaregnies 131 F 10
Blaton 131 E 10
Blaugies 131 F 10
Blegny 133 L 9
Bléharies 130 E 10
Bleid 137 K 13
Blicquy 131 F 10
Bocholt 128 K 8
Bocq 113 I 11
Bodange 137 L 12
Boechout *Antwerpen* 127 H 8
Boekhoute 127 F 8
Boezinge 130 C 9
Bohan 135 I 12
Bois-de-Lessines (*=Lessenbos*) 131 F 9
Bois-de-Villers 132 I 10
Bois-et-Borsu 132 K 10
Bois-Seigneur-Isaac 131 G 10
Bokrijk 128 K 9
Bolderberg 128 J 9
Bomal-sur-Ourthe 132 K 10
Bon-Secours 131 E 10
Boncelles 132 K 10
Bonheiden 127 H 8
Bonlez 132 I 9
Bonne Espérance (Abbaye de) 131 G 10
Bonnert 137 L 12
Bonneville 132 J 10
Bons Villers (Les) 131 H 10
Booischot 128 I 8
Boom 127 H 8
Boorsem 128 L 9
Boortmeerbeek 127 H 9
Borchtlombeek 131 G 9
Borgerhout 127 H 8
Borgloon (*=Looz*) 132 K 9
Borlo 132 J 9
Borlon 132 K 10
Born 133 M 10
Bornem 127 G 8
Bornival 131 G 10
Bosbeek 110 K 8
Botassart 135 J 12
Botrange (Signal de) 133 M 10
Bottelare 127 F 9
Boudewijn Kanaal 108 D 8
Bouge 132 I 10
Bouillon 135 J 12
Bourcy 137 L 11
Bourdon 135 K 11
Bourlers 135 H 11
Bourseigne-Neuve 135 I 11
Bourseigne-Vieille 135 I 11
Boussu 131 F 10
Boussu-en-Fagne 135 H 11
Boussu-lez-Walcourt 135 H 11
Bousval 131 H 10
Boutersem 132 I 9
Bouvignes-sur-Meuse 135 I 11
Bouvignies 131 F 10
Bouwel 128 I 8
Bovigny 137 L 11
Bra 133 L 11
Brabant-Wallon *Province* 109 I 9
Braibant 135 J 11
Braine-l'Alleud (*=Eigenbrakel*) 131 H 9
Braine-le-Château (*=Kasteelbrakel*) 131 G 9
Braine-le-Comte 131 G 10
Braives 132 J 10
Brakel 131 F 9
Braken 127 H 7
Branchon 132 I 10
Bras 136 K 12
Brasmenil 131 E 10
Brasschaat 127 H 8
Bray 131 G 10
Brecht 128 H 7
Bredene 126 C 8
Bredene-aan-Zee 126 C 8
Bree 128 K 8
Breendonk 109 G 8
Broechem 127 H 8
Broekom 132 J 9
Brugelette 131 F 10
Brugge (*=Bruges*) 126 D 8
Brûly 135 H 12
Brûly-de-Pesche 135 H 11
Brunehaut 130 E 10
Brussegem 131 G 9
Bruxelles / Brussel 131 H 9
Bruxelles-Brussel-National *Aéroport* 131 H 9
Bruyelle 130 E 10
Bruyère (La) 132 I 10
Budingen 132 J 9
Buggenhout 127 G 8
Buissenal 131 E 10
Buissonville 135 J 11
Buizingen 131 G 9
Buken 132 H 9
Bulles (Les) 136 K 12
Büllingen (*=Bullange*) 133 M 10
Bunsbeek 132 I 9
Burdinne 132 J 10
Bure 135 J 11
Burg-Reuland 137 M 11
Burst 131 F 9
Bury 131 E 10
Bütgenbach 133 M 10
Buvrinnes 131 G 10
Buzenol 137 K 13

C

Caillou (Musée du) 131 H 10
Callenelle 131 E 10
Cambron-Casteau 131 F 10
Cambron-St. Vincent 131 F 10
Carlsbourg 135 J 12
Casteau 131 G 10
Cedrogne (Bois de) 137 L 11
Celles *Gendron* 135 J 11
Celles *lez Tournai* 130 E 9
Celles *lez Waremme* 132 J 10
Cerfontaine 135 H 11
Céroux-Mousty 131 H 10
Chaineux 133 L 10
Champion 132 I 10
Champlon 136 K 11
Chantemelle 137 L 13
Chapelle-lez-Herlaimont 131 G 10
Chapon-Seraing 132 J 10
Charleroi 131 H 10
Charneux 133 L 9
Chassepierre 136 J 12
Chastre 132 H 10
Chastrès 135 H 11
Châtelet 131 H 10
Châtillon 137 L 13
Chaudfontaine 133 K 10
Chaumont-Gistoux 132 I 9
Chaussée-Notre-Dame 131 G 10
Chenogne 137 K 12
Cherain 137 L 11
Chevetogne 135 J 11
Chevron 133 L 10
Chièvres 131 F 10
Chimay 135 G 11
Chimay (Bois de) 135 G 11
Chiny 135 K 12
Chiny (Forêt de) 136 K 12
Ciergnon 135 J 11
Ciney 135 J 11
Ciplet 132 J 10
Ciply 131 F 10
Clavier 132 K 10
Clermont 133 L 10
Clermont *sur Meuse* 133 K 10
Clermont *Walcourt* 135 G 11
Cobreville 137 K 12
Colfontaine 131 F 10
Comblain-au-Pont 133 K 10
Comblain-Fairon 132 K 10
Comblain-la-Tour 133 K 10
Comines-Warneton (*=Komen-Waasten*) 130 D 9
Commanster 137 M 11
Condroz 113 J 10
Coo 133 L 10
Corbion 135 J 12
Cordes 131 E 9
Corenne 135 I 11
Corroy-le-Château 132 H 10
Corroy-le-Grand 132 I 10
Cortil-Noirmont 132 H 10
Cortil-Wodon 132 I 10
Cour 135 H 11
Courcelles 131 H 10
Courrière 132 I 10
Court-St. Etienne 131 H 10
Couthuin 132 J 10
Coutisse 132 J 10
Couvin 135 H 11
Couvin (Bois de) 135 H 11
Crèvecœur (Château de) 135 I 11
Crisnée 132 K 9
Crombach 137 M 11
Crupet 132 I 10
Cuesmes 131 F 10
Cugnon 135 J 12
Cul-des-Sarts 135 H 12
Custinne 135 J 11

D

Dadizele 130 D 9
Dailly 135 H 11
Dalhem 133 L 9
Damme 126 D 8
Dampicourt 136 K 13
Daussois 135 H 11
Dave 132 I 10
Daverdisse 135 J 11
Deerlijk 130 E 9
Deftinge 131 F 9
Deiffelt 137 M 11
Deinze 127 E 9
Demer 128 K 9
Denderhoutem 131 G 9
Denderleeuw 131 G 9
Dendermonde (*=Termonde*) 127 G 8
Denderwindeke 131 G 9
Dendre / Dender 131 F 10
Denée 135 I 11
Dentergem 126 E 9
Dergneau 131 E 9
Dessel 128 J 8
Desselgem 130 E 9
Destelbergen 127 F 8
Deurle 127 E 8
Deurne *Vlaams-Brabant* 128 J 8
Deurne *Antwerpen* 127 H 8
Deutsch-Belgischer Naturpark 137 M 10
Deux-Acren 131 F 9
Dhuy 132 I 10
Diegem 131 H 9
Diepenbeek 132 K 9
Diest 128 J 9
Dijle / Dyle 128 H 10
Dikkebus 130 C 9
Diksmuide (*=Dixmude*) 126 C 8
Dilbeek 131 G 9
Dilsen 128 L 8
Dinant 135 I 11
Dion-le-Mont 132 H 9
Dion-le-Val 132 H 9
Dison 133 L 10
Dochamps 137 K 11
Doel 127 G 8
Doest (Ter) 126 D 8
Dohan 135 J 12
Doische 135 I 11
Dolembreux 133 K 10
Dommel 110 K 8
Donceel 132 J 10
Dongelberg 132 I 9
Donkmeer 127 F 8
Dorinne 135 I 11
Dottignies (*=Dottenijs*) 130 D 9
Dour 131 F 10
Dourbes 135 H 11
Drongen 127 E 8
Dudzele 126 D 8
Duffel 127 H 8
Duinbergen 126 D 7
Duisburg 131 H 9
Durbuy 132 K 10
Durme 127 G 8
Durnal 132 I 10
Dworp 131 G 9

E

Eau Blanche 113 H 11
Eau d'Heure 113 H 11
Eau d'Heure (Barrages de l') 135 H 11
Eau Noire 113 H 11
Ebly 137 K 12
Ecaussinnes-d'Enghien 131 G 10
Ecaussinnes-Lalaing 131 G 10
Edegem 127 H 8
Eeklo 127 E 8
Eel 128 J 7
Eernegem 126 D 8
Egem 126 D 8
Éghezée 132 I 10
Einde 132 I 9
Eindhout 128 I 8
Eine 131 E 9
Eisden 128 L 9
Eisderbos 110 L 9
Eke 127 E 9
Ekeren 127 H 8
Eksaarde 127 F 8
Eksel 128 K 8
Elen 129 L 8
Elewijt 127 H 9
Ellemelle 132 K 10
Ellezelles (*=Elzele*) 131 F 9
Ellignies-Ste. Anne 131 F 10
Elouges 131 F 10
Elsenborn 133 M 10
Elverdinge 130 C 9
Elversele 127 G 8
Emael 133 K 9
Emblem 127 H 8
Emines 132 I 10
Emptinne 135 J 11
Enclus (Mont de l') 109 E 9
Enghien (*=Edingen*) 131 G 9
Engis 132 K 10
Ensival 133 L 10
Eppegem 127 H 9
Eprave 135 J 11
Erbisœul 131 F 10
Erembodegem 131 G 9
Erezée 137 K 11
Ermeton-sur-Biert 135 I 11
Erneuville 137 K 11
Ernonheid 133 L 10
Erpe-Mere 131 F 9
Erpion 135 H 11
Erps-Kwerps 131 H 9
Erquelinnes 134 G 11
Ertvelde 127 F 8
Escaillère (L') 135 H 12
Escanaffles 130 E 9
Escaut / Schelde 130 E 10
Esen 126 C 8
Esneux 132 K 10
Esplechin 130 D 10
Essen 127 H 7
Essene 131 G 9
Estaimbourg 130 D 9
Estaimpuis 130 D 9
Estinnes-au-Mont 131 G 10
Etalle 137 K 12
Éthe 137 K 13
Etikhove 131 E 9
Eugies 131 F 10
Eupen 133 M 10
Euro Space Center 135 J 11
Evelette 132 J 10
Everbeek 131 F 9
Evergem 127 F 8
Eynatten 133 M 9

F

Fagne 112 G 11
Fagnolle 135 H 11
Faimes 132 J 10
Falaën 135 I 11
Falemprise 135 H 11
Falisolle 132 H 10
Fallais 132 J 10
Falmagne 135 I 11
Falmignoul 135 I 11
Famenne 113 J 11
Familleureux 131 G 10
Fanzel 133 K 11
Farciennes 131 H 10
Faulx-les-Tombes 132 J 10
Fauvillers 137 K 12
Faymonville 133 M 10
Fays-les-Veneurs 135 J 12

Fayt-le-Franc 131 F 10
Felenne 135 I 11
Feluy 131 G 10
Fernelmont 132 I 10
Ferrières 133 K 10
Feschaux 135 I 11
Fexhe-le-Haut-Clocher 132 K 9
Fexhe-Slins 132 K 9
Flamierge 137 K 11
Flavion 135 I 11
Flawinne 132 I 10
Flémalle 132 K 10
Fléron 133 L 10
Fleurus 131 H 10
Flobecq (*=Vloesberg*) 131 F 9
Flône 132 K 9
Florée 132 J 10
Floreffe 132 I 10
Florennes 135 H 11
Florenville 136 J 12
Focant 135 J 11
Fontaine-l'Évêque 131 G 10
Fontaine-Valmont 134 G 11
Fontenelle 135 H 11
Fontenoille 136 J 12
Forchies-la-Marche 131 G 10
Forge-Philippe 134 G 12
Forges 135 G 11
Forges Jean Petit 135 H 12
Forrières 135 J 11
Forville 132 J 10
Fosse 133 L 10
Fossés (Les) 136 K 12
Fosses-la-Ville 132 I 10
Fouches 137 L 12
Fourneau-St. Michel 135 K 11
Foy-Notre-Dame 135 I 11
Frahan 135 J 12
Fraipont 133 L 10
Fraire 135 H 11
Fraiture 132 K 10
Frameries 131 F 10
Framont 135 J 12
Franc-Waret 132 I 10
Franchimont 135 H 11
Franchimont (Ruines de) 133 L 10
Francorchamps 133 L 10
Franière 132 I 10
Frasnes 135 H 11
Frasnes-lez-Gosselies 131 H 10
Frasnes-lez-Anvaing 131 E 9
Frênes (Rochers de) 132 I 10
Freux-Suzeran 136 K 12
Freyir (Forêt de) 136 K 11
Freÿr 135 I 11
Froidchapelle 135 G 11
Fronville 136 K 11
Fumal 132 J 10
Furfooz 135 I 11
Furnaux 135 I 11

G

Gaasbeek 131 G 9
Galmaarden 131 F 9
Ganshoren 131 G 9
Gaume 115 K 13
Gaurain-Ramecroix 131 E 10
Gavere 131 E 9
Gedinne 135 I 12
Geel 128 I 8
Geer 132 J 9
Geer *Rivière* 110 K 9
Geet 132 J 9
Geetbets 132 J 9
Gelbressée 132 I 10
Gellik 133 K 9
Gelmen 132 J 9
Gelrode 128 I 9
Geluveld 130 D 9
Geluwe 130 D 9
Gembes 135 J 12
Gembloux 132 I 10
Gemmenich 133 M 9
Genappe 131 H 10
Genk 128 K 9
Genly 131 F 10
Gent (*=Gand*) 127 F 8
Gentinnes 132 H 10
Genval 131 H 9
Geraardsbergen (*=Grammont*) 131 F 9
Gérompont 132 I 10
Gérouville 136 K 13
Gerpinnes 135 H 10
Gesves 132 J 10
Getzbach 111 M 10
Ghislenghien 131 F 10
Ghlin 131 F 10
Gierle 128 I 8
Gijverinkhove 126 C 9
Gijzegem 127 G 9
Gileppe (Barrage de la) 133 L 10
Gimnée 135 I 11
Gingelom 132 J 9
Ginste 126 E 9
Gistel 126 C 8
Gits 126 D 9
Givroulle 137 K 11
Givry 131 G 10
Glabais 131 H 10
Glabbeek 132 I 9
Glanerie (La) 130 D 10
Gleize (La) 133 L 10
Glimes 132 I 9
Glons (*=Glaaien*) 132 K 9
Gochenée 135 I 11
Godarville 131 G 10
Godinne 132 I 10
Goé 133 L 10
Gœgnies-Chaussée 134 F 10
Goesnes 132 J 10
Gomzé 133 L 10
Gondregnies 131 F 10
Gonrieux 135 H 11
Gooik 131 G 9
Gosselies 131 H 10
Gougnies 131 H 10
Gouvy 137 L 11
Gouy-lez-Piéton 131 G 10
Gozée 135 H 10
Grâce-Hollogne 132 K 10
Graide 135 J 12
Grand-Halleux 133 L 11
Grand-Leez 132 I 10
Grand-Reng 134 G 11
Grand-Rosière-Hottomont 132 I 10
Grandcourt 137 K 13
Grande Gette / Grote Gete 132 I 9
Grand-Hallet 132 J 9
Grandhan 132 K 11
Grandmenil 137 K 11
Grandrieu 134 G 11
Grandvoir 135 K 12
Grapfontaine 136 K 12
Graty 131 F 10
Gravenvoeren ('s)
(*=Fouron-le-Comte*) 133 L 9
Grembergen 127 G 8
Grez-Doiceau (*=Graven*) 132 I 9
Grimbergen 127 H 9
Grobbendonk 128 I 8
Groenendaal (*=Groenendael*) 132 H 9
Grootbos 110 J 8
Grosage 131 F 10
Grote-Barreel (De) 128 K 8
Grote-Brogel 128 K 8
Grote Geule 109 G 8
Grote Nete 110 J 8
Grüfflingen 137 M 11
Gruitrode 128 K 8
Grune 135 K 11
Grupont 135 J 11
Guigoven 132 K 9
Gullegem 130 D 9

H

Haacht 128 H 9
Haaltert 131 G 9
Haan (De) 126 D 8
Haasdonk 127 G 8
Haasrode 132 I 9
Habay-la-Neuve 137 K 12
Habay-la-Vieille 137 K 12
Habergy 137 L 13
Haccourt 133 L 9
Hageland 110 I 9
Haillot 132 J 10
Hainaut *Province* 112 E 10
Haine-St. Paul 131 G 10
Hakendover 132 I 9
Halanzy 137 L 13
Halen 128 J 9
Hallaar 128 I 8
Halle *Antwerpen* 128 H 8
Halle (*=Hal Brabant*) 131 G 9
Halle-Booienhoven 132 J 9
Halleux 136 K 11
Halma 135 J 11
Haltinne 132 J 10
Ham 128 J 8
Ham-sur-Heure 135 H 11
Hamipré 136 K 12
Hamme *Oost-Vlaanderen* 127 G 8
Hamme-Mille 132 I 9
Hamoir 132 K 10
Hamois 132 J 10
Hamont 128 K 8
Hampteau 136 K 11
Ham-sur-Sambre 132 I 10
Han (Grotte de) 135 J 11
Han-sur-Lesse 135 J 11
Handzame 126 D 8
Haneffe 132 J 10
Hannut 132 J 9
Hanret 132 I 10
Hansbeke 127 E 8
Hantes-Wihéries 134 G 11
Hanzinelle 135 H 11
Hanzinne 135 H 11
Harelbeke 130 D 9
Hargimont 135 J 11
Harmignies 131 G 10
Harnoncourt 136 K 13
Harre 133 K 10
Harsin 135 K 11
Harzé 133 L 10
Hasselt 128 J 9
Hastière-Lavaux 135 I 11
Hastière-par-delà 135 I 11
Hatrival 135 K 11
Haulchin 131 G 10
Hauset 133 M 9
Haut-Fays 135 J 11
Haut-le-Wastia 135 I 11
Haute-Bodeux 133 L 10
Haute Desnié 133 L 10
Hautes Fagnes 133 M 10
Hautes Fagnes Eifel
(Parc naturel) 133 M 10
Hautrage 131 F 10
Havay 131 F 10
Havelange 132 J 10
Haversin 135 J 11
Havré 131 G 10
Hayons (Les) 135 J 12
Hechtel 128 K 8
Heer 135 I 11
Heers 132 J 9
Heestert 130 E 9
Heikruis 131 G 9
Heinsch 137 L 12
Heinstert 137 L 12
Heist 126 D 7
Heist-op-den-Berg 128 I 8
Hekelgem 131 G 9
Heks 132 K 9
Helchteren 128 K 8
Heldergem 131 F 9
Hélécine 132 I 9
Hemiksem 127 H 8
Hemptinne 132 I 10
Hennuyères 131 G 10
Henri-Chapelle 133 L 9
Henripont 131 G 10
Hensies 131 F 10
Heppen 128 J 8
Heppenbach 133 M 10
Herbaimont 137 K 11
Herbesthal 133 L 10
Herbeumont 135 J 12
Herbeumont (Forêt d') 135 J 12
Herchies 131 F 10
Herderen 132 K 9
Herenelderen ('s) 132 K 9
Herent 132 I 9
Herentals 128 I 8
Herenthout 128 I 8
Herfelingen 131 G 9
Hergenrath 133 M 9
Herinnes 130 E 9
Herk 110 J 9
Herk-de-Stad 128 J 9
Herlinval 137 K 11
Hermalle-sous-Argenteau 133 L 9
Hermalle-sous-Huy 132 K 10
Hermeton 113 H 11
Herne 131 G 9
Héron 132 J 10
Herresbach 133 M 11
Herseaux 130 D 9
Herselt 128 I 8
Herstal 133 K 9
Herstappe 132 K 9
Hertogenwald 133 M 10
Hertsberge 126 D 8
Herve 133 L 10
Herzele 131 F 9
Hesbaye 113 J 10
Heultje 128 I 8
Heure 135 J 11
Heusden 128 J 8
Heusy 133 L 10
Heuvelland 130 C 9
Hever 127 H 9
Heverlee 132 I 9
Heyd 133 K 10
Hingene 127 G 8
Hingeon 132 J 10
Hives 137 K 11
Hoboken 127 H 8
Hockai 133 L 10
Hodeige 132 K 9
Hodinfosse (Bois de) 114 L 11
Hodister 136 K 11
Hody 132 K 10
Hoegaarden 132 I 9
Hoégne 114 L 10
Hoeilaart 131 H 9
Hoepertingen 132 J 9
Hoeselt 132 K 9
Hoevenen 127 H 8
Höfen (Forêt de) 114 M 10
Hofstade *Oost-Vlaanderen* 127 G 9
Hofstade *Vlaams-Brabant* 127 H 9
Hogne 135 J 11
Hohes Venn 114 M 11
Hollain 130 E 10
Hollange 137 L 12
Hollebeke 130 C 9
Hollogne 132 J 9
Holsbeek 132 I 9
Hombeek 127 H 8
Hombourg 133 L 9
Hompré 137 L 12
Hondelange 137 L 13
Honnay 135 J 11
Honnelles 134 F 10
Honsfeld 133 M 10
Hooglede 126 D 9
Hoogstade 126 C 9
Hoogstraten 128 I 7
Horion 132 K 10
Hornu 131 F 10
Horrues 131 G 10
Horst 128 I 9
Hotton 136 K 11
Hotton (Grottes de) 136 K 11
Houdeng-Aimeries 131 G 10
Houdremont 135 I 12
Houffalize 137 L 11
Houille 113 I 11
Houppe (La) 131 F 9
Hour 135 J 11
Houtain-le-Val 131 H 10
Houtain-St. Siméon 133 K 9
Houtaing 131 F 10
Houtem 126 B 8
Houthalen-Helchteren 128 K 8
Houthem 130 C 9
Houthulst 126 C 9
Houtvenne 128 I 8
Houwaart 128 I 9
Houyet 135 J 11
Hoves 131 G 9
Huccorgne 132 J 10
Huise 131 E 9
Huissignies 131 F 10
Huizingen 131 G 9
Huldenberg 131 H 9
Hulpe (La) (*=Terhulpen*) 131 H 9
Hulshout 128 I 8
Hulsonniaux 135 I 11
Humain 135 J 11
Humbeek 127 H 9
Hundelgem 131 F 9
Huppaye 132 I 9
Huy (*=Hoei*) 132 J 10

I - J

Ichtegem 126 D 8
Ieper (*=Ypres*) 130 C 9
Ijse 109 H 9
Ijzer 126 C 9
Incourt 132 I 9
Ingelmunster 130 D 9
Ingooigem 130 E 9
Isières 131 F 10
Itegem 128 I 8
Ittre 131 G 10
Ivoz-Ramet 132 K 10
Izegem 130 D 9
Izel 136 K 12
Izenberge 126 B 8
Izier 133 K 10
Jabbeke 126 D 8
Jalhay 133 L 10
Jamagne 135 H 11
Jambes 132 I 10
Jamioulx 131 H 10
Jamoigne 136 K 12
Jandrain 132 I 9
Jannée 135 J 11
Jauche 132 I 9
Jehanster 133 L 10
Jehay 132 J 10
Jehonville 135 J 12
Jemappes 131 F 10
Jemelle 135 J 11
Jemeppe *sur Meuse* 132 K 10
Jemeppe-sur-Sambre 132 I 10
Jeneffe *en Condroz* 132 J 10
Jeneffe *en Hesbaye* 132 K 10
Jenneret 132 K 10
Jeuk (*=Goyer*) 132 J 9
Jezus-Eik
(*=Notre-Dame-au-Bois*) 131 H 9
Jodoigne (*=Geldenaken*) 132 I 9
Jonkershove 126 C 9
Julémont 133 L 9
Jupille 133 K 10
Juprelle 132 K 9
Jurbise 131 F 10
Juseret 137 K 12

K

Kaaskerke 126 C 8
Kachtem 130 D 9
Kalken 127 F 8
Kallo 127 G 8
Kalmthout 127 H 7
Kampenhout 127 H 9
Kanegem 126 E 8
Kanne 133 L 9
Kapelle-op-den-Bos 127 H 8
Kapellen 127 H 8
Kaprijke 127 E 8
Kaster 131 E 9
Kasterlee 128 I 8
Kaulille 128 K 8
Keerbergen 128 H 8
Kelmis (*=La Calamine*) 133 M 9
Kemmel 130 C 9
Kemmelbeek 108 C 9
Kemmelberg 130 C 9
Kemzeke 127 G 8
Kerkbrugge 127 F 8
Kerkhoven 128 J 8
Kermt 128 J 9
Kerniel 132 K 9
Kessel 128 H 8
Kessel-Lo 132 I 9
Kessenich 129 L 8
Kettenis 133 M 10
Kieldrecht 127 G 8
Kinrooi 128 L 8
Klein Vorst 128 J 8
Kleine-Brogel 128 K 8
Kleine Gete /
Petite Gette 132 I 9
Kleine Nete 110 I 8
Klemskerke 126 D 8
Klerken 126 C 9
Klinge (De) 127 G 8
Kluisberg 131 E 9
Kluisbergen 131 E 9
Kluizen 127 F 8
Knesselare 126 E 8
Knokke-Heist 126 D 7
Koekelare 126 C 8
Koersel 128 J 8
Koewacht 127 F 8
Koksijde 126 B 8
Koksijde-Bad 126 B 8
Koloniën (De) 128 K 8
Koningshooikt 131 H 8
Kontich 127 H 8
Koolskamp 126 D 8
Korbeek-Lo 132 I 9
Kortemark 126 D 8
Kortenaken 132 J 9
Kortenberg 131 H 9
Kortenbos 132 J 9
Kortessem 132 K 9
Kortrijk (*=Courtrai*) 130 D 9
Kortrijk-Dutsel 132 I 9
Kozen 132 J 9
Kraainem 131 H 9
Krombeke 130 C 9
Kruibeke 127 G 8
Kruishoutem 131 E 9
Kruisstraat 127 F 8
Kumtich 132 I 9
Kuringen 128 J 9
Kuurne 130 D 9
Kwaadmechelen 128 J 8
Kwatrecht 127 F 9

L

Laakdal 128 I 8
Laarne 127 F 8
Lacuisine 136 J 12
Lahamaide 131 F 9
Lambermont 136 J 12
Lambermont *Liège* 133 L 10
Lambusart 131 H 10
Lamorteau 136 K 13
Lampernisse 126 C 8
Lanaken 133 K 9
Lanaye (*=Ternaaien*) 133 L 9
Landelies 131 H 10
Landen 132 J 9
Laneffe 135 H 11
Laneuville 136 K 12
Langdorp 128 I 9
Langemark-Poelkapelle 130 C 9
Langlire 137 L 11
Lapscheure 126 E 8
Lasne 131 H 9
Lasne / Laan (*Rivière*) 131 H 9
Latour 137 K 13
Lauw (*=Lowaige*) 132 K 9
Lauwe 130 D 9
Lavacherie 136 K 11
Lavaux-Ste. Anne 135 J 11
Lebbeke 127 G 9
Lede 127 F 9
Ledegem 130 D 9
Leefdaal 131 H 9
Leerbeek 131 G 9
Leernes 131 H 10
Leers-et-Fosteau 134 G 11
Leers-Nord 130 D 9
Leest 127 H 8
Leffinge 126 C 8
Léglise 137 K 12
Leie / Lys 130 C 9
Leignon 135 J 11
Leisele 126 B 9
Leke 126 C 8
Lembeek 131 G 9
Lembeke 127 E 8
Lendelede 130 D 9
Lennik 131 G 9
Lens 131 F 10
Lens-St. Servais 132 J 10
Leopold Kanaal 109 E 8
Leopoldsburg 128 J 8
Lesse 135 I 11
Lesse et Lomme
(Parc Naturel de) 135 J 11
Lessines (*=Lessen*) 131 F 9
Lessive 135 J 11
Lesterny 135 J 11
Leugnies 134 G 11
Leut 128 L 9
Leuven (*=Louvain*) 132 I 9
Leuze 132 I 10
Leuze-en-Hainaut 131 E 10
Leval-Chaudeville 134 G 11
Leval-Trahegnies 131 G 10
Libin 135 J 12
Libramont 135 K 12
Lichtaart 128 I 8
Lichtenbusch 111 M 9
Lichtervelde 126 D 8
Liedekerke 131 G 9
Liège (*=Luik*) 132 K 10
Liège *Province* 114 K 10
Liège-Bierset *Aéroport* 132 K 10
Lienne 137 L 11
Lier (*=Lierre*) 127 H 8
Lierde 131 F 9
Lierneux 137 L 11
Liernu 132 I 10
Liers 132 K 9
Ligne 131 F 10
Ligneuville 133 M 10
Ligny 131 H 10
Lille 128 I 8
Lillois-Witterzée 131 H 10
Limal 131 H 9
Limbourg 133 L 10
Limburg *Province* 110 K 8
Limelette 131 H 9
Limerlé 137 L 11
Limes 136 K 13
Limont 132 J 10
Lincent (*=Lijsem*) 132 J 9
Linkebeek 131 H 9
Linkhout 128 J 9
Lint 127 H 8
Linter 132 J 9
Lion (Butte du) 131 H 9

Lisogne 135 I 11
Lissewege 126 D 8
Lo 126 C 9
Lobbes 131 G 10
Lochristi 127 F 8
Loenhout 128 H 7
Logbiermé 133 L 10
Loker 130 C 9
Lokeren 127 F 8
Loksbergen 128 J 9
Lomme 135 J 11
Lommel 128 J 8
Lommersweiler 137 M 11
Lompret 135 H 11
Lomprez 135 J 11
Londerzeel 127 G 8
Longchamps *lez-Bastogne* 137 L 11
Longchamps *lez-Dhuy* 132 I 10
Longlier 136 K 12
Longueville 132 I 9
Longvilly 137 L 11
Lontzen 133 M 9
Loppem 126 D 8
Lorcé 133 L 10
Losheimergraben 133 N 10
Lot 131 G 9
Lotenhulle 126 E 8
Louette-St. Denis 135 I 12
Louette-St. Pierre 135 I 12
Louise-Marie 131 E 9
Louvain-la-Neuve 132 H 9
Louveigné 133 L 10
Louvière (La) 131 G 10
Lovendegem 127 E 8
Loyers 132 I 10
Lozen 128 K 8
Lubbeek 132 I 9
Luchi (Forêt de) 135 J 12
Lummen 128 J 9
Lustin 132 I 10
Luttre 131 H 10
Luxembourg *Province* 113 J 12

M

Maarkedal 131 E 9
Maaseik 129 L 8
Maasmechelen 128 L 9
Mabompré 137 L 11
Machelen 131 E 9
Machelen
Oost Vlaanderen 127 H 9
Macon 134 G 11
Macquenoise 134 G 12
Maffe 132 J 10
Mageret 137 L 11
Maillen 132 I 10
Mainvault 131 F 10
Maisières 131 F 10
Maissin 135 J 12
Maizeret 132 I 10
Malchamps 133 L 10
Maldegem 126 E 8
Malderen 127 G 8
Malempré 137 L 11
Malle 128 I 8
Malmédy 133 M 10
Malonne 132 I 10
Manage 131 G 10
Manderfeld 133 N 10
Manhay 137 L 11
Marbais 131 H 10
Marbehan 137 K 12
Marche-en-Famenne 135 K 11
Marche-les-Dames 132 I 10
Marche-lez-Ecaussinnes 131 G 10
Marchin 132 J 10
Marcinelle 131 H 10
Marcourt 136 K 11
Marèdret 135 I 11
Maredsous (Abbaye de) 135 I 11
Marenne 136 K 11
Maria-Aalter 126 E 8
Maria-ter-Heide 127 H 8
Mariakerke 126 C 8
Mariekerke 127 G 8
Mariembourg 135 H 11
Mariemont 112 G 10
Marilles 132 I 9
Marloie 135 J 11
Marquain 130 D 10
Martelange 137 L 12
Masbourg 135 J 11
Masnuy-St.Jean 131 F 10
Massemen 127 F 9
Massenhoven 128 H 8
Matagne-la-Grande 135 H 11
Matagne-la-Petite 135 H 11
Maten (De) 128 K 9
Maubray 131 E 10
Maulde 131 E 10
Maurage 131 G 10
Mazée 135 I 11
Mazenzele 127 G 9
Mazy 132 I 10
Méan 132 K 10
Mechelen (=*Malines*) 127 H 8
Mechelen-Bovelingen 132 J 9
Mechelse Heide 128 K 9
Meeffe 132 J 10
Meensel 132 I 9
Meer 128 I 7
Meerbeke 131 G 9
Meerdonk 127 G 8
Meerhout 128 J 8
Meerle 128 I 7
Meeuwen 128 K 8
Mehaigne 132 I 10
Meise 127 G 9
Meix-devant-Virton 136 K 13
Meix-le-Tige 137 L 13
Meldert *Limburg* 128 J 8
Meldert *Oost-Vlaanderen* 131 G 9
Melen 133 L 10
Mélin 132 I 9
Melle 127 F 8
Mellet 131 H 10
Mellier 136 K 12
Melsele 127 G 8
Melsen 127 F 9
Membre 135 I 12
Menen (=*Menin*) 130 D 9
Menuchenet 135 J 12
Merbes-le-Château 134 G 11
Merbes-Ste. Marie 131 G 10
Merchtem 127 G 9
Merdorp 132 J 10
Mere 131 F 9
Merelbeke 127 F 9
Merendree 127 E 8
Merkem 126 C 9
Merksplas 128 I 7
Merlanvaux (Forêt de) 136 K 13
Merlemont 135 H 11
Mesen (=*Messines*) 130 C 9
Meslin-l'Évêque 131 F 10
Mesnil-St. Blaise 135 I 11
Messancy 137 L 13
Mettet 135 H 11
Meulebeke 126 D 9
Meuse / Maas 135 I 11
Meux 132 I 10
Meyerode 133 M 11
Michelbeke 131 F 9
Micheroux 133 L 10
Middelburg 126 E 8
Middelkerke 126 C 8
Middelkerke-Bad 126 C 8
Miécret 132 J 10
Mielmont 132 I 10
Mignault 131 G 10
Millen 132 K 9
Minderhout 128 I 7
Mirwart 135 J 11
Modave 132 J 10
Moelingen 133 L 9
Moen 130 E 9
Moerbeke *Aalst* 131 F 9
Moerbeke *Waas* 127 F 8
Moerbrugge 126 D 8
Moere 126 C 8
Moeren (De) 126 B 8
Moerkerke 126 E 8
Moervaart 109 F 8
Moerzeke 127 G 8
Moha 132 J 10
Mohiville 135 J 11
Moircy 136 K 12
Mol 128 J 8
Molenbeek 110 I 8
Molenbeersel 128 L 8
Molenstede 128 J 8
Molinfaing 136 K 12
Mollem 131 G 9
Momalle 132 K 9
Mombeek 110 K 9
Momignies 134 G 11
Monceau-en-Ardenne 135 I 12
Monceau-Imbrechies 134 G 11
Mons (=*Bergen*) 131 F 10
Mont *lez-Houffalize* 137 L 11
Mont *sur-Meuse* 132 I 10
Mont-de-l'Enclus 131 E 9
Mont-Gauthier 135 J 11
Mont-St. Guibert 132 H 10
Mont-Ste. Geneviève 131 G 10
Montaigle (Château de) 135 I 11
Montauban 137 K 13
Montbliart 134 G 11
Montenaken 132 J 9
Montignies-lez-Lens 131 F 10
Montignies-St-Christophe 134 G 11
Montignies-sur-Roc 131 F 10
Montigny-le-Tilleul 131 H 10
Montleban 137 L 11
Montquintin 136 K 13
Montrœul-au-Bois 131 E 10
Montzen 133 L 9
Moorsel *Oost-Vlaanderen* 127 G 9
Moorsele 130 D 9
Moorslede 130 D 9
Moortsele 127 F 9
Mopertingen 132 K 9
Moresnet 133 L 9
Morhet 137 K 12
Morialmé 135 H 11
Morkhoven 128 I 8
Morlanwelz 131 G 10
Mormont *près d'Erezée* 133 K 11
Mormont *près d'Houffalize* 137 L 11
Mortehan 135 J 12
Mortsel 127 H 8
Morville 135 I 11
Moulbaix 131 F 10
Mourcourt 130 E 10
Mouscron (=*Moeskroen*) 130 D 9
Moustier 131 E 10
Moxhe 132 J 10
Munkzwalm 131 F 9
Muno 136 J 12
Muno (Forêt de) 135 J 12
Munsterbilzen 132 K 9
Musson 137 L 13
Mussy-la-Ville 137 K 13
My 133 K 10

N

Naast 131 G 10
Nadrin 137 L 11
Nafraiture 135 I 12
Nalinnes 135 H 11
Namêche 132 I 10
Namur (=*Namen*) 132 I 10
Namur *Province* 113 I 10
Nandrin 132 K 10
Naninne 132 I 10
Naomé 135 J 12
Nassogne 135 K 11
Natoye 132 J 10
Nazareth 127 E 9
Néchin 130 D 9
Nederzwalm 131 F 9
Neerharen 133 L 9
Neerheylissem 132 I 9
Neerijse 132 H 9
Neerlinter 132 J 9
Neeroeteren 128 L 8
Neerpelt 128 K 8
Neerwinden 132 J 9
Neigem 131 G 9
Nete 127 H 8
Nethen 132 I 9
Neudort 133 M 9
Neufchâteau *Liège* 133 L 9
Neufchâteau *Luxembourg* 136 K 12
Neufchâteau (Forêt de) 136 K 12
Neufmaison 131 F 10
Neufvilles 131 G 10
Neupré 132 K 10
Neuville 135 H 11
Neuville-en-Condroz 132 K 10
Nevele 127 E 8
Niel 127 G 8
Nieuwenhove 131 F 9
Nieuwenrode 127 H 9
Nieuwerkerken 132 J 9
Nieuwkerke
(=*Neuve-Église*) 130 C 9
Nieuwkerken-Waas 127 G 8
Nieuwmoer 127 H 7
Nieuwmunster 126 D 8
Nieuwpoort 126 C 8
Nieuwpoort-Bad 126 C 8
Nijlen 128 I 8
Nil-St. Vincent-St. Martin 132 I 10
Nimy 131 F 10
Ninove 131 G 9
Nismes *Viroinval* 135 H 11
Nismes (Forêt de) 135 H 11
Nisramont 137 K 11
Nivelles (=*Nijvel*) 131 H 10
Nobressart 137 L 12
Noduwez 132 I 9
Noirefontaine 135 J 12
Noiseux 135 K 11
Nokere 131 E 9
Nollevaux 135 J 12
Noncèveux 133 L 10
Noorderwijk 128 I 8
Nossegem 131 H 9
Notre-Dame de Scourmont 135 H 12
Noville *Liège* 132 K 10
Noville *Luxembourg* 137 L 11
Noville-les-Bois 132 I 10
Nukerke 131 E 9
Ny 136 K 11

O

Obourg 131 G 10
Ochamps 135 J 12
Ocquier 132 K 10
Odeigne 137 L 11
Oedelem 126 E 8
Oekene 130 D 9
Oelegem 127 H 8
Oeselgem 130 E 9
Oetingen 131 G 9
Œudeghien 131 F 9
Offagne 135 J 12
Ogy 131 F 9
Ohain 131 H 9
Ohey 132 J 10
Oignies-en-Thiérache 135 H 11
Oizy 135 J 12
Olen 128 I 8
Ollignies (=*Woelingen*) 131 F 9
Olloy 135 H 11
Olmen 128 J 8
Olne 133 L 10
Olsene 130 E 9
Ombret-Rawsa 132 K 10
Ommer Wald 114 M 11
Onhaye 135 I 11
Onkerzele 131 F 9
O.L.V. Lombeek 131 G 9
O.L.V. Olen 128 I 8
Ooidonk 127 E 8
Ooigem 130 E 9
Oombergen 131 F 9
Oordegem 127 F 9
Oost-Vlaanderen
Provincie 109 E 8
Oostakker 127 F 8
Oostduinkerke 126 C 8
Oostduinkerke-Bad 126 C 8
Oosteeklo 127 F 8
Oostende (=*Ostende*) 126 C 8
Oosterlo 128 I 8
Oosterzele 127 F 9
Oostham 128 J 8
Oostkamp 126 D 8
Oostkerke 126 D 8
Oostmalle 128 I 8
Oostnieuwkerke 130 D 9
Oostrozebeke 130 E 9
Oostvleteren 130 C 9
Oostwinkel 127 E 8
Opglabbeek 128 K 8
Opgrimbie 128 L 9
Ophain 131 H 9
Ophasselt 131 F 9
Opheylissem 132 I 9
Ophoven 129 L 8
Opitter 128 K 8
Oplinter 132 I 9
Opoeteren 128 K 8
Opont 135 J 12
Opvelp 132 I 9
Opwijk 127 G 9
Orchimont 135 I 12
Oret 135 H 11
Oreye (=*Oerle*) 132 K 9
Orgeo 135 J 12
Orp-Jauche 132 I 9
Orp-le-Grand 132 I 9
Orroir 131 E 9
Orsmaal-Gussenhoven 132 J 9
Ortheuville 136 K 11
Ortho 137 K 11
Orval (Abbaye d') 136 K 13
Orval (Forêt d') 136 K 12
Ossogne 132 J 10
Ostiches 131 F 9
Oteppe 132 J 10
Othée (=*Elch*) 132 K 9
Ottenburg 132 H 9
Ottignies 131 H 9
Oud-Heverlee 132 H 9
Oud-Turnhout 128 I 8
Oudegem 127 G 8
Oudekapelle 126 C 8
Oudenaarde (=*Audenarde*) 131 E 9
Oudenburg 126 D 8
Oudler 137 M 11
Ouffet 132 K 10
Oupeye 133 K 9
Our 113 J 12
Ouren 137 M 11
Ourt 136 K 12
Ourthe 137 K 11
Ourthe Occidentale 137 K 12
Ourthe Orientale 137 L 11
Outgaarden 132 I 9
Ouwegem 131 E 9
Overboelare 131 F 9
Overijse 131 H 9
Overmere 127 F 8
Overpelt 128 K 8
Overrepen 132 K 9

P

Paal *Limburg* 128 J 8
Paal *Oost-Vlaanderen* 127 G 8
Pailhe 132 J 10
Paliseul 135 J 12
Panne (De) 126 B 8
Papignies *Papegem* 131 F 9
Paradis (Défilé du) 136 J 12
Parike 131 F 9
Passendale 130 D 9
Pâturages 131 F 10
Pays (Bois du) 137 K 11
Pecq 130 E 9
Peer 128 K 8
Peissant 131 G 10
Pepingen 131 G 9
Pepinster 133 L 10
Péronnes 131 G 10
Péruwelz 131 E 10
Pervijze 126 C 8
Perwez *en-Condroz* 132 J 10
Perwez *en-Hesbaye* 132 I 10
Pesche 135 H 11
Pessoux 135 J 11
Petegem 131 E 9
Petegem-aan-de-Leie 127 E 9
Petigny 135 H 11
Petit Rechain 133 L 10
Petit-Rœulx-lez-Braine 131 G 10
Petit-Rœulx-lez-Nivelles 131 G 10
Petit-Thier 137 L 11
Petite Chapelle 135 H 12
Petite Dendre 131 E 10
Petithan 132 K 10
Philippeville 135 H 11
Piéton 131 G 10
Pilarde 134 G 11
Pin 136 K 12
Pinte (De) 127 E 9
Pipaix 131 E 10
Pittem 126 D 9
Plainevaux 132 K 10
Plancenoit 131 H 10
Plein Fayi 133 L 10
Ploegsteert 130 C 9
Plombières 133 L 9
Poederlee 128 I 8
Poelkapelle 130 C 9
Poilvache (Château de) 135 I 11
Poix-St-Hubert 135 J 11
Polleur 133 L 10
Pollinkhove 126 C 9
Pommerœul 131 F 10
Pondrôme 135 J 11
Pont de Bonne 132 J 10
Pont-à-Celles 131 H 10
Pont-de-Loup 131 H 10
Poperinge 130 C 9
Poppel 128 J 7
Porcheresse *en Ardenne* 135 J 12
Porcheresse *en Condroz* 132 J 10
Postel (Abdij) 128 J 8
Pottes 130 E 9
Poulseur 133 K 10
Poupehan 135 J 12
Pousset 132 J 9
Prayon 133 L 10
Presgaux 135 H 11
Presles 131 H 10
Profondeville 132 I 10
Prosper 127 G 8
Proven 130 B 9
Pulle 128 I 8
Purnode 135 I 11
Pussemange 135 I 12
Putkapel 132 I 9
Putte *bij Mechelen* 128 H 8
Putte *bij Stabroek* 127 H 7
Putte (Ten) 126 C 8
Puurs 127 G 8

Q

Quaregnon 131 F 10
Quartes 131 E 10
Quatre Bras (Les) 131 H 10
4 Chemins (Les) 113 J 12
Quenast 131 G 9
Quevaucamps 131 F 10
Quévy 131 G 10
Quévy-le-Grand 131 F 10
Quiévrain 131 F 10

R

Rachecourt 137 L 13
Raeren 133 M 9
Raerenerwald 114 M 10
Ragnies 134 G 11
Rahier 133 L 10
Ramegnies-Chin 130 E 10
Ramillies 132 I 10
Ramsel 128 I 8
Ramskapelle 126 C 8
Rance 134 G 11
Rance (Forêt de) 112 G 11
Ransberg 132 J 9
Ranst 127 H 8
Rauw 128 J 8
Ravels 128 I 7
Rebecq 131 G 10
Recht 133 M 10
Recogne 135 K 12
Redu 135 J 11
Reet 127 H 8
Regniessart 135 H 11
Reid (La) 133 L 10
Reinhardstein 133 M 10
Rekem 128 L 9
Rekkem 130 D 9
Remagne 136 K 12
Remersdaal 133 L 9
Remicourt 132 J 9
Rendeux 136 K 11
Reninge 126 C 9
Reningelst 130 C 9
Renlies 134 G 11
Ressaix 131 G 10
Resteigne 135 J 11
Retie 128 J 8
Rettigny 137 L 11
Rhisnes 132 I 10
Riemst 133 K 9
Rienne 135 I 12
Rièzes 135 H 12
Rijkevorsel 128 I 7
Rijkhoven 132 K 9
Rijmenam 127 H 8
Rillaar 128 I 9
Rivière 132 I 10
Rixensart 131 H 9
Robechies 134 G 11
Robelmont 136 K 13
Robertville 133 M 10
Roche-en-Ardenne (La) 137 K 11
Rochefort 135 J 11
Rochefort (Grotte de) 135 J 11
Rochehaut 135 J 12
Rocherath 133 M 10
Rocherather Wald 114 M 10
Rocourt 132 K 9
Rodt 137 M 11
Roesbrugge-Haringe 130 B 9
Roeselare (=*Roulers*) 130 D 9
Rœulx (Le) 131 G 10
Rogery 137 L 11
Roisin 134 F 10
Roksem 126 D 8
Rollegem-Kapelle 130 D 9
Roly 135 H 11
Romedenne 135 I 11
Romerée 135 I 11
Ronchamp 136 K 11
Rongy 130 E 10
Ronquières 131 G 10
Ronse (=*Renaix*) 131 E 9
Roosdaal 131 G 9
Rosée 135 I 11
Rosières 131 H 9
Rosoux-Crenwick 132 J 9
Rosseignies 131 G 10
Rossignol 136 K 12
Rotem 128 L 8
Rotheux-Rimière 132 K 10
Rotselaar 128 I 9

Rouveroy 131 G 10
Rouvroy 136 K 13
Roy 136 K 11
Ruddervoorde 126 D 8
Ruette 137 K 13
Ruisbroek 127 G 9
Ruisbroek 131 G 8
Ruiselede 126 E 8
Rulles 137 K 12
Rulles (Forêt de) 114 K 12
Rulles (Rivière) 114 L 12
Rumbeke 130 D 9
Rumes 130 D 10
Rumillies 130 E 10
Rummen 132 J 9
Rumst 127 H 8
Rupel 127 H 8
Rupelmonde 127 G 8
Rutten *(=Russon)* 132 K 9

S

St. Aubert (Mont) 112 E 10
St. Aubin 135 H 11
St. Denis *Namur* 132 I 10
St. Georges-sur-Meuse 132 K 10
St. Gérard 132 I 10
St. Ghislain 131 F 10
St. Hubert 135 K 11
St. Léger 137 K 13
St. Marc 132 I 10
St. Mard 137 K 13
St. Maur 130 E 10
St. Médard 135 K 12
St. Remacle (Bois de) 113 J 11
St. Sauveur 131 E 9
St. Séverin 132 K 10
St. Symphorien 131 G 10
St. Vincent 136 K 12
Ste. Cécile 136 J 12
Ste. Marie 137 K 12
Ste. Marie-Chevigny 136 K 12
Ste. Ode 136 K 11
Saintes *(=St.-Renelde)* 131 G 9
Saive 133 L 10
Salles 134 G 11
Salm 133 L 10
Salmchâteau 137 L 11
Sambreville 132 H 10
Samrée 137 K 11
Samson 133 J 10
Sankt Vith 137 M 11
Sars-la-Bruyère 131 F 10
Sart *(près de Lierneux)* 133 L 11
Sart *(près de Spa)* 133 L 10
Sart-Bernard 132 I 10
Sart-Custinne 135 I 11
Sart-Dames-Avelines 131 H 10
Sart-Eustache 132 H 10
Sart-Risbart 132 I 9
Sart-St. Laurent 132 I 10
Sautin 134 G 11
Sautour 135 H 11
Schaltin 132 J 10
Scheldewindeke 131 F 9
Schelle 127 G 8
Schellebelle 127 F 8
Schendelbeke 131 F 9
Schepdaal 131 G 9
Scherpenheuvel *(=Montaigu)* 128 I 9
Schilde 127 H 8
Schoenberg 137 M 11
Schoonaarde 127 G 8
Schorisse 131 F 9
Schoten 127 H 8
Schriek 128 I 8
Schuiferskapelle 126 E 8
Schulen 128 J 9
Sclayn 132 J 10
Scy 135 J 11
Seilles 132 J 10
Selange 137 L 13
Seloignes 134 G 11
Semois 135 K 13
Seneffe 131 G 10
Sensenruth 135 J 12
Seny 132 K 10
Senzeille 135 H 11
Seraing 132 K 10
Seraing-le-Château 132 J 10
Serinchamps 135 J 11
Serskamp 127 F 9
Sevri (Bois de) 113 I 11
Sibret 137 K 12
Sijsele 126 D 8
Silenrieux 135 H 11
Silly 131 F 10
Sinaai 127 G 8
Sinsin 135 J 11
St.-Agatha-Rode 132 H 9
St.-Amands 127 G 8
St.-Andries 126 D 8
St.-Antelinks 131 F 9
St.-Denijs 130 E 9
St.-Denijs-Boekel 131 F 9
St.-Denijs-Westrem 127 E 8
St.-Eloois-Vijve 130 E 9
St.-Eloois-Winkel 130 D 9
St.-Genesius-Rode
(=Rhode St. Genèse) 131 H 9
St.-Gillis *bij Dendermonde* 127 G 8
St.-Gillis-Waas 127 G 8
St.-Huibrechts-Lille 128 K 8
St.-Idesbald 108 B 8
St.-Jan-in-Eremo 127 E 8
St.-Job-in-'t-Goor 127 H 8
St.-Joris 126 E 8
St.-Joris-Weert 132 H 9
St.-Joris-Winge 132 I 9
St.-Katelijne-Waver 127 H 8
St.-Katherina-Lombeek 131 G 9
St.-Kruis 126 D 8
St.-Kwintens-Lennik 131 G 9
St.-Lambrechts-Herk 132 J 9
St.-Laureins 127 E 8
St.-Lenaarts 128 I 7
St.-Lievens-Esse 131 F 9
St.-Lievens-Houtem 131 F 9
St.-Margriete 127 E 8
St.-Maria-Horebeke 131 F 9
St.-Maria-Lierde 131 F 9
St.-Maria-Oudenhove 131 F 9
St.-Martens-Latem 127 E 8
St.-Martens-Lennik 131 G 9
St.-Martens-Lierde 131 F 9
St.-Martens-Voeren
(=Fouron-St. Martin) 133 L 9
St.-Michiels 126 D 8
St.-Niklaas *(=St. Nicolas)* 127 G 8
St.-Pauwels 127 G 8
St.-Pieters-Kapelle
aan-den-Ijzer 126 C 8
St.-Pieters-Kapelle
bij-Edingen 131 F 9
St.-Pieters-Leeuw 131 G 9
St.-Truiden *(=St. Trond)* 132 J 9
Sirault 131 F 10
Sivry 137 G 11
6 Ourthes (Belvédère des) 137 K 11
Sledderlo 128 K 9
Sleidinge 127 F 8
Slijpe 126 C 8
Sluis 128 J 8
Smeermaas 133 L 9
Smuid 135 J 11
Snaaskerke 126 C 8
Snellegem 126 D 8
Soheit-Tinlot 132 K 10
Soignes (Forêt de) /
Zoniënwoud 109 H 9
Soignies *(=Zinnik)* 131 G 10
Soiron 133 L 10
Solre-St. Géry 134 G 11
Solre-sur-Sambre 134 G 11
Solwaster 133 L 10
Sombreffe 132 H 10
Somme-Leuze 132 K 10
Sommethonne 136 K 13
Sommière 135 I 11
Somzée 135 H 11
Sorée 132 J 10
Sorinne-la-Longue 132 J 10
Sorinnes 135 I 11
Sosoye 135 I 11
Sougné-Remouchamps 133 L 10
Soumagne 133 L 10
Soumoy 135 H 11
Sovet 135 J 11
Soy 136 K 11
Spa 133 L 10
Spa-Francorchamps
Circuit de 133 L 10
Spiennes 131 F 10
Spiere *(=Espierres)* 130 E 9
Spontin 135 J 11
Spouwen 132 K 9
Sprimont 133 L 10
Spy 132 I 10
Stabroek 127 H 8
Staden 126 D 9
Stalhille 126 D 8
Stambruges 131 F 10
Stave 135 H 11
Stavele 130 C 9
Stavelot 133 L 10
Steendorp 127 G 8
Steenhuffel 127 G 9
Steenkerque 131 G 10
Steenokkerzeel 131 H 9
Steinebrück 137 M 11
Stekene 127 G 8
Stembert 133 L 10
Ster 133 L 10
Sterrebeek 131 H 9
Stevoort 132 J 9
Stokkem 128 L 8
Stoumont 133 L 10
Straimont 136 K 12
Strée *en Condroz* 132 J 10
Strée *sous Thuin* 135 G 11
Strépy-Bracquegnies 131 G 10
Strombeek-Bever 131 H 9
Suarlée 132 I 10
Sugny 135 I 12
Sûre 137 K 12
Surice 135 I 11
Suxy 136 K 12
Sy 114 K 10

T

Tailles 137 L 11
Taintignies 130 E 10
Tamines 132 H 10
Tarcienne 135 H 11
Tavier 132 K 10
Taviers 132 I 10
Tavigny 137 L 11
Tellin 135 J 11
Templeuve 130 D 10
Temse *(=Tamise)* 127 G 8
Ten Aard 128 I 8
Tenneville 136 K 11
Ternat 131 G 9
Tertre 131 F 10
Tervuren 131 H 9
Terwagne 132 K 10
Tessenderlo 128 J 8
Teuven 133 L 9
Theux 133 L 10
Thieu 131 G 10
Thieusies 131 G 10
Thiméon 131 H 10
Thimister-Clermont 133 L 10
Thirimont 134 G 11
Thisnes 132 J 9
Thommen 137 M 11
Thon 132 J 10
Thorembais-St. Trond 132 I 10
Thoricourt 131 F 10
Thuillies 135 H 11
Thuin 134 G 10
Thulin 131 F 10
Thy-le-Château 135 H 11
Tiège 133 L 10
Tiegem 130 E 9
Tielen 128 I 8
Tielrode 127 G 8
Tielt *Brabant* 110 I 9
Tielt *West-Vlaanderen* 126 E 8
Tielt-Winge 128 I 9
Tienen *(=Tirlemont)* 132 I 9
Tihange 132 J 10
Tildonk 128 H 9
Tilff 133 K 10
Tillet 136 K 11
Tillier 132 I 10
Tilly 131 H 10
Tinlot 132 K 10
Tintange 137 L 12
Tintigny 136 K 12
Tisselt 127 H 8
Tohogne 132 K 10
Tollembeek 131 G 9
Tombeau du Géant 135 J 12
Tombeek 131 H 9
Tongeren *(=Tongres)* 132 K 9
Tongerlo 128 I 8
Tongre-Notre-Dame 131 F 10
Tongrinne 132 H 10
Tontelange 137 L 12
Torgny 136 K 13
Torhout 126 D 8
Tourinnes-St. Lambert 132 I 10
Tournai *(=Doornik)* 130 E 10
Tournay 136 K 12
Tourpes 131 E 10
Transinne 135 J 12
Trazegnies 131 H 10
Treignes 135 H 11
Tremelo 128 I 9
Trimbleu (Le) 133 L 9
Trognée 132 J 9
Trois-Ponts 133 L 10
Trooz 133 L 10
Tubize *(=Tubeke)* 131 G 9
Turnhout 128 I 8

U - V

Uccle / Ukkel 131 H 9
Udange 137 L 13
Uitbergen 127 F 8
Ulbeek 132 J 9
Ursel 127 E 8
Vance 137 K 12
Varsenare 126 D 8
Vaucelles 135 I 11
Vaulx 130 E 10
Vaux-Chavanne 137 L 11
Vaux-et-Borset 132 J 10
Vaux-sur-Rosières 137 K 12
Vaux-sur-Sûre 137 K 12
Veerle 128 I 8
Velaine 132 H 10
Velaines 131 E 9
Veldegem 126 D 8
Veldwezelt 133 K 9
Vellereille-les-Brayeux 131 G 10
Velm 132 J 9
Veltem-Beisem 132 H 9
Vencimont 135 I 11
Vergnies 135 G 11
Verlaine 132 J 10
Verlée 132 J 10
Verrebroek 127 G 8
Verviers 133 L 10
Vesdre 133 M 10
Vesdre (Barrage de la) 133 M 10
Vesqueville 136 K 11
Veurne *(=Furnes)* 126 C 8
Vêves 135 I 11
Vezin 132 J 10
Vezon 131 E 10
Viane 131 F 9
Vichte 130 E 9
Vielsalm 137 L 11
Viemme 132 J 10
Vierre 113 K 12
Vierset-Barse 132 J 10
Vierves-sur-Viroin 135 H 11
Viesville 131 H 10
Vieux-Waleffe 132 J 10
Vieux-Genappe 131 H 10
Vieuxville 132 K 10
Villance 135 J 12
Ville-sur-Haine 131 G 10
Villers-Deux-Églises 135 H 11
Villers-devant-Orval 136 J 13
Villers-en-Fagne 135 H 11
Villers-la-Bonne-Eau 137 L 12
Villers-la-Loue 136 K 13
Villers-la-Ville 131 H 10
Villers-le-Bouillet 132 J 10
Villers-le-Gambon 135 H 11
Villers-le-Temple 132 K 10
Villers-Perwin 131 H 10
Villers-St. Amand 131 F 10
Villers-St. Ghislain 131 G 10
Villers-sur-Lesse 135 J 11
Villers-sur-Semois 137 K 12
Villers-l'Évêque 132 K 9
Vilvoorde *(=Vilvorde)* 131 H 9
Vinalmont 132 J 10
Vinkt 127 E 8
Virelles 135 G 11
Virelles (Étang de) 135 H 11
Virginal-Samme 131 G 10
Viroin 113 I 11
Viroinval 135 H 11
Virton 137 K 13
Visé *(=Wezet)* 133 L 9
Vitrival 132 H 10
Vivy 135 J 12
Vlaams-Brabant *Provincie* 109 G 9
Vladslo 126 C 8
Vlamertinge 130 C 9
Vlasmeer 128 K 8
Vlessart 137 K 12
Vleteren 130 C 9
Vlezenbeek 131 G 9
Vliermaal 132 K 9
Vliermaalroot 132 K 9
Vlierzele 131 F 9
Vlijtingen 132 K 9
Vlimmeren 128 I 8
Vlissegem 126 D 8
Vodecée 135 H 11
Vodelée 135 I 11
Voer 109 H 9
Voeren *(=Fourons)* 133 L 9
Vollezele 131 G 9
Vonêche 135 I 11
Voorde 131 F 9
Voorheide 128 J 7
Vorselaar 128 I 8
Vorst 128 J 8
Vosselaar 128 I 8
Vrasene 127 G 8
Vreren 132 K 9
Vresse-sur-Semois 135 I 12
Vroenhoven 133 K 9
Vyle-et-Tharoul 132 J 10

W

Waanrode 132 J 9
Waardamme 126 D 8
Waarloos 127 H 8
Waarmaarde 131 E 9
Waarschoot 127 E 8
Waasmunster 127 G 8
Wachtebeke 127 F 8
Waha 135 K 11
Wahlerscheid 114 M 10
Waillet 135 J 11
Waimes 133 M 10
Wakken 130 E 9
Walcourt 135 H 11
Walhain 132 I 10
Walhorn 133 M 9
Walshoutem
(=Houtain-l'Évêque) 132 J 9
Walzin 135 I 11
Wandre 133 L 10
Wanfercée-Baulet 131 H 10
Wanlin 135 J 11
Wanne 133 L 10
Wannegem-Lede 131 E 9
Wanze 132 J 10
Waransart (Bois de) 135 K 12
Warche 114 M 10
Warcoing 130 E 9
Wardin 137 L 12
Waregem 130 E 9
Waremme *(=Borgworm)* 132 J 9
Warnant 132 J 10
Warneton *(=Waasten)* 130 C 9
Warsage *(=Weerst)* 133 L 9
Warzée 132 K 10
Wasmes 131 F 10
Wasseiges 132 J 10
Waterland Oudeman 127 E 8
Waterloo 131 H 9
Waterschei 128 K 8
Watervliet 127 E 8
Watou 130 B 9
Wattripont 131 E 9
Waulsort 135 I 11
Wavre *(=Waver)* 132 H 9
Wavreille 135 J 11
Wechelderzande 128 I 8
Weelde 128 I 7
Weelde Station 128 I 7
Weerde 127 H 9
Weert 127 G 8
Weillen 135 I 11
Welkenraedt 133 L 10
Wellen 132 K 9
Wellin 135 J 11
Wemmel 131 G 9
Wenduine 126 D 8
Wépion 132 I 10
Werbomont 133 L 10
Werchter 128 I 9
Wéris 132 K 11
Werken 126 C 8
Wervik 130 D 9
Wespelaar 128 H 9
West-Vlaanderen
Provincie 108 C 8
Westende 126 C 8
Westende-Bad 126 C 8
Westerlo 128 I 8
Westkapelle 126 D 8
Westkerke 126 D 8
Westvleteren 130 C 9
Westmalle 128 I 8
Westmeerbeek 128 I 8
Westouter 130 C 9
Westrozebeke 130 D 9
Wetteren 127 F 8
Wevelgem 130 D 9
Weweler 137 M 11
Weywertz 133 M 10
Wez-Velvain 130 E 10
Wezel 128 J 8
Wezemaal 128 I 9
Wezembeek-Oppem 131 H 9
Wibrin 137 L 11
Wichelen 127 F 8
Wiekevorst 128 I 8
Wielsbeke 130 E 9
Wiemesmeer 128 K 9
Wierde 132 I 10
Wiers 131 E 10
Wiesme 135 I 11
Wieze 127 G 9
Wihéries 131 F 10
Wijchmaal 128 K 8
Wijer 132 J 9
Wijnegem 127 H 8
Wijtschate 130 C 9
Wildert 127 H 7
Willebroek 127 H 8
Willerzie 135 I 12
Wilogne 137 L 11
Wilrijk 127 H 8
Wilsele 132 I 9
Wimmertingen 132 K 9
Winenne 135 I 11
Wingene 126 D 8
Wintam 127 G 8
Winterslag 128 K 9
Wirtzfeld 133 M 10
Witry 137 K 12
Wodecq 131 F 9
Woesten 130 C 9
Wolkrange 137 L 13
Woluwe-St. Lambert /
St.-Lambrechts-Woluwe 131 H 9
Wolvenhoek 131 F 9
Wolvertem 127 G 9
Wommelgem 127 H 8
Wontergem 126 E 8
Wortegem 131 E 9
Wortel 128 I 7
Woumen 126 C 8
Wulveringem 126 B 8
Wuustwezel 127 H 7

X - Y

Xhoffraix 133 M 10
Xhoris 133 K 10
Yernée 132 K 10
Yves-Gomezée 135 H 11
Yvoir 135 I 11

Z

Zaffelare 127 F 8
Zandbergen 131 F 9
Zandhoven 128 H 8
Zandvliet 127 G 7
Zandvoorde *bij-Ieper* 130 C 9
Zandvoorde *bij-Oostende* 126 C 8
Zarren 126 C 8
Zaventem 131 H 9
Zedelgem 126 D 8
Zeebrugge 126 D 7
Zele 127 G 8
Zellik 131 G 9
Zelzate 127 F 8
Zemst 127 H 9
Zenne 127 H 8
Zepperen 132 J 9
Zevekote 126 C 8
Zeveneken 127 F 8
Zevenkerken 126 D 8
Zichem 128 I 8
Zichen 133 K 9
Zillebeke 130 C 9
Zingem 131 E 9
Zittaart 128 J 8
Zoerle-Parwijs 128 I 8
Zoersel 128 I 8
Zolder *Circuit de* 128 J 9
Zomergem 127 E 8
Zonhoven 128 K 9
Zonnebeke 130 C 9
Zottegem 131 F 9
Zoute (Het) 126 D 7
Zoutleeuw *(=Léau)* 132 J 9
Zuid-Willemsvaart 128 K 8
Zuidschote 130 C 9
Zuienkerke 126 D 8
Zulte 130 E 9
Zutendaal 128 K 9
Zwaanaarde 127 G 8
Zwalm 131 F 9
Zwartberg 128 K 8
Zwarte Beek 110 J 8
Zwevegem 130 E 9
Zwevezele 126 D 8
Zwijnaarde 127 F 8
Zwijndrecht 127 H 8
Zwin (Het) 126 E 7

Luxembourg

A
Ahn .... 137 N 13
Altlinster .... 137 M 12
Alzette
   (Rivière) .... 137 M 13
Ansembourg .... 137 M 12
Arsdorf .... 137 L 12
Asselborn .... 137 L 11

B
Bascharage .... 137 L 13
Bastendorf .... 137 M 12
Bavigne .... 137 L 12
Beaufort .... 137 M 12
Bech .... 137 M 13
Bech-Kleinmacher .... 137 N 13
Beckerich .... 137 L 12
Belvaux .... 137 L 13
Berbourg .... 137 N 12
Berdorf .... 137 N 13
Berg .... 137 M 12
Bertrange .... 137 M 13
Bettborn .... 137 L 12
Bettembourg .... 137 M 13
Bettendorf .... 137 M 12
Beyren .... 137 N 13
Bigonville .... 137 L 12
Binsfeld .... 137 M 11
Bissen .... 137 M 12
Bivels .... 137 M 11
Biwer .... 137 N 12
Bœvange .... 137 L 11
Bœvange-sur-Attert .... 137 M 12
Bollendorf-Pont .... 137 N 12
Born-sur-Sûre .... 137 N 12
Boulaide .... 137 L 12
Bour .... 137 M 12
Bourglinster .... 137 M 12
Bourscheid .... 137 M 12
Bous .... 137 M 13
Brandenbourg .... 137 M 12

Brouch .... 137 M 12
Büderscheid .... 137 L 12
Burmerange .... 137 M 13

C
Canach .... 137 M 13
Capellen .... 137 L 13
Christnach .... 137 M 12
Clémency .... 137 L 13
Clervaux .... 137 M 11
Clervé (Rivière) .... 137 L 11
Consdorf .... 137 N 12
Consthum .... 137 M 12
Contern .... 137 M 13
Cruchten .... 137 M 12

D
Dalheim .... 137 M 13
Deutsch-Luxemb.
   Naturpark .... 137 M 11
Diekirch .... 137 M 12
Differdange .... 137 L 13
Dillingen .... 137 N 12
Dippach .... 137 L 13
Drauffelt .... 137 M 11
Dudelange .... 137 M 13

E
Echternach .... 137 N 12
Ehnen .... 137 N 13
Eisch (Rivière) .... 137 L 12
Eischen .... 137 L 12
Ell .... 137 L 12
Ermsdorf .... 137 M 12
Erpeldange .... 137 M 12
Esch-
   sur-Alzette .... 137 L 13
Esch-sur-Sûre .... 137 L 12
Eschdorf .... 137 L 12
Eschweiler .... 137 L 12
Ettelbruck .... 137 M 12

F
Feulen .... 137 M 12
Fischbach .... 137 M 12
Flaxweiler .... 137 N 13
Folschette .... 137 L 12
Fouhren .... 137 M 12
Frisange .... 137 M 13

G
Gaichel .... 137 L 12
Garnich .... 137 L 13
Göbelsmühle .... 137 M 12
Godbrange .... 137 M 12
Gonderange .... 137 M 12
Greiveldange .... 137 N 13
Gröngewald .... 137 M 12
Grenglay .... 137 M 12
Grevenmacher .... 137 N 12
Grosbous .... 137 L 12
Grundhof .... 137 M 12
Gutland .... 137 M 13

H
Hachiville .... 137 L 11
Haller .... 137 M 12
Hamm .... 137 M 13
Harlange .... 137 L 12
Haut-
   Martelange .... 137 L 12
Hautbellain .... 137 L 11
Heffingen .... 137 M 12
Heiderscheid .... 137 L 12
Heinerscheid .... 137 M 11
Herborn .... 137 N 12
Herrenberg .... 137 M 12
Hespérange .... 137 M 13
Hobscheid .... 137 L 12
Hochfels .... 137 L 12
Hollenfels .... 137 M 12
Hoscheid .... 137 M 12
Hosingen .... 137 M 11

Huldange .... 137 M 11

I - J - K
Insenborn .... 137 L 12
Junglinster .... 137 M 12
Kaundorf .... 137 L 12
Kautenbach .... 137 M 12
Kayl .... 137 M 13
Kehlen .... 137 M 12
Kleinbettingen .... 137 L 13
Kœrich .... 137 L 12
Kopstal .... 137 M 13

L
Larochette .... 137 M 12
Leudelange .... 137 M 13
Lintgen .... 137 M 12
Lipperscheid .... 137 M 12
Lorentzweiler .... 137 M 12
Loup (Gorge du) .... 137 N 12
Luxembourg .... 137 M 13
Luxembourg-Findel
   (Aéroport) .... 137 M 13

M
Machtum .... 137 N 13
Mamer .... 137 M 13
Manternach .... 137 N 12
Marnach .... 137 M 11
Medernach .... 137 M 12
Mersch .... 137 M 12
Mertert .... 137 N 12
Mertzig .... 137 M 12
Mompach .... 137 N 12
Mondercange .... 137 L 13
Mondorf-
   les-Bains .... 137 M 13
Moselle (Rivière) .... 137 N 13
Moutfort .... 137 M 13
Mullerthal .... 137 M 12
Mullerthal (Localité) .... 137 M 12

N - O
Neunhausen .... 137 L 12
Niederanven .... 137 M 13
Noerdange .... 137 L 12
Nommern .... 137 M 12
Oberdonven .... 137 N 13
Oberpallen .... 137 L 12
Oberwampach .... 137 M 11
Oesling .... 137 L 12
Osweiler .... 137 N 12

P
Perlé .... 137 L 12
Pétange .... 137 L 13
Petite Suisse
   Luxembourgeoise .... 137 M 12
Pommerloch .... 137 L 12
Putscheid .... 137 M 12

R
Rambrouch .... 137 L 12
Reckange-sur-Mess .... 137 M 13
Redange .... 137 L 12
Reisdorf .... 137 M 12
Remerschen .... 137 N 13
Remich .... 137 N 13
Reuland .... 137 M 12
Rodange .... 137 L 13
Rodenbourg .... 137 M 12
Rodershausen .... 137 M 11
Roeser .... 137 M 13
Roodt-sur-Syre .... 137 M 13
Rosport .... 137 N 12
Rumelange .... 137 M 13

S
Saeul .... 137 L 12
St. Nicolas (Mont) .... 137 M 12
Sandweiler .... 137 M 13
Sanem .... 137 L 13
Scheidgen .... 137 N 12

Schengen .... 137 N 13
Schieren .... 137 M 12
Schifflange .... 137 M 13
Schouweiler .... 137 L 13
Schuttrange .... 137 M 13
Schwebsange .... 137 N 13
Septfontaines .... 137 L 12
Soleuvre (Mont) .... 137 L 13
Stadtbredimus .... 137 N 13
Steinfort .... 137 L 13
Steinsel .... 137 M 12
Stolzembourg .... 137 M 12
Sûre
   (Rivière) .... 137 L 12

T
Troine .... 137 L 11
Troisvierges .... 137 M 11
Tuntange .... 137 M 12

U - V - W
Useldange .... 137 L 12
Vianden .... 137 M 12
Vichten .... 137 L 12
Walferdange .... 137 M 13
Wasserbillig .... 137 N 12
Wecker .... 137 N 12
Weicherdange .... 137 L 11
Weiler-la-Tour .... 137 M 13
Weilerbach .... 137 N 12
Weiswampach .... 137 M 11
Wellenstein .... 137 N 13
Welscheid .... 137 M 12
Wemperhaardt .... 137 M 11
Wiltz .... 137 L 12
Wiltz (Rivière) .... 137 L 12
Wilwerdange .... 137 M 11
Wilwerwiltz .... 137 M 12
Winseler .... 137 L 12
Woltz (Rivière) .... 137 M 11
Wormeldange .... 137 N 13

A

Aa 128 K 7
Aa of Weerijs 128 I 7
Aagtekerke 127 E 7
Aalburg 128 J 6
Aalden 119 O 3
Aalsmeer 122 I 5
Aalst *(Gelderland)* 128 J 6
Aalst (Noord-Brabant) 128 K 7
Aalten 124 N 6
Aar (Ter) 122 I 5
Aardenburg 126 E 8
Aarkanaal 122 I 5
Aarle-Rixtel 128 K 7
Abbekerk 118 J 3
Abbenes 122 H 5
Abcoude 123 I 5
Absdale 127 G 8
Achlum 118 K 2
Achterveld 123 K 5
Achthuizen 127 G 6
Achtkarspelen 119 M 2
Achtmaal 127 H 7
Adorp 119 N 2
Aduard 119 N 2
Aerdenhout 122 H 4
Afferden *(Gelderland)* 123 K 6
Afferden *(Limburg)* 129 M 7
Afsluitdijk 118 J 3
Akersloot 122 I 4
Akkrum 119 L 2
Akmarijp 119 L 2
Albergen 125 O 4
Alblasserdam 122 I 6
Alblasserwaard 123 I 6
Aldeboarn 119 L 2
Aldtsjerk (Oudkerk) 119 L 2
Alem 128 K 6
Alkmaar 122 I 4
Alkmaardermeer 122 H 4
Allingawier 118 K 2
Almelo 125 N 4
Almelo-Nordhorn (Kanaal) 125 O 4
Almen 124 M 5
Almere 123 J 4
Almere-Buiten 123 J 4
Almere-Hout 123 J 4
Almere-Haven 123 J 4
Almere-Stad 123 J 4
Almkerk 128 I 6
Alphen 123 K 6
Alphen aan den Rijn 122 I 5
Alphen en Riel 128 I 7
Alphen-Oosterwijk 128 I 7
Altena (Land van) 128 I 6
Alteveer *(Drenthe)* 120 N 3
Alteveer *(Groningen)* 121 O 2
Altforst 123 K 6
Altweerterheide 128 L 8
Alverna 128 L 6
Ameide 123 I 6
Ameland 119 L 1
Amer 128 I 6
America 129 L 7
Amerongen 123 K 5
Amersfoort 123 K 5
Ammerstol 123 I 6
Ammerzoden 128 J 6
Amstel 123 I 5
Amstelmeer 118 I 3
Amstelveen 123 I 5
Amstenrade 129 L 9
Amsterdam 123 J 4
Amsterdam Rijnkanaal 123 K 6
Amsterdam-Schiphol *(Luchthaven)* 122 I 5
Amsterdam Zuidoost 123 I 5
Andel 128 J 6
Andel (Den) 119 N 1
Andelst 123 L 6
Anderen 119 O 2
Andijk 118 J 3
Ane 125 N 4
Angeren 124 L 6
Angerlo 124 M 6
Anjum 119 M 1
Anloo 119 O 2
Anna Jacobapolder 127 G 7
Anna Paulowna 118 I 3
Annen 119 O 2
Ansen 119 N 3
Apel (Ter) 121 P 3
Apeldoorn 124 L 5
Apeldoornskanaal 124 M 5
Apelkanaal (Ter) 121 P 3
Appelscha 119 N 3
Appeltern 123 K 6
Appingedam 121 O 2
Arcen 129 M 7
Archemerberg 124 N 4
Arkel 123 I 6
Arnemuiden 127 F 7
Arnhem 123 L 6
Arum 118 K 2
Asch 123 J 6
Asperen 123 J 6
Asselt 129 M 8
Assen 119 N 3
Assendelft 122 I 4
Asten 128 L 7
Augustinusga 119 M 2
Avenhorn 123 I 4
Axel 127 F 8
Azewijn 124 M 6

B

Baak 124 M 5
Baambrugge 123 I 5
Baard 119 L 2
Baarland 127 F 7
Baarlo 129 M 8
Baarn 123 J 5
Babberich 124 M 6
Bad Nieuweschans 121 P 2
Badhoevedorp 122 I 4
Baexem 129 L 8
Baflo 119 N 1
Bakel 128 L 7
Bakhuizen 118 K 3
Bakkeveen 119 M 2
Balgoij 128 L 6
Balinge 119 N 3
Balk 118 K 3
Balkbrug 124 N 4
Ballum 119 L 1
Bant 119 L 3
Barchem 124 N 5
Barendrecht 122 H 6
Barger-Compascuum 121 P 3
Barger-Oosterveld 121 O 3
Barneveld 123 K 5
Barsingerhorn 118 I 3
Batenburg 123 K 6
Bath 127 G 7
Bathmen 124 M 5
Beckum 125 O 5
Bedum 119 N 2
Beegden 129 L 8
Beek *(bij 's-Heerenberg)* 124 M 6
Beek *(bij Nijmegen)* 124 L 6
Beek *(Limburg)* 129 L 9
Beek en Donk 128 K 7
Beekbergen 124 L 5
Beemster 123 I 4
Beers 129 L 6
Beerta 121 P 2
Beerze 124 J 7
Beesd 123 J 6
Beesel 129 M 8
Beetgumermolen 119 L 2
Beetsterzwaag 119 M 2
Beijerland 127 G 6
Beilen 119 N 3
Belfeld 129 M 8
Bellingwedde 121 P 2
Bellingwolde 121 P 2
Belt Schutsloot 120 M 3
Belterwijde 120 M 3
Beltrum 124 N 5
Bemelen 133 L 9
Bemmel 123 L 6
Beneden Merwede 128 I 6
Beneden-Leeuwen 123 K 6
Bennebroek 122 H 5
Bennekom 123 L 5
Benschop 123 I 5
Bentelo 125 O 5
Benthuizen 122 H 5
Berg 129 L 8
Berg en Terblijt 133 L 9
Berg en Dal 123 L 6
Bergambacht 123 I 6
Bergeijk 128 K 8
Bergen *(Limburg)* 129 M 7
Bergen *(Noord-Holland)* 122 I 3
Bergen aan Zee 122 H 4
Bergen op Zoom 127 G 7
Bergentheim 124 N 4
Bergh 124 M 6
Bergharen 123 L 6
Berghem 128 K 6
Bergschenhoek 122 H 6
Bergse Maas 128 I 6
Beringe 129 L 7
Berkel 122 N 5
Berkel en Rodenrijs 122 H 6
Berkel-Enschot 128 J 7
Berkenwoude 122 I 6
Berkhout 123 J 4
Berkum 124 M 4
Berlicum 128 K 7
Berlikum 118 K 2
Best 128 K 7
Beugen 129 L 6
Beulakerwijde 120 M 3
Beuningen 123 L 6
Beusichem 123 J 6
Beverwijk 122 H 4
Biddinghuizen 123 L 4
Bierum 121 O 1
Biervliet 127 F 8
Biesbosch (Nat. Park De) 128 I 6
Biezelinge 127 F 7
Biggekerke 127 E 7
Bildt (Het) 120 K 2
Bilt (De) 123 J 5
Bilthoven 123 J 5
Bingelrade 129 L 9
Bladel 128 J 7
Blankenham 119 L 3
Blaricum 123 J 5
Blauwe Hand 124 M 3
Blauwhuis 118 K 2
Bleiswijk 122 H 5
Blerick 129 M 7
Bleskensgraaf 123 I 6
Blesse (De) 119 M 3
Blije 119 L 1
Blijham 121 P 2
Blitterswijck 129 M 7
Bloemendaal 122 H 4
Bloemendaal aan Zee 122 H 4
Blokzijl 119 L 3
Boarnsterhim 119 L 2
Boazum 119 L 2
Bocholtz 133 M 9
Bodegraven 122 I 5
Boekel 128 L 7
Boekelo 125 O 5
Boelenslaan 119 M 2
Boer (Ten) 119 O 2
Boerakker 119 M 2
Boerdonk 128 K 7
Boijl 119 M 3
Boksum 119 L 2
Bolsward 118 K 2
Bommel (Den) 127 G 6
Bommelerwaard 128 J 6
Boornbergum 119 M 2
Borculo 124 N 5
Borger 119 O 3
Borkel 128 K 8
Born 129 L 8
Borndiep 118 K 1
Borne 125 O 5
Bornerbroek 125 N 5
Borssele 127 F 7
Bosch en Duin 123 J 5
Boschplaat (De) 118 K 1
Boskamp 124 M 4
Boskoop 122 I 5
Bosschenhoofd 127 H 7
Boterdiep 119 N 2
Boukoul 129 M 8
Bourtange 121 P 2
Boven-Hardinxveld 128 I 6
Boven-Leeuwen 123 K 6
Boven Pekela 121 O 2
Bovenkarspel 123 J 3
Bovensmilde 119 N 3
Boxmeer 129 L 7
Boxtel 128 J 7
Braassemermeer 122 H 5
Brakel 128 J 6
Brantgum 119 L 1
Breda 128 I 7
Bredevoort 125 N 6
Bredeweg 129 L 6
Breezand 118 I 3
Breezanddijk 118 J 2
Breskens 127 E 7
Breugel 128 K 7
Breukelen 123 J 5
Breukeleveen 123 J 5
Brielle 122 G 6
Brielse Meer 122 G 6
Broek in Waterland 123 I 4
Broek op Langedijk 122 I 3
Broekhuizen 129 M 7
Broekhuizenvorst 129 M 7
Broekland 124 M 4
Bronkhorst 124 M 5
Brouwersdam 127 F 6
Brouwershaven 127 F 6
Brouwershavense Gat 127 F 6
Brouwhuis 128 L 7
Bruinisse 127 G 7
Brummen 124 M 5
Brunssum 129 L 9
Bruntinge 119 N 3
Buchten 129 L 8
Budel 128 K 8
Budel-Schoot 128 K 8
Buinen 121 O 3
Buinerveen 121 O 3
Buitenpost 119 M 2
Bunde 133 L 9
Bunnik 123 J 5
Bunschoten 123 K 5
Burdaard 119 L 2
Buren *(Fryslân)* 119 L 1
Buren *(Gelderland)* 123 K 6
Burg (Den) 118 I 2
Burgervlotbrug 118 I 3
Burgh 127 F 6
Burgum 119 L 2
Burgumer Mar 119 M 2
Burum 119 M 2
Bussum 123 J 5
Buurmalsen 123 J 6
Buurse 125 O 5
Buurserbeek 125 O 5

C

Cabauw 123 I 6
Cadier en Keer 133 L 9
Cadzand 126 E 7
Cadzand-Bad 126 E 7
Callantsoog 118 I 3
Camperduin 122 H 3
Capelle aan den IJssel 122 H 6
Castenray 129 M 7
Casteren 128 J 7
Castricum 122 H 4
Castricum aan Zee 122 H 4
Chaam 128 I 7
Circuit van Zandvoort 122 H 4
Clinge 127 G 8
Cocksdorp (De) 118 I 2
Coentunnel 123 I 4
Coevorden 121 O 4
Colijnsplaat 127 F 7
Cothen 123 J 6
Creil 119 K 3
Cromstrijen 127 H 6
Cromvoirt 128 J 7
Cruquius 122 H 5
Cuijk 129 L 6
Culemborg 123 J 6

D

Daarle 124 N 4
Daarlerveen 124 N 4
Dalen 119 O 3
Dalerpeel 121 N 3
Dalfsen 124 M 4
Damsterdiep 119 O 2
Damwâld 119 L 2
Dantumadiel 120 M 2
Dedemsvaart 124 N 4
Deelen 123 L 5
Deest 123 L 6
Deil 123 J 6
Deinum 119 L 2
Delden 125 O 5
Delfstrahuizen 119 L 3
Delft 122 H 5
Delftse Schie 122 H 6
Delfzijl 121 O 1
Denekamp 125 P 4
Deurne 129 L 7
Deurningen 125 O 5
Deursen-Dennenburg 128 K 6
Deventer 124 M 5
Didam 124 M 6
Diemen 123 I 4
Diepenheim 124 N 5
Diepenveen 124 M 5
Dieren 124 M 5
Diessen 128 J 7
Diever 119 M 3
Dieverbrug 119 N 3
Diffelen 124 N 4
Dinkel 125 P 4
Dintel 127 H 7
Dinteloord 127 H 7
Dinxperlo 124 N 6
Dirkshorn 118 I 3
Dirksland 127 G 6
Dodewaard 123 K 6
Doesburg 124 M 5
Doetinchem 124 M 6
Doezum 119 M 2
Dokkum 119 L 2
Dokkumer Djip 119 L 2
Dokkumer Ie 119 M 2
Dolder (Den) 123 J 5
Dollard 121 P 2
Domburg 127 E 7
Dommel 128 K 7
Dommelen 128 K 7
Donderen 119 N 2
Dongen 128 I 7
Dongeradeel 119 M 2
Dongjum 118 K 2
Donkerbroek 119 M 2
Doorn 123 K 5
Doornenburg 124 M 6
Doornspijk 123 L 4
Doorwerth 123 L 6
Dordrecht 128 I 6
Dordtse Kil 127 H 6
Dorst 128 I 7
Drachten 119 M 2
Drachtstercompagnie 119 M 2
Drechterland 123 J 3
Dreischor 127 F 6
Drempt 124 M 5
Drenthe *(Provincie)* 120 N 3
Drentse Hoofdvaart 119 N 3
Dreumel 123 K 6
Driebergen-Rijsenburg 123 J 5
Drieborg 121 P 2
Driebruggen 123 I 5
Driehuis 122 H 4
Driel 123 L 6
Drielandenpunt 133 M 9
Driewegen 127 M 2
Driezum 119 E 7
Drijber 119 N 3
Drimmelen 128 I 6
Drogeham 119 M 2
Drongelen 128 J 6
Dronrijp 118 K 2
Dronten 123 L 4
Drontermeer 123 L 4
Drouwen 121 O 3
Drunen 128 J 6
Druten 123 K 6
Dubbeldam 128 I 6
Duiveland 127 F 7
Duiven 124 M 6
Duivendrecht 123 I 5
Duizel 128 J 7
Dungen (Den) 128 K 7
Durgerdam 123 I 4
Dussen 128 I 6
Dwingeloo 119 N 3

E

Earnewâld (Eernewoude) 119 L 2
Eastermar 119 M 2
Easterwierrum 119 L 2
Echt 129 L 8
Echteld 123 K 6
Echten 119 N 3
Echtenerbrug 119 L 3
Eck en Wiel 123 K 6
Edam 123 J 4
Ede 123 L 5
Ederveen 123 K 5
Ee 119 M 2
Eede 126 E 8
Eefde 124 M 5
Eelde 119 N 2
Eem 123 J 5
Eembrugge 123 J 5
Eemmeer 123 J 5
Eemnes 123 J 5
Eems 121 O 1
Eemshaven 119 O 1
Eemskanaal 119 O 2
Eemsmond 120 N 1
Een 119 N 2
Eenrum 119 N 1
Eerbeek 124 M 5
Eersel 128 J 7
Eethen 128 J 6
Eext 119 O 2
Egmond aan den Hoef 122 H 4
Egmond aan Zee 122 H 4
Egmond-Binnen 122 H 4
Eibergen 125 N 5
Eijerlandse Gat 118 I 2
Eijerlandse Polder 118 I 2
Eijerlandse Duinen (De) 118 I 2
Eijs 133 L 9
Eijsden 133 L 9
Eindhoven 128 K 7
Eindhoven *(Luchthaven)* 128 K 7
Ekehaar 119 N 3
Elahuizen 118 K 3
Elburg 123 L 4
Elden 123 L 6
Elim 120 N 3
Ell 129 L 8
Ellecom 124 M 5
Ellewoutsdijk 127 F 7
Elp 119 N 3
Elshout 128 J 6
Elsloo *(Fryslân)* 119 M 3
Elsloo *(Limburg)* 129 L 9
Elspeet 123 L 5
Elst *(Gelderland)* 123 L 6
Elst *(Utrecht)* 123 K 6
Emmeloord 120 L 3
Emmen 121 O 3
Emmer-Compascuum 121 P 3
Emmer-Erfscheidenveen 121 O 3
Empe 124 M 5
Empel 128 K 6
Emst 124 L 5
Engelbert 119 N 2
Engelen 128 J 6
Engelsmanplaat 119 M 1
Engwierum 119 M 2
Enkhuizen 123 J 3
Ens 123 L 4
Enschede 125 O 5
Enter 124 N 5
Enumatil 119 N 2
Epe 124 L 4
Epen 133 L 9
Epse 124 M 5
Erica 121 O 3
Erm 121 O 3
Ermelo 123 K 5
Erp 128 K 7
Esbeek 128 J 7
Esch 128 J 7
Escharen 128 L 6
Espel 119 K 3
Est 123 J 6
Etten-Leur 127 H 7
Europoort 122 G 6
Eursinge 119 N 3
Everdingen 123 J 6
Ewijk 123 L 6
Exloo 121 O 3
Exmorra 118 K 2
Eygelshoven 133 M 9
Ezinge 119 N 2

F

Farmsum 121 O 2
Feanwâlden 119 L 2
Ferwerderadell 120 L 1
Ferwert 119 L 1
Ferwoude 118 K 2
Fijnaart 127 H 7
Finsterwolde 121 P 2
Fleringen 125 O 4
Flevoland *(Provincie)* 123 K 4
Fluezen (De) 118 K 3
Fluitenberg 119 N 3
Foxhol 119 O 2
Franeker 118 K 2
Frederiksoord 119 M 3
Frieschepalen 119 M 2
Friesewad 119 L 1
Friese Zeegat 119 M 1
Fryslân *(Provincie)* 119 L 2

G

Gaanderen 124 N 6
Gaast 118 K 2
Gaasterlân-Sleat 120 K 3
Gaasterland 118 K 3
Gaastmeer 118 K 3
Gameren 128 J 6
Garderen 123 L 5
Garmerwolde 119 N 2
Garnwerd 119 N 2
Garrelsweer 119 O 2
Garsthuizen 119 O 1
Garyp 119 L 2
Gassel 128 L 6
Gasselte 119 O 3
Gasselternijveen 121 O 3
Gasteren 119 N 2

Geerdijk 124 N4
Geersdijk 127 F7
Geertruidenberg 128 I6
Geervliet 122 G6
Gees 119 O3
Geesteren (*Gelderland*) 124 N5
Geesteren (*Overijssel*) 125 O4
Geffen 128 K6
Gelderland (*Provincie*) 124 L5
Geldermalsen 123 J6
Gelderse Buurt 118 I3
Geldrop 128 K7
Geleen 129 L9
Gellicum 123 J6
Gelselaar 124 N5
Gemert 128 L7
Gemonde 128 K7
Genderen 128 J6
Gendringen 124 N6
Gendt 124 L6
Genemuiden 124 M4
Gennep 129 L6
Ginnum 119 L2
Gerkesklooster 119 M2
Gerwen 128 K7
Geul (De) 118 I2
Geulle 128 L9
Geysteren 129 M7
Giesbeek 124 M6
Giessen 128 J6
Giessenburg 123 I6
Giessenlanden 123 I6
Gieten 119 O2
Gieterveen 121 O2
Giethoorn 119 M3
Gilze 128 I7
Gilze en Rijen 128 I7
Ginneken 128 I7
Glane 125 P5
Glanerbrug 125 O5
Glimmen 119 N2
Godlinze 119 O1
Goedereede 127 F6
Goeree 127 F6
Goes 127 F7
Goirle 128 J7
Gooi ('t) 123 J5
Gooimeer 123 J5
Goor 124 N5
Gorinchem 123 I6
Gorishoek 127 G7
Gorredijk 119 M3
Gorssel 124 M5
Gouda 122 I5
Gouderak 122 I6
Goudriaan 123 I6
Goudswaard 127 G6
Goutum 119 L2
Gouwe 118 I5
Gouwzee 123 J4
Graafschap 124 N5
Graafstroom 123 I6
Graauw 127 G8
Grafhorst 123 L4
Graft 123 I4
Gramsbergen 125 O4
Grashoek 129 L7
Grathem 129 L8
Grave 128 L6
Graveland ('s-) 123 J5
Gravendeel ('s-) 127 H6
Gravenhage ('s-) =
Den Haag 122 G5
Gravenmoer ('s-) 128 I7
Gravenpolder ('s-) 127 F7
Gravenzande ('s-) 122 G5
Grevelingendam 127 G6
Grevelingenmeer 127 F6
Grevenbicht 129 L8
Griend 118 J2
Griendtsveen 129 L7
Grijpskerk 119 M2
Grijpskerke 127 E7
Groede 127 E7
Groenlo 125 N5
Groesbeek 129 L6
Groet 122 I3
Grolloo 119 O3
Groningen 119 N2
Groningen (*Provincie*) 119 O2
Groningerwad 119 N1
Gronsveld 133 L9
Groot Ammers 123 I6
Groote Keeten 118 I3
Groote Peel (Nat. Park De) 129 L7
Grootebroek 123 J3
Grootegast 119 M2
Grootschermer 123 I4
Grou 119 L3
Grubbenvorst 129 L2
Grutte Brekken 119 M7
Gulpen 133 L9
Gytsjerk 119 L2

H

Haaften 128 J6
Haag (Den) =
's-Gravenhage 122 G5
Haaksbergen 125 O5
Haalderen 124 L6
Haamstede 127 F6
Haar (Kasteel De) 123 I5
Haaren 128 J7
Haarle 124 N4
Haarlem 122 H4
Haarlemmerliede 122 I4
Haarlemmermeerpolder 122 H5
Haarlemmermeerpolder
(Ringvaart van de) 122 I5
Haarlerberg 124 N4
Haarlo 124 N5
Haarsteeg 128 J6
Haarzuilens 123 I5
Haastrecht 122 I6
Haelen 129 L8
Hagestein 123 J6
Hall 124 M5
Halle 124 N6
Hallum 119 L2
Halsteren 127 G7
Ham (Den) (*Groningen*) 119 N2
Ham (Den) (*Overijssel*) 124 N4
Handel 128 L7
Hank 128 I6
Hansweert 127 G7
Hantumhuizen 119 L1
Hapert 128 J7
Haps 129 L6
Harde ('t) 123 L4
Hardenberg 124 N4
Hardersluis 123 K4
Harderwijk 123 K4
Hardinxveld-Giessendam 128 I6
Haren (*Groningen*) 119 N2
Haren (*Noord-Brabant*) 128 K6
Harenkarspel 118 I3
Harfsen 124 M5
Haringvliet 127 G6
Haringvlietbrug 127 H6
Haringvlietdam 122 G6
Harkema 119 M2
Harkstede 119 O2
Harlingen 118 K2
Harmelen 123 I5
Harreveld 124 N6
Harskamp 123 L5
Hasselt 124 M4
Hattem 124 M4
Haule 119 M2
Haulerwijk 119 N2
Havelte 119 M3
Havelterberg 119 M3
Hazerswoude-Rijndijk 122 H5
Hazerswoude-Dorp 122 H5
Hedel 128 J6
Heeg 118 K3
Heel 129 L8
Heelsum 123 L6
Heemse 124 N4
Heemskerk 122 I4
Heemstede 122 H4
Heen (De) 127 G7
Heenvliet 122 G6
Heer Arendskerke ('s-) 127 F7
Heer Hendrikskinderen ('s-) 127 F7
Heerde 124 M4
Heerenberg ('s-) 124 M6
Heerenhoek ('s-) 127 F7
Heerenveen 119 L3
Heerewaarden 123 K6
Heerhugowaard 123 I3
Heerjansdam 122 H6
Heerlen 133 L9
Heesch 128 K6
Heeswijk-Dinther 128 K7
Heeten 124 M4
Heeze 128 K7
Hegebeintum 119 L1
Hei-en Boeicop 123 J6
Heibloem 129 L8
Heijen 129 L6
Heikant 127 G8
Heiligerlee 121 P2
Heiloo 122 I4
Heinenoord 127 H6
Heinkenszand 127 F7
Heino 124 M4
Hekelingen 127 H6
Helden 129 L8
Helder (Den) 118 I3
Helenaveen 129 L7
Hellendoorn 124 N4
Hellendoornseberg 124 N4
Hellevoetsluis 127 G6
Helmond 128 L7
Helvoirt 128 J7
Hem 123 J4
Hemelum 118 K3
Hendrik-Ido-Ambacht 122 H6
Hengelo (*Gelderland*) 124 M5
Hengelo (*Overijssel*) 125 O5
Hengevelde 125 N5
Hengstdijk 127 G7
Hensbroek 123 I4
Herikerberg 124 N5
Herkenbosch 129 M8
Herkingen 127 G6
Herpen 128 K6
Herten 129 L8
Hertogenbosch ('s-) 128 J6
Herwen 124 M6
Herwijnen 123 J6
Heteren 123 L6
Heukelum 123 J6
Heumen 129 L6
Heusden (*bij Asten*) 128 L7
Heusden (*bij Drunen*) 128 J6
Heythuysen 129 L8
Hierden 123 L4
Hijken 119 N3
Hijkersmilde 119 N3
Hillegersberg 122 H6
Hillegom 122 H5
Hilvarenbeek 128 J7
Hilversum 123 J5
Hindeloopen 118 K3
Hippolytushoef 118 I3
Hitzum 118 K2
Hoedekenskerke 127 F7
Hoek 127 F8
Hoek van Holland 122 G6
Hoekse Waard 127 H6
Hoenderloo 123 L5
Hoensbroek 129 L9
Hoevelaken 123 K5
Hoeven 127 H7
Hoge Vaart 123 L4
Hoge Veluwe
(Nationaal Park De) 123 L5
Hole (Ter) 127 G8
Hollands Diep 127 H6
Hollandsche Rading 123 J5
Hollandscheveld 119 N3
Hollandse Brug 123 J5
Hollandse IJssel 123 H6
Hollum 118 K1
Holten 124 N5
Holterberg 124 N5
Holtum 129 L8
Holwerd 119 L1
Holwierde 121 O1
Hommerts 119 K3
Hondsbosse Zeewering 118 H3
Hondshaltermeer 121 O2
Hondsrug 121 O2
Honselersdijk 122 G5
Hoofddorp 122 I5
Hoofdplaat 127 F7
Hoog Soeren 123 L5
Hooge Hexel 124 N4
Hooge Mierde 128 J7
Hooge Zwaluwe 128 I6
Hoogeloon 128 J7
Hoogerheide 127 G7
Hoogersmilde 119 N3
Hoogeveen 119 N3
Hoogeveense Vaart
(Verlengde) 121 O3
Hoogezand Sappemeer 119 O2
Hooghalen 119 N3
Hoogkarspel 123 J3
Hoogkerk 119 N2
Hoogland 123 K5
Hoogmade 122 H5
Hoogvliet 122 H6
Hoogwoud 123 I3
Hoorn (*Fryslân*) 118 K1
Hoorn (*Noord-Holland*) 123 J4
Hoorn (Den) 118 I2
Hoornaar 123 I6
Hoornsterzwaag 119 M3
Horn 129 L8
Horn (Den) 119 N2
Hornhuizen 119 N1
Horntje ('t) 118 I2
Horssen 123 K6
Horst (*Gelderland*) 123 K5
Horst (*Limburg*) 129 M7
Hout ('t) 128 K7
Houtakker 128 J7
Houten 123 J5
Houtribsluizen 123 K4
Houwerzijl 119 N1
Huijbergen 127 H7
Huisduinen 118 I3
Huissen 124 L6
Huizen 123 J5
Hulsberg 133 L9
Hulsel 128 J7
Hulst 127 G8
Hulten 128 I7
Hummelo 124 M5
Hunsel 129 L8
Hunze 119 O2
Hurdegaryp 119 L2

I - J - K

Idskenhuizen 119 L3
IJ-Tunnel 123 I4
IJhorst 120 M4
IJlst 118 K2
IJmeer 123 J4
IJmuiden 122 H4
IJssel 124 M5
IJsselmeer 118 J3
IJsselmuiden 123 L4
IJsselstein 123 J5
IJzendijke 127 E8
Ilpendam 123 I4
Itens 118 K2
Itteren 133 L9
Ittersum 124 M4
Ittervoort 129 L8
Jaarsveld 123 I6
Jelsum 119 L2
Jipsinghuizen 121 P3
Jirnsum 119 L2
Jisp 123 I4
Jistrum 119 M2
Jorwert 119 L2
Joure 119 L3
Jubbega 119 M3
Jubbega Derde-Sluis 120 M2
Julianadorp 118 I3
Julianakanaal 129 L9
Kaag 122 H5
Kaart 118 J1
Kaatsheuvel 128 J7
Kagerplassen 122 H5
Kamerik 123 I5
Kampen 123 L4
Kamperland 127 F7
Kantens 119 N1
Kapelle 127 F7
Kats 127 F7
Kattendijke 127 F7
Katwijk 129 L6
Katwijk aan den Rijn 122 H5
Katwijk aan Zee 122 H5
Kedichem 123 J6
Keeten
Mastgat 127 G7
Keijenborg 124 M5
Kekerdom 124 M6
Kerkdriel 128 K6
Kerkenveld 120 N3
Kerkrade 133 M9
Kerkwerve 127 F6
Kerkwijk 128 J6
Kessel 129 M8
Kesteren 123 K6
Ketelbrug 123 K4
Ketelhaven 123 L4
Ketelmeer 123 L4
Keukenhof 122 H5
Kiel (De) 119 O3
Kiel-Windeweer 119 O2
Kijkduin 122 G5
Kilder 124 M6
Kinderdijk 122 H6
Klaaswaal 127 H6
Klarenbeek 124 M5
Klazienaveen 121 O3
Klijndijk 121 O3
Klimmen 133 L9
Klomp (De) 123 K5
Kloosterburen 119 N1
Kloosterhaar 125 O4
Kloosterzande 127 G7
Klundert 127 H7
Knegsel 128 K7
Knijpe (De) 119 L3
Kockengen 123 I5
Koedijk 122 I3
Koekange 120 M3
Koewacht 127 F8
Kolham 119 O2
Kolhorn 118 I3
Kollum 119 M2
Kollumerland c.a. 120 M2
Kollumerpomp 119 M2
Kollumerzwaag 119 M2
Kommerzijl 119 M2
Koningsbosch 129 L8
Koog aan de Zaan 122 I4
Koog (De) 118 I2
Kootwijk 123 L5
Kootwijkerbroek 123 J5
Kop van 't Land 128 I6
Kopstukken 121 P3
Korendijk 127 G6
Kornhorn 119 M2
Kortenhoef 123 J5
Kortgene 127 F7
Kotten 125 O6
Koudekerk aan den Rijn 122 H5
Koudekerke 127 E7
Koudum 118 K3
Krabbendijke 127 G7
Kraggenburg 120 L4
Krammer 127 G7
Krewerd 121 O1
Krim (De) 120 N4
Krimpen aan de Lek 122 H6
Krimpen aan den IJssel 122 H6
Krimpenerwaard 122 I6
Kröller-Müller-Museum 123 L5
Kromme Mijdrecht 123 I5
Kromme Rijn 123 J5
Krommenie 122 I4
Kropswolde 119 O2
Kruiningen 127 G7
Kruisland 127 H7
Kudelstaart 122 I5
Kûfurd (De) 119 L3
Kuinre 119 L3
Kwadendamme 127 F7

L

Laag-Keppel 124 M6
Laag-Soeren 124 M5
Lage Mierde 128 J7
Lage Vaart 123 K4
Lage Vuursche 123 J5
Lage Zwaluwe 128 I6
Lamswaarde 127 G7
Landgraaf 129 M9
Landsmeer 123 I4
Langbroek 123 J5
Langedijk 122 I3
Langelo 119 N2
Langeraar 122 I5
Langerak 123 I6
Langeveen 125 O4
Langezwaag 119 M3
Langweer 119 L3
Laren (*Gelderland*) 124 N5
Laren (*Noord-Holland*) 123 J5
Lattrop 125 O4
Lauwersmeer 119 M1
Lauwersoog 119 M1
Leek 119 N2
Leende 128 K7
Leens 119 N1
Leerbroek 123 J6
Leerdam 123 J6
Leermens 119 O1
Leersum 123 K5
Leeuwarden 119 L2
Leeuwarderadeel 120 L2
Leeuwte 120 L3
Leiden 122 H5
Leiderdorp 122 H5
Leidschendam 122 H5
Leien (De) 119 M2
Leimuiden 122 I5
Lek 122 I6
Lekkerkerk 122 I6
Lekkum 119 L2
Lelystad 123 K4
Lelystad Haven 123 K4
Lemele 124 N4
Lemelerberg 124 N4
Lemelerveld 124 N4
Lemmer 119 L3
Lemsterland 119 K3
Lent 123 L6
Lepelstraat 127 G7
Lettele 124 M5
Leunen 129 L7
Leusden 123 K5
Leusden-Zuid 123 K5
Leuth 124 L6
Leuvenum 123 L5
Lewedorp 127 F7
Lexmond 123 J6
Lhee 119 N3
Lichtenvoorde 124 N6
Liempde 128 K7
Lienden 123 K6
Lier (De) 122 G6
Lierop 128 L7
Lies 118 J1
Lieshout 128 K7
Liessel 129 L7
Lievelde 124 N5
Lieveren 119 N2
Lijmers 124 M6
Limbricht 129 L8
Limburg
(*Provincie*) 129 L8
Limmen 122 I4
Linge 123 L6
Lingewaal 123 J6
Linne 129 L8
Linschoten 123 I5
Lippenhuizen 119 M2
Lisse 122 H5
Lith 128 K6
Lithoijen 128 K6
Littenseradiel 118 K2
Lobith 124 M6
Lochem 124 N5
Lochemseberg 124 N5
Loenen (*Gelderland*) 124 M5
Loenen (*Utrecht*) 123 J5
Loil 124 M6
Lollum 118 K2
Lomm 129 M7
Loo 124 L6
Loo (Het) 123 L5
Loon 119 N2
Loon op Zand 128 J7
Loonse en Drunense
Duinen 128 J7
Loosdrecht 123 J5
Loosdrechtse Plassen 123 J5
Loosduinen 122 G5
Lopik 123 I6
Lopikerkapel 123 J6
Loppersum 119 O2
Lorentzsluizen 118 J2
Losser 125 P5
Lottum 129 M7
Lunteren 123 K5
Lutjegast 119 M2
Lutte (De) 125 O5
Luttelgeest 119 L3
Lutten 124 N4
Luttenberg 124 N4
Luyksgestel 128 J8

M

Maarheeze 128 K8
Maarn 123 K5
Maarsbergen 123 K5
Maarssen 123 J5
Maartensdijk 123 J5
Maas 133 J6
Maas en Waal (Land van) 123 K6
Maas Land 128 K6
Maas-Schwalm-Nette
(Grenspark) 129 L8
Maas-Waalkanaal 129 L6
Maasbommel 123 K6
Maasbracht 129 L8
Maasbree 129 M7
Maasdam 127 H6
Maasdijk 122 G6
Maasdriel 128 K6
Mashees 129 M7
Maasland 122 G6
Maassluis 122 G6
Maastricht 133 L9
Maastricht (*Luchthaven*) 129 L9
Maasvlakte 122 G6
Made 128 I6
Makkinga 119 M3
Makkum 118 K2
Malden 129 L6
Mantgum 119 L2
Mantinge 119 N3

Maren 128 K6
Margraten 133 L9
Mariaheide 128 K7
Mariahoop 129 L8
Mariahout 128 K7
Mariaparochie 125 O4
Mariënberg 124 N4
Mariënvelde 124 N5
Mark 128 H7
Markelo 124 N5
Marken 123 J4
Markermeer 123 J4
Markerwaarddijk 123 K4
Marknesse 120 L3
Marrum 119 L2
Marsdiep 118 I3
Marssum 119 L2
Marum 119 M2
Mastenbroek 124 M4
Mastenbroek (Polder) 124 M4
Maurik 123 K6
Mechelen 133 L9
Medemblik 118 J3
Meeden 121 O2
Meedhuizen 121 O2
Meerkerk 123 I6
Meerlo 129 M7
Meern (De) 123 J5
Meerssen 133 L9
Meeuwen 128 J6
Megchelen 124 N6
Megen 123 K6
Meije 123 I5
Meijel 129 L7
Melderslo 129 M7
Melick 129 M8
Meliskerke 127 E7
Melissant 127 G6
Menaldum 119 K2
Menaldumadeel 118 K2
Menkemaborg 119 O1
Mensingeweer 119 N1
Meppel 120 M3
Meppelerdiep 120 M4
Meppen 119 O3
Merselo 129 L7
Merwedekanaal 123 J6
Meteren 123 J6
Meterik 129 M7
Metslawier 119 M1
Middachten 124 M5
Middelaar 129 L6
Middelbeers 128 J7
Middelburg 127 E7
Middelharnis 127 G6
Middelstum 119 N1
Middenbeemster 123 I4
Middenmeer 118 I3
Midlaren 119 O2
Midlum 118 K2
Midsland 118 J1
Midwolda 121 P2
Midwolde 119 N2
Midwoud 123 J3
Mierlo 128 K7
Mijdrecht 123 I5
Mijnsheerenland 127 H6
Mildam 119 L3
Milheeze 128 L7
Mill 128 L6
Millingen aan de Rijn 124 M6
Milsbeek 129 L6
Minnertsga 118 K2
Moddergat 119 M1
Moerdijk 127 H6
Moerdijkbruggen 127 H6
Moergestel 128 J7
Moerkapelle 122 H5
Moermond 127 F6
Molenaarsgraaf 123 I6
Molenhoek 129 L6
Molenschot 128 I7
Molkwerum 118 K3
Monnickendam 123 J4
Monster 122 G5
Montferland 124 M6
Montfoort 123 I5
Montfort 129 L8
Mook 129 L6
Mookhoek 127 H6
Moordrecht 122 I6
Mortel 128 L7
Muiden 123 J5
Muiderberg 123 J5
Munnekeburen 119 L3
Munnekezijl 119 M2
Muntendam 121 O2
Mussel 121 P3
Musselkanaal 121 O3
Musselkanaal *(Plaats)* 121 P3
Muy (De) 118 I2

N

Naaldwijk 122 G6
Naarden 123 J5
Nagele 120 L4
Neder Rijn 123 K6
Nederasselt 128 L6
Nederhemert 128 J6
Nederhorst den Berg 123 J5
Nederweert 128 L8
Nederwetten 128 K7
Neede 125 N5
Neer 129 L8
Neerijnen 123 J6
Neeritter 129 L8
Neerkant 129 L7
Nes *(bij Dokkum)* 119 M1
Nes *(op Ameland)* 119 L1
Netersel 128 J7
Netterden 124 M6
Nibbixwoud 123 J3
Niekerk 119 N2
Nienoord 119 N2
Nieuw Amsterdam 121 O3
Nieuw Balinge 119 N3
Nieuw-Beerta 121 P2
Nieuw-Beijerland 127 H6
Nieuw-Bergen 129 M7
Nieuw Buinen 121 O3
Nieuw Den Helder 118 I3
Nieuw Dordrecht 121 O3
Nieuw en St.Joosland 127 E7
Nieuw Heeten 124 N5
Nieuw Lekkerland 122 I6
Nieuw Milligen 123 L5
Nieuw-Namen 127 G8
Nieuw-Roden 119 N2
Nieuw-Scheemda 121 O2
Nieuw-Schoonebeek 121 O4
Nieuw-Vennep 122 H5
Nieuw-Vossemeer 127 G7
Nieuw Weerdinge 121 O3
Nieuwdorp 127 F7
Nieuwe Maas 122 H6
Nieuwe Merwede 128 I6
Nieuwe-Niedorp 118 I3
Nieuwe Pekela 121 O2
Nieuwe Tonge 127 G6
Nieuwe Waterweg 122 G6
Nieuwegein 123 J5
Nieuwendijk 128 I6
Nieuwenhoorn 122 G6
Nieuwer-ter-Aa 123 I5
Nieuwerbrug 123 I5
Nieuwerkerk 127 G7
Nieuwerkerk aan den IJssel 122 H6
Nieuweroord 119 N3
Nieuwkoop 122 I5
Nieuwkoopse Plassen 123 I5
Nieuwkuijk 128 J6
Nieuwland *(Zuid-Holland)* 123 J6
Nieuwlande 120 N3
Nieuwleusen 124 M4
Nieuwolda 121 O2
Nieuwpoort 123 I6
Nieuwstadt 129 L8
Nieuwveen 122 I5
Nieuwvliet 126 E7
Niew-
Loosdrecht 123 J5
Niezijl 119 N2
Niftrik 128 L6
Nigtevecht 123 J5
Nij Beets 119 M2
Nijbroek 124 M5
Nijega 119 M2
Nijemirdum 118 K3
Nijeveen 119 M3
Nijkerk 123 K5
Nijland 118 K2
Nijmegen 123 L6
Nijnsel 128 K7
Nijswiller 133 L9
Nijverdal 124 N4
Nispen 127 H7
Nisse 127 F7
Nistelrode 128 K6
Noardburgum 119 M2
Noorbeek 133 L9
Noord 122 H6
Noord Beveland 127 F7
Noord-Brabant *(Provincie)* 128 H7
Noord-Holland *(Provincie)* 122 I4
Noord-Oost-Polder 119 L3
Noord Willemskanaal 119 N2
Noordbroek 121 O2
Noordeinde *(Overijssel)* 119 M3
Noordeinde *(Zuid-Holland)* 122 I5
Noordeinde *(Gelderland)* 123 L4
Noordeloos 123 I6
Noorden 123 I5
Noorder-Koggenland 123 J3
Noorderhaaks 118 H3
Noordervaart 129 L8
Noordgouwe 127 F6
Noordhollandskanaal 118 I4
Noordhorn 119 N2
Noordlaren 119 O2
Noordscheschut 119 N3
Noordsleen 121 O3
Noordwijk 119 M2
Noordwijk aan Zee 122 H5
Noordwijk-Binnen 122 H5
Noordwijkerhout 122 H5
Noordwolde 119 M3
Noordzeekanaal 122 I4
Nootdorp 122 H5
Norg 119 N2
Nuenen 128 K7
Nul (Den) 124 M4
Nuland 128 K6
Numansdorp 127 H6
Nunspeet 123 L4
Nuth 129 L9

O

Obdam 123 I3
Ochten 123 K6
Odijk 123 J5
Odiliapeel 128 L7
Odoorn 121 O3
Oeffelt 129 L6
Oegstgeest 122 H5
Oene 124 M4
Oerle 128 K7
Oesterdam 127 G7
Oever (Den) 118 J3
Ohé en Laak 129 L8
Oijen 123 K6
Oirsbeek 129 L9
Oirschot 128 J7
Oisterwijk 128 J7
Olburgen 124 M5
Oldeberkoop 119 M3
Oldebroek 123 L4
Oldeholtpade 119 M3
Oldehove 119 N2
Oldemarkt 119 L3
Oldenzaal 125 O5
Oldenzijl 119 O1
Olland 128 K7
Olst 124 M4
Ommel 128 L7
Ommelanderwijk 121 O2
Ommen 124 N4
Ommeren 123 K6
Ommerkanaal 120 N4
Onderbanken 129 L9
Onderdendam 119 N1
Onderdijk 118 J3
Onnen 119 N2
Onstwedde 121 P2
Ooij 124 L6
Ooltgensplaat 127 H6
Oost-Graftdijk 123 I4
Oost-Souburg 127 E7
Oost-Vlieland 118 J2
Oostburg 127 E8
Oosteind 128 I7
Oosteinde 119 M3
Oostelbeers 128 J7
Oostelijk-Flevoland 123 K4
Oostendorp 123 L4
Oosterbeek 123 L6
Oosterbierum 118 K2
Oosterbroek 121 O2
Oosterend *(bij Wommels)* 118 K2
Oosterend
(op Terschelling) 118 K1
Oosterend *(op Texel)* 118 I2
Oosterhesselen 119 O3
Oosterhout *(Noord-Brabant)* 128 I7
Oosterhout-Nijmegen
(Gelderland) 123 L6
Oosterkwelder 119 M1
Oosterland *(Duiveland)* 127 G7
Oosterland *(Noord-Holland)* 118 J3
Oosterleek 123 J4
Oosternijkerk 119 M1
Oosterschelde 127 F7
Oosterscheldedam
(Stormvloedkering) 127 F7
Oosterwierum 119 L2
Oosterwolde *(Fryslân)* 119 M3
Oosterwolde *(Gelderland)* 123 L4
Oosthem 118 K2
Oosthuizen 123 J4
Oostkapelle 127 E7
Oostmahorn 119 M1
Oostrum 129 M7
Ooststellingwerf 119 M3
Oostvaardersdijk 123 J4
Oostvaardersplassen 123 J4
Oostvoorne 122 G6
Oostwold *(bij Hoogkerk)* 119 N2
Oostwold *(bij Winschofen)* 121 P2
Oostzaan 123 I4
Ootmarsum 125 O4
Opeinde 119 M2
Opende 119 M2
Ophemert 123 K6
Opheusden 123 K6
Oploo 129 L7
Opmeer 123 I3
Oppenhuizen 119 L2
Opperdoes 118 J3
Opsterland 119 M2
Oranjekanaal 121 N3
Oranjewoud 119 L3
Orvelte 119 N3
Osdorp 123 I4
Ospel 129 L8
Ospeldijk 129 L8
Oss 128 K6
Osse (Den) 127 F6
Ossendrecht 127 H7
Ossenisse 127 F7
Ossenzijl 119 L3
Oterleek 123 I4
Otterlo 123 L5
Ottersum 129 L6
Oud-Beijerland 127 H6
Oud Gastel 127 H7
Oud-Loosdrecht 123 J5
Oud-Reemst 123 L5
Oud-Sabbinge 127 F7
Oud-Vossemeer 127 G7
Oud-Wassenaar 122 H5
Oud-Zuilen 123 J5
Ouddorp 127 F6
Oude IJssel 124 M6
Oude Maas H6
Oude Pekela 121 P2
Oude Rijn 122 I5
Oude-Tonge 127 G6
Oude Venen 119 L2
Oude-Wetering 122 H5
Oudebildtzijl 119 L2
Oudega *(bij Drachten)* 119 M2
Oudega *(bij Koudum)* 118 K3
Oudega *(bij Sneek)* 118 K3
Oudehaske 119 L3
Oudehorne 119 M3
Oudemirdum 118 K3
Oudemolen *(Drenthe)* 119 N2
Oudemolen *(Noord-Brabant)* 127 H7
Oudenbosch 127 H7
Oudenhoorn 127 G6
Ouderkerk 122 H6
Ouderkerk aan de Amstel 123 I5
Oudeschans 121 P2
Oudeschild 118 I2
Oudewater 123 I5
Oudkarspel 122 I3
Oudleusen 124 M4
Oudorp 122 I4
Oudwoude 119 M2
Ouwerkerk 127 F7
Overberg 123 K5
Overdinkel 125 P5
Overflakkee 127 G6
Overijssel *(Provincie)* 124 N4
Overijssels Kanaal 124 N4
Overlangel 128 L6
Overloon 129 L7
Overschie 122 H6
Overschild 119 O2
Overslag 127 F8
Overveen 122 H4
Ovezande 127 F7

P

Pannerden 124 M6
Pannerdens Kanaal 124 L5
Panningen 129 L8
Papendrecht 128 I6
Papenvoort 119 O3
Parrega 118 K2
Paterswolde 119 N2
Peelland 128 K7
Peij 129 L8
Peize 119 N2
Pekel-Aa 121 O2
Pernis 122 H6
Pesse 119 N3
Petten 118 I3
Philippine 127 F8
Philipsdam 127 G6
Piaam 118 K2
Piershil 127 G6
Pieterburen 119 N1
Pijnacker 122 H5
Pikmar 119 L2
Pingjum 118 K2
Poeldijk 122 G5
Polsbroek 123 I6
Polsbroekerdam 123 I6
Poortugaal 122 H6
Poortvliet 127 G7
Poppenwier 119 L2
Popta 119 L2
Port Zélande 127 F6
Posbank 124 M5
Post
(Ten) 119 O2
Posterholt 129 M8
Posthoorn 123 L4
Princenhage 128 I7
Prinsenbeek 128 I7
Prinses Margrietkanaal 119 L2
Punt (De) 119 N2
Punthorst 124 M4
Purmerend 123 I4
Purmerland 123 I4
Putte 127 H7
Putten *(Gelderland)* 123 K5
Putten *(Zuid-Holland)* 123 G6
Puttershoek 127 H6

R

Raalte 124 M4
Raam 128 L6
Raamsdonk 128 I6
Raamsdonksveer 128 I6
Raerd 119 L2
Randwijk 123 L6
Ravenstein 128 K6
Rechteren 124 M4
Reduzum 119 L2
Reek 128 L6
Reest 120 N4
Reeuwijk 122 I5
Reeuwijk Dorp 122 I5
Reeuwijkse Plassen 122 I5
Regge 124 N5
Reimerswaal 127 G7
Reitdiep 119 N2
Rekken 125 O5
Renesse 127 F6
Renkum 123 L6
Renswoude 123 K5
Retranchement 126 E7
Reusel 128 J7
Reusel (Rivier) 128 J7
Reutum 125 O4
Reuver 129 M8
Rheden 124 M5
Rheeze 124 N4
Rhenen 123 K6
Rhoon 122 H6
Richel 118 J2
Ridderkerk 122 H6
Ried 118 K2
Riel 128 J7
Riethoven 128 K7
Rif (Het) 119 M1
Rijen 128 I7
Rijkevoort 129 L7
Rijnsburg 122 H5
Rijnwaarden 124 M6
Rijp (De) 123 I4
Rijs 118 K3
Rijsbergen 128 I7
Rijsenhout 122 I5
Rijsoord 122 H6
Rijssen 124 N5
Rijswijk *(Gelderland)* 123 K6
Rijswijk *(Zuid-Holland)* 122 G5
Rilland 127 G7
Rimburg 129 M9
Rinsumageast 119 L2
Rips 129 L7
Ritthem 127 E7
Rockanje 122 G6
Roden 119 N2
Roderwolde 119 N2
Roelofarendsveen 122 H5
Roer 129 L8
Roermond 129 L8
Roggebotsluis 124 L4
Roggel 129 L8
Rolde 119 N3
Ronde Venen (De) 123 I5
Ronduite 120 M3
Roodeschool 119 O1
Roompot 127 F7
Roosendaal 127 H7
Roosteren 129 L8
Rosmalen 128 K6
Rossum *(Gelderland)* 128 K6
Rossum *(Overijssel)* 125 O4
Roswinkel 121 P3
Rottemeren 122 H5
Rotterdam 122 H6
Rotterdam
(Luchthaven) 122 H6
Rottevalle 119 M2
Rottum *(Fryslân)* 119 L3
Rottum *(Groningen)* 119 N1
Rottumeroog 119 N1
Rouveen 124 M4
Rozenburg 122 G6
Rozendaal 124 L5
Rucphen 127 H7
Ruinen 119 N3
Ruinerwold 119 M3
Ruiten-Aa 121 P3
Ruiten-Aa Kanaal 121 P3
Ruitenveen 124 M4
Rutten 119 L3
Ruurlo 124 N5

S

Saaksum 119 N2
Saasveld 125 O5
Sambeek 129 L7
Santpoort 122 H4
Sas-van-Gent 127 F8
Sassenheim 122 H5
Sauwerd 119 N2
Schaarsbergen 123 L5
Schaft 128 K8
Schagen 118 I3
Schagerbrug 118 I3
Schaijk 128 K6
Schalkhaar 124 M5
Schalkwijk 123 J6
Scharendijke 127 F6
Scharnegoutum 119 L2
Scharsterbrug 119 L3
Scharwoude 123 J4
Scheemda 121 O2
Schelde 127 G7
Schelde-Rijnverbinding 127 G7
Schellingwoude 123 I4
Schellinkhout 123 J4
Schelluinen 123 I6
Schermer 122 I4
Schermerhorn 123 I4
Scherpenisse 127 G7
Scherpenzeel *(Fryslân)* 119 L3
Scherpenzeel *(Gelderland)* 123 K5
Scheveningen 122 G5
Schiedam 122 H6
Schiermonnikoog 119 M1
Schiermonnikoog (Eiland) 119 M1
Schijf 127 H7
Schijndel 128 K7
Schildmeer 119 O2
Schildwolde 119 O2
Schimmert 129 L9
Schin op Geul 133 L9
Schinnen 129 L9
Schinveld 129 L9
Schipbeek 124 N5
Schipborg 119 O2
Schipluiden 122 G6
Schokland 120 L4
Schoondijke 127 E7
Schoonebeek 121 O4
Schoonebeekerdiep 121 O4
Schoonhoven 123 I6
Schoonloo 119 O3
Schoonoord 119 O3
Schoonrewoerd 123 J6
Schoorl 122 I3
Schooten (De) 118 I3
Schouwen 127 F6
Schouwerzijl 119 N2
Schuddebeurs 127 F6
Schutsluis 119 M1

Sebaldeburen 119 M 2
Sellingen 121 P 3
Serooskerke *(Veere)* 127 E 7
Serooskerke
(Westerchouwen) 127 F 6
Sevenum 129 M 7
Sexbierum 118 K 2
Sibculo 125 N 4
Sibrandabuorren 119 L 2
Siddeburen 121 O 2
Siebengewald 129 M 7
Sijbekarspel 123 I 3
Silvolde 124 N 6
Simpelveld 133 L 9
Sinderen 124 N 6
St. Anna ter Muiden 126 E 8
St. Annaland 127 G 7
St. Hubertus (Jachtslot) 123 L 5
St. Kruis 127 E 8
St. Maartensdijk 127 G 7
St. Philipsland 127 G 7
St. Willebrord 127 H 7
St.-Annaparochie 119 K 2
St.-Annen 119 O 2
St.-Anthonis 129 L 7
St.-Geertruid 133 L 9
St.-Hubert 129 L 6
St.-Isidorushoeve 125 O 5
St.-Jacobiparochie 118 K 2
St.-Jansklooster 120 M 3
St.-Jansteen 127 G 8
St.-Laurens 127 E 7
St.-Maarten 118 I 3
St.-Maartensvlotbrug 118 I 3
St.-Michielsgestel 128 K 7
St.-Nicolaasga 119 L 3
St.-Odiliënberg 129 L 9
St.-Oedenrode 128 K 7
St.-Pancras 122 I 4
St.-Pietersberg 133 L 9
Sittard 129 L 8
Six Flags *(Park)* 123 L 4
Skarsterlân 119 L 3
Slagharen 120 N 4
Slagharen *(Attractiepark)* 124 N 4
Sleen 121 O 3
Sleeuwijk 128 I 6
Slenaken 133 L 9
Sliedrecht 128 I 6
Slinge 125 O 5
Slochteren 119 O 2
Sloehaven 127 F 7
Slootdorp 118 I 3
Sloten *(Friesland)* 119 K 3
Slotermeer 123 K 3
Slufter (De) 118 I 2
Sluis 126 E 8
Sluiskil 127 F 8
Smilde 119 N 3
Sneek 119 L 2
Snitser Mar 119 L 2
Soerendonk 128 K 8
Soest 123 J 5
Soestdijk 123 J 5
Soestduinen 123 J 5
Soesterberg 123 J 5
Someren 128 L 7
Someren-Eind 128 L 7
Someren-Heide 128 L 7
Sommelsdijk 127 G 6
Son 128 K 7
Sondel 118 K 3
Spaarndam 122 I 4
Spakenburg 123 K 5
Spanbroek 123 I 3
Sparjebird 119 M 2
Spaubeek 129 L 9
Spekholzerheide 133 M 9
Spier 119 N 3
Spierdijk 123 I 4
Spijk *(Gelderland)* 124 M 6
Spijk *(Groningen)* 121 O 1
Spijkenisse 122 G 6
Spijkerboor 119 O 2
Spoordonk 128 J 7
Sprang-Capelle 128 J 6
Sprundel 127 H 7
Spui *(Zeeland)* 127 F 8
Spui *(Zuid-Holland)* 127 G 6
Stad aan 't Haringvliet 127 G 6
Stade Broek 123 J 3
Stadskanaal 121 O 3
Stampersgat 127 H 7
Standdaarbuiten 127 H 7
Staphorst 120 M 4
Stavenisse 127 G 7
Stavoren 118 K 3
Stedum 119 O 2
Steeg (De) 124 M 5
Steenbergen 127 G 7
Steenbergse Vliet 127 G 7
Steendam 121 O 2
Steenderen 124 M 5
Steensel 128 K 7
Steenwijk 119 M 3
Steenwijkerwold 119 M 3
Steenwijksmoer 121 O 3
Steggerda 119 M 3
Stein 129 L 9
Stellendam 127 G 6
Sterksel 128 K 7
Stevensbeek 129 L 7
Stevensweert 129 L 8
Stevinsluizen 118 J 3
Steyl 129 M 8
Stichtse Brug 123 J 5
Stiens 119 L 2
Stiphout 128 K 7
Stolwijk 122 I 6
Stompwijk 122 H 5
Stramproy 128 L 8
Streefkerk 122 I 6
Streek (De) 123 J 3
Strijbeek 128 I 7
Strijen 127 H 6
Strijenham 127 G 7
Strijensas 127 H 6
Stroe 123 L 5
Stuifzand 119 N 3
Sumar 119 M 2
Surhuisterveen 119 M 2
Susteren 129 L 8
Swalmen 129 M 8
Swartbroek 129 L 8
Swifterbant 123 K 4

T

Tankenberg 125 O 5
Tegelen 129 M 7
Terband 119 L 3
Terborg 124 N 6
Terheijden 128 I 7
Terherne 119 L 2
Terkaple 119 L 2
Terlet 123 L 5
Termunten 121 P 2
Ternaard 119 L 1
Terneuzen 127 F 7
Terneuzen (Pas van) 127 F 7
Terschelling 118 K 1
Terschellingerwad 118 J 2
Terschuur 123 K 5
Terwolde 124 M 5
Teteringen 128 I 7
Teuge 124 M 5
Texel 118 I 2
Thesinge 119 N 2
Tholen 127 G 7
Tholen (Plaats) 127 G 7
Thorn 129 L 8
Tiel 123 K 6
Tiengemeten 127 G 6
Tienhoven 123 J 5
Tienray 129 M 7
Tystjerk 119 L 2
Tijnje 119 L 2
Tilburg 128 J 7
Tilligte 125 O 4
Tjalleberd 119 L 3
Tjerkwerd 118 K 2
Tjongerkanaal 119 M 3
Tolbert 119 N 2
Toldijk 124 M 5
Tolkamer 124 M 6
Tollebeek 120 L 3
Tongelre 128 K 7
Tongelreep 128 K 8
Trekkersveld 123 K 4
Tricht 123 J 6
Tsjonger of De Kuunder (De) 119 L 3
Tsjûkemar 119 L 3
Tubbergen 125 O 4
Tuk 119 M 3
Tungelroy 128 L 8
Turfvaart 127 H 7
Tweede-Exloërmond 121 O 3
Twello 124 M 5
Twentekanaal 124 O 5
Twickel 125 O 5
Twijzel 119 M 2
Twijzelerheide 119 M 2
Twisk 118 J 3
Tynaarlo 119 N 2
Tytsjerksteradiel 119 M 2
Tzum 118 K 2
Tzummarum 118 K 2

U - V

Ubachsberg 133 L 9
Ubbergen 124 L 6
Uddel 123 L 5
Uden 128 K 7
Udenhout 128 J 7
Uffelte 119 M 3
Ugchelen 123 L 5
Uitdam 123 J 4
Uitgeest 122 I 4
Uithoorn 123 I 5
Uithuizen 119 O 1
Uithuizermeeden 119 O 1
Uithuizerwad 119 N 1
Ulestraten 129 L 9
Ulft 124 N 6
Ulicoten 128 I 7
Ulrum 119 N 1
Ulvenhout 128 I 7
Ureterp 119 M 2
Urk 120 L 4
Urmond 129 L 9
Ursem 123 I 4
Usquert 119 N 1
Usselo 125 O 5
Utrecht 123 J 5
Utrecht *(Provincie)* 123 J 5
Vaals 133 M 9
Vaart (De) 123 J 4
Vaassen 124 L 5
Valburg 123 L 6
Valkenburg 122 H 5
Valkenburg
aan de Geul 133 L 9
Valkenswaard 128 K 7
Valthe 121 O 3
Valthermond 121 O 3
Van Harinxmakanaal 119 K 2
Van Starkenborghkanaal 119 M 2
Varik 123 K 6
Varsen 124 N 4
Varsseveld 124 N 6
Vasse 125 O 4
Veelerveen 121 P 2
Veen 128 J 6
Veendam 121 O 2
Veenendaal 123 K 5
Veenhuizen 119 N 2
Veeningen 120 N 3
Veenoord 121 O 3
Veere 127 F 7
Veerse Gatdam 127 E 7
Veerse Meer 127 E 7
Veessen 124 M 4
Veghel 128 K 7
Velddriel 128 J 6
Velden 129 M 7
Veldhoven 128 K 7
Velp *(Gelderland)* 128 L 6
Velp *(Noord-Brabant)* 124 L 6
Velsen 122 H 4
Velsertunnel 122 H 4
Veluwe 123 L 5
Veluwemeer 123 K 5
Veluwezoom
(Nationaal Park De) 124 L 5
Venhorst 128 L 7
Venhuizen 123 J 4
Venlo 129 M 7
Venray 129 L 7
Vessem 128 J 7
Veulen 129 L 7
Vianen 123 J 6
Vierhouten 123 L 4
Vierlingsbeek 129 M 7
Vijfhuizen 122 I 4
Vijlen 133 L 9
Vilsteren 124 N 4
Vinkel 128 K 6
Vinkeveen 123 I 5
Vinkeveense Plassen 123 I 5
Visvliet 119 M 2
Vlaardingen 122 H 6
Vlagtwedde 121 P 2
Vledder 119 M 3
Vleut 128 K 7
Vleuten 123 J 5
Vlieland 118 I 2
Vlierden 128 L 7
Vliestroom 118 J 2
Vliet 122 H 5
Vlijmen 128 J 6
Vlissingen 127 E 7
Vlist 123 I 6
Vlist (Rivier) 123 I 6
Vlodrop 129 M 8
Voerendaal 133 L 9
Vogelenzang 122 H 5
Vogelwaarde 127 F 8
Volendam 123 J 4
Volkel 128 K 7
Volkerak 127 G 7
Volkerakdam 127 H 6
Vollenhove 120 L 3
Vollenhovermeer 120 L 3
Voorburg 122 H 5
Voorhout 122 H 5
Voorne 122 G 6
Voorne (Kanaal door) 122 G 6
Voorschoten 122 H 5
Voorst 124 M 5
Voorthuizen 123 K 5
Vorden 124 M 5
Vorstenbosch 128 K 7
Vragender 125 N 6
Vreeland 123 J 5
Vries 119 N 2
Vriescheloo 121 P 2
Vriezenveen 124 N 4
Vroomshoop 124 N 4
Vrouwenparochie 119 L 2
Vrouwenpolder 127 E 7
Vught 128 J 7

W

Waal 128 L 6
Waal (De) 118 I 2
Waalre 128 K 7
Waalwijk 128 J 6
Waarde 127 G 7
Waardenburg 123 J 6
Waarder 123 I 5
Waardgronden 118 J 2
Waardhuizen 128 J 6
Wachtum 119 O 3
Waddeneilanden 118 J 1
Waddenzee 118 J 2
Waddinxveen 122 H 5
Wadenoijen 123 K 6
Wadway 123 I 3
Wagenberg 128 I 7
Wagenborgen 121 O 2
Wageningen 123 K 6
Walcheren 127 E 7
Walsoorden 127 G 7
Wamel 123 K 6
Wanneperveen 120 M 3
Wanroij 129 L 7
Wanssum 129 M 7
Wapenveld 124 M 4
Wapserveen 119 M 3
Warffum 119 N 1
Warfstermolen 119 M 2
Warmenhuizen 122 I 3
Warmond 122 H 5
Warns 118 K 3
Warnsveld 124 M 5
Warten 119 L 2
Waskemeer 119 M 2
Waspik 128 I 6
Wassenaar 122 H 5
Wateren 119 M 3
Wateringen 122 G 5
WaterLand Neeltje Jans 127 N 1
Waterlandkerkje 127 E 8
Wedde 121 P 2
Weebosch 128 J 8
Weerselo 125 O 4
Weert 128 L 8
Weesp 123 J 5
Wehe-Den Hoorn 119 N 1
Wehl 124 M 6
Weidum 119 L 2
Weiteveen 121 O 3
Weiwerd 121 O 2
Wekerom 123 L 5
Welberg 127 H 7
Well *(Gelderland)* 128 J 6
Well *(Limburg)* 129 M 7
Wellerlooi 129 M 7
Wemeldinge 127 F 7
Wenum 124 L 5
Wergea 119 L 2
Werkendam 128 I 6
Werkhoven 123 J 5
Werkhout 128 H 7
Wervershoof 118 J 3
Wesepe 124 M 5
Wessem 129 L 8
Wessem Nederweert
(Kanaal) 129 L 8
West-Graftdijk 122 I 4
West-Souburg 127 E 7
West-Terschelling 118 J 1
Westbeemster 123 I 4
Westbroek 123 J 5
Westdorpe 127 F 8
Westeinder Plassen 122 I 5
Westendorp 124 N 6
Westenholte 124 M 4
Wester-Koggenland 123 J 4
Westerbeek 129 L 7
Westerbork 119 N 3
Westerbroek 119 O 2
Westerduinen (De) 118 I 2
Westereems 119 O 1
Westereen (De) 119 M 2
Westeremden 119 O 1
Westerhaar-
Vriezenveensewijk 124 N 4
Westerhoven 128 K 8
Westerland 118 I 3
Westerlee *(Groningen)* 121 O 2
Westerlee *(Zuid-Holland)* 122 G 6
Westerschelde 127 F 7
Westervoort 124 L 6
Westerwoldse Aa 121 P 2
Westkapelle 126 E 7
Westmaas 127 H 6
Weststellingwerf 119 L 3
Westvoorne 122 G 6
Westwoud 123 J 3
Westzaan 122 I 4
Weurt 123 L 6
Wezep 124 L 4
Wezup 119 O 3
Wezuperbrug 119 O 3
Wichmond 124 M 5
Wielingen 127 E 7
Wierden 124 N 4
Wieringen 118 I 3
Wieringermeer Polder 118 J 3
Wieringerwaard 118 I 3
Wieringerwerf 118 J 3
Wierum 119 M 1
Wiesel 123 L 5
Wijchen 128 L 6
Wijckel 118 K 3
Wijdenes 123 J 4
Wijhe 124 M 4
Wijk (De) 120 M 3
Wijk aan Zee 122 H 4
Wijk bij Duurstede 123 K 6
Wijk en Aalburg 128 J 6
Wijlre 133 L 9
Wijnjewoude 119 M 2
Wijster 119 N 3
Wijthmen 124 M 4
Wildervank 121 O 2
Wilgen (De) 119 M 2
Wilhelminadorp 127 F 7
Wilhelminaoord 119 M 3
Willemsoord 119 M 3
Willemstad 127 H 6
Wilnis 123 I 5
Wilp 124 M 5
Wilp (De) 119 M 2
Windesheim 124 M 4
Winkel 118 I 3
Winschoten 121 P 2
Winschoterdiep 119 O 2
Winssen 123 L 6
Winsum
(Fryslân) 118 K 2
Winsum
(Groningen) 119 N 2
Wintelre 128 K 7
Winterswijk 125 O 6
Wirdum 119 L 2
Wissenkerke 127 F 7
Witmarsum 118 K 2
Wittem 133 L 9
Wiuwert 119 L 2
Woensdrecht 127 G 7
Woerden 123 I 5
Wognum 123 J 3
Woldberg 123 L 4
Woldendorp 121 P 2
Wolfheze 123 L 5
Wolphaartsdijk 127 F 7
Woltersum 119 O 2
Wolvega 119 M 3
Wommels 118 K 2
Wons 118 K 2
Workum 118 K 3
Wormer 123 I 4
Wormerveer 122 I 4
Woubrugge 122 H 5
Woudenberg 123 K 5
Woudrichem 128 J 6
Woudsend 118 K 3
Wouw 127 H 7
Wouwse
Plantage 127 H 7
Wyns 119 L 2
Wytgaard 119 L 2

Y - Z

Yerseke 127 G 7
Ysselsteyn 129 L 7
Zaamslag 127 F 8
Zaan 122 I 4
Zaandam 123 I 4
Zaandijk 123 I 4
Zaanstad 122 I 4
Zalk 124 M 4
Zaltbommel 128 J 6
Zand ('t) 118 I 3
Zandkreekdam 127 F 7
Zandloper (De) 118 I 3
Zandt ('t) 119 O 1
Zandvoort 122 H 4
Zeddam 124 M 6
Zederik 123 J 6
Zeegse 119 N 2
Zeeland 128 L 6
Zeeland *(Provincie)* 127 E 7
Zeelandbrug 127 F 7
Zeerijp 119 O 1
Zeewang 123 J 4
Zeewolde 123 K 5
Zegge 127 H 7
Zegveld 123 I 5
Zeijen 119 N 2
Zeilberg 129 L 7
Zeist 123 J 5
Zelhem 124 N 5
Zenderen 125 O 5
Zetten 123 L 6
Zevenaar 124 M 6
Zevenbergen 127 H 7
Zevenbergschen Hoek 128 I 6
Zevenhuizen *(Groningen)* 119 N 2
Zevenhuizen *(Zuid-Holland)* 122 H 5
Zierikzee 127 F 7
Zieuwent 124 N 5
Zijderveld 123 J 6
Zijdewind 118 I 3
Zijpe 118 I 3
Zijtaart 128 K 7
Zilk (De) 122 H 5
Zoelen 123 K 6
Zoetermeer 122 H 5
Zoeterwoude-Rijndijk 122 H 5
Zonnemaire 127 F 6
Zoutelande 127 E 7
Zoutkamp 119 M 1
Zuid-Beijerland 127 H 6
Zuid Beveland 127 F 7
Zuid-Holland *(Provincie)* 122 H 5
Zuid-Kennemerland
(Nationaal Park) 122 H 4
Zuid-Willemsvaart 128 K 8
Zuidbarge 121 O 3
Zuidbroek 121 O 2
Zuiddorpe 127 F 8
Zuidelijk-Flevoland 123 K 4
Zuideropgaande 120 N 3
Zuiderwoude 123 J 4
Zuidhorn 119 N 2
Zuidlaardermeer 119 O 2
Zuidland 127 G 6
Zuidlaren 119 O 2
Zuidveen 119 M 3
Zuidwolde *(Drenthe)* 120 N 3
Zuidwolde *(Groningen)* 119 N 2
Zuidzande 126 E 7
Zuilichem 128 J 6
Zunderdorp 123 I 4
Zundert 128 H 7
Zurich 118 K 2
Zutphen 124 M 5
Zwaag 123 J 3
Zwaagdijk 123 J 3
Zwammerdam 122 I 5
Zwanenburg 122 I 4
Zwanenwater ('t) 118 I 3
Zwartemeer *(Drenthe)* 121 P 3
Zwartemeer *(Overijssel)* 121 L 4
Zwartewaal 122 G 6
Zwartewater 124 M 4
Zwartsluis 120 M 4
Zweeloo 119 O 3
Zwijndrecht 127 H 6
Zwinderen 119 O 3
Zwolle 124 M 4

246 Suisse, Schweiz, Svizzera

A B C D E F G H I J K L M N O P Q R S T U V W X Y Z

A

Aabach 141 I3
Aadorf 142 K3
Aarau 141 I3
Aarberg 140 F4
Aarburg 141 H4
Aare 141 I3
Aarekanal 140 F4
Aareschlucht 146 I5
Aargau *(Kanton)* 117 I3
Aarwangen 141 H4
Abbaye (L') 144 C6
Abländschen 145 F6
Abtwil 141 J4
Ächerlipass 141 J5
Aclens 144 D6
Acquarossa 147 K6
Adelboden 145 G6
Adligenswil 141 J4
Adlikon 142 J3
Adliswil 142 J4
Aesch *(Basel-Land)* 141 G3
Aesch *(Luzern)* 142 I4
Aeschi bei Spiez 145 H6
Affeltrangen 142 L3
Affoltern a. Albis 141 J4
Affoltern bei Zürich 142 J3
Affoltern i. Emmental 141 H4
Agarn 145 G7
Agarone 147 K7
Ägerisee 142 J4
Agno 147 K7
Aigle 145 E7
Aire-la-Ville 144 C7
Airolo 146 J6
Alberswil 141 H4
Albeuve 145 F6
Albis 142 J4
Albristhorn 145 G6
Albrunpass 146 I6
Albula/Alvra 147 M6
Albulapass 147 N6
Aletschhorn 146 I6
Allalinhorn 146 H7
Allaman 144 D6
Alle 140 F3
Allschwil 141 G3
Allweg 141 I5
Alp Grüm 149 O6
Alperschällihorn 147 L6
Alpes *(Vue des) 140 E4
Alphubel 146 H7
Alpnach 141 I5
Alpnachstad 141 I5
Alpstein 142 M4
Alptal 142 K4
Alt St. Johann 142 L4
Altanca 146 K6
Altbüron 141 H4
Altdorf 148 J5
Altendorf 142 K4
Altenrhein 143 M3
Alter Spittel 146 I7
Alterswil 145 F5
Altnau 142 L3
Altstätten 142 M3
Altstetten 141 J3
Alvaneu 147 M5
Alvra (Val d') 147 N6
Ambri 146 K6
Amburnex (Combe des) 144 C6
Amden 142 L4
Aminona 145 G6
Amlikon 142 L3
Amriswil 142 L3
Amsoldingen 145 G5
Amsteg 146 J5
Andeer 147 M6
Andelfingen 142 K3
Andermatt 146 J6
Anières 144 C7
Anniviers (Val d') 145 G7
Anzère 145 G7
Appenzell 142 M4
Appenzell Ausserrhoden *(Kanton)* 118 L3
Appenzell Innerrhoden *(Kanton)* 118 M3
Apples 144 D6
Aquila 147 K6
Aran 144 E6
Arbedo-Castione 147 L7
Arbon 142 M3
Arch 141 G4
Arconciel 145 F5
Ardez 149 O5
Ardon 145 F7
Arenenberg 142 L2
Areuse 140 E5
Areuse (Gorges de l') 116 E5
Argentière (Aiguille d') 145 F8
Argovie = Aargau 141 I3
Arisdorf 141 H3
Arlesheim 141 G3
Arnegg 142 L3
Arnex-sur-Orbe 144 D5
Arni 141 J4
Arogno 147 K8
Arolla 145 G7
Arosa 147 N5
Aroser Rothorn 147 M5
Arth 142 J4
Arvigo 147 L7
Arzier-Le Muids 144 C6
Arzo 152 K8
Ascona 146 K7
Assens 144 D6
Astano 146 K7
Asuel 140 F3
Attalens 145 E6
Attinghausen 148 J5
Attiswil 141 G4
Au 143 M3
Auberson (L') 140 D5
Aubonne 144 D6
Auboranges 145 E6
Aubrig 142 K4
Auenstein 141 I3
Augio 147 L6
Augst 141 H3
Augstbordhorn 145 H7
Augstenberg 149 O5
Aumont 140 E5
Ausserberg 146 H7
Ausserferrera 147 M6
Auvernier 140 E5
Auw 141 J4
Avants (Les) 145 E6
Avegno Gordevio 146 K7
Avenches 140 F5
Averserrhein 147 M6
Avry 145 F5
Avry-devant-Pont 145 F5
Avully 144 C7
Axalp 122 I5
Axenstrasse 148 J5
Ayent 145 G7
Ayer 145 G7
Azmoos 142 M4

B

Baar 142 J4
Bäch 142 K4
Bachsee 146 I5
Bad Zurzach 141 I3
Baden 141 I3
Badus 146 J6
Bagnes (Vallée de) 145 F7
Baldegger See 141 I4
Bâle = Basel 141 G3
Balerna 152 L8
Balfrin 146 H7
Balgach 143 M3
Ballaigues 144 D5
Ballens 144 D6
Ballwil 141 I4
Balmhorn 145 H6
Balsthal 141 H4
Balterswil 142 K3
Bannwil 141 H4
Bärau 141 H5
Bärentritt 147 N5
Bäretswil 142 K3
Bargen 142 J2
Bäriswil 141 G4
Barrhorn 145 H7
Bärschwil 141 G3
Basel 141 G3
Basel-Land *(Kanton)* 117 H3
Basel-Stadt *(Kanton)* 117 G3
Bassecourt 140 F3
Bassersdorf 142 J3
Bassins 144 C6
Bätterkinden 141 G4
Bättlihorn 122 I7
Bauen 148 J5
Baulmes 140 D5
Baulmes (Mont de) 140 D5
Bauma 142 K3
Bavois 144 D5
Bavona (Val) 146 J6
Bayards (Les) 140 D5
Bazenheid 142 L3
Beatenberg 146 H5
Beckenried 141 J5
Bedano 147 K7
Bedigliora 146 K7
Bedretto 146 J6
Bedretto (Val) 146 J6
Beggingen 142 J2
Begnins 144 C6
Beinwil 141 J4
Beinwil a. See 141 I4
Belfaux 140 F5
Bella Lui 145 G6
Bellavista 152 L8
Bellelay 140 F4
Bellinzona 147 L7
Bellwald 146 I6
Belp 141 G5
Benken *(Basel-Land)* 141 G3
Benken *(St. Gallen)* 142 L4
Benken *(Zürich)* 142 J3
Bercher 144 E5
Berg 142 L3
Bergdietikon 141 J3
Berglistock 146 I6
Bergün / Bravuogn 147 N6
Bergüner Stein 147 N6
Berikon 141 J3
Beringen 142 J2
Bern 141 G5
Bern-Belp *(Aéroport)* 141 G5
Bern *(Kanton)* 121 H6
Berne = Bern 141 G5
Berneck 143 M3
Bernex 144 C7
Bernina (Passo del) 149 O6
Bernina (Piz) 149 N6
Beromünster 141 I4
Berra (La) 145 F5
Berschis 142 M4
Betten 146 I6
Bettens 144 D6
Bettlach 140 G4
Bettmeralp 146 I6
Beurnevésin 140 F3
Bevaix 140 E5
Bever 147 N6
Bévilard 140 F4
Bex 145 F7
Biasca 147 K6
Biaufond 140 E4
Biberbrugg 142 K4
Biberist 141 G4
Bidogno 147 K7
Biel / Bienne 140 F4
Bieler See 140 F4
Bière 144 C6
Bietschhorn 146 H6
Bifertenstock 147 K5
Bigenthal 141 G5
Biglen 141 G5
Bignasco 146 J6
Bilten 142 L4
Binn 146 I6
Binningen 141 G3
Bioggio 147 K7
Bioux (Les) 144 C6
Birchli 142 K4
Birmensdorf 141 J3
Bironico 147 K7
Birr 141 I3
Birri 141 J4
Birs 117 G3
Birse 140 F4
Birsfelden 141 G3
Bischofszell 142 L3
Bisistal 148 K5
Bissone 147 K8
Bivio 147 M6
Blanc de Cheilon (Mont) 145 G8
Blas (Piz) 146 K6
Blatten 146 H6
Blatten bei Naters 146 H6
Blausee 145 G6
Blenio (Val) 147 K6
Bles (Piz) 147 M6
Blinnenhorn 145 I6
Blitzingen 146 I6
Blonay 145 E6
Blumenstein 145 G5
Bodio 147 K6
Bogno 147 L7
Bois (Les) 140 E4
Boll 141 G5
Bolligen 141 G5
Boltigen 145 G6
Bonaduz 147 M5
Boncourt 140 F3
Bonfol 140 F3
Bönigen 146 H5
Boniswil 141 I4
Bonmont (Abbaye de) 144 C6
Bordier 146 H7
Bosco Luganese 147 K7
Bosco / Gurin 146 J7
Bösingen 140 F5
Bosson (Becs de) 145 G7
Bossonnens 145 E6
Boswil 141 I4
Bottens 144 E6
Bottenwil 141 I4
Bottighofen 142 L3
Böttstein 141 I3
Boudevilliers 140 E4
Boudry 140 E5
Bougy (Signal de) 144 D6
Bouloz 145 E6
Bourg-St. Pierre 145 F8
Boussens 144 D6
Bouveret 145 E6
Bovernier 145 F7
Bowil 141 H5
Bözen 141 I3
Bözingen 140 F4
Brail 149 O6
Bramois 145 G7
Brassus (Le) 144 C6
Brassus-Carroz 144 C6
Braunau 142 L3
Braunwald 148 K5
Bré (Monte) 147 K7
Bregaglia (Val) 147 M6
Breil / Brigels 147 L5
Breitenbach 141 G3
Breithorn *(Lauterbrunner)* 146 H6
Breithorn *(Lötschentaler)* 146 H6
Breithorn *(Zermatter)* 145 H8
Bremgarten *(Aargau)* 141 J3
Brenets (Les) 140 E4
Brenleire (Dent de) 145 F6
Brenles 145 E5
Brenno 147 K6
Breno 146 K7
Bretaye 145 F7
Bretzwil 141 G3
Breuleux (Les) 140 F4
Brévine (La) 140 D5
Breya (La) 145 F7
Brienz *(Bern)* 146 I5
Brienz *(Graubünden)* 147 M5
Brienzer Rothorn 146 I5
Brienzer See 146 H5
Brienzwiler 146 I5
Brig 146 H7
Brione 146 K7
Brione Sopra Minusio 146 K7
Brissago 146 K7
Brittnau 141 H4
Broc 145 F6
Bronschhofen 142 L3
Brot-Dessous 140 E5
Brot-Dessus 140 E5
Broye 145 E5
Brugg 141 I3
Brügg 140 F4
Bruggen 142 L3
Brülisau 142 M4
Brunegg 141 I3
Brünigpass 146 I5
Brunnadern 142 L3
Brunnen 148 J5
Brunni 142 K4
Brusino-Arsizio 152 K8
Brusio 149 O7
Bruson 145 F7
Brüttelen 140 F4
Brütten 142 J3
Bubendorf 141 H3
Bubikon 142 K4
Buch 142 K2
Buch a. Irchel 142 J3
Buch bei Frauenfeld 142 K3
Buchegg 140 G4
Buchen im Prättigau 149 N5
Buchrain 141 J4
Buchs *(Aargau)* 141 I3
Buchs *(St. Gallen)* 142 M4
Buchs *(Zürich)* 141 J3
Büetigen 116 G4
Bühl 140 F4
Bühler 142 M3
Buin (Piz) 149 O5
Bülach 142 J3
Bulle 145 F6
Bümpliz 140 G5
Bundtels 140 F5
Buochs 141 J5
Bürchen 145 H7
Bure 140 F3
Büren a. A. 140 G4
Büren zum Hof 141 G4
Burg im Leimental 141 G3
Burgdorf 141 G4
Bürgenstock 141 J4
Bürglen *(Thurgau)* 142 L3
Bürglen *(Uri)* 148 K5
Büron 141 I4
Bursins 144 C6
Burtigny 144 C6
Büsserach 141 G3
Bussigny 144 D6
Bussy *(Neuchâtel)* 140 E5
Bussy *(Vaud)* 144 D6
Bütschwil 142 L3
Buttes 140 D5
Buttisholz 141 I4
Buus 141 H3

C

Cadeina dil Sighina 147 L5
Cademario 147 K7
Cadenazzo 147 K7
Cadlimo 146 K6
Cagiallo 147 K7
Calanca (Val) 147 L7
Calanda 148 M5
Calanda (Refuge) 148 M5
Calfeisen 147 L5
Calonico 146 K6
Cama 147 L7
Camedo 146 J7
Camoghè 147 L7
Campo 146 J7
Campo Blenio 147 K6
Campo Tencia (Refuge) 146 K6
Campo Tencia (Piz) 146 K6
Campo (Valle di) 146 J7
Campocologno 149 O7
Campsut 147 M6
Canfinal (Pass da) 149 N7
Canobbio 147 K7
Caprino 147 K8
Carena 147 L7
Carouge 144 C7
Carrouge 145 E6
Casaccia 147 M6
Caslano 147 K8
Cassimoi 147 L6
Cassonsgrat 148 L5
Castasegna 147 M6
Castello (Cima di) 147 N7
Castiel 147 M5
Castrisch 147 L5
Cavardiras (Refuge) 146 K5
Cavistrau 147 K5
Cazis 147 M5
Celerina / Schlarigna 147 N6
Ceneri (Monte) 147 K7
Cengalo (Piz) 147 M7
Centovalli 146 J7
Centrale (Piz) 146 J6
Cerentino 146 J7
Ceresio 122 L7
Cerneux-Péquignot (Le) 140 E4
Cernier 140 E4
Certoux 144 C7
Cervin / Cervino (Monte) / Matterhorn 145 G8
Cevio 146 J7
Châble (Le) 145 F7
Châbles 140 E5
Chabrey 140 E5
Chaillexon (Lac de) 116 E4
Chaiserstock 148 K5
Chalais 145 G7
Cham 141 J4
Chamoson 145 F7
Chamossaire (Le) 145 F6
Champagne 140 E5
Champéry 145 E7
Champex 145 F7
Champsec 145 F7
Champtauroz 145 E5
Champvent 144 D5
Chancy 144 B7
Chandolin 145 G7
Charbonnières (Les) 144 C6
Chardonne 145 E6
Charmey 145 F6
Charmoille 140 F3
Charrat 145 F7
Le Chasseral 140 F4
Le Chasseron 140 D5
Château-d'Oex 145 F6
Châtel-St. Denis 145 E6
Châtelard (Le) 145 E7
Châtillon 140 G4
Châtonnaye 145 E5
Chaumont 140 E4
Chaux-de-Fonds (La) 140 E4
Chaux-du-Milieu (La) 140 E4
Chavalatsch (Piz) 149 P6
Chavannes-de-Bogis 144 C6
Chavannes-des-Bois 144 C7
Chavannes-les-Forts 145 E6
Chavornay 144 D5
Chenalette (La) 150 F8
Chêne-Bourg 144 C7
Chénens 145 E5
Chermignon 145 G7
Cheseaux-sur-Lausanne 144 D6
Chesières 145 F7
Chessel 145 E6
Chevenez 140 F3
Cheville (Pas de) 145 F7
Chevroux 140 E5
Chexbres 145 E6
Cheyres 140 E5
Chiasso 152 L8
Chiggiogna 146 K6
Chiggiona 146 K6
Chillon 145 E6
Chippis 145 G7
Chrüzegg 142 L4
Chünetta 149 N6
Churfirsten 142 L4
Churwalden 147 M5
Cimetta 146 K7
Clarens 145 E6
Clariden (Refuge) 147 K5
Clariden 148 K5
Claro 147 L7
Cleuson (Lac de) 145 G7
Coaz 147 N6
Coffrane 140 E7
Coglio 146 K7
Coinsins 144 C6
Chur 147 M5
Coire = Chur 147 M5
Collombey 145 E7
Collon *(Mont)* 145 G8
Collonge-Bellerive 144 C7
Collonges 145 F7
Colombier *(Neuchâtel)* 140 E5
Colombier *(Vaud)* 144 D6
Comballaz (La) 145 F6
Combremont 145 E5
Concise 140 E5
Constance (Lac de) / Bodensee 142 M3
Conthey 145 F7
Coppet 144 C7
Corbassière (Glacier de) 145 F8
Corbeyrier 145 E6
Corbières 145 F6
Corcelles-le-Jorat 144 E6
Corcelles-près-Payerne 116 E5
Corcelles-s-Chavornay 144 D5
Corgémont 140 F4
Corno-Gries (Refuge) 146 J6
Cornol 140 F3
Corpataux 145 F5
Corserey 145 E5
Corsier 144 C7
Cortaillod 140 E5
Corvatsch (Piz) 147 N6
Cossonay 144 D6
Cottens *(Fribourg)* 145 F5
Cottens *(Vaud)* 144 D6
Courchapoix 141 G3
Courfaivre 140 F3
Courgenay 140 F3
Courgevaux 140 F5
Courrendlin 140 G3
Courroux 140 G3
Court 140 G4
Courtelary 140 F4
Courtemaîche 140 F3
Courtepin 140 F5
Courtételle 140 F3
Courtion 140 F5
Couvet 140 D5
Coux (Col de) 145 E7
Cramalina (Piz) 146 J7
Crans-près-Céligny 144 C6
Crans-sur-Sierre 145 G7
Crassier 144 C6
Crémines 141 G4
Cresciano 147 L7
Cressier 140 F4
Cresta 147 M6
Cresuz 145 F6
Crêt (Le) 145 E6
Creux du Van 140 E5
Crissier 144 D6
Cristallina (Refuge) 146 J6

Suisse, Schweiz, Svizzera 247

Cristallina 146 J 6
Croix (La) 120 E 6
Croix (Col de la) 145 F 7
Croix-de-Rozon 120 C 7
Croy 144 D 5
Cuarnens 144 D 6
Cudrefin 140 F 5
Cufercal(Refuge) 147 M 6
Cugnasco-Gerra 147 K 7
Cugy 144 D 6
Culet (Croix de) 145 E 7
Cully 144 E 6
Cumbel 147 L 5
Cunter 147 M 6
Curaglia 147 K 5
Cure (La) 144 C 6
Cureglia 147 K 7
Curnera (Lac da) 122 K 6
Curtilles 145 E 5

D

Dachsen 142 J 2
Dagmersellen 141 H 4
Dallenwil 141 J 5
Dalpe 146 K 6
Dammastock 146 J 6
Damvant 140 E 3
Dangio 147 K 6
Dardagny 144 B 7
Därligen 146 H 6
Därstetten 145 G 6
Daubensee 145 G 6
Davos 147 N 5
Degersheim 142 L 3
Delémont 140 G 3
Denezy 145 E 5
Dent Blanche (Refuge) 145 G 7
Dent de Lys 145 F 6
Dent de Vaulion 116 D 5
Dent Blanche 145 G 7
Dent d'Hérens 145 G 8
Dents Blanches (Les) 145 E 7
Dents du Midi 145 E 7
Derborence 145 F 7
Derendingen 141 G 4
Develier 140 F 3
Diablerets (Refuge) 145 F 6
Diablerets (Les) 145 F 6
Diablerets (Les) (*Massif*) 145 F 7
Diablons (Les) 145 H 7
Diavolezza 149 N 6
Diegten 141 H 3
Dielsdorf 141 J 3
Diemtigen 145 G 6
Diemtigtal 145 G 6
Diepoldsau 143 M 3
Diessenhofen 142 K 2
Diesse (Plateau de) 140 F 4
Dietikon 141 J 3
Dietwil 141 J 4
Dirinella 146 K 7
Disentis / Mustér 147 K 5
Dix (Refuge) 145 G 7
Dix (Lac des) 145 G 7
Doldenhorn 145 H 6
La Dôle 144 C 6
Dolent (Mont) 145 F 8
Dom 146 H 7
Domat / Ems 147 M 5
Dombresson 140 E 4
Domdidier 140 F 5
Domhütte 145 H 7
Domleschg 123 M 5
Dompierre 140 F 5
Donath 147 M 6
Dongio 147 K 6
Donneloye 144 E 5
Doppleschwand 141 I 4
Dorénaz 145 F 7
Dorf 119 N 5
Dorf bei Andelfingen 142 J 3
Dornach 141 G 3
Dossen (Refuge) 146 I 6
Dottikon 141 I 3
Döttingen 141 I 3
Doubs 140 E 4
Dranse 121 F 7
Dreibündenstein 147 M 5
Droit (Montagne du) 116 E 4
Drusenfluh 149 N 4
Duan (Piz) 147 M 6
Dübendorf 142 J 3
Düdingen 140 F 5
Dufourspitze 146 H 8
Dulliken 141 H 3
Dully 144 C 6
Dündenhorn 145 H 6
Dürnten 142 K 4
Dürrboden 149 N 5
Dürrenboden 148 K 5
Dürrenroth 141 H 4
Düssi 146 K 5
Dussnang 142 K 3

E

Ebenalp 142 M 4
Ebikon 141 J 4
Ebnat-Kappel 142 L 4
Echallens 144 D 6
Echandens 144 D 6
Ecrenaz (L') 140 D 5
Ecublens 144 D 6
Effingen 141 I 3
Effretikon 142 K 3
Egerkingen 141 H 4
Egg bei Zürich 142 K 4
Eggenwil 141 J 3
Eggerstanden 142 M 4
Eggishorn 146 I 6
Eggiwil 141 H 5
Eglisau 142 J 3
Egnach 142 M 3
Eich 141 I 4
Eichberg 142 M 3
Eigenthal 141 I 4
Eiger 146 I 6
Eiken 141 H 3
Einigen 145 G 5
Einsiedeln 142 K 4
Eischoll 145 H 7
Eisten 146 H 7
Ela (Piz) 147 N 6
Elgg 142 K 3
Elikon 118 J 3
Elikon a. d. Thur 142 K 3
Elm 148 L 5
Embrach 142 J 3
Emme 141 G 4
Emme (Kleine) 141 I 4
Emmen 141 I 4
Emmenbrücke 141 I 4
Emmental 141 H 5
Emmetten 148 J 5
Emosson (Barrage d') 145 E 7
Endingen 141 I 3
Engelberg 146 J 5
Engelburg 142 M 3
Engelhorn 146 I 5
Enges 140 F 4
Engi 148 L 5
Engstlenalp 146 I 5
Engstlensee 146 J 5
Engstligenfälle 145 G 6
Engstligental 145 G 6
Engwilen 142 L 3
Enhaut (Pays d') 121 F 6
En / Inn 119 O 5
Ennenda 148 L 4
Ennetbühl 142 L 4
Ennetbürgen 141 J 5
Enney 145 F 6
Entlebuch 141 I 5
Entremont (Vallée d') 145 F 7
Envelier 141 G 4
Epagny 145 F 6
Epauvillers 140 F 4
Ependes 144 D 5
Epesses 144 E 6
Eptingen 141 H 3
Ergolz 141 H 3
Eriswil 141 H 4
Eriz 146 H 5
Erlach 140 F 4
Erlen 142 L 3
Erlenbach 142 J 4
Erlenbach im Simmental 145 G 6
Ermatingen 142 L 2
Ermensee 141 I 4
Ernen 146 I 6
Err (Piz d') 147 N 6
Erschwil 141 G 3
Erstfeld 146 J 5
Eschenbach (*Luzern*) 141 I 4
Eschenbach (*St. Gallen*) 142 K 4
Eschenz 142 K 3
Eschlikon 142 L 3
Escholzmatt 141 H 5
Essertes 145 E 6
Essertines 144 D 5
Estavayer-le-Lac 140 E 5
Etivaz (L') 145 F 6
Ettingen 141 G 3
Ettiswil 141 I 4
Etzel 142 K 4
Etzgen 141 I 3
Etziken 141 G 4
Etzli (Refuge) 146 K 5
Etzwilen 142 K 3
Euseigne 145 G 7
Euthal 142 K 4
Evionnaz 145 E 7
Evolène 145 G 7
Evouettes (Les) 145 E 6

F

Fahrwangen 141 I 4
Fahy 140 E 3
Faido 146 K 6
Falera 147 L 5
Fällanden 142 J 3
Fanellahorn 147 L 6
Fankhaus 141 H 5
Faoug 140 F 5
Färnigen 146 J 5
Farvagny 145 F 5
Faulensee 145 H 5
Faulhorn 146 H 5
Fehraltorf 142 K 3
Felben 142 K 3
Feldis / Veulden 147 M 5
Felsberg 147 M 5
Fenêtre de Durand 145 G 8
Ferpècle 145 G 7
Ferrera (Val) 147 M 6
Ferret 145 F 8
Ferret (Mont) 145 F 8
Ferret (Val) 145 F 8
Ferrière (La) 140 E 4
Fétigny 145 E 5
Feusisberg 142 K 4
Feutersoey 145 F 6
Fey 144 E 5
Fideris 149 N 5
Fiesch 146 I 6
Fiescherhörner 146 I 6
Figino 147 K 8
Filisur 147 N 5
Filzbach 142 L 4
Findeln 145 H 7
Finhaut 145 E 7
Finsteraarhorn 146 I 6
Finsterwald 141 I 5
Fionnay 145 F 7
First 146 I 5
Fischenthal 142 K 4
Fischingen 142 K 3
Fislisbach 141 I 3
Flaach 142 J 3
Fläsch 148 M 4
Flamatt 140 F 5
Flawil 142 L 3
Fleckistock 146 J 5
Fletschhorn 146 I 7
Fleurier 140 D 5
Flims-Dorf 147 L 5
Flims-Waldhaus 147 L 5
Fluchthorn 149 O 5
Flüelapass 149 N 5
Flüelatal 149 N 5
Flüelen 148 J 5
Flüeli-Ranft 141 I 5
Flüh 141 G 3
Flühli 141 I 5
Flums 142 L 4
Flumserberg 142 L 4
Fontaines 140 E 4
Fontaines-s-Grandson 140 D 5
Fontana (*Val Bavona*) 146 J 6
Fontana (*Val Bedretto*) 146 J 6
Fontenais 140 F 3
Foopass 148 L 5
Forch 142 J 4
Forclaz (Col de la) 145 F 7
Forel 145 E 6
Fornasette 146 K 8
Forno (Monte del) 147 N 6
Fort (Mont) 145 F 7
Fosano 146 K 7
Fouly (La) 145 F 8
Franches Montagnes 140 E 4
Fräschels 140 F 4
Frasco 146 K 6
Fraubrunnen 141 G 4
Frauenfeld 142 K 3
Frauenkappelen 140 G 5
Frauenkirch 147 N 5
Freiburg = Fribourg 145 F 5
Frenkendorf 141 H 3
Fribourg 145 F 5
Fribourg (*Canton*) 121 F 5
Frick 141 I 3
Fridolins 147 K 5
Friedlisberg 141 J 3
Frieswil 140 F 5
Froideville 144 E 6
Fronalpstock 148 J 5
Fründen 145 H 6
Fruthwilen 142 L 3
Frutigen 145 G 6
Frutt 146 I 5
Ftan 149 O 5
Fuldera 149 P 6
Fully 145 F 7
Furkapass 146 J 6
Fusio 146 J 6

G

Gadmen 146 J 5
Gadmental 146 I 5
Gaggiolo 152 K 8
Gähwil 142 L 3
Gais 142 M 3
Galenstock 146 J 6
Gallina (Pizzo) 146 J 6
Galmiz 140 F 5
Gampel 145 H 7
Gampelen 140 F 4
Gams 142 M 4
Gandria 147 L 7
Gannaretsch (Piz) 146 K 6
Gänsbrunnen 141 G 4
Gansingen 141 I 3
Ganterschwil 142 L 3
Gantrisch 145 G 5
Garschina 149 N 4
Gattikon 142 J 4
Gelé (Mont) 145 F 7
Gelfingen 141 I 4
Gelgia 147 M 6
Gelgia 123 M 6
Gelmer 146 J 6
Gelmersee 146 I 6
Geltenalp 145 G 6
Gelterkinden 141 H 3
Gemmipass 145 G 6
Gempenach 140 F 5
Generoso (Monte) 152 L 8
Genève (*Aéroport*) 144 C 7
Genève (*Canton*) 120 C 7
Genevez (Les) 140 F 4
Genève 144 C 7
Genf = Genève 144 C 7
Genolier 144 C 6
Genthod 144 C 7
Gerlafingen 141 G 4
Geroldswil 141 J 3
Gerolfingen 140 F 4
Gerra Gambarogno 146 K 7
Gersau 148 J 5
Gerzensee 141 G 5
Geschinen 146 I 6
Gettnau 141 H 4
Gibloux 145 F 5
Giessbach 146 I 5
Giessbachfälle 146 I 5
Gifferhorn 145 G 6
Giffers 145 F 5
Gigerwald 148 M 5
Gilly 144 C 6
Gimel 144 C 6
Gingins 144 C 6
Giornico 147 K 6
Gipf-Oberfrick 141 H 3
Gisenhard 142 K 3
Gisikon 141 J 4
Giswil 146 I 5
Giubiasco 147 L 7
Giuv (Piz) 146 K 5
Givrine (Col de la) 144 C 6
Gland 144 C 6
Glâne 145 F 5
Glaris 147 N 5
Glaris = Glarus 142 L 4
Glarus 142 L 4
Glarus (*Kanton*) 118 L 4
Glattalp 148 K 5
Glattbrugg 142 J 3
Glattfelden 142 J 3
Glaubenbergpass 141 I 5
Glaubenbüelenpass 146 I 5
Gleckstein 146 I 6
Gletsch 146 J 6
Gletscher Ducan 147 N 5
Gletscherhorn 146 H 6
Glion 145 E 6
Glishorn 146 H 7
Glogghüs 146 I 5
Glovelier 140 F 3
Gnosca 147 L 7
Gœtheanum 141 G 3
Goldau 142 J 4
Goldiwil 145 H 5
Golino 146 K 7
Gollion 144 D 6
Gommiswald 142 L 4
Goms 122 I 6
Gondo 146 I 7
Gondoschlucht 146 I 7
Gonten 142 M 4
Goppenstein 145 H 6
Gordevio 146 K 7
Gordola 146 K 7
Gorduno 147 L 7
Gornergletscher 145 H 8
Gornergrat 145 H 8
Göschenen 146 J 6
Göscheneralpsee 146 J 6
Göschenertal 146 J 6
Gossau (*St. Gallen*) 142 L 3
Gossau (*Zürich*) 142 K 4
Gossliwil 141 G 4
Gotthardtunnel 146 J 6
Gottlieben 142 L 3
Goumoens-la-Ville 144 D 6
Gr. Windgällen 146 K 5
Graben 145 G 5
Grabs 142 M 4
Grächen 146 H 7
Grafenort 141 J 5
Grand Combin 145 F 8
Grand Saint-Bernard (Col du) 150 F 8
Grand Sidelhorn 146 I 6
Grandcour 140 E 5
Grande Dixence (Barrage de la) 145 G 7
Grand-Saconnex (Le) 144 C 7
Grandson 140 D 5
Granges 145 E 5
Grangettes 145 E 5
Gränichen 141 I 3
Graue Hörner 148 M 5
Gravesano 147 K 7
Greifensee 142 J 3
Greina (Passo della) 147 K 6
Grellingen 141 G 3
Grenchen 140 G 4
Greppen 141 J 4
Griesalp 145 H 6
Griespass 146 J 6
Grimentz 145 G 7
Grimisuat 145 G 7
Grimmialp 145 G 6
Grimselpass 146 I 6
Grimselsee 146 I 6
Grindelwald 146 I 6
Graubünden (*Kanton*) 118 L 5
Grisons = Graubünden 118 L 5
Grolley 140 F 5
Grône 145 G 7
Grono 147 L 7
Gross 142 K 4
Gross Litzner 149 O 5
Gross-Spannort 146 J 5
Grossaffoltern 140 G 4
Grossdietwil 141 H 4
Grosser Aletschfirn 146 H 6
Grosser Aletschgletscher 146 I 6
Grosser Mythen 142 K 4
Grosse Scheidegg 146 I 6
Grosshöchstetten 141 G 5
Grossteil 141 I 5
Grosswangen 141 I 4
Grub 142 M 3
Gruben 145 H 7
Grünhorn 146 I 6
Grüningen 142 K 4
Grüsch 149 M 5
Gruyère (Lac de la) 145 F 5
Gruyères 145 F 6
Gryon 145 F 7
Gspaltenhorn 146 H 6
Gspon 146 H 7
Gstaad 145 F 6
Gsteig 145 F 6
Gstein-Gabi 146 I 7
Guarda 149 O 5
Gudo 147 K 7
Gueuroz (Pont du) 145 F 7
Güferhorn 147 L 6
Guggisberg 145 F 5
Güglia / Julier 123 N 6
Gümligen 141 G 5
Gümmenen 140 F 5
Gummfluh 145 F 6
Günsberg 141 G 4
Gunten 145 H 5
Gurbrü 140 F 5
Gurmels 140 F 5
Gurten 140 G 5
Gurtnellen 146 J 5
Gutenswil 142 K 3
Guttannen 146 I 6
Güttingen 142 L 3
Gwatt 145 G 5
Gypsera 145 F 5

H

Haag 142 M 4
Habkern 146 H 5
Hägendorf 141 H 3
Hägglingen 141 I 3
Hahnenmoos 145 G 6
Haldenstein 148 M 5
Hallau 141 J 2
Hallwiler See 141 I 4
Hämikon 141 I 4
Handegg 146 I 6
Handeggfall 146 I 6
Härkingen 141 H 4
Hasle 141 I 5
Hasle bei Burgdorf 141 G 4
Haslen (*Appenzell*) 142 M 3
Haslen (*Glarus*) 148 L 5
Hasliberg 146 I 5
Haslital 146 I 5
Hätzingen 148 L 5
Haudères (Les) 145 G 7
Hauenstein (Oberer) 141 H 3
Hauenstein (Unterer) 141 H 3
Hauptwil 142 L 3
Hausen 142 J 4
Häusernmoos 141 H 4
Hausstock 148 L 5
Haute-Nendaz 145 F 7
Hauterive (*Fribourg*) 145 F 5
Hauterive (*Neuchâtel*) 140 E 4
Hauteville 145 F 5
Hauts-Geneveys (Les) 140 E 4
Hedingen 141 J 4
Hefenhausen 142 L 3
Hegnau 142 K 3
Heidelberger H. 149 O 5
Heiden 142 M 3
Heiligenschwendi 145 H 5
Heiligkreuz 141 I 5
Heimberg 145 G 5
Heimiswil 141 G 4
Heinzenberg 123 M 5
Heitenried 140 F 5
Hellbühl 141 I 4
Helsenhorn 146 I 7
Hemberg 142 L 4
Hemmental 142 J 2
Henggart 142 K 3
Henniez 145 E 5
Herbetswil 141 G 4
Herblingen 142 J 2
Herdern 142 K 3
Hérémence 145 G 7
Hérémence (Val d') 145 G 7
Hérens (Val d') 145 G 7
Hergiswil 141 I 5
Hergiswil b. Willisau 141 H 4
Herisau 142 L 3
Hermance 144 C 7
Herrliberg 142 J 4
Herznach 141 I 3
Herzogenbuchsee 141 H 4
Hessigkofen 141 G 4
Hettlingen 142 K 3
Hildisrieden 141 I 4
Hilferenpass 141 H 5
Hilterfingen 145 G 5
Hindelbank 141 G 4
Hinterberg 149 M 5
Hinterrhein 147 L 6
Hinterthal 148 K 5
Hinwil 142 K 4
Hittnau 142 K 3
Hoch Ducan 147 N 5
Hochdorf 141 I 4
Hochwald 141 G 3
Hochwang 149 M 5
Hochybrig 148 K 4
Hofen 142 K 2
Hofstetten 141 G 3
Hohenrain 141 I 4
Hoher Kasten 142 M 4
Hohfluh 146 I 5
Hohgant 146 H 5
Hohtürli 145 H 6
Hollandia 146 H 6
Höllochgrotte 148 K 5
Hölstein 141 H 3
Holzhäusern 141 J 4
Hombrechtikon 142 K 4
Homburg 142 L 3
Honegg 146 H 5

A B C D E F G H I J K L M N O P Q R S T U V W X Y Z

248 Suisse, Schweiz, Svizzera

Hongrin (Lac de l') 145 F 6
Horboden 145 G 6
Horgen 142 J 4
Hörhausen 142 K 3
Horn 142 M 3
Hörnli 142 K 3
Hornussen 141 I 3
Horw 141 I 4
Hospental 146 J 6
Hottwil 141 I 3
Huémoz 145 F 7
Huetstock 146 I 5
Hüfi 146 K 5
Hugelshofen 142 L 3
Hulftegg 142 K 3
Hundwil 142 L 3
Hunzenschwil 141 I 3
Hurden 142 K 4
Hütten 142 K 4
Hüttlingen 142 K 3
Huttwil 141 H 4
Hüttwilen 142 K 3

I - J - K

Ibach 148 J 4
Ibergeregg 148 K 4
Iffigenalp 121 G 6
Iffwil 141 G 4
Ifwil 142 K 3
Ilanz/Glion 147 L 5
Illgau 148 K 5
Illiez (Val d') 145 E 7
Illnau 142 K 3
Im Fang 145 F 6
Immensee 141 J 4
Indemini 146 K 7
Inden 145 G 6
Inn 119 P 5
Innereriz 121 H 5
Innerferrera 147 M 6
Innerthal 142 K 4
Innertkirchen 146 I 5
Ins 140 F 4
Interlaken 146 H 5
Intragna 146 K 7
Inwil 141 J 4
Iragna 147 K 7
Iseltwald 146 H 5
Isenthal 148 J 5
Isérables 145 F 7
Isle (L') 144 D 6
Isleten 148 J 5
Islikon 142 K 3
Isone 147 K 7
Jassbach 141 H 5
Jaun 145 F 6
Jaunpass 145 F 6
Javroz (Pont du) 145 F 6
Jegenstorf 141 G 4
Jenins 149 M 4
Jochpass 146 J 5
Jogne 145 F 6
Jona 142 K 4
Jorat (Mont) 144 E 6
Joux (La) 145 E 6
Joux (Lac de) 144 C 6
Joux (Vallée de) 144 C 6
Juf 147 M 6
Julier (Piz) 147 N 6
Julierpass 147 N 6
Jungfrau 146 H 6
Jungfraujoch 146 H 6
Jürg. Jenatsch 147 N 6
Jussy 144 C 7
Kägiswil 141 I 5
Kaiseraugst 141 H 3
Kaiseregg 145 F 6
Kaiserstuhl *(Aargau)* 141 J 3
Kaiserstuhl *(Unterwalden)* 146 I 5
Kaisten 141 I 3
Kallnach 140 F 4
Kaltbrunn 142 L 4
Kander 145 H 6
Kandergrund 145 H 6
Kandersteg 145 G 6
Kandertal 145 G 6
Kappel 142 J 4
Kappelen 140 F 4
Kärpf 148 L 5
Kastanienbaum 141 J 4
Kehlenalp 146 J 5
Kehrsatz 141 G 5
Kempten 142 K 3
Kemptthal 142 K 3
Kerenzerberg 142 L 4
Kerns 141 I 5
Kerzers 140 F 5
Kesch 147 N 6
Kesch (Piz) 147 N 6
Kesswil 142 L 3
Kestenholz 141 H 4
Kienberg 141 H 3
Kiental 145 H 6
Kiesen 141 G 5
Kilchberg 142 J 4
Kippel 145 H 6
Kirchberg *(Bern)* 141 G 4
Kirchberg *(St. Gallen)* 142 L 3
Krchbühl 141 I 4
Kirchdorf 141 G 5
Kirchenthurnen 141 G 5
Kirchlindach 140 G 4
Kistenpass 147 L 5
Klausenpass 148 K 5
Kleine Scheidegg 146 H 6
Kleinlützel 141 G 3
Kleinteil 146 I 5
Klöntal 148 K 4
Klöntaler See 148 K 4
Klosters 149 N 5
Klosters-Dorf 149 N 5
Kloten 142 J 3
Knutwil 141 I 4
Koblenz 141 I 3
Kollbrunn 142 K 3
Kölliken 141 I 3
Köniz 140 G 5
Konkordia 146 I 6
Konolfingen 141 G 5
Koppigen 141 G 4
Kradolf 142 L 3
Krattigen 145 H 6
Krauchthal 141 G 4
Kreuzlingen 142 L 3
Kreuzweg 145 H 5
Kriegstetten 141 G 4
Kriens 141 I 4
Kriessern 143 M 3
Kronberg 142 L 4
Kronbühl 142 M 3
Krönten 122 J 5
Krummenau 142 L 4
Küblis 149 N 5
Kulm 141 J 4
Kunkelspass 148 M 5
Künten 141 J 3
Küsnacht 142 J 4
Küssnacht 141 J 4
Küttigen 141 I 3
Kyburg 142 K 3

L

Laax 147 L 5
Lachen 142 K 4
Laconnex 144 C 7
Lad (Piz) 149 P 5
Lämmern 145 G 6
Lägeren 141 J 3
Lagginhorn 146 I 7
Lagrev (Piz) 147 N 6
Lajoux 140 F 4
Lalden 146 H 7
Lamboing 140 F 4
Lancy 144 C 7
Landeron (Le) 140 F 4
Landquart 149 M 5
Landwasser 147 N 5
Langenbruck 141 H 3
Langendorf 141 G 4
Langenthal 141 H 4
Langnau am Albis 142 J 4
Langnau bei Reiden 141 H 4
Langnau im Emmental 141 H 5
Langrickenbach 142 L 3
Languard (Piz) 149 N 6
Langwies 147 N 5
Lantsch / Lenz 147 M 5
Larmont (Montagne du) 140 D 5
Latterbach 145 G 5
Lauenen 145 F 6
Lauerz 142 J 4
Lauerzer See 142 J 4
Läufelfingen 141 H 3
Laufen 141 G 3
Laufenburg 141 I 3
Laupen 140 F 5
Laupersdorf 141 G 4
Lauperswil 141 H 5
Lausanne 144 D 6
Lausen 141 H 3
Lauteraar 146 I 6
Lauteraarhorn 146 I 6
Lauterbrunnen 146 H 6
Lavertezzo 146 K 7
Lavey-Village 145 F 7
Lavin 149 O 5
Lavizzara (Val) 146 J 6
Lavorgo 146 K 6
Lax 146 I 6
Leberen 141 G 4
Léchelles 140 F 5
Lécherette (La) 145 F 6
Legler 148 L 5
Leibstadt 141 I 3
Leissigen 145 H 6
Léman (Lac) 144 C 6
Lengnau 141 I 3
Lengnau bei Biel 140 G 4
Lenk 145 G 6
Lens 145 G 7
Lenzburg 141 I 3
Lenzerheide / Lai 147 M 5
Lenzerheidepass 147 M 5
Leontica 147 K 6
Leuggern 141 I 3
Leuk 145 G 7
Leukerbad 145 G 6
Leutschach 146 J 5
Leuzigen 141 G 4
Leventina (Valle) 146 J 6
Levron (Le) 145 F 7
Leysin 145 F 6
Leytron 145 F 7
Lichtensteig 142 L 4
Liddes 145 F 8
Liebewil 140 G 5
Liebistorf 140 F 5
Lienz 142 M 4
Liestal 141 H 3
Lieu (Le) 144 C 6
Lignerolle 144 D 5
Lignières 140 F 4
Limmat 141 J 3
Limmernsee 147 L 5
Limpach 141 G 4
Linard (Piz) 149 O 5
Lindau 142 K 3
Linth 148 L 4
Linthal 148 K 5
Linthkanal 142 L 4
Lischana (Piz) 149 P 5
Littau 141 I 4
Litzenberg 143 M 3
Litzirüti 147 N 5
Livigno (Forcola di) 149 O 6
Löbbia 147 N 6
Locarno 146 K 7
Locle (Le) 140 E 4
Loco 146 K 7
Lodano 146 K 7
Lodrino 147 K 7
Loèche-les-B. = Leukerbad 145 G 6
Lohn *(Graubünden)* 147 M 6
Lohn *(Schaffhausen)* 142 K 2
Lohner 145 G 6
Löhningen 142 J 2
Lömmenschwil 142 M 3
Lommis 142 K 3
Lonza 146 H 6
Losone 146 K 7
Lostallo 147 L 7
Lostorf 141 H 3
Lötschbergtunnel 145 H 6
Lötschenpass 145 H 6
Lötschental 146 H 6
Lotzwil 141 H 4
Lourtier 145 F 7
Lucelle 140 F 3
Lucens 145 E 5
Lucerne = Luzern 141 I 4
Lucomagno (Passo del) / Lukmanierpass 146 K 6
Lüderenalp 141 H 4
Ludiano 147 K 6
Lueg 141 H 4
Lugano 147 K 7
Lugano (Lago di) 122 K 8
Lugano-Agno *(Aéroport)* 147 K 7
Lugnez 140 F 3
Lugnorre 140 F 5
Lully 144 C 7
Lumbrein 147 L 5
Lumnezia 147 L 5
Lungern 146 I 5
Lungernsee 146 I 5
Lunschania 147 L 6
Lurengo 146 K 6
Lüscherz 140 F 4
Luterbach 141 G 4
Lüterkofen 141 G 4
Luthern 141 H 4
Lütisburg 142 L 3
Lutry 144 E 6
Lützelflüh 141 H 4
Luzein 149 N 5
Luzern 141 I 4
Luzern *(Kanton)* 117 H 4
Luzzone (Lago di) 147 K 6
Lyss 140 F 4

M

Maderanertal 146 K 5
Madiswil 141 H 4
Madra 147 L 6
Madrisahorn 149 N 5
Madulain 149 N 6
Magadino 146 K 7
Magden 141 H 3
Mägenwil 141 I 3
Maggia 146 J 6
Maggia (Valle) 146 J 7
Magglingen / Macolin 140 F 4
Maienfeld 148 M 4
Maira 147 M 6
Maisprach 141 H 3
Maladers 147 M 5
Malans 149 M 5
Malbun *(St. Gallen)* 142 M 4
Malix 147 M 5
Malleray 140 F 4
Maloja 147 N 6
Maloja (Passo del) 147 N 6
Malters 141 I 4
Malvaglia 147 K 6
Mammern 142 K 3
Männedorf 142 K 4
Mannenbach 142 L 2
Mannens 145 E 5
Männlichen 146 H 6
Männlifluh 145 G 6
Maran 147 N 5
Marbach 141 H 5
Marchairuz (Col du) 144 C 6
Marchissy 144 C 6
Marécottes (Les) 145 F 7
Mariahilf 140 F 5
Marly 145 F 5
Marmorera 147 M 6
Marmorera (Lago da) 147 M 6
Marnand 145 E 5
Maroggia 152 K 8
Märstetten 142 L 3
Marthalen 142 J 3
Martigny 145 F 7
Martina 149 P 5
Martinsmad 148 L 5
Märwil 142 L 3
Maschwanden 141 J 4
Mase 145 G 7
Mastrils 148 M 5
Mathod 144 D 5
Matran 145 F 5
Matt 148 L 5
Matten 145 G 6
Mattertal 145 H 7
Mattmarksee 146 H 7
Mattwil 142 L 3
Matzendorf 141 G 4
Matzingen 142 K 3
Mauensee 141 I 4
Maur 142 K 3
Mauvoisin (Barrage de) 145 G 7
Mayens-de-Riddes 145 F 7
Medel (Piz) 147 K 6
Medel (Val) 146 K 6
Medels i. Rheinwald 147 L 6
Medelserschlucht 147 K 5
Meggen 141 J 4
Meiendörfli 146 J 5
Meiental 146 J 5
Meikirch 140 G 4
Meilen 142 J 4
Meiringen 146 I 5
Meisterschwanden 141 I 4
Melchnau 141 H 4
Melchsee 146 I 5
Melchtal 146 I 5
Melide 147 K 8
Mellingen 141 I 3
Mels 142 M 4
Mendrisio 152 L 8
Ménières 145 E 5
Menzberg 141 I 4
Menziken 141 I 4
Menzingen 142 J 4
Menznau 141 I 4
Merenschwand 141 J 4
Mergoscia 146 K 7
Meride 152 K 8
Merishausen 142 J 2
Merligen 145 H 5
Mervelier 141 G 3
Mesocco 147 L 6
Mesolcina (Valle) 147 L 7
Messen 141 G 4
Mettlen 142 L 3
Mettmentstetten 141 J 4
Metzerlen 141 G 3
Meudon 140 D 5
Mex 145 E 7
Meyrin 144 C 7
Mézières 145 E 6
Mezzovico 147 K 7
Miécourt 140 F 3
Mies 144 C 7
Miglieglia 146 K 7
Minusio 146 K 7
Miralago 149 O 7
Misery 140 F 5
Misox 147 L 6
Mitholz 145 H 6
Moesa 123 L 6
Mogelsberg 142 L 3
Möhlin 141 H 3
Moiry *(Vaud)* 144 D 6
Moiry (Lac de) 145 G 7
Molare 146 K 6
Moléson (le) 145 F 6
Moléson-sur-Gruyères 145 F 6
Mollendruz (Col du) 144 D 6
Mollens 145 G 7
Mollis 142 L 4
Molondin 145 E 5
Monbiel 149 N 5
Mönch 146 I 6
Mönchaltorf 142 K 4
Mont-Fort 145 F 7
Mont-la-Ville 144 D 6
Mont-Pélerin 145 E 6
Mont Raimeux 141 G 4
Mont-s-Lausanne (Le) 144 D 6
Mont-s-Rolle 144 D 6
Montagny 140 E 5
Montagny-la-Ville 140 F 5
Montagny-près-Yverdon 140 D 5
Montana 145 G 7
Montbovon 145 F 6
Montcherand 144 D 5
Monte Carasso 147 K 7
Monte Laura 147 L 7
Monte Leone 146 I 7
Monte Moro-Pass 146 H 8
Monte Rosa 145 H 8
Monteggio 146 K 8
Montet 140 E 5
Montezillon 140 E 5
Montfaucon 140 F 4
Mönthal 141 I 3
Monthey 145 E 7
Montlingen 143 M 3
Montmollin 140 E 5
Montpreveyres 144 E 6
Montreux 145 E 6
Montricher 144 D 6
Montsalvens (Lac de) 145 F 6
Montsevelier 141 G 3
Montvoie 140 F 3
Moosleerau 141 I 4
Morcles 145 F 7
Morcote 152 K 8
Mörel 146 I 6
Morges 144 D 6
Morgins 145 E 7
Morlon 145 F 6
Morschach 148 J 5
Morteratsch (Piz) 147 N 6
Mosen 141 I 4
Mosnang 142 L 3
Mosses (Col des) 145 F 6
Mosses (Les) 145 F 6
Môtier 140 F 5
Môtiers 140 D 5
Motte (La) 140 F 3
Moudon 145 E 5
Moulin-Neuf 140 F 3
Mountet 145 G 7
Mouret (Le) 145 F 5
Moutier 140 G 4
Mugena 147 K 7
Muggio 152 L 8
Muhen 140 I 3
Mühleberg 140 F 5
Mühlehorn 142 L 4
Mühlethurnen 145 G 5
Mühlrüti 142 K 3
Mulegns 147 M 6
Mülenen 145 H 6
Mülital 140 F 5
Müllheim 142 L 3
Mülligen 141 I 3
Mümliswil 141 H 3
Mumpf 141 H 3
Münchenbuchsee 141 G 4
Münchenstein 141 G 3
Münchwilen 142 K 3
Mundin (Piz) 149 P 5
Münsingen 141 G 5
Münster 146 I 6
Münsterlingen 142 L 3
Müntschemier 140 F 5
Muolen 142 L 3
Muotathal 148 K 5
Muottas Muragl 147 N 6
Muraz (Collombey) 145 E 7
Muretto (Passo del) 147 N 6
Murg 142 L 4
Murgenthal 141 H 4
Murgsee 142 L 4
Muri *(Aargau)* 141 J 4
Muri bei Bern 141 G 5
Mürren 146 H 6
Murtaröl (Piz) 149 O 6
Murten 140 F 5
Murtensee 116 F 5
Mürtschenstock 142 L 4
Müstair 149 P 6
Müstair (Val) 149 P 6
Muttenz 141 G 3
Mutteristock 142 K 4
Muttler 149 P 5
Muttsee 148 L 5
Muveran (Grand) 145 F 7
Muzzano-Piodella 147 K 7

N

Näfels 142 L 4
Nair (Piz) 147 N 6
Nalps (Lac da) 146 K 6
Naters 146 H 7
Nax 145 G 7
Naye (Rochers de) 145 E 6
Nebikon 141 H 4
Neftenbach 142 K 3
Nendaz (Val de) 145 F 7
Nennigkofen 141 G 4
Nessental 146 I 5
Nesslau 142 L 4
Nesthorn 146 H 6
Netstal 142 L 4
Neu St. Johann 142 L 4
Neuchâtel *(Canton)* 116 E 4
Neuchâtel (Lac de) 140 E 5
Neudorf 141 I 4
Neuchâtel 140 E 5
Neuenburg = Neuchâtel 140 E 5
Neuendorf 141 H 4
Neuenhof 141 I 3
Neuenkirch 141 I 4
Neuhausen 142 J 2
Neukirch *(Egnach)* 142 M 3
Neukirch a.d. Thur 142 L 3
Neunkirch 142 J 2
Neuveville (La) 140 F 4
Neuwilen 142 L 3
Neyruz 145 F 5
Nidau 140 F 4
Niederbipp 141 H 4
Niederbüren 142 L 3
Niederglatt 142 J 3
Niedergössen 141 H 3
Niederhelfenschwil 142 L 3
Niederhorn 145 H 5
Niedermuhlern 141 G 5
Niederrickenbach 141 J 5
Niederried 146 H 5
Niederscherli 140 G 5
Niederurnen 142 L 4
Niederwangen 140 G 5
Niederweningen 141 J 3
Niesen 145 G 6
Nods 140 F 4
Noirmont (Le) 120 C 6
Noirmont (Le) *(Bern)* 140 E 4
Noréaz 145 F 5
Nottwil 141 I 4
Novazzano 152 K 8
Nufenen 147 L 6
Nufenenpass 146 J 6
Nuglar-St. Pantaleon 141 H 3
Nunningen 141 G 3
Nürensdorf 142 J 3
Nyon 144 C 6

O

Oberaach 142 L 3
Oberaarhorn 146 I 6
Oberaarsee 146 I 6
Oberägeri 142 J 4
Oberalppass 146 K 6

A B C D E F G H I J K L M N O P Q R S T U V W X Y Z

Suisse, Schweiz, Svizzera
249

Oberalpstock 146 K5
Oberbalm 140 G5
Oberbüren 142 L3
Oberburg 141 G4
Oberdiessbach 141 G5
Oberdorf *(Basel-Land)* 141 H3
Oberdorf *(Solothurn)* 141 G4
Oberegg 143 M3
Oberehrendingen 141 J3
Oberei 145 H5
Oberembrach 142 J3
Oberems 145 H7
Oberentfelden 141 I3
Oberer Hauenstein 117 H3
Obergesteln 146 I6
Oberhalbstein 147 M6
Oberhofen 145 H5
Oberiberg 142 K4
Oberneunforn 142 K3
Oberönz 141 H4
Oberrickenbach 141 J5
Oberried *(Bern)* 145 G6
Oberried am Brienzer See 121 H5
Oberrieden 142 J4
Oberriet 143 M4
Obersaxen Meierhof 147 L5
Oberschan 142 M4
Obersee 142 K4
Obersiggenthal 141 I3
Oberstammheim 142 K3
Oberstocken 145 G5
Oberterzen 142 L4
Oberuzwil 142 L3
Obervaz / Vaz 123 M5
Oberwald 146 J6
Oberwil *(Basel-Land)* 141 G3
Oberwil bei Zug 142 J4
Oberwil i. Simmental 145 G6
Obstalden 142 L4
Ochlenberg 141 H4
Oensingen 141 H4
Oeschinensee 145 H6
Oetwil 142 K4
Ofenpass / Pass dal Fuorn 149 O6
Oftringen 141 H4
Ogens 144 E5
Oldenhorn 145 F7
Olivone 147 K6
Ollon 145 E7
Olten 141 H3
Oltigen 140 F5
Oltschibachfall 146 I5
Onex 144 C7
Onnens 140 E5
Onsernone (Valle) 146 J7
Orbe 144 D5
Orbe (L') 144 C6
Orient (L') 144 C6
Origlio 147 K7
Ormalingen 141 H3
Oron-le-Châtel 145 E6
Oron-la-Ville 145 F7
Orpund 140 F4
Orsalietta (Piz) 146 J6
Orsières 145 F7
Ortstock 148 K5
Orvin 140 F4
Orzens 144 E5
Osco 146 K6
Osogna 147 K7
Otelfingen 141 J3
Otemma (Glacier d') 145 G8
Ottenbach 141 J4
Ouchy 144 D6
Oulens 144 D6
Ovronnaz 145 F7

P

Paccots (Les) 145 E6
Paglia (Piz) 147 L7
Palagnedra 146 J7
Palézieux 145 E6
Palü (Piz) 149 N6
Pampigny 144 D6
Panixerpass 148 L5
Panossière 145 F8
Pâquier (Le) 116 E4
Paradisin (Piz) 149 O6
Parpan 147 M5
Parsenn 147 N5
Pass Umbrail 149 P6
Passwang 141 G3
Payerne 140 E5
Peccia 146 J6
Pedrinate 152 L8
Peist 147 N5
Pèlerin (Mont) 145 E6
Peney *(Genève)* 144 C7
Peney-le-Jorat 144 E6
Penthaz 144 D6
Perroy 144 D6
Péry-La Heutte 140 F4
Peseux 140 E5
Petersgrat 146 H6
Petit Combin 145 F8
Pfäffiker See 142 K3
Pfäffikon *(Schwyz)* 142 K4
Pfäffikon *(Zürich)* 142 K3
Pfaffnau 141 H4
Pfungen 142 J3
Pfyffe 145 G5
Pfyn 142 K3
Pia San Giacomo 147 L6
Pianezzo 147 L7
Piano 146 J7
Piano di Peccia 146 J6
Piansecco 146 J6
Pichoux (Le) 140 F4
Pichoux (Gorges du) 140 F4
Pierre Avoi 145 F7
Pierre Pertuis 140 F4
Pieterlen 140 G4
Pigniu/Panix 147 L5
Pilatus 141 I5
Pillon (Col du) 145 F6
Piotta 146 K6
Pischahorn 149 N5
Pisoc (Piz) 149 O5
Pitasch 147 L5
Piz Curver 147 M6
Piz Ot 147 N6
Plaffeien 145 F5
Plagne 140 F4
Plaine (La) 144 B7
Plan-Névé 145 F7
Planchettes (Les) 140 E4
Plans (Les) 145 F7
Planura 147 K5
Plasselb 145 F5
Platta 147 K6
Platta (Piz) 147 M6
Plavna Dadaint (Piz) 149 O5
Pléiades (Les) 145 E6
Pleigne (La) 140 F3
Pohlern 145 G5
Poliez 144 D6
Pomy 144 E5
Pont (Le) 144 D5
Pont-la-Ville 145 F5
Ponte Brolla 146 K7
Ponte Capriasca 147 K7
Ponte Tresa 146 K8
Pontirone 147 L6
Pontresina 147 N6
Ponts-de-Martel (Les) 140 E5
Porrentruy 140 F3
Porsel 145 E6
Portalban 140 E5
Portels 142 L4
Poschiavo 149 O7
Poschiavo (Val) 149 O7
Posieux 145 F5
Possens 144 E6
Pra-Combère 145 G6
Pragelpass 148 K5
Pragg-Jenaz 149 N5
Prahins 145 E5
Pralong 145 G7
Prangins 144 C6
Prato-Sornico 146 J6
Pratteln 141 H3
Prättigau 149 N5
Praz (La) 144 D5
Praz-de-Fort 145 F8
Preda 147 N6
Prêles 140 F4
Preonzo 147 K7
Prese (Le) 149 O7
Préverenges 144 D6
Prévonloup 145 E5
Prez 145 F5
Prilly 144 D6
Prosito 147 K7
Provence 140 E5
Pso. del Maloja 123 N6
Puidoux 145 E6
Pully 144 D6
Punt-Chamues-ch. (La) 149 N6
Punteglias 147 K5

Q - R

Quarten 142 L4
Quartino 147 K7
Quatre-Cantons (Lac des) =
Vierwaldstätter See 141 J4
Quattervals (Piz) 149 O6
Quinto 146 K6
Rabius 147 K5
Radelfingen 140 F4
Rafz 142 J3
Ragaz, Bad 148 M4
Rain 141 I4
Rambert 145 F7
Ramosch 149 P5
Ramsei 141 H4
Ramsen 142 K2
Rances 144 D5
Randa 145 H7
Randen 142 J2
Rangiers (Les) 140 F3
Rapperswil *(St. Gallen)* 142 K4
Rapperswil *(Bern)* 140 G4
Raron 145 H7
Rasses (Les) 140 D5
Räterschen 118 K3
Rätikon 149 M4
Rawilpass 145 G6
Realp 146 J6
Rebstein 143 M3
Rechthalten 145 F5
Reckingen 146 I6
Réclère 140 E3
Reconvilier 140 F4
Regensberg 141 J3
Regensdorf 141 J3
Rehetobel 142 M3
Reichenau 147 M5
Reichenbach 145 H6
Reichenbachfälle 146 I5
Reichenburg 142 K4
Reiden 141 H4
Reidenbach 145 G6
Reigoldswil 141 H3
Reinach *(Aargau)* 141 I4
Reinach *(Basel-Land)* 141 G3
Reitnau 141 I4
Rekingen 141 I3
Remetschwil 141 I3
Remigen 141 I3
Renan 140 E4
Renens 144 D6
Rengg 141 I4
Rennaz 145 E6
Reuchenette 140 F4
Reuss 117 I3
Reute 143 M3
Reuti 146 I5
Reutigen 145 G5
Rhäzuns 147 M5
Rheinau 142 J3
Rheineck 143 M3
Rheinfall 142 J2
Rheinfelden 141 H3
Rheinheim 117 I3
Rheinwald 123 L6
Rheinwaldhorn 147 L6
Rhône 146 I6
Rhonegletscher 146 J6
Riaz 145 F6
Richisau 148 K4
Richterswil 142 K4
Ricken 142 L4
Rickenbach 142 L3
Rickenbach *(Luzern)* 141 I4
Riddes 145 F7
Riederalp 146 I6
Riedern 142 L4
Riedholz 141 G4
Riehen 141 G3
Riemenstalden 148 K5
Rietbad 142 L4
Rietheim 141 I3
Riffenmatt 145 G5
Riggisberg 145 G5
Rigi 141 J4
Rigi Kaltbad 141 J4
Rimpfischhorn 146 H7
Rinderberg 145 G6
Ringelspitz 148 M5
Ringgenberg 146 H5
Rippe (La) 144 C6
Risch 141 J4
Risoux (Mont) 144 C6
Ritom (Lago) 146 K6
Ritterpass 146 I7
Ritzlihorn 146 I6
Riva S. Vitale 152 K8
Rivera 147 K7
Roche (La) 145 F5
Roche *(Vaud)* 145 E6
Rochefort 140 E5
Roches *(Bern)* 140 G4
Roches (Col de) 140 E4
Rodels 147 M5
Rodersdorf 141 G3
Rodi 122 K6
Rodond *(Graubünden)* 147 L6
Rofflaschlucht 147 M6
Roggenburg 140 G3
Roggwil 142 M3
Rohr 141 H3
Rohrbach 145 H4
Rohrbach bei Huttwil 141 G5
Rolle 144 D6
Romainmôtier 144 D5
Romanel-sur-Morges 144 D6
Romanens 120 E6
Romanshorn 142 M3
Romont 145 E5
Romoos 141 I4
Rona 147 M6
Ronco 146 K7
Root 141 J4
Rorbas 142 J3
Rorschach 142 M3
Rösa (La) 149 O6
Röschenz 141 G3
Roseg (Piz) 147 N6
Rosenlaui 146 I5
Rosenlauital 146 I5
Rossa 147 L6
Rossa (Cima) 147 L6
Rossberg 142 J4
Rossens 145 F5
Rossinière 145 F6
Rosso (Poncione) 147 K7
Röthenbach 141 H5
Rothenbrunnen 147 M5
Rothenburg 141 I4
Rothenfluh 117 H3
Rothenthurm 142 K4
Rothorn 145 H7
Rothrist 141 H4
Rotkreuz 141 J4
Rotondo 146 J6
Rotondo (Piz) 146 J6
Rougemont 145 F6
Rouges (Aiguilles) 145 G7
Roveredo 147 L7
Rovio 152 K8
Rovray 145 E5
Ruan (Grand Mont) 120 E7
Rubigen 141 G5
Rue 145 E6
Rüeggisberg 140 G5
Rüegsau 141 H4
Rüegsegg 141 H5
Rueun 147 L5
Rugghubel 141 J5
Rümlang 142 J3
Rümlingen 141 H3
Rupperswil 141 I3
Rüschegg-Gambach 145 G5
Rüschlikon 142 J4
Russein (Piz) 147 K5
Russikon 142 K3
Russo 146 J7
Ruswil 141 I4
Ruth (Dent de) 145 F6
Rüti *(Glarus)* 148 L5
Rüti *(Zürich)* 142 K4
Rüti bei Riggisberg 145 G5

S

Saane / Sarine 145 F6
Saanen 145 F6
Saanenmöser 145 F6
Saas 149 N5
Saas Almagell 146 H7
Saas-Balen 146 H7
Saas-Fee 146 H7
Saas-Grund 146 H7
Saastal 146 H7
Sachseln 141 I5
Safien-Platz 147 L5
Safiental 147 L6
Safierberg 147 L6
La Sagne 116 E4
Saignelégier 140 E4
Saillon 145 F7
St-Aubin-Sauges 140 E5
St-Blaise 140 E4
St-Brais 140 F4
St-Cergue 144 C6
St-Cierges 144 E5
St-George 144 C6
St-Gingolph 145 E6
St-Imier 140 E4
St-Légier 145 E6
St-Léonard 145 G7
St-Livres 144 D6
St-Luc 145 G7
St-Martin 145 E6
St-Martin 145 G7
St-Maurice 145 F7
St-Pélagiberg 142 L3
St-Pierre-de-Clages 145 F7
St-Prex 144 D6
St-Sulpice 144 D6
St-Triphon 145 E7
St-Ursanne 140 F3
Ste Croix 140 D5
S-chalambert (Piz) 149 P5
S-chanf 149 N6
S-charl 149 P5
Saland 142 K3
Salanfe (Lac de) 145 E7
Salavaux 140 F5
Salbit 146 J5
Saleina 145 F8
Salez 142 M4
Salgesch 145 G7
Salins 145 G7
Salouf 147 M6
Salvan 145 F7
Salvenach 140 F5
Sambuco (Lago) 146 J6
Samedan 147 N6
Samnaun 149 P5
San Bernardino 147 L6
S. Bernardino (Passo del) 147 L6
S. Bernardo 146 K7
S. Carlo *(Poschiavo)* 149 O6
S. Carlo *(Val Bavona)* 146 J6
S. Giacomo (Passo di) 146 J6
S. Jorio (Passo di) 147 L7
S. Nazzaro 146 K7
S. Salvatore 147 K8
S. Vittore 147 L7
Sandhubel 147 N5
Sandpass 147 K5
Sanetsch (Col du) 145 F7
Sangernboden 145 G5
St. Antoni 140 F5
St. Antönien 149 N5
St. Gallen 142 M3
St. Gall = St. Gallen 142 M3
St. Gallen *(Kanton)* 118 L4
St. Gallen-Kappel 142 K4
St. Gotthardpass /
S. Gottardo (Passo del) 146 J6
St. Jakob-Gitschenen 148 J5
St. Luzisteig 148 M4
St. Margrethen 143 M3
St. Moritz 147 N6
St. Moritz-Bad 147 N6
St. Niklaus bei Koppigen 141 G4
St. Niklaus *(Valais)* 145 H7
St. Petersinsel 140 F4
St. Peterzell 142 L4
St. Stephan 145 G6
St. Urban 141 H4
St. Ursen 145 F5
Sta Domenica 147 L6
Sta Maria (Giogo di) 119 P6
Sta Maria (Valle) 147 K6
Sta Maria im M. 149 P6
Sta Maria in Calanca 147 L7
Säntis 142 M4
Saoseo (Scima di) 149 O6
Sapün 147 N5
Sardona (Refuge) 148 L5
Sardona (Piz) 148 L5
Sargans 142 M4
Sarmenstorf 141 I4
Sarnen 141 I5
Sarner See 141 I5
Sarraz (Château de la) 144 D6
Sarraz (La) 144 D6
Satigny 144 C7
Sattel 142 J4
Sattelegg 142 K4
Sattelhorn 146 H6
Sauge (La) 140 F5
Saulcy 140 F4
Savagnier 140 E4
Savièse 145 G7
Savigny 144 E6
Savognin 147 M6
Sax 142 M4
Saxeten 146 H6
Saxon 145 F7
Says 149 M5
Scalettapass 149 N5
Scalottas (Piz) 147 M5
Schachen 141 I4
Schaffhausen 142 J2
Schaffhausen *(Kanton)* 118 J2
Schallenberg 141 H5
Schanfigg 123 M5
Schangnau 141 H5
Schänis 142 L4
Schärhorn 146 K5
Schattdorf 148 K5
Scheidegg 118 J4
Scheltenpass 141 G3
Schesaplana 143 N4
Scheunenberg 140 G4
Schiers 149 N5
Schiffenensee 140 F5
Schilthorn 146 H6
Schin 147 M5
Schinznach Bad 141 I3
Schinznach Dorf 141 I3
Schlappin 149 N5
Schlatt 142 K3
Schleitheim 142 J2
Schleuis 147 L5
Schlieren 141 J3
Schmerikon 142 K4
Schmiedrued 141 I4
Schneisingen 141 J3
Schnottwil 140 G4
Schöftland 141 I4
Schöllenen Schlucht 146 J6
Schönbühl 141 G4
Schönenberg a.d. Thur 142 L3
Schönenberg *(Zürich)* 142 J4
Schönengrund 142 L4
Schönenwerd 141 I3
Schönried 145 F6
Schons 147 M6
Schötz 141 H4
Schrattenflue 141 H5
Schreckhorn 146 I6
Schuders 149 N5
Schüpbach 141 H5
Schupfart 141 H3
Schüpfen 140 G4
Schüpfheim 141 I5
Schutt 142 K4
Schwägalp 142 L4
Schwalmern 146 H6
Schwanden i. Emmental 141 H5
Schwanden *(Glarus)* 148 L5
Schwarenbach 145 G6
Schwarzenberg 141 I4
Schwarzenburg 140 G5
Schwarzenegg 145 H5
Schwarzhorn *(Graubünden)* 149 N5
Schwarzhorn *(Valais)* 145 H7
Schwarzsee 145 F6
Schwarzsee *(Fribourg)* 145 F6
Schwarzsee *(Valais)* 145 H8
Schwefelbergbad 145 G5
Schwellbrunn 142 L3
Schwyz 148 J4
Schwyz *(Kanton)* 118 K4
Schynige Platte 146 H6
Sciora 147 M7
Scopi 146 K6
Scuol / Schuls 149 O5
Sedrun 146 K5
Seeberg 141 H4
Seedorf *(Bern)* 140 F4
Seedorf *(Uri)* 148 J5
Seelisberg 148 J5
Seen 142 K3
Seengen 141 I4
Seewen *(Schwyz)* 148 J4
Seewen *(Solothurn)* 141 G3
Seewis 149 M5
Seez 142 M4
Seftigen 145 G5
Segl (Lago da) 147 N6
Segnas (Piz) 148 L5
Segnaspass 148 L5
Selbsanft 147 K5
Selibüel 145 G5
Selma 147 L7
Selzach 141 G4
Sembrancher 145 F7
Sementina 147 K7
Semione 147 K6
Sempach 141 I4
Sempach-Station 141 I4
Sempacher See 141 I4
Sempione = Simplon 146 I7
Semsales 145 E6
Sennwald 142 M4
Sense 121 F5
Sent 149 P5
Sentier (Le) 144 C6
Seon 141 I3
Sépey (Le) 145 F6
Septimerpass 147 M6
Sernftal 148 L5
Sertig-Dörfli 147 N5

A B C D E F G H I J K L M N O P Q R S T U V W X Y Z

250 Suisse, Schweiz, Svizzera

A B C D E F G H I J K L M N O P Q R S T U V W X Y Z

Sesvenna (Piz) 149 P5
Seuzach 142 K3
Sevelen 142 M4
Sewen 146 J5
Sezegnin 144 C7
Sezner (Piz) 147 L5
Siblingen 142 J2
Siders = Sierre 145 G7
Siebnen 142 K4
Siegershausen 142 L3
Sierre 145 G7
Sigigen 141 I4
Siglistorf 141 J3
Signau 141 H5
Sigriswil 145 H5
Sihl 142 J3
Sihlbrugg 142 J4
Sihlsee 142 K4
Silenen 146 K5
Sils 147 M5
Sils / Segl Baselgia 147 N6
Sils / Segl Maria 147 N6
Silvaplana 147 N6
Silvaplauna (Lago da) 149 N6
Silvrettagruppe 149 N5
Simme 145 G6
Simmental *(Nieder- Ober-)* 145 G6
Simplon 146 I7
Simplonpass 146 I7
Simplontunnel 146 I7
Sins 141 J4
Sirnach 142 L3
Siselen 140 F4
Sisikon 148 J5
Sissach 141 H3
Sion 145 G7
Sitten = Sion 145 G7
Sitter 142 M3
Siviriez 145 E6
Soazza 147 L6
Sobrio 147 K6
Soglio 147 M6
Sogn Gions 146 K6
Soleure = Solothurn 141 G4
Solothurn 141 G4
Solothurn *(Kanton)* 117 G4
Someo 146 J7
Somvix 147 K5
Sonceboz 140 F4
Sonlerto 146 J6
Sonloup (Col de) 145 E6
Sonnenhorn 146 J7
Sonogno 146 K6
Sontga Maria (Lago da) 122 K6
Sonvico 147 L7
Sonvilier 140 E4
Soral 144 C7
Sörenberg 146 I5
Sorens 145 F5
Sorne 116 F3
Sottens 145 E6
Soubey 140 F4
Soyhières 140 G3
Spannort 146 J5
Speer 142 L4
Speicher 142 M3
Spiez 145 H5
Spiringen 148 K5
Spittelrüti 118 K5
Spluga (Passo dello) / Splügenpass 147 L6
Splügen 147 M6
Spöl (Val dal) 149 O5
Spruga 146 J7
Staad 142 M3
Stabio 152 K8
Stadel 141 J3
Stäfa 142 K4
Stalden *(Unterwalden)* 117 I5
Stalden *(Valais)* 146 H7
Stallikon 142 J4
Stampa 147 M6
Stans 141 J5
Stanserhorn 141 J5
Stansstad 141 J5
Starkenbach 142 L4
Stätzerhorn 147 M5
Stechelberg 146 H6
Steckborn 142 K3
Steffisburg 145 G5
Steg 142 K3
Stein 142 M3
Stein *(Aargau)* 141 H3
Stein *(St. Gallen)* 142 L4
Stein am Rhein 142 K3
Steinen 142 J4
Steinhausen 141 J4
Steinhüshorn 146 I5
Steinibach 148 L5
Steinmaur 141 J3
Sternenberg 142 K3
Stettenbach 141 I4
Stierva 147 M6
Stilli 141 I3
Stöckalp 146 I5
Stocken-Höfen 145 G5
Stockhorn *(Bern)* 145 G5
Stockhorn *(Valais)* 146 H8
Stoos 148 K5
Strada 149 P5
Strengelbach 141 H4
Studen bei Brügg 116 F4
Studen *(Schwyz)* 118 K4
Stüsslingen 141 H3
Suchet (Le) 144 D5
Sufers 147 M6
Sugiez 140 F5
Sugnens 144 E6
Suhr 141 I3
Suhre 141 I4
Sulgen 142 L3
Sullens 144 D6
Sulz 141 I3
Sulzfluh 149 N4
Sumiswald 141 H4
Sumvitg (Val) 147 K5
Sunnenberg 141 G3
Super Nendaz 145 F7
Surava 147 M6
Surenenpass 146 J5
Surettahorn 147 M6
Surlej 147 N6
Sursee 141 I4
Surselva 147 K5
Susanfe 145 E7
Susasca (Val) 149 N5
Susch 149 O5
Susten-Leuk 145 G7
Sustenhorn 146 J5
Sustenpass 146 J5
Sutz-Lattrigen 140 F4
Suze 140 F4

T

Tafers 140 F5
Tägerschen 142 L3
Tägerwilen 142 L3
Tälli 146 J5
Tamaro (Monte) 147 K7
Tambo (Piz) 147 L6
Taminaschlucht 148 M5
Taminatal 148 M5
Tamins 147 M5
Tannenbodenalp 142 L4
Tarasp 149 O5
Täsch 145 H7
Täsch (Refuge de) 146 H7
Tasna (Piz) 149 O5
Taubenlochschlucht 140 F4
Täuffelen 140 F4
Tavanasa 147 L5
Tavannes 140 F4
Taverne 147 K7
Tavetsch (Val) 146 K6
Tavrü (Piz) 149 O5
Tegerfelden 141 I3
Tegna 146 K7
Tellskapelle 148 J5
Tendre (Mont) 144 C6
Tenigerbad 147 K5
Tenna 147 M5
Tentlingen 145 F5
Terre di Pedemonte 148 K7
Terri (Refuge) 147 L6
Terri (Piz) 147 L6
Territet 120 E6
Tesserete 147 K7
Tête Noire (Défilé de) 145 E7
Tête Blanche 145 G8
Tête de Ran 140 E4
Teufen *(Appenzell)* 142 M3
Teufen *(Zürich)* 142 J3
Teufenthal 141 I4
Thal 143 M3
Thalheim *(Aargau)* 141 I3
Thalheim an der Thur 142 K3
Thalkirch 147 L6
Thalwil 142 J4
Thayngen 142 K2
Theodulpass 145 H8
Thielle 140 F4
Thierachern 145 G5
Thierrens 145 E5
Thörigen 141 H4
Thoune = Thun 145 G5
Thun 145 G5
Thundorf 142 K3
Thuner See 145 G5
Thur 142 J3
Thurgau *(Kanton)* 118 K3
Thurgovie = Thurgau 118 K3
Thusis 147 M5
Thyon-Les Collons 145 G7
Tessin = Ticino 122 K7
Ticino 122 K7
Ticino *(Cantone)* 122 K7
Tiefencastel 147 M6
Tiejerflue 147 N5
Tieralplistock 146 J6
Tierberg 146 J5
Tierbergli 146 J5
Tierfehd 148 K5
Timun (Piz) 147 M6
Tinizong 147 M6
Titlis 146 J5
Tödi 147 K5
Toffen 141 G5
Toggenburg 142 L3
Tomils / Tumegl 147 M5
Törbel 146 H7
Tornette (La) 145 F6
Torrone Alto 147 L6
Töss 142 K3
Tour (Aiguille du) 145 F8
Tour d'Aï 145 E6
Tour de Peilz (La) 120 E6
Tour-de-Trême (La) 145 F6
Tourne (La) 140 E5
Tracuit 145 H7
Trachselwald 141 H4
Tramelan 140 F4
Trasadingen 141 J2
Travers 140 E5
Travers (Val de) 140 D5
Treiten 140 F4
Trélex 144 C6
Tremola (Val) 146 J6
Trey 145 E5
Treyvaux 145 F5
Triengen 141 I4
Trient 145 E7
Trift 146 J5
Trimbach 141 H3
Trimmis 149 M5
Trin 147 M5
Trogen 142 M3
Troistorrents 145 E7
Trub 141 H5
Trübbach 142 M4
Trubschachen 141 H5
Trübsee 146 J5
Trüllikon 142 K3
Trümmelbachfälle 146 H6
Trun 147 K5
Trütlisbergpass 145 G6
Tschierva 147 N6
Tschamut 146 K6
Tschappina 147 M5
Tscheischhorn 147 M6
Tschiertschen 147 M5
Tschierv 149 P6
Tschlin 149 P5
Tschuggen 149 N5
Tseuzier (Lac de) 145 G6
Tüback 142 M3
Tuggen 142 K4
Turbenthal 142 K3
Turtmann (Refuge) 145 H7
Turtmanntal 145 H7
Twann 140 F4

U

Udligenswil 141 J4
Uerkheim 141 I4
Uesslingen 142 K3
Uetendorf 145 G5
Uetikon am See 142 K4
Uetliberg 141 J3
Uetliburg 142 L4
Uitikon 141 J3
Ulisbach 142 L4
Ulmiz 140 F5
Ulrichen 146 I6
Umiken 141 I3
Undervelier 140 F4
Unter-Engadin 149 O5
Unterägeri 142 J4
Unterbäch 145 H7
Unterengstringen 141 J3
Unterer Hauenstein 117 H3
Unteriberg 142 K4
Unterkulm 141 I4
Unterlunkhofen 141 J4
Unterschächen 148 K5
Unterschlatt 142 K3
Unterseen 146 H5
Untersiggenthal 141 I3
Unterstammheim 142 K3
Unterstock 146 I5
Untervaz 148 M5
Unterwalden *(Nidwalden Kanton)* 122 J5
Unterwalden *(Obwalden Kanton)* 117 I5
Unterwasser 142 L4
Urdorf 141 J3
Uri *(Kanton)* 122 J5
Uri-Rotstock 148 J5
Urnäsch 142 L4
Urnerboden 148 K5
Urner See 148 J5
Ursenbach 141 H4
Urseren 146 J6
Ursy 145 E6
Uster 142 K3
Uttwil 142 M3
Utzenstorf 141 G4
Utzigen 141 G5
Uznach 142 K4
Uzwil 142 L3

V

Vacallo 152 L8
Vadret da Morteratsch 149 N6
Vadret (Piz) 149 N5
Vadura 148 M5
Val Bernina 149 N6
Val-de-Charmey 145 F6
Val Müstair 123 O6
Val Poschiavo 123 O6
Val Susasca 119 N5
Valangin 140 E4
Valbella 147 M5
Valbella *(Val Calanca)* 147 L6
Valbirse 140 F4
Valchava 149 P6
Valendas 147 L5
Valens 148 M5
Vallamand 140 F5
Vallamand-Dessous 140 F5
Valle Leventina 122 J6
Vallorbe 144 D5
Valmara 122 K7
Vals 147 L6
Valsainte (La) 145 F6
Valsertal 147 L6
Valsorey 145 F8
Valsot 149 P5
Vandoeuvres 144 C7
Vanil Noir 145 F6
Varuna (Piz) 149 N6
Vättis 148 M5
Vaud *(Canton)* 120 D6
Vaulion 144 D5
Vaulion (Dent de) 144 D5
Vaulruz 145 E6
Vélan 145 F8
Vélan (Mont) 150 F8
Vendlincourt 140 F3
Vens 145 F7
Verbier 145 F7
Vercorin 145 G7
Vergeletto 146 J7
Vermala 145 G7
Vermes 141 G4
Vernamiège 145 G7
Vernayaz 145 F7
Vernier 144 C7
Vérossaz 145 E7
Verrières (Les) 140 D5
Vers l'Église 145 F6
Versam 147 L5
Versoix 144 C7
Verstanklahorn 149 O5
Verzasca (Val) 146 K7
Vétroz 145 F7
Vevey 145 E6
Vex 145 G7
Veyrier 144 C7
Veysonnaz 145 G7
Vial (Piz) 147 K6
Via Mala 147 M6
Vicques 140 G3
Vierwaldstätter See 141 J4
Vigezzo Centovalli 122 J7
Vignettes 145 G8
Villa 123 L5
Villarepos 140 F5
Villarlod 145 F5
Villars-Burquin 140 D5
Villars-le-Grand 140 E5
Villars-sous-Mont 145 F6
Villars-sur-Ollon 145 F7
Villaz-St-Pierre 145 E5
Villeneuve 145 E6
Villigen 141 I3
Villmergen 141 I3
Villorsonnens 145 E5
Vilters 148 M4
Vinadi 149 P5
Vinelz 140 F4
Vionnaz 145 E7
Vira (Gambarogno) 146 K7
Visp 146 H7
Vispa 146 H7
Visperterminen 146 H7
Vissoie 145 G7
Vitznau 141 J4
Vogelsang 141 I4
Vogorno 146 K7
Vogorno (Piz di) 147 K7
Vollèges 145 F7
Vorab 148 L5
Voralp 146 J5
Voralp *(St. Gallen)* 142 M4
Vorderrhein 147 K5
Vouvry 145 E6
Vrin 147 L6
Vuadens 145 E6
Vuarrens 144 D5
Vufflens-le-Château 144 D6
Vuippens 145 F6
Vuisternens-devant-Romont 145 E6
Vuisternens-en-Ogoz 145 F5
Vuitebœuf 140 D5
Vulpera 149 O5

W

Waadt / Vaud 120 D6
Wädenswil 142 K4
Wägitaler See 142 K4
Walchwil 142 J4
Wald 142 K4
Waldenburg 141 H3
Waldkirch 142 L3
Waldstatt 142 L3
Walensee 142 L4
Walenstadt 142 L4
Walenstadtberg 142 L4
Walkringen 141 G5
Wallbach 141 H3
Valais *(Canton)* 121 G7
Wallis = Valais 121 G7
Wallisellen 142 J3
Walperswil 140 F4
Waltensburg / Vuorz 147 L5
Waltenschwil 141 I4
Walzenhausen 143 M3
Wangen 142 K4
Wangen a. d. Aare 141 G4
Wängi 142 K3
Wangs 148 M4
Wannenhorn 146 I6
Wasen 141 H4
Wasenhorn 146 I7
Wassen 146 J5
Wasserauen 142 M4
Wattenwil 145 G5
Wattwil 142 L4
Wauwil 141 I4
Weesen 142 L4
Wegenstetten 141 H3
Weggis 141 J4
Weglosen 148 K4
Weiach 141 J3
Weier 141 H4
Weinfelden 142 L3
Weiningen 141 J3
Weissenbach 145 G6
Weissenstein 141 G4
Weissfluhgipfel 147 N5
Weissgrat 146 H8
Weisshorn 121 H7
Weisshorn *(Graubünden)* 147 M5
Weisshorn (Refuge) 145 H7
Weissmies 146 I7
Weisstannental 148 L5
Weite 142 M4
Welschenrohr 141 G4
Wengen 146 H6
Wengi 140 G4
Werdenberg 142 M4
Werthenstein 141 I4
Wetterhorn 146 I6
Wettingen 141 I3
Wetzikon 142 K4
Wichtrach 141 G5
Widen 141 J3
Widnau 143 M3
Wiedlisbach 141 G4
Wiesen 147 N5
Wiesendangen 142 K3
Wiggen 141 H5
Wigoltingen 142 L3
Wil 142 L3
Wila 142 K3
Wilchingen 142 J3
Wildberg 142 K3
Wildegg 141 I3
Wilderswil 146 H6
Wildhaus 142 M4
Wildhorn 145 G6
Wildstrubel 145 G6
Wildstrubel (Refuge de) 145 G6
Willerzell 142 K4
Willisau 141 H4
Wimmis 145 G5
Windgällen 146 K5
Windisch 141 I3
Winikon 141 I4
Winterthur 142 K3
Winznau 141 H3
Wisshorn 149 N5
Wittnau 141 H3
Wohlen *(Aargau)* 141 I3
Wohlen bei Bern 140 G5
Wohlensee 140 F5
Wolfenschiessen 141 J5
Wolfgang 147 N5
Wolfwil 141 H4
Wolhusen 141 I4
Worb 141 G5
Worben 140 F4
Wuppenau 142 L3
Würenlingen 141 I3
Würenlos 141 J3
Wynigen 141 G4

Y - Z

Yens 144 D6
Yverdon-les-Bains 144 D5
Yvonand 140 E5
Yvorne 145 E6
Zapport 147 L6
Zapporthorn 147 L6
Zäziwil 141 G5
Zeglingen 141 H3
Zeiningen 141 H3
Zell 141 H4
Zermatt 145 H7
Zernez 149 O5
Zervreila See 147 L6
Zetzwil 141 I4
Ziefen 141 H3
Zihlkanal 140 F4
Zihlschlacht 142 L3
Zillis 147 M6
Zinal 145 G7
Zinalrothorn 145 H7
Zizers 149 M5
Zmutt 145 H7
Zofingen 141 H4
Zollbrück 141 H5
Zollhaus 145 F5
Zollikofen 141 G4
Zollikon 142 J3
Zoug = Zug 142 J4
Zucchero (Monte) 146 K6
Zuchwil 141 G4
Zug 142 J4
Zug *(Kanton)* 118 J4
Zügen 147 N5
Zuger See 141 J4
Zugerberg 142 J4
Zumikon 142 J3
Zuoz 149 N6
Zupo (Piz) 149 N6
Zürich 142 J3
Zürich *(Kanton)* 118 J3
Zurich-Kloten *(Aéroport)* 142 J3
Zürichsee 142 J4
Zuzwil *(Bern)* 141 G4
Zuzwil *(St. Gallen)* 142 L3
Zweilütschinen 146 H6
Zweisimmen 145 G6
Zwingen 141 G3
Zwischbergen 146 I7

LIECHTENSTEIN

Balzers 142 M4
Bendern 142 M4
Malbun 143 M4
Nendeln 142 M4
Pfälzer-H. 143 M4
Ruggell 142 M4
Schaan 142 M4
Schaanwald 143 M4
Triesen 142 M4
Triesenberg 142 M4
Vaduz 142 M4

A

Abern 161 K 4
Abfaltersbach 170 J 8
Absam 167 G 7
Absdorf 158 T 3
Abtei 171 P 9
Abtenau 162 M 6
Abtissendorf 172 S 8
Abtsdorf 162 M 5
Ach 161 K 4
Ach 162 L 4
Achau 165 V 4
Achenbach 160 H 6
Achenkirch 160 H 6
Achenpaß 160 G 6
Achensee 160 H 6
Achental 160 H 6
Achenwald 160 H 6
Adameck-H. 162 M 6
Aderklaa 159 V 4
Adlwang 163 O 5
Admont 163 P 6
Adnet 161 L 5
Aflenzer Seeberg 164 R 6
Aflenz Kurort 164 R 6
Afling 172 R 7
Afritz 171 N 8
Aggsbach 158 S 4
Aggsbach Markt 158 S 4
Aggstein 158 S 4
Ahorn 157 O 3
Ahornspitze 169 H 7
Aich 162 N 6
Aich 172 Q 9
Aichdorf 172 Q 7
Aigen 158 S 2
Aigen 165 U 6
Aigen im Ennstal 163 O 6
Aigen im Mühlkreis 156 N 3
Ainet 170 K 8
Aist 157 P 4
Aistersheim 162 N 4
Alberndorf
in der Riedmark 157 P 3
Alberschwende 166 B 6
Albrechtsberg
an der Großen Krems 158 S 3
Aldrans 167 G 7
Alfenz 166 B 7
Alkoven 157 O 4
Alkus 170 K 8
Alland 164 U 4
Allentsgschwendt 158 S 3
Allentsteig 158 R 2
Allerheiligen 164 S 6
Allerheiligen b. Wildon 172 S 8
Allerheiligen im Mühlkreis 157 P 4
Allgäuer Alpen 166 C 6
Allhaming 163 O 4
Allhartsberg 163 Q 4
Alm 162 N 5
Almsee 163 N 5
Almwirt 164 R 7
Alpbach 160 H 6
Alpl 164 S 6
Altach 166 A 6
Altaussee 162 N 6
Altausseersee 162 N 6
Altenberg 164 S 5
Altenberg bei Linz 157 P 3
Altenburg 158 S 3
Altenfelden 156 N 3
Altenhof 156 N 3
Altenmarkt 162 M 6
Altenmarkt 173 U 7
Altenmarkt
an der Triesting 164 T 4
Altenmarkt bei St. Gallen 163 P 5
Altenmarkt i. Yspertal 158 R 4
Altenwörth 158 T 3
Altersberg 171 M 8
Altheim 156 L 4
Althofen 171 P 8
Althofen 171 O 7
Altlengbach 158 T 4
Altlichtenwarth 159 W 3
Altmanns 159 V 3
Altmanns 158 R 2
Altmelon 157 Q 3
Altmünster 162 N 5
Altprerau 159 V 2
Altschwendt 156 N 4
Am See 167 E 8
Amagmach 166 B 6
Amaliendorf 158 R 2
Am Alpsteig 164 S 6
Ameis 159 V 2
Amesreith 157 P 3
Amlach 170 K 8
Ammer Sattel 167 E 6
Ampflwang 162 M 4
Amstetten 163 Q 4
Andau 165 W 5
Andelsbuch 166 B 6
Andorf 156 M 3
Andrichsfurth 156 M 4
Angath 160 I 6
Anger 164 T 7
Angern 163 O 6
Angern a. d. March 159 W 3
Anif 161 L 5
Ankogel 170 L 7
Annaberg 164 S 5
Annaberg im Lammertal 164 M 6
Annenheim 171 N 9
Anras 170 J 8
Ansfelden 157 O 4
Antau 165 V 5
Anthering 161 L 5
Antiesen 156 M 4
Antiesenhofen 156 M 3
Anton-Karg-H. 161 I 6
Anzenbach 163 P 5
Anzendorf 158 S 4
Apetlon 165 W 5
Arbesbach 157 Q 3
Arbesthal 165 W 4
Arbing 157 Q 4
Ardagger Markt 157 Q 4
Ardagger Stift 163 Q 4
Ardning 163 P 6
Arlbergpaß 166 C 7
Arlbergtunnel 166 C 7
Arnbach 169 J 8
Arnfels 172 S 8
Arnoldstein 171 N 9
Arnreit 157 O 3
Arriach 171 N 8
Artstetten 158 R 4
Arzberg 164 S 7
Arzl 167 E 7
Aschach 156 N 3
Aschach an der Donau 157 O 3
Aschach a. d. Steyr 163 P 4
Aschach
(Talsperre) 157 O 3
Aschau 160 H 6
Aschau
(Kitzbühel) 161 I 6
Aschau
(Mayrhofen) 169 H 7
Aschau
(Oberösterr.) 162 M 5
Aschau im Burgenland 165 U 6
Aschbach 164 S 5
Aschbach-Markt 163 Q 4
Asitz-Kogel 161 K 6
Aspach 161 L 4
Aspang Markt 165 U 6
Asparn 159 V 3
Asperhofen 158 T 4
Aspern 159 V 4
Aspersdorf 158 U 3
Assling 170 J 8
Asten 157 P 4
Attersee 162 M 5
Attnang-Puchheim 162 N 4
Atzbach 162 N 4
Atzenbrugg 158 T 4
Au 164 R 6
Au 163 P 6
Au *(Oberösterr.)* 162 M 5
Au *(Tirol)* 167 E 7
Au
(Vorarlberg) 166 B 7
Au am Leithagebirge 165 V 5
Auerbach 161 K 4
Auersthal 159 V 3
Auf dem Hals 164 U 5
Auf dem Straßegg 164 S 6
Auf der Schanz 164 S 6
Auffach 160 I 6
Aurach 161 J 6
Aurach am Hongar 162 N 5
Aurachkirchen 162 N 5
Aurolzmünster 156 M 4
Äußere Einöde 171 N 8
Äußere Kainisch 162 N 6
Außerfern 167 E 6
Außerfragant 170 L 8
Außervillgraten 170 J 8
Austria-H. 162 M 6
Axamer Lizum 167 F 7
Axams 167 F 7

B

Baad 166 C 7
Bach 166 D 7
Bachmanning 162 N 4
Bad Aussee 162 N 6
Bad Bleiberg 171 N 9
Bad Deutsch Altenburg 159 W 4
Bad Dürrnberg 161 L 6
Bad Fischau 165 U 5
Bad Fusch 170 K 7
Bad Gams 172 R 8
Bad Gleichenberg 173 T 8
Bad Goisern 162 M 6
Bad Großpertholz 157 Q 3
Bad Hall 163 O 4
Bad Häring 160 I 6
Bad Hofgastein 170 L 7
Bad Innerlaterns 166 B 7
Bad Ischl 162 M 5
Bad Kleinkirchheim 171 N 8
Bad-Kreuzen 157 Q 4
Bad Leonfelden 157 O 3
Bad Mitterndorf 163 N 6
Bad Pirawarth 159 V 3
Bad Radkersburg 173 T 8
Bad St. Leonhard 171 O 8
Bad St. Leonhard
im Lavanttal 172 Q 8
Bad Schallerbach 156 N 4
Bad Schönau 165 U 6
Bad Tatzmannsdorf 165 U 6
Bad Vellach 172 P 9
Bad Vöslau 165 U 5
Bad Waltersdorf 173 U 7
Bad Weißenbach 172 Q 8
Bad Wimsbach-
Neydharting 162 N 4
Bad Zell 157 P 3
Baden 165 U 4
Badenthein 171 N 8
Bad Gastein 170 L 7
Bärenbad 169 I 7
Bärenriß Sattel 164 R 5
Bärental 171 O 9
Bärnbach 172 R 7
Bärndorf 163 P 6
Bärnkopf 157 R 3
Baierdorf 171 O 7
Baierdorf bei Anger 164 T 7
Bairisch Kölldorf 173 T 8
Baldramsdorf 170 M 8
Bangs 166 A 7
Bannberg 170 K 8
Bartholomäberg 166 B 7
Barwies 167 E 7
Baumgart 164 S 5
Baumgarten an der March 159 W 4
Baumgarten
im Burgenland 165 V 5
Baumgartenberg 157 Q 4
Behamberg 163 P 4
Berg *(Kärnten)* 170 L 8
Berg
(Niederösterr.) 159 X 4
Berg bei Rohrbach 157 N 3
Bergheim 161 L 5
Berndorf 165 U 5
Berndorf 172 R 7
Berndorf bei Salzburg 161 K 5
Bernhardsthal 159 W 2
Bernkogel 170 L 7
Bernstein 165 U 6
Berwang 167 E 6
Bettelwurfspitze 160 G 6
Bezau 166 B 6
Biberbach 163 Q 4
Biberwier 167 E 6
Bichlbach 167 E 6
Bielerhöhe 166 C 8
Bierbaum 173 U 7
Bierbaum a. Kleebigl 158 T 3
Bigerbach 167 E 7
Bildstein 166 B 6
Birkfeld 164 T 6
Birkkarspitze 160 G 6
Birnbaum 170 K 8
Birnhorn 161 K 6
Birnlücke 169 I 7
Bisamberg 159 V 4
Bischoffeld 163 Q 7
Bischofshofen 161 L 6
Bischofstetten 164 S 4
Bizau 166 B 6
Blattberg 167 E 6
Bleiberg-Kreuth 171 M 9
Bleiburg 172 Q 9
Bleikogel 161 L 6
Blindenmarkt 163 Q 4
Blons 166 B 7
Blosen 163 O 6
Bludenz 166 B 7
Blumau 165 U 6
Blumau
an der Wild 158 S 2
Blumau i. Steiermark 173 U 7
Bochumer H. 161 J 6
Bockfließ 159 V 3
Bocksdorf 173 U 7
Boden 171 M 8
Bodensdorf 171 N 8
Bodensee 166 A 6
Bodental 171 O 9
Böckstein 170 L 7
Bödele 166 B 6
Bödmen 166 C 7
Böheimkirchen 158 T 4
Bonisdorf 173 U 8
Bramberg 169 J 7
Brand 164 T 4
Brand
(Niederösterr.) 157 R 2
Brand
(Vorarlberg) 166 B 7
Brandberg 169 H 7
Brandenberg 160 H 6
Brandhof 164 R 6
Brandnertal 166 B 7
Brandwald 163 N 6
Braunarlspitze 166 C 7
Braunau 156 L 4
Braz 166 B 7
Bregenz 166 B 6
Bregenzerach 166 B 6
Bregenzerwald 166 B 7
Breiteckkoppe 163 O 6
Breitegg 160 I 6
Breitenaich 157 N 4
Breitenau
(Niederösterr.) 165 U 5
Breitenau
(Oberösterr.) 163 O 5
Breitenbach am Inn 160 H 6
Breitenbrunn 164 T 6
Breitenbrunn 165 W 5
Breitenfurt 159 U 4
Breitenhilm 172 S 7
Breitenlee 159 V 4
Breitenstein 164 T 6
Breitenwaida 158 U 3
Breitenwang 167 E 6
Breitfuß 169 I 7
Breithorn 161 K 6
Breitsetten 159 W 4
Brennerpaß 167 G 7
Bretstein 163 P 6
Bretsteingraben 163 O 6
Brixen 160 I 6
Brixlegg 160 H 6
Bromberg 165 U 5
Bruck am Ziller 160 H 6
Bruck an der
Großglocknerstraße 170 K 7
Bruck an der Leitha 165 W 4
Bruck an der Mur 164 R 6
Brückl 172 P 8
Bruckneudorf 165 W 4
Bruderkogel 163 P 6
Brunn 164 R 6
Brunnalm 164 S 6
Brunn am Gebirge 165 U 4
Brunn an der Wild 158 S 2
Brunnbach 163 P 5
Brunnenthal 156 M 3
Bschlabs 167 D 7
Buch 166 B 6
Buch in Tirol 160 H 6
Buchboden 166 B 7
Bucheben 170 K 7
Buchkirchen 157 O 4
Buchschachen 165 U 7
Bucklige Welt 165 U 6
Bürgeralpe 164 S 5
Bürs 166 B 7
Bürserberg 166 B 7
Bundschuh 171 N 7
Burg 165 V 7
Burgau *(Salzburg)* 162 M 5
Burgau
(Steiermark) 173 U 7
Burgauberg-Neudauberg 173 U 7
Burgenland *(Land)* 165 U 6
Burggrabenklamm 162 M 5
Burgkirchen 161 L 4
Burgschleinitz 158 T 3

C

Carl von Stahl-Hs. 161 L 6
Christkindl 163 P 4
Coburger H. 167 E 6
Cumberland 163 N 5

D

Dachstein-Rieseneishöhle 162 N 6
Dachsteingruppe 162 M 6
Dalaas 166 B 7
Damüls 166 B 7
Damülser Mittagspitze 166 B 7
Dechantskirchen 164 U 6
Defereggental 169 I 8
Defereggeralpen 170 I 8
Defreggerhaus 169 J 7
Dellach 170 L 9
Dellach 171 M 8
Dellach im Drautal 170 L 8
Demeljoch 160 G 6
Deutsch Hörschlag 157 P 3
Deutsch Brodersdorf 165 V 5
Deutsch Ehrensdorf 173 V 7
Deutsch Feistritz 172 R 7
Deutsch Goritz 173 T 8
Deutsch Griffen 171 O 8
Deutsch Haslau 165 W 4
Deutsch Jahrndorf 165 W 4
Deutsch Kaltenbrunn 173 U 7
Deutschkreutz 165 V 6
Deutschlandsberg 172 R 8
Deutsch Schützen 173 V 7
Deutsch Wagram 159 V 4
Diedamskopf 166 C 6
Dienten 161 L 6
Dientner Sattel 161 L 6
Diersbach 156 M 3
Dietachdorf 163 P 4
Dietersdorf
am Gnasbach 173 T 8
Dietmanns
(bei Gmünd) 157 Q 2
Dietmanns
(bei Waidhofen a.d.T.) 158 S 2
Dietmannsdorf b. Trieben 163 P 6
Diex 172 P 8
Dimbach 157 Q 4
Dobermannsdorf 159 W 3
Dobersberg 158 R 2
Dobersdorf 173 U 7
Dobl 172 S 8
Döbling 159 U 4
Dobra Stausee 158 S 3
Dobratsch 171 M 9
Döbriach 171 M 8
Dölach 170 J 8
Döllach 163 O 6
Döllach 170 K 8
Dolomiten H. 170 K 8
Dölsach 170 K 8
Donau 156 M 3
Donaustadt 159 V 4
Donawitz 164 R 6
Donnersbach 163 O 6
Donnersbachwald 163 O 6
Donnerskirchen 165 V 5
Doren 166 B 6
Dorf 156 M 4
Dorfgastein 170 L 7
Dörfl
im Burgenland 165 V 6
Dorfstetten 157 Q 4
Dornach 157 Q 4
Dornbirn 166 B 6
Douglass-H. 166 B 7
Drasenhofen 159 V 2
Draßburg 165 V 5
Draßmarkt 165 V 6
Dreiherrnspitze 172 I 7
Dreistetten 165 U 5
Dr. H. Hackel-H. 161 L 6
Drobollach 171 N 9
Drösing 159 W 3
Drosendorf Stadt 158 S 2
Droß 158 S 3
Drossensperre 170 K 7
Düns 166 B 7
Dürnbach 165 V 7
Dürnkrut 159 W 3
Dürnstein
(Niederösterr.) 158 S 3
Dürnstein
(Steiermark) 171 P 7
Dürradmer 164 R 5
Dürre Wand 164 T 5
Dunkelsteinerwald 158 S 4
Durchholzen 161 I 6

E

Ebbs 160 I 6
Ebelsberg 157 P 4
Eben 160 H 6
Eben im Pongau 162 M 6
Ebenau 161 L 5
Ebene 167 E 7
Ebene Reichenau 171 N 8
Ebenfurth 165 V 5
Ebensee 162 N 5
Ebenthal *(Kärnten)* 171 P 9
Ebenthal
(Niederösterr.) 159 W 3
Eberau 173 V 7
Ebergassing 165 V 4
Eberndorf 172 P 9
Eberschwang 162 M 4
Ebersdorf
(Niederösterr.) 158 R 4
Ebersdorf
(Steiermark) 173 T 7
Eberstallzell 163 N 4
Eberstein 172 P 8
Ebnerhof 164 S 5
Ebnit 166 B 6
Ebreichsdorf 165 V 5
Echsenbach 158 R 2
Eckartsau 159 W 4
Edel-H. 169 H 7
Edelsbach 173 T 8
Edelschrott 172 R 7
Edelstal 159 W 4
Edelweißspitze 170 K 7
Edlach 164 T 5
Edling 164 Q 6
Edlitz 173 V 7
Edlitz Markt 165 U 6
Edmund-Graf-H. 166 D 7
Eferding 157 O 4
Egg 170 M 9
Egg
(Vorarlberg) 166 B 6
Egg am Faakersee 171 N 9
Eggelsberg 161 K 4
Eggenberg 172 S 7
Eggenburg 158 T 3
Eggendorf 165 U 5
Eggendorf am Walde 158 T 3
Eggeralm 170 M 9
Eggerding 156 M 3
Eggern 158 R 2
Eggersdorf 172 S 7
Ehrenberger Klause 167 E 6
Ehrenhausen 173 S 8
Ehrenschachen 165 U 6
Ehrwald 167 E 6
Eibenstein 158 S 2
Eibesbrunn 159 V 3
Eibesthal 159 V 3
Eibiswald 172 R 8
Eichberg 164 T 6
Eichenberg 166 B 6
Eichenbrunn 159 V 3
Eichgraben 158 T 4
Eidenberg 157 O 3
Eingenheimsiedlung 159 U 4
Eisenberg 173 V 7
Eisenerz 163 Q 6
Eisenerzer Alpen 163 P 6
Eisenhüttl 173 U 7
Eisenkappel 172 P 9
Eisenstadt 165 V 5
Eisentratten 171 M 8
Eisenwurzen 163 Q 5
Eisgarn 158 R 2
Eisriesenwelt 161 L 6
Eitweg 172 Q 8
Eitzing 156 M 4
Eizendorf 157 Q 4
Elbigenalp 166 D 7
Elixhausen 161 L 5
Ellbögen 167 G 7
Ellmau 161 I 6
Ellmauer Halt 161 I 6
Elmen 167 D 6
Els 158 S 3
Elsbethen 161 L 5
Elsenreith 158 R 3
Eltendorf 173 U 7
Embach 170 L 7
Emmersdorf an der Donau 158 S 4
Empersdorf 172 S 8
Eng 160 G 6
Engelhartstetten 159 W 4
Engelhartszell 156 N 3
Engelmannsbrunn 158 T 3
Engelstein 157 Q 3

Engerwitzdorf 157 P3
Enns 157 P4
Enns *(Bach)* 170 M7
Ennsdorf 157 P4
Ennstal 163 O6
Ennstaler Alpen 163 P6
Enzenkirchen 156 M3
Enzersdorf a. d. Fischa 165 V4
Enzersdorf im Thale 159 U3
Enzersfeld 159 V3
Enzesfeld 165 U5
Enzingerboden 170 J7
Erb 163 Q6
Erdberg 159 V3
Erdleiten 157 P3
Erfurter H. 160 H6
Erl 160 I5
Erlach 165 U5
Erlauf 158 R4
Erlaufsee 164 R5
Erlsbach 169 I8
Ernstbrunn 159 V3
Ernsthofen 163 P4
Erpfendorf 161 J6
Ertl 163 P5
Erzberg 163 Q6
Erzhrzog Johann-Klause 160 H6
Eschelberg 157 O3
Eschenau 164 S4
Eschenau 158 R2
Eschenau im Hausrukkreis 156 N3
Eßling 159 V4
Esternberg 156 M3
Etmißl 164 R6
Etsdorf am Kamp 158 T3
Ettendorf 172 Q8
Etzen 157 R3
Etzersdorf 173 T7
Eugendorf 161 L5
Euratsfeld 163 Q4
Europabrücke 167 G7

F

Faak 171 N9
Faakersee 171 N9
Fachwerk 163 Q5
Faggenbach 167 E8
Faistenau 161 L5
Falken-H. 160 G6
Falkenstein 159 V2
Falkert 171 N8
Fallegg 172 R8
Farrenau-Bühel 163 N5
Faschina 166 B7
Favoriten 159 V4
Fehring 173 U8
Feichsen 164 R4
Feichten 167 E7
Feistritz 164 T6
Feistritz *(bei Bleiburg)* 172 Q9
Feistritz *(bei Friesach)* 171 O8
Feistritz am Wechsel 164 U6
Feistritz an der Drau 171 M8
Feistritz an der Gail 171 M9
Feistritz b. Knittelfeld 163 Q7
Feistritzer Stausee 171 O9
Feistritz im Rosental 171 O9
Feistritz Sattel 164 T6
Felbertal 170 J7
Felbertauerntunnel 170 J7
Feldaist 157 P3
Feld am See 171 N8
Feldbach 173 T8
Feldkirch 166 A7
Feldkirchen 172 S7
Feldkirchen an der Donau 157 O3
Feldkirchen bei Mattighofen 161 L4
Feldkirchen in Kärnten 171 O8
Felixdorf 165 U5
Fell 171 M7
Fellach 171 N9
Fellbach 170 L7
Fellhorn 161 J6
Fels 158 T3
Fendels 167 E7
Ferlach 171 O9
Ferlacher Stausee 171 O9
Ferleiten 170 K7
Ferndorf 171 M8
Fernitz 172 S8
Fernpaß 167 E6
Fernstein 167 E6
Fernsteinsee 167 E6
Ferschnitz 163 Q4
Feßnach 171 P7
Festenburg 164 T6
Feuerkogel 162 N5
F.Fischer-H. 170 M7
Fieberbrunn 161 J6
Filzmoos 162 M6
Fimbertal 166 C8
Finkenberg 169 H7
Finkenstein 171 N9
Finstermünzpaß 166 D8
Finstertal Stausee 167 F7
Fischa 165 V5
Fischamend Markt 159 V4
Fischbach 164 S6
Fischbacheralpe 164 S6
Fisching 172 Q7
Fischlham 162 N4
Fiß 167 D7
Flachau 162 M6
Fladnitz 173 T8
Fladnitz an der Teichalm 164 S7
Flaschberg 170 K8
Flatschach 172 Q7
Flattach 170 L8
Flattnitz 171 O8
Flattnitzer Höhe 171 O8
Flaurling 167 F7
Flexenpaß 166 C7
Fließ 167 D7
Flirsch 166 D7
Floing 164 T7
Floridsdorf 159 V4
Fluchthorn 166 C8
Fluttendorf 172 R8
Föllim 159 V2
Fohnsdorf 172 Q7
Fontanella 166 B7
Forchach 167 D6
Forchtenau 165 V5
Forchtenstein 165 U5
Fornach 162 M4
Forst 172 Q8
Forstau 162 M6
Frättingsdorf 159 V3
Fraham 157 O4
Frankenau 165 V6
Frankenburg 162 M4
Frankenfels 164 R5
Frankenmarkt 162 M5
Franking 161 K4
Frantschach-St. Gertraud 172 Q8
Franzen 158 S3
Franzensdorf 159 V4
Franz Josephs-Höhe 170 K7
Franz Senn H. 167 F7
Frastanz 166 A7
Fratres 158 S2
Frauenberg *(bei Bruck a. d. Mur)* 164 S6
Frauenberg *(bei Liezen)* 163 P6
Frauenburg 171 P7
Frauendorf 158 T3
Frauenkirchen 165 W5
Frauenstein *(Kärnten)* 171 P8
Frauenstein *(Oberösterr.)* 163 O5
Frauental 172 R8
Frauschereck 161 L4
Fraxern 166 B7
Freiburger H. 166 B7
Freiland 164 S5
Freiland bei Deutschlandsberg 172 R8
Frein 164 S5
Freinberg 156 M3
Freistadt 157 P3
Fresach 171 N8
Fresing 172 S8
Friedauwerk 164 Q6
Friedberg 165 U6
Friedburg 161 L4
Friedersbach 158 R3
Friesach 171 P8
Friesach 172 S7
Fritzens 169 G7
Frohnleiten 164 R7
Frojach-Katsch 171 O7
Fügen 160 H6
Fügenberg 160 H6
Fürstenfeld 173 U7
Fuglau 158 S3
Fulpmes 167 G7
Furkajoch 166 B7
Furth 158 T4
Furth an der Triesting 164 T5
Furth bei Göttweig 158 S3
Fusch a. d. Großglocknerstraße 170 K7
Fuschertal 170 K7
Fuscher Törl 170 K7
Fuschl 161 L5
Fuschlsee 161 L5
Fußach 166 A6
Futschölpaß 166 C8

G

Gaaden 165 U4
Gaaldorf 163 P7
Gaas 173 V7
Gaberl 172 Q7
Gabersdorf 173 S8
Gablitz 159 U4
Gablonzer H. 162 M6
Gaflenz 163 Q5
Gaichtpaß 167 D6
Gail 170 J8
Gailberg Sattel 170 K8
Gailtaler Alpen 170 K8
Gaimberg 170 K8
Gainfarn 165 U5
Gaisbach 157 P4
Gaisberg 161 L5
Gaisfeld 172 R7
Gaishorn 163 P6
Gaislacher Kogel 167 E8
Gaisruck 158 U3
Gaißau 166 A6
Gajach 170 L8
Galinakopf 166 A7
Gallbrunn 165 V4
Gallizien 171 P9
Gallneukirchen 157 P3
Gallsbach 156 N4
Gallspach 156 N4
Galtür 166 C8
Gaming 164 R5
Gamlitz 172 S8
Gamperdonatal 166 B7
Gampern 162 M5
Gams bei Hieflau 163 Q6
Gamsfeld 162 M6
Gamskarkogel 170 L7
Gansbach 158 S4
Ganser 171 O7
Gänserndorf 159 W3
Gargellen 166 B8
Garnei 161 L6
Gars am Kamp 158 T3
Garsten 163 P4
Gaschurn 166 C8
Gasen 164 S6
Gaspoltshofen 162 N4
Gasteiner Ache 170 L7
Gasteinertal 170 L7
Gastern 158 R2
Gattendorf 165 W4
Gaubitsch 159 V3
Gaweinstal 159 V3
Geboltskirchen 162 M4
Gedersdorf 158 T3
Geiersberg 156 M4
Geinberg 156 L4
Geisenheim 156 N4
Geistthal 172 R7
Gemeindealpe 164 R5
Gemeinlebarn 158 T3
Geras 158 T2
Gerasdorf 159 V4
Gerersdorf *(Niederösterr.)* 158 S4
Gerersdorf-Sulz 173 U7
Geretsberg 161 K4
Gerhaus 165 W4
Gerlitzen 171 N8
Gerlos 169 I7
Gerlos 160 H7
Gerlosberg 169 H7
Gerlospaß 169 I7
Gerlostal 169 H7
Gerotten 158 R3
Gerzkopf 162 M6
Gesäuse 163 P6
Gettsdorf 158 T3
Gföhl 158 S3
Gföhlerwald 158 S3
Gilfertberg 169 H7
Gilgenberg am Weilhart 161 K4
Gimpel H. 167 D6
Ginzling 169 H7
Gitschtal 170 L8
Glanegg 171 O8
Glanhofen 171 O8
Glasenbach 161 L5
Glashütten 165 V6
Glashütten 172 R8
Glattjoch 163 O7
Glatzau 173 T8
Glaubendorf 158 T3
Glein 172 Q7
Gleinalmtunnel 164 R7
Gleinalpe 164 R7
Gleinstätten 172 S8
Gleisdorf 173 T7
Gleißenfeld 165 U5
Gleiwitzer H. 170 K7
Glemmtal 161 J6
Globasnitz 172 Q9
Glockturm 167 E8
Glödnitz 171 O8
Gloggnitz 164 T5
Gmünd 169 I7
Gmünd *(Kärnten)* 171 M8
Gmünd *(Niederösterr.)* 157 Q2
Gmunden 162 N5
Gmundnerberg 162 N5
Gnadendorf 159 V3
Gnadenfall 171 M7
Gnadenwald 160 G7
Gnas 173 T8
Gnesau 171 N8
Gniebing 173 T8
Gnigl 161 L5
Göblberg 162 M4
Göfis 166 A7
Gölbner 170 J8
Göllersbach 159 U3
Göllersdorf 158 U3
Göltschach 171 P9
Göpfritz an der Wild 158 S2
Göpfritzschlag 158 S2
Göriach 171 N7
Görtschach 171 M9
Gösing 158 T3
Gösing 164 R5
Göß 164 R6
Gößeck 163 Q6
Gösselsdorf 172 P9
Gößl 162 N6
Gösting 172 S7
Göstling 163 Q5
Göstlingeralpen 163 Q5
Göttlesbrunn 165 W4
Götzendorf 171 P7
Götzendorf an der Leitha 165 V4
Götzens 167 F7
Götzis 166 A7
Going 161 I6
Goldeck 170 M8
Goldegg 161 L7
Goldwörth 157 O4
Golling 161 L6
Gollinger Wasserfall 161 L6
Gollrad 164 R6
Gols 165 W5
Gortipohl 166 C7
Gosau 162 M6
Gosaumühle 162 M6
Gosauschmied 162 M6
Gosdorf 173 T8
Gr. Galtenberg 160 H6
Gr. Höllkogel 162 N5
Gr. Ochsenhorn 161 J6
Gr. Schwarzkogel 162 M6
Gr. Teufelshorn 161 L6
Graben-Prebl 172 Q8
Graden 172 R7
Grades 171 O8
Grän 167 D6
Grafenbach St. Valentin 164 U5
Grafenberg 158 T3
Grafendorf 164 T6
Grafenegg 158 T3
Grafenschachen 165 U6
Grafenschlag 158 R3
Grafenstein 171 P9
Grafenwörth 158 T3
Grainbrunn 158 R3
Gralla 172 S8
Gramais 167 D7
Gramastetten 157 O3
Gramatneusiedl 165 V4
Grambach 172 S7
Grametten 158 R2
Grän 167 D6
Graßnitz 164 R6
Gratendorf 171 P8
Gratkorn 172 S7
Gratwein 172 R7
Graukogel 170 L7
Graz 172 S7
Graz *(Flughafen)* 172 S8
Greifenburg 170 L8
Greifenstein 159 U3
Greillenstein 158 S3
Grein 157 Q4
Greith 164 R5
Gresten 163 R5
Greutschach 172 Q8
Gries 167 F7
Gries am Brenner 167 G7
Griesbach 157 Q3
Griesenau 161 J6
Gries im Sellrain 167 F7
Grieskirchen 156 N4
Grießen 161 K6
Grießenkareck 162 M7
Grießenpaß 161 K6
Griffen 172 Q8
Grillenberg 164 U5
Grimmenstein 165 U6
Grimming 163 O6
Grimsing 158 S4
Grins 167 D7
Grinzens 167 F7
Gröbming 162 N6
Grödig 161 L5
Großenbrunn 159 W4
Groß Engersdorf 159 V3
Groß Gerungs 157 Q3
Groß Litzner 166 C8
Groß St. Florian 172 R8
Groß-Siegharts 158 S2
Groß Teufelshorn 161 L6
Großalm 162 M5
Großarl 170 L7
Großarltal 170 L7
Großau 158 S2
Grossau 165 U5
Großburgstall 158 S2
Große Mühl 157 O3
Große Sandspitze 170 K8
Große Schlenkerspitze 167 D7
Große Tulln 158 T4
Großebersdorf 159 V3
Großenzersdorf 159 V4
Großer Ahornboden 160 G6
Großer Bösenstein 163 P6
Großer Buchstein 163 P6
Großer Königstuhl 171 N8
Großer Krottenkopf 166 D7
Großer Ötscher 164 R5
Großer Priel 163 O5
Großer Pyhrgas 163 P6
Großer Rettenstein 161 I6
Großer Rosennock 171 N8
Großer Scheiben Berg 164 T6
Großer Speikkogel 172 Q8
Großes Mösele / Mesule 169 H8
Großes Walsertal 166 B7
Großfeistritz 172 Q7
Großglobnitz 158 R2
Großglockner 170 K7
Großglockner-Hochalpenstraße 170 K7
Großgmain 161 K5
Großgöttfritz 158 R3
Großharras 159 U3
Großhartmannsdorf 173 T7
Großhaselbach 158 R2
Großheinrichschlag 158 S3
Großhöflein 165 V5
Großinzersdorf 159 W3
Großjedlersdorf 159 V4
Großklein 172 S8
Großkrut 159 W3
Großlobming 172 Q7
Großmeiseldorf 158 T3
Großmugl 159 U3
Großmürbisch 173 U7
Großnondorf 158 T3
Großpesendorf 173 T7
Großpetersdorf 165 U7
Großraming 163 P5
Großreifling 163 Q6
Großreinprechts 158 R3
Großriedenthal 158 T3
Großrußbach 159 V3
Großschweinbarth 159 V3
Großsölk 163 N6
Großsteinbach 173 T7
Großstelzendorf 158 U3
Großstübing 172 R7
Großtraberg 157 O3
Großveitsch 164 S6
Großvenediger 169 J7
Großwarasdorf 165 V6
Großweikersdorf 158 T3
Großweißenbach 158 R3
Großwilfersdorf 173 U7
Grub 165 U4
Grubigstein 167 E6
Grünau im Almtal 163 N5
Grünbach 157 P3
Grünbach am Schneeberg 164 T5
Grund 158 U3
Grundlsee 162 N6
Grutten-H. 161 I6
Gschaidt 165 U6
Gscheid 164 S5
Gschnitz 167 G7
Gschnitztal 167 F7
Gschwand 164 S5
Gshwandt 162 N5
Gstatterboden 163 P6
Gstoder 171 O7
Gündorf 172 S8
Güns 165 V6
Günselsdorf 165 U5
Günser-Gebirge 165 V6
Güssing 173 U7
Güttenbach 173 U7
Guffertspitze 160 H6
Guglwald 157 O3
Gumpoldskirchen 165 U4
Gundersdorf 172 R8
Gundersheim 170 L9
Gundertshausen 161 L4
Gunskirchen 162 N4
Guntesdorf 158 U3
Guntramsdorf 165 U4
Gurgltal 167 F8
Gurk 171 O8
Gurktal 171 O8
Gurktaleralpen 171 N8
Gurten 156 M4
Gurtis 166 A7
Gusen 157 P4
Gußwerk 164 R5
Gut 158 S3
Gutau 157 P3
Gutenbrunn *(bei Melk)* 158 R3
Gutenbrunn *(bei St. Pölten)* 158 T4
Gutenstein 164 T5
Guttaring 171 P8

H

Haag 163 P4
Haag am Hausruck 162 M4
Habernau 163 N5
Habicht 167 F7
Hadersdorf 159 U4
Hadersdorf am Kamp 158 T3
Hadres 158 U2
Hafelekar 167 F7
Hafendorf 164 R6
Hafner 170 M7
Hafnerbach 158 S4
Hafning 164 R6
Hagen 164 R5
Hagenberg 159 V3
Hagenberg im Mühlkreis 157 P3
Hagenbrunn 159 V3
Hagengebirge 161 L6
Hahnbaum 161 L6
Hahnenkamm 161 J6
Hahntennjoch 167 D7
Haibach ob der Donau 156 N3
Haid 157 O4
Haidboden 165 X5
Haidershofen 163 P4
Haimburg 172 Q8
Haiming 167 E7
Hain 158 S4
Hainburg a. d. Donau 159 W4
Haindlkarbrücke 163 P6
Haindorf 158 S4
Hainersdorf 173 T7
Hainfeld 164 T4
Hainsdorf-Brunnsee 173 T8
Hainzen 162 M5
Hainzenberg 169 H7
Hainzl 163 O6
Haitzendorf 158 T3
Halbenrain 173 T8
Halbturn 165 W5
Hall 163 P6
Hallein 161 L5
Haller Mauern 163 P6
Hall in Tirol 167 G7

Hallstätter See 162 M 6
Hallstatt 162 M 6
Hallwang 161 L 5
Handalpe 172 R 8
Hanftal 159 V 2
Hanging 156 N 3
Hannersdorf 165 V 7
Hansl im Reith 164 T 6
Harbach 170 L 7
Harbach 157 Q 2
Hard 166 B 6
Hardegg 158 T 2
Hargelsberg 163 P 4
Harham 161 K 6
Haringsee 159 W 4
Harland 158 S 4
Harmannsdorf 158 T 3
Harmanschlag 157 Q 3
Harrachsthal 157 Q 3
Hart 160 H 6
Hart 163 Q 5
Hartberg 164 T 7
Harth 158 S 2
Hartkirchen 157 N 3
Hartmannsdorf 173 T 7
Häselgehr 166 D 7
Haslach an der Mühl 157 O 3
Haslau 161 M 5
Haslau 159 W 4
Haßbach 164 U 6
Hatting 167 F 7
Hatzendorf 173 U 8
Haugschlag 157 R 2
Haugsdorf 158 U 2
Haunsberg 161 L 5
Haus 162 N 6
Hausbrunn 159 W 3
Hauskirchen 159 W 3
Hausleiten 158 U 3
Hausmannstätten 172 S 8
Hebenkas 163 O 6
Heckenau 163 N 5
Hegerberg 164 S 5
Heidenreichstein 158 R 2
Heilbrunn 164 S 6
Heiligenblut 170 K 7
Heiligenbrunn 173 V 7
Heiligengeist 171 N 9
Heiligenkreuz 167 E 8
Heiligenkreuz *(bei Baden)* 165 U 4
Heiligenkreuz
am Waasen 172 S 8
Heiligenkreuz
im Lafnitztal 173 U 8
Heimschuh 172 S 8
Heinreichs 158 R 2
Heinrichs 157 Q 2
Heinrichsbrunn 157 P 4
Heiterwand 167 E 7
Heiterwang 167 E 6
Helenental 165 U 4
Helfenberg 157 O 3
Hellbrunn 161 L 5
Hellmonsödt 157 O 3
Hengstpaß 163 P 5
Henndorf 161 L 5
Herberstein 164 T 7
Hermagor 170 M 9
Hernals 159 U 4
Hernstein 165 U 5
Herrenhauser 160 G 7
Herrnbaumgarten 159 W 2
Herzogbirbaum 159 U 3
Herzogenburg 158 T 4
Herzogsdorf 157 O 3
Hetzmannsdorf 159 V 3
Heufurth 158 T 2
Heutal 161 K 6
Hieflau 163 Q 6
Hietzing 159 U 4
Himberg 165 V 4
Himmelberg 171 O 8
Hinteranger 156 N 2
Hinterautal 160 F 6
Hinterbichl 169 J 7
Hinterbrühl 165 U 4
Hintere Gosausee 162 M 6
Hinterglemm 161 J 6
Hinterhornbach 166 D 6
Hintermoos 161 K 6
Hinternaßwald 164 T 5
Hinterriß 160 G 6
Hintersdorf 159 U 4
Hintersee 170 J 7
Hintersee 161 L 5
Hintersteinersee 160 I 6
Hinterstoder 163 O 5
Hinterthal 161 K 6
Hintertux 169 H 7
Hinterweißenbach 157 O 3
Hinterwildalpen 163 Q 6
Hippach 169 H 7
Hippersdorf 158 T 3
Hirm 165 V 5
Hirschbach 158 R 2
Hirschbach im Mühlkreis 157 P 3
Hirschegg 166 C 6
Hirschegger Sattel 172 Q 7
Hirschegg-Rein 172 Q 7
Hirschenwies 157 Q 2
Hirschguntdal 166 C 6
Hirschwang 164 T 5
Hirtenberg 165 U 5
Hirzberg 162 N 6
Hirzmann-Stausee 172 R 7
Hittisau 166 B 6
Hitzendorf 172 R 7
Hoadl 167 F 7
Höbach 163 O 5
Hochalmsattel 160 G 6
Hochalmspitze 170 L 7
Hochalpe 164 R 6
Hochburg 161 K 4
Hocheck 164 T 5
Hochegg 165 U 6
Hochfeiler /
Gran Pilastro 169 H 8
Hochfeind 171 M 7
Hochfilzen 161 J 6
Hochfügen 169 H 7
Hochgolling 171 N 7
Hochgurgl 167 F 8
Hochiß 160 H 6
Hochjoch 166 B 7
Hochkar 163 Q 5
Hochkeil 161 L 6
Hochkönig 161 L 6
Hochkogel
(Eisenerzeralpen) 163 Q 6
Hochkogel
(Jogland) 164 T 6
Hochkreuz 170 L 8
Hochlantsch 164 S 6
Hochlecken-Hs. 162 M 5
Hochneukirchen 165 U 6
Hochosterwitz 171 P 8
Hochplattig 167 E 6
Hochreichart 163 P 6
Hochrindlütte 171 N 8
Hochschober 170 K 8
Hochschwab 164 R 6
Hochsölden 167 E 8
Hochstein 170 K 8
Hochstraß 165 V 6
Hochstraß 158 T 4
Hochstuhl 171 O 9
Hochtannbergpaß 166 C 7
Hochtor 170 K 7
Hochtor
(Eisenerzeralpen) 170 P 6
Hochtor
(Hohe Tauern) 170 K 7
Hochvogel 166 D 6
Hochwildstelle 162 N 6
Hochwolkersdorf 165 U 6
Hochwurzen 162 M 6
Höchst 166 A 6
Höfen 167 E 6
Höflein 165 W 4
Höhenberg 157 Q 2
Höhnhart 161 L 4
Höllengebirge 162 M 5
Höllental 164 T 5
Hönigsberg 164 S 6
Hönigthal 172 S 7
Hörbranz 166 B 6
Hörgasgraben 172 R 7
Hörsching 157 O 4
Hörzendorf 171 P 8
Hötzelsdorf 158 T 2
Hof 161 L 5
Hof am Leithagebirge 165 V 5
Hofkirchen
an der Trattbach 156 N 4
Hofkirchen im Mühlkreis 156 N 3
Hofkirchen im Traunkreis 163 P 4
Hofpürgl.H. 162 M 6
Hofstätten a. d. Raab 173 T 7
Hofstetten-Grünau 164 S 4
Hohe Geige 167 E 7
Hohe Kugel 166 B 6
Hohe Mut 167 F 8
Hohe Nock 163 O 5
Hohe Salve 160 I 6
Hohe-Tauern 170 I 7
Hohe Wand 164 U 5
Hohe Warte 161 K 9
Hohenau 159 W 3
Hohenberg 164 S 5
Hohenbrugg 173 U 8
Hohenbrunn 157 P 4
Hoheneich 157 R 2
Hohenems 166 B 6
Hohenruppersdorf 159 V 3
Hohentauern 163 P 6
Hohenwart 163 O 6
Hohenwarth 158 T 3
Hohenweiler 166 B 6
Hohenwerfen 161 L 6
Hohenzell 162 M 4
Hoher Riffler 166 D 7
Hoher Dachstein 162 M 6
Hoher Freschen 166 B 7
Hoher Göll 162 L 6
Hoher Ifen 166 C 6
Hoher Sarstein 162 N 6
Hoher Sonnblick 170 K 7
Hoher Zinken 162 M 5
Hohes Licht 166 C 7
Hollabrunn 158 U 3
Hollbruck 170 J 8
Hollenbach 158 S 2
Hollenburg
(Kärntern) 171 O 9
Hollenburg
(Niederösterr.) 158 T 3
Hollenstein an der Ybbs 163 Q 5
Hollenthon 165 U 6
Hollersbach 169 J 7
Holzgau 166 D 7
Holzhausen 157 O 4
Holzleithen 162 M 4
Holzleitner Sattel 167 E 7
Holzschlag 156 N 2
Hopfgarten 160 I 6
Hopfgarten
in Defereggen 170 J 8
Hopfreben 166 C 7
Hörersdorf 159 V 3
Horitschon 165 V 6
Horn 158 S 2
Hornbachtal 166 D 6
Hornstein 165 V 5
Ht. Sonnwendjoch 160 H 6
Ht.-Thiersee 160 I 6
Huben
(Osttirol) 170 J 8
Huben
(Tirol) 167 E 7
Hütten 161 K 6
Hundskehljoch 169 I 7
Hundstein 161 K 6
Hunerkogel 162 M 6
Hürm 158 S 4
Hüttau 161 L 6
Hutteltalkopf 169 I 7
Hüttenberg 172 P 8
Huttererhöß 163 O 5
Hüttschlag 170 L 7

I

I-Mattis-Hütte 171 M 7
Ibm 161 K 4
Idolsberg 158 S 3
Igls 167 G 7
Ill 166 A 7
Illmitz 165 W 5
Ilz 173 T 7
Imbach 158 S 3
Imbachhorn 170 K 7
Imlau 161 L 6
Immendorf 158 U 3
Imst 167 E 7
Imsterberg 167 E 7
Ingolstädter Hs. 161 K 6
Ingolsthal 171 O 8
Inn 167 D 8
Innbach 157 O 4
Inneralpbach 160 H 6
Innerbraz 166 B 7
Innerfragant 170 L 8
Innergschloß 170 J 7
Innerkrems 171 N 8
Innerlaterns 166 B 7
Innernöring 171 M 8
Innervillgraten 169 J 8
Innsbruck 167 G 7
Innsbruck
(Flughafen) 167 G 7
Inntal 167 D 8
Innviertel 161 L 4
Inzersdorf 163 O 5
Inzing 167 F 7
Irdning 163 O 6
Irnfritz 158 S 2
Irnharting 162 N 4
Irrsdorf 161 L 5
Irschen 170 L 8
Isar 160 F 6
Ischgl 166 C 7
Isel 169 I 7
Iselsberg 170 K 8
Iselsbergpaß 170 K 8
Ispersdorf 157 R 4
Itter 160 I 6
Itzling
(Salzburg) 161 L 5

J

Jagenbach 157 R 3
Jagerberg 173 T 8
Jaidhof 158 S 3
Jakling 172 Q 8
Jakobsberg 171 P 7
Japons 158 S 2
Jedenspeigen 159 W 3
Jenbach 160 H 6
Jenig 170 L 9
Jennersdorf 173 U 8
Jerzens 167 E 7
Jetzelsdorf 158 U 2
Jochberg 161 J 6
Jochenstein
(Talsperre) 156 N 3
Joglland 164 T 6
Johnsbach 163 P 6
Jois 165 W 5
Josefsberg 164 R 5
Judenau 158 U 4
Judenburg 172 P 7
Judendorf-
Straßengel 172 S 7
Juifen 160 G 6
Julbach 156 N 3
Jungholz 166 D 6

K

Kahlenberg 159 U 4
Kahlersberg 161 L 6
Kahlkogel 171 O 9
Kaibing 173 T 7
Kainach 172 R 7
Kainach b. Voitsberg 172 R 7
Kaindorf 164 T 7
Kaindorf an der Sulm 172 S 8
Kaiserdorf 165 V 6
Kaisergebirge 160 I 6
Kaiserhäuser 163 P 6
Kaisers 166 C 7
Kaisersberg 164 Q 6
Kaisersteinbruch 165 W 5
Kaisertal 160 I 6
Kalch 173 U 8
Kalkgruben 165 V 6
Kalkkögel 167 F 7
Kalksburg 159 U 4
Kalkstein 169 I 8
Kallham 156 N 4
Kals 170 J 7
Kalsdorf 172 S 8
Kalsertal 170 J 8
Kalser Tauern 170 J 7
Kaltenbach 169 H 7
Kaltenberg
(Oberösterr.) 157 Q 3
Kaltenberg
(Vorarlberg) 166 C 7
Kaltenbrunn 167 E 7
Kaltenleutgeben 159 U 4
Kaltwasser 171 O 7
Kalwang 163 Q 6
Kamering 171 M 8
Kammern im Liesingtal 163 Q 6
Kammersdorf 159 U 3
Kamp 158 R 3
Kampertal 163 P 5
Kamptal 158 S 3
Kaning 171 N 8
Kanzelhöhe 171 N 8
Kanzelkehre 160 H 6
Kapellen 164 S 6
Kapellerfeld 159 V 4
Kapelln 158 T 4
Kapfenberg 164 R 6
Kapfenstein 173 T 8
Kappel 171 P 8
Kappl 166 D 7
Kaprun 170 K 7
Kaprunertal 170 K 7
Karawanken 169 N 9
Karawankentunnel 171 O 9
Karl 165 V 6
Karlsbach
(Niederösterr.) 164 R 4
Karlsbach
(Oberösterr.) 156 N 3
Karlstein 158 S 2
Karlstetten 158 S 4
Karlstift 157 Q 3
Karnabrunn 159 U 3
Karnburg 171 O 8
Karnische Alpen 167 J 8
Kärnten *(Land)* 171 M 8
Karres 167 E 7
Kartitsch 170 J 8
Karwendelgebirge 160 F 6
Karwendelhaus 160 G 6
Kasereck 170 K 7
Kasern 169 G 7
Kasten 156 M 3
Kasten
bei Böheimkirchen 158 T 4
Katerloch 164 S 7
Kathal 172 Q 7
Katsch 171 O 7
Katschberg 171 M 7
Katschbergtunnel 171 M 7
Katsdorf 157 P 4
Kattowitzer H. 170 M 7
Katzelsdorf
(bei Poysdorf) 159 W 2
Katzelsdorf
(bei Wiener Neustadt) 165 U 5
Kaumberg 164 T 4
Kaunerberg 167 E 7
Kauner Grat 167 E 8
Kaunertal 167 E 7
Kauns 167 E 7
Kautzen 158 R 2
Kefermarkt 157 P 3
Kelchsau 160 I 6
Kellerberg 171 N 8
Kellerjoch 160 H 7
Kelmen 167 E 6
Kematen 163 Q 4
Kematen am Innbach 162 N 4
Kematen a. d. Krems 163 O 4
Kematen in Tirol 167 F 7
Kemeten 165 U 7
Kemmelbach 164 R 4
Kendlbruck 171 N 7
Kernhof 164 S 5
Kerschbaum 157 P 3
Kerschdorf 171 O 9
Kesselfall-Alpenhaus 170 K 7
Kesselspitze 167 G 7
Kettenreith 164 S 4
Keutschach 171 O 9
Kienberg 160 H 6
Kienberg 164 R 5
Kilb 164 S 4
Kindberg 164 S 6
Kirchbach
(Kärnten) 170 L 9
Kirchbach
(Niederösterr.) 157 R 3
Kirchbach in Steiermark 173 S 8
Kirchberg 161 J 6
Kirchberg a. d. Wild 158 S 2
Kirchberg am Wagram 158 T 3
Kirchberg am Walde 158 R 2
Kirchberg am Wechsel 164 T 6
Kirchberg an der Pielach 164 S 4
Kirchberg a. d. Raab 173 T 8
Kirchberg-Thening 157 O 4
Kirchbichl 160 I 6
Kirchdorf 164 R 6
Kirchdorf an der Krems 163 O 5
Kirchdorf in Tirol 161 J 6
Kirchdorf a. I. 156 L 4
Kirchenlandl 163 Q 6
Kirchfidisch 173 V 7
Kirchham 162 N 5
Kirchheim 156 M 4
Kirchplatzl 167 F 6
Kirchschlag 158 R 3
Kirchschlag bei Linz 157 O 3
Kirchschlag
in der Bucklingen Welt 165 U 6
Kirchstetten 158 T 4
Kirnberg a. d. Mank 164 R 4
Kirschentheuer 171 O 9
Kittsee 159 X 4
Kitzbühel 161 J 6
Kitzbüheler Alpen 161 I 7
Kitzbüheler Horn 161 K 6
Kitzeck 172 S 8
Kitzladen 165 U 7
Kitzsteinhorn 170 K 7
Kl. Gerungs 158 R 3
Kl. Pertholz 158 R 3
Klachau 163 O 6
Klaffer 156 N 2
Klagenfurt 171 O 9
Klagenfurt
(Flughafen) 171 P 9
Klam 157 Q 4
Klamm 164 T 6
Klammhöhe 164 T 4
Klammljoch 169 I 8
Klammpaß 170 L 7
Klaus 164 R 5
Klaus an der Pyhrnbahn 163 O 5
Klausenleopoldsdorf 164 U 4
Klebach 170 L 8
Klein St. Veit 172 P 8
Kleinarl 170 L 7
Kleinarler H. 170 L 7
Kleine Erlauf 164 Q 4
Kleine Mühl 156 N 3
Kleiner Loibl-Paß 171 O 9
Kleinfeistritz 172 Q 7
Klein Glödnitz 171 O 8
Kleinhadersdorf 159 V 3
Kleinhaugsdorf 158 U 2
Kleinhöflein 158 T 2
Kleinklein 172 S 8
Kleinlobming 172 Q 7
Kleinmariazell 164 T 4
Kleinmeiseldorf 158 T 3
Kleinneusiedl 165 V 4
Kleinpertenschlag 157 Q 3
Kleinpöchlarn 158 R 4
Kleinraming 163 P 4
Kleinreifling 163 P 5
Klein St. Paul 172 P 8
Klein St. Veit 171 O 8
Kleinschweinbarth 159 V 2
Kleinsölk 163 N 6
Kleinstetteldorf 158 U 3
Kleinstübing 172 R 7
Kleinwarasdorf 165 V 6
Kleinzell 164 T 5
Kleinzell i. Mühlkr. 157 N 3
Klement 159 V 3
Klenglbach 156 N 4
Kliening 172 Q 8
Klingenbach 165 V 5
Klippitztörl 172 Q 8
Klobenstein 161 J 5
Klöch 173 T 8
Klösterle 166 C 7
Klopeinersee 172 P 9
Klostermarienberg 165 V 6
Klosterneuburg 159 U 4
Klostertal 166 B 7
Klostertaler Gscheid 164 T 5
Knappenberg 172 P 8
Knittelfeld 172 Q 7
Knittelkarspitze 167 D 6
Kobenz 172 Q 7
Kobernaußer Wald 161 L 4
Kobersdorf 165 V 6
Koblach 166 A 6
Königalm 170 M 7
Kössen 161 J 5
Köflach 172 R 7
Kogl 158 T 4
Koglereck 172 R 9
Koglhof 164 T 7
Kohfidisch 173 V 7
Kolbnitz 170 L 8
Kollerschlag 156 N 3
Kollersdorf 158 T 3
Kolm Saigurn 170 K 7
Kölnbreinsperre 170 M 7
Kolomannsberg 161 L 5
Königsberg 163 Q 5
Königsbrunn am Wagram 158 T 3
Königsdorf 173 U 8
Königstetten 159 U 4
Königswiesen 157 Q 3
Kopfing i. Innkreis 156 N 3
Kopfstetten 159 W 4
Koppenbrüllerhöhle 162 N 6
Koppl 161 L 5
Kops-Stausee 166 C 8
Koralpe 172 Q 8
Kordeschkogel 172 Q 9
Korneuburg 159 V 3
Koschach 170 M 8
Koschuta 171 O 9

254 Österreich

A B C D E F G H I J K L M N O P Q R S T U V W X Y Z

Köstenberg 171 O9
Köstendorf 161 L5
Kotezicken 173 V7
Kötschach 170 L8
Kottes 158 R3
Kottingbrunn 165 U5
Köttmannsdorf 171 O9
Kraig 171 P8
Krakaudorf 171 O7
Krakauebene 171 N7
Krakauhintermühlen 171 N7
Krampen 164 S5
Kramsach 160 H6
Kranebitten 167 F7
Kranichberg 164 T6
Kraubath 163 Q7
Kraüterin 164 R5
Krefelder H. 170 K7
Krems 158 S3
Krems 163 O5
Krems a. d. Donau 158 S3
Kremsbrücke 171 M8
Kremsdorf 157 O4
Kremsegg 163 O4
Kremsmünster 163 O4
Kremstal 158 S3
Krensdorf 165 V5
Krenstetten 163 P4
Kreuth 164 T5
Kreuzbach 172 R8
Kreuzberg 164 T5
Kreuzen 171 M8
Kreuzjoch 169 H7
Kreuzkogel 170 L7
Kreuzspitze 167 G7
Krieglach 164 S6
Krimml 169 I7
Krimmler Wasserfälle 169 I7
Krippau 163 Q5
Krippenstein 162 M6
Krispl 161 L5
Kritzendorf 159 U4
Kroatisch Geresdorf 165 V6
Kroatisch Minihof 165 V6
Krößbach 167 F7
Kröllendorf 163 Q4
Kronbichler 163 P6
Kronstorf 163 P4
Krottendorf 172 R7
Krumau 158 S3
Krumau 163 P6
Krumbach
(Niederösterr.) 165 U6
Krumbach
(Vorarlberg) 166 B6
Krumegg 173 S7
Krummnußbaum 158 R4
Krumpendorf 171 O9
Krusdorf 173 T8
Kuchenspitze 166 C7
Kuchl 161 L6
Kühtai 167 F7
Kufstein 160 I6
Kühnsdorf 172 P9
Kukmirn 173 U7
Kulm 162 N6
Kumberg 172 S7
Kumpfmühl 156 M4
Kundl 160 H6
Kürnberg 163 P4

L

Laa an der Thaya 159 V2
Laab 159 U4
Laaben 164 T4
Laakirchen 162 N5
Laas 170 K8
Lackenbach 165 V6
Lackendorf 165 V6
Lackenhof 164 R5
Ladendorf 159 V3
Ladingerspitze 172 P8
Ladis 167 D7
Lafnitz 164 U6
Lahn 162 M6
Lahn Sattel 164 S5
Lailachspitze 167 D6
Laimbach 158 R4
Lainbach 163 Q6
Lainsitz 157 Q2
Laintal 164 R6
Lambach 162 N4
Lambrechten 156 M4
Lammer 162 L6
Lammeröfen 161 L6
Lamprechtshausen 161 K5
Lamprechtshöhle 161 K6
Lamsenjoch-H. 160 G6
Landeck 167 D7
Landl 160 I6
Landsberger H. 167 D6
Landscha a. d. Mur 172 S8
Landsee 165 U6
Landskron 171 N9
Lanersbach 169 H7
Langau 158 T2
Langau 164 R5
Langbathsee 162 M5
Langeck 165 V6
Langegg 172 R8
Langegg
(Niederösterr.) 157 R2
Langegg
(Steiermark) 172 S9
Langen 166 B6
Langen am Arlberg 166 C7
Langenegg 166 B6
Langenlebarn 158 U3
Langenlois 158 T3
Langenrohr 158 U4
Langenstein 157 P4
Langenwang 164 S6
Langenzersdorf 159 V4
Langkampfen 160 I6
Langschlag 157 Q3
Langschwarza 158 R2
Längsee 171 P8
Langwies 162 N5
Lannach 172 R8
Lans 167 G7
Lanzenkirchen 165 U5
Lasberg 157 P3
Lasörling 169 J8
Lasörlinggruppe 169 I8
Lassach 170 L8
Lassee 159 W4
Lassing 163 O6
Lassing 163 Q5
Laßnitz 171 O7
Laßnitz *(Bach)* 171 S8
Laßnitz-Murau 171 O7
Laßnitzhöhe 172 S7
Laßnitzthal 173 S7
Laterns 166 B7
Latschach 171 N9
Laufener H. 161 M6
Lauffen 162 M5
Launsdorf 171 P8
Laussa 163 P5
Lauterach 166 B6
Lavamünd 172 Q9
Lavant *(Kärnten)* 172 Q8
Lavant *(Osttirol)* 170 K8
Lavanttalbrücke 172 Q8
Laxenburg 165 V4
Lebring 172 S8
Lebring St. Margarethen 172 S8
Lech 166 D6
Lech 166 C7
Lechaschau 167 E6
Lech *(Bach)* 167 D6
Lechtal 166 D7
Lechtaleralpen 166 C7
Ledenitzen 171 N9
Lehenrotte 164 S5
Leiben 158 R4
Leibnitz 172 S8
Leisach 170 K8
Leiserberge 159 V3
Leitenhaus 162 M6
Leitersdorf 173 T8
Leitersdorf 173 U7
Leitersdorf 173 S8
Leiterspitze 167 D7
Leithagebirge 165 V5
Leithaprodersdorf 165 V5
Leithner 163 P5
Leitring 172 S8
Leitzersdorf 159 U3
Lembach im Mühlkreis 156 N3
Lend 161 L7
Lendorf
(bei Klagenfurt) 171 O9
Lendorf
(bei Spittal) 170 M8
Lengberg 170 K8
Lengenfeld 158 S3
Lenzing 162 M5
Leoben *(Kärnten)* 171 M8
Leobendorf 159 U3
Leoben *(Steiermark)* 164 R6
Leobersdorf 165 U5
Leogang 161 K6
Leombach 163 O4
Leonding 157 O4
Leonsberg 162 M5
Leonstein 163 O5
Leopoldsberg 159 U4
Leopoldschlag Markt 157 P3
Leopoldsdorf
(bei Litschau) 158 R2
Leopoldsdorf
(bei Wien) 159 V4
Leopoldsdorf
im Marchfelde 159 W4
Leopoldsteiner See 163 Q6
Lermoos 167 E6
Lesach 170 J8
Lesachtal 170 K8
Lessach 171 N7
Leutasch 167 F6
Leutschach 172 S9
Lichendorf 173 T8
Lichendorf
(b. Mureck) 173 T8
Lichtenau 158 S3
Lichtenau im Mühlkreis 157 O3
Lichtenberg 157 O3
Lichtenegg 165 U6
Lichtenwörth 165 U5
Liebenau 157 Q3
Liebenfels 171 O8
Lieboch 172 R8
Liechtensteinklamm 161 L7
Lienberg 171 O8
Lienz 170 K8
Lienzer Dolomiten 170 K8
Lieserbrücke 171 M8
Lieserhofen 171 M8
Liesing 170 K8
Liesingau 163 Q6
Liezen 163 O6
Ligist 172 R8
Lilienfeld 164 S4
Limbach 158 R2
Limberg 158 T3
Limbergsperre 170 K7
Lind 172 Q8
Lind 171 O9
Lind b. S. 171 P7
Lindach 162 N5
Lindau 163 Q5
Lindauer H. 166 B7
Linderalm 172 P7
Lind im Drautal 170 M8
Lingenau 166 B6
Linz 157 O4
Linz
(Flughafen) 157 O4
Litschau 157 R2
Litzelsdorf 165 U7
Lizumer H. 169 G7
Lizumer Reckner 169 G7
Lobau 159 V4
Lobming 164 R7
Lochau 166 B6
Lochen 161 L4
Lockenhaus 165 V6
Lödersdorf 173 T8
Löffelspitze 166 B7
Lölling Graben 172 P8
Lofer 161 K6
Loferer Alpe 161 J6
Lohnsburg 162 M4
Loibichl 162 M5
Loibltal 171 O9
Loibltunnel 171 O9
Loidesthal 159 W3
Loipersbach
im Burgenland 165 V5
Loipersdorf
(Burgenland) 173 U7
Loipersdorf
(Steiermark) 165 U6
Loiwein 158 S3
Loosdorf 158 S4
Lorüns 166 B7
Losenheim 164 T5
Losenstein 163 P5
Loser 162 N6
Luckbauerhube 163 Q7
Luder-Lehen 163 O6
Ludersdorf-Wilfersdorf 173 S7
Ludesch 166 B7
Ludmannsdorf 171 O9
Ludweis 158 S2
Lünersee 166 B7
Lüsens 167 F7
Lüsenstal 167 F7
Luftenberg 157 P4
Lugendorf 158 R3
Luising 173 V7
Lungitz 157 P4
Lungitz 164 U7
Lungötz 162 M6
Lunz 164 R5
Lunzersee 164 R5
Lurgrotte 172 S7
Lustenau 166 A6
Lutzmannsburg 165 V6

M

Madau 166 D7
Madrisahorn 166 B8
Madstein 164 Q6
Mäder 166 A6
Magdalensberg 171 P8
Maiden 156 N3
Maiersdorf
(Niederösterr.) 164 U5
Maiersdorf
(Steiermark) 172 R7
Mailberg 159 U2
Maisbirbaum 159 U3
Maishofen 161 K6
Maiskogel 170 K7
Maissau 158 T3
Mallnitz 170 L8
Malta 171 M8
Maltatal 170 M7
Maltschach 171 O8
Mammuthöhle 162 N6
Mandling 162 M6
Manhartsbrunn 159 V3
Mank 164 S4
Mannersdorf
am Leithagebirge 165 V5
Mannersdorf
an der Rabnitz 165 V6
Mannsdorf 159 V4
Mannswörth 159 V4
Mantscha 172 R7
Marbach a. d. Kl. E. 164 R4
Marbach am Walde 158 R3
Marbach a. d. Donau 158 R4
Marbach im Felde 158 S3
March 157 P3
March 157 W3
Marchegg 159 W4
Marchfeld 159 V4
Marchstein 157 Q3
Marchtrenk 157 O4
Maria Alm 161 K6
Maria Anzbach 158 T4
Maria Dreieichen 158 T3
Maria Elend 171 O9
Maria Ellend 159 W4
Maria Enzersdorf 165 U4
Maria Feicht 171 O8
Maria Gail 171 N9
Maria Kirchental 161 K6
Maria Laach 158 S4
Maria Langegg 158 S4
Maria Lankowitz 172 R7
Maria Lanzendorf 165 V4
Maria Luggau 170 K8
Maria Neustift 163 P5
Maria Plain 161 L5
Maria Rain 171 O9
Maria Rast 169 H7
Maria Rojach 172 Q8
Maria Saal 171 P8
Maria Schmolln 161 L4
Maria Schutz 164 T6
Maria Taferl 158 R4
Maria Wörth 171 O9
Mariahilf 169 I8
Mariahof 171 P7
Mariapfarr 171 N7
Mariasdorf 165 U6
Mariastein 160 I6
Mariazell 164 R5
Mariensee 164 T6
Marienwasserfall 164 R5
Markersdorf
an der Pielach 158 S4
Markgrafneusiedl 159 V4
Markt Allhau 165 U7
Markt Neuhodis 165 V7
Markt Piesting 165 U5
Markt St. Florian 157 P4
Markt St. Martin 165 V6
Markt Übelbach 172 R7
Martinsberg 158 R3
Marz 165 V5
Masenberg 164 T6
Mathon 166 C8
Matrei am Brenner 167 G7
Matreier Tauernhaus 170 J7
Matrei in Osttirol 170 J7
Mattersburg 165 V5
Mattig 161 L4
Mattighofen 161 L4
Mattsee 161 L5
Matzendorf 165 U5
Matzen-Raggendorf 159 W3
Matzleinsdorf 158 R4
Mauer 158 S4
Mauerbach 159 U4
Mauerkirchen 161 L4
Maurach
(Salzburg) 170 L7
Maurach
(Tirol) 160 H6
Maustrenk 159 W3
Mautern 163 Q6
Mautern an der Donau 158 S3
Mauterndorf 171 N7
Mauthausen 157 P4
Mauthen 170 K9
Mautstatt 164 S6
Mayerling 164 U4
Mayrhofen 169 H7
Meggenhofen 162 N4
Mehrnbach 156 M4
Meiningen 166 A7
Meiselding 171 P8
Meißner Hs. 167 G7
Melk 158 S4
Mellau 166 B6
Memminger H. 166 D7
Merkendorf 173 T8
Merkersdorf
(bei Ernstbrunn) 159 U3
Merkersdorf *(bei Retz)* 158 T2
Merzenstein 158 R3
Messern 158 S2
Metnitz 171 O8
Mettersdorf 172 S8
Mettersdorf am Saßbach 173 T8
Mettmach 161 M4
Michaelbeuern 161 L4
Michaelnbach 156 N4
Michelbach 164 T4
Micheldorf 163 O5
Micheldorf 171 P8
Michelhausen 158 T4
Mieders 167 G7
Mieming 167 E7
Miemingergebirge 167 E7
Miesenbach 164 T6
Milders 167 F7
Millstatt 171 M8
Millstätter See 171 M8
Mils bei Imst 167 E7
Minihof-Liebau 173 U8
Minimundus 171 O9
Mining 156 L4
Mischendorf 173 U7
Missingdorf 158 T2
Mistelbach 159 V3
Mittagskogel 171 N9
Mittelberg 167 E8
Mittelberg
(Kl-Walsertal) 166 C7
Mitterarnsdorf 158 S3
Mitterau 161 L7
Mitterbach am Erlaufsee 164 R5
Mitterding 156 M3
Mitterdorf im Mürztal 164 S6
Mittergrabern 158 T3
Mitterkirchen 157 Q4
Mitterndorf 156 M3
Mitterndorf 158 T4
Mitterndorf an der Fischa 165 V5
Mitterretzbach 158 T2
Mittersill 170 J7
Mittertrixen 172 P8
Mitterweißenbach 162 N5
Mittewald a. d. Drau 170 J8
Mixnitz 164 S6
Möderbrugg 163 P7
Mödling 165 U4
Modriach 172 R8
Mödring 158 S2
Möchling 171 P9
Möderndorf 170 M9
Möllbrücke 170 M8
Möschitzgraben 171 P7
Mösendorf 162 M5
Mösern 167 F7
Mößna 163 O6
Mogersdorf 173 U8
Möggers 166 B6
Mölbling 171 P8
Mold 158 T3
Möll 170 K7
Molln 163 O5
Mollram 165 U5
Mölltal 170 K7
Molzbichl 171 M8
Molzegg 164 T6
Mönchdorf 157 Q3
Mönchhof 165 W5
Mondsee 161 M5
Mönichkirchen 164 U6
Mönichwald 164 T6
Montafon 166 B7
Moos 167 F6
Moosbach 156 L4
Moosbrunn 165 V4
Moosburg 171 O9
Moosdorf 161 K4
Mooserboden (Stausee) 170 K7
Moosersperre 170 K7
Moosham 171 N7
Moosheim 162 N6
Mooskirchen 172 R8
Moosland 163 Q6
Mörbisch 165 V5
Mortantsch 172 S7
Mörtschach 170 K8
Moschendorf 173 V7
Mosermandl 170 M7
Mößlacher 170 M8
Mötz 167 E7
Muckenkogel 164 S5
Mühlbach 171 O9
Mühlbach 169 J7
Mühldorf 170 M8
Mühlham 161 M5
Mühlheim 156 L4
Mühllacken 157 O3
Mühltal 167 G7
Müselbach 166 B6
Mugel 164 R6
Muggendorf 164 T5
Mühlbach am Hochkönig 161 L6
Mühlbach
am Manhartsberg 158 T3
Mühldorf 158 S3
Mühldorfer See 170 M8
Mühlen 171 P7
Mühltal 160 I6
Mühlviertel 156 N3
Muhr 171 M7
Müllendorf 165 V5
Münchendorf 165 V4
Munderfing 161 L4
Münichreith 158 R4
Münichthal 163 Q6
Münster 160 H6
Muntanitz 170 J7
Münzbach 157 Q4
Münzkirchen 156 M3
Murau 171 O7
Mureck 173 T8
Murstetten 158 T4
Murtal 164 S7
Mürz 164 S5
Mürzhofen 164 S6
Mürzsteg 164 S5
Mürzzuschlag 164 S6
Muthmannsdorf 165 U5
Mutterbergalm 167 F7
Mutters 167 G7

N

Naarn 157 P4
Nachbargauer 163 Q5
Namlos 167 E6
Namloser Wetterspitze 167 D7
Nappersdorf 159 U3
Napplach 170 L8
Nassereith 167 E7
Naßfeld-Paß 170 L9
Natternbach 156 N3
Natters 167 G7
Nauders 166 D8
Navis 167 G7
Nebelberg 156 N3
Nebersdorf 165 V6
Neckenmarkt 165 V6
Nederkogel 167 F8
Neidling 158 S4
Nenzing 166 B7
Nenzinger Himmel 166 A7
Nesselwängle 167 D6
Neßlegg 166 C7
Nestelbach bei Graz 173 S7
Neuaigen 158 U3
Neubau 159 V3

Neuberg 173 U7
Neuberg an der Mürz 164 S6
Neudau 173 U7
Neudorf 165 W4
Neudorf im Sausal 172 S8
Neudorf bei Landsee 165 V6
Neudorf bei Staatz 159 V2
Neudörfl 165 U5
Neufeld an der Leitha 165 V5
Neufelden 157 O3
Neuhaus 164 R5
Neuhaus am Klausenbach 173 U8
Neuhaus *(Kärnten)* 172 Q9
Neuhaus *(Niederösterr.)* 164 U5
Neuhof 172 R7
Neuhofen an der Krems 163 O4
Neuhofen a. d. Ybbs 163 Q4
Neukirchen 162 N5
Neukirchen am Großvenediger 169 I7
Neukirchen am Walde 156 N3
Neukirchen an der Enknach 161 L4
Neukirchen an der Vöckla 162 M4
Neuleugbach 158 T4
Neumarkt 161 L5
Neumarkt an der Raab 173 U8
Neumarkt a. d. Ybbs 164 R4
Neumarkter Sattel 171 P7
Neumarkt im Hausruckkreis 156 N4
Neumarkt im Mühlkreis 157 P3
Neumarkt im Tauchental 165 U7
Neumarkt in Steiermark 171 P7
Neunagelberg 157 Q2
Neunkirchen 165 U5
Neupölla 158 S3
Neurißhof 165 U5
Neusach 170 L8
Neusiedl am See 165 W5
Neusiedl an der Zaya 159 W3
Neusiedler See 165 W5
Neußerling 157 O3
Neustadtl an der Donau 157 Q4
Neustift 156 N3
Neustift 164 R5
Neustift im Stubaital 167 F7
Neustift bei Güssing 173 U7
Neustift im Felde 158 T3
Neustift-Innermanzing 158 T4
Neutal 165 V6
Nickelsdorf 165 X5
Niederabsdorf 159 W3
Niederalm 161 L5
Niederalpl 164 S5
Niederau 160 I6
Niederdorf 171 P9
Niedere Tauern 171 N7
Niederfellabrunn 159 U3
Niederfladnitz 158 T2
Niederhollabrunn 159 U3
Niederkappel 156 N3
Niederkreuzstetten 159 V3
Niederleis 159 V3
Niederndorf 160 I6
Niederneukirchen 163 P4
Niedernfritz-St. Martin 162 M6
Niedernsill 170 J7
Niederösterreich *(Land)* 158 S3
Niederrüßbach 158 U3
Niedersachsen-Hs. 170 L7
Niedersulz 159 W3
Niederthalheim 162 N4
Niederthai 167 E7
Niederwaldkirchen 157 O3
Niederwölz 171 P7
Nikelsdorf 171 M8
Nikitsch 165 V6
Niklasdorf 164 R6
Nikolsdorf 170 K8
Nöchling 157 Q4
Nofels 166 A7
Nondorf 157 Q2
Nößlach 167 G7
Nöstach 164 U4
Nötsch 171 M9
Nußbach 163 O5
Nußdorf 161 L5
Nußdorf am Attersee 162 M5
Nußdorf an der Traisen 158 T3
Nüziders 166 B7

O

Obdach 172 Q7
Ober-Längenfeld 167 E7
Ober-Loibach 172 Q9
Oberaich 164 R6
Oberalm 161 L5
Oberasch 161 L5
Oberau 160 I6
Oberbergtal 167 F7
Oberdorf 171 M7
Oberdorf a. Hochegg 173 T8
Oberdorf im Burgenland 165 U7
Oberdrauburg 170 K8
Oberdrautal 170 K8
Oberes Gailtal 170 L9
Oberfeistritz 164 T7
Oberfellabrunn 158 U3
Obergänserndorf 159 V3
Obergottesfeld 170 M8
Obergrafendorf 158 S4
Obergrünburg 163 O5
Obergurgl 167 F8
Oberhaag 172 R8
Oberhaus 169 I8
Oberhof 171 O8
Oberhofen am Irrsee 161 L5
Oberhöflein 158 T2
Oberjoch Paß 166 D6
Oberkappel 156 N3
Oberland 163 Q5
Oberlech 166 C7
Oberleibnig 170 J8
Oberlienz 170 K8
Oberloibach 172 Q9
Oberloisdorf 165 V6
Obermarkersdorf 158 T2
Obermeisling 158 S3
Obermieger 171 P9
Obermillstatt 171 M8
Obermoos 167 E6
Obermosgan 172 Q9
Obermühl a. d. Donau 156 N3
Obermühlbach 171 O8
Obernalb 158 T2
Obernberg 167 G7
Obernberg am Inn 156 M4
Oberndorf a. d. Melk 164 R4
Oberndorf bei Salzburg 161 K5
Oberndorf in Tirol 161 J6
Oberneukirchen 157 O3
Oberort-Tragöß 164 R6
Oberösterreich *(Land)* 162 M4
Oberperfuß 167 F7
Oberpetersdorf 165 V6
Oberpullendorf 165 V6
Oberrabnitz 165 V6
Oberrohrbach 159 U3
Oberrußbach 158 U3
Oberschützen 165 U6
Obersiebenbrunn 159 W4
Oberstinkenbrunn 159 U3
Oberstrahlbach 158 R3
Obersulz 159 W3
Obersulzbachtal 169 I7
Obertauern 171 M7
Obertilliach 170 J8
Obertraun 162 N6
Obertrum 161 L5
Obertrumer See 161 L5
Obervellach 170 L8
Oberwalder H. 170 K7
Oberwaltenreith 158 R3
Oberwaltersdorf 165 U5
Oberwang 162 M5
Oberwart 165 U7
Oberweiden 159 W4
Oberwölbling 158 S4
Oberwölz 171 O7
Oberzeiring 171 P7
Obladis 167 D7
Oblarn 163 O6
Obritz 158 U2
Obritzberg 158 S4
Obsteig 167 E7
Ochsengarten-Wald 167 E7
Ochsner 169 H7
Ockert 164 R4
Ödenburgergebirge 165 V6
Odensee 162 N6
Oed 164 U5
Oed 163 Q4
Ödenhof 164 T5
Oehling 163 Q4
Oepping 156 N3
Österreichisches Freilichtmuseum 172 R7
Österreichring 172 Q7
Österreuten 167 E7
Östl. Karwendelspitze 160 G6
Oetz 167 E7
Ötztal 167 E7
Ötztaleralpen 167 E8
Oeynhausen 165 U5
Offenhausen 162 N4
Offensee 162 N5
Oftering 157 O4
Oggau 165 W5
Ohlsdorf 162 N5
Ois (Ybbs) 164 Q5
Olbendorf 173 U7
Ollersbach 158 T4
Ollersdorf 159 W3
Ollersdorf im Burgenland 173 U7
Olperer 169 G7
Olsach 171 M8
Oppenberg 163 O6
Opponitz 163 Q5
Ornding 158 R4
Ort 162 N5
Orth 159 W4
Ort im Innkreis 156 M4
Osch 164 R5
Oslip 165 V5
Osselitzenberg 171 P8
Ossiach 171 N8
Ossiacher See 171 N8
Ostermiething 161 K4
Ostpreußen-H. 161 L6
Ostrong 158 R4
Ottenhausen 161 L4
Ottenschlag 158 R3
Ottenschlag im Mühlkreis 157 P3
Ottensheim 157 O3
Ottenstein Stausee 158 R3
Ottenthal 159 V2
Otterthal 164 T6
Ottmanach 171 P8
Ottnang 162 M4
Ottsdorf 163 O5

P

Paasdorf 159 V3
Pabneukirchen 157 Q4
Pachfurth 165 W4
Pack 172 Q8
Packalpe 172 Q7
Packer Stausee 172 R8
Packsattel (Vier Tore) 172 Q8
Paldau 173 T8
Palfau 163 Q5
Palten 163 P6
Palterndorf 159 W3
Palting 161 L4
Pama 165 W4
Pamhagen 165 W5
Panzendorf 170 J8
Parndorf 165 W5
Parschlug 164 R6
Parseierspitze 166 D7
Partenen 166 C8
Pasching 157 O4
Paß Gschütt 162 M6
Paß Lueg 161 L6
Paß Strub 161 J6
Paß Thurn 169 J7
Passail 164 S7
Passering 171 P8
Paßriach 170 M9
Pasterze 170 K7
Patergassen 171 N8
Paternion 171 M8
Patsch 167 G7
Patscherkofel 167 G7
Pattigham 162 M4
Patzmannsdorf 159 U2
Paudorf 158 S3
Payerbach 164 T5
Paznauntal 166 C7
Peggau 172 S7
Pehendorf 157 R3
Peilstein 156 N3
Peishlach 170 J8
Pendling 160 I6
Penk 164 U6
Penk 170 L8
Penken 169 H7
Pennewang 162 N4
Penzing 159 U4
Perchau 171 P7
Perchauer Sattel 171 P7
Perchtoldsdorf 159 U4
Perg 157 P4
Pernegg 158 S2
Pernegg an der Mur 164 S6
Pernersdorf 158 U2
Pernitz 164 T5
Perschling 158 T4
Persenbeug 158 R4
Pertisau 160 H6
Perwang 161 L4
Perwarth 163 Q4
Pesentheim 171 M8
Petersdorf 173 T8
Peterskirchen 156 M4
Petronell-Carnuntum 159 W4
Pettenbach 163 O5
Pettnau 167 F7
Pettneu 166 D7
Petzeck 170 K8
Petzen 169 Q9
Petzenkirchen 164 R4
Peuerbach 156 N3
Pfänder 166 B6
Pfändertunnel 166 B6
Pfaffenhofen 167 F7
Pfaffensattel 164 T6
Pfaffenschlag bei Waidhofen an der Thaya 158 R2
Pfafflar 167 D7
Pfaffstätt 161 L4
Pfaffstätten 165 U4
Pfaffstetten 158 T3
Pfarrkirchen 163 O4
Pfarrkirchen im Mühlkreis 156 N3
Pfarrwerfen 161 L6
Pfeis-H. 160 G7
Pfitscherjoch 169 H8
Pflach 167 E6
Pfons 167 G7
Pfroslkopf 167 E8
Pfunds-Dorf 167 D8
Pfunds-Stuben 167 D8
Pians 167 D7
Piber 172 R7
Pich Auhof 162 M5
Pichl 161 L6
Pichl bei Aussee 162 N6
Pichl bei Wels 162 N4
Pichlern 171 N7
Pichlern 163 O4
Pichl-Großdorf 164 R6
Pichl-Preunegg 162 M6
Pielach 164 S4
Pierbach 157 Q3
Piesendorf 170 K7
Pießling 163 O5
Piesting 165 T5
Pilgersdorf 165 V6
Pill 160 H7
Piller 167 E7
Pillichsdorf 159 V3
Pinegg 160 H6
Pinggau 165 U6
Pinka 165 U7
Pinkafeld 165 U6
Pinsdorf 162 N5
Piringsdorf 165 V6
Pischeldorf 171 P8
Pischelsdorf am Engelbach 161 L4
Pischelsdorf in Steiermark 173 T7
Pisweg 171 O8
Pitschgau 172 R8
Pitten 165 U5
Pitzbach 167 E7
Pitztal 167 E7
Pitztaler Jöchl 167 E8
Piz Buin 166 C8
Plainfeld 161 L5
Planai 162 N6
Plangeroß 167 E8
Plank 158 T3
Plankenstein 164 R4
Plansee 167 E6
Platt 158 T2
Pleißing 158 T2
Plöckenpaß 170 K9
Plomberg 162 M5
Plumsersattel 160 G6
Pöchlarn 158 R4
Podersdorf am See 165 W5
Pöbring 158 R4
Pöham 161 L6
Pöllauberg 164 T7
Pölling 172 Q8
Pöndorf 162 M5
Pötschenhöhe 162 N6
Poggersdorf 171 P9
Pöggstall 158 R4
Pölfing-Brunn 172 R8
Pölla 171 M7
Pöllatal 171 M7
Pöllau *(bei Gleisdorf)* 164 T7
Pöllau *(bei Murau)* 171 O7
Pollham 156 N4
Polling im Innkreis 156 L4
Pöls 172 P7
Polster 163 Q6
Pontlatzerbrücke 167 D7
Porrau 159 U3
Pörtschach 171 O9
Possruck 172 S9
Postalm 162 M6
Postlingberg 157 O4
Pottenbrunn 158 T4
Pottendorf 165 V5
Pottenhofen 159 V2
Pottenstein 164 U5
Pötting 156 N4
Pottschach 164 T5
Pöttsching 165 V5
Potzneusiedl 165 W4
Poysdorf 159 V2
Präbichl 163 Q6
Prager H. 169 J7
Prägraten 169 J7
Pram 156 M3
Pram 156 M4
Prambachkirchen 156 N4
Pramerdorf 156 M4
Pramet 162 M4
Prater 159 V4
Preber 171 N7
Preding 172 S8
Predlitz 171 N7
Preg 163 Q7
Pregarten 157 P3
Preims 172 Q8
Prein 164 T5
Preiner Gscheid 164 T5
Preitenegg 172 Q8
Prellenkirchen 165 W4
Prendt 157 P3
Prescenyklause 164 R6
Pressbaum 158 U4
Preßguts 173 T7
Pretalsattel 164 S6
Prigglitz 164 T5
Prinzendorf 159 W3
Prinzersdorf 158 S4
Probstdorf 159 V4
Proleb 164 R6
Promau 163 Q5
Prottes 159 W3
Pruggern 162 N6
Prutz 167 D7
Puch 171 N8
Puch bei Hallein 161 L5
Puch bei Weiz 164 T7
Puchberg am Schneeberg 164 T5
Puchenstuben 164 R5
Pucking 157 O4
Pürschhaus 160 G6
Pulkau 158 T2
Pupping 157 O3
Pürbach 158 R2
Purbach am Neusiedler See 165 W5
Pürgg 163 O6
Purgstall 164 R4
Purk 158 R3
Purkersdorf 159 U4
Pürnstein 157 O3
Purrath 157 Q3
Purtscheller-Hs. 161 L6
Pusarnitz 170 M8
Pustertal 170 J8
Pusterwald 163 P6
Pustritz 172 Q8
Putschall 170 K8
Putzleinsdorf 156 N3
Pyhra 158 T4
Pyhrabruck 157 Q2
Pyhrn 163 O6
Pyhrnpaß 163 O6
Pyramidenkogel 171 O9
Pyramidenspitze 161 I6
Pyrawang 156 M3

R

Raab 173 T8
Raab *(Oberösterr.)* 156 M3
Raaba 172 S7
Raabs an der Thaya 158 S2
Raach 164 T6
Raasdorf 159 V4
Rabensburg 159 W3
Rabenstein 164 S4
Rabenwald 164 T7
Rabnitz 165 V6
Rachau 172 Q7
Radlbrunn 158 T3
Radlpaß 172 R9
Radmer a. d. Hasel 163 Q6
Radmer a. d. Stube 163 Q6
Radnig 170 M9
Radsberg 171 P9
Radstädter Tauern 170 L7
Radstädter Tauernpaß 171 M7
Radstädt 162 M6
Radstädter H. 162 M6
Raffelding 157 O4
Raggal 166 B7
Raggendorf 159 W3
Raglitz 164 U5
Ragnitz 173 S8
Raiding 165 V6
Rainbach im Innkreis 156 M3
Rainbach im Mühlkreis 157 P3
Rainfeld 164 T4
Ramingstein 171 N7
Ramsau (Molln) 163 O5
Ramsau im Zillertal 169 H7
Ramsau *(Niederösterr.)* 164 T4
Ramsau *(Oberösterr.)* 162 N5
Ramsau am Dachstein 162 M6
Ramsbach 163 Q6
Ranalt 167 F7
Randegg 163 Q4
Rangersdorf 170 K8
Rankweil 166 A7
Rannersdorf 159 W3
Ranshofen 156 L4
Ranten 171 O7
Rappenlochschlucht 166 B6
Rappoltenkirchen 158 U4
Rappolz 158 S2
Rappottenstein 158 R3
Rassach 172 R8
Rastenberg 158 R3
Rastenfeld 158 R3
Rastkogel 169 H7
Rastkogelhütte 169 H7
Rätikon 166 A7
Ratten 164 T6
Rattenberg 160 H6
Rattendorf 170 L9
Rattersdorf-Liebing 165 V6
Ratzersdorf an der Traisen 158 T4
Raucheck 161 L6
Rauchenwarth 165 V4
Rauchwart 173 U7
Rauris 170 K7
Rauz 166 C7
Ravelsbach 158 T3
Ravensburger H. 166 C7
Raxalpe 164 T5
Raxblick 164 T6
Raxendorf 158 R3
Rechberg *(Kärnten)* 172 P9
Rechberg *(Oberösterr.)* 157 Q4
Rechnitz 165 V7
Redl 162 M4
Redlthal 162 M4
Regelsbrunn 159 W4
Rehberg 158 S3
Reichenau 164 T5
Reichenau im Mühlkreis 157 P3
Reichenfels 172 Q7
Reichenspitze 169 I7
Reichenthal 157 P3
Reichenthalheim 162 M5
Reichersberg 156 M3
Reichraming 163 P5
Reidling 158 T4
Reifenstein 172 P7
Reifnitz 171 O9
Rein 172 R7
Reingers 158 R2
Reinprechtspölla 158 T3
Reinsberg 164 R5
Reinthal 159 W2
Reisach 170 L9
Reisalpe 164 S5
Reisenberg 165 V5
Reißeck 170 M8
Reißkofel 170 L8

256 Österreich

A B C D E F G H I J K L M N O P Q R S T U V W X Y Z

Reit 161 K6
Reitdorf 162 M6
Reitereck 171 M7
Reith 160 H6
Reith bei Kitzbühel 161 J6
Reith bei Seefeld 167 F7
Reither Spitze 160 F7
Rekawinkel 158 U4
Rennfeld 164 S6
Rennweg 171 M7
Reschenpaß 169 D8
Rettenbach 160 I6
Rettenbachalm 162 N5
Rettenegg 164 T6
Retz 158 T2
Reuthe 166 B6
Reutte 167 E6
Reyersdorf 159 W3
Ried 171 M8
Ried 162 M5
Ried im Zillertal 169 H7
Ried am Riederberg 158 U4
Riedau 156 M4
Rieden 167 E7
Riedersdorf 157 Q3
Ried im Innkreis 156 M4
Ried im Oberinntal 167 D7
Ried im Traunkreise 163 O4
Ried in der Riedmark 157 P4
Riedlingsdorf 165 U6
Riefensberg 166 B6
Riegersburg *(Niederösterr.)* 158 T2
Riegersburg *(Steiermark)* 173 T7
Riegersdorf 173 T7
Riemann-Hs. 161 K6
Rietz 167 F7
Rietzer Grießkogel 167 F7
Riezlern 166 C6
Rifflkopf 161 L6
Rindbach 162 N5
Rinegg 172 S7
Ringelsdorf 159 W3
Rinn 167 G7
Rißtal 160 G6
Ritzing 165 V6
Rodingersdorf 158 T2
Röthis 166 A7
Rofangebirge 160 H6
Rohr 173 U7
Rohrau 165 W4
Rohrbach 157 N3
Rohrbach 158 R2
Rohrbach an der Gölsen 164 T4
Rohrbach an der Lafnitz 164 T6
Rohrbach an der Teich 165 U7
Rohrbach bei Mattersburg 165 V5
Rohrbach im Oberösterreich 157 N3
Rohr bei Hartberg 165 U7
Rohrberg 169 H7
Rohrbrunn 173 U7
Röhrenbach 158 S3
Rohrendorf 158 S3
Rohrer 163 O6
Rohrer Sattel 164 T5
Rohr im Gebirge 164 T5
Rohr im Kremstal 163 O4
Rohrmoos 162 M6
Roiten 158 R3
Roith 162 N5
Roitham 162 N4
Roppen 167 E7
Rosaliengebirge 165 U5
Röschitz 158 T2
Rosegg 171 O9
Roseldorf 158 T3
Rosenau am Hengstpaß 163 P5
Rosenau Schloß 157 R3
Rosenbach 171 O9
Rosenburg 158 S3
Rosenheim 170 M8
Rossatz 158 S3
Roßbach 161 L4
Roßberg 157 O3
Roßbrand 162 M6
Rossegg 164 T7
Roßkogel 164 S6
Roßleithen 163 O5
Roßwandspitze 169 H7
Rotenkogel 170 J8
Rotenturm 165 U7
Rote Wand 166 B7
Rötgülden 170 M7
Rotheau 164 S4
Röthelstein 164 S7
Rothenthurm 172 P7
Rothleiten 164 R7
Rothwald 164 R5
Rottal 157 R2
Rottenbach 156 N4
Rottenmann 163 P6
Rottenmanner Tauern 163 P6
Rottenstein 171 P9
Rubland 171 M9
Rückersdorf 172 P9
Rückersdorf-Harmannsdorf 159 V3
Ruden 172 Q9
Ruderhofspitze 167 F7
Ruders 158 R2
Rudersdorf 173 U7
Rudmanns 158 R3
Rudolfs-H. 170 J7
Rum 167 G7
Ruppersthal 158 T3
Ruprechtshofen 164 R4
Rußbach *(bei Abtenau)* 162 M6
Rust *(Burgenland)* 165 W5
Rust *(Niederösterr.)* 158 T4
Rüstorf 162 N4

S

Saalach 161 J6
Saalachtal 161 K6
Saalbach 161 J6
Saalfelden 161 K6
Sachendorf 172 Q7
Sachsenburg 170 M8
Säuling 167 E6
Safen 173 U7
Sagritz 170 K8
Salla 172 Q7
Sallapulka 158 T2
Sallingberg 158 R3
Salza 164 S5
Salzach 170 J6
Salzachgeier 169 I7
Salzachöfen 161 L6
Salzachtal 161 L6
Salzatal 164 R6
Salzburg 161 L5
Salzburg *(Flughafen)* 161 L5
Salzburg *(Land)* 161 K7
Salzburgring 161 L5
Salzkammergut 169 M5
Salzsteigjoch 163 O6
Samnaungruppe 166 D7
Sandl 157 P3
Sandling 162 N6
St. Aegidi 156 N3
St. Aegyd 164 S5
St. Agatha 156 N3
St. Agatha *(bei Bad Ischl)* 162 M6
St. Andrä 172 Q8
St. Andrä an der Traisen 158 T4
St. Andrä bei Frauenkirchen 165 W5
St. Andrä im Lungau 171 N7
St. Andrä im Sausal 172 S8
St. Andrä-See 171 N9
St. Andrä-Wördern 159 U4
St. Anna am Aigen 173 T8
St. Anton am Arlberg 166 C7
St. Anton an der Jeßnitz 164 R5
St. Anton im Montafon 166 B7
St. Bartholomä 172 R7
St Bernhard 158 S2
St. Blasen 171 O7
St. Christoph am Arlberg 166 C7
St. Christophen 158 T4
St. Corona 164 T4
St. Corona am Wechsel 164 U6
St. Donat 171 P8
St. Egyden 171 O9
St. Egyden am Steinfeld 165 U5
St. Filippen 171 P8
St. Florian am Inn 156 M3
St. Gallen 163 P5
St. Gallenkirch 166 B7
St. Georgen 172 Q8
St. Georgen 165 V5
St. Georgen am Fillmannsbach 161 L4
St. Georgen am Längsee 171 P8
St. Georgen am Reith 163 Q5
St. Georgen am Steinfelde 158 S4
St. Georgen am Walde 157 Q3
St. Georgen am Ybbsfelde 163 Q4
St. Georgen an der Gusen 157 P4
St. Georgen an der Leys 164 R4
St. Georgen an der Stiefing 172 S8
St. Georgen bei Obernberg 156 M4
St. Georgen bei Salzburg 161 K5
St. Georgen im Attergau 162 M5
St. Georgen ob Judenburg 171 P7
St. Georgen ob Murau 171 O7
St. Gilgen 162 M5
St. Ilgen 164 R6
St. Jakob 166 C7
St. Jakob an der Straße 171 P9
St. Jakob bei Mixnitz 164 S6
St. Jakob im Lesachtal 170 K8
St. Jakob i. Rosental 171 O9
St. Jakob im Walde 164 T6
St. Jakob in Defereggen 169 J8
St. Jakob in Haus 161 J6
St. Jodok 167 G7
St. Johann a. Pressen 172 P8
St. Johann am Tauern 163 P6
St. Johann am Walde 161 L4
St. Johann am Wimberg 157 O3
St. Johann bei Herberstein 173 T7
St. Johann im Pongau 161 L6
St. Johann im Saggautal 172 S8
St. Johann im Walde 170 J8
St. Johann in der Haide 164 U7
St. Johann in Engstetten 163 P4
St. Johann in Tirol 161 J6
St. Kanzian am Klopeiner See 172 P9
St. Katharein an der Laming 164 R6
St. Katharina 172 R8
St. Kathrein am Hauenstein 164 S6
St. Kathrein am Offenegg 164 S7
St. Kathrein im Burgenland 173 V7
St. Koloman 161 L6
St. Konrad 162 N5
St. Lambrecht 171 O7
St. Leonhard 171 N7
St. Leonhard a. Forst 164 R4
St. Leonhard am Hornerwald 158 S3
St. Leonhard am Walde 163 Q5
St. Leonhard bei Freistadt 157 P3
St. Leonhard im Pitztal 167 E7
St. Lorenz 162 M5
St. Lorenzen 171 N8
St. Lorenzen am Wechsel 164 T6
St. Lorenzen bei Knittelfeld 172 Q7
St. Lorenzen im Gitschtal 170 L8
St. Lorenzen im Lesachtal 170 K8
St. Lorenzen im Paltental 163 P6
St. Lorenzen ob Murau 171 O7
St. Magdalena 172 R9
St. Marein 172 Q8
St. Marein bei Graz 173 T7
St. Marein bei Knittelfeld 163 Q7
St. Marein im Mürztal 164 S6
St. Margareten im Rosental 171 P9
St. Margarethen an der Raab 173 T7
St. Margarethen an der Sierning 158 S4
St. Margarethen bei Knittelfeld 172 Q7
St. Margarethen im Burgenland 165 V5
St. Margarethen im Lavanttal 172 Q8
St. Margarethen im Lungau 171 M7
St. Margarethen ob Töllerberg 172 P8
St. Marien 163 O4
St. Marienkirchen 162 M4
St. Marienkirchen an der Polsenz 156 N4
St. Marienkirchen bei Schärding 156 M3
St. Martin 171 N9
St. Martin am Grimming 163 N6
St. Martin am Silbergerg 172 P8
St. Martin am Tennengebirge 162 M6
St. Martin am Wöllmißberg 172 R7
St. Martin am Ybbsfelde 157 Q4
St. Martin an der Raab 173 U8
St. Martin bei Lofer 161 K6
St. Martin bei Traun 157 O4
St. Martin bei Weitra 157 Q3
St. Martin im Innkreis 156 M4
St. Martin im Mühlkreis 157 N3
St. Martin im Sulmtal 172 R8
St. Michael 172 Q9
St. Michael *(bei Wolfsberg)* 172 Q8
St. Michael *(Niederösterr.)* 158 S3
St. Michael ob. d. Gurk 171 P8
St. Michael am Zoldeld 171 P8
St. Michael im Burgenland 173 U7
St. Michael im Lungau 171 M7
St. Michael in Obersteiermark 164 R7
St. Nikola an der Donau 157 Q4
St. Nikolai im Saussal 172 S8
St. Nikolai im Sölktal 163 O7
St. Nikolai ob Draßling 173 T8
St. Oswald *(Kärnten)* 171 N8
St. Oswald *(Niederösterr.)* 157 R4
St. Oswald bei Freistadt 157 P3
St. Oswald bei Haslach 157 O3
St. Oswald bei Plankenwarth 172 R7
St. Oswald im Freiland 172 R8
St. Oswald-Möderbrugg 163 P7
St. Oswald ob Eibiswald 172 R8
St. Pankraz 163 O5
St. Pantaleon 161 K4
St. Pantaleon-Erla 157 P4
St. Paul im Lavanttal 172 Q8
St. Peter am Bichl 171 O8
St. Peter am Hart 156 L4
St. Peter am Kammersberg 171 O7
St. Peter am Ottersbach 173 T8
St. Peter am Wimberg 157 O3
St. Peter-Freienstein 164 R6
St. Peter in der Au Markt 163 P4
St. Peter ob Judenburg 172 P7
St. Pölten 158 S4
St. Radegund 161 K4
St. Radegund bei Graz 172 S7
St. Roman 156 M3
St. Ruprecht an der Raab 173 S7
St. Ruprecht ob Murau 171 O7
St. Salvator 171 P8
St. Sigmund 167 F7
St. Stefan am Walde 157 O3
St. Stefan an der Gail 171 M9
St. Stefan im Lavanttal 172 Q8
St. Stefan im Rosental 173 T8
St. Stefan ob Leoben 164 Q7
St. Stefan ob Stainz 172 R8
St. Thomas 156 N4
St. Thomas am Blasenstein 157 Q4
St. Ulrich 171 O8
St. Ulrich am Pillersee 161 J6
St. Urban 171 O8
St. Valentin 157 P4
St. Veit am Vogau 173 S8
St. Veit an der Glan 171 P8
St. Veit a. d. Gölsen 164 T4
St. Veit an der Triesting 165 U5
St. Veit im Innkreis 156 L4
St. Veit im Mühlkreis 157 O3
St. Veit im Pongau 161 L6
St. Veit in Defereggen 169 J8
St. Willibald 156 N3
St. Wolfgang im Salzkammergut 162 M5
St. Wolfgangsee 162 M5
St. Anna 172 Q7
St. Erhard 164 S6
St. Georgen 171 P8
St. Georgen 170 K7
St. Georgen i. d. Klaus 163 Q5
St. Georgen im Obdachegg 172 Q7
St. Gotthard im Mühlkreis 157 O3
St. Joseph 172 S8
St. Katarina 170 J8
St. Lorenzen 172 R8
St. Lorenzen im Mürztal 164 S6
St. Oswald 172 P8
St. Pankrazen 172 R7
St. Petel 171 M7
St. Peter im Lavanttal 172 Q7
St. Ruprecht 171 N9
St. Sebastian 164 R5
St. Stefan 172 Q9
St. Stefan 171 P8
St. Ulrich im Mühlkreis 157 O3
St. Veit im Jautal 172 P9
St. Vinzenz 172 R8
St. Walburgen 172 P8
St. Wolfgang 157 Q2
St. Wolfgang 172 P7
Santneralm 171 M7
Sarasdorf 165 W4
Sarleinsbach 156 N3
Sarmingstein 157 Q4
Satteins 166 B7
Sattelbach 165 U4
Sattelwirt 172 R7
Sattendorf 171 N8
Sattledt 163 O4
Saualpe 172 Q8
Sauerbrunn 165 U5
Sauerfeld 171 N7
Saurau 171 O7
Saurüsselkogel 162 M5
Sausal 172 S8
Säusenstein 158 R4
Sautens 167 E7
Sauwald 156 M3
Saxen 157 Q4
Schachendorf 165 V7
Schachenstein 164 R6
Schärding 156 M3
Schafberg 162 M5
Schäffern 165 U6
Schalchen 161 L4
Schallaburg 158 S4
Schardenberg 156 M3
Scharfling 162 M5
Scharfreuter 160 G6
Scharnitz 160 F6
Scharnitzpaß 160 F6
Scharnstein 163 N5
Scharten 157 O4
Schattbach 162 M6
Schattberg 161 J6
Schattendorf 165 V5
Schattwald 166 D6
Scheffau am Wilden Kaiser 160 I6
Scheffau an der Lammer 161 L6
Scheibbs 164 R4
Scheiblingkirchen 165 U6
Scheiblingstein 159 U4
Scheideldorf 158 S2
Scheifling 171 P7
Schellgaden 171 M7
Schenkenfelden 157 O3
Schesaplana 166 A7
Schiedlberg 163 O4
Schiefer 173 U8
Schiefling 171 O9
Schießeck 163 O7
Schildbach 164 T7
Schiltern 158 S3
Schindeltal 164 S5
Schirmitzbühel 164 R6
Schlader 158 S2
Schladming 162 N6
Schladminger Tauern 171 M7
Schlag 165 U6
Schlag 157 R2
Schlag bei Thalberg 164 T6
Schlägl 156 N3
Schlaiten 170 J8
Schleedorf 161 L5
Schlegeis-Speicher 169 H7
Schleinbach 159 V3
Schleißheim 163 O4
Schlicke 167 D6
Schlieferspitze 169 I7
Schlierbach 163 O5
Schlins 166 B7
Schlitters 160 H6
Schlögen 156 N3
Schlöglmühl 164 T5
Schloßhof 159 W4
Schlüßlberg 156 N4
Schmida 159 U3
Schmiding Vogelpark 156 N4
Schmirn 169 G7
Schmittenhöhe 161 K6
Schmittenstein 161 L5
Schnann 166 D7
Schneealpe 164 S5
Schneeberg 161 L6
Schneeberg 164 T5
Schneebergdörfl 164 T5
Schneegattern 161 L4
Schnepfau 166 B6
Schnifis 166 B7
Schober 161 L5
Schobergruppe 170 K8
Schoberpaß 163 Q6
Schöckl 172 S7
Schöder 171 O7
Schönau 160 H6
Schönau a.d.D. 159 V4
Schönberg 156 N2
Schöneck 170 K7
Schönering 157 O4
Schönwies 167 D7
Schöpflgitter 164 T4
Schörfling 162 M5
Schollach 158 S4
Schönau im Mühlkreis 157 P3
Schönbach 157 R3
Schönberg 158 T3
Schönberg bei Niederwölz 171 P7
Schönberg im Stubaital 167 G7
Schönbrunn 159 U4
Schönbühel an der Donau 158 S4
Schöneben 156 N2
Schönegg 157 O3
Schönegg bei Pöllau 164 T7
Schönenbach 166 B6
Schönfeld 159 W4
Schöngrabern 158 U3
Schönkirchen 159 V3
Schoppernau 166 C7
Schottwien 164 T6
Schrankogel 167 F7
Schrattenberg 159 V2
Schrattenthal 158 T2
Schreckenspitze 160 G6
Schrems 157 R2
Schrems bei Frohnleiten 164 S7
Schrick 159 V3
Schröcken 166 C7
Schrottkopf 170 J7
Schruns 166 B7
Schützen 165 V5
Schwadorf 165 V4
Schwaigern 162 M5
Schwaighof 161 M6
Schwallenbach 158 S3
Schwanberg 172 R8
Schwand im Innkreis 161 K4
Schwanenstadt 162 N4
Schwarza 164 T5
Schwarzach 166 B6
Schwarzach im Pongau 161 L7
Schwarzau am Steinfelde 165 U5
Schwarzau im Gebirge 164 T5
Schwarzenau 158 R2
Schwarzenbach 165 U6
Schwarzenbach an der Gölsen 164 S4
Schwarzenbach an der Pielach 164 R5
Schwarzenberg 166 B6
Schwarzenberg a. Böhmerwald 156 N2
Schwarzensee *(Niederösterr.)* 164 M5
Schwarzensee *(Oberösterr.)* 164 U4
Schwarzenstein 161 H7
Schwarzkopf 170 K7
Schwarzsee 161 J6
Schwaz 160 H6
Schwechat 159 V4
Schwechat *(Bach)* 164 U4
Schweiggers 157 R2
Schwendau 169 H7
Schwendt 161 J6
Schwerbach 164 S4
Schwertberg 157 P4
Schwoich 160 I6
Sebersdorf 173 T7
Seckau 163 Q7
Seckauer Tauern 163 P6
Seckauer Zinken 163 Q6
See 166 D7
See 171 P7
Seebach 171 O7

Seebarn an Wagram 158 T3
Seebenstein 165 U5
Seeboden 171 M8
Seefeld 159 U2
Seefeld 162 M5
Seefeld in Tirol 167 F6
Seeham 161 L5
Seehaus 163 N5
Seekirchen 161 L5
Seeklause 162 N6
Seetal 171 N7
Seetaleralpen 172 P7
Seewalchen 162 M5
Seewiesen 164 R6
Seewinkel 165 W5
Seggauberg 172 S8
Seibersdorf 165 V5
Seibuttendorf 173 T8
Seiersberg 172 S7
Seisenbergklamm 161 K6
Seitenstetten Markt 163 P4
Seiz 163 Q6
Selbhorn 161 K6
Sellrain 167 F7
Sellraintal 167 F7
Selzthal 163 O6
Semmering Kurort 164 T6
Semmering-Paß 164 T6
Semriach 172 S7
Senftenbach 156 M4
Senftenberg 158 S3
Sengsengebirge 163 O5
Senning 159 U3
Serfaus 167 D7
Seyfrieds 158 R2
Seyring 159 V4
Sibratsgfäll 166 C6
Sicheldorf 173 U8
Siebenhirten 159 V3
Sieding 164 T5
Siegendorf 165 V5
Siegenfeld 165 U4
Sieggraben 165 V6
Sieghartskirchen 158 T4
Sierndorf 159 U3
Sierning 163 O4
Sierninghofen 163 P4
Siezenheim *(Salzburg)* 161 K5
Sigharting 156 M3
Sigleß 165 V5
Sigmundsherberg 158 T2
Silberegg 171 P8
Silbertal 166 B7
Sill 167 G7
Sillian 169 J8
Silvrettagruppe 166 C8
Silvrettahorn 170 C8
Silvretta-Stausee 166 C8
Silz 167 E7
Similaun 167 E8
Simmering 159 V4
Simonhöhe 171 O8
Simony-H. 162 M6
Sinabelkirchen 173 T7
Sinnersdorf 165 U6
Sipbachzell 163 O4
Sirnitz 171 O8
Sistrans 167 G7
Sittersdorf 172 P9
Sitzendorf 158 T3
Soboth-Ort 172 R8
Söchau 173 U7
Söding 172 R7
Södingberg 172 R7
Söll 160 I6
Sölling 164 R4
Sölden 167 F8
Sölker Paß 171 O7
Sollenau 165 U5
Solstein 167 F7
Sommerein 165 V5
Sonnblick 170 J7
Sonnjoch 160 G6
Sonntag 166 B7
Sonntagberg 163 Q5
Sonnwendstein 164 T6
Spannberg 159 W3
Sparbach 165 U4
Speicher Durlaßboden 169 I7
Speicher Sameralm 170 L7
Speicher Zillergründl 169 I7
Speiereck 171 M7
Speikkogel 172 R7
Speisendorf 158 S2
Spertental 161 I6
Spielberg 158 R3
Spielberg bei Knittelfeld 172 H7
Spielfeld 173 S8
Spillern 159 U3
Spiß 166 D8
Spital 161 J6
Spital am Pyhrn 163 P6
Spital am Semmering 164 T6
Spittal an der Drau 171 M8
Spitz 158 S3
Sportgastein 170 L7
Sprinzenstein 156 N3
Staatz 159 V2
Stadelhorn 161 K6
Stadl an der Mur 171 N7
Stadl-Paura 162 N4
Stadtschlaining 165 U7
Stafflach 167 G7
Stainach 163 O6
Stainz 172 R8
Stall 170 L8
Stallersattel 170 I8
Stallhofen 170 L8
Stallhofen 172 R7
Stambach 164 T6
Stammersdorf 159 V4
Stams 167 E7
Stang 165 U6
Stans 160 H6
Stanzach 167 D6
Stanz bei Landeck 167 D7
Stanzertal 166 D7
Stanz im Mürztal 164 S6
Starkenbach 167 D7
Stattegg 172 S7
Stattersdorf 158 S4
Statzendorf 158 S4
Stausee-Gepatsch 167 E8
Steeg 166 C7
Steeg 162 M6
Stegersbach 173 U7
Steiermark *(Land)* 172 P7
Stein 158 S3
Stein 173 U7
Steinabrückl 165 U5
Steinach 167 G7
Steinakirchen 164 R4
Steinalpl 164 S5
Stein an der Enns 163 N6
Steinbach am Attersee 162 M5
Steinbach am Ziehberg 163 O5
Steinbach an der Steyr 163 O5
Steinberg b. L. 172 R8
Steinberg am Rofan 160 H6
Steinberg an der Rabnitz 165 V6
Steinbrunn 165 V5
Steindorf 170 J7
Steindorf 162 M5
Steindorf am Ossiachersee 171 N8
Steinegg 158 S3
Steinerkirchen 163 N4
Steinernes Meer 161 K6
Steinfeld 170 L8
Steinfelden 163 N5
Steinfeldspitze 170 M7
Steinhaus 163 O4
Steinhaus am Semmering 164 T6
Steinplatte 161 J6
Steinsee-H. 167 D7
Steirische Kalkspitze 171 M7
Steirisch Laßnitz 171 O7
Sternstein 157 O3
Stetteldorf 158 U3
Stetten 159 V3
Steuerberg 171 O8
Steyesberger-Schwaig 164 T6
Steyr 163 P4
Steyr *(Bach)* 163 O5
Steyrbrücke 163 O5
Steyregg 157 P4
Steyrermühl 162 N5
Steyrling 163 O5
Stiefern 158 S3
Stiftung 157 P3
Stillfried 159 W3
Stilluppgrund 169 H7
Stillupp-Speicher 169 H7
Stinatz 173 U7
Stiwoll 172 R7
Stixneusiedl 165 W4
Stockenboi 171 M8
Stockerau 159 U3
Stocking 172 S8
Stockwinkl 162 M5
Stodertal 163 O6
Stollhof 164 U5
Stolzalpe 171 O7
Stoob 165 V6
Stopfenreuth 159 W4
Stössing 164 T4
Stotzing 165 V5
Straden 173 T8
Strallegg 164 T6
Stranig 170 L9
Straßburg 171 P8
Straßen 170 J8
Straßgang 172 S7
Straßham 157 O4
Straßhof an der Nordbahn 159 W4
Straß im Attergau 162 M5
Straß im Straßertal 158 T3
Straß im Zillertal 160 H6
Straß in Steiermark 173 S8
Straßwalchen 161 L5
Stratzing 158 S3
Straubinger Hs. 161 J6
Strechau 163 O6
Strem 173 V7
Strengberg 163 P4
Strengen 166 D7
Stripsenjoch 161 I6
Stripsenkopf 161 I6
Strobl 162 M5
Stroheim 156 N3
Stronsdorf 159 U3
Strub 161 J6
Struden 157 Q4
Strudengau 157 Q4
Stubachtal 170 J7
Stubaier Alpen 167 F7
Stubaital 167 F7
Stubalpe 172 Q7
Stubenberg a. See 164 T7
Stuben *(Burgenland)* 165 U6
Stuben *(Vorarlberg)* 166 C7
Stübming 164 S6
Stubnerkogel 170 L7
Studenzen 173 T7
Stuhleck 164 T6
Stuhlfelden 170 J7
Stuibenfall 167 E7
Stumm 169 H7
Suben 156 M3
Südwiener H. 170 M7
Suetschach 171 O9
Sulm 172 S8
Sulz 166 E6
Sulzberg 166 B6
Sulz im Wienerwald 165 U4
Sulzkogel 167 F7
Sulztal 167 F7
Summerau 157 P3

T

Tadten 165 X5
Taiskirchen 156 M4
Talnach 172 P9
Tamsweg 171 N7
Tannheim 167 D6
Tannheimer Gruppe 167 D6
Tarrenz 167 E7
Tarsdorf 161 K4
Tattendorf 165 U5
Tauchen 164 U6
Tauernmoossee 170 J7
Tauerntal 170 J7
Tauerntunnel *(Autobahn)* 170 M7
Tauerntunnel *(Autotransport)* 170 L7
Taufkirchen an der Trattbach 156 N4
Taufkirchen an der Pram 156 M3
Tauka 173 U8
Tauplitz 163 O6
Tauplitzalm 163 N6
Taurach 171 M7
Tautendorf 158 S3
Taxenbach 170 K7
Techendorf 170 L8
Telfes 167 G7
Telfs 167 F7
Tenneck 161 L6
Tennengebirge 161 L6
Terfens 160 G7
Ternberg 163 P5
Ternitz 164 U5
Terz 164 S5
Tessenberg 170 J8
Teufenbach 171 P7
Teuflau 156 M3
Teurnia *(Ausgrabungen)* 170 M8
Texing 164 R4
Thal 164 T5
Thalerkogel 164 R6
Thalgau 161 L5
Thalheim 163 O4
Thaur 167 G7
Thaures 157 R2
Thaya 158 R2
Thaya *(Bach)* 158 R2
Theiß 158 T3
Theißenegg 172 Q8
Thenneberg 164 T4
Theras 158 T2
Theresienfeld 165 U5
Thernberg 165 U5
Thierbach 160 H6
Thiersee 160 I6
Th. Korner-H. 162 M6
Thomasberg 165 U6
Thomasroith 162 M4
Thomatal 171 N7
Thon 171 P9
Thondorf 172 S7
Thörl 164 R6
Thüringen 166 B7
Thüringer H. 169 J7
Thüringerberg 166 B7
Thumersbach 161 K7
Tiefbrunau 161 L5
Tieschen 173 T8
Tiffen 171 O8
Tigring 171 O8
Tillmitsch 172 S8
Timelkam 162 M5
Timmelsjoch 167 F8
Tirol *(Land)* 167 F7
Tisis 166 A7
Tobaj 173 U7
Tobelbad 172 S8
Tölzer H. 160 G6
Töplitsch 171 N9
Topitza 172 Q9
Toplitzsee 163 N9
Tormäuer 164 R5
Torren 161 L6
Töschling 171 O9
Tösens 167 D7
Toter Mann 164 T6
Totes Gebirge 163 N5
Traboch 164 Q6
Tradigist 164 S4
Tragöß 164 R6
Tragwein 157 P4
Trahütten 172 R8
Traisen 164 S4
Traisen *(Bach)* 164 S4
Traiskirchen 165 U4
Traismauer 158 T3
Traming 171 O8
Trandorf 158 R3
Trasdorf 158 T4
Tratten 171 M9
Trattenbach 164 T6
Trattenbach 163 P5
Trattenköpfl 169 I7
Tratzberg 160 H6
Traun 157 O4
Traun *(Bach)* 162 N6
Traunkirchen 162 N5
Traunsee 162 N5
Traunstein 158 R3
Trausdorf 165 V5
Trautenfels 163 O6
Trautmannsdorf 165 V4
Trautmannsdorf in Oststeiermark 173 T8
Trebesing 171 M8
Treffen 171 N8
Treffling 171 M8
Treglwang 163 P6
Tresdorf 159 V3
Tresdorf 170 K8
Treubach 161 L4
Trieben 163 P6
Triebenthal 163 P6
Triesting 165 V4
Trimmelkam 161 K4
Trins 167 G7
Trisanna 166 C8
Trisannabrücke 166 D7
Tristach 170 K8
Tristkopf 161 L6
Trofaiach 164 R6
Trögern 171 P9
Tröpolach 170 L9
Trumau 165 V5
Tschagguns 166 B7
Tschurndorf 165 V6
Türchlwand 170 L7
Tulbing 158 U4
Tulfes 167 G7
Tulln 158 U3
Tullnerbach 158 U4
Tullnerfeld 158 T4
Tulwitz 164 S7
Tumeltsham 156 M4
Tumpen 167 E7
Turnberg 162 M4
Turnau 164 S6
Türnitz 164 S5
Turrach 171 N8
Turracher Höhe 171 N8
Tux 169 H7
Tuxeralpen 169 G7
Tuxerjoch 169 G7
Tuxertal 169 H7
Tweng 171 M7
Twenger Talpaß 171 M7
Twimberg 172 Q8
Tyrnau 164 S7

U

Überackern 161 K4
Übersaxen 166 B7
Übersbach 173 U7
Uderns 160 H7
Ulmerfeld-Hausmening 163 Q4
Ulreichsberg 164 S5
Ulrichsberg 156 N2
Ulrichschlag 158 R3
Ulrichskirchen 159 V3
Umhausen 167 E7
Ungenach 162 M4
Ungerdorf 173 T8
Ungerndorf 159 V2
Unken 161 K6
Unserfrau-Altweitra 157 Q2
Unter-Längenfeld 167 E7
Unter-Loibach 172 Q9
Unterach 162 M5
Unteramlach 171 M8
Unterberg 164 T5
Unterbergen 158 S3
Unterbergtal 167 F7
Unterbildein 173 V7
Unterboden-Alm 163 Q6
Unterbuch 164 T7
Unterfladnitz 173 T7
Unterfrauenhaid 165 V6
Untergroßau 173 T7
Untergrünburg 163 O5
Unterkirchen 160 F6
Unterkohlstätten 165 U6
Unterlaussa 163 P5
Unterleins 167 E7
Unterlimbach 173 U7
Unterloibach 172 Q9
Unterloibl 171 O9
Untermeisling 158 S3
Untermühl 157 N3
Unternberg 171 N7
Unternußdorf 170 K8
Unterolberndorf 159 V3
Unterort-Tragöß 164 R6
Unterpinswang 165 V6
Unterpetersdorf 167 E6
Unterpremstätten 172 S8
Unterpullendorf 165 V6
Unterpurkla 173 T8
Unterrabnitz 165 V6
Unterregau 162 N5
Unterretzbach 158 U2
Unterried 170 J8
Untersberg 161 K5
Untersiebenbrunn 159 W4
Unterstinkenbrunn 159 U2
Untertauern 162 M7
Untertal 162 N6
Unterthörl 171 M9
Untertilliach 170 K8
Unterwaltersdorf 165 V5
Unterwart 165 U7
Unterweißenbach 157 Q3
Unterweitersdorf 157 P3
Unterwolfern 163 P4
Unterzeiring 171 P7
Unzmarkt 171 P7
Urbeleskarspitze 166 D6
Urbersdorf 173 V7
Urfahr 157 O3
Ursprungpaß 160 I6
Utermauerbach 159 U4
Uttendorf 161 L4
Uttendorf 170 J7
Utzenaich 156 M4

V

Valluga 166 C7
Vals 167 G7
Vandans 166 B7
Vasoldsberg 172 S7
Veitsch 164 S6
Veitschalpe 164 S6
Velden 171 O9
Vellach 170 M9
Velm 165 V4
Velm-Götzendorf 159 W3
Vent 167 E8
Ventertal 167 E8
Verditz 171 N8
Vermunt-Stausee 166 C8
Verwallgruppe 166 C7
Verwalltal 166 C7
Vesilspitze 166 C8
Vesulspitze 166 D7
Vichtenstein 156 M3
Viechtwang 163 N5
Viehdorf 163 Q4
Viehhofen 161 K6
Viehofen 158 S4
Vigaun 161 L5
Viktorsberg 166 B7
Viktring 171 O9
Villach 171 N9
Villacher Alpe 171 M9
Vilsalpsee 167 D6
Vinaders 167 G7
Virgen 170 J7
Virgental 169 J7
Vitis 158 R2
Vöcklabruck 162 M4
Vöcklamarkt 162 M4
Vögelsberg 169 G7
Völkermarkt 172 P9
Völkermarkter Stausee 172 P9
Völs 167 F7
Voitsberg 172 R7
Voitsdorf 163 O4
Volders 169 G7
Volderwildbad 169 G7
Vomp 160 H6
Von-Schmidt-Zabierow-H. 161 J6
Vorarlberg *(Land)* 166 B7
Vorau 164 T6
Vorchdorf 162 N4
Vorderberg 171 M9
Vorderer Thiersee 160 I6
Vorderer Gosausee 162 M6
Vorderhornbach 167 D6
Vorderkaiserfelden-H. 160 I6
Vorderlanersbach 169 H7
Vordernberg 164 Q6
Vordersee 161 L5
Vorderstoder 163 O5
Vorderunutz 160 H6
Vorderweißenbach 157 O3
Vösendorf 159 V4

W

Wachau 158 S4
Wagendorf 164 U7
Wagna 172 S8
Wagrain 161 L6
Wagrainer Höhe 161 L6
Wagram a. d. Donau 159 W4
Wagram ob der Traisen 158 T3
Waidegg 170 L9
Waidendorf 159 W3
Waidhofen an der Thaya 158 R2
Waidhofen an der Ybbs 163 Q5
Waidisch 171 P9
Waidmannsfeld 164 T5
Waidring 161 J6
Waisach 170 L8
Waizenkirchen 156 N4
Walchen 163 O6
Walchsee 161 I6
Wald 170 M7
Wald 164 T4
Wald 163 Q6
Waldaist 157 Q3
Wald am Arlberg 166 C7
Waldbach 164 T6
Waldburg 157 P3
Waldegg 164 U5
Waldenstein *(Kärnten)* 172 Q8
Waldenstein *(Niederösterr.)* 157 R2
Waldhausen 158 R3
Waldhausen im Strudengau 157 Q4

Wald im Pinzgau	169 I7	Weikendorf	159 W3	Weizelsdorf	171 O9
Walding	157 O3	Weikersdorf	165 U5	Wels	163 O4
Waldkirchen a. Wesen	156 N3	Weikertschlag	158 S2	Wendling	156 M4
Waldkirchen an der Thaya	158 R2	Weilbach	156 M4	Weng	161 L7
Waldneukirchen	163 O4	Weilhart-Forst	161 K4	Weng bei Admont	163 P6
Waldviertel	158 Q3	Weinburg	164 S4	Weng im Innkreis	156 L4
Waldzell	162 M4	Weinburg am Saßbach	173 T8	Wenigzell	164 T6
Walkenstein	158 T2	Weinebene	172 Q8	Wenns	167 E7
Walkersdorf	173 T7	Weingraben	165 V6	Weppersdorf	165 V6
Wallern	165 W5	Weinsbergerwald	157 Q3	Werfen	161 L6
Wallern an der Trattbach	156 N4	Weinsteig	159 V3	Werfenweng	161 L6
Wallersee	161 L5	Weinviertel	159 U3	Wernberg	171 N9
Wallsee	163 Q4	Weinzierl a. Walde	158 S3	Werndorf	172 S8
Walpersbach	165 U5	Weißbach	161 K6	Wernstein	156 M3
Walpersdorf	158 T4	Weißberg	171 O8	Wesenufer	156 N3
Wals-Siezenheim	161 K5	Weißbriach	170 L8	Westendorf	160 I6
Walterskirchen	159 W3	Weißeck	170 M7	Wetterspitze	166 D7
Wambersdorf	165 V5	Weißenalbern	157 R2	Wetterstein Gebirge	167 F6
Wang	163 R4	Weißenbach	162 N6	Wettmannstätten	172 S8
Wanghausen	161 K4	Weißenbach a. Lech	167 D6	Wetzelsdorf	159 V3
Wanneck	167 E6	Weißenbach (bei Bad Ischl)	162 M6	Wetzleinsdorf	159 V3
Wappoltenreith	158 S2	Weißenbach (Kärnten)	170 M8	Weyer Markt	163 Q5
Warscheneck	163 O6	Weißenbach (Stodertal)	163 O5	Weyerburg	159 U3
Wartberg	158 T3	Weißenbach am Attersee	162 M5	Weyersdorf	158 S4
Wartberg an der Krems	164 S6	Weißenbach an der Enns	163 P5	Weyregg a. Attersee	162 M5
Wartberg o. d. Aist	163 O5	Weißenbach an der Triesting	164 U5	Wiechenthaler H.	161 K6
Warth	157 P3	Weißenbach bei Liezen	163 O6	Wieden	173 T8
Wartmannstetten	166 C7	Weißenkirchen an der Perschling	158 T4	Wiederberger Horn	160 I6
Wasserburg	164 U5	Weißenkirchen in der Wachau	158 S3	Wien	159 U4
Wasserfallboden (Stausee)	158 T4	Weißensee	170 M8	Wien-Schwechat (Flughafen)	159 V4
Wasserfallwinkel	170 K7	Weißenstein	171 N8	Wienerbruck	164 R5
Wattens	170 K7	Weiße Spitze	169 J8	Wienerherberg	165 V4
Watzelsdorf	169 G7	Weißkirchen	172 Q7	Wiener Neudorf	165 U4
Waxenberg	158 T2	Weißkirchen an der Traun	163 O4	Wiener Neustadt	165 U5
Wechsel	157 O3	Weißkugel	167 E8	Wienerwald	164 T5
Wechselpaß	164 T6	Weißpriach	171 N7	Wien (Land)	159 V4
Weer	164 T6	Weißsee	170 J7	Wies	172 R8
Weerberg	169 G7	Weißseespitze	167 E8	Wieselburg	164 R4
Wegscheid	169 H7	Weistrach	163 P4	Wiesen	165 U5
Wegscheidt	164 R5	Weiten	158 R4	Wiesenfeld	164 S4
Wehrberg	158 S3	Weitendorf	172 S8	Wiesfleck	165 U6
Weibern	161 K4	Weitenegg	158 R4	Wiesing	160 H6
Weichselboden	162 N4	Weitensfeld	171 O8	Wiesmath	165 U6
Weichstetten	164 R5	Weitersfeld	158 T2	Wiestal-Stausee	161 L5
Weidach	163 O6	Weitersfelden	157 Q3	Wieting	172 P8
Weiden am See	167 F6	Weitra	157 Q2	Wildalpen	163 Q6
Weiden b. Rechnitz	165 W5	Weiz	173 S7	Wildbad-Einöd	171 P7
Weidling	165 U7	Weikendorf		Wildendürnbach	159 V2
Weigelsdorf	159 U4			Wilder Kaiser	161 I6
	165 V5			Wildermieming	167 F7
				Wildgerlostal	169 I7
				Wildgrat	167 E7

Wildkogel	169 I7	Wolfsberg	172 Q8	Zeller See (bei Zell a. Moos)	161 L5
Wildon	172 S8	Wolfsegg am Hausruck	162 N4	Zeller See (bei Zell a. See)	161 K7
Wildschönau	160 I6	Wolfsgraben	159 U4	Zellinkopf	170 K8
Wildseeloder	161 J6	Wolfsthal	159 X4	Zell Pfarre	171 P9
Wildshut	161 K4	Wolfurt	166 B6	Zelting	173 U8
Wildspitze	167 E8	Wolkersdorf	159 V3	Zeltschach	171 P8
Wildungsmauer	159 W4	Württemberger Hs.	167 D7	Zeltweg	172 Q7
Wilfersdorf	159 V3	Wulka	165 V5	Zemendorf	165 V5
Wilfleinsdorf	165 W4	Wulkaprodersdorf	165 V5	Zemmtal	169 H7
Wilhelmsburg	164 S4	Wullersdorf	158 U3	Zettersfeld	170 K8
Wilhering	157 O4	Wullowitz	157 P3	Zeutschach	171 P7
Willendorf	164 U5	Wultendorf	159 V3	Ziersdorf	158 T3
Willersbach	157 Q4	Wultschau	157 Q2	Ziethenkopf	170 K8
Wimpassing	164 U5	Wulzeshofen	159 U2	Ziller	169 I7
Wimpassing an der Leitha	165 V5	Wundschuh	172 S8	Zillergrund	169 H7
Windauer Ache	160 I6	Würflach	164 U5	Zillertal	160 H6
Windegg	167 F8	Wurmbrand	157 Q3	Zillertaler Alpen	166 H7
Winden am See	165 W5	Würmla	158 T4	Zillingtal	165 V5
Windgrube	164 R6	Würmlach	170 L9	Zimba	166 B7
Windhaag	157 Q4	Würnsdorf	158 R4	Zinkenbach	162 M5
Windhaag bei Freistadt	157 P3	Wurzen-Paß	171 N9	Zipf	162 M4
Windhag	163 Q5			Zirbitzkogel	172 P7
Windigsteig	158 R2	**Y**		Zirl	167 F7
Windisch Bleiberg	171 O9	Ybbs	163 Q4	Zirlerberg	167 F7
Windische Höhe	171 M9	Ybbs an der Donau	158 R4	Zissersdorf (bei Raabs)	158 S2
Windischgarsten	163 O5	Ybbsitz	163 Q5	Zissersdorf (bei Stockerau)	158 U3
Windorf	157 O3	Ysper	158 R4	Zisterdorf	159 W3
Winkl	161 M5			Zitterklapfen	166 B7
Winkler	163 P5	**Z**		Zlabern	159 V2
Winklern	170 K8	Zahmer Kaiser	161 I6	Zöbern	165 U6
Winklern bei Oberwölz	171 O7	Zams	167 D7	Zöbing	158 T3
Winterbach	164 R5	Zarnsdorf	164 R4	Zöblen	166 D6
Winterstaude	166 B6	Zauchen	163 N6	Zuckerhütl	167 F8
Winzendorf	165 U5	Zauchensee	162 M7	Zürs	166 C7
Wittau	159 V4	Zaunhof	167 E7	Zug	166 C7
Wittmannsdorf	173 T8	Zaya	159 V3	Zugspitze	167 E6
Wölfnitz	172 Q8	Zederhaus	171 M7	Zurndorf	165 W5
Wöllersdorf	165 U5	Zedlitzdorf	171 N8	Zwaring	172 S8
Wölting	171 N7	Zeillern	163 Q4	Zweinitz	171 O8
Wölzer Tauern	163 O6	Zeinisjoch	166 C8	Zwentendorf	158 T3
Wörgl	160 I6	Zeiritzkampel	163 Q6	Zwentendorf	159 V3
Wörnharts	157 Q2	Zeiselmauer	159 U4	Zwerndorf	159 W3
Wörschach	163 O6	Zelking	158 R4	Zwettl	158 R3
Wörth	170 K7	Zell am Moos	161 L5	Zwettl an der Rodl	157 O3
Wörth a. d. Lafnitz	165 U7	Zell am Pettenfirst	162 M4	Zwickenberg	170 K8
Wörther See	171 O9	Zell am See	161 K7	Zwieselstein	167 F8
Wohlsdorf	172 S8	Zell am Ziller	169 H7	Zwingendorf	159 U2
Wolfau	165 U7	Zell an der Pram	156 M4	Zwickenberg	
Wolfpassing	164 R4	Zell an der Ybbs	163 Q5	Zwölfaxing	159 V4
Wolfpassing an der Hochleithen	159 V3	Zellberg	169 H7	Zwölfaxing	
Wolfsbach	163 Q4	Zellerndorf	158 T2	Zwölferhorn	162 M5
		Zellerrain	164 R5		

A

Abertamy 176 C3
Adamov 182 K5
Albrechtice 183 O4
Albrechtice nad Vltavou 181 F5
Arnoltice 177 F2
Aš 176 B3

B

Babylon 180 C5
Bakov nad Jizerou 177 G3
Bánov 183 M6
Bartošovice 183 N4
Bartošovice v Orlických horách 178 K3
Baška 183 N4
Batelov 181 H5
Bavorov 181 F5
Bečice 181 G5
Bečov 176 E3
Bečov nad Teplou 176 C3
Bečva 183 L5
Bedihošť 182 L5
Bedřichov 182 J5
Bechlín 177 F3
Bechyně 181 F5
Bělá nad Radbuzou 180 C4
Bělá nad Svitavou 182 J4
Bělá pod Bezdězem 177 G2
Bělá pod Pradědem 179 L3
Bělčice 180 E5
Bělečko 178 I3
Bělkovice-Lašťany 182 L4
Bělotín 183 M4
Benátky nad Jizerou 177 G3
Benecko 178 I2
Benešov (Jihočeský kraj) 182 K4
Benešov (Středočeský kraj) 181 G4
Benešov nad Černou 181 G6
Benešov nad Ploučnicí 177 F2
Bernartice (Jihočeský kraj) 181 F5
Bernartice (Královéhradecký kraj) 178 I2
Beroun 177 F4
Berounka 176 E4
Běšiny 180 D5
Besednice 181 G6
Běstvina 178 I4
Bezděz 177 G2
Bezdružice 176 C4
Bezno 177 G3
Bezvěrov 176 D4
Bílá 183 N5
Bílá Lhota 182 K4
Bílá Třemešná 178 I3
Bílá Voda 178 K3
Bílé Karpaty 183 M6
Bílina 177 D2
Bílina 177 E2
Bílovec 183 N4
Bílovice 183 M5
Bílovice nad Svitavou 182 K5
Bílý Potok 177 H2
Biskupice 183 M5
Bítov 182 I6
Blanice 181 F5
Blansko 182 K5
Blanský les 181 F6
Blatná 180 E5
Blatnice pod svatým Antonínkem 183 L6
Blatno 176 D3
Blížejov 180 C4
Bliževedly 177 F2
Blížkovice 182 I6
Blovice 180 E4
Blšany 176 D3
Blučina 182 K5
Bludov 178 K4
Bobrová 182 J5
Bochov 176 D3
Bohdalice 182 L5
Bohdalín 181 H5
Bohdalov 182 I5
Bohumín 179 N4
Bohuňovice 182 L4
Bohušov 179 M3
Bohuslavice (Jihočeský kraj) 182 L5
Bohuslavice (Královéhradecký kraj) 178 J3
Bohuslavice (Moravskoslezský kraj) 179 N4
Bohuslavice u Zlína 183 M5
Bohutín 180 E4
Bojkovice 183 M5
Bolatice 179 N4
Boleboř 176 D2
Bolešiny 180 D5
Boletice nad Labem 177 F2
Bonětice 180 C4
Bor 180 C4
Bořetice 182 K6
Borohrádek 178 J3
Borotín 181 G4
Borová 182 J4
Borová Lada 180 E6
Borovany 181 G6
Borovnice 182 J4
Borovnice (Královéhradecký kraj) 178 J3
Boršice u Buchlovic 183 L5
Bory 182 J5
Boskovice 182 K5
Boubín 180 E6
Boubínský prales 180 E6
Bouzov 182 K4
Božanov 178 J2
Božejov 181 H5
Boží Dar 176 C3
Božice 182 J6
Břasy 176 E4
Břeclav 182 K6
Břehy 178 I3
Břežany 182 J6
Březí 182 K6
Březina 177 H2
Březnice 180 E4
Březno (Středočeský kraj) 177 H3
Březno (Ústecký kraj) 176 D3
Březolupy 183 M5
Březová (Moravskoslezský kraj) 183 M4
Březová (Pardubický kraj) 176 C3
Březová (Zlínský kraj) 183 M6
Březůvky 183 M5
Břidličná 179 L4
Brandov 176 D2
Brandýs nad Labem 177 G3
Brandýs nad Orlicí 178 J3
Branišovice 182 J6
Brantice 179 M3
Bratronice 177 F3
Bratrušoz 178 K3
Brloh 181 F6
Brná nad Labem 177 F2
Brněnec 182 K4
Brniště 177 G2
Brno 182 K5
Brno-Tuřany (Letiště) 182 K5
Brodek u Konice 182 K4
Brodek u Přerova 182 L5
Brodek u Prostějova 182 L5
Broumov 178 J2
Brozany 177 F3
Brtnice 181 I5
Brtníky 177 F2
Brumov-Bylnice 183 N5
Brumovice 179 M3
Bruntál 179 L4
Brušperk 183 N4
Bublava 176 C3
Bučovice 182 L5
Budeč 181 I5
Budiškovice 181 I5
Budišov 182 J5
Budišov nad Budišovkou 183 M4
Budyně nad Ohří 177 F3
Buchlov 182 L5
Buchlovice 182 L5
Bukovec 183 O4
Bukovice 178 K4
Buštěhrad 177 F3
Byňov 181 G6
Byšice 177 G3
Býšť 178 I3
Bystřany 177 E2
Bystřička 183 M5
Bystřice (Moravskoslezský kraj) 183 O4
Bystřice (Středočeský kraj) 181 G4
Bystřice nad Pernštejnem 182 J4
Bystřice pod Hostýnem 183 M5
Bystrc 182 K5
Bystré 182 J4
Bzenec 182 L6

C

Čachrov 180 D5
Čáslav 177 H4
Častolovice 178 J3
Častrov 181 H5
Čechtice 181 H4
Čechtín 182 I5
Čejč 182 K6
Čejkovice 182 K6
Čeladná 183 N4
Čelákovice 177 G3
Čelina 181 F4
Čenkovice 178 K3
Čepřovice 180 E5
Čeradice 176 D3
Čerčany 177 G4
Čerchov 180 C5
Černá Hora 182 K5
Černá hora 180 E6
Černá hora 178 I2
Černá v Pošumaví 181 F6
Černčice 177 E3
Černilov 178 I3
Černošice 177 F4
Černošín 176 C4
Černovice 181 G5
Černuc 177 F3
Černý Důl 178 I2
Čertův kámen 181 G5
Červená Lhota 181 G5
Červená Řečice 181 H4
Červená Voda 178 K3
Červené Janovice 177 H4
Červený Kostelec 178 J3
Červený Újezd 181 G4
Červený vrch 182 K5
Česká Bělá 181 I4
Česká Kamenice 177 F2
Česká Lípa 177 G2
Česká Skalice 178 J3
Česká Třebová 178 J4
České Budějovice 181 F6
České Velenice 181 G6
České Žleby 180 E6
Český Brod 177 G3
Český Dub 177 H2
Český Krumlov 181 F6
Český les 180 C4
Český ráj 177 H2
Český Rudolec 181 H5
Český Šternberk 177 G4
Český Těšín 183 O4
Cestice 180 E5
Čestín 177 H4
Čimelice 181 F5
Číměř 181 H5
Činěves 177 H3
Čisovice 177 F4
Čistá 176 E3
Čistá (Pardubický kraj) 178 J4
Čížkovice 177 F3
Čížová 181 F5
Čkyně 180 E5
Cehnice 180 F5
Cínovec 177 E2
Citoliby 177 E3
Cornštejn 182 I6
Cvikov 177 G2

D

Dačice 181 H5
Dalečín 182 J4
Dalešice 182 J5
Dalešice (Vodní nádrž) 182 J5
Dambořice 182 K5
Dašice 178 I3
Davle 177 F4
Deblín 182 J5
Debrník 180 D5
Děčín 177 F2
Děčínský Sněžník 177 F2
Defurovy Lažany 180 E5
Dejvice 177 F3
Dešenice 180 D5
Dešov 181 I6
Deštná 181 G5
Deštné v Orlických horach 178 J3
Desná 177 H2
Dětmarovice 179 N4
Dětřichov nad Bystřicí 179 L4
Devět skal 182 J4
Dírná 181 G5
Dívčí Hrady 182 K6
Dívčice 181 F5
Divišov 181 G4
Dlouhá Loučka 182 L4
Dlouhá Ves 180 E5
Dlouhopolsko 177 H3
Dobčice 181 F6
Dobev 180 F5
Dobřany 180 D4
Dobřeň 177 G3
Dobřenice 178 I3
Dobříč 176 D4
Dobřichovice 177 F4
Dobříš 177 F4
Dobrá 183 N4
Dobronín 181 I5
Dobrovice 177 G3
Dobruška 178 J3
Doksy 177 G2
Dolany 180 L4
Dolany (Olomoucký kraj) 182 D5
Dolní Benešov 179 N4
Dolní Bojanovice 182 L6
Dolní Bousov 177 H3
Dolní Břežany 177 F4
Dolní Bukovsko 181 G5
Dolní Čermná 178 K4
Dolní Cerekev 181 H5
Dolní Dobrouč 178 K4
Dolní Dunajovice 182 K6
Dolní Dvořiště 181 F6
Dolní Hbity 181 F4
Dolní Kalná 178 I2
Dolní Kounice 182 J5
Dolní Kralovice 181 H4
Dolní Krupá (Středočeský kraj) 177 G2
Dolní Krupá (Vysočina kraj) 181 I4
Dolní Lipka 178 K3
Dolní Loučky 182 J5
Dolní Lukavice 180 D4
Dolní Lutyně 179 N4
Dolní Město 181 H4
Dolní Morava 178 K3
Dolní Němčí 183 M6
Dolní Nivy 176 C3
Dolní Oldřiš 177 H1
Dolní Poustevna 177 F2
Dolní Rožínka 182 J5
Dolní Slivno 177 G3
Dolní Údolí 179 L3
Dolní Újezd (Olomoucký kraj) 183 M4
Dolní Újezd (Pardubický kraj) 178 J4
Dolní Vltavice 180 F6
Dolní Žandov 176 C3
Dolnomoravský úval 182 L6
Domanín 182 L6
Domašov 182 J5
Domašov nad Bystřicí 183 L4
Domažlice 180 C5
Domousnice 177 H3
Doubí 176 C3
Doubravník 182 J5
Doubravy 183 M5
Doudleby nad Orlicí 178 J3
Doupovské hory 176 D3
Dřevohostice 183 M5
Dříteč 178 I3
Dříteň 181 F5
Drahanovice 182 L4
Drahany 182 K5
Drahobuz 177 F2
Drahonice 181 F5
Draženov 180 C5
Dražíč 181 F5
Dražice 181 G5
Drmoul 176 C4
Drnholec 182 J6
Drnovice 182 K5
Dub nad Moravou 182 L5
Dubá 177 G2
Dubenec 181 F4
Dubí 177 E2
Dubice 177 F2
Dubicko 178 K4
Dublovice 181 F4
Dubňany 182 L6
Dubné 181 F6
Duchcov 177 E2
Dvořiště 181 G5
Dvorce 179 M4
Dvory nad Lužnicí 181 G6
Dvůr Králové nad Labem 178 I3
Dyje 182 J6
Dyleň 176 C4
Dymokury 177 H3
Dýšina 176 D4

E-F

Entenbühl 176 B4
Fláje 176 E2
Folmava 180 C5
Francova Lhota 183 N5
Františkovy Lázně 176 B3
Frenštát pod Radhoštěm 183 N4
Fryčovice 183 N4
Frýdek-Místek 183 N4
Frýdlant 177 H2
Frýdlant nad Ostravicí 183 N4
Frymburk 181 F6
Fryšava 182 J4
Fryšták 183 M5
Fulnek 183 M4

G-CH

Golčův Jeníkov 178 H4
Grygov 182 L4
Chabařovice 177 E2
Cheb 176 B3
Chlístov 180 D5
Chlum (Chrudim) 182 I4
Chlum (Hradec Králové) 178 I3
Chlum (Jihočeský kraj) 182 K4
Chlum u Třeboně 181 G6
Chlumčany 180 D4
Chlumec nad Cidlinou 178 H3
Choceň 178 J4
Chocerady 177 G4
Chodov (Praha) 177 G3
Chodov (Sokolov) 176 C3
Cholina 182 L4
Choltice 178 I4
Chomutov 176 D3
Chornice 182 K4
Chorušice 177 G3
Chotěboř 181 I4
Chotěšov (Plzeňský kraj) 180 D4
Chotěšov (Ústecký kraj) 177 F3
Chotětov 177 G3
Chotilsko 181 F4
Chotoviny 181 G5
Chřibská 177 F2
Chřiby 182 L5
Chřič 176 E4
Chrášťany 177 G4
Chrást 176 D4
Chrast 178 I4
Chrastava 177 G2
Chroboly 180 F6
Chropyně 183 L5
Chrudim 178 I4
Chudenice 180 D5
Chudenín 180 D5
Chudolazy 177 F3
Chuchelná 179 N4
Chvalčov 183 M5
Chvaleč 178 J2
Chvaletice 177 H3
Chvalšiny 181 F6
Chýňava 177 F3
Chýnov 181 G5
Chyše 176 D3
Chýšky 181 F4

H

Habartice 177 H1
Habartov 176 C3
Habrovany 182 K5
Habry 181 I4
Háj 176 B3
Háj ve Slezsku 179 N4
Hajnice 178 I3
Halenkov 183 N5
Halenkovice 183 L5
Halže 176 C4
Hanušovice 178 K3
Harrachov 178 H2
Hartmanice 180 D5
Hať 179 N4
Hatě 182 J6
Hatín 181 G5
Havířov 183 N4
Havlíčkova Borová 182 I4
Havlíčkův Brod 181 I4
Havraň 176 E3
Hazlov 176 B3
Hazmburk 177 F3
Hejnice 177 H2
Helfenburk 180 F5
Helfštýn 183 M4
Heřmaničky 181 G4
Heřmanova Huť 180 D4
Heřmanovice 179 L3
Heřmanův Městec 178 I4
Herálec (Pelhřimov) 182 J4
Herálec (Žďár nad Sázavou) 181 H4
Hevlín 182 J6
Hlavňovice 180 D5
Hlinné 182 J4
Hlinsko 182 I4
Hlubočky 183 L4
Hluboká nad Vltavou 181 F5
Hluboké Mašůvky 182 J6
Hlučín 179 N4
Hluk 183 M6
Hněvkovice 181 H4
Hnojník 183 O4
Hodkovice nad Mohelkou 177 H2
Hodonice 182 J6
Hodonín 182 L6
Hodslavice 183 N4
Hojsova Stráž 180 D5
Holasovice 179 M3
Holčovice 179 L3
Holešov 183 M5
Holice 178 I3
Holoubkov 176 E4
Holýšov 180 D4
Homole 181 F6
Honezovice 180 D4
Hořejší Kunčice 179 M4
Hořepník 181 H4
Hořičky 178 J3
Hořice 178 I3
Hořice na Šumavě 181 F6
Hořiněves 178 I3
Hořovičky 176 E3
Hořovice 177 E4
Hora Svaté Kateřiny 176 D2
Hora Svatého Šebestiána 176 D2
Horažďovice 180 E5
Horka nad Moravou 182 L4
Horní Bečva 183 N5
Horní Benešov 179 M4
Horní Beřkovice 177 F3
Horní Blatná 176 C3
Horní Bříza 176 D4
Horní Bradlo 182 I4
Horní Čermná 178 K4
Horní Cerekev 181 H5
Horní Dvořiště 181 F6
Horní Jelení 178 J3
Horní Jiřetín 176 E2
Horní Kněžeklady 181 F5
Horní Kruty 177 G4
Horní Libchava 177 G2
Horní Lideč 183 N5
Horní Loděnice 183 L4
Horní Lomná 183 O4
Horní Maršov 178 I2
Horní Město 179 L4
Horní Moštěnice 183 L5
Horní Planá 180 F6
Horní Počernice 177 G3
Horní Slavkov 176 C3
Horní Štěpánov 182 K4
Horní Stropnice 181 G6
Horní Suchá 183 N4
Horní Vltavice 180 E6
Horšovský Týn 180 C4
Horusický rybník 181 G5
Hošťálková 183 M5
Hošťálkovy 179 M3
Hošťka 177 F3
Hostěradice 182 J6
Hostim 182 I5
Hostinné 178 I2
Hostivice 177 F3
Hostomice (Středočeský kraj) 177 F4
Hostomice (Ústecký kraj) 177 E2
Hostouň 180 C4
Hostýnské vrchy 183 M5
Hovězí 183 N5
Hovorany 182 K6
Hřensko 177 F2
Hříměždice 181 F4
Hříškov 177 E3
Hřivice 176 E3

Hrabišín 178 L 4
Hrabyně 179 N 4
Hradčany 177 G 2
Hradec Králové 178 I 3
Hradec nad Moravicí 179 M 4
Hradec nad Svitavou 182 J 4
Hrádek
(Klatovy) 180 D 5
Hrádek
(Rokycany) 180 E 4
Hrádek
(Znojmo) 182 J 6
Hrádek nad Nisou 177 G 2
Hrádek u Nechanic 178 I 3
Hradiště 176 D 3
Hracholusky (Vodní nádrž) 176 D 4
Hranice
(Karlovarský kraj) 176 B 3
Hranice
(Olomoucký kraj) 183 M 4
Hrejkovice 181 F 5
Hrob 176 E 2
Hrobčice 177 E 2
Hrochův Týnec 178 I 4
Hronov 178 J 3
Hrotovice 182 J 5
Hroznětín 176 C 3
Hrubá Voda 183 L 4
Hrubý Jeseník 177 L 3
Hrušky 182 K 6
Hrušovany nad Jevišovkou 182 J 6
Hrušovany u Brna 182 K 5
Hukvaldy 183 N 4
Hulín 183 L 5
Humpolec 181 H 4
Huštěnovice 183 L 5
Husinec 180 E 5
Huslenky 183 N 5
Hustopeče 182 K 6
Hustopeče nad Bečvou 183 M 4
Hutisko-Solanec 183 N 5
Huzová 182 L 4
Hvězdlice 182 L 5
Hvožďany 180 E 4
Hvozd 182 K 4

I

Ivančice 182 J 5
Ivanovice na Hané 182 L 5

J

Jabkenice 177 H 3
Jablonec nad Jizerou 178 H 2
Jablonec nad Nisou 177 H 2
Jablonné nad Orlicí 178 K 3
Jablonné v Podještědí 177 G 2
Jablůnka 183 M 5
Jablunkov 183 O 4
Jáchymov 176 C 3
Jalubí 183 L 5
Jankov 181 G 4
Janov nad Nisou 177 H 2
Janovice 183 N 4
Janovice nad Úhlavou 180 D 5
Janské Lázně 178 I 2
Jaroměř 178 I 3
Jaroměřice 182 K 4
Jaroměřice nad Rokytnou 182 I 5
Jarošov nad Nežárkou 181 H 5
Jaroslav 178 J 3
Jaroslavice 182 J 6
Javořice 181 H 5
Javorník
(Olomoucký kraj) 178 L 3
Javorník
(Pardubický kraj) 182 J 4
Jedlová 182 J 4
Jedovnice 182 K 5
Jemnice 181 I 5
Jeneč 177 F 3
Ještěd 177 G 2
Jesenice *(Praha)* 177 G 4
Jesenice
(Rakovník) 176 D 3
Jesenice (Vodní nádrž) 176 B 3
Jeseník 179 L 3
Jeseník nad Odrou 183 M 4
Jestřebí 177 G 2
Jetřichovice 177 F 2
Jevany 177 G 4
Jevíčko 182 K 4
Jevišovice 182 I 6
Ježov 182 L 5
Jezeřany-Maršovice 182 J 5
Jezerní hora 180 D 5
Jičín 177 H 3
Jičíněves 177 H 3
Jihlava 181 H 5
Jihlava *(Sídla)* 181 I 5
Jilemnice 178 I 2
Jílové 177 F 2
Jílové u Prahy 177 F 4
Jílovice 181 G 6
Jimramov 182 J 4
Jince 177 E 4
Jindřichov
(Bruntál) 179 M 3
Jindřichov
(Šumperk) 178 K 3
Jindřichovice 176 C 3
Jindřichovice
pod Smrkem 177 H 2
Jindřichův Hradec 181 H 5
Jinošov 182 J 5
Jiřetín pod Jedlovou 177 G 2
Jiříkov 177 G 2
Jirkov 176 D 3
Jistebnice 181 G 5
Jistebník 183 N 4
Jívová 183 L 4
Jizera 177 H 2
Jizera 177 H 2
Jizerské hory 177 H 2
Josefov 178 I 3
Josefův Důl 177 H 2

K

Kaceřov
(Plzeň-sever) 176 E 4
Kaceřov
(Sokolov) 176 C 3
Kácov 181 H 4
Kadaň 176 D 3
Kadov 180 E 5
Kájov 181 F 6
Kalek 176 D 2
Kámen 181 H 5
Kamenice
(Středočeský kraj) 177 G 4
Kamenice
(Vysočina kraj) 182 I 5
Kamenice nad Lipou 181 H 5
Kamenický Šenov 177 F 2
Kamenný Přívoz 177 G 4
Kamenný Újezd 181 F 6
Kamýk nad Vltavou 181 F 4
Kaplice 181 F 6
Kařez 176 E 4
Kardašova Řečice 181 G 5
Karlova Studánka 179 L 3
Karlovice 179 L 3
Karlovy Vary 176 C 3
Karlštejn 177 F 4
Karolinka 183 N 5
Karviná 179 O 4
Kašperk 180 E 5
Kašperské Hory 180 E 5
Kasárna 181 I 5
Kasejovice 180 E 5
Katovice 180 E 5
Katusice 177 G 3
Kaznějov 176 D 4
Kbely 177 G 3
Kdyně 180 D 5
Kejžlice 181 H 4
Kelč 183 M 5
Keprník 178 L 3
Kladno 177 F 3
Kladruby 180 C 4
Kladruby nad Labem 178 H 3
Klášterec nad Ohří 176 D 3
Klatovy 180 D 5
Klecany 177 F 3
Klenčí pod Čerchovem 180 C 5
Klenovice na Hané 182 L 5
Kleť 181 F 6
Klimkovice 183 N 4
Klínovec 176 C 3
Klobouky 182 K 6
Klobuky 177 E 3
Kněždub 183 L 6
Kněževes 176 E 3
Kněžice
(Středočeský kraj) 177 H 3
Kněžice
(Vysočina kraj) 181 I 5
Kněžmost 177 H 3
Knížecí stolec 180 F 6
Knížecí strom 176 B 4
Kobeřice 179 N 4
Kobylí 182 K 6
Kocbeře 178 I 3
Kojetín
(Olomoucký kraj) 182 L 5
Kojetín
(Ústecký kraj) 176 D 3
Kokašice 176 C 4
Kokořín 177 G 3
Kokory 183 L 5
Kolín 177 H 3
Kolinec 180 D 5
Kolný 181 G 5
Koloveč 180 D 5
Komáří hůrka 177 E 2
Komárov 177 E 4
Komorní Lhotka 183 O 4
Komorovice 181 H 4
Koněprusy 177 F 4
Konice 182 K 4
Konopiště 181 G 4
Konstantinovy Lázně 176 C 4
Kopaniny 176 B 3
Kopidlno 177 H 3
Kopřivnice 183 N 4
Kořenov 177 H 2
Koryčany 182 L 5
Korytná 183 M 6
Košetice 181 H 4
Košice 181 G 5
Koštálov 177 H 2
Košťany 177 E 2
Koštice 177 E 3
Kosičky 178 I 3
Kosova Hora 181 F 4
Kost 177 H 3
Kostelec 181 I 5
Kostelec na Hané 182 L 4
Kostelec
nad Černými Lesy 177 G 4
Kostelec nad labem 177 G 3
Kostelec nad Orlicí 178 J 3
Kostelní Hlavno 177 G 3
Kostomlaty nad Labem 177 G 3
Kostomlaty
pod Milešovkou 177 E 2
Kotel 178 I 2
Kounice 177 G 3
Kouřim 177 G 3
Kouty 182 I 5
Kouty nad Desnou 178 L 3
Kovářov 181 F 4
Kovářská 176 D 3
Kožlany 176 E 4
Kozí Hrádek 181 G 5
Kozlovice 183 N 4
Kozojedy 176 E 4
Kozolupy 176 D 4
Křečovice 181 F 4
Křelovice 181 H 4
Křemže 181 F 6
Křenice 180 D 4
Křenov 182 K 4
Křenovice 182 K 5
Křešice 177 F 2
Křetín 182 K 4
Křinec 177 H 3
Křivoklát 177 E 3
Křižanov 182 J 5
Křižany 177 G 2
Křižová 182 I 4
Křtiny 182 K 5
Krajková 176 C 3
Kralice nad Oslavou 182 J 5
Králický Sněžník 178 K 3
Králíky 178 K 3
Královec 178 I 2
Kralovice 176 D 4
Kralupy nad Vltavou 177 F 3
Králův Dvůr 177 F 4
Kramolín 182 J 5
Kraselov 180 E 5
Kraslice 176 C 3
Krásná 183 N 4
Krásná Hora nad Vltavou 181 F 4
Krásná Lípa 177 G 2
Krásný Dvůr 176 D 3
Kratochvíle 181 F 5
Kravaře
(Liberecký kraj) 177 F 2
Kravaře
(Moravskoslezský kraj) 179 N 4
Krchleby
(Kutná Hora) 177 H 4
Krchleby
(Nymburk) 177 H 3
Krkonoše 178 I 2
Krnov 179 M 3
Kroměříž 183 L 5
Krompach 177 G 2
Krouna 182 J 4
Krsy 176 D 4
Krumvíř 182 K 6
Krupá 176 E 3
Krupka 177 E 2
Krušné hory 176 C 3
Kryry 176 D 3
Kučeř 181 F 5
Kuks 178 I 3
Kunčice pod Ondřejníkem 183 N 4
Kunčina 182 K 4
Kunín 183 M 4
Kunovice 183 L 5
Kunštát 182 K 4
Kunvald 178 J 3
Kunžak 181 H 5
Kuřim 182 K 5
Kuřivody 177 G 2
Kutná Hora 177 H 4
Kvasice 183 L 5
Kvasiny 178 J 3
Kvilda 180 E 5
Kyjov 182 L 5
Kyjovice 179 N 4
Kynšperk nad Ohří 176 C 3
Kyselka 176 C 3
Kytlice 177 G 2

L

Labe 177 I 3
Landštejn 181 H 5
Lánov 178 I 2
Lanškroun 178 K 4
Lanžhot 182 K 6
Lanžov 178 I 3
Lásenice 181 G 5
Lázně Bělohrad 178 I 3
Lázně Bohdaneč 178 I 3
Lázně Kynžvart 176 C 3
Ledeč nad Sázavou 181 H 4
Ledenice
(Jihočeský kraj) 181 G 6
Lednice
(Jihočeský kraj) 182 K 6
Lechovice 182 J 6
Lelekovice 182 K 5
Lenešice 177 E 3
Lenora 180 E 6
Lešná 183 M 5
Lešná
(Severomoravský kraj) 183 M 4
Leština u Světlé 181 H 4
Leština 178 K 4
Leskovec nad Moravicí 179 M 4
Lesná 176 C 4
Lesný 176 C 3
Lestkov 176 C 4
Letiny 180 D 4
Letňany 177 G 3
Letohrad 178 K 3
Letonice 182 K 5
Letovice 182 K 4
Lezník 182 J 4
Lhenice 181 F 6
Lhota 183 M 4
Lhota pod Libčany 178 I 3
Lhota pod Radčem 176 E 4
Lhotka 177 F 3
Libá 176 B 3
Libáň 177 H 3
Libčeves 177 E 3
Libčice nad Vltavou 177 F 3
Libecina 178 J 4
Liběchov 177 F 3
Liberec 177 H 2
Liběšice 177 F 2
Líbeznice 177 F 3
Libchavy 178 J 3
Libice nad Doubravou 182 I 4
Libín 180 F 6
Libina 178 L 4
Libínské Sedlo 180 E 6
Libňatov 178 J 3
Libočany 176 E 3
Libochovice 177 F 3
Liboměřice 178 I 4
Libošovice 177 H 3
Libouchec 177 F 2
Libřice 178 I 3
Libušín 177 F 3
Lično 178 J 3
Lidečko 183 N 5
Lidice 177 F 3
Lichnov 179 M 3
Lindava 177 G 2
Líně 180 D 4
Lípa 181 I 4
Lipí 181 F 6
Lipnice 181 G 6
Lipník 182 I 5
Lipník nad Bečvou 183 M 4
Lipno I (Vodní nádrž) 180 F 6
Lipno-Lipenec 176 E 3
Lipno nad Vltavou 181 F 6
Lipoltice 178 I 4
Lipov 183 L 6
Lipová 182 K 4
Lipová-lázně 179 L 3
Lipovec 182 K 5
Liptál 183 M 5
Lipůvka 182 K 5
Líšeň 182 K 5
Lišov 181 G 5
Lišťany 176 D 4
Liteň 177 F 4
Litenčice 182 L 5
Litice 180 D 4
Litobratřice 182 J 6
Litohoř 182 I 5
Litoměřice 177 F 2
Litomyšl 178 J 4
Litovel 182 L 4
Litultovice 179 M 4
Litvínov 176 E 2
Lnáře 180 E 5
Lobendava 177 F 1
Loděnice 177 F 4
Lochovice 177 E 4
Loket 176 C 3
Lom
(Jihočeský kraj) 180 E 5
Lom
(Ústecký kraj) 176 E 2
Lomnice 182 J 5
Lomnice nad Lužnicí 181 G 5
Lomnice nad Popelkou 177 H 2
Loštice 182 K 4
Loučeň 177 H 3
Loučka 183 M 5
Loučka *(Přerov)* 183 M 4
Loučky 183 M 4
Loučná nad Desnou 178 L 3
Loučovice 181 F 6
Louka 183 L 6
Louňovice pod Blaníkem 181 G 4
Louny 177 E 3
Lovčice 182 L 5
Lovečkovice 177 F 2
Lovosice 177 F 2
Loza 176 D 4
Lubenec 176 D 3
Lubná 183 L 5
Lubná
(Východočeský kraj) 182 J 4
Luby 176 B 3
Lučina 183 N 4
Ludgeřovice 179 N 4
Ludvíkovice 177 F 2
Luhačovice 183 M 5
Luká 182 K 4
Luka nad Jihlavou 181 I 5
Lukavec 181 G 4
Lukov 183 M 5
Lukov
(Znojmo) 182 I 6
Luleč 182 K 5
Luštěnice 177 G 3
Lusen 180 E 6
Lutín 182 L 4
Luž 177 G 2
Luže 178 J 4
Lužec nad Vltavou 177 F 3
Lužice 182 L 6
Lužické hory 177 G 2
Lužná 176 E 3
Lužnice 181 G 6
Lysá hora 183 N 4
Lysá nad Labem 177 G 3
Lysice 182 K 5

M

Macocha 182 K 5
Machov 178 J 3
Máchovo jezero 177 G 2
Malá Morávka 179 L 3
Malá Štáhle 179 L 3
Malá Skála 177 H 2
Malá Úpa 178 I 2
Malé Březno
(Most) 176 E 3
Malé Březno
(Ústí n. Lab.) 177 F 2
Malešov 177 H 4
Maletín 182 K 4
Malonty 181 G 6
Malšice 181 G 5
Malšín 181 F 6
Manětín 176 D 4
Mariánské Lázně 176 C 4
Markvarec 181 H 5
Markvartovice 179 N 4
Maršíkov 178 L 3
Maršovice 181 G 4
Maštov 176 D 3
Maxičky 177 F 2
Mcely 177 H 3
Měčín 180 D 5
Měděnec 176 D 3
Měcholupy 176 E 3
Melč 179 M 4
Mělnické Vtelno 177 G 3
Mělník 177 F 3
Měnín 182 K 5
Měřín 182 I 5
Merklín 180 D 4
Městec Králové 177 H 3
Městečko Trnávka 182 K 4
Město Albrechtice 179 M 3
Město Libavá 183 M 4
Město Touškov 176 D 4
Meziboří 176 E 2
Meziměstí 178 J 2
Mikulášovice 177 F 2
Mikulov
(Jihomoravský kraj) 182 K 6
Mikulov
(Ústecký kraj) 176 E 2
Mikulovice
(Jihočeský kraj) 182 J 6
Mikulovice
(Olomoucký kraj) 179 L 3
Milešov
(Středočeský kraj) 181 F 4
Milešov
(Ústecký kraj) 177 E 2
Miletín 178 I 3
Milevsko 181 F 5
Milíčín 181 G 4
Milín 181 F 4
Milotice 182 L 6
Milovice
(Jihočeský kraj) 182 K 6
Milovice
(Středočeský kraj) 177 G 3
Mimoň 177 G 2
Miřetice 178 I 4
Mířkov 180 C 4
Mirošov 180 E 4
Miroslav 182 J 6
Mirotice 180 F 5
Mirovice 181 F 4
Miškovice 183 M 5
Misečky 178 I 2
Místo 176 D 3
Mladá Boleslav 177 G 3
Mladá Vožice 181 G 4
Mladé Buky 178 I 2
Mladějovice 182 L 4
Mladkov 178 K 3
Mladošovice 181 G 6
Mladotice 176 D 4
Mlázovice 178 I 3
Mlečice 176 E 4
Mlýny 181 G 5
Mnich 181 G 5
Mnichov 176 C 3
Mnichovice
(Benešov) 181 H 4
Mnichovice
(Praha-východ) 177 G 4
Mnichovo Hradiště 177 G 2
Mníšek 177 H 2
Mníšek pod Brdy 177 F 4
Modřice 182 K 5
Modrava 180 D 5
Mochov 177 G 3
Mochtín 180 D 5
Mohelnice 182 K 4
Mohelnice nad Jizerou 177 G 2
Mohelno 182 J 5
Mohyla míru 182 K 5
Mokrá-Horákov 182 K 5
Moldava 176 E 2
Mořina 177 F 4
Mořkov 183 N 4
Morašice 178 J 4
Morava 178 K 3
Moravany 178 I 4
Moravec 182 J 5
Moravičany 182 K 4
Moravice 179 M 4
Morávka 183 O 4
Moravská Nová Ves 182 L 6

Moravská Třebová 182 K4
Moravské Budějovice 182 I5
Moravskoslezské Beskydy 183 N5
Moravský Beroun 181 L4
Moravský Kras 182 K5
Moravský Krumlov 182 J5
Moravský Písek 182 L6
Morkovice-Slížany 182 L5
Mošnov 183 N4
Most 176 E2
Mostek 178 I3
Mostkovice 182 L5
Mosty u Jablunkova 183 O4
Moutnice 182 K5
Mratín 177 G3
Mrázov 176 C4
Mšec 177 E3
Mšené-lázně 177 F3
Mšeno 177 G3
Mukařov 177 G4
Mutějovice 176 E3
Mutěnice 182 L6
Myštice 180 E5
Myslejovice 182 L5
Myslibořice 182 I5
Mýtina 176 B3
Mýto 176 E4
Mže 176 C4

N

Načeradec 181 G4
Náchod 178 J3
Náklo 182 L4
Nalžovské Hory 180 E5
Náměšť na Hané 182 L4
Náměšť nad Oslavou 182 J5
Napajedla 183 M5
Nasavrky 178 I4
Nebužely 177 G3
Nečemice 176 E3
Nečtiny 176 D4
Nedakonice 183 L5
Nedašov 183 N5
Nedvědice 182 J5
Nechanice 178 I3
Nechranice (Vodní nádrž) 176 D3
Nechvalice 181 F4
Nejdek 176 C3
Nekvasovy 180 E5
Nemanice 180 C5
Němčice 182 K5
Němčice 180 D5
Němčice nad Hanou 182 L5
Nepomuk 180 E5
Neratovice 177 G3
Neslovice 182 J5
Nesovice 182 L5
Nespeky 177 G4
Netolice 181 F5
Netřebice 177 H3
Netvořice 177 G4
Neurazy 180 E5
Neustupov 181 G4
Neveklov 181 G4
Nezamyslice 182 L5
Nezvěstice 180 E4
Nivnice 183 M6
Nižbor 177 F3
Nížkov 182 I4
Nížkovice 182 K5
Nová Bystřice 181 H5
Nová Cerekev 181 H5
Nová Hospoda 176 C4
Nová Lhota 183 M6
Nová Paka 178 I3
Nová Pec 180 E6
Nová Říše 181 I5
Nová Role 176 C3
Nová Včelnice 181 H5
Nová Ves (Břeclav) 182 K6
Nová Ves (Jihlava) 181 H5
Nová Ves (Mělník) 177 F3
Nová Ves I 177 H3
Nová Ves v Horách 176 D2
Nové Dvory 177 H4
Nové Hrady (Jihočeský kraj) 181 G6
Nové Hrady (Pardubický kraj) 178 J4
Nové Město na Moravě 182 J4
Nové Město nad Metují 178 J3
Nové Město pod Smrkem 177 H2
Nové Mitrovice 180 E4
Nové Mlýny (Vodní nádrž) 182 K6
Nové Sedlo 176 C3
Nové Strašecí 177 E3
Nové Syrovice 182 I5
Nové Veselí 182 I4
Novohradské hory 181 G6
Novosedly nad Nežárkou 181 G5
Nový Bor 177 G2
Nový Bydžov 178 I3
Nový Hrádek 178 J3
Nový Hrozenkov 183 N5
Nový Jičín 183 N4
Nový Knín 177 F4
Nový Kostel 176 B3
Nový Malín 178 L4
Nový Přerov 182 J6
Nový Rychnov 181 H5
Nýdek 183 O4
Nymburk 177 H3
Nýřany 180 D4
Nýrsko 180 D5

O

Obecnice 180 E4
Obory 181 F4
Obříství 177 F3
Obrataň 181 G5
Obrnice 176 E2
Odolena Voda 177 F3
Odra 183 N4
Odry 183 M4
Ochoz u Brna 182 K5
Oheb 178 I4
Ohře 176 D3
Okna 177 G2
Okounov 176 D3
Okřišky 182 I5
Okrouhlá 176 B3
Okrouhlice 181 I4
Olbramovice (Jihočeský kraj) 182 J6
Olbramovice (Středočeský kraj) 181 G4
Oldřichovice 183 O4
Oldřišov 179 M4
Olešnice (Jihočeský kraj) 181 G6
Olešnice (Jihočeský kraj) 182 J4
Olešnice v Orlických horách 178 J3
Olomouc 182 L4
Oloví 176 C3
Olšany 178 K4
Olšany u Prostějova 182 L4
Olší 182 J5
Olšovec 183 M4
Oltyně 181 G5
Ondřejov 177 G4
Opařany 181 F5
Opatov (Pardubický kraj) 178 K4
Opatov (Vysočina kraj) 181 I5
Opatovice 183 M4
Opatovice nad Labem 178 I3
Opava 179 M3
Opava (Sídla) 179 M4
Opočno 178 J3
Opolany 177 H3
Ořechov 182 K5
Oráčov 176 E3
Orlice 178 J3
Orlické hory 178 J3
Orlické Záhoří 178 J3
Orlík 179 L3
Orlík (Vodní nádrž) 181 F4
Orlík nad Vltavou 181 F4
Orlová 179 N4
Osečná 177 G2
Osek (Plzeňský kraj) 176 E4
Osek (Ústecký kraj) 176 E2
Osek nad Bečvou 183 M4
Oskava 178 L4
Oskořínek 177 H3
Oslavany 182 J5
Osoblaha 179 M3
Osová Bítýška 182 J5
Ostrava 179 N4
Ostrava-Mošnov (Letiště) 183 N4
Ostravice 183 N4
Ostroměř 178 I3
Ostrov (Karlovarský kraj) 176 C3
Ostrov (Pardubický kraj) 178 K4
Ostrov nad Oslavou 182 I5
Ostrov u Macochy 182 K5
Ostrovec 181 F5
Ostrožská Nová Ves 183 L5
Ostružná 178 L3
Ostrý 180 D5
Osvětimany 182 L5
Otaslavice 182 L5
Otava 180 D5
Otice 179 M4
Otnice 182 K5
Otročín 176 C3
Otrokovice 183 M5
Otryby 177 G4
Otvice 176 D3
Ovčáry 177 H3

P

Pačejov 180 E5
Pačlavice 182 L5
Pacov 181 H5
Palkovice 183 N4
Pancíř 180 D5
Panenský Týnec 177 E3
Panská skála 177 F2
Panské Dubenky 181 H5
Paračov 180 E5
Pardubice 178 I3
Pašovice 183 M5
Paseka 182 L4
Paskov 183 N4
Pasohlávky 182 K6
Pastviny 178 K3
Pavlice 182 I6
Pavlíkov 176 E3
Pavlovské vrchy 182 K6
Pec pod Sněžkou 178 I2
Pěčín 178 J3
Pečky 177 H3
Pecka 178 I3
Pelhřimov 181 H5
Pěnčín 177 H2
Pernarec 176 D4
Pernink 176 C3
Pernštejn 182 J5
Perštejn 176 D3
Peruc 177 E3
Pětipsy 176 D3
Petřvald 179 N4
Petrovice (Ústí n. Lab.) 177 E2
Petrovice (Česká Lípa) 177 G2
Petrovice (Příbram) 181 F4
Petrovice (Znojmo) 182 J5
Petrovice u Karviné 179 O4
Petrovice u Sušice 180 D5
Pchery 177 F3
Pila 176 C3
Pilníkov 178 I2
Píšť 179 N4
Písečná 179 L3
Písečné 181 H6
Písek (Jihočeský kraj) 181 F5
Písek (Moravskoslezský kraj) 183 O4
Plaňany 177 H3
Planá 176 C4
Planá nad Lužnicí 181 G5
Plánice 180 D5
Plasy 176 D4
Plavy 177 H2
Plechý 180 E6
Plešivec 176 C3
Plesná 176 B3
Plumlov 182 L5
Plzeň 176 D4
Přovany 176 D4
Přovice 182 L4
Poběžovice 180 C4
Počátky 181 H5
Pocinovice 180 D5
Podbořanský Robozec 176 D3
Podbořany 176 D3
Podbřezí 178 J3
Poděbrady 177 H3
Podhora 177 G2
Podhradí 177 H3
Podhradí nad Dyjí 181 I6
Podivice 182 L5
Podivín 182 K6
Podlesí 183 M4
Podmokly 176 E4
Podolí 183 M5
Podomí 182 K5
Podstrání 176 C3
Pohořelice 182 K6
Pohoří na Šumavě 181 G6
Pohorská Ves 181 G6
Polánka 182 J5
Polepy 177 F2
Polešovice 182 L5
Polička 182 J4
Police nad Metují 178 J2
Polná 182 I5
Polná na Šumavě 181 F6
Polnička 182 I4
Pomezí 182 J4
Pomezí nad Ohří 176 B3
Popelín 181 H5
Poříčany 177 G3
Poříčí nad Sázavou 177 G4
Poruba 183 N4
Postoloprty 176 E3
Postřekov 180 C5
Postřelmov 178 K4
Postupice 181 G4
Potěhy 177 H4
Potštát 183 M4
Potštejn 178 J3
Povrly 177 F2
Pozdeň 177 E3
Pozořice 182 K5
Přáslavice 183 L4
Přebuz 176 C3
Předín 181 I5
Předměřice nad Jizerou 177 G3
Předměřice nad Labem 178 I3
Přelouč 178 I3
Přemyslovice 182 K4
Přepychy 178 J3
Přerov 183 L5
Přerov nad Labem 177 G3
Přešín 180 E4
Přeštice 180 D4
Příbor 183 N4
Příbram (Středočeský kraj) 180 F4
Příbram (Ústecký kraj) 177 F2
Přibyslav 182 I4
Přimda 180 C4
Přísečnice (Vodní nádrž) 176 D3
Praděd 179 L3
Prachatice 180 F5
Prachomety 176 C3
Prachovice 178 I4
Praha 177 G3
Praha-Ruzyné (Letiště) 177 F3
Prameny 176 C3
Pravčická brána 177 F2
Pražmo 183 N4
Proseč 182 J4
Prosiměřice 182 J6
Prostějov 182 L5
Prostřední Bečva 183 N5
Protivanov 182 K5
Protivín 181 F5
Průhonice 177 G4
Pruněřov 176 D3
Prušánky 182 K6
Prusinovice 183 M5
Pšov 176 D3
Pšov (Západočeský kraj) 176 D3
Psáry 177 G4
Ptení 182 K4
Purkarec 181 F5
Pustá Polom 179 N4
Pustiměř 182 L5

R

Řásná 181 H5
Řečany nad Labem 178 H3
Řečice 181 H5
Řeka 183 O4
Řepiště 183 N4
Řevničov 177 E3
Řevnice 177 F4
Říčany (Jihočeský kraj) 182 J5
Říčany (Středočeský kraj) 177 G4
Říčky 178 J3
Římov 181 F6
Římov (Vodní nádrž) 181 F6
Rabí 180 E5
Rabyně 177 F4
Račice-Pístovice 182 K5
Radbuza 180 C4
Radeč 176 E4
Radíč 181 F4
Radiměř 182 J4
Radnice 176 E4
Radomyšl 180 E5
Radonice 176 D3
Radošice 180 E4
Radostín nad Oslavou 182 I5
Radotice 181 I6
Radotín 177 F4
Radovesnice I 177 H3
Radslavice 183 M5
Raduň 179 M4
Rájec-Jestřebí 182 K5
Rajhrad 182 K5
Rajnochovice 183 M5
Rakovník 176 E3
Rakvice 182 K6
Rancířov 181 I6
Rapotín 178 L4
Rapšach 181 G6
Raspenava 177 H2
Rataje nad Sázavou 177 G4
Ratiboř 183 M5
Ratibořice 178 J3
Ratibořské Hory 181 G5
Ratíškovice 182 L6
Ražice 181 F5
Rejštejn 180 E5
Ročov 177 E3
Rohatec 182 L6
Rohovládova Bělá 178 I3
Rohozná 182 J4
Rokycany 180 E4
Rokytnice 183 L5
Rokytnice nad Jizerou 178 H2
Rokytnice nad Rokytnou 182 I5
Rokytnice v Orlických horách 178 J3
Ronov nad Doubravou 178 I4
Ropice 183 O4
Roštejn 181 H5
Rosice 182 J5
Rosovice 181 F4
Rotava 176 C3
Roudnice nad Labem 177 F3
Rouchovany 182 J5
Rousínov (Jihočeský kraj) 182 K5
Rousínov (Středočeský kraj) 176 E3
Rovečné 182 J4
Rovensko pod Troskami 177 H2
Rožďalovice 177 H3
Rožmberk 181 G5
Rožmberk nad Vltavou 181 F6
Rožmitál pod Třemšínem 180 E4
Rožnov pod Radhoštěm 183 N5
Rozkoš 182 I5
Rozkoš (Vodní nádrž) 178 J3
Rozseč nad Kunštátem 182 J4
Roztoky (Praha-západ) 177 F3
Roztoky (Rakovník) 177 E3
Rozvadov 180 C4
Rtyně v Podkrkonoší 178 J2
Ruda nad Moravou 178 K4
Rudná 177 F3
Rudník 178 I2
Rudolfov 181 G6
Rumburk 177 G2
Rusava 183 M5
Rybitví 178 I3
Rybničná 176 C3
Rybník 180 C4
Rýdeč 177 F2
Rychlebské hory 178 K3
Rychnov 182 K4
Rychnov nad Kněžnou 178 J3
Rychnov u Jablonce nad Nisou 177 H2
Rychtářov 182 K5
Rychvald 179 N4
Rýmařov 179 L4
Rymice 183 M5
Rynárec 181 H5
Rynoltice 177 G2

S

Šafov 182 I6
Šakvice 182 K6
Šance (Vodní nádrž) 183 N4
Šardice 182 L6
Šatov 182 J6
Šebetov 182 K4
Šebkovice 182 I5
Šenov 183 N4
Ševětín 181 G5
Široká Niva 179 L3
Šitbořice 182 K5
Škrdlovice 182 I4
Škvorec 177 G3
Šlapanice 182 K5
Šlapanov 181 I4
Šluknov 177 F2
Špičák 180 D5
Špindlerův Mlýn 178 I2
Šťáhlavy 180 E4
Štěchovice 177 F4
Štěkeň 180 F5
Štěnovice 180 D4
Štěpánkovice 179 N4
Štěpánov 182 L4
Štěpánov nad Svratkou 182 J4
Šternberk 182 L4
Štětí 177 F3
Štítina 179 N4
Štítná nad Vláří-Popov 183 M5
Štíty 178 K4
Štoky 181 I4
Štramberk 183 N4
Šumava 180 D5
Šumice 183 M5
Šumná 182 I6
Šumperk 178 K4
Šumvald 178 L4
Švihov 180 D5
Sadov 176 C3
Sadová 178 I3
Sadská 177 G3
Sázava 181 G4
Sázava (Středočeský kraj) 177 H4
Sázava (Vysočina kraj) 182 I4
Sebuzín 177 F2
Seč 178 I4
Sedlčany 181 F4
Sedlec 178 I3
Sedlec-Prčice 181 G4
Sedlice 180 E5
Sedliště 183 N4
Sedlo 177 F2
Semčice 177 H3
Semily 177 H2
Semněvice 180 C4
Senice na Hané 182 L4
Senomaty 176 E3
Senožaty 181 H4
Sepekov 181 F5
Sezemice 178 I3
Sezimovo Ústí 181 G5
Sirotčí Hrádek 182 K6
Skalná 176 B3
Skašov 180 D4
Skochovice 177 H3
Skřipov 183 M4
Skryje 176 E4
Skuhrov 181 I4
Skuhrov nad Bělou 178 J3
Skuteč 178 I4
Slabce 176 E4
Slaný 177 F3
Slapy 177 F4
Slapy (Vodní nádrž) 177 F4
Slatiňany 178 I4
Slatinice 182 L4
Slavhostice 177 H3
Slavičín 183 M5
Slavkov (Moravskoslezský kraj) 179 M4
Slavkov (Zlínský kraj) 183 M6
Slavkov u Brna 182 K5
Slavkovský les 176 C3
Slavonice 181 H6
Sloup 182 K5
Sloup v Čechách 177 G2
Sloupnice 178 J4
Slušovice 183 M5
Smečno 177 F3
Smědeč 181 F6
Smidary 178 H3
Smiřice 178 I3
Smolov 180 C4
Smrčná 181 I5
Smrk 182 N4
Smrk 178 L3
Smrk 177 H2
Smržice 182 L5
Smržovka 177 H2
Sněžka 178 I2
Sněžné 182 J4
Soběšice 180 E5
Soběslav 181 G5

262 Česko

Sobotín 178 L3
Sobotka 177 H3
Sokolnice 182 K5
Sokolov 176 C3
Solenice 181 F4
Solnice 178 J3
Sopotnice 178 J3
Sovinec 179 L4
Spálené Poříčí 180 E4
Spálov 183 M4
Spytihněv 183 M5
Srbeč 177 E3
Srbská Kamenice 177 F2
Srní 180 D5
Stachy 180 E5
Stáj 182 I5
Staňkov 180 D4
Stanovice (Vodní nádrž) 176 C3
Stařeč 182 I5
Stará Bělá 183 N4
Stará Boleslav 177 G3
Stará Libavá 183 M4
Stará Paka 178 I2
Stará Ves nad Ondřejnicí 183 N4
Stará Voda 176 C4
Staré Čívice 178 I3
Staré Hamry 183 N5
Staré Hobzí 181 H5
Staré Hradiště 178 I3
Staré Křečany 177 G2
Staré Město *(Bruntál)* 178 L3
Staré Město *(Šumperk)* 178 K3
Staré Město *(Svitavy)* 182 K4
Staré Město pod Landštejnem 181 H5
Staré Sedliště 176 C4
Staré Smrkovice 178 I3
Staré Splavy 177 G2
Staré Ždánice 178 I3
Stárkov 178 J2
Starý Hrozenkov 183 M6
Starý Jičín 183 M4
Starý Plzenec 180 D4
Starý Smolivec 180 E4
Stěbořice 179 M4
Stěžery 178 I3
Stod 180 D4
Stodůlky 177 F3
Stochov 177 E3
Stonařov 181 I5
Stonava 183 O4
Střekov 177 F2
Střela 176 D4
Střelice 182 K5
Stříbřec 181 G5
Stříbrná 182 K5
Stříbrná 176 C3
Stříbrná Skalice 177 G4
Stříbrnice 178 K3
Stříbro 176 C4
Střílky 182 L5
Stradouň 178 J4
Strachotice 182 J6
Strachotín 182 K6
Strakonice 180 E5
Strančice 177 G4
Strání 183 M6
Strašice 180 E4
Strašín 180 E5
Straškov-Vodochody 177 F3
Strašov 178 I3
Stráž 180 C4
Stráž nad Nežárkou 181 G5
Stráž pod Ralskem 177 G2
Strážek 182 J5
Strážiště 177 G2
Strážkovice 181 G6
Strážnice 182 L6
Strážný 180 E6
Strážný 180 E6
Strážov 180 D5
Strmilov 181 H5
Strunkovice nad Blanicí 180 F5
Strupčice 176 E3
Studánka 176 C4
Studánky 181 F6
Studená 181 H5
Studené 178 K3
Studenec 178 I2
Studénka 183 N4
Studnice 182 K5
Stvolny 176 D3
Sudice 179 N3
Sudoměřice 182 L6
Sudoměřice u Bechyně 181 G5
Suchdol 177 H4
Suchdol nad Lužnicí 181 G6
Suchdol nad Odrou 183 M4
Suchohrdly 182 J6
Suchomasty 177 F4
Suchý vrch 178 K3
Sukorady 178 I3
Sušice 180 E5
Svatá 177 E4
Svatá Kateřina 180 D5
Svatobořice-Mistřín 182 L6
Svatoslav 182 I5
Svatý Kopeček 182 L4
Svébohov 178 K4
Světlá Hora 179 L3
Světlá nad Sázavou 181 H4
Světlík 181 F6
Světnov 182 I4
Svinky 181 G5
Svitava 182 K5
Svitávka 182 K5
Svitavy 182 J4
Svoboda nad Úpou 178 I2
Svojanov 182 J4
Svojetín 176 E3
Svojšice 177 H3
Svratka 182 J4
Svratka 182 J5
Sychrov 177 H2
Syrovice 182 K5

T

Tábor 181 G5
Tachov 176 C4
Tálín 181 F5
Tanečnice 183 N5
Tanvald 177 H2
Tasov 182 J5
Tatenice 178 K4
Tavíkovice 182 J5
Tečovice 183 M5
Těchlovice 177 F2
Těchobuz 181 G4
Telč 181 H5
Telecí 182 J4
Telnice 177 E2
Temelín 181 F5
Teplá 176 C4
Teplice 177 E2
Teplice nad Bečvou 183 M4
Teplice nad Metují 178 J2
Teplicko-adršpašské skály 178 J2
Terezín 177 F2
Těrlicko 183 N4
Těšetice 182 L4
Těšíkov 183 L4
Tichá 183 N4
Tišice 177 G3
Tišnov 182 J5
Tisá 177 F2
Tlumačov 183 M5
Tochovice 180 E4
Topolná 183 M5
Toužim 176 C3
Tovačov 182 L5
Třebařov 178 K4
Třebechovice pod Orebem 178 J3
Třebenice *(Ústecký kraj)* 177 E3
Třebenice *(Vysočina kraj)* 182 J5
Třebíč 182 I5
Třebíz 177 E3
Třebnice 181 F4
Třebohostice 180 E5
Třebom 179 N3
Třeboň 181 G5
Třebotov 177 F4
Třebušín 177 F2
Třemešná 179 M3
Třemošná 176 D4
Třemošnice 178 I4
Třešť 181 H5
Tři Sekery 176 C4
Třinec 183 O4
Třtěno 177 E3
Travná 178 K3
Trhová Kamenice 182 I4
Trhové Sviny 181 G6
Trhový Štěpánov 181 H4
Trnava 182 I5
Trojanovice 183 N4
Troskovice 177 H2
Troubelice 182 L4
Troubky 183 L5
Tršice 183 L4
Trutnov 178 I2
Tučapy 181 G5
Tuchlovice 177 E3
Tuchořice 176 E3
Tuhaň 177 F2
Tulešice 182 J5
Tuřany 182 K5
Turnov 177 H2
Tvrdonice 182 K6
Týn nad Vltavou 181 F5
Týnec nad Labem 177 H3
Týnec nad Sázavou 177 G4
Týniště nad Orlicí 178 J3

U

Údlice 176 D3
Uhelná Příbram 181 I4
Uherčice 181 I6
Uherské Hradiště 183 L5
Uherský Brod 183 M5
Uherský Ostroh 183 L6
Uhlířské Janovice 177 H4
Úhonice 177 F3
Úhřetická Lhota 178 I4
Uhříněves 177 G3
Újezd u Brna 182 K5
Újezd 183 M5
Újezd nad Lesy 177 G3
Úlibice 177 H3
Únanov 182 J6
Úněšov 176 D4
Unhošť 177 F3
Uničov 182 L4
Úpice 178 J2
Určice 182 L5
Úštěk 177 F2
Úsov 182 L4
Ústí nad Labem 177 F2
Ústí nad Orlicí 178 J4
Úterý 176 D4
Úvalno 179 M3
Úvaly 177 G3

V

Vacenovice 182 L6
Vacov 180 E5
Valašská Bystřice 183 N5
Valašská Polanka 183 M5
Valašské Klobouky 183 N5
Valašské Meziříčí 183 M5
Valdštejn 177 H2
Valečov 177 H2
Valtice 182 K6
Vamberk 178 J3
Varnsdorf 177 G2
Včelná 181 F6
Vejprnice 180 D4
Vejprty 176 D3
Velehrad 183 L5
Velemín 177 E2
Velešín 181 F6
Velhartice 180 D5
Velichovky 178 I3
Velim 177 H3
Velká Bíteš 182 J5
Velká Bystřice 183 L4
Velká Deštná 178 J3
Velká Dobrá 177 F3
Velká Hleďsebe 176 C4
Velká nad Veličkou 183 M6
Velká Polom 179 N4
Velké Bílovice 182 K6
Velké Březno 177 F2
Velké Heraltice 179 M4
Velké Hoštice 179 M4
Velké Karlovice 183 N5
Velké Kunětice 179 L3
Velké Losiny 178 L3
Velké Meziříčí 182 J5
Velké Němčice 182 K6
Velké Opatovice 182 K4
Velké Pavlovice 182 K6
Velké Popovice 177 G4
Velké Přílepy 177 F3
Velký Bor 180 E5
Velký Osek 177 H3
Velký Šenov 177 F2
Velký Tisý 181 G5
Velký Týnec 182 L4
Velký Újezd 183 L4
Veltrusy 177 F3
Velvary 177 F3
Vémyslice 182 J5
Vepřová 182 I4
Veřovice 183 N4
Verneřice 177 F2
Věšín 180 E4
Veselí nad Lužnicí 181 G5
Veselí nad Moravou 183 L6
Větřní 181 F6
Větrný Jeníkov 181 H5
Veverská Bítyška 182 J5
Věž 181 H4
Vícov 182 K5
Víden 182 J5
Vidnava 179 L3
Vilémov 178 I4
Vimperk 180 E5
Vinařice 177 F3
Vír 182 J4
Višňová 177 H2
Višňové 182 J6
Vítězná 178 I3
Vítkov 183 M4
Vítkovice 178 I2
Vítkův kámen 181 F6
Vítonice 183 M5
Vizovice 183 M5
Vladislav 182 I5
Vlachovice 183 M5
Vlachovo Březí 180 E5
Vlašim 181 G4
Vlasatice 182 J6
Vlastiboř 181 G5
Vlčkovice v Podkrkonoší 178 I3
Vlčnov 183 M5
Vlhošť 177 F2
Vltava 181 F5
Vodňany 181 F5
Vodokrty 180 D4
Vojkov 181 G4
Vojtanov 176 B3
Volary 180 E6
Volenice 180 E5
Volevčice 176 E3
Volfartice 177 F2
Volyně 180 E5
Votice 181 G4
Voznice 177 F4
Vřesina 183 N4
Vřesová 176 C3
Vracov 182 L6
Vrané nad Vltavou 177 F4
Vranov (Vodní nádrž) 182 I6
Vranov nad Dyjí 182 I6
Vranovice 182 K6
Vranovská Ves 182 I6
Vratěnín 181 I6
Vratimov 183 N4
Vrbátky 182 L4
Vrbno pod Pradědem 179 L3
Vrčeň 180 E4
Vrdy 178 H4
Vrchlabí 178 I2
Vroutek 176 D3
Všemina 183 M5
Všeruby 180 C5
Všeruby *(Plzeň-sever)* 176 D4
Všestary 178 I3
Všetaty 177 G3
Vsetín 183 M5
Vsetínské vrchy 183 N5
Výprachtice 178 K4
Vyškov 182 L5
Výškovice 183 M4
Vyšovice 182 L5
Vyšší Brod 181 F6
Vysočany 181 I6
Vysočina 182 I4
Vysoká 183 N5
Vysoké Chvojno 178 I3
Vysoké Mýto 178 J4
Vysoké nad Jizerou 177 H2
Vysoké Veselí 177 H3

Z

Žacléř 178 I2
Žalany 177 E2
Žamberk 178 J3
Žandov 177 F2
Žár 181 G6
Žarošice 182 K5
Žatec 176 E3
Ždánice 182 L5
Ždánický les 182 K6
Žďár *(Mladá Boleslav)* 177 H2
Žďár *(Rakovník)* 176 D3
Žďár nad Sázavou 182 I4
Žďárec 182 J5
Žďárské vrchy 182 J4
Ždírec 177 G2
Ždírec nad Doubravou 182 I4
Žebětín 182 J5
Žebrák 177 E4
Žebráky 176 C4
Žehuň 177 H3
Žehušice 177 H4
Želeč 181 G5
Želetava 181 I5
Železná 180 C4
Železná Ruda 180 D5
Železnice 177 H3
Železný Brod 177 H2
Želiv 181 H4
Želivka (Vodní nádrž) 181 H4
Želnava 180 E6
Žeravice 182 L5
Židlochovice 182 K5
Žichlínek 178 K4
Žichovice 180 E5
Žihle 176 D3
Žinkovy 180 D5
Žirovnice 181 H5
Živohošť 181 F4
Žiželice 177 H3
Žleby 178 I4
Žlutice 176 D3
Žlutice (Vodní nádrž) 176 D3
Žulová 178 L3
Záblatí 180 E6
Záblatský rybník 181 G5
Záboří 180 E5
Zábřeh 178 K4
Zadní Chodov 176 C4
Zádveřice 183 M5
Zahořany 181 F4
Záhoří 181 F5
Zahrádky 177 G2
Zaječí 182 K6
Zaječov 177 E4
Zákolany 177 F3
Zákupy 177 G2
Záluží 176 E2
Zašová 183 N5
Zásmuky 177 H4
Zastávka 182 J5
Zavidov 176 E3
Zbiroh 176 E4
Zborovice 182 L5
Zbraslav *(Jihočeský kraj)* 182 J5
Zbraslav *(Praha)* 177 F4
Zbraslavice 177 H4
Zbůch 180 D4
Zbýšov *(Jihočeský kraj)* 182 J5
Zbýšov *(Středočeský kraj)* 177 H4
Zbytiny 180 E6
Zděchov 183 N5
Zdice 177 E4
Zdíkov 180 E5
Zdobnice 178 J3
Zdounky 182 L5
Zhoř 180 C4
Zlatá Koruna 181 F6
Zlaté Hory 179 L3
Zlín 183 M5
Zliv 181 F5
Zlobice 182 L5
Zlonice 177 F3
Znojmo 182 J6
Zruč 176 D4
Zruč nad Sázavou 181 H4
Zubří 183 N5
Zubrnice 177 F2
Zvíkov 181 F5
Zvíkovské Podhradí 181 F5
Zvole 182 J5

Stadtpläne / Stadsplattegronden
Town plans / Plans de ville
Piante di città / Planos de ciudades

Deutschland 🇩🇪
- Aachen 265
- Augsburg 265
- Berlin 266
- Bonn 267
- Braunschweig 267
- Chemnitz 268
- Dortmund 269
- Dresden 270
- Duisburg 270
- Düsseldorf 271
- Essen 272
- Frankfurt am Main 273
- Hamburg 274-275
- Hannover 276
- Karlsruhe 276
- Kassel 277
- Kiel 277
- Köln 278
- Konstanz 278
- Leipzig 279
- Magdeburg 279

Belgique / België 🇧🇪
- Antwerpen (Anvers) 292
- Brugge (Bruges) 293
- Bruxelles / Brussel .. 294-295
- Gent (Gand) 296
- Liège (Luik) 297
- Namur (Namen) 298

Luxembourg 🇱🇺
- Luxembourg 299

Nederland 🇳🇱
- Amsterdam 300-301
- Arnhem.................. 302
- Breda................... 302
- Den Haag 303
- Haarlem 304
- Maastricht 305
- Rotterdam 306
- Utrecht 307

Suisse / Schweiz / Svizzera 🇨🇭
- Basel................... 308
- Bern 309
- Fribourg 310
- Genève 310
- Interlaken 311
- Lausanne................ 311
- Neuchâtel 312
- Zürich 313

Österreich 🇦🇹
- Wien................ 314-315

Česko 🇨🇿
- Praha 316-317

- Mainz................... 280
- Mannheim 280
- München 281
- Münster................. 282
- Nürnberg 283
- Potsdam 284
- Regensburg............. 285
- *Ruhrgebiet* 286-287
- Schwerin 288
- Stuttgart 289
- Wiesbaden 290
- Würzburg 291

Stadtpläne | Plattegronden | Town plans

Sehenswürdigkeiten | **Bezienswaardigheden** | **Sights**
Sehenswertes Gebäude | Interessant gebouw | Place of interest
Sehenswerter Sakralbau: | Interessant kerkelijk gebouw: | Interesting place of worship:
Katholische - Evangelische Kirche | Kerk - Protestantse kerk | Church - Protestant church

Straßen | **Wegen** | **Roads**
Autobahn - Schnellstraße | Autosnelweg - Weg met gescheiden rijbanen | Motorway - Dual carriageway
Nummerierte Voll - bzw. Teilanschlussstellen | Knooppunt / aansluiting: volledig, gedeeltelijk | Numbered junctions: complete, limited
Hauptverkehrsstraße | Hoofdverkeersweg | Major thoroughfare
Gesperrte Straße oder mit Verkehrsbeschränkungen | Onbegaanbare straat, beperkt rijgankelijk | Unsuitable for traffic or street subject to restrictions
Fußgängerzone - Straßenbahn | Voetgangersgebied - Tramlijn | Pedestrian street - Tramway
Parkplatz - Park-and-Ride-Plätze | Parkeerplaats - P & R | Car park - Park and Ride
Tunnel | Tunnel | Tunnel
Bahnhof und Bahnlinie | Station, spoorweg | Station and railway
Standseilbahn | Kabelspoor | Funicular
Seilschwebebahn | Tandradbaan | Cable-car

Sonstige Zeichen | **Overige tekens** | **Various signs**
Informationsstelle | Informatie voor toeristen | Tourist Information Centre
Moschee - Synagoge | Moskee - Synagoge | Mosque - Synagogue
Turm - Ruine | Toren - Ruïne | Tower - Ruins
Windmühle | Windmolen | Windmill
Garten, Park, Wäldchen | Tuin, park, bos | Garden, park, wood
Friedhof | Begraafplaats | Cemetery

Stadion - Golfplatz - Pferderennbahn | Stadion - Golfterrein - Renbaan | Stadium - Golf course - Racecourse
Freibad - Hallenbad | Zwembad: openlucht, overdekt | Outdoor or indoor swimming pool
Aussicht - Rundblick | Uitzicht - Panorama | View - Panorama
Denkmal - Brunnen | Gedenkteken, standbeeld - Fontein | Monument - Fountain
Yachthafen | Jachthaven | Pleasure boat harbour
Leuchtturm | Vuurtoren | Lighthouse
Flughafen - U-Bahnstation | Luchthaven - Metrostation | Airport - Underground station
Autobusbahnhof | Busstation | Coach station
Schiffsverbindungen: | Vervoer per boot: | Ferry services:
Autofähre, Personenfähre | Passagiers en auto's - uitsluitend passagiers | passengers and cars - passengers only
Hauptpostamt (postlagernde Sendungen) - Krankenhaus | Hoofdkantoor voor poste-restante - Ziekenhuis | Main post office with poste restante - Hospital
Markthalle | Overdekte markt | Covered market
Gendarmerie - Polizei | Marechaussee / rijkswacht - Politie | Gendarmerie - Police
Rathaus | Stadhuis | Town Hall
Universität, Hochschule | Universiteit, hogeschool | University, College
Öffentliches Gebäude, durch einen Buchstaben gekennzeichnet: | Openbaar gebouw, aangegeven met een letter:: | Public buildings located by letter:
Museum - Rathaus | Museum - Stadhuis | Museum - Town Hall
Präfektur, Unterpräfektur - Theater | Prefectuur, onderprefectuur - Schouwburg | Prefecture or sub-prefecture - Theatre
Automobilclub | Automobieclub | Automobile Club

Plans | Piante | Planos

Curiosités | **Curiosità** | **Curiosidades**
Bâtiment intéressant | Edificio interessante | Edificio interesante
Édifice religieux intéressant : catholique - protestant | Costruzione religiosa interessante: Chiesa - Tempio | Edificio religioso interesante: católica - protestante

Voirie | **Viabilità** | **Vías de circulación**
Autoroute - Double chaussée de type autoroutier | Autostrada - Doppia carreggiata tipo autostrada | Autopista - Autovía
Échangeurs numérotés : complet - partiels | Svincoli numerati: completo, parziale | Enlaces numerados: completo, parciales
Grande voie de circulation | Grande via di circolazione | Vía importante de circulación
Rue réglementée ou impraticable | Via regolamentata o impraticabile | Calle reglamentada o impracticable
Rue piétonne - Tramway | Via pedonale - Tranvia | Calle peatonal - Tranvía
Parking - Parking Relais | Parcheggio - Parcheggio Ristoro | Aparcamiento - Aparcamientos «P+R»
Tunnel | Galleria | Túnel
Gare et voie ferrée | Stazione e ferrovia | Estación y línea férrea
Funiculaire, voie à crémaillère | Funicolare | Funicular, línea de cremallera
Téléphérique, télécabine | Funivia, cabinovia | Teleférico, telecabina

Signes divers | **Simboli vari** | **Signos diversos**
Information touristique | Ufficio informazioni turistiche | Oficina de Información de Turismo
Mosquée - Synagogue | Moschea - Sinagoga | Mezquita - Sinagoga
Tour - Ruines | Torre - Ruderi | Torre - Ruinas
Moulin à vent | Mulino a vento | Molino de viento
Jardin, parc, bois | Giardino, parco, bosco | Jardín, parque, madera
Cimetière | Cimitero | Cementerio

Stade - Golf - Hippodrome | Stadio - Golf - Ippodromo | Estadio - Golf - Hipódromo
Piscine de plein air, couverte | Piscina: all'aperto, coperta | Piscina al aire libre, cubierta
Vue - Panorama | Vista - Panorama | Vista parcial - Vista panorámica
Monument - Fontaine | Monumento - Fontana | Monumento - Fuente
Port de plaisance | Porto turistico | Puerto deportivo
Phare | Faro | Faro
Aéroport - Station de métro | Aeroporto - Stazione della metropolitana | Aeropuerto - Estación de metro
Gare routière | Autostazione | Estación de autobuses
Transport par bateau : | Trasporto con traghetto: | Transporte por barco:
passagers et voitures, passagers seulement | passeggeri ed autovetture - solo passeggeri | pasajeros y vehículos, pasajeros solamente
Bureau principal de poste restante - Hôpital | Ufficio centrale di fermo posta - Ospedale | Oficina de correos - Hospital
Marché couvert | Mercato coperto | Mercado cubierto
Gendarmerie - Police | Carabinieri - Polizia | Policía National - Policía
Hôtel de ville | Municipio | Ayuntamiento
Université, grande école | Università, scuola superiore | Universidad, escuela superior
Bâtiment public repéré par une lettre : | Edificio pubblico indicato con lettera: | Edificio público localizado con letra :
Musée - Hôtel de ville | Museo - Municipio | Museo - Ayuntamiento
Préfecture, sous-préfecture - Théâtre | Prefettura, sottoprefettura - Teatro | Prefectura, subprefectura - Teatro
Automobile Club | Automobile Club | Club del Automóvil

266 BERLIN

BONN

BRAUNSCHWEIG

DORTMUND

269

272 ESSEN

FRANKFURT AM MAIN

273

FRANKFURT AM MAIN

274 HAMBURG

HAMBURG 275

278 KÖLN — KONSTANZ

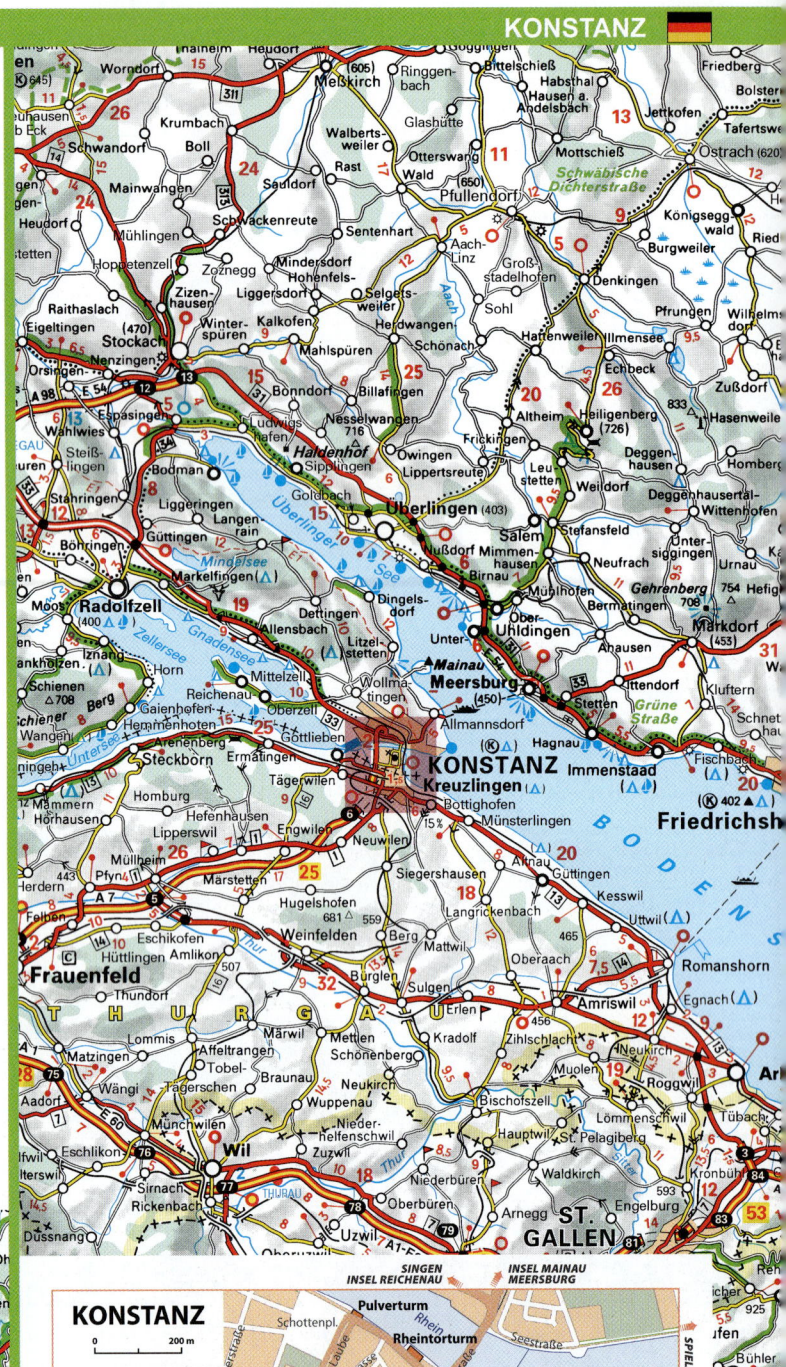

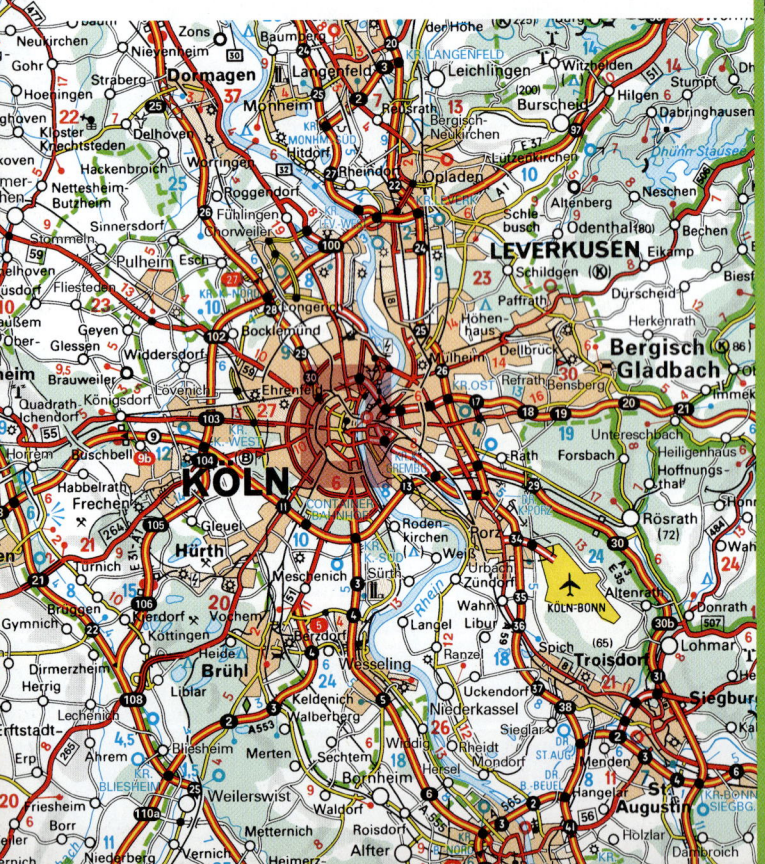

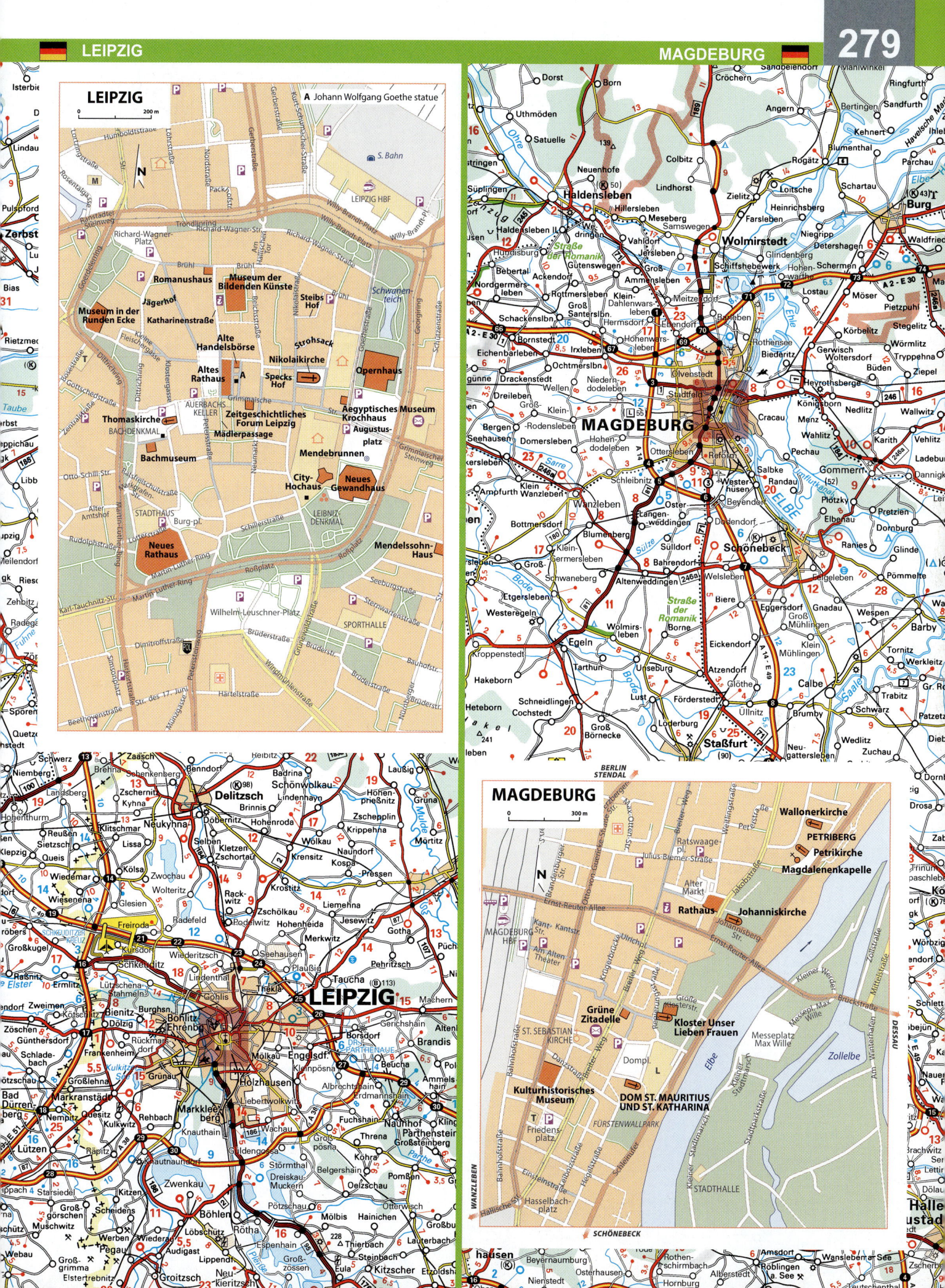

280 MAINZ · MANNHEIM

MÜNSTER

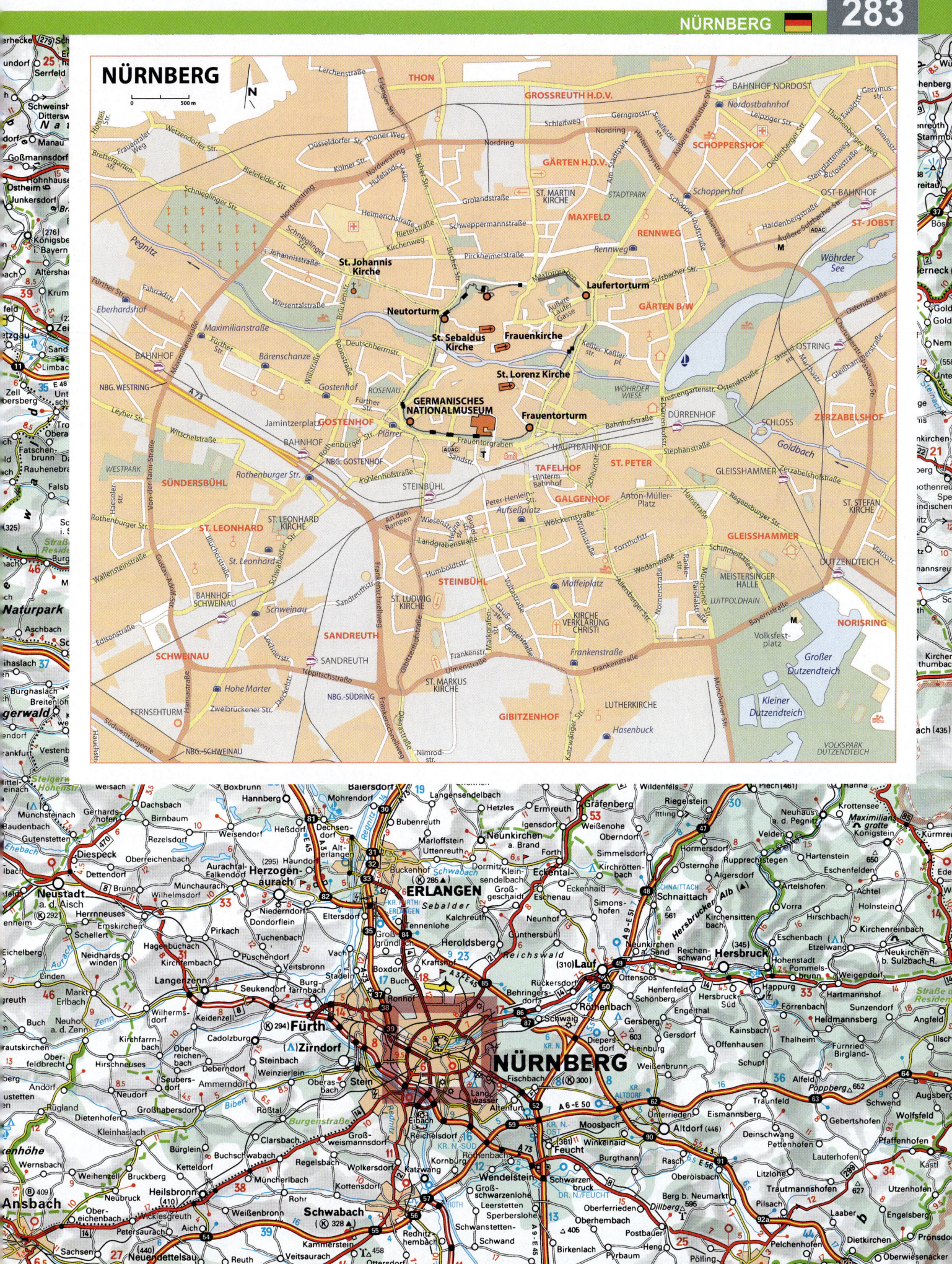

POTSDAM

REGENSBURG

285

286 RUHRGEBIET

Spezielle Zeichen
Erholungsgebiet - Freizeitanlage
Yachthafen - Golfplatz
Garten, Park - Tierpark, Zoo
Museumseisenbahn-Linie
Jugendherberge
Kraftwerk
Bergwerk - Industrieanlagen
Kokerei - Stahlwerk
Kfz.- Industrie
Chem. Industrie

Bijzondere tekens
Recreatiegebied - Recreatiepark
Jachthaven - Golf
Tuin, park - Safaripark, dierentuin
Toeristentreintje
Jeugdherberg
Elektrische centrale
Mijn - Industrie
Cokesfabriek - IJzer en staal
Automobielind.
Chemie

Special symbols
Recreatioal centre - Country park
Sailing - Golf course
Garden, park - Safari park, zoo
Tourist train
Youth hostel
Power station
Mine - Industrial activity
Coking plant - Steel works
Car Industry
Chemical works

RUHRGEBIET 🇩🇪 287

Signes particuliers
- Base de loisirs - Parc de loisirs
- Centre de voile - Golf
- Jardin, parc - Parc animalier, zoo
- Train touristique
- Auberge de jeunesse
- Centrale électrique
- Mine - Industries
- Cokerie - Sidérurgie
- Automobile
- Chimie

Segni convenzionali
- Bagno - Parco per attività ricreative
- Centro velico - Golf
- Giardino, parco - Parco con animali, zoo
- Trenino turistico
- Ostello della gioventù
- Centrale elettrica
- Miniera - Industrie
- Cokeria - Siderurgia
- Industria automobilistica
- Industria chimica

Signos especiales
- Zona recreativa - Parque de ocio
- Vela - Golf
- Jardín, parque - Zoo
- Tren turístico
- Albergue juvenil
- Central eléctrica
- Mina - Industrias
- Coquería - Siderurgia
- Industria del automóvil
- Industria química

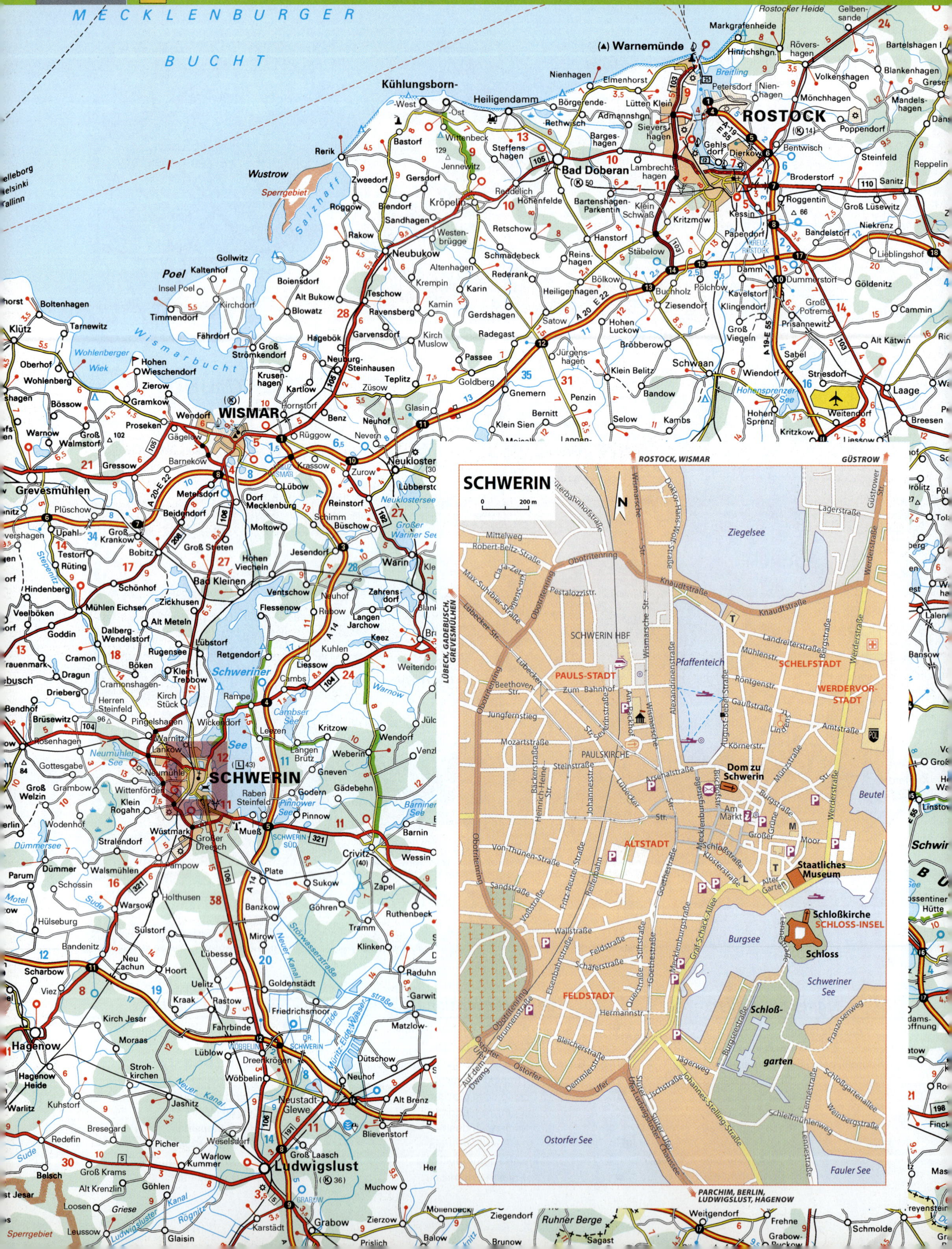

289
STUTTGART

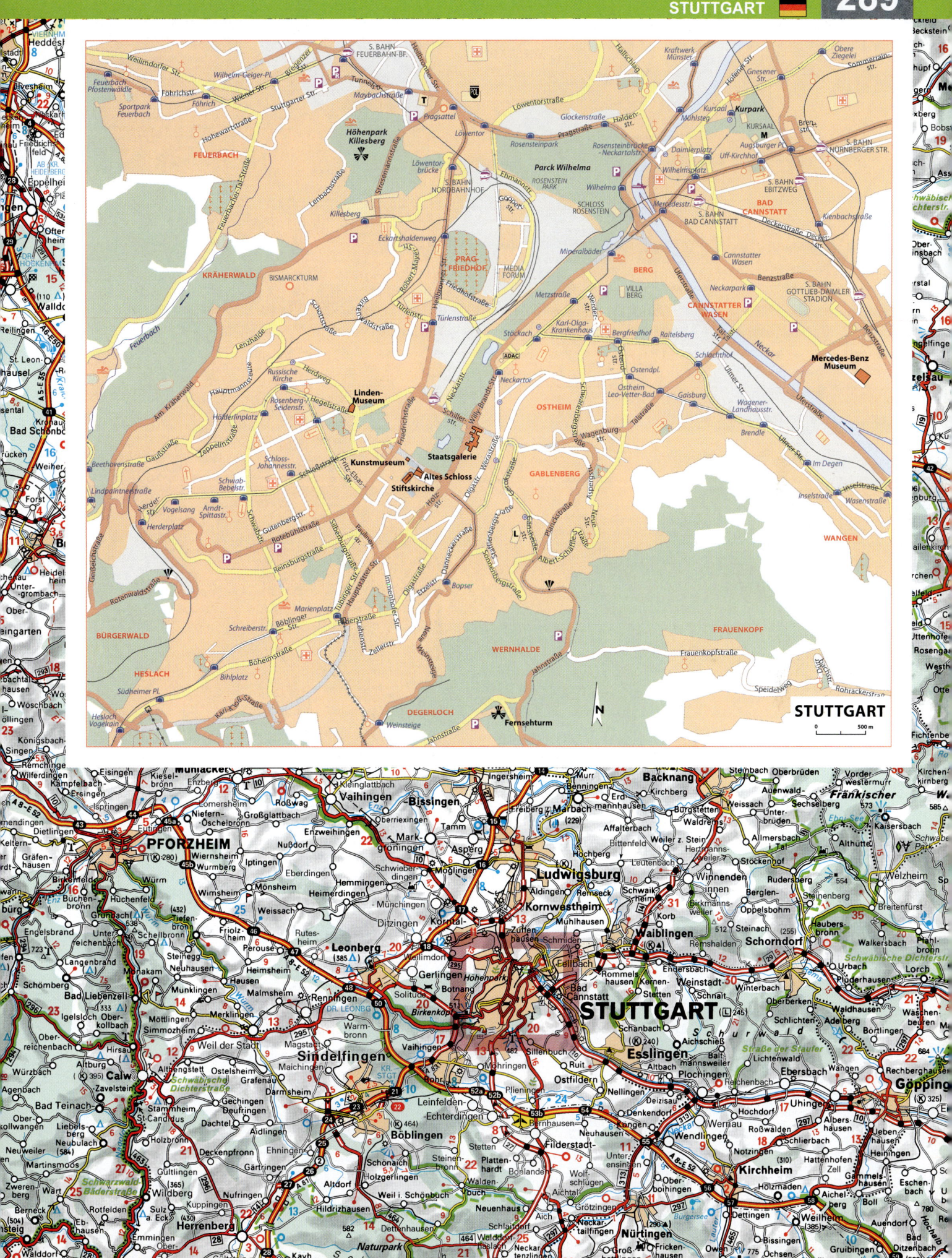

290 WIESBADEN

292 ANTWERPEN (ANVERS)

293 BRUGGE (BRUGES)

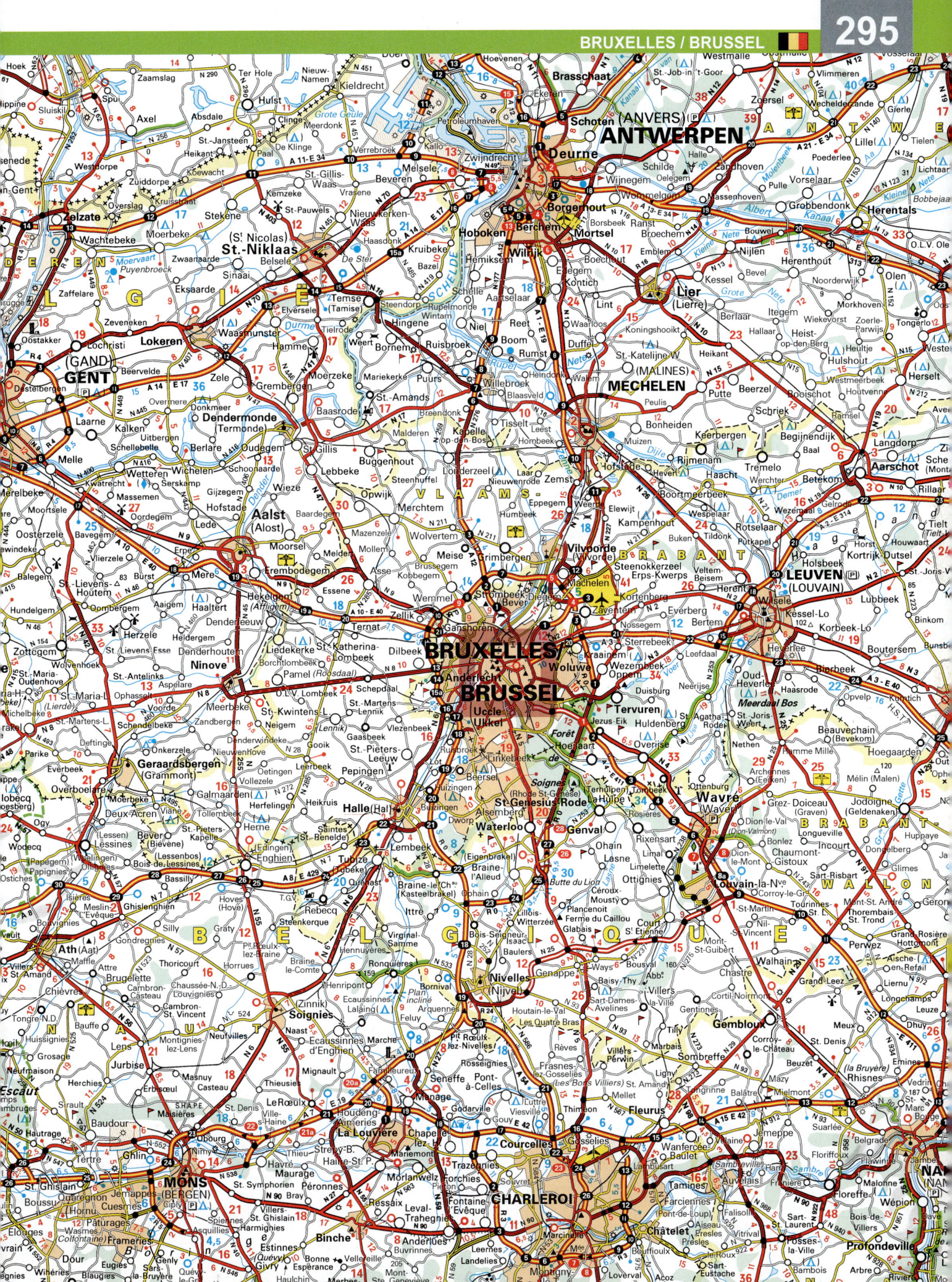

296 GENT (GAND)

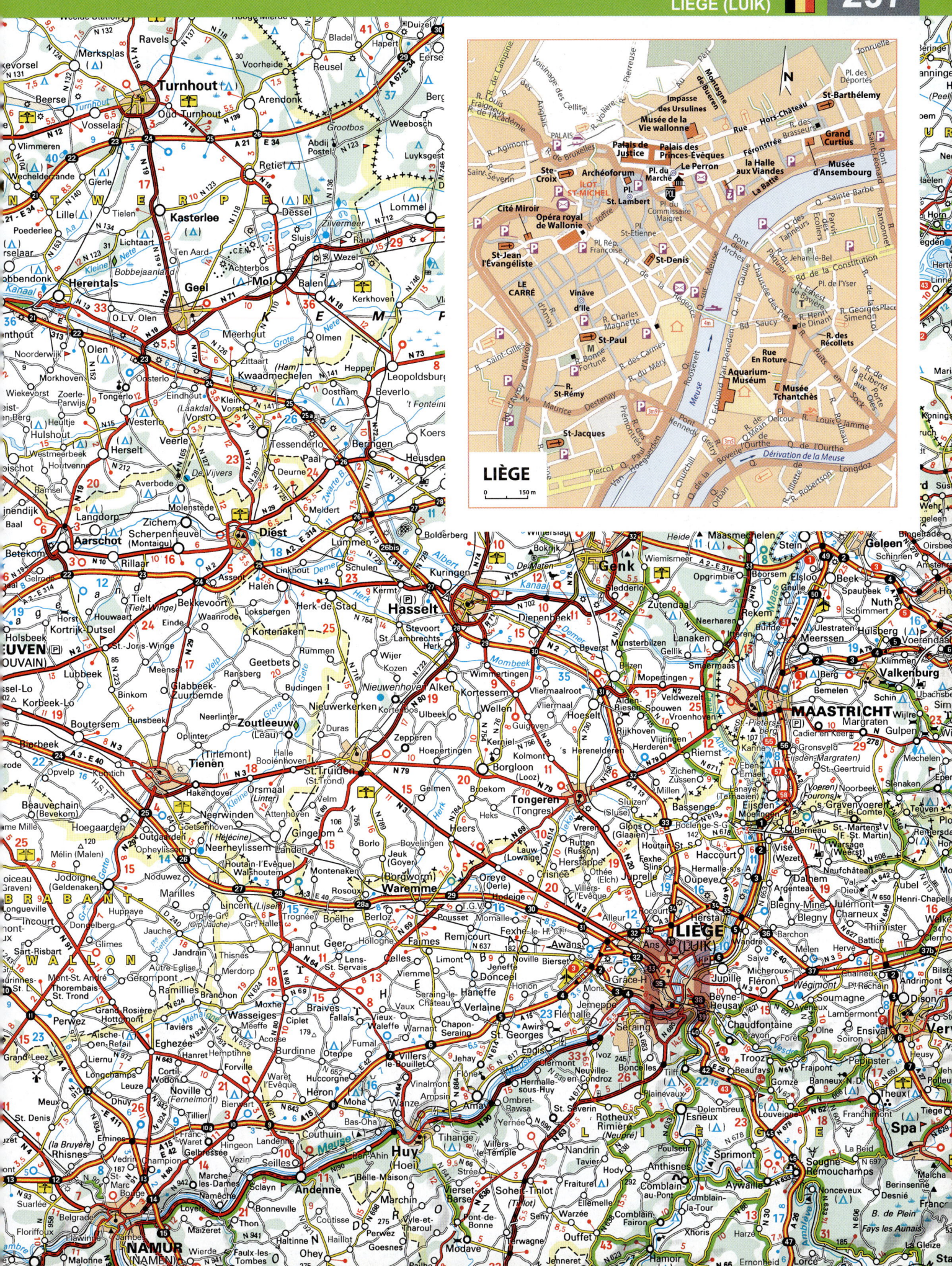

298 NAMUR (NAMEN)

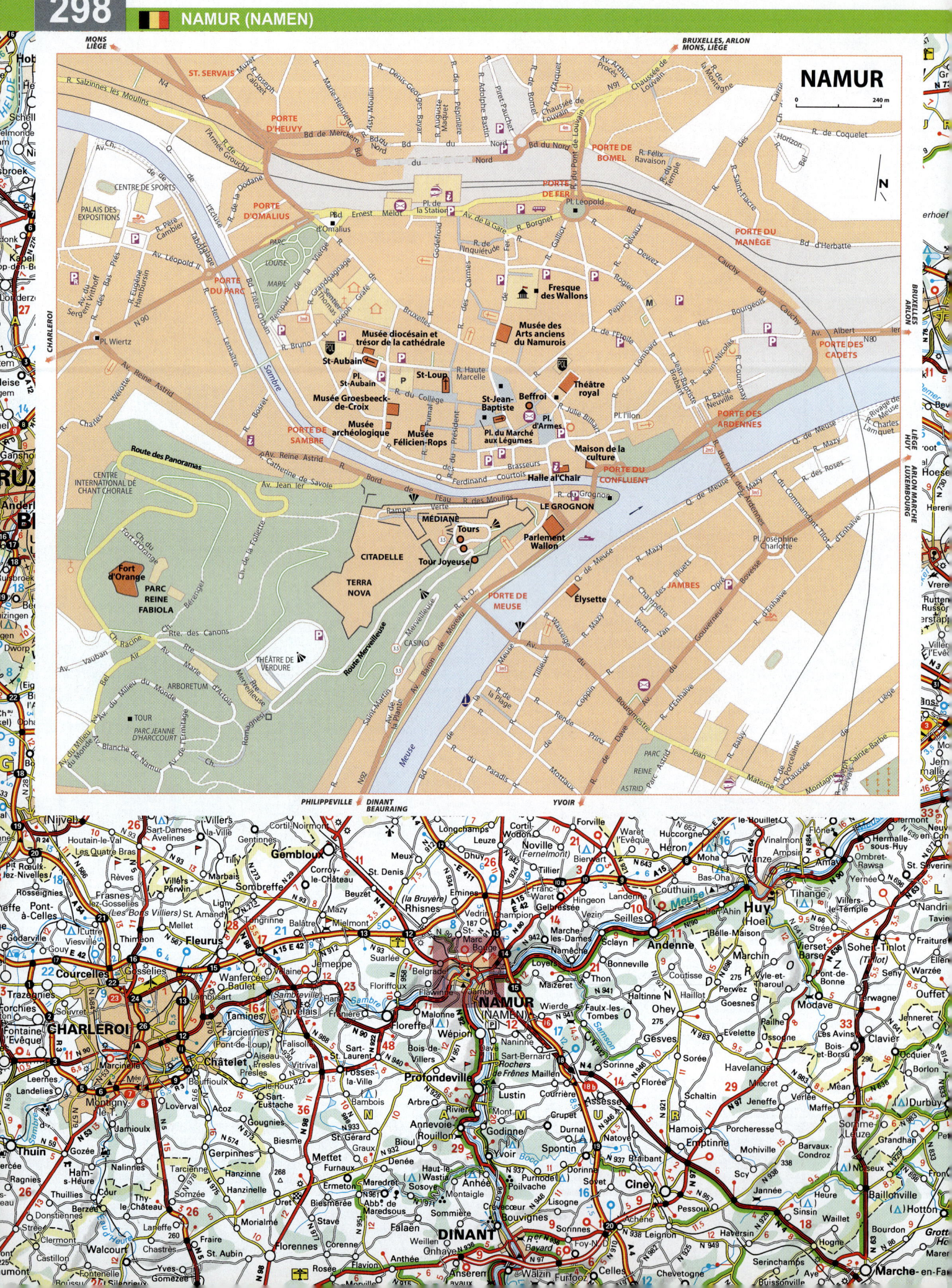

300 🇳🇱 AMSTERDAM

IJSSELMEER
MARKERMEER
AMSTERDAM
HAARLEM
LEIDEN
DELFT
UTRECHT
HILVERSUM
ZUIDELIJK-FLEVOLAND
NOORD
HOLLAND
ZUID
HOLLAND
UTRECHT
Alkmaar
Hoorn
Enkhuizen
Medemblik
Edam
Volendam
Purmerend
Zaanstad
Marken
IJmuiden
Beverwijk
Castricum
Bergen
Heiloo
Schagen
Julianadorp
Den Oever
Wieringerwerf
Wieringermeer
Stavoren
Hemelum
Warns
Bakhuizen
Oudemirdum
Lelystad
Almere
Almere-Stad
Almere-Haven
Almere-Buiten
Almere-Hout
Muiden
Weesp
Naarden
Bussum
Huizen
Blaricum
Laren
Eemnes
Baarn
Soest
Amersfoort
Spakenburg
Bunschoten
Zeist
Houten
Nieuwegein
Culemborg
Wijk bij Duurstede
Woerden
Gouda
Alphen a/d Rijn
Zoetermeer
Voorschoten
Wassenaar
Katwijk a/d Rijn
Noordwijk aan Zee
Noordwijkerhout
Lisse
Hillegom
Hoofddorp
Zandvoort
Bloemendaal
Heemstede
Amstelveen
Aalsmeer
Uithoorn
Mijdrecht
Vinkeveen
Abcoude
Maarssen
Breukelen
Loosdrecht
Bodegraven
Boskoop
Waddinxveen
Nootdorp
Pijnacker
Berkel en Rodenrijs
Bergschenhoek
Hillegersberg
Schoonhoven
Nationaal Park Zuid-Kennemerland
Nationaal Park Utrechtse Heuvelrug
Schiphol
Markerwaarddijk
Houtribsluizen
Oostvaardersdijk
Oostvaardersplassen
Aviodrome

302

ARNHEM

BREDA

304 HAARLEM

MAASTRICHT

305

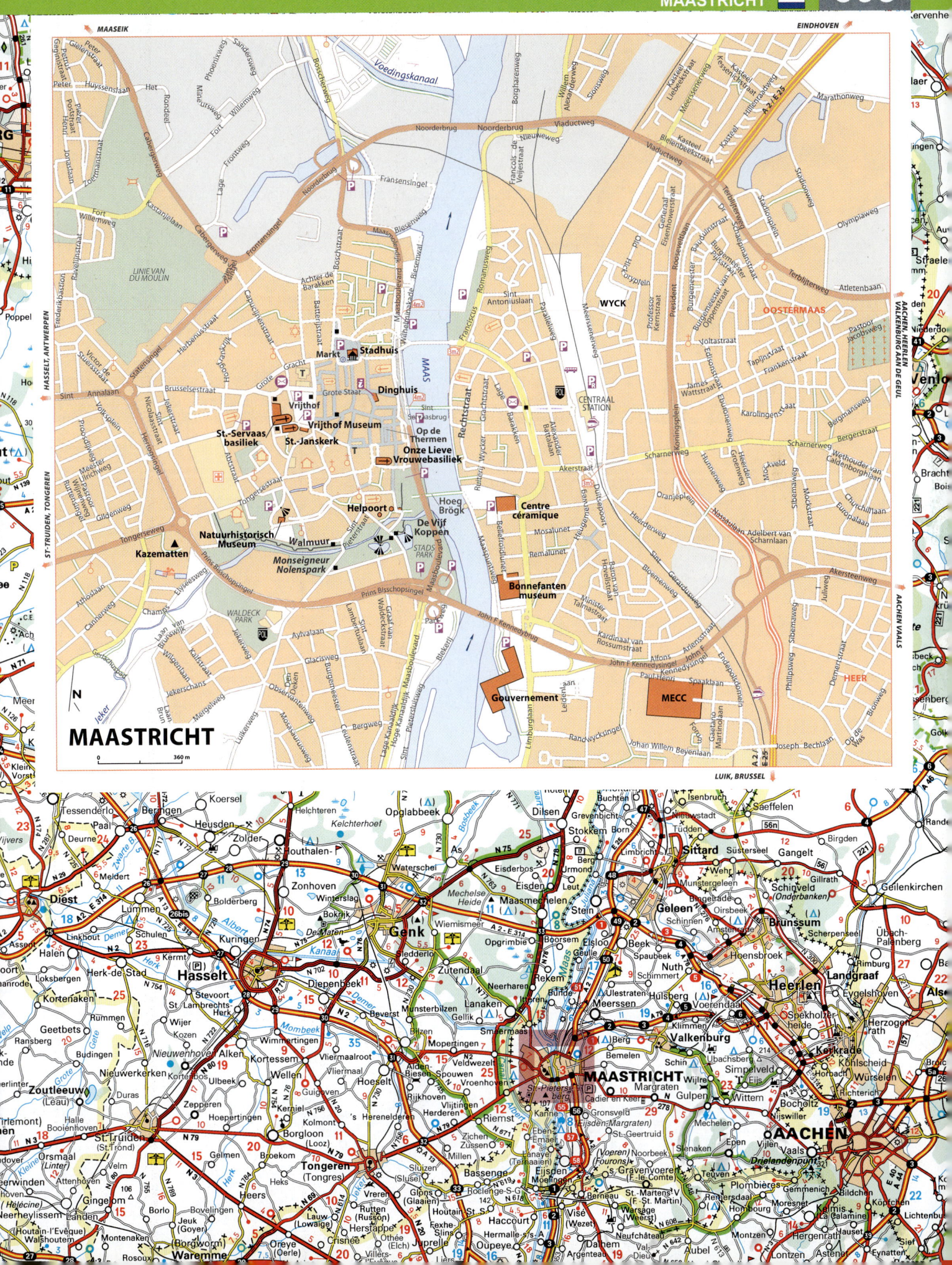

306 🇳🇱 ROTTERDAM

ROTTERDAM

BASEL

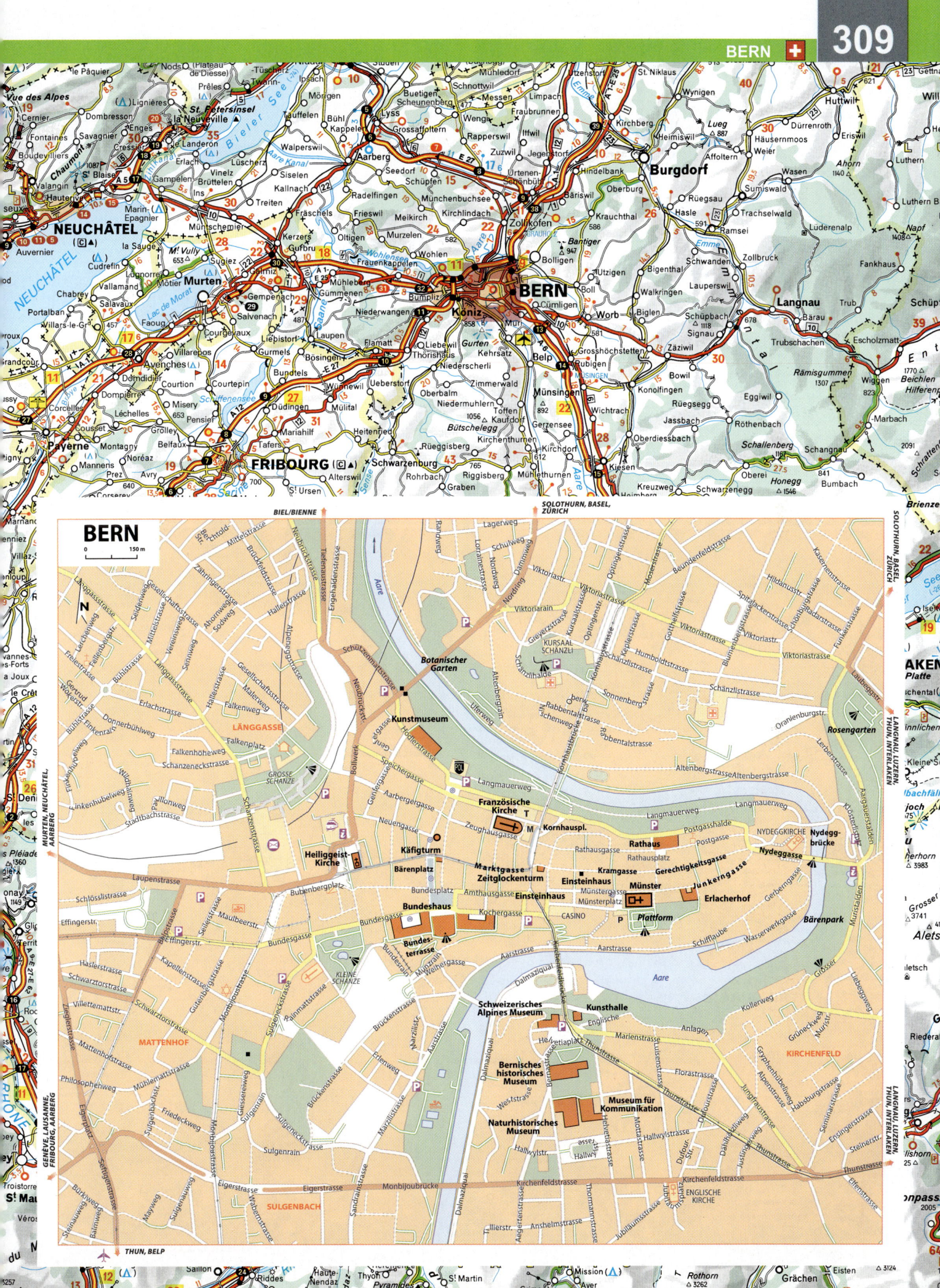

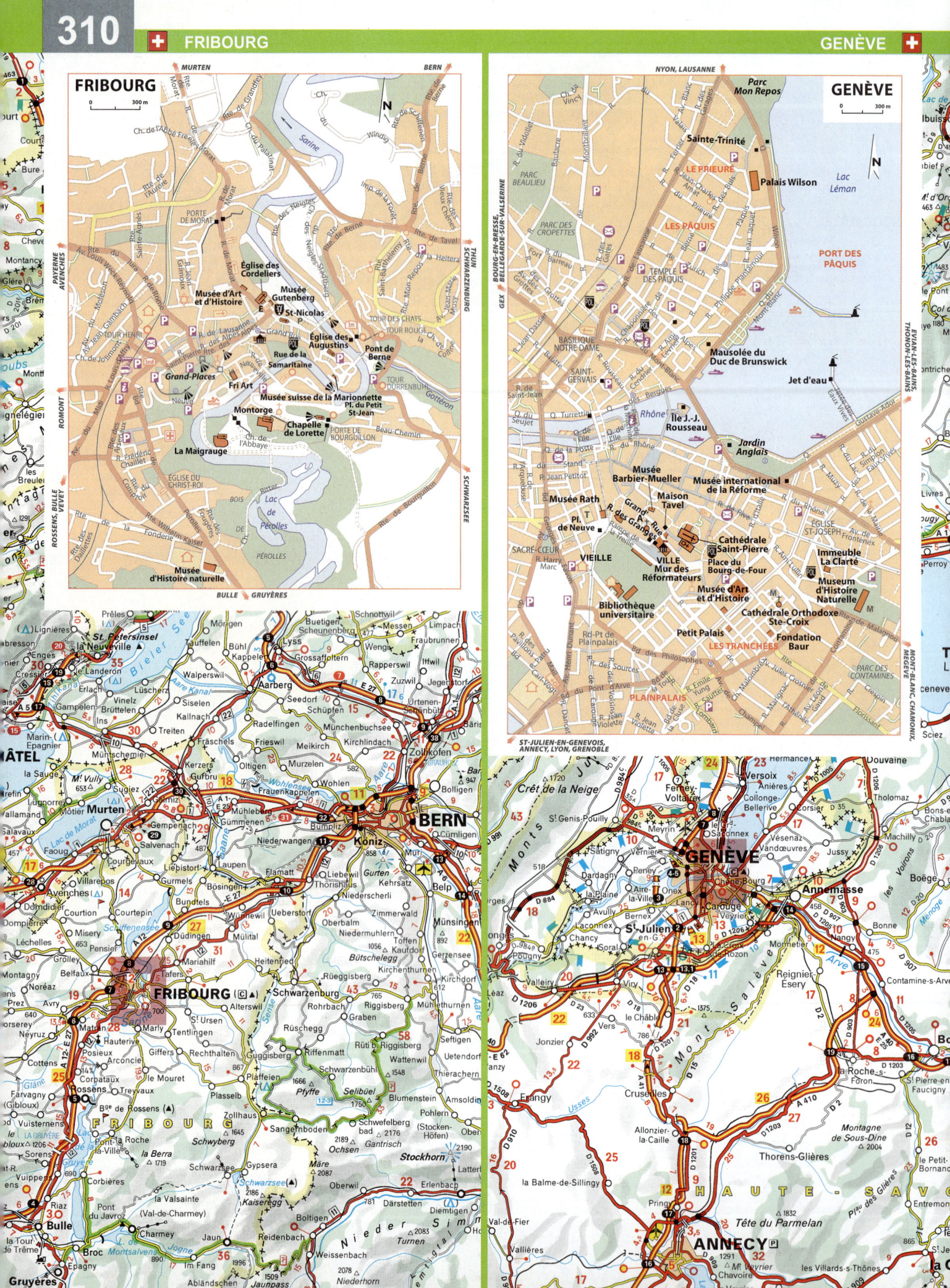

311

INTERLAKEN 🇨🇭

LAUSANNE 🇨🇭

312 NEUCHÂTEL

ZÜRICH 313

314 WIEN

WIEN

Street	Ref
Babenbergerstr.	HJS
Bäckerstr.	KR 9
Bauernmarkt	KR 10
Bognergasse	JR 13
Bräunerstr.	JR 15
Dominikanerbastei	JR 22
Dorotheergasse	JR 25
Dr-Ignaz-Seipel-Pl.	KR 27
Falkestr.	KLR 33
Friedrichstr.	JS 38
Georg-Coch-Pl.	LR 40
Getreidemarkt	HJS 42
Graben	JR
Griechengasse	KR 46
Gutenberggasse	JR 51
Heiligenkreuzer Hof	KR 55
Himmelpfortgasse	KR 61
Judengasse	KR 66
Judenpl.	JR 67
Kärntner Str.	JRS
Kettenbrückengasse	HS 69
Kohlmarkt	JR 70
Landstr. Hauptstr.	LR 72
Lichtensteg	KR 78
Löwelstr.	JR 79
Marc-Aurel-Str.	KPR 81
Mariahilfer Str.	HS
Millöckergasse.	JS 29
Mölkerbastei	HP 85
Neuer Markt	JR 87
Neustiftgasse	HR 88
Oppolzergasse	HR 90
Philharmonikerstr.	JS 91
Plankengasse	JR 92
Prinz-Eugen-Str.	KS 93
Renngasse	JPR 95
Rotenturmstr.	KR
Salvatorgasse	JPR 96
Schauflergasse	JR 97
Schönlaterngasse	KR 100
Schottengasse	HJP 102
Schreyvogelgasse	HR 103
Schulhof	JR 105
Seitzergasse	JP 106
Sonnenfelsgasse	JR 107
Spittelberggasse	HS 108
	HS 114
Stephanspl.	KR 115
Stock-im-Eisen-Pl.	JR 116
Tegetthoffstr.	JR 117
Tiefer Graben	JPR 120
Tuchlauben	JR 123
Uraniastr.	LR 124
Weiskirchnerstr.	LR 130
Wiedner Hauptstr.	JS 132
Wollzeile	KR

315 WIEN

317 PRAHA

Ⓐ	Österreich	Ⓔ	España	Ⓛ	Luxembourg	ⓇⓄ	România
ⒶⓁ	Shqipëria	ⒺⓈⓉ	Eesti	ⓁⓉ	Lietuva	ⓇⓈⓂ	San Marino
ⒶⓃⒹ	Andorra	Ⓕ	France	ⓁⓋ	Latvija	ⓇⓊⓈ	Rossija / Россия
Ⓑ	Belgique / België	ⒻⒾⓃ	Suomi, Finland	Ⓜ	Malta	Ⓢ	Sverige
ⒷⒼ	Balgarija / България	ⒻⓁ	Liechtenstein	ⓂⒸ	Monaco	ⓈⓀ	Slovensko
ⒷⒾⒽ	Bosna i Hercegovina	ⒼⒷ	United Kingdom	ⓂⒹ	Moldova	ⓈⓁ	Slovenija
ⒷⓎ	Belarus / Беларусь	ⒼⓇ	Elláda / Ελλάς	ⓂⓀ	Makedonija / Македонија	ⓈⓇⒷ	Srbija / Србија
ⒸⒽ	Schweiz, Suisse, Svizzera	Ⓗ	Magyarország	ⓂⓃⒺ	Crna Gora (Montenegro)	ⓉⓇ	Türkiye
ⒸⓎ	Kýpros, Kibris	ⒽⓇ	Hrvatska	Ⓝ	Norge	ⓊⒶ	Ukraïna / Україна
ⒸⓏ	Česko	Ⓘ	Italia	ⓃⓁ	Nederland	Ⓥ	Vaticano
Ⓓ	Deutschland	ⒾⓇⓁ	Ireland / Éire	Ⓟ	Portugal		
ⒹⓀ	Danmark	ⒾⓈ	Ísland	ⓅⓁ	Polska		

319

EUROPA
EUROPE

1/3 500 000

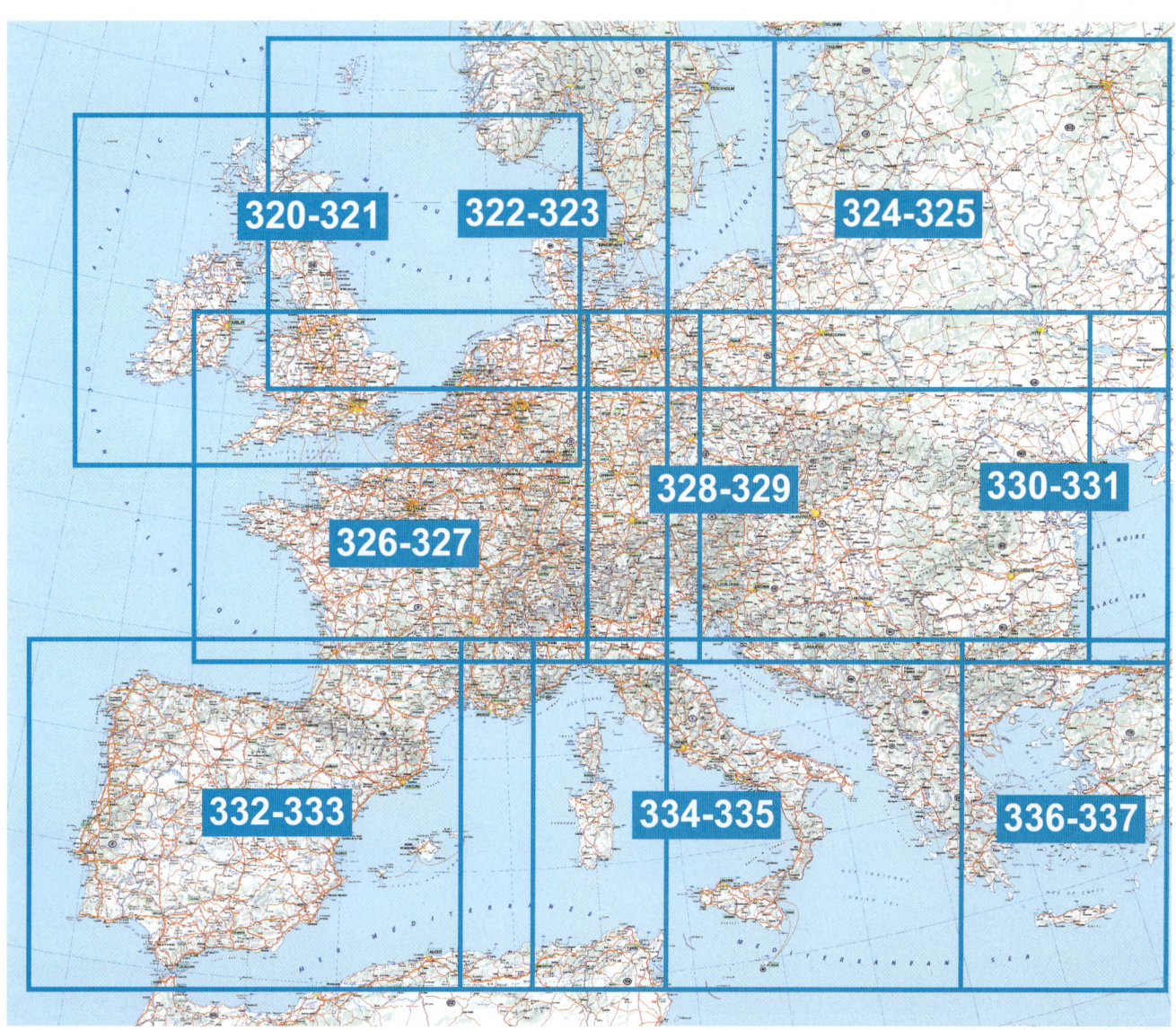

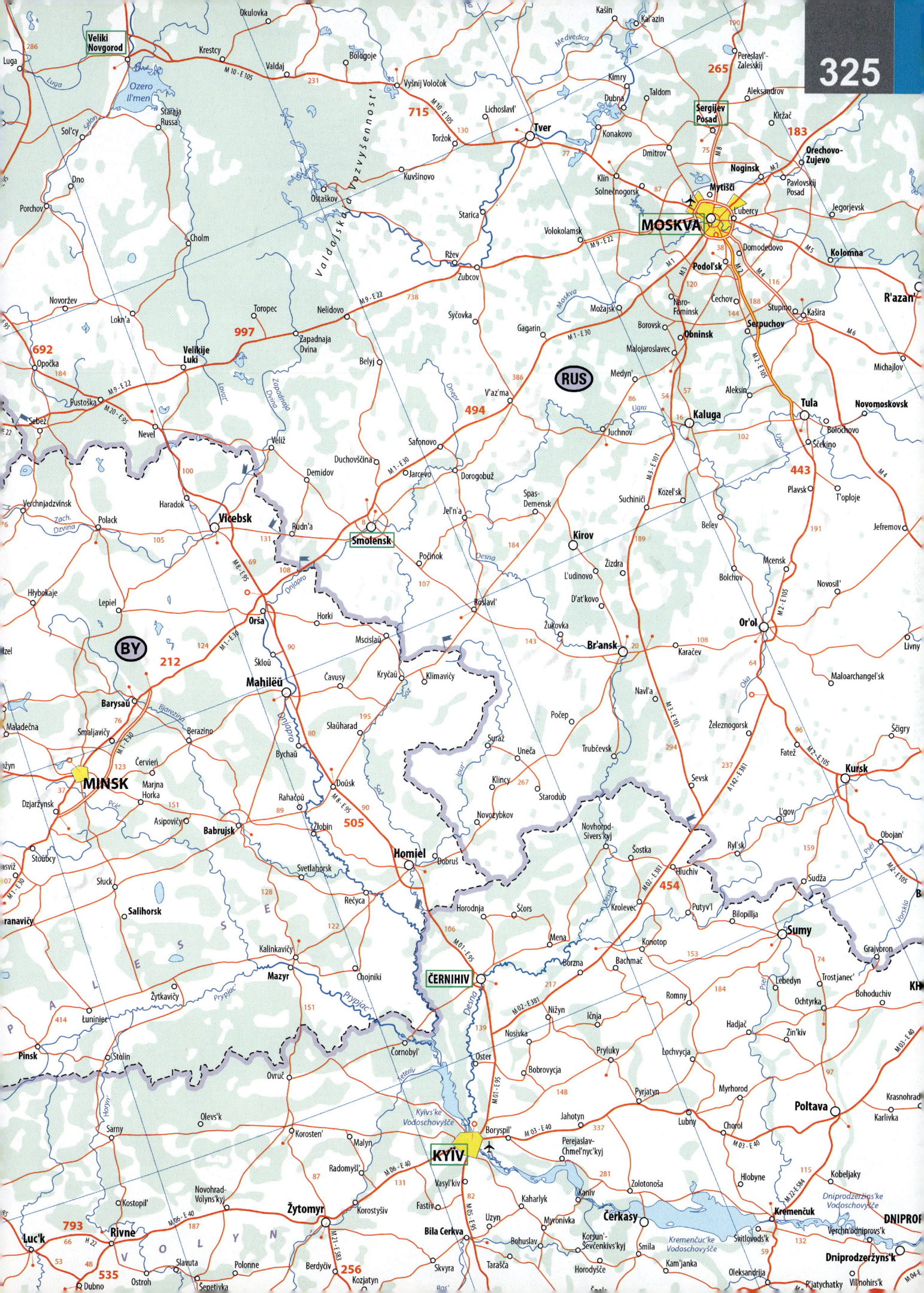

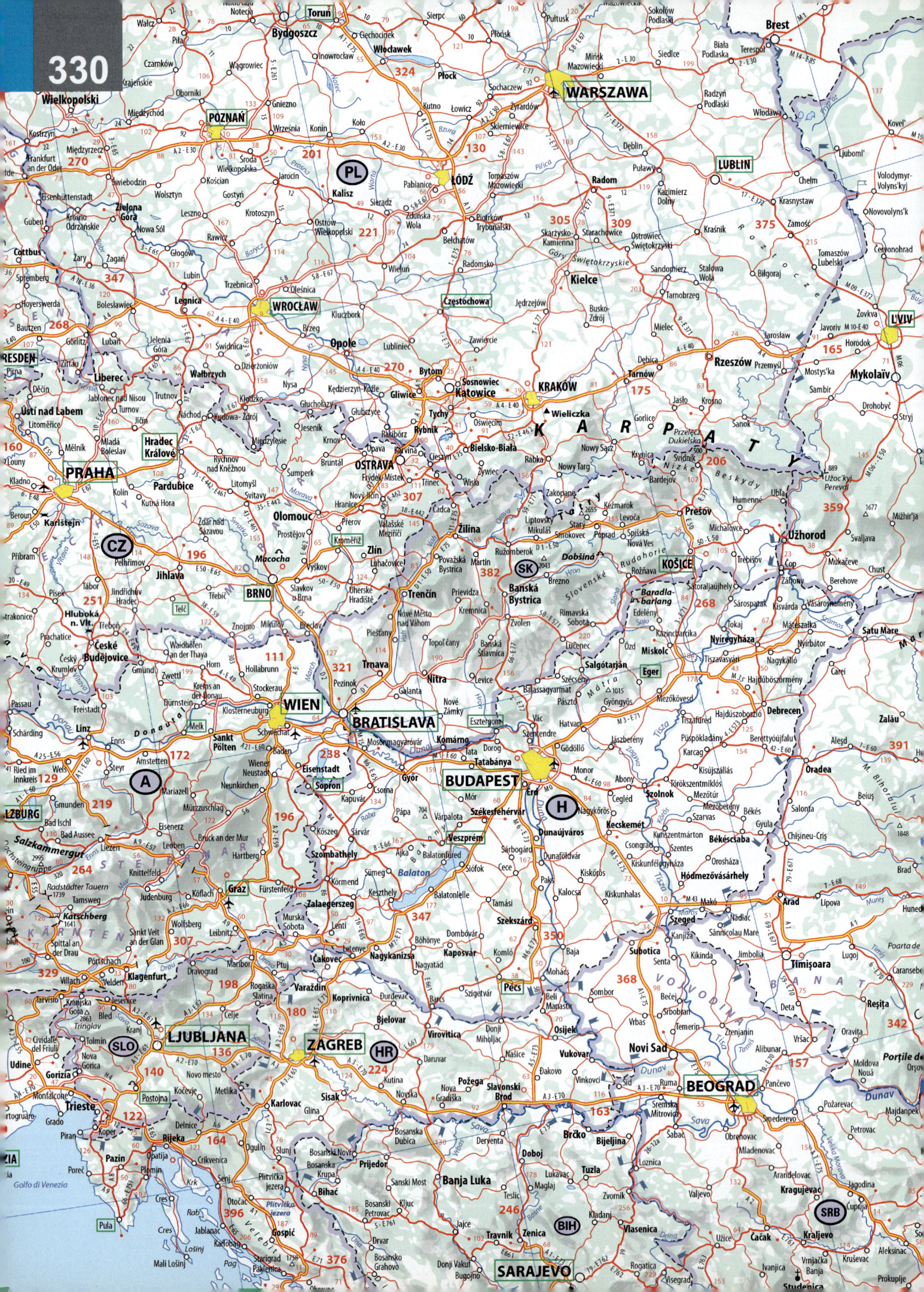

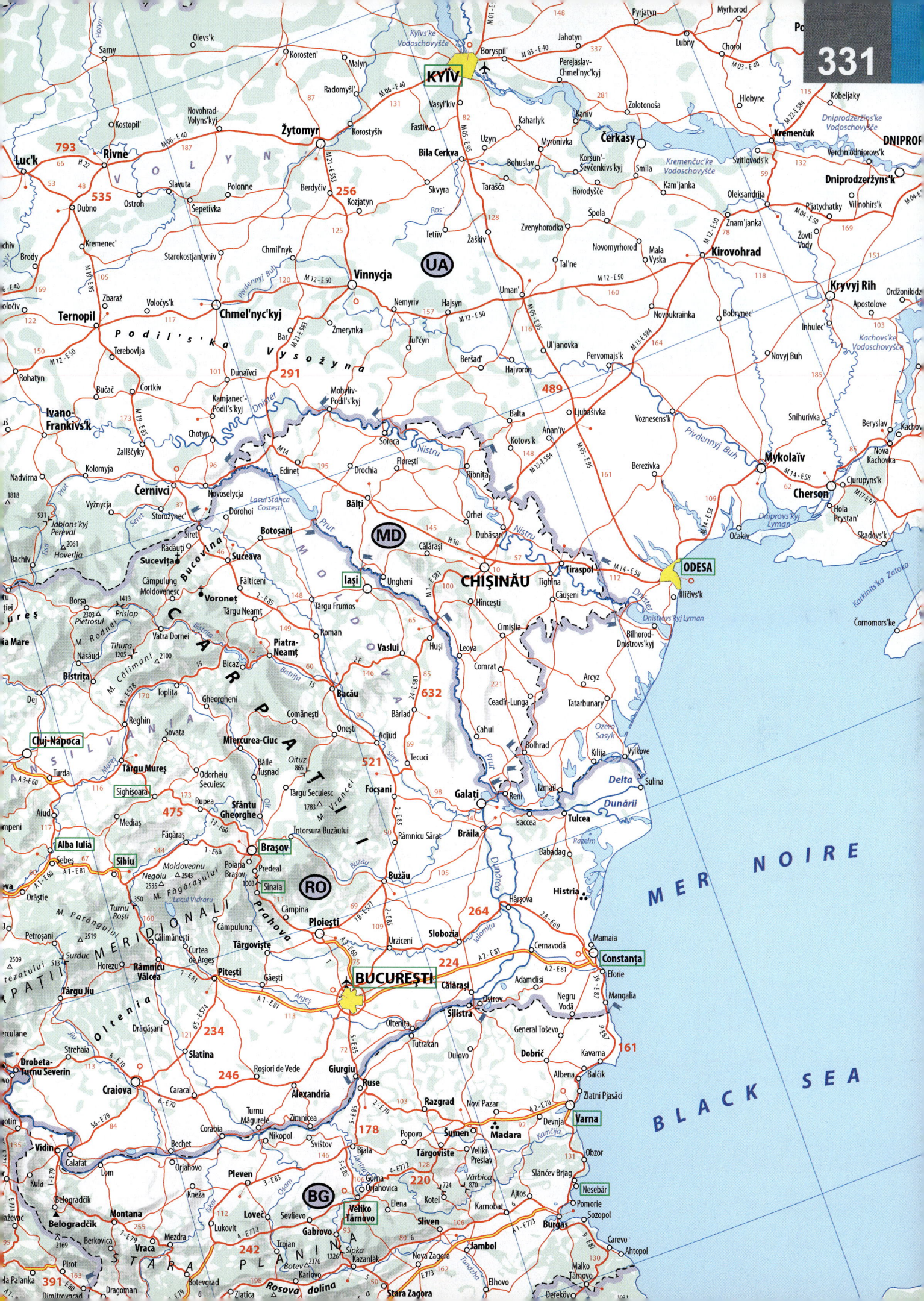

Cabo Ortegal
Costa Verde
Golfe de Gascogne
A Coruña
Ferrol
Ortigueira
Viveiro
Ribadeo
Luarca
Avilés
Gijón
Oviedo
Villaviciosa
Ribadesella
Llanes
Santander
Bilbao
Vitoria-Gasteiz
Logroño
Santiago de Compostela
Cabo Finisterre
Corcubión
Carballo
Ordes
Betanzos
Lugo
Mondoñedo
Vilalba
Rías Gallegas
Pontevedra
Vigo
Ourense
Baiona
Tui
Valença do Minho
Cordillera Cantábrica
Picos de Europa
León
Astorga
Ponferrada
Villafranca del Bierzo
Cangas del Narcea
Tineo
Mieres
Reinosa
Torrelavega
Castro-Urdiales
Cervera de Pisuerga
Aguilar de Campoo
Burgos
Miranda de Ebro
Sto Domingo de la Calzada
Sierra de la Demanda
Sto Domingo de Silos
Palencia
Benavente
Medina de Rioseco
Valladolid
Zamora
Toro
Tordesillas
Peñafiel
Aranda de Duero
El Burgo de Osma
Soria
Almazán
Medinaceli
Sigüenza
Riaza
Somosierra
Segovia
Cuéllar
Medina del Campo
Arévalo
Ávila
Salamanca
Ciudad Rodrigo
Peña de Francia
La Alberca
Béjar
El Barco de Ávila
Sierra de Gredos
Sierra de Guadarrama
Navacerrada
El Escorial
Madrid
Alcalá de Henares
Guadalajara
Sacedón
La Alcarria
Cuenca
Aranjuez
Ocaña
Tarancón
Toledo
Maqueda
Talavera de la Reina
Navalmoral de la Mata
Plasencia
Coria
Jarandilla de la Vera
Arenas de San Pedro
Cáceres
Trujillo
Guadalupe
Sierra de Guadalupe
Montes de Toledo
Navahermosa
Mora
Madridejos
Consuegra
Alcázar de San Juan
Quintanar de la Orden
Belmonte
Alarcón
La Roda
Tomelloso
Manzanares
Valdepeñas
Daimiel
Ciudad Real
Puertollano
Almadén
Herrera del Duque
La Mancha
Mérida
Badajoz
Almendralejo
Zafra
Villanueva de la Serena
Extremadura
Llerena
Castuera
Peñarroya-Pueblonuevo
Pozoblanco
Fuente Obejuna
Villanueva de Córdoba
Sierra Morena
Córdoba
Montoro
Andújar
Bailén
Linares
La Carolina
Baeza
Úbeda
Jaén
Martos
Alcalá la Real
Priego de Córdoba
Lucena
Cazorla
Caravaca de la Cruz
Huéscar
Baza
Guadix
Granada
Sierra Nevada
Lanjarón
Loja
Alhama de Granada
Antequera
Vélez-Málaga
Nerja
Motril
Adra
Almería
Cabo de Gata
Puerto Lumbreras
Huércal Overa
Alcaraz
Hellín
Villacarrillo
Sevilla
Carmona
Écija
Osuna
Utrera
Alcalá de Guadaíra
Morón de la Frontera
Andalucía
Huelva
Ayamonte
Vila Real de Sto António
Golfo de Cádiz
Sanlúcar de Barrameda
El Puerto de Sta María
Cádiz
San Fernando
Jerez de la Frontera
Arcos de la Frontera
Medina-Sidonia
Ronda
Málaga
Torremolinos
Fuengirola
Marbella
Estepona
Costa del Sol
La Línea de la Concepción
Gibraltar (GB)
Algeciras
Tarifa
Vejer de la Frontera
Estrecho de Gibraltar
Cap Spartel
Ceuta (E)
Alborán (E)
Aracena
Minas de Riotinto
Valverde del Camino
Villanueva de los Castillejos
Rosal de la Frontera
Jerez de los Caballeros
Villanueva del Fresno
Constantina
Lora del Río
Viana do Castelo
Ponte da Barca
Braga
Póvoa de Varzim
Guimarães
Chaves
Bragança
Mirandela
Miranda do Douro
Torre de Moncorvo
Amarante
Vila Real
Lamego
Porto
Matosinhos
Espinho
Aveiro
Albergaria-a-Velha
Viseu
Celorico da Beira
Guarda
Buçaco
Coimbra
Figueira da Foz
Seia
Serra da Estrela
Covilhã
Fundão
Vilar Formoso
Leiria
Pombal
Batalha
Fátima
Nazaré
Alcobaça
Tomar
Sertã
Castelo Branco
Berlenga
Peniche
Caldas da Rainha
Abrantes
Ponte de Sor
Portalegre
Marvão
Valencia de Alcántara
Alcántara
Torres Vedras
Santarém
Vila Franca de Xira
Coruche
Cabo de Roca
Sintra
Cascais
Estoril
Lisboa
Almada
Setúbal
Vendas Novas
Estremoz
Elvas
Montemor-o-Novo
Évora
Alcácer do Sal
Santiago do Cacém
Sines
Ferreira do Alentejo
Beja
Moura
Serpa
Aljustrel
Castro Verde
Mértola
Ourique
Odemira
Alentejo
Algarve
Lagos
Portimão
Albufeira
Faro
Tavira
Sagres
Cabo de S. Vicente
P
E